NASCI NA AMÉRICA...

Obras do autor publicadas pela Companhia das Letras

Os amores difíceis
Assunto encerrado
O barão nas árvores
O caminho de San Giovanni
O castelo dos destinos cruzados
O cavaleiro inexistente
As cidades invisíveis
Coleção de areia
Contos fantásticos do século XIX (org.)
As cosmicômicas
O dia de um escrutinador
Eremita em Paris
A entrada na guerra
A especulação imobiliária
Fábulas italianas
Um general na biblioteca
Marcovaldo ou As estações na cidade
Mundo escrito e mundo não escrito — Artigos, conferências e entrevistas
Nasci na America... — Uma vida em 101 conversas (1951-1985)
Os nossos antepassados
Um otimista na América — 1959-1960
Palomar
Perde quem fica zangado primeiro (infantil)
Por que ler os clássicos
Por último vem o corvo
Se um viajante numa noite de inverno
Seis propostas para o próximo milênio — Lições americanas
Sob o sol-jaguar
Todas as cosmicômicas
A trilha dos ninhos de aranha
O visconde partido ao meio

ITALO CALVINO

NASCI NA AMÉRICA...
Uma vida em 101 conversas (1951-1985)

Organização:
LUCA BARANELLI

Tradução:
FEDERICO CAROTTI

Introdução:
MARIO BARENGHI

COMPANHIA DAS LETRAS

Copyright © 2002 by Espólio de Italo Calvino
Todos os direitos reservados

Questo libro è stato tradotto grazie a un contributo del Ministero degli Affari Esteri e della Cooperazione Internazionale Italiano.
Obra traduzida com a contribuição do Ministério das Relações Exteriores e da Cooperação Internacional da Itália.

Grafia atualizada segundo o Acordo Ortográfico da Língua Portuguesa de 1990, que entrou em vigor no Brasil em 2009.

Título original
Sono nato in America...

Capa
Raul Loureiro

Foto de capa
© *Ulf Andersen*

Preparação
Guilherme Bonvicini

Índice onomástico
Probo Poletti

Revisão
Marise Leal
Clara Diament

Dados Internacionais de Catalogação na Publicação (CIP)
(Câmara Brasileira do Livro, SP, Brasil)

Calvino, Italo, 1923-1985.
    Nasci na América... : Uma vida em 101 conversas (1951--1985) / Italo Calvino ; tradução Federico Carotti ; organização Luca Baranelli ; introdução Mario Barenghi. — 1ª ed. — São Paulo : Companhia das Letras, 2023.

    Título original : Sono nato in America...
    ISBN 978-85-359-3456-4

    1. Autores italianos – Entrevistas 2. Calvino, Italo, 1923-1985 – Entrevistas 3. Literatura italiana I. Baranelli, Luca. II. Barenghi, Mario. III. Título.

23-161765   CDD-928.51

Índice para catálogo sistemático:
1. Escritores italianos : Entrevistas   928.51
Cibele Maria Dias – Bibliotecária – CRB-8/9427

Todos os direitos desta edição reservados à
EDITORA SCHWARCZ S.A.
Rua Bandeira Paulista, 702, cj. 32
04532-002 — São Paulo — SP
Telefone: (11) 3707-3500
www.companhiadasletras.com.br
www.blogdacompanhia.com.br
facebook.com/companhiadasletras
instagram.com/companhiadasletras
twitter.com/cialetras

SUMÁRIO

Introdução — Mario Barenghi, 13
Nota do organizador, 27

O escritor diante da realidade (1951), 35
Sobre o teatro e o cinema (1952), 37
Escritor de aventuras (1954), 41
Necessidade de ideias e cultura (1954), 45
Autorretrato (1956), 47
Realismo e gosto pelo inverossímil (1956), 52
Invenção fantástica, multiplicidade das linguagens (1957), 56
A Resistência me pôs no mundo (1957), 60
Literatura e realidade italiana (1958), 62
Pavese, Carlo Levi, Robbe-Grillet, Butor, Vittorini... (1959), 65
A distância e a tensão (1960), 71
Os Estados desunidos (1960), 75
A literatura italiana nos anos 1950 (1960), 79
As minhas impressões sobre os Estados Unidos (1960), 81
Conversa com Carlo Bo (1960), 86
O cinema italiano em 1960 (1961), 92
Oito perguntas sobre o erotismo na literatura (1961), 97
Os beatniks e o "sistema" (1962), 102
"Em meados do século" (1963), 105

O escrutinador no Cottolengo (1963), 107
Neocapitalismo e oposição de esquerda (1963), 112
Despistar os críticos (1964), 116
Literatura e sociedade (1965), 118
Em *As cosmicômicas* continuo o discurso dos romances fantásticos (1965), 121
Nunca satisfeito com as definições (1966), 128
Filme e romance (1966), 132
A razão da minha inquietação estilística (1967), 137
Uma imaginação e uma linguagem siderais (1967), 141
Veneza: arquétipo e utopia da cidade aquática (1968), 144
Aquele romance único que todos os romances concorrem para formar (1969), 147
Um livro não é um meteoro (1969), 149
Vida e sonho (1970), 155
Uma paisagem ininterrupta de papel (1970), 157
Marcovaldo, do livro à TV (1970), 160
Fourier e o retorno à utopia (1971), 163
As fábulas são insubstituíveis (1972), 169
Fenoglio dez anos depois (1972), 172
A cidade como lugar da memória e dos desejos (1972), 175
Cinquenta e cinco cidades (1972), 178
Queria parar e pôr um pouco de ordem (1973), 182
O referendo sobre o divórcio (1974), 199
Instabilidade e ingovernabilidade (1974), 202
Sciascia, um silencioso que tem muito a dizer (1975), 207
A cidade do futuro (1975), 211
O dialeto (1976), 219
O escritor e a tradição (1977), 222
A cultura do PCI nos anos do stalinismo (1977), 236
Situação 1978 (1978), 241
Verne, um escritor difícil de definir (1978), 247
Partir do possível (1978), 250
Voltaire e Rousseau (1978), 256
Stevenson, o homem que narrava histórias (1978), 260
Sou um bom menino (1979), 264
Caráter genérico da palavra, exatidão da escrita (1979), 268
Uma história que não termine nunca (1979), 282
Procurava um livro para ler, escrevi dez (1979), 287
Publicar cada livro com um nome diferente (1979), 291

Acredito apenas nos movimentos lentos (1979), 295
O homem atingiu a maioridade? (1979), 307
Duvido sempre mais (1979), 311
Sobre o neoindividualismo (1980), 319
Um catálogo de romances desejados (1980), 324
Stendhal e a complexidade (1980), 328
Assunto encerrado, o meu livro póstumo (1980), 331
No século XVIII eu estaria bem (1980), 337
A troca de guarda (1980), 344
Admiro o artesão que sabe contar (1980), 350
Se um escritor numa noite de outono... (1980), 352
Pode-se ainda narrar uma história? (1980), 361
Tenho simpatia por quem escapa da prisão (1981), 370
A força da narrativa (1981), 376
Procuro sempre fazer algo novo (1981), 381
Um catálogo de possibilidades narrativas (1981), 385
Ler os romances (1981), 389
Um narrador para Mozart (1981), 400
O fabulista contemporâneo (1981), 403
O escrutinador de filmes (1981), 416
As idades do homem (1981), 424
Tenho duas caligrafias (1982), 435
La vera storia (1982), 442
Não sou um libretista (1982), 445
Desconfio muito da profundidade (1982), 451
O cinema dos anos 1930 (1982), 458
Contar *Orlando furioso* (1982), 464
Escrevo porque não tinha talento para o comércio (1983), 467
O olho e o silêncio (1983), 486
Queneau, uma proposta de sabedoria (1983), 490
O olhar de Palomar (1984), 493
Reconhecer as constelações a olho nu (1984), 497
Procurar a complexidade (1984), 501
A riqueza dos objetos (1984), 510
A minha cidade é Nova York (1984), 514
Estou um pouco cansado de ser Calvino (1984), 519
O tempo na literatura e na história (1985), 524
Gosto de experimentar formas novas (1985), 530
O mundo não é um livro, mas vamos lê-lo mesmo assim (1985), 535
O silêncio tem razões que a palavra desconhece (1985), 544

Geralmente parto de uma imagem (1985), 548
Os cadernos de exercícios (1985), 557
A narrativa gera racionalidade (1985), 564
A literatura italiana me cai muito bem (1985), 567

Notas, 575
Índice onomástico, 611

A editora Mondadori e o organizador agradecem com entusiasmo os entrevistadores que, tendo gentilmente autorizado a publicação dos seus textos, possibilitaram a realização deste livro.

No livro, todos os textos de Italo Calvino são citados segundo a edição da coleção Meridiani, da editora Mondadori, com as seguintes abreviaturas:

Romances e contos, 1, 2, 3
Romanzi e racconti. Ed. dir. por C. Milanini. Org. de M. Barenghi e B. Falcetto. Milão: Mondadori, 1991, 1992, 1994 (3 v.).

Ensaios
Saggi: 1945-1985. Org. de M. Barenghi. Milão: Mondadori, 1995 (2 t.).

Cartas
Lettere: 1940-1985. Org. de L. Baranelli. Milão: Mondadori, 2000.

INTRODUÇÃO

"Nasci em Sanremo... Nasci tanto em San Remo que nasci na América [...]." Assim começa a entrevista que Calvino concedeu em 1979 a Nico Orengo (aqui à p. 264). Esse pequeno paradoxo, explicado logo a seguir ("porque antigamente muitos nativos de Sanremo emigravam para a América, sobretudo para a América do Sul"), é emblemático. Convidado a expor seus dados gerais, Calvino apresenta-se como indivíduo tão radicado num lugar que provém de outro diferente, muito distante: do outro lado do mundo.

A Ligúria e a emigração formam, sem dúvida, uma parcela muito conhecida da história italiana — não, engano meu, na verdade formam uma história pouquíssimo conhecida, uma das inúmeras que esquecemos rápido demais e que hoje, mais do que nunca, seria bom tentar reavivar na memória —, um acontecimento coletivo que diz respeito a várias gerações e diversas regiões do país. Mas, para começar, a permanência dos pais de Calvino no exterior tem realmente poucos pontos em comum com a emigração de tantos conterrâneos nossos. O destino? Uma América improvável, não a Argentina, o Chile, o Brasil (nem a Califórnia ou Nova York), mas a América Central, o Caribe, Cuba. A motivação? Não a necessidade econômica, mas um conjunto de circunstâncias no mínimo singulares, que Calvino expôs numa carta de 1978.[1] O pai Mario, agrônomo, em 1906 recebera com interesse a proposta de se dedicar à viticultura na Geórgia caucasiana. A negociação, porém, não chegou a bom termo; assim, abandonando o projeto, ele cedera seu passaporte, que havia providenciado, nesse meio-

13

-tempo, a um dissidente russo chamado Vsevolod Lebedincev, o qual, envolvido numa conspiração antitsarista, no ano seguinte fora preso e condenado à morte. A notícia teve ampla difusão internacional, e o fato de que o conspirador dispusesse de um passaporte com o nome de Mario Calvino era bastante complicado. Sob a mira dos grupos conservadores e clericais, interrogado, com suspeitas da polícia não só italiana de alimentar simpatias anarquistas e sair em companhias subversivas, Calvino pai então resolvera, em janeiro de 1909, aceitar outro convite, dessa vez no México, onde fora dirigir a Estação Agronômica Nacional. Depois do México, alguns anos mais tarde, Cuba: Santiago de las Vegas, perto de Havana, o embaraçoso local de nascimento com o qual se iniciam todas as biografias calvinianas.

Mas a oposição enraizamento/desenraizamento parece valer como um horóscopo para Calvino. De fato, sua experiência de escritor viria a se formar entre uma selva de antinomias, em que a ininterrupta dialética entre movimentos centrífugos e centrípetos é apenas a mais evidente. Cidadão italiano, Calvino, Italo no nome, mas não de fato (ao menos, não de imediato), criado numa cidade de fronteira com vocação cosmopolita como Sanremo, todavia caracterizada por uma antiga e compacta camada urbana (o bairro que traz o eloquente nome de Pigna) e por uma profunda identidade dialetal; intelectual irrequieto, pouco afeito à estabilidade, que, porém, vincula seu nome a uma editora que se tornaria um ponto de referência fundamental da cultura italiana; meticuloso cultor do impulso imaginativo, mas convicto defensor da importância da autodisciplina e das transformações que demandam esforço; escritor experimental por muito tempo distante dos *mainstreams* da narrativa italiana do pós-guerra, residente em Paris nos anos em que a cultura francesa conseguiu estar pela última vez mais ou menos no centro de tudo, mas sem nenhum objetivo de travar relações, muito pelo contrário, para se manter afastado (se não até mesmo para viver como eremita),[2] narrador alternadamente realista e fantástico, estranho ao autobiografismo e dedicado à invenção de cidades imaginárias, mas capaz de identificar na paisagem de Sanremo a forma a priori de sua própria intuição do mundo,[3] tendo se dedicado nos últimos anos cada vez mais a recuperações e elaborações de tipo memorialista; escritor de identidade mutável, multiforme, fugidio, de vocação quase programaticamente periférica, que, no entanto, com o passar dos anos vem a reconhecer que interpreta uma das vocações duradouras da cultura literária italiana e acaba por se impor, ultrapassando as próprias intenções, como grande clássico da narrativa da segunda metade do século xx na Itália.

Escritor sem raízes? Com certeza não. Mas são raízes em parte fixas, em parte móveis: flutuantes, talvez: com escoras de madeiras, como certos pândanos, ou aéreas, como as orquídeas epífitas ou as tillandsias. E — última contradição — escritor relutante em falar de si mesmo, mas que concedeu mais de duzentas entrevistas durante a vida.[4] Aqui estão reunidas 101 delas, e é um belo número: porque é um número primo, porque é um palíndromo (como o herói das *Cosmicômicas*, Qfwfq), porque tem algo de aberto, não conclusivo, projetado para o futuro — como, segundo o libreto mozartiano de Lorenzo Da Ponte, as 1003 amantes espanholas de Don Giovanni.

Também do ponto de vista fônico, o começo da entrevista de Orengo (transmitida pela RAI Due e facilmente encontrável na rede) é significativo. Para Calvino, já pouco loquaz por natureza, falar de si mesmo demandava um esforço suplementar. Jocosamente iniciada como um interrogatório, a conversa se abre com a mais banal das perguntas: "Como se chama?". Ao responder "Chamo-me Italo Calvino", por duas vezes Calvino hesita e olha para o chão. Se quisermos transcrever com rigor sua resposta à questão seguinte ("Onde nasceu?"), teremos algo como: "Nasci, nasci em Sanremo… hã… tanto é que… hã… que nasci na América…". Apenas quando muda de assunto, apenas quando começa a falar dos emigrantes de Sanremo é que o discurso se torna fluente. É a história reduzida — se quisermos, embrionária — de como Calvino se tornou escritor. Relutante em falar de si, consegue fazê-lo só falando de outros; uma vez rompido o encantamento, encontra também a forma de falar de si: antes indiretamente, depois com a voz cada vez mais segura, a tal ponto que, a certa altura, ao falar de si mesmo, fala do mundo — de mundos próximos e distantes, de mundos reais e possíveis, tanto mais próximos quanto mais invisíveis, recônditos, remotos.

Calvino não só reconhece seu embaraço em falar, mas considera-o um dos motores secretos de sua escrita: "Escrevo porque não tenho nenhuma facilidade com as palavras. Se falasse sem dificuldade, talvez não escrevesse" (aqui à p. 389). Os entrevistadores, por sua vez, sempre mencionam sua elocução vagarosa, fragmentária, árdua, cheia de pausas e hesitações. "Calvino fala devagar, mesmo para responder às perguntas mais fáceis" observa Giuseppe Del Colle em 1962 (aqui à p. 103). Quase vinte anos depois, Piero Bianucci confirma e argumenta: "Calvino fala devagar. Na sua sintaxe, o silêncio faz parte do discurso e às vezes diz mais do que as palavras" (aqui à p. 331). Quem se detém com maior atenção nas peculiaridades elocutórias de Calvino é Paolo Mauri (cf. aqui às pp. 307-10); mas, entre as notas que acompanham as entrevistas, cabe assinalar a menção de Lietta Tornabuoni a um Calvino que "dá seu sorriso de furão" (aqui à p. 422). Será porque estavam falando de cinema naquela ocasião?

Calvino era e se sentia um narrador. Somente aos 57 anos, tendo come-

15

çado 33 anos antes (*A trilha dos ninhos de aranha*, 1947) e depois de ter publicado mais de vinte livros, resolve lançar um de ensaios, reunindo textos de 1955 a 1978. O resultado, *Assunto encerrado*, é uma espécie de autobiografia intelectual. Desde sempre avesso a qualquer pretensão de univocidade categórica e definitiva, e desconfiado por princípio de autobiografias e do autobiografismo, ele expõe na apresentação uma ressalva sobre o "personagem que toma a palavra neste livro", especificando que "em parte se identifica, em parte se dissocia do eu apresentado em outras séries de escritos e atos".[5] Identificações parciais, distanciamentos parciais: método que aspira ao mesmo tempo à organicidade e à provisoriedade. É esta também a fisionomia deste livro, fruto do inteligente rigor e da incansável diligência de Luca Baranelli.

Cento e uma entrevistas distribuídas ao longo de quatro décadas: o mais imponente conjunto disponível de autocomentários calvinianos. O efeito é, inevitavelmente, o de um novo e grande canteiro autobiográfico: uma autobiografia *in progress*, móvel e multifacetada, construída por sucessivas ampliações, entre atualizações e retomadas, ajustes e confirmações, na contínua renovação de tempos, rotas, perspectivas: uma autoapresentação similar a um prisma giratório, que adquire forma diante de nossos olhos, jamais permitindo uma visão completa e estabilizada. Talvez fosse exatamente assim que Calvino gostaria de aparecer: coerente, mas não inerte, dinâmico sem ser dispersivo, dedicado a uma contínua autoconstrução, na qual pode se mostrar alternadamente obstinado ou volúvel, persistente ou errante, mas nunca imóvel, nunca satisfeito ou equívoco.

Mesmo no âmbito restrito da forma entrevista, estas páginas oferecem uma seara extraordinariamente rica de observações. Sobre o conjunto da obra calviniana, em primeiro lugar, sobre as orientações tanto gerais quanto individuais de cada obra — mas não só. Vejam-se, por exemplo, as reflexões dispersas sobre o gênero romance, em termos ora conceituais (o romance como "história profana de *metamorfoses*", aqui à p. 53), ora práticos (o romance como discurso elaborado "para responder a uma série de exigências imaginativas, cognitivas, reflexivas e emocionais", aqui à p. 148); ou o diagnóstico sobre o "vício de origem" da literatura italiana ("uma literatura crescida no canteiro do gosto e da sensibilidade, e não na horta das ideias", aqui à p. 53); ou as observações sobre o modo de ler ("o que conta é a leitura daquele romance único que todos os romances concorrem para formar", aqui à p. 148) e o papel dos leitores ("a tensão ideológica deve operar mais no leitor do que na obra: o que conta não é tanto o que a literatura 'ensina' ou quer ensinar, e sim a 'pergunta' que o leitor dirige à literatura, sua maneira de interrogá-la", aqui à p. 154).

Entre os comentários sobre sua obra, podemos lembrar — sempre a título de uma amostragem sumária — a aproximação entre Cosimo Piovasco di Rondó e Quinto Anfossi, o protagonista de *A especulação imobiliária* (embora um seja extravagante e o outro conformista, o que os une é o fato de se imporem regras e seguirem-nas "até o limite", aqui à p. 69, n. 3). Ou o desejo de que os leitores comparem *As cosmicômicas* e os quadrinhos cômicos pré-históricos de B.C., o personagem de Johnny Hart (aqui à p. 121); ou a ideia de que se tenta exprimir em *As cidades invisíveis* "a sensação do tempo que permaneceu cristalizado nos objetos" (aqui à p. 527).

Algumas pequenas revelações e também algumas curiosidades. Um erro (intencionalmente?) jamais corrigido na transcrição do senhor Palomar para o nome de um queijo francês (*Chabicholi* em vez de *Chabichou*, aqui à p. 559).[6] O projeto jamais realizado de escrever um sistema de contos, aos moldes de *O castelo dos destinos cruzados*, interpretando livremente algumas gravuras de Dürer ("as alegorias mais complicadas, como a *Melancolia*, a *Fortuna*, o *Cavaleiro* e a *Morte*", aqui à p. 372). O título *Na metade do século*, concebido para uma trilogia realista dos anos 1950, contendo Especulação, Nuvem de smog e Dia de um escrutinador (cf. aqui à p. 105), pode ser, se se quiser, uma sugestão editorial.[7]

E há mais. Avaliações políticas da história italiana: sobre a DC ("Um grande número de interesses particulares: essa foi e é a força do sistema democrata-cristão, o seu tipo específico de força *democrática*, em que se entende por democracia uma soma de interesses heterogêneos, e não o sentido de interesse geral", aqui à p. 203), com o acréscimo de uma opinião que se revelará profética ("Creio que, enquanto o modo de governar se mantiver o mesmo, qualquer partido no poder acabará por sofrer o contágio democrata-cristão e se tornará um partido clientelista", aqui à p. 205) e de um voto que se mantém atual ("Poderemos dizer que só temos um tipo de governo realmente novo quando estar ou não estar no governo for muito menos importante…", aqui à p. 205). Sobre o compromisso histórico (a hipótese, muito discutida no final dos anos 1970, de uma possível aliança entre a Democracia Cristã e o Partido Comunista no governo): "Um compromisso assim declarado […] é menos perigoso do que a vocação para a mediação oculta, sempre presente na tradição política italiana" (aqui à p. 316). Reflexões gerais: "O que conta em todos os movimentos, em todas as revoluções, são os efeitos lentos, os efeitos silenciosos, os efeitos indiretos" (aqui à p. 432).

Várias considerações sobre si mesmo, naturalmente: sobre sua orientação intelectual, sobre seu estilo: "Uma coisa que rejeito instintivamente é a agitação de véspera de apocalipse, catástrofe ou palingenesia" (aqui à p. 138) — afirmação que será adotada como princípio regulador interno do utopismo calviniano. Ou, num plano mais pessoal, o propósito de transpor precocemente a soleira da velhice: "Por muito tempo, eu me identifiquei com o jovem: via a vida, a política, a literatura como campos de energia, itinerários para uma iniciação. Hoje, a única maneira segura de ter uma velhice decente é começá-la bem cedo" (aqui à p. 158). Essa declaração, que é de 1970 (Calvino tinha então apenas 47 anos), merece um breve comentário. À diferença de muitos intelectuais italianos, e apesar das técnicas combinatórias e do malabarismo criativo que às vezes lhe foram imputados como sinal de índole esquiva ou de irresponsabilidade, Calvino nunca pretendeu gozar de juventudes adicionais. Jovem, foi apenas uma vez: a sério, no pleno sentido do termo; uma vez e só, fazendo com que essa única vez lhe servisse e lhe bastasse como base para um itinerário intelectual e humano — não linear e sim recortado, descontínuo, controverso, mas imune a fingimentos e veleidades.

Em Calvino é constante a reivindicação de pertencimento a uma época precisa e irrepetível: "[...] todo escritor tem uma data própria", declara em 1979 (aqui à p. 274). E isso não por presunção, pois o orgulho é sempre atenuado pela consciência crítica ("Minha geração foi uma bela geração, embora não tenha feito tudo o que poderia", aqui à p. 91), mas pela exigência de se situar, isto é, compreender e esclarecer, primeiro para si mesmo, o seu lugar de fala. De temperamento sombrio, propenso a preferir "o opaco", o ubagu (a sombra, justamente), Calvino parece ter tirado bom proveito da lição do homem sem sombra, o Peter Schlemihl de Adalbert von Chamisso. Com efeito, numa memorável passagem do material preparatório para as *Seis propostas para o próximo milênio*, ele sustenta que a perda da sombra pelo herói da *Wundersame Geschichte* [*História maravilhosa*] não equivale à perda da alma, mas à perda da solidez: "o que temos de mais sólido é exatamente o que não aparenta qualquer solidez, isto é, nossa possibilidade de nos situarmos em relação... a quê? a uma nascente luminosa e a um plano de fundo".[8] Calvino não se esquece de apontar tal problema. A identidade do sujeito pode ser relativa, mutável, múltipla, conjectural. O local onde toma a palavra, não.

O tema da velhice e da difícil relação com as gerações posteriores ocupa boa parte da entrevista com Alberto Sinigaglia, de 1981. Calvino conclui com um paradoxo engenhoso: "Quem sabe se a melhor solução não é se tornar um velho muito antipático. Creio que eu conseguiria sem muito esforço, talvez até acentuando as características repulsivas da velhice, tornando-me um velho ranzinza, maldoso, um pouco asqueroso, um pouco sinistro. Assim poderia provocar nos jovens uma reação de beleza, de limpeza, de alegria" (aqui à p. 426). No mesmo ano, Calvino faz uma importante afirmação na entrevista ao periódico australiano *Queensland Dante Alighieri*. Ele declarou que seu livro mais abstrato, *O castelo dos destinos cruzados*, trazia "a coisa mais autobiográfica (autobiográfico-ideológica) que escrevi, uma espécie de profissão de fé da minha moral". Trata-se da descrição dos quadros de Carpaccio no ciclo de São Jorge e São Jerônimo: "É uma daquelas coisas que, se eu tivesse morrido [na época], faria questão de que fosse considerado como o meu testamento. Espero ter tempo também para escrever vários outros testamentos, talvez contraditórios entre si, mas esse aí é um testamento, datado, porém ainda válido..." (aqui à p. 453). Comparado a tal confissão, o comentário à mesma passagem do Castelo, que se lê na quarta lição americana, "Visibilidade", apresenta um grau de envolvimento pessoal decididamente menor.[9]

Entre as considerações sobre sua escrita, destaca-se a concedida ao musicólogo Lorenzo Arruga: "Na vida cotidiana, sou um incompetente. Quando escrevo, sinto necessidade de aparentar competência. É um gesto amoroso meu no qual simulo a competência" (aqui às pp. 448-9). É uma afirmativa que diríamos estar em flagrante contradição com sua professa "moral artesã", evocada em outro lugar como norma de sua atividade criativa ("Procuro fazer produtos que sirvam", aqui à p. 272). Mas, entre a carta do *Eremita* (São Jerônimo) e a do *Cavaleiro de espadas* (São Jorge), sempre pode assomar a carta do *Mago* no tarô: "sou sempre como a cada vez me imagino ser, enquanto continuo sentado a conduzir a caneta subindo e descendo pela página".[10]

Naturalmente, poderíamos prosseguir por muito tempo, passando de um tema a outro. Uma observação sobre o tamanho variável de sua caligrafia: "Escrevendo em letra bem miúda, tenho a ilusão de vencer as dificuldades, como que de atravessar as moitas que me barram o caminho" (aqui à p. 436). Um flash parisiense: "Paris é uma das poucas cidades no mundo em que nunca sentimos necessidade de perguntar por que estamos ali e não em outro lugar" (aqui à p. 212). Uma definição da imaginação: "é um modo de organizar as imagens" (aqui à p. 338). E do labirinto, entendido como símbolo: "o labirinto é uma máquina para sair" (aqui à p. 552).

Mas juntar citações é, no fundo, a operação mais banal que se pode fazer com uma coletânea de entrevistas. Mais interessante (e obviamente mais difícil) seria comparar as imagens do autor que vão aos poucos adquirindo forma: confrontar os perfis — os desenhos, os esboços a pena, a

19

carvão — ora rápidos e sumários, ora com contornos e contrastes mais cuidadosos. O narrador iniciante, o jovem autor já firmado, o intelectual engajado tantas vezes interpelado sobre o nexo política/cultura, sobre a situação da literatura italiana, sobre as relações entre cinema e romance, sobre a América; o escritor assediado pelos holofotes da crítica, convocado a falar sobre cada novo livro... e tampouco se pode tomar por assente que a melhor maneira de ler um livro de entrevistas seria avançar em ordem cronológica, do início ao fim. Se é verdade que existem livros de Calvino que sugerem leituras descontínuas, salteadas, transversais (como *As cidades invisíveis* ou *Palomar*), isso se aplica ainda mais a uma antologia de textos híbridos como o são, por definição, as entrevistas.

A bem dizer, entre os diversos "gêneros" da crítica literária, a entrevista é, ao mesmo tempo, o mais afortunado e o mais negligenciado. O mais afortunado: a entrevista é um elemento indispensável para os suplementos literários, as páginas culturais, os programas de rádio e de televisão, os sites na internet. Há várias razões para isso, fáceis de intuir. Entrevistar uma pessoa é um método rápido para levantar informações e uma forma ágil de transmiti-las. Nas entrevistas existe sempre a agradável sensação de ar circulando: a alternância com formas discursivas contínuas (ensaios, intervenções, artigos) produz uma variação de espaços e ritmos que parece criada precisamente para agradar a leitores, ouvintes, internautas. Não por acaso podem-se encontrar entrevistas também em coletâneas ensaísticas de um autor, e Calvino não é exceção. Já *Assunto encerrado* inclui várias delas, sobretudo respostas a questionários; nos projetos de livros não realizados, teriam um papel decididamente mais relevante. Ao leitor deste livro não passará despercebido que as entrevistas de maior fôlego — de Roberto de Monticelli (1959), Carlo Bo (1960), Madeleine Santschi (1967), Raffaele Crovi (1969), Ferdinando Camon (1973), Daniele Del Giudice (1978 e 1980), Marco d'Eramo (1979), Ludovica Ripa di Meana (1980), dos estudantes de Pesaro (1983), até a última, concedida a Maria Corti no verão de 1985 — não deixam nada a desejar em relação a verdadeiros ensaios críticos.

E, no entanto, é um gênero negligenciado. Se as *interview techniques* constituem um capítulo importante em qualquer curso de jornalismo e em muitas áreas das ciências sociais que utilizam métodos qualitativos de pesquisa (distintos dos métodos quantitativos e estatísticos), no campo literário a entrevista é pouquíssimo estudada. Aqui também não é difícil apontar algumas razões. Do ponto de vista formal, a entrevista apresenta a ascendência mais ilustre que se pode imaginar, o diálogo; mas, enquanto gênero literário, o diálogo é sempre ficção. O autor, na verdade, é um só, e isso equivale a uma garantia: se existe um autor, ele pode ter — peço desculpas pelo trocadilho — autoridade. A entrevista, por sua vez, que é a expressão mais espontânea e genuína, mas também a mais contingente, instrumental e *roturière*, da forma dialógica, sofre de um déficit congênito de autoridade, que não exclui os casos (não raros em Calvino) de entrevistas fictícias, autoentrevistas, manipulações em forma de entrevistas de reflexão ou manifestações heterogêneas. O problema não é a veracidade documental, isto é, a correspondência mais ou menos fiel a uma efetiva troca de discursos, e sim seu status. Híbrido por natureza, compósito, e por isso visto como espúrio, o texto da entrevista não pode ser plenamente atribuído ao entrevistado nem ao entrevistador; e isso compromete o antigo prestígio do diálogo, do qual pouco ou nada resta. Tanto mais que a relação entre os interlocutores, de modo geral, subverte a do arquétipo socrático-platônico: o papel principal não é o de quem pergunta, e sim o de quem responde.

Sem dúvida, é apenas na aparência que a função do entrevistador é subordinada, como bem sabe todo aquele que já se arriscou nesse gênero binário de discurso. Perguntas bem elaboradas e bem formuladas são condição fundamental para que as respostas sejam interessantes. E isso vale tanto para as entrevistas de forma fixa — tipicamente as pesquisas e os questionários, dirigidos a diversas pessoas — quanto para as conversas individuais, mais ou menos estruturadas. Há casos, é claro, muito variados: tem-se desde a mera sucessão de perguntas preestabelecidas, com a vez de cada um claramente definida e um rigoroso respeito pelos papéis *one-up* e *one-down*, até andamentos mais flexíveis e negociados, para mútua adaptação, que às vezes desembocam no verdadeiro diálogo, na conversa, no limite chegando ao bate-papo ou ao *bavardage* (hipótese, esta última, excluída a priori com Calvino).

Por fim, a tipologia das entrevistas calvinianas é bastante variada não apenas pelos assuntos: há diferenças igualmente relevantes na relação entre os interlocutores, nas maneiras de conduzir, no tom e no ritmo do diálogo. É muito evidente, por exemplo, a distância entre as autoentrevistas límpidas e quase didáticas sobre *As cosmicômicas* (aqui às pp. 121-7) ou *As cidades invisíveis* (aqui às pp. 175-7) e a interação mais animada, às vezes quase ríspida, nos colóquios com Ferdinando Camon (aqui às pp. 182-98) ou Marco d'Eramo (aqui às pp. 268-81); isso também se aplica à diferença entre o douto confronto com Guido Almansi (aqui às pp. 222-35) ou o refinado tête-à-tête com Daniele Del Giuduce (aqui às pp. 361-9) e o fugaz encontro com uma cronista de *France Observateur* (aqui às pp. 71-4). Cada um desses casos também mereceria comentários. Se de fato Calvino estava de mau humor (como atesta a mulher do escritor, Chichita Singer) quando encontrou D'Eramo, a entrevista de Camon não é de forma alguma a reprodução de um verdadeiro diálogo. Numa carta a Edoardo Sanguinetti, de 5 de fevereiro de 1974, provavelmente nunca enviada, Calvino escreve: "O estado de consistência de minhas ideias hoje me leva a preferir ao gênero ensaio — e àquele grau de peremptoriedade que ele exige — o gênero diálogo, um diálogo verdadeiro, isto é, discutindo com um interlocutor não fictício, mas sempre um diálogo fingido, isto é, escrito fingindo que se fala. (Parte ou não de uma discussão a viva-voz.) Comecei a praticar esse gênero no ano passado fingindo por escrito respostas que teria dado a Ferdinando Camon".[11]

Por outro lado, a entrevista concedida a Maria Craipeau, para *France Observateur*, é real e até divertida. Calvino chega atrasado ao encontro, esbaforido, e em primeiro lugar apresenta suas desculpas. "Estou realmente desolado, mas você há de me entender: no almoço encontrei Sartre. Acabo de voltar dos Estados Unidos, onde passei seis meses sem ouvir uma única palavra de 'conversa ideológica'. E, tão logo chego, Sartre me explica as novas posições da esquerda europeia..." (aqui à p. 71). As últimas linhas do texto trazem também uma justa ressalva ao título da tradução francesa de *O barão nas árvores* (Le baron perché): "'perché', empoleirado em francês, significa imobilidade, enquanto o barão é a mobilidade em pessoa..." (aqui à p. 74). Quanto ao encontro com Almansi, é um dos poucos casos em que a contribuição do organizador deste livro foi também filologicamente preciosa: com efeito, Baranelli remete não à versão publicada em *The New York Review*, nem à publicada postumamente na Itália (traduzida do inglês), mas à original datilografada em italiano, conservada em Lugano entre as cartas de Almansi (cf. aqui à p. 222, n. 1).

Uma entrevista de fato sui generis pela idade e pela quantidade dos interlocutores é, por fim, o encontro com os estudantes de Pesaro em 1983 (aqui às pp. 467-85). Aqui encontramos Calvino descontraído, à vontade, até confidencial. Sem dúvida, é difícil deixar de perceber uma ponta de coquetismo em afirmações como esta: "Escrevo porque não tinha talento para o comércio, não tinha talento para o esporte, não tinha talento para muitas outras coisas; era um pouco como aquele que, para usar uma expressão famosa, é 'o idiota da família'".[12] As perguntas feitas pelos estudantes são claras e singelas, e o entrevistado responde com igual franqueza. A resposta à pergunta "Por que escreve?" traz uma das interpretações mais originais que Calvino apresentou sobre si mesmo (que o tom modesto e sociável não nos engane): "Posso dizer que escrevo para comunicar, porque a escrita é como consigo fazer as coisas passarem através de mim [...], para fazer de mim instrumento de algo que é certamente maior do que eu e que é o modo como os homens olham, julgam, comentam, exprimem o mundo, fazê-lo passar através de mim e recolocá-lo em circulação. Esta é uma das várias maneiras como uma civilização, uma cultura, uma sociedade vive, assimilando experiências e recolocando-as em circulação" (aqui à p. 471). Literatura, portanto, como uma espécie de fotossíntese clorofiliana. E num sentido não demasiado metafísico: graças à representação literária, elementos dispersos, desorganizados, inorgânicos se compõem em organismos, os quais, por sua vez, são reintroduzidos num ciclo vital.

Em várias ocasiões Calvino raciocina sobre a ideia da escrita — e do escritor — como intermediária: e isso tanto antes quanto depois de *Se um viajante numa noite de inverno* (que, entre outras coisas, é um repertório de formas de desautorização do autor). Na entrevista a Madeleine Santschi para a *Gazette de Lausanne*, em 1967, Calvino se expressa nos termos da teoria da comunicação: "O homem é apenas uma ocasião que o mundo tem para organizar algumas informações sobre si mesmo" (aqui à p. 138). Na época de *As cidades invisíveis*, ele fala em eletromagnetismo e neurologia: "[...] para escrever um livro não basta querer. É preciso que se forme uma espécie de campo magnético: o autor fornece o seu equipamento técnico, a sua disponibilidade em escrever, a sua tensão gráfico-nervosa; o autor é só um canal, e os livros são escritos por intermédio dele" (aqui à p. 181). Num dos últimos capítulos de *Palomar*, "O mundo olha o mundo", ele recorre, porém, a uma metáfora ótica: "Para olhar a si mesmo, o mundo precisa dos olhos (e dos óculos) do senhor Palomar".[13] A versão da conversa em Pesaro dissipa aquele elemento frio, abstrato, levemente distanciado que está implícito nas teorizações cognitivas e nas analogias visuais e eletrolíticas. Não mais uma perspectiva intelectual ou um olhar que examina ou contempla, mas um ser vivo que absorve e reelabora. À distância seguem-se o comprometimento, a apropriação, o envolvimento; com a advertência — absolutamente decisiva — de que se trata apenas de uma fase num processo ininterrupto. A escrita-clorofila não tem seu fim em si mesma; ela é ao mesmo tempo aquisição e relançamento, conquista e disseminação, no ciclo contínuo de um metabolismo cultural universal.

Na verdade, por trás da visão calviniana do mundo e do agir humano oculta-se uma forte raiz botânica. Já a poética do "retirar" (da síntese, da estilização redutiva, da subtração de peso), sobre a qual ele insistiu várias vezes, remete à ideia de poda. Desbastar, selecionar, encurtar, cortar: assim imagens, cenários, figuras retomarão força; assim se robustecerá a estrutura da narrativa e da linguagem, e um dia poderá se adensar com renovado vigor. Não por acaso, em *O barão nas árvores*, a poda constitui uma das atividades principais de Cosimo, também do ponto de vista simbólico (e note-se a atenção propriamente técnica às ferramentas do ofício): "Cosimo podava bem e cobrava pouco: assim, não havia pequeno agricultor ou arrendatário que não lhe pedisse para passar por lá, e viam-no, no ar cristalino daquelas manhãs, ereto, com as pernas abertas sobre as baixas árvores nuas, um cachecol enrolado no pescoço até as orelhas, a levantar o tesourão e zac! zac! e com golpes seguros fazer voarem ramos secundários e pontas. Usava a mesma arte nos jardins, com as plantas de sombra e ornamentais, armado com um serrote, e nos bosques, onde tentou substituir o machado dos cortadores de lenha, que só prestava para desferir golpes no pé de um tronco secular para abatê-lo inteiro, por sua ágil machadinha, que trabalhava apenas nas galhadas e nas copas. Em suma, o amor por este seu elemento arbóreo levou-o a se tornar, como acontece com todos os amores verdadeiros, também desapiedado e doloroso, que fere e corta para fazer crescer e dar forma".[14]

Mas, no diálogo com os estudantes de Pesaro, também surge outro traço tipicamente agronômico de seu modo de fazer literatura: avançar por tentativas. "Um homem avança por tentativas" (aqui às pp. 477, 480 e 481). E isso tanto em relação à possibilidade de se tornar escritor — Calvino diz "Trabalho como escritor" e não "Sou escritor", que implica uma perspectiva bastante diferente —[15] quanto em relação à composição desta ou daquela obra. Avança-se por tentativas, porque não há nada garantido. Nada garante que a planta vingue: talvez seja necessário mudar sua exposição à luz, talvez ela precise de regas mais abundantes ou mais escassas, ou talvez apenas de tempo. São tentativas, portanto: testes, experiências. Ou melhor, desafios: "Geralmente coloco-me um problema, quero escrever um livro assim e assado, que apresente tais e tais dificuldades, costumo fazer desafios a mim mesmo; é uma espécie de desafio comigo mesmo que me coloco: 'vamos ver se consigo escrever uma coisa assim'" (aqui à p. 469). Naturalmente as tentativas hão de ser múltiplas. E, de fato, Calvino tende a trabalhar em diversas frentes: "Sempre tenho muitos livros iniciados, muitos projetos, que procuro levar adiante ao mesmo tempo" (aqui à p. 295); "Sempre faço muitas coisas ao mesmo tempo. É um fato que sempre lamento, mas que provavelmente corresponde a uma necessidade minha" (aqui à p. 436). Cultivar — escrever — também é isso. Testar, de diversas maneiras; multiplicar as tentativas; apostar na pluralidade e na diferença. Com paciência e persistência, com aplicação e imaginação.

Seu pai Mario, além de importar toranjas, abacates e uma quantidade impressionante de outras espécies vegetais ("flores e plantas ornamentais, fécula, hortaliças, açúcar, essências") para o Velho Mundo,[16] havia travado uma árdua batalha contra a monocultura do cravo na região do Ponente na Ligúria.[17] De certa forma e — presumimos — sem nenhuma intenção preestabelecida, Calvino acabou por seguir seus passos. Não no caminho de São João, por trilhas e picadas estreitas, mas pelas vias da criação literária, combatendo a monocultura do ego (erva daninha, se porventura existisse) e cultivando, entre hibridações e enxertos, a biodiversidade das formas do discurso. Disso temos vívida prova e confirmação nesta coletânea de entrevistas.

Mario Barenghi

NOTA DO ORGANIZADOR

Caro Arbasino, reorganizando meus papéis um tempo atrás, percebi com pesar que as entrevistas a que respondi (na maioria por escrito) e as respostas às pesquisas etc. constituem quase a maior parte de minha obra dos últimos anos. Sabiamente, agora fazia um ano que eu recusava qualquer entrevista: revistas semanais, tevê etc. (Mas já quebrei essa regra de ascese e me deixei entrevistar pelo Espresso.*) E, além do mais, vejo que você pensa numa espécie de interrogatório de terceiro grau, em que devo mostrar minhas cartas, passadas, presentes e futuras. Justo agora que entendi que o grande segredo para um escritor é se ocultar, escapar, confundir os rastros!*
Italo Calvino a Alberto Arbasino,
23 de fevereiro de 1963

Como admitia o próprio Italo Calvino, a aversão e o incômodo em relação à biografia e à autobiografia que ele manifestou em várias ocasiões, às vezes até com rispidez, eram ambivalentes e "neuróticos". Aos pedidos de jornalistas, críticos e leitores para falar sobre si e sobre suas obras, ele costumava reagir com impaciência ou desconforto, quando não recusava de pronto.[1]

Calvino defendia o laconismo — tanto da "própria cara" quanto, pior ainda, da "alma minha" — como "um bom método para comunicar e conhecer", fruto de um temperamento "em que se perpetua o legado de meus pais lígures, linhagem que, como outras, jamais desdenha efusões".[2] Como autor, por outro lado, não escondia sua insatisfação com alguns contos autobiográficos de *Por último vem o corvo,* que julgava "não muito felizes", e principalmente com o tríptico de *A entrada na guerra* (1954), com o qual quisera aventurar-se "na narrativa em chave autobiográfica explícita, com um andamento argumentativo, ensaístico, e arriscando um certo inevitável lirismo de 'literatura da memória'".[3] Muitos anos depois, numa carta de 16 de setembro de 1968 ao italianista inglês John R. Woodhouse, que acabara de publicar um livro sobre ele, Calvino afirma: "Com certeza os autores existem e são necessários, mas o estudo da literatura por autor parece-me cada vez menos o caminho correto. A figura pública do escritor, o personagem-escritor, o 'culto à personalidade' do escritor são para mim cada vez mais insuportáveis nos outros e, por conseguinte, em mim mesmo".[4]

Contudo, nos últimos anos, e sobretudo no último ano de vida, percebe-se nele uma atitude diferente, mais penosa e contrafeita, à qual a morte súbita e prematura confere como que um tom de testamento, e em que a invenção narrativa e a verdade biográfica tendem a convergir, quando não a coincidir. Prova disso, entre outras coisas, é a intenção de reunir alguns textos autobiográficos fundamentais da maturidade, que não teria tempo de publicar em vida. Quando Calvino declara, numa entrevista de 1979 a Nico Orengo: "Qualquer dia vou decidir escrever um livro diretamente autobiográfico ou, pelo menos, reunir fragmentos de 'vivências'",[5] é impossível deixar de pensar no projeto inacabado de *Passagi obbligati* [Passagens obrigatórias], documentado por uma anotação de punho próprio e publicado postumamente com o título *O caminho de São João*. Alguns anos depois, na entrevista a Michele Neri, em janeiro de 1985, lê-se: "Sim, porque mesmo quando falo do passado há sempre uma forte tensão em direção a um futuro fantástico. De todo modo, persiste em mim a tentação do passado e da memória, e entre os vários livros que comecei e nunca levei adiante há também um autobiográfico. Mas, tendo formado a minha educação literária numa época em que a literatura da memória e o exemplo de Proust estavam muito no auge, sempre procurei evitar esse caminho, porque já era percorrido por muitos escritores. Mas não tenho dúvidas: um dia terei de prestar contas também com a minha autobiografia. Antes que o meu passado saia definitivamente do meu campo de visão".[6] É numa comovente carta de 18 de março de 1985 a Graziana Pentich, em que relembra a amizade com ela e com Alfonso Gatto no imediato pós-guerra em Turim, que ele confidencia: "Há tempos tenho intenção de escrever um longo relato sobre aqueles anos, autobiográfico, e já tenho em mente uma parte dele, quase palavra por palavra, e vocês dois estão logo no começo. Uma certa relutância em me entregar ao impulso da memória autobiográfica é o que me tem segurado até o momento, mas *todos os anos coloco-o na lista de coisas a fazer*".[7] Poucos meses depois, em 27 de julho de 1985, quase às vésperas de sua morte, Calvino escreve a Claudio Milanini: "Toda vez que revejo minha vida fixada e objetivada, sou tomado pela angústia, principalmente quando são informações que eu mesmo forneci [...] redizendo as mesmas coisas com outras palavras, espero conseguir contornar *minha relação neurótica com a autobiografia*".[8]

Calvino sabia muito bem que toda biografia, mesmo a de um escritor, é um dado irreversível; e que não é verdade, ou é verdade somente em parte, "que as únicas coisas que importam dos escritores são os livros", como dissera remetendo-se a Benedetto Croce nas cartas já citadas de 1964 e 1965. A autobiografia de um escritor perpassa suas obras de modo explícito ou latente, sem se esgotar nelas, mesmo que, para se manifestar, precise de tempos, modos e lembranças que somente o escritor conhece.

Na longa entrevista a Ferdinando Camon, em 1973, Calvino diz: "Se escrevesse agora um conto ou um romance sobre os *partigiani* [membros da Resistência italiana] [...], teria de ser o ponto de encontro entre um certo tipo abstrato, dedutivo, de construir a narrativa que elaborei nos últimos anos, e um modo de acumulação de detalhes da experiência, de descrição minuciosa de objetos, lugares e ações, que é um modo de escrever que de vez em quando sinto ser necessário, embora raramente consiga empregá-lo. Sem dúvida, seria preciso uma memória muito mais precisa do que a minha, mais analítica".[9] E numa carta escrita em maio de 1974, ao evocar a batalha *partigiana* de Baiardo de 17 de março de 1945, Calvino afirma que, em *A trilha dos ninhos de aranha* e em seus primeiros contos, "episódios e personagens são completamente transfigurados. Só agora, depois de tanto tempo, sinto vontade de narrar com absoluta fidelidade... mas me lembro de muito pouco".[10] Nove anos depois, numa longa conversa com os estudantes de Pesaro, ao perguntarem se ele voltaria a escrever sobre a Resistência, Calvino responde: "infelizmente a memória apaga muitas coisas, e um texto sobre a Resistência que comecei a escrever, e talvez continue, como parte de um dos vários próximos livros que tenho em preparação, é precisamente uma espécie de batalha com a memória para me lembrar de um episódio, para procurar trazê-lo de volta à memória tal como de fato era, na minha constante preocupação de transmitir sempre a verdadeira realidade de uma experiência, mais para contrapô-la à maneira usual de falar dessas coisas em termos históricos ou comemorativos ou jornalísticos ou políticos, e procurar recuperar aquela que era a verdadeira realidade vivida disso.".[11]

As entrevistas e as respostas a pesquisas, um gênero de expressão com certeza menos autoral e a princípio mais objetivo que a escrita criativa, constituem o lugar natural onde Calvino não pôde se eximir de fornecer inúmeras informações sobre si mesmo, sua vida e sua obra. Como o leitor poderá ver, trata-se em boa parte de dados referentes à autobiografia intelectual; ou, melhor dizendo, de um autocomentário constante, pontual e difuso sobre sua obra.[12] E, no entanto, apesar da interpretação de certo modo "pilotada" que todo autocomentário comporta, mostra-se de enorme utilidade para melhor entender e analisar sua atividade literária, sua poética e sua autoconsciência de autor. E também sua biografia em senso estrito.

A consulta aos papéis conservados por Calvino documentou e confirmou em muitos casos que, quando era entrevistado, ele preferia *escrever* as respostas e possivelmente também as perguntas.[13] Se isso é normal no caso de pesquisas promovidas por revistas literárias, em que as perguntas são submetidas com antecedência aos entrevistados — os quais podem responder apenas por escrito —, é preciso dizer que Calvino também costumava responder por escrito aos jornalistas e colaboradores de jornais e revistas semanais que lhe pediam uma entrevista para sair em curto prazo. Não só: às vezes o próprio texto podia lhe servir para outras finalidades e outros periódicos, com pequenas variações nos conteúdos e épocas de publicação. Essa prática — que parece consolidar-se de modo sistemático no início dos anos 1960, quando ele já atingira a plena consciência de ser escritor — permitiu em vários casos, sempre assinalados, que eu comparasse, corrigisse e integrasse o texto das entrevistas impressas, graças aos originais manuscritos ou datilografados que ele preparara e conservara.

Em março de 1963 — depois de um silêncio narrativo de três anos e meio —, Calvino publica o romance curto *O dia de um escrutinador*. Escreve então uma apresentação que é utilizada tanto pelo principal jornal diário quanto pelo maior semanário italiano: a primeira parte desse texto sai em 10 de março no *Corriere della Sera*, antecedida por uma única pergunta; a segunda parte é refundida, sem mudar quase nenhuma vírgula, num artigo-entrevista que Andrea Barbato assina no *Espresso* na mesma data. Isso se repete de modo mais amplo e sistemático em 1965 e 1967, quando são publicados *As cosmicômicas* e *Ti com zero* [T = zero]; e mais uma vez no outono de 1972, quando Calvino, para acompanhar a publicação de *As cidades invisíveis*, prepara perguntas e respostas tanto para o *Espresso* quanto para uma série de jornais locais. Essa estratégia de autoapresentação por meio de entrevistas se tornará especialmente articulada para *Se um viajante numa noite de inverno* e *Palomar* (mas será utilizada também para a coletânea de ensaios *Assunto encerrado* e para textos de outra natureza).

Como é natural, aqui neste livro não faltam — aliás, no geral predominam — entrevistas de outros tipos, não programadas ou não ligadas a seus livros, que abordam livremente uma multiplicidade de temas: biográficas tout court (vejam-se as de *Caffè* e de *Positif*, para dar dois exemplos distantes: 1956 e 1982; a de Carlo Bo, em 1960; a de Alexander Stille, em 1985); de análise, avaliação e reflexão sobre a situação e os destinos da literatura italiana e estrangeira, em que a afoiteza um pouco *peremptória* das entrevistas juvenis cede lugar, com os anos, a uma postura mais cautelosa e perplexa; sobre o cinema, sobre os Estados Unidos e Nova York (1960, 1984); sobre sua experiência política e sobre a política cultural do PCI (de grande interesse a de Bernardo Valli, em 1977); sobre a política em geral; sobre o terrorismo dos anos 1970 (entrevista de Fanti, em 1978); sobre o "neoindividualismo" dos anos 1980; sobre autores prediletos (Ariosto, Galileu, Leopardi, Stendhal, Poe, Stevenson, Conrad, Flaubert) ou escritores e poetas contemporâneos (Montale, Pavese, Vittorini, Fenoglio, Pasolini, Sciascia, Manganelli, Valéry, Kawabata, Borges, Nabokov, Queneau, Perec, Ponge, Vidal); sobre a palavra escrita e falada; sobre a experiência libretista para Luciano Berio; sobre as cidades e o futuro da cidade: Veneza, a "eufórica e extrovertida Milão" contraposta à "metódica e prudente Turim" (entrevistas de Claudio Marabini, em 1975, e Maria Corti, em 1985); sobre o futuro do universo e do homem (entrevista de Alberto Sinigaglia, em 1981) e muitos outros assuntos.

O presente livro reúne 101 entrevistas, entre as mais de duzentas concedidas por Italo Calvino e publicadas em jornais, revistas e livros num período que vai de 1951 a 1985. O número das entrevistas escolhidas para cada década é proporcional às efetivamente concedidas e, sobretudo, à crescente notoriedade de Calvino: dez dos anos 1950 (isto é, quase todas as publicadas), umas vinte dos anos 1960, umas trinta dos anos 1970, 41 nos seis escassos anos de 1980 a 1985. Algumas entrevistas não incluídas nesta coletânea são citadas em nota, recuperando passagens que me pareceram significativas, pertinentes e funcionais.

Considero que o amplo critério de inclusão nesta coletânea — com entrevistas que às vezes voltam aos mesmos assuntos — contribui para transmitir a ideia de uma reflexão e de um discurso que se enriquecem e adquirem maior precisão com o passar do tempo, mas que mantêm uma série de constantes e pontos fixos: a moral intrínseca ao trabalho, a qualquer trabalho, executado da melhor maneira possível; a convicção de que as transformações sociais significativas têm durações muito longas, mais próximas ao ritmo dos processos biológicos do que ao dos atalhos da política; a sólida consciência materialista de que a realidade natural, o "mundo não escrito", não é redutível à literatura, ao "mundo escrito"; as restrições (vínculos e regras retórico-literárias, encomendas, condicionamentos externos) defendidas como estímulo fecundo à atividade criativa.

Entre as numerosas entrevistas concedidas a periódicos estrangeiros, privilegiei as publicadas em revistas e jornais franceses, uma língua que Calvino conhecia bem e com a qual podia se comunicar quase como em italiano. Nesses casos, como também para as quatro entrevistas "inglesas", minha tradução informal se propõe a oferecer aos leitores a essência das respostas de Calvino, obviamente sem pretender reproduzir as palavras e o ritmo originais. Duas felizes exceções são a entrevista de Madeleine Santschi, em junho de 1967, e a conversa com os jornalistas do periódico alemão *Zibaldone*, em abril de 1985: em ambos os casos, pude recorrer aos textos originais em italiano, escritos ou revistos por Calvino, e conservados entre seus papéis.

Renunciei às poucas entrevistas e respostas que o próprio Calvino incluiu em 1980 em *Assunto encerrado* (*Duas entrevistas sobre ciência e literatura*; *O extremismo*; *Definições de territórios: o fantástico*), bem como a algumas das que já haviam sido publicadas nas duas coletâneas póstumas, *Eremita em Paris* e *Saggi* [Ensaios], pela Mondadori.[14] Por outro lado, resolvi incluir outras, essas também reeditadas após sua morte, pois me pareceram imprescindíveis para o autorretrato traçado neste livro. Renunciei também, muitas vezes a contragosto, às várias entrevistas televisivas conservadas nos arquivos da RAI e em arquivos análogos estrangeiros, sobretudo franceses, mesmo porque só se pode entender e apreciar por completo a fala perante a imagem do falante. Dessas entrevistas, a única que incluí foi a de Nico Orengo, de junho de 1979, realmente perfeita em sua concisão.

No cotejo entre os originais e as transcrições, corrigi os erros de impressão mais flagrantes. Em todo caso, assinalei em nota os raros casos de dúvidas, lapsos e imprecisões, bem como minhas raríssimas intervenções nos textos. Em diversos casos omiti parágrafos introdutórios e frases de ligação dos entrevistadores, não indispensáveis para a compreensão das respostas de Calvino.

Entre as inúmeras pessoas amigas que me ajudaram em várias fases e em diversos modos, limito-me a agradecer a Chichita Singer Calvino pela confiança, pela memória e pela ironia, a Francesca Serra pelo encorajamento constante e a Didi Magnaldi pela preciosa revisão do esboço do texto.

Concluí este trabalho com a lembrança saudosa de Fiamma Bianchi Bandinelli, com quem vivi os melhores anos da minha vida e quem — também neste caso e até seu último dia — mais me ajudou, me aconselhou e me apoiou.

Luca Baranelli

O ESCRITOR DIANTE DA REALIDADE

Em sua opinião, por quais razões os novos autores tiveram de abordar a realidade de novas maneiras e com novas exigências? Gostaria que, na resposta, você se referisse a seu trabalho e à obra dos escritores que lhe foram mais caros.

Você falou em *abordar a realidade*. Mas, antes de *abordá-la*, o problema é encontrá-la, entender de fato onde está e o que é. A literatura do testemunho interior, da confissão individual, que você, Bo, defende com rigor, atribuía à investigação do escritor uma zona bem delimitada da consciência, recomendava-lhe que aprofundasse seus motivos, evitando ao máximo as solicitações externas. Mas o balanço dessa literatura, que teve também sua própria lógica interna e sua justificativa histórica, corria o risco inevitável de fechar no vermelho. A certo ponto, era mais aquilo a que os escritores tinham de renunciar do que aquilo que os enriquecia. Penso que foi essa camisa de força que levou alguns escritores italianos, nos anos em torno da última guerra, a buscar outros temas de expressão. Suas exigências morais, suas interrogações, suas necessidades de comunicação humana e de imagens da fantasia escapavam do círculo mágico daquela literatura interior fugidia e absorvida em si; e eram exigências e perguntas não só deles, escritores, mas de milhares de homens que se perguntavam com ansiedade cada vez maior: que terra é esta, que tempo é este em que nascemos? Que relação com o mundo se pode manter nas perigosas conjunturas que se preparam? Era natural que nós jovens procurássemos nossos

35

mestres entre aqueles que nos pareciam tender a uma resposta para essas perguntas. Pavese e Vittorini, escritores muito diversos por formação e por temperamento, podem encontrar um denominador comum na presença histórica de ambos, no que contribuíram para deslocar, desbloquear, naquilo que nossa geração procurou neles. Mais do que em certas obras deles, penso na soma de sugestões e fermentos promovidos pelas atividades dos dois. Mas, para dar corpo àquelas possibilidades poéticas que incubavam nos espíritos e no ar, não bastaram certas leituras; foi preciso um inesperado encontro com a vida, foi preciso que a Itália fantoche em que não conseguíamos nos reconhecer desmoronasse e descobríssemos uma outra, mais crua e dolorosa, mas mais nossa e antiga.

Esse foi o nosso caminho até aqui, e acredito que corresponde a uma necessidade da história literária italiana. Nossa literatura precisava descobrir um novo contato com os tempos e com o país; sua história, como a história da nação italiana, não teve um curso paralelo ao das outras grandes literaturas modernas. O tema dominante das notas literárias de Antonio Gramsci, a falta de uma literatura nacional-popular na Itália, parece-me importante não só como história da cultura, mas como consciência de um limite poético que é preciso levar em conta em nossas pesquisas expressivas. No século XIX, a estatura solitária e inalcançável de poucas obras-primas nossas não basta para formar uma plataforma sólida como a que o grande romance burguês deu às civilizações literárias inglesa, francesa e russa. Tivemos de dar uma longa volta para descobrir a lição moderna de nossa tradição.

E que desenvolvimentos você vê se abrindo à narrativa italiana nesse caminho?

É difícil fazer previsões. Será possível recomeçar a escrever grandes romances, nos quais cidades e gerações e paixões e intelectos diferentes se movam numa iluminação poética unitária? Por ora, isso me parece um objetivo difícil demais a alcançar. Penso que a direção que devemos seguir agora é um aprofundamento moral de nossa relação com a realidade que una nosso escrever a um indubitável rigor de verdade, a uma necessidade insubstituível. O certo é que nossa consciência, mais uma vez, não pode fugir aos pensamentos que nos pressionam mais de perto. Guerra, fome, polícia não desaparecerão de nossas páginas enquanto não conseguirmos fazer com que desapareçam da face da terra.

SOBRE O TEATRO E O CINEMA[1]

Como conceberia um teatro moderno, texto e espetáculo?
Assisti este ano, em dois espetáculos do Piccolo Teatro de Milão, *O servidor de dois amos*, de Goldoni, *O amante militar*, também de Goldoni, e *O médico voador*, de Molière, todos interpretados por Marcello Moretti, ótimo como Arlequim e Sganarello. Essas apresentações me despertaram o anseio por um teatro diferente do usual, mais colorido, movimentado, divertido, cheio de truques, acrobacias, bordoadas. Penso que, se houvesse uma Companhia ou um teatro que se especializasse em espetáculos assim, recorrendo a um repertório clássico, e coisas desse tipo que talvez haja no teatro — vai saber? — japonês, criando a cada vez apresentações de grande imaginação e gosto, ir ao teatro não seria mais uma coisa tediosa como é hoje. Uma Companhia desse tipo seria o equivalente moderno da Commedia dell'Arte, ou seja, onde havia improvisação, agora deveria haver técnica calculada milimetricamente. Para um teatro assim, creio que daria vontade de escrever, que surgiriam ideias, ideias ao mesmo tempo de texto e de espetáculo, e poderíamos descobrir um novo modo de transfiguração fantástica do nosso mundo e de nossos problemas. Sem dúvida, isso seria apenas um aspecto de um teatro italiano renovado e vivo; mas a invenção de uma farsa moderna poderia ajudar a criar também uma comédia de costumes moderna, uma tragédia moderna etc. É tudo uma questão de abrir uma brecha no fronte da monotonia da produção atual e de não ter medo do "escândalo".

37

■ *NASCI NA AMÉRICA...*

Alguma vez já escreveu para o teatro? Em caso afirmativo, considerou essa uma atividade secundária ou, em todo caso, menos importante do que a sua habitual? Por quê?

Possui comédias inéditas? Em caso afirmativo, por que ainda não foram representadas?

Um dos primeiros livros de ensaios que li quando jovem foi *Estudos sobre o teatro contemporâneo*, de Tilgher, e fez minha cabeça. Estava convencido de que a problemática de "realidade e ilusão", "ser e parecer" etc. era importantíssima e que Pirandello era um fato fundamental e sempre vivo em nossa cultura. E minhas primeiras tentativas literárias (dos dezesseis aos dezenove anos) se dirigiam ao teatro; escrevi não sei quantos dramas e comédias, que, por sorte, nunca saíram da minha escrivaninha. Depois, fui amadurecendo meus contatos com a realidade e definindo meus interesses, e o teatro me parecia cada vez mais um trilho morto, e me voltei para a via da narrativa.

Em sua opinião, é lícito dizer que o cinema — italiano e estrangeiro — cumpre de algum modo a tarefa de formação espiritual e cultural que — dada a enorme difusão por ele assumida junto a todas as classes sociais — poderia (e deveria) desenvolver em milhões de indivíduos ainda distantes de outras formas de cultura? Quais são os obstáculos a serem superados para se aproximar gradualmente desse resultado? Quais poderiam ser os meios para uma ação mais fecunda? Como se podem combater as tendências deletérias, deseducadoras e anticulturais que constituem ainda grande parte da produção cinematográfica internacional?

O cinema — ao contrário das outras artes — é estritamente ligado ao público, diria quase condicionado por ele. Se ele se afasta do público (interesses, moral, linguagem etc., tanto na prática quanto em potencial), fracassa; se segue de forma passiva ou corrompe as tendências do público, ganha dinheiro, mas decai como fomentador cultural, de deseducativo passa logo a fútil e nulo, o que talvez seja pior. O cinema educa não enquanto *faz moral*, mas enquanto revela atitudes morais, personagens, epopeias, aspectos ridículos que encontram correspondência na aspiração popular, que estão prontos para ser populares, mesmo que — antes que um filme os tenha revelado e mostrado — ainda não o sejam. O cinema deseduca enquanto explora as vias mais baixas para emocionar o público (erotismo, brutalidade, comicidade vulgar, evasão, luxo, comoção lacrimejante), ou o conformismo mental que leva ao consenso mecânico quando se abordam certos temas (pátria e guerra vistas retoricamente, afetos familiares melosos, religiosidade estereotipada). O cinema realista italiano consegue "penetrar" em nosso público quando este adquire uma nova consciência, um novo patriotismo ativo e problemático, isto é, aprende a amar seu país participando de seus problemas. É uma revolução moral de não curto alcance, e essencial à formação do cidadão democrático. Por isso aqueles que querem que o patriotismo permaneça estereotipado e abstrato, em defesa de interesses antinacionais e antipopulares, conduzem uma violenta campanha contra o nosso cinema. O alcance deseducativo dos filmes ruins diminuiria muito se uma parcela maior do público, em vez de se embasbacar com os filmes (sem outra capacidade de escolha a não ser dizer *é bonito* ou *é uma porcaria*), começasse a considerar os filmes assuntos sobre os quais se pode dialogar, discutir, distinguir, dizer: se fosse eu, teria feito de tal ou tal jeito. O público de um jogo de futebol, que é amplo e variado como pode ser o público de um filme, é, em comparação, um prodígio de espírito crítico, de sutileza de análise, de participação ativa. Por isso, tudo o que se pode fazer nesse sentido (debates públicos sobre filmes, cineclubes populares, campanhas na imprensa) é de enorme importância.

Numa época como a nossa, em que a tarefa mais necessária e urgente da cultura é defender a própria liberdade contra todas as pressões externas, que papel, a seu ver, deve ser reservado ao cinema? O cinema tem direito a essa liberdade, ou deve se submeter a alguns limites, graças à sua natureza que — como sustentam alguns — traria em si os germes de graves riscos para a "moral" do espectador?

Numa época como a nossa, o cinema já tem uma primeira "censura" nos produtores que precisam financiá-lo, e uma segunda na preguiça do público. Acrescentar-lhe uma terceira, de Estado, não passaria de um novo e grave atraso político. Mesmo do ponto de vista mais estritamente "moral", claro que não atingiria o erotismo hipócrita e superficial que é o verdadeiro imoralismo do cinema, mas apenas as tentativas de representar os fatos sexuais de maneira mais consciente e sincera.

Num plano mais geral, sintetizando e superando os problemas contidos nas duas perguntas anteriores, que contribuição o cinema (tanto os filmes quanto a crítica e o jornalismo cinematográficos) pode dar à defesa da liberdade da cultura?

A liberdade da cultura, tanto no cinema como em outras partes, é fortalecida reforçando a união dialética entre artista e público, de maneira que um alimente e enriqueça o outro e vice-versa; artistas e público unidos podem resistir aos ataques dos inimigos da cultura, sejam eles representados pelos financiamentos, pela concorrência da produção de pior qualidade, pelo reacionarismo de certa imprensa ou de certas autoridades.

ESCRITOR DE AVENTURAS[1]

O que representa, na linha de desenvolvimento de seu trabalho, o livro que publicou agora, A entrada na guerra?

Você sabe que gosto de alternar formas de escrever e, depois que escrevi um determinado tipo de conto, de escrever outro totalmente diferente. Não faço isso por indiferença ou ecletismo: estou convicto de que sou sempre o mesmo em tudo o que escrevo, mas não de todo. Quando escrevo, sempre percebo uma insuficiência daquele determinado modo de representação, daquela determinada linguagem, e tenho vontade de "completá-lo" com um outro. Isso porque ainda não posso dizer que encontrei o verdadeiro caminho para esgotar toda a realidade que me interessa.

Com o tríptico de *A entrada na guerra*, eu quis experimentar a mim mesmo na narrativa em chave autobiográfica explícita, com um andamento argumentativo, ensaístico, e arriscando um certo inevitável lirismo de "literatura da memória", apesar da abordagem, digamos, "moral-civil". Com isso, passei para zonas um pouco distantes das que costumo percorrer habitualmente (embora entre os contos de *Por último vem o corvo*, inventário de todos os meus temas, também haja precedentes nesse sentido, não muito felizes, na verdade), e não posso dizer que ali eu me sinta completamente à vontade. Porém, não se deve acreditar que minhas escolhas estilísticas sejam feitas assim a frio. Parto sempre de minha vocação fundamental: a de escritor de aventuras. Tenho histórias para contar e conto, escolhendo a cada vez os instrumentos estilísticos mais adequados. Aqui também as vagas solicitações autobiográficas e morais de que parti se entremearam numa narração movimentada, em boa parte imaginária. Posso dizer que o melhor resultado — também segundo os juízos emitidos desde que o conto foi publicado em *Nuovi Argomenti* um ano atrás — é o do texto mais "aventuroso" do tríptico, "Os vanguardistas em Menton" (mas que é também o menos "imaginário" dos três). Nos outros dois há mais moralismo e lirismo do que narração (e os fatos são em grande parte inventados): por isso não ficaram tão bons.

Publiquei esse livrinho tão fino justamente para atestar um trabalho feito num determinado sentido, trabalho que, por ora, não tenho intenção de continuar. Mas talvez, daqui a alguns anos, eu tenha outras duas ou três ideias a desenvolver nesse sentido.

E agora o que está escrevendo de "totalmente diferente"?

Uma coisa de fato nova: nova para mim, digo, e talvez também para os outros. É um romance muito longo, com muitos personagens, muitas coisas que acontecem, diversos ambientes, uma cidade inteira.[2] Não lhe digo mais nada, senão "toma luz" e se estraga. Escrever um romance não é um trabalho divertido: é preciso esperar muito antes de vê-lo terminado. E me satisfazem apenas as coisas concluídas. A pessoa começa, escreve um trecho, depois, por alguma razão, não segue adiante; então fica ali, não escreve mais nada porque tem de escrever o romance, não escreve o romance porque não pode ou encontra todas as desculpas para não poder, assim se passam os meses e a alma se corrói de nervosismo.

Mas então quando vai terminá-lo?
Daqui a dez anos.

Chega, vejo que hoje você está pessimista. Apesar disso, já está em seu quarto livro: entre o pessoal "com trinta anos", é um dos mais produtivos.

Entre esses quatro livros devo incluir outros dois: dois romances longos que guardei na gaveta. Com os romances ainda não cheguei lá. Com os contos é mais divertido: mal a pessoa começa já termina, e tem logo a satisfação de vê-los prontos.

Tem outro livro de contos em preparação?
Não um: dez ou doze. Todo conto que escrevo não me parece ser possível juntá-lo com outros, mas é preciso esperar outros que "componham um livro" com ele. Como estes de *A entrada na guerra*, que não é uma "coletânea de contos", mas um livro unitário. Só se pode fazer coletâneas de contos no começo ou no fim da própria atividade.

Então seu trabalho está planejado para muitos anos?
Não, só as "obras menores". Tudo o que escrevi até agora e estou escrevendo não é senão um trabalho preparatório.

Mas quando começou a escrever?
Creio que ainda não comecei a escrever. Depois, como lhe disse, agora não me sinto com disposição autobiográfica.

Diga-me uma coisa, então: os lugares onde vive influenciam sua inspiração? Você mora há vários anos em Turim, mas seus livros se passam sempre na Ligúria, tendo como pano de fundo sua paisagem natal.
É um problema complicado. Pavese sempre dizia que não se pode escrever a não ser sobre coisas conhecidas desde a infância. (ou, em todo caso, conhecidas com olhos virgens da consciência literária). É verdade, mas até certo ponto; porque a memória lírica não é o único motor da poesia. De qualquer forma, o romance que estou escrevendo se passa numa grande cidade industrial.

Mudando de assunto, quer me dizer algo sobre a condição do escritor na sociedade contemporânea?
Não, não quero.

Faça como quiser. E um juízo geral sobre a narrativa contemporânea italiana, vai me dizer?
Também não.

Você vai me pagar. E algo sobre os problemas da difusão do livro, em vista de sua experiência como assessor de imprensa de uma grande editora?

Que tédio. Vai me perguntar também sobre a relação entre cinema e literatura?

Não, vejo que está ocupado. Até logo, Calvino, e obrigado.

Até logo, Cibotto, obrigado a você e tudo de bom.

NECESSIDADE DE IDEIAS E CULTURA[1]

Você acha que existe uma nova narrativa italiana (no pós-guerra)?
A narrativa italiana é nova, porque antes não existia e agora existe. Existe porque tem consciência de existir, e porque é aceita e "usada" enquanto tal. Antes se encontravam narradores esparsos, os quais — quer isolados do quadro geral da literatura italiana (Svevo, o primeiro Moravia), quer integrantes de grupos e gerações (Vittorini e todos os "florentinos") — estavam sempre de algum modo "na contramão" em relação ao clima literário da época, almejando sempre algo "diferente". Agora, pelo contrário, é a narrativa que dá o tom; os narradores são uma onda que continua a se expandir. E isso é natural, porque a democracia tem entre suas primeiras necessidades a de olhar para si mesma, analisar sua sociedade: e a narrativa, neste sentido, é uma "instituição" insubstituível. (Em outras épocas diriam "o romance"; aqui é melhor usar termos mais genéricos.) O fato é que, se um discurso geral sobre a atual "literatura italiana" tornou-se difícil, um discurso específico sobre a "narrativa italiana", entretanto, já é possível. Mas, em tal exame, uma coisa salta aos olhos: que os maiores fatos dessa narrativa que antes não existia e agora existe são ainda aqueles ocorridos antes, quando ela "não existia", ou seja, remontam àqueles escritores que operavam em sentido novo já no período final do fascismo (Moravia, Vittorini, Pavese etc.) e mesmo antes (Jahier, Palazzeschi, Svevo, para citar nomes muito distantes), e que agora *significam* mais porque a nova situação literária e civil italiana coloca-os em primeiro plano. (Isso corresponde

bastante também à história das ideias filosóficas e políticas: as ideias que se movem na Itália hoje são em grande parte aquelas elaboradas pelo antifascismo naquele mesmo período.) No pós-guerra literário, no entanto, destaca-se a sensação de um desequilíbrio, de uma difícil concorrência aberta: os *fatos* (falo daqueles de grande importância moral, como a Resistência, as transformações que se dão na consciência de amplas camadas populares) continuam sempre muito maiores do que os livros que gostariam de acompanhá-los e representá-los. Por isso é difícil fazer um balanço entre tantos livros e escritores novos — e, mesmo assim, *úteis* de alguma forma. Continua mais fácil definir a importância dos novos narradores que se unem ao trabalho literário anterior (Bassani, que recoloca numa atmosfera e sensibilidade que podemos dizer "herméticas" imagens e moralidades novas; Cassola, que, ao levar às últimas consequências o filão do minucioso realismo florentino cronístico e alusivo do período hermético, alcança resultados de tensa concentração e força) do que a de escritores com menos respaldo anterior (como Rea, que se atribui a grande tarefa de fundar uma "comédia humana" completa sobre um material regional superando progressivamente regionalismos, lirismos etc.).

Conclusão: uma narrativa italiana não pode se recusar a existir; responde a uma exigência não apenas literária, mas histórica. Mas ela precisa de ossos robustos, isto é, de ideias e cultura, não só de talento e ouvido. À falta de uma "civilização das letras", deve haver uma civilização de inteligência e de ideias que constitua o alicerce da poesia. E é preciso uma crítica de sistematizações históricas, e não só de boas leituras. E é preciso, além de contos e romances, uma ampla produção de "ensaios", sobre homens, lugares, costumes, instituições, sentimentos. Mais do que muitos romances regionais e sociais, seriam úteis livros de descrição, interpretação e reflexão — à maneira de Carlo Levi, para dar o exemplo mais próximo e mais conhecido — sobre este ou aquele lugar ou problema; menos autobiografias líricas e mais memórias culturais. Estamos fora da narrativa? Mas as grandes narrativas do século XIX tinham esse tipo de base.

AUTORRETRATO[1]

Dados biobibliográficos.
Nasci em 5 de outubro de 1923 em Santiago de las Vegas, um vilarejo nos arredores de Havana, onde meu pai, lígure, de Sanremo, agrônomo, dirigia uma estação experimental de cana-de-açúcar, e minha mãe, sarda, botânica, era sua assistente. De Cuba não me lembro nada, infelizmente, porque em 1925 eu já estava na Itália, em Sanremo, para onde meu pai voltara com minha mãe para administrar uma estação experimental de floricultura. De meu nascimento além-mar conservo apenas um registro civil difícil de transcrever, uma bagagem de memórias familiares e o nome de batismo, inspirado nas angústias dos imigrantes em relação à terra natal, mas que na pátria ressoa brônzeo e carducciano. Vivi com meus pais em Sanremo até os vinte anos, num jardim de plantas raras e exóticas, e por bosques do interior com meu pai, velho incansável caçador.[2] Quando alcancei a idade de ingressar na universidade, inscrevi-me em agronomia, por tradição familiar e sem vocação, mas minha cabeça já estava nas letras. Enquanto isso houve a ocupação alemã e, seguindo um velho sentimento meu, lutei com os *partigiani* garibaldinos nos mesmos bosques que meu pai me levara a conhecer desde menino. Depois da Libertação inscrevi-me em letras, em Turim, e me formei, rápido demais, em 1947, com uma dissertação de fim de curso sobre Joseph Conrad. Minha inserção na vida literária ocorreu lá pelos fins de 1945, na atmosfera de *Il Politecnico*, de Vittorini, que publicou um de meus primeiros contos. Mas meu primeiro

conto mesmo fora lido por Pavese, que o apresentou à revista *Aretusa*, de Muscetta, que decidiu publicá-lo.[3] Devo minha formação de escritor aos ensinamentos de Pavese, de quem estive próximo diariamente nos seus últimos anos de vida. Desde 1945 vivo em Turim, gravitando em torno da editora Einaudi, onde comecei a trabalhar com a venda parcelada de livros e em cujos escritórios editoriais trabalho ainda hoje. Nesses dez anos escrevi apenas uma pequena parte das coisas que gostaria de ter escrito, nos quatro livros que publiquei.

Qual crítico lhe foi mais favorável? E qual o mais avesso?
Todos foram até favoráveis demais em relação a meus livros, desde o início, dos nomes mais respeitáveis (quero aqui lembrar De Robertis, que me acompanha a contar do meu primeiro livro até hoje, Cecchi, com seu texto sobre *O visconde partido ao meio*, e Bo, Bocelli, Pampaloni, Falqui e também o pobre Cajumi, que foi o meu primeiro resenhista) até os jovens da minha geração. Os pouquíssimos críticos desfavoráveis são os que mais me intrigam, aqueles dos quais esperava mais: no entanto uma crítica negativa que seja séria e aprofundada, que me ensine coisas úteis, ainda não consegui ter. Recebi um artigo de Enzo Giachino, quando saiu *A trilha dos ninhos de aranha*, uma espinafração total, absoluta, de arrancar o couro, espirituosíssima, que é talvez um dos mais belos artigos que já foram escritos sobre meus livros, um dos poucos que tenho gosto em reler de vez em quando; mas servir, nem ele me serviu para nada: tocava apenas nos aspectos exteriores do livro, que eu mesmo superaria sozinho.[4]

Quer especificar em síntese qual o cânone estético a que adere?
Expus algumas de minhas ideias gerais sobre a literatura numa conferência em fevereiro passado ("El midollo del leone" [A medula do leão]), publicada recentemente numa revista.[5] Por ora não acrescentaria mais nada. Fique bem claro que evito ao máximo a pretensão de conseguir realizar o que prego. Escrevo como consigo escrever, vez a vez.

De qual ambiente, de quais personagens e situações você gosta de extrair seus temas?
Ainda não sei bem, e esta talvez seja a razão de minha frequente mudança de registro. Em quase todos os meus melhores escritos há o cenário da Riviera, e por isso ligam-se com frequência a um mundo infantil ou ado-

lescente. Do ponto de vista da fidelidade aos próprios temas, ter me separado da terra da infância e dos avós impediu-me um alimento garantido, mas, por outro lado, não se pode narrar nada se ainda estamos dentro daquilo. Sobre Turim, que por muitas profundas razões é a cidade que elegi, faz muito tempo que tento escrever, mas não tenho tido resultado. Talvez precise deixá-la, e então conseguirei. Quanto às classes sociais, não posso dizer que sou escritor mais de uma que de outra. Enquanto escrevi sobre os *partigiani*, tenho certeza de que ia bem: havia entendido muitas coisas sobre os *partigiani* e, por meio deles, conheci muitas camadas também às margens da sociedade. Dos operários, que me interessam muito, ainda não sei dizer. E tem mais: uma coisa é estar interessado num tema, outra coisa é saber representá-lo.[6] Não é que desanimei: vou aprender, mais cedo ou mais tarde. Em minha classe, que seria a burguesia, não tenho muitas raízes, tendo nascido numa família não conformista, de cientistas afastados da convenção e das tradições; e devo dizer que a burguesia não me interessa muito, sequer suas polêmicas. Esses raciocínios todos, faço porque comecei a responder à pergunta, não porque sejam problemas que me perturbem o sono. As histórias que me interessa contar são sempre histórias de busca de uma completude humana, de uma integração, a ser alcançada por meio de provas ao mesmo tempo práticas e morais, para além das alienações e das fragmentações que são impostas ao homem contemporâneo. É aqui, penso eu, que se deve buscar a unidade poética e moral da minha obra.

Qual é o seu autor italiano contemporâneo predileto? E qual dos mais jovens lhe interessa mais?

Acredito que Pavese é o mais importante, complexo, denso escritor italiano da nossa época. Qualquer problema que se apresente, não há como não voltar a ele, como literato e como narrador. O discurso iniciado por Vittorini também teve muita influência sobre a minha formação. Digo "iniciado" porque hoje temos a impressão de um discurso deixado pelo meio, que esperamos retomar. Mais tarde, superada a fase do interesse predominante pelos novos experimentos de linguagem, aproximei-me de Moravia, que é o único escritor na Itália de certo modo, eu diria, "institucional": isto é, que lança de tempos em tempos obras em que são estabelecidas progressivamente algumas definições morais do nosso tempo, ligadas ao costume, aos movimentos da sociedade, a orientações gerais do pensamento. A inclinação stendhaliana me faz simpatizar com Tobino, embora não lhe possa perdoar o hábito de se vangloriar de ser provinciano e, além do mais, toscano. Tenho especial predileção e amizade por Carlo Levi, antes de mais nada por sua polêmica antirromântica, e depois porque penso que sua narrativa não de invenção é o caminho mais sério para uma literatura social e problemática, embora não concorde com sua afirmação de que hoje ela deva substituir o romance, o qual, na minha opinião, *serve* para outras coisas.

Vamos aos mais jovens. No pequeno grupo dos nascidos por volta de 1915, Cassola e Bassani se dedicaram a estudar certos conflitos da consciência italiana burguesa, o que dá um singular interesse a seus contos; mas em Cassola censuro as reações um tanto epidérmicas nas relações humanas, e, em Bassani, o fundo de crepuscularismo precioso. Entre nós, mais jovens, que começamos a trabalhar sobre um módulo de conto *tough*, movimentado, plebeu, quem mais avançou foi Rea. Agora há Pasolini, um dos primeiros da geração já como poeta e literato, que escreveu um romance em relação ao qual tenho muitas reservas de "poética", mas que, quanto mais se pensa sobre ele, mais se mostra resistente e realizado.[7]

Qual seu narrador estrangeiro predileto?
Cerca de um ano atrás escrevi sobre o que significou Hemingway no início de minha atividade de escritor.[8] Depois que Hemingway passou a não me bastar mais, não posso dizer que houve um escritor contemporâneo que tenha tomado seu lugar.[9] Faz cinco ou seis anos que dou minhas mordiscadas em Thomas Mann, e estou cada vez mais encantado com a riqueza de coisas que há nele. Mas sempre penso que hoje é preciso escrever de outra maneira. Nas relações com os escritores do passado sou mais livre e me deixo levar a entusiasmos sem reservas; entre os séculos XVIII e XIX tenho uma multidão de mestres e de amigos que nunca deixo de frequentar.

Como seus livros foram recebidos no exterior?
É cedo para dizer. *O visconde partido ao meio* será publicado agora na França e em breve na Alemanha. *A trilha dos ninhos de aranha* será publicado na primavera na Inglaterra e seis meses depois dele sairá *Por último vem o corvo*.

Que obra está preparando?
Não canto vitória antes da hora.

Acredita que os literatos devem participar da vida política? E como? A que linha política pertence?

Acredito que os homens devem participar. E os literatos na qualidade de homens. Acredito que a consciência civil deve influir antes sobre o homem e depois também sobre o escritor. É um longo caminho, mas não há outro. E acredito que o escritor deve ter um discurso aberto que, em suas implicações, não possa não ser também político. Fiel a esses princípios, nos quase doze anos em que pertenço ao Partido Comunista, minha consciência de comunista e minha consciência de escritor não entraram naquelas lancinantes contradições que devoraram muitos de meus amigos, levando-os a julgar indispensável optar por uma ou por outra. Tudo o que leva a renunciar a uma parte de nós mesmos é negativo. Participo da política e da literatura de maneiras distintas, segundo os meus hábitos, mas ambas me interessam como um mesmo discurso sobre o gênero humano.

REALISMO E GOSTO PELO INVEROSSÍMIL[1]

*S*egundo *você, quais são os autores ou obras que deram um sentido à narrativa italiana do pós-guerra? E qual o significado desses autores e dessas obras no quadro de nossa literatura?*

Alguns dias atrás, eu discutia com um amigo a afirmação de Pampaloni num artigo dele: que "nossa literatura está, acima de tudo, procurando não perder o contato com aquele momento desesperado e criativo que inaugurou o pós-guerra, cujos principais nomes são Montale na poesia e Vittorini e Pavese na prosa". O amigo me dizia que essa tríade representa o auge de uma fase literária já encerrada, e propunha como linha diretriz para a literatura do pós-guerra o trinômio Saba-Moravia-Carlo Levi. Rejeitei por instinto essa bipartição e compreendi que o fazia não tanto para defender uma verdade crítica, mas mais para defender a mim mesmo, para não sentir a terra queimando sob meus pés. Porque minhas primeiras angústias literárias — minha pré-história — ocorreram sob a estrela boreal de Montale, as páginas de *Conversazione in Sicília* [Conversas na Sicília] me deram o primeiro impulso premente de escrever, e me conectei a Pavese num aprendizado substancioso e decisivo; por outro lado, sempre me inclinei mais para uma exigência "clássica", "antirromântica", da construção "fechada" do conto, de contornos bem definidos, de olhar impassível, não sensitivo, e isso me levou a me aproximar de Moravia; e para a necessidade cada vez mais viva de um discurso que, ao narrar e representar, dê espaço ao "dizer", à reflexão consciente, à intervenção da inteligência que ressalta e coordena, como é próprio da relação com a realidade que Carlo Levi institui, e que vejo com admiração e alegria sempre renovadas. Alimentado por tais ingredientes, o que devo fazer? Não gosto das "conciliações", mas também não gosto de renunciar a nada do que vejo e intuo. Gostaria de levar (ou de que levassem; sempre falo de coisas que gostaria que existissem, não necessariamente de coisas que eu mesmo faria) o senso do cataclismo daquele trinômio de inquietos — mas sem lirismo nem desespero — a uma literatura de consciência, de domínio sobre as coisas, de revanche da inteligência, de exercício sereno e talvez frio, de uma "função".

Há na atual produção literária fermentos poéticos e culturais que possam dar lugar a uma fase literária homogênea?
Mais do que à homogeneidade deveríamos aspirar ao debate, à discussão. Há um vício de origem a pagar: o de uma literatura crescida no canteiro do gosto e da sensibilidade, e não na horta das ideias.

Você crê que o romance hoje pode ser considerado o gênero literário mais adequado para uma representação total do real? E quais são, segundo sua experiência pessoal, os problemas técnicos e estilísticos do romance que devam ser resolvidos com maior urgência?
Creio que o romance corresponde a um modo de interpretar as relações humanas, que vigora desde o início da literatura e mesmo antes, e que continuará a vigorar sempre. Há uma história do *romanesco*, do modo *romanesco* de sentir e de representar a realidade, em que a história do romance burguês não é senão um episódio. O *romance* em todas as suas acepções históricas é a história profana de *metamorfoses*: de metamorfoses que podem ser uma educação, uma transição social individual ou coletiva, uma guerra individual ou coletiva, um conflito de amor, uma escolha de consciência, toda coisa representada de modo objetivo ou simbólico ou interior, desde que exprima esse movimento em ação no mundo real, a continuidade e constante diversidade do real. Por isso não posso acreditar na morte do romance. Mas você me perguntava sobre os problemas técnicos e estilísticos. Sim, hoje a crise do romance é esta: estamos num período que eu chamaria "poliestilístico", em que todo estilo é aceito como convencional, escreve-se sempre "em termos de..." e Thomas Mann pôde alternar o pastiche medieval, a narrativa realista-sexual, a história picaresca. Também vivo e aceito esse "poliestilismo", mas ele não me satisfaz de forma nenhuma; acredito que, se há um sinal indubitável de decadentismo, o sinal é esse.

53

E, por outro lado, não posso me declarar entre aqueles que (como Vittorini) acreditam que hoje existe um modo "moderno" de escrever, contraposto a um modo "velho", nem entre aqueles que sustentam a tradição do romance burguês do século XIX como uma espécie de fato "natural", em que podemos nos reinserir: basta querer. Como ficamos, então? Bem, não tenho ideias mais claras. Quando tiver, vou escrevê-las. Por ora, tento fazer o melhor possível a cada vez, como dá.[2]

Em que limites ou em que sentido você poderia aceitar ou recusar a classificação de escritor realista?

Você antes falava de "representação total do real". A bem da verdade, a ideia de uma representação "total" me assusta um pouco. Representar a *complexidade* do real, isso sim, me parece uma definição correta do realismo; o modo específico com que o real, em todas as épocas, se apresenta a nós inesperadamente complexo. Quanto às aspirações em meu trabalho, elas me levam tanto em direção ao realismo objetivo (com sua tônica na complexidade do real) quanto em direção à invenção fantástica (com sua tônica na definição sintética de determinado movimento presente na realidade). Realismo e gosto pelo inverossímil são duas direções que sempre estiveram de acordo, quase duas faces da mesma atitude racional. O gosto pela fábula nasceu na França cartesiana e marcou a literatura do Iluminismo. Os grandes realistas russos foram todos — exceto Dostoiévski, e não por acaso — grandes fabulistas. Somente o místico não sente prazer na linearidade e limpidez da fábula. Não significa, porém, que ele não possa também dizer coisas verdadeiras e importantíssimas mesmo para os não místicos: cada um fala à sua maneira e os outros entendem, cada qual como pode.

Depois da experiência do decadentismo, crê ser possível a recuperação do "personagem"?

Recentemente, escrevi algo que abordava o problema, mesmo que de forma lateral.[3] Houve quem dissesse que eu anulava o conceito de "personagem", ao afirmar que ele também podia ser aquele personagem subentendido que é o eu do autor. De fato, o que me importava era "uma noção do homem", fosse ele personagem, autor, leitor a quem nos dirigimos.

Pensa que o romance contemporâneo deve subentender uma ideologia?
Sim. E digo mais: deve fazê-la. Não é que a ideologia esteja ali e eu só escreva um romance para deixá-la subentendida. Nesse caso, o trabalho do escritor seria redundante. A pessoa deve escrever para contribuir para criá-la, para enriquecê-la.

INVENÇÃO FANTÁSTICA, MULTIPLICIDADE DAS LINGUAGENS[1]

Há uma linha de pensamento segundo a qual a realidade moderna determinou um contragolpe na esfera da arte, povoando a poesia de idealidades mágicas, de símbolos indistintos e obscuros, no quadro de um misticismo voltado à busca, tanto no mundo sensível quanto nos desvãos da memória, dos sinais abstratos de um mundo mais elevado e desconhecido. Que valor atribui a essa tese? Considera que o estado de espírito propenso ao fabuloso, à superação dos limites do sensível e do racional já se esgotou, ou considera que, mesmo sob formas diferentes, ele ainda está vivo, inclusive no âmbito da literatura realista, e destinado a perdurar como a característica mais representativa de nossa época?

A literatura fantástica, fabulosa, alegórica, lírica não está necessariamente ligada a misticismos ou à busca de sinais de mundos desconhecidos. Eu diria que costuma ser o contrário. E, mesmo quando crê ser assim, se for de fato poesia, seus símbolos nunca são vagos e obscuros, são imagens não menos concretas, racionais, ligadas à vida, do que as da literatura realista, inteiramente constituída de pequenos detalhes, de marcações ambientais extraídas da experiência.[2]

Da mesma forma, pode-se dizer que o sentido da literatura mais fiel à representação objetiva da realidade é um sentido de vacuidade do todo. O grande escritor realista é aquele que, depois de acumular detalhes minuciosos e de construir um quadro da mais plena verdade, dá uma batidinha ali e mostra que por baixo há o vazio, que tudo o que acontece não significa nada. O caráter terrível daquele grande romance que é *A educação sentimental* reside completamente nisso: percorremos por centenas de páginas a vida privada dos personagens e a vida pública da França, até percebermos que tudo se desfaz como cinzas entre os dedos. E mesmo em Tolstói, o maior realista que jamais existiu, mesmo em *Guerra e paz*, o livro mais plenamente realista jamais escrito, o que de fato nos dá aquele senso de imensidão, senão o fato de passar dos falatórios num salão principesco às vozes esgarçadas de um acampamento militar, como se essas palavras nos chegassem atravessando os espaços, vindas de outro planeta, como um zumbido de abelhas numa colmeia vazia? Eu diria que quem leva sua fidelidade à realidade às últimas consequências sempre chega a uma tensão até metafísica.

Pelo contrário, quem escreve porque acredita nas coisas do mundo e se importa com elas, quem se obstina em *explicar* a vida, quem tem a própria guerra para lutar — seja um grande combate por uma razão justamente realista, isto é, não abstrata, não vaziamente otimista, como Swift ou Voltaire, ou para nos alertar sobre algo que ameaça esmagar nossa razão, como Gógol, Kafka ou Picasso — ora, estes sempre recorreram a meios de invenção fantástica, a simplificações e organizações violentas e paradoxais dos dados da realidade. Não à toa que a poesia popular sempre foi fantástica: as grandes explicações do mundo sempre apareceram como fábulas ou como utopias.

Podemos dizer que quem aceita o mundo como é será um escritor naturalista, quem não quer aceitá-lo como é, mas quer explicá-lo e mudá-lo, será um escritor fabulista.

Tolstói é sobretudo piedoso; Voltaire, Brecht, Picasso são sobretudo impiedosos.

Essa sua bipartição, mesmo eficaz, parece-nos rígida demais: amontoam-se na mente inúmeros nomes que não saberíamos como situar: Stendhal, por exemplo? E Conrad? E Hemingway?

Eu esperava uma objeção desse tipo. Todos os raciocínios baseados no paradoxo podem cair por terra num piscar de olhos, mas nem por isso deve-se deixar de formulá-los; para entender as coisas, é preciso dar cabeçadas nelas. Veja só, você acaba de citar três de meus escritores preferidos. Esse senso inigualável do indivíduo entre todo o resto, que têm Stendhal, Conrad, Hemingway, do indivíduo no meio da história, no trabalho, no amor, na sociedade em movimento, nas obrigações humanas, na morte, a limpidez com que eles delineiam destinos decididos pela vontade, derrotas viris, ambições e culpas, esse estarem ao mesmo tempo atentos ao sabor acre da experiência da vida e prontos a praticar uma violência sobre ela para narrar uma história que tenha um sentido (assim como todo homem vivo deve praticar uma violência sobre a vida, para viver uma vida que tenha um sentido), este é, talvez, o melhor modo de escrever, com o que há de bom dos dois lados, a impiedade dos piedosos e a piedade dos impiedosos.

Mas a contraposição dos dois modos de entender a literatura também está viva, parece-nos, no interior de sua obra. Você é o autor de dois dos romances mais discutidos dos últimos anos; referimo-nos a O visconde partido ao meio *e* O barão nas árvores. *Em relação ao primeiro, depois de comentar uma carga realista da qual o fabuloso se desprende, Emilio Cecchi escreveu: "Afastando-se das solicitações políticas e sociais mais imediatas e imperiosas e entregando-se a temas de livre imaginação, em* O visconde *a arte voltou a se unir muito fecundamente a suas tradições". Em relação ao segundo, o mesmo crítico florentino destaca agora com mais clareza a questão da convivência em sua arte de duas almas e de duas "poéticas" diferentes, a uma das quais devemos as invenções imaginativas e um pouco estetizantes de* O barão nas árvores *e de* O visconde partido ao meio; *e à outra, romances e novelas como* A trilha dos ninhos de aranha, Por último vem o corvo *e* A entrada na guerra, *que certamente estão entre os produtos mais significativos da nossa literatura neorrealista, dita "engagée". Qual é a sua opinião diante desses e de outros juízos da crítica em relação às suas obras?*

Acredito que se podem encontrar em minhas obras não duas, mas muitas almas e poéticas. *O visconde partido ao meio* e *O barão nas árvores* são duas narrativas fantásticas, mas com graus diferentes de imaginação. Em ambas (e sobretudo no *Barão*), entre um capítulo e outro podem-se encontrar (grave defeito) desvios nessa graduação. Em *A trilha dos ninhos de aranha* e em alguns dos contos de *Por último vem o corvo*, o enfoque dado à realidade é diferente de outros contos de *Por último vem o corvo* e mais ainda de *A entrada na guerra*.[3] O mesmo se aplica aos outros contos que publiquei de maneira esparsa. Meu último conto longo, *A especulação imobiliária*, desenvolve um viés meu de narrativa reflexiva, ensaística, que parece muito distante da narrativa objetiva, rápida de meus escritos mais conhecidos. Vivemos numa civilização literária baseada na multiplicidade das linguagens e, principalmente, na consciência dessa multiplicidade. Sorte de quem tem apenas uma forma de se expressar e está seguro e satisfeito com ela. Mas sorte também de Picasso, que utiliza ao mesmo tempo as linguagens mais variadas, num único impulso de liberdade, e continua sendo Picasso.[4] Nas coisas que escrevo, se se quiser contrapor um modo a outro, pode-se observar que às vezes minha imaginação trabalha de modo mecânico, geométrico, fechado, na composição da narrativa, seja ela fantástica ou realista, e às vezes de modo aberto, juntando livremente seus dados (reais ou fantásticos) e configurando-os em esquemas narrativos que encontram uma harmonia espontânea própria, como que de formas naturais. Eu teria de conseguir trabalhar mais neste segundo sentido, que é também o mais "realista", enquanto o primeiro é mais "racionalista".

Nossa revista semanal realizou uma pesquisa entre os maiores editores italianos, para apontar as razões da crise do livro. Gostaríamos que os escritores também se manifestassem a respeito do mesmo tema. Perguntamos a você em particular em que medida considera que a crise do romance está inserida na crise mais ampla do livro.

Crise do livro? Nunca percebi. Não dos meus livros, com certeza. Nem dos de meu editor.

A RESISTÊNCIA ME PÔS NO MUNDO[1]

Em que direção pode-se considerar que se encaminha a jovem narrativa que surgiu e se afirmou neste pós-guerra?

Um dado comum a todas ou a quase todas as narrativas que surgiram no pós-guerra é terem começado como testemunho. O primeiro ato de todo novo escritor, neste pós-guerra, foi dar um testemunho: sobre sua experiência na guerra, sobre uma situação social de seu país, ou também sobre os costumes de sua burguesia. Essa literatura de testemunho (e muitas vezes de testemunho doloroso, de denúncia) não dá sinais de vir a se esgotar: já se pode considerar uma função permanente da literatura. Por vezes seus autores serão autores de um livro só: livro que, aliás, até pode ter muito valor, como verdade humana universal. As figuras de escritores se definem a partir daí; quem tem uma busca autônoma a empreender irá empreendê-la, mas aquela primeira necessidade de testemunhar sobre uma realidade amarga que o levou a escrever continuará a ter importância.

Qual é a influência das literaturas estrangeiras sobre os jovens escritores? É correto traçar um parentesco entre a narrativa americana e aquela parte de nossa literatura denominada "realismo"?

Para nós, que nos formamos durante ou logo após a guerra, a literatura americana foi uma escola. Hoje, um clima realista circula por todas as partes, como circulam por todas as partes as mais variadas experiências literárias. Ademais, somente na Itália o escritor sempre foi culturalmente levado a considerar a narrativa num plano mundial: Manzoni olhava para Walter Scott, Verga para Zola.

Considera que o período da Resistência representou um ponto a favor para a jovem narrativa? E por quê?

No que me diz respeito, a Resistência me pôs no mundo, mesmo como escritor. Tudo o que escrevo e penso parte dessa experiência. Somente as revoluções, os grandes movimentos renovadores, põem a consciência em movimento, dão direito a falar. E, quando no desenvolvimento desses movimentos há uma estagnação, uma restauração, temos as épocas leopardianas ou stendhalianas, como talvez a que estamos vivendo.

É verdade que boa parte de nossa jovem narrativa ainda continua ligada a esquemas e fórmulas de um provincianismo já ultrapassado?

Há ainda uma certa fraqueza, no sentido da complexidade das relações. Muitos praticam a narrativa regionalista do Sul da Itália: mas não se pode falar do Sul se não se enxergam suas relações com o Norte, com o mundo industrializado. Nem de nenhum outro ambiente a não ser levando em conta suas relações e contradições com todos os outros ambientes.

Entre os jovens autores de hoje, quais lhe parecem os mais profundamente empenhados tanto na inclusão das novas realidades humanas e sociais em seus livros quanto na atenta estruturação da linguagem narrativa?

É cedo demais para dizer. Pode-se traçar um quadro mais preciso dos escritores que trabalham há vinte, 25 anos (os nascidos por volta de 1910). E também do pequeno grupo dos nascidos em torno de 1915, que trabalham desde antes da guerra. Daqueles que estão no batente apenas há uma dúzia de anos, poderemos dizer aos poucos.

61

LITERATURA E REALIDADE ITALIANA[1]

Em primeiro lugar, a pergunta tradicional: está preparando algum livro que considere publicar em breve?

No fim do ano, sairá um livro de contos razoavelmente grande, que trará, além de muitos contos de minha primeira coletânea, publicada em 1949 e esgotada faz tempo (*Por último vem o corvo*), muitos outros contos novos. O livro deve reunir o melhor do meu trabalho nos quinze anos de 1945 até hoje, na categoria do conto breve.[2]

À pergunta "Nasceu, ou está para nascer uma literatura italiana que possa ser chamada de 'moderna'?", Vittorini respondeu: "Já foi feita uma tentativa, o neorrealismo; mas não deu certo. Calvino e Rea foram além das instâncias do neorrealismo. Cavaram, encontraram um caminho próprio. Os outros se mantiveram dentro dos modelos. O caminho certo não é tanto o de apresentar um sentido modernista, de demonstrar um dado ideológico de fato, e sim um realismo crítico". Você também considera que o neorrealismo já teve sua época?

Hoje os desenvolvimentos da literatura italiana se configuram de um modo totalmente diverso do que podia parecer entre 1945 e 1950, no clima do "neorrealismo". Aflorou, sem elaborar poéticas ou programas, toda uma literatura constituída pela realidade italiana, uma realidade vista de forma problemática, de modo crítico e questionador. Os contos de Bassani, de Cassola, junto com as poesias de Pasolini, certos escritos de Tobino, certos textos meus, têm um clima comum, passam a fazer parte de um trabalho comum de interpretação de nosso tempo, partindo dos dados de nossa experiência pessoal restrita. Numa outra direção, há uma vertente que surgiu do neorrealismo — mas de seus resultados, não de seus programas —, que é aquela inspirada num senso picaresco da vida, que a literatura italiana não conhecia (ou, pelo menos, não conhecia mais durante diversos séculos): um senso picaresco que une a narrativa de Rea, de Pasolini, certos contos meus e de muitos outros, por exemplo, Parise. Mas todo o trabalho dos quinze anos deve ser revisto sem modelos nem rótulos: por exemplo, os contos marinhos de *Morte per acqua* [Morte por água] de Brignetti que raramente são lembrados, talvez por fugir a escolas e classificações, ainda continuam entre as coisas mais novas de nossa última narrativa e mais abertas a novos desenvolvimentos.

A história de Quinto Anfossi, no conto "A especulação imobiliária", representa um período de transição (que mais cedo ou mais tarde desemboca numa situação concreta) ou a obnubilação perpétua, o desenraizamento incurável para aquele tipo, tão bem definido, do jovem intelectual burguês?

Normalmente eu gosto de contar histórias de pessoas que têm êxito naquilo que querem fazer (e em geral meus heróis querem coisas paradoxais, apostas consigo mesmos, heroísmos secretos), e não histórias de fracassos ou perdas de rumo. Se em "A especulação imobiliária"[3] contei a história de um fracasso (um intelectual que se obriga a virar especulador, contra todas as suas tendências espontâneas), foi para apresentar (vinculando-a muito a uma época bastante precisa, a Itália dos últimos anos) o sentido de uma época de moral em baixa. O protagonista não encontra outra maneira de manifestar sua oposição aos tempos a não ser pela raivosa mimese do próprio espírito dos tempos, e sua tentativa não pode senão ser infausta, pois neste jogo são sempre os piores que vencem, e fracassar é exatamente o que ele, no fundo, deseja.

Em sua opinião, existe hoje na Itália uma dissensão entre a crítica e a criação artística?

A crítica mais jovem tende a ideologizar demais. A literatura mais jovem tende a pensar de menos.

Como a importância científica e filosófica das recentes experiências de viagens interplanetárias poderá influenciar o trabalho do escritor?

Leio Ray Bradbury e William Tenn e me divirto.[4] Mas por enquanto é só um jogo. A consciência do homem ainda não sofreu mudanças. Mas não tardarão a chegar, espero eu.

Considerados os enormes desenvolvimentos da técnica de informação e de propaganda, considera que existe um perigo para o "ideal de livre individualidade", que Pasternak elenca entre "as razões essenciais do homem de hoje"?

O ideal da livre individualidade corre perigo quando o homem não se vê mais capaz de mudar a história. Nem mesmo Pasternak acredita, e este é o verdadeiro perigo. As técnicas modernas da "cultura de massa" têm aspectos negativos nas sociedades atuais, mas acredito que, em si, são positivas.

PAVESE, CARLO LEVI, ROBBE-GRILLET, BUTOR, VITTORINI...[1]

O romance que o revelou foi A trilha dos ninhos de aranha, *que escreveu aos 23 anos. Como nasceu esse primeiro livro? A partir de que experiências de vida e de cultura?*

Depois da guerra, houve na Itália uma explosão literária que, mais do que um fato artístico, foi um fato fisiológico, existencial, coletivo. Havíamos vivido a guerra e nós mais jovens — que mal tivéramos tempo de ser *partigiani* — não nos sentíamos esmagados, vencidos, "queimados", mas vencedores, detentores exclusivos de algo. Não de um otimismo fácil ou euforia; pelo contrário: nos sentíamos detentores de um sentido trágico da vida, de um desgaste problemático geral, talvez de uma capacidade particular de desespero, mas a ênfase que dávamos era a de uma alegria atrevida. Muitas coisas nasceram dali, entre elas o tom de meus primeiros contos e de meu primeiro romance.

Como se deu para você a passagem da atmosfera neorrealista de seus primeiros contos e de seu primeiro livro para a dos dois romances fantásticos, O visconde partido ao meio *e* O barão nas árvores*?*

A tensão que a realidade histórica nos havia transmitido logo foi se afrouxando. Fazia tempo que navegávamos em águas paradas. Daquelas nossas primeiras narrativas podíamos tentar salvar a fidelidade à realidade histórica, afrouxando-nos junto com ela, ou a fidelidade àquele tom, àque-

65

la carga, àquela energia. Com os romances fantásticos, tentei manter vivo justamente o tom, a energia, o espírito, ou seja — creio eu —, a coisa mais importante.

Um dos primeiros a escrever sobre você foi Cesare Pavese. E você trabalhou ao lado de Pavese na editora Einaudi, e organizou a edição de seus livros póstumos. Há nove anos de sua morte, a lição moral e poética do escritor continua atual, em sua opinião?

Convivi com Pavese de 1946 a 1950, ano de sua morte. Ele era o primeiro a ler tudo o que eu escrevia. Eu terminava um conto e ia correndo levar para ele ler. Quando ele morreu, achei que não conseguiria mais escrever, sem o ponto de referência daquele leitor ideal. Antes de sua morte, eu não sabia o que seus amigos mais velhos sempre souberam: que ele era um desesperado crônico, com repetidas crises suicidas. Eu pensava que era um insensível, alguém que construíra uma couraça sobre todos os seus desesperos e seus problemas, e toda uma série de manias que constituíam inúmeros sistemas de defesa, e por isso estivesse numa posição de força mais do que qualquer outra pessoa. De fato, era assim mesmo, naqueles anos em que eu o conheci, que foram talvez os melhores anos de sua vida, os anos de seu trabalho criativo mais frutífero e maduro, de elaboração crítica e de diligentíssimo trabalho editorial.

Um dia, não me lembro como, eu soube que ele mantinha um diário. A coisa me impressionou porque achava que seu ideal literário e humano, muito concreto e arredio, estava nos antípodas daquela preocupação pela interioridade própria que é necessária para manter um diário. Fui correndo lhe perguntar: "Você mantém um diário? Está louco?". Ele me respondeu: "Se é para ser escritor, tem de ser até o fim, aceitar todas as consequências". Depois acrescentou, como para me tranquilizar: "Mas não é um daqueles diários em que se escreve: 'Hoje à noite estou tão triste'. É um diário de reflexões, de ideias; quando me vem uma ideia, anoto ali". Creio que também acrescentou: "Como o *Zibaldone* de Leopardi". No entanto, também era um diário daquele feitio que, de comum acordo, não nos agradava: com os desabafos das noites tristes. Mas eram forjados no mesmo ferro incandescente da construção poética vital. Para mim, Pavese vivo continua mais importante e mais presente do que Pavese como foi visto após a morte. Mas não há contradição entre os dois: este é um rigoroso e trágico aprofundamento daquele.

Você descobriu este ano entre os papéis de Pavese um romance incompleto de 1946, escrito em parte por ele, em parte por Bianca Garufi, Fuoco grande [Fogo grande]. *Qual foi a sua impressão à primeira leitura?*

A força poética de Pavese é composta de reticência e de tensão. No romance incompleto falta a força da reticência: fala-se e sofre-se demais. Mas há a tensão, uma tensão que era própria daqueles anos e à qual não estamos mais acostumados, tanto é que hoje nos espanta. Por isso é um belo livro. Quem dera houvesse muitos assim.

Parece-lhe que Turim, a cidade onde mora, foi aos poucos se esvaziando ao longo desses anos daqueles fermentos morais que a tornavam, intelectual e politicamente, uma das cidades mais interessantes da Itália? Por quê?

Devo muito a Turim. Turim é a cidade da Itália em que mais se trabalha, em que menos se desperdiçam as energias, em que menos nos dispersamos.[2] Mas com certeza, hoje, não esperamos mais que surja algo novo de Turim enquanto Turim. Porque o fervor criativo de um ambiente é alimentado pelos contrastes de forças que se movem, e Turim, monarquia de uma só grande indústria, parece já ter absorvido todas as inquietações e todos os ímpetos de iniciativa numa ordem regulada e estática. Até alguns anos atrás, havia a presença de um forte movimento operário que ainda dava a Turim uma tensão dramática, de campo de batalha. Agora, mesmo nesse setor, parece claro que fatos decisivos só poderão ocorrer em algum outro lugar. Mas a verdade é que agora é absurdo considerar as coisas da cultura e da política de um ponto de vista municipal.

Turinês em acepção própria e plena é Carlo Levi, que engloba e incorpora as realidades mais distantes, partindo de uma atitude moral histórica, sistematizadora e receptiva que é própria de Turim.

Turinês em acepção própria e plena é a editora Einaudi que, solidamente radicada numa tradição ideal cujo centro foi Turim, deve sua vitalidade ao fato de se ter sempre projetado sobre a múltipla realidade italiana e internacional. A partir de agora, creio que estar numa ou noutra cidade terá a mesma importância que morar em tal rua ou em tal praça. Quanto a mim, minha residência é Por toda parte.

Você saiu do Partido Comunista em 1957, depois das polêmicas internas sobre a "desestalinização". O fato de não militar mais no Partido Comunista influenciou sua produção como escritor? Depois disso, sentiu-se mais livre em seu trabalho?

Não, eu era livre antes e sou livre agora. Mas muitas coisas que tinham um sentido especial porque eram ditas ou feitas lá, naquele mundo de ferro, agora têm muito menos. (Mesmo escrever algo por pura diversão era afirmar um valor.)

Você participou recentemente, nas ilhas Baleares, de um congresso de escritores de vários países da Europa, organizado por um editor espanhol. Estavam, entre outros, Michel Butor e Alain Robbe-Grillet pela França, Henry Green pela Inglaterra, Camilo José Cela e Juan Goytisolo pela Espanha. Falou-se sobre o romance. Esse encontro lhe deu uma ideia precisa a respeito dos destinos desse gênero literário na Europa?

No encontro de Formentor, iniciativa de um jovem e inteligente editor de Barcelona, Carlos Barral, tive, antes de mais nada, uma impressão de grande fervor literário na Espanha: o número de jovens escrevendo e publicando romances é enorme, e é uma juventude batalhadora, cheia de interesses concretos e de esperanças. No romance põe-se em ação o impulso e também o peso da tensão social. Por ser a literatura, e em especial o romance, a única via de expressão possível, o único modo de julgar e de discutir a sociedade, é natural que as jovens energias mais ativas se dirijam a ela. A atmosfera da nova literatura espanhola lembra a análoga da Itália por volta de 1940. Mais acentuada do que a nossa, sua divisão se dá em duas correntes estilísticas: a experimentalista e a tradicionalista.

Mas o encontro de Formentor ficará na história literária — coisa que raramente acontece nos congressos e colóquios — sobretudo pela discussão entre os franceses. Estavam presentes os dois principais representantes da *nouvelle école*: Robbe-Grillet e Butor, dois nomes que quase sempre pronunciamos em par. E era a primeira vez que eles se encontravam frente a frente, por vários dias, sustentando suas ideias: ideias essas irredutivelmente opostas.

Para ser sintético: Robbe-Grillet defende uma literatura que não propõe nada além de um absoluto rigor formal, que pode ser julgada apenas por critérios internos a ela — assim como há tempos a pintura não pode ser julgada senão em termos pictóricos — e na qual o discurso filosófico ou moral ou histórico ou — Deus o livre — político não pode absolutamente interferir.

Já para Butor, a técnica narrativa nasce sustentada por uma estrutura filosófica, formando uma unidade com ela, e a operação do romancista é sempre engajada, nos planos poético, gnosiológico, moral e histórico ao mesmo tempo.

Ambos são personalidades de grande destaque. É claro que estou do lado de Butor; isso não impede que, como resultado poético, eu admire muito a força do rigor de Robbe-Grillet, aquele tipo de força que os escritores (e os pintores) fixados num modo exclusivo e redutor de ver o mundo sempre tiveram.

Ao falar de seu recente romance breve, A especulação imobiliária, *reunido no livro* I racconti [Os contos], *Elio Vittorini utilizou o termo "neobalzaquismo". Como você vê essa definição aplicada à sua obra mais atual?*

A atitude predominante na literatura italiana mais recente poderia ser definida como "neoflaubertiana". A sociedade é representada com objetividade fotográfica, captando com acuidade seus aspectos inconsistentes, desairosos e culpados, nos discursos, nas psicologias, nos "costumes". O ponto de vista é o do intelectual, que olha com ironia e distanciamento aquela eterna comédia da Itália provinciana, mas pode permitir-se também uma ponta de indulgência, de compaixão, de nostalgia.

Essa atitude, que eu também já tive em algum momento, não me satisfaz. Leva a uma descritividade estática, passiva e cansada. E já foi amplamente divulgada, em sua versão jornalística, pelas revistas intelectuais. Para transmitir como nosso tempo se move e para ter uma consciência completa de cada processo degenerativo, sinto a necessidade de uma atitude que eu definiria como "mimese ativa da negatividade": isto é, transportar-nos violentamente para o lado de cada fenômeno, de cada modo de pensar que julgamos negativo, entrar em sua lógica interna levando-a às últimas consequências, viver, em suma, a negatividade "ao grau heroico". Até agora consegui fazê-lo apenas em *A especulação imobiliária*, em que um intelectual se obriga a se entusiasmar com aquilo que odeia deveras, a febre de novas construções que está mudando a face da Riviera, e a se lançar em desastrosos negócios em terrenos de construção.[3]

Vittorini definiu essa atitude como "neobalzaquiana". De fato, Balzac, mesmo odiando ideologicamente a grande burguesia dos negócios que surgia, fazia-a viver de forma épica seus impulsos por meio de seus protagonistas, e assim criava uma inigualável imagem de veracidade. "Neobalzaquismo" contra "neoflaubertismo", então. (Mas não só Balzac usava esse sistema: Stendhal também.)

Você comanda com Vittorini a revista-coleção Il menabò. *Pode nos dizer algo sobre essa iniciativa? O que pensa, por exemplo, do romance* Il calzolaio di Vigevano [O sapateiro de Vigevano], *de Lucio Mastronardi, publicado no primeiro número?*

Não sou defensor do dialeto e já o disse muitas vezes. Mas *Il calzolaio di Vigevano*, escrito em grande parte no dialeto daquela cidade e no jargão de suas sapatarias, me agrada muito, e com certeza não poderia ser escrito de outra forma. Obras como esta, que Vittorini sabe descobrir e *suscitar*, são como plantas espontâneas em nosso jardim literário: algumas se tornarão árvores, mas o terreno dos bosques também é formado por arbustos.

Mesmo nessas suas descobertas, Vittorini põe uma paixão polêmica e contestadora em relação à literatura como ela é. Mas, no que diz respeito à nossa literatura, sempre temos vontade de dizer e ouvir dizer o quanto somos bons e não temos vontade de entrar em discussão. *Il menabò*, em comparação a *Gettoni*, pretende deixar a faceta da discussão mais explícita. Até agora, porém, ainda não reunimos as propostas de discussão do primeiro número, nem sobre o dialeto (penso em especial na nota de Vittorini, que lhe confere uma formulação clara e nova), nem sobre o insólito apelo a uma literatura de guerra "divertida". Entre os temas dos números futuros estarão a nova poesia, a literatura do Sul da Itália e o novo tema das fábricas, que vários jovens começaram a abordar. No segundo número, deve sair também um ensaio meu, em que falo de tudo, e assim, finalmente, saberão o que penso.[4]

A DISTÂNCIA E A TENSÃO[1]

Italo Calvino chega atrasado, correndo, para nosso encontro.
Peço que me desculpe. Estou realmente desolado, mas você há de me entender: no almoço encontrei Sartre. Acabo de voltar dos Estados Unidos, onde passei seis meses sem ouvir uma única palavra de "conversa ideológica". E, tão logo chego, Sartre me explica as novas posições da esquerda europeia...

Sentamo-nos à mesa de um café e Calvino resolve ficar sério. Do que vamos falar? Dos Estados Unidos ou do Barão nas árvores?
O barão nas árvores é a história desse rapaz que aos doze anos decide subir nas árvores e não descer mais pelo resto da vida: ali morre aos sessenta e cinco anos, depois de ter caçado, pescado, amado e participado de guerras e revoluções de sua época.

Então, falemos do Barão nas árvores. *Diga-me, sr. Calvino, você não terá talvez trapaceado um pouco? Porque, em essência, esse barão vive nas árvores, mas também com os homens, está no alto, mas também embaixo, em suma, é descompromissado mesmo sendo compromissado. Calvino franze as sobrancelhas, contrai a mão e responde numa voz tonitruante.*
Isso mesmo. Mas é a única maneira de ser. A distância, eis o que conta.[2]

71

É preciso se distanciar sem abandonar a luta. A distância é necessária, mas também a tensão. No mundo não há mais tensão suficiente, depois da guerra, as pessoas e as coisas estão taciturnas...

O que você chama de "tensão" não será talvez "a energia" de Stendhal?
Sim, trata-se exatamente disso. Meu barão nas árvores: é assim que eu gostaria de ver o intelectual empenhado...

Mas seu barão encontra um grupo de espanhóis, exilados precisamente nas árvores, os quais não têm distância nem tensão.
Porque são pessoas que estão nas árvores não por escolha, mas em caráter provisório, à espera de outra coisa. Como quem diz: hoje faço literatura, amanhã farei política. Apenas o barão continua nas árvores, vitoriosamente, até o fim...

Por orgulho, talvez...
Ah, não! (*ri*) Nada de psicologia, por favor. Realmente, os franceses...

Olha-me outra vez muito sério.
Sabe, escrever me... aborrece. Não é fácil para mim. Por outro lado, acredito que aqueles para quem é fácil não valem muito. E às vezes também me pergunto: "Por que você escreve todos esses romances fantásticos? Nas árvores? Que bobagem... você poderia escrever coisas realistas". Poderia descrever, por exemplo, como você está neste momento, seu jeito de segurar o cigarro, os botões de seu vestido, com muita, muita precisão... Em vez disso, recomeço. Escrevi três romances fantásticos seguidos, um depois do outro, um dos quais é *O barão nas árvores*. Outro se chama *O cavaleiro inexistente*, um cavaleiro na época de Carlos Magno, mas só a armadura que anda. Procura-se o homem: não há, há apenas a armadura. Procuraram aí um monte de significados.

No entanto, é muito simples. Pessoas como o cavaleiro se encontram todos os dias.
É verdade. Acontece a todo momento... Trata-se do problema de ser, de ser realmente... Se eu reunir estes três romances num volume só, vou

chamá-lo de *Os nossos antepassados*. Será uma espécie de árvore genealógica do homem.

Sempre escreveu nesse estilo?
Em 1947, publiquei um livro sobre os *partigiani* em estilo neorrealista. Os críticos imediatamente taxaram-no de fábula.

Você também foi partigiano *durante a guerra?*
Sim. Foi um período muito intenso e pleno. Saudade? Sim, talvez um pouco. Eu lhe disse que gostava da "tensão". Escrevi aquele livro contra os burgueses que diziam com uma careta de desdém: "Os *partigiani*? Todos criminosos". Mas certamente não descrevo o "herói socialista". Peguei da Resistência o que havia de mais baixo, um grupo de subproletários, de marginalizados: foram eles que mostrei, e com eles aquilo que havia de bom em *toda* a Resistência.

E depois deste romance, escreveu...?
Muitos contos, longos e curtos, reunidos num livro no ano passado. Depois, em 1951, *O visconde partido ao meio*: um homem cortado em dois. Falaram em bem e mal... Sabe, *O médico e o monstro*. Reconheço que Stevenson teve uma grande influência sobre mim. Mas *O visconde* é mais do que a luta entre o bem e o mal; (*Calvino se curva para mim e diz quase em segredo*:) é o homem alienado.

O homem alienado? É o grande tema de nossos tempos.
Verdade? Confesso que, em meus romances fantásticos, o significado às vezes me escapa. Claro que não digo para os críticos: divirto-me demais discutindo certas interpretações. Mas não sou filósofo. Em primeiro lugar está a imagem; o significado vem depois. Aquilo a que me dedico, o que me importa, são certas verdades fundamentais, muito simples. Valores morais? Pode chamá-los assim também. Fraternidade, solidariedade entre os homens. Simples. Extraí alimento da esquerda italiana, que sempre foi meu ambiente, minha vida. Há coisas que não precisam ser ditas. Basta ter consciência. Só isso.

É porque, para além das contingências, alcançam-se verdades mais gerais?
Sim, e desse modo se faz poesia, a única que dura. Poesia no sentido em que Croce a entendia.

Você ganha a vida escrevendo?
Não, jamais ia querer isso. Não gosto dos "escritores" que não estão ligados a nada. Há doze anos trabalho na editora Einaudi. Graças a esse trabalho, estou realmente no centro de toda a vida cultural italiana. Eu gosto de estar — por assim dizer — "por dentro"...

Olho-o: ele ri de novo com ar cúmplice e abre os braços com um gesto fatalista.
Sim, sei o que vai dizer, sei o que está pensando. Prego a vida nas árvores, mas eu... As contradições existem. Pior ainda, é preciso conviver com elas.

E, no fundo, você se diverte...
Pura verdade. Também me criticam dizendo que falta um "drama interior" no que escrevo. Mas o que querem...

Sr. Calvino, sei que tem outro compromisso e está atrasado...
Meu Deus, é verdade, estou de novo terrivelmente atrasado...

E desaparece correndo...
(*Tinha-me dito:* "Traduziram Il barone rampante *em italiano como* Le baron perché. *Mas 'perchê', empoleirado em francês, significa imobilidade, enquanto o barão é a mobilidade em pessoa...*").

OS ESTADOS DESUNIDOS[1]

Italo Calvino chegou a Paris voltando dos Estados Unidos, e nos fala sobre sua estada americana: o autor de O barão nas árvores *recebera um convite da Fundação Ford para realizar uma longa viagem pelo "país de Deus", sem nenhum tipo de obrigação: cortesia dos empresários americanos.*

Foram seis meses apaixonantes. Mas não me desagrada pisar de novo na Europa, voltar a me sentir em casa, enfim. É difícil sintetizar minhas impressões sobre os Estados Unidos. Para não dizer banalidades, é preciso tentar fragmentar a realidade americana em muitas separadas. Podemos dizer que os Estados Unidos são um país ainda em movimento, com características acentuadas de industrialização exasperada; por exemplo, em toda a minha viagem, de leste a oeste e de norte a sul, não vi um único camponês como os nossos. A agricultura, totalmente mecanizada, não passa pela clássica herdade rural.

Isso vale para todo o país?

Mais ou menos sim. Mas creio que é possível a seguinte definição do país: os Estados Unidos são, no fundo, bastante desunidos.

Do que deriva essa desunião?

Do chamado patriotismo de Estado, como se encontra no Texas e na

Califórnia; das diferenças econômicas e sociais, e até, por mais que possa parecer estranho, das lembranças da Guerra de Secessão. Os sulistas ainda consideram o Norte um país inimigo; para percebê-lo, basta ouvir as conversas no trem, nos cafés do Sul contra os ianques. Assim, não por acaso os racistas do Sul, como encontrei principalmente em Montgomery e no Alabama, são reacionários também à política externa; e no Sul os racistas manobram a máquina eleitoral.[2]

Teve contatos com os líderes negros?
Claro. O movimento negro me pareceu um dos aspectos positivos da sociedade americana atual. Para sentir o quanto é mesmo injusta a condição dos negros do Sul, só vendo com os próprios olhos: mas, até alguns anos atrás, os poucos elementos negros que alcançavam posição de direção assumiam posturas fundamentalmente reacionárias. Era, por assim dizer, a política do álibi: serem aceitos pelos brancos tornando-se tão reacionários quanto eles. Agora as coisas estão diferentes, os movimentos de independência africanos também deram aos negros a consciência de uma dignidade própria, e seu movimento da "não violência", mesmo baseado no reconhecimento de direitos elementares, é inevitavelmente um movimento progressista. Senti que é preciso ter esperança nas classes dirigentes que poderão advir desses americanos *coloured*, como os chamam os outros, os brancos. Os brancos, aliás, em geral parecem bastante incapazes de resolver e compreender as contradições da sociedade. Há, porém, exceções importantes.

Quais?
Uma parte dos sindicatos, por exemplo. O americano médio tem um padrão de vida elevado, e isso logo se vê; mas existem as nacionalidades ainda não integradas, das minorias que são milhões, os quais vivem bastante mal, amontoados em bairros miseráveis, os *slums*; alguns desses bairros eram originalmente residências de luxo, que especuladores transformaram em *slums* alugando-os aos negros, porto-riquenhos e mexicanos.

E outras "exceções"?
Os jovens das universidades, em especial da Costa Leste. Os estudantes que fazem piquetes para boicotar as grandes lojas de departamentos que praticam a discriminação racial no Sul. Ou os que protestam contra as experiências atômicas. Algumas semanas atrás, em Nova York, cento e trinta

jovens foram presos porque permaneceram na frente da prefeitura com cartazes pela paz durante um treinamento de alarme antiaéreo.

Você com certeza deve ter se encontrado com intelectuais americanos. Que impressão eles lhe causaram?

O nível cultural nos Estados Unidos é alto; todos os americanos frequentam a escola, leem muito,[3] a menor cidade tem seu museu, muitas vezes doado por uma indústria, a qual também financia bolsas de estudo e subsidia todos os tipos de pesquisas. É dinheiro que de outra forma iria para o fisco. Isso deveria dar ao intelectual americano uma posição de destaque, mas não é assim. O macarthismo criou, em sua época, um clima de suspeita e medo; hoje, o macarthismo praticamente desapareceu, ou pelo menos foi exorcizado, mas a ferida ainda não cicatrizou. Isto é, tive a impressão de que o intelectual americano, que antes se manifestava o mínimo possível para não ser acusado de ser um "agente de Moscou", hoje persiste em seu silêncio porque se sente mais ou menos impotente. "A administração republicana de Eisenhower", diziam, "colocou-nos em quarentena política. Os tempos de Roosevelt e do *New Deal* estão distantes." Assim, os intelectuais americanos vivem numa condição de relativa prosperidade e liberdade de expressão cuja contrapartida é o isolamento, à espera de tempos melhores.

Qual é a posição deles em relação à literatura italiana?

De interesse, mas de um interesse levemente distanciado, eu diria. Todos os principais escritores italianos estão publicados; enquanto eu estava em Nova York, *O leopardo*, de Tomasi di Lampedusa, era lançado como best-seller, o que significa uma tiragem de centenas de milhares de exemplares.

Você acredita, portanto, que falta certo espírito de rebeldia aos ambientes culturais americanos?

Não. Há os beatniks, um fenômeno amorfo que se baseia precisamente na rejeição da sociedade atual. Como se manifesta essa rejeição? De maneira bizarra: barba comprida e roupas sujas. São os sujeitos que se encontram sobretudo no Greewich Village de Nova York, num bairro de São Francisco e em Venice de Los Angeles. Os que são pintores pintam quadros abstratos, os que são músicos compõem jazz. Quanto aos escritores, a quem posso julgar melhor do que aos outros, sua produção literária é de má qualidade, às vezes formalmente meritória, mas incapaz de expressar imagens. Porém revoltam-se, e isso nos Estados Unidos atuais já é alguma coisa.

Para concluir, você achou os Estados Unidos diferentes do que imaginava, estando aqui?
Os Estados Unidos são diferentes. Quase todos os americanos que encontrei pareceram-me sinceramente favoráveis à paz; abro parênteses: a viagem de Khruschóv mudou muitas coisas, nesse sentido ela clareou a atmosfera. Mas essa atitude dos americanos, que corresponde à nossa como europeus, em geral vem acompanhada por uma espantosa incapacidade de enxergar os grandes problemas mundiais. Esse país, que me interessou de maneira profunda e que cheguei a amar em muitos aspectos, deixou-me a vaga sensação de estar em outro planeta. E não são as geladeiras ou os automóveis que fazem a diferença, mas a forma de pensar. Não é o caso de levar esse tema muito adiante, mas a União Soviética, mesmo com um regime social tão diferente do nosso, não me causou essa impressão. Os Estados Unidos são um grande país, a ser conhecido, até admirado e com frequência protegido contra si mesmo.

A LITERATURA ITALIANA NOS ANOS 1950[1]

Os anos entre o final da guerra até 1950 viram o surgimento e a afirmação da corrente chamada neorrealista. Quais tendências, quais inclinações se manifestaram (ou estão se manifestando) na literatura italiana dos últimos dez anos? Qual a característica do desenvolvimento da nossa literatura no decênio de 1950 a 1960? Quais progressos podemos tentar prever para o futuro imediato?

Nos anos 1945-50, a literatura italiana participou de um clima de tensão épica e trágica, de um impulso histórico e existencial, na obra de alguns escritores de magnitude europeia e num coro de vozes menores, muitas vezes toscas. Depois daquele clima histórico, extinguiu-se também um clima das consciências que, precisamente naquele momento, seria desejável que ganhasse mais força. Cabe dizer, porém, que todas as tendências mais importantes da literatura italiana nos "anos 1950" nasceram de uma transformação daquela tensão inicial, ou da tentativa de salvá-la por outros meios. Penso que podem ser classificadas em três tipos, todos eles muito característicos de nossa tradição literária. Uma tendência de *recolhimento elegíaco*: a vida provinciana, descrita com minuciosa fidelidade, que torna a se fechar sobre as existências ao fim do momento épico, quando o tempo embala e sepulta todas as coisas. Uma tendência de *tensão linguística*, que procura salvar aquela carga que eu citava anteriormente, operando diretamente na língua falada, no dialeto. E uma tendência de *tensão fantástica*, que tenta resgatar da épica o ritmo, o tom, o movimento, mas também o caráter moral, introduzindo-os num clima visionário ou grotesco.

A distância do leitor médio em relação aos livros dos autores contemporâneos, tantas vezes lamentada no passado, diminuiu ou não nos últimos dez anos?

Nos últimos dez anos, a situação da relação autor-leitor na Itália mudou completamente. Antes, apenas o romance estrangeiro podia afirmar que tinha público certo na Itália. Agora o romance italiano também o tem (pelo menos para uma dúzia de autores); e não só: muitos livros italianos com alguma capacidade de convencimento são objeto de discussão, criam ao seu redor grupos de defensores e de adversários, enfim, criam um "movimento". Mérito dos livros italianos de hoje, que respondem a interesses e modos de leitura mais amplos e mais complexos. Mérito dos editores, que depositam confiança em muitos autores jovens. Mérito do público, que está mais receptivo, mais interessante para os autores. Naturalmente, a situação está também repleta de equívocos, blefes, exageros, imposições forçadas, e nesse sentido tende a piorar. Mas são essas as condições em que se move a boa literatura numa sociedade moderna; não estamos mais numa atmosfera rarefeita e depurada; temos de abrir espaço entre uma vegetação sufocante, gigantesca: mas é sinal de que o terreno é fértil, não árido.

A literatura italiana, várias vezes acusada de provincianismo e de isolamento, merece tais acusações? Em sua opinião, qual tem sido a posição dela na última década?

A Itália é hoje o país menos isolado, mais informado sobre a literatura e a cultura das outras nações. Em nenhum país se traduz tanto e com tanta agilidade e senso dos valores quanto na Itália. A falta de informação (e também de interesse) dos Estados Unidos sobre a cultura europeia é um fato grave. A França, tradicionalmente relutante em admitir que ocorre algo importante fora de suas fronteiras, está se abrindo um pouco, mas sempre com muita cautela. Apesar disso, os Estados Unidos e a França, mais "isolados" do que a Itália, conseguem com sua literatura manter o fio de um discurso interessante para todos, que se impõe também aos outros países. Já a literatura italiana parece ter dificuldades para entrar num discurso geral da literatura no mundo. Quando se procura descrever a literatura italiana fora da Itália, vê-se que nosso discurso é um pouco atrasado, marginal, incide muito pouco na literatura mundial.

AS MINHAS IMPRESSÕES SOBRE OS ESTADOS UNIDOS[1]

Como esta foi sua primeira viagem aos Estados Unidos, gostaríamos de saber se estabeleceu seu itinerário segundo um critério "turístico" (visita aos lugares mais famosos, aos monumentos dos folhetos de propaganda etc.) ou se se deixou guiar por uma curiosidade sentimental, na esteira de lembranças de leituras, de sugestões cinematográficas, de caprichos culturais.

Com seis meses para passar nos Estados Unidos, minha intenção foi viver o país, e não visitá-lo como turista. É claro que acabei também vendo coisas que os turistas "precisam ver" (exceto as cataratas do Niágara). Meu primeiro interesse sempre foram as pessoas: conhecer o maior número possível de americanos, de diversos ambientes, e conviver com eles. Dada a grande sociabilidade americana, isso não é difícil, mesmo nas cidades onde ficamos poucos dias, mesmo nos pequenos centros interioranos onde estivemos por acaso. Em Nova York, então, eu me senti um residente local desde o primeiro dia e — convencido de que os nova-iorquinos não conhecem sua cidade — gostava de ser eu a guiá-los na descoberta de minha Nova York. Assumir a posição de guia turístico, não de visitante, é sempre uma ótima tática para ver as coisas.

Se tivesse a oportunidade de viver nos Estados Unidos, aceitaria? E por quanto tempo?

Eu ficaria de bom grado por alguns anos, morando em Nova York e tendo a possibilidade de viajar, como fiz agora; mas sempre como europeu, com o distanciamento do estrangeiro. Se tivesse de me integrar na sociedade americana, seria diferente; minhas reações também, creio eu, seriam diferentes.

Considera realmente que, à parte São Francisco e alguns outros centros, os Estados Unidos são incompatíveis com o "Italian way of life"?
Confesso que não desgosto do *American way of life*, se por ele entendemos um ideal de eficiência tanto no trabalho produtivo quanto no gozo da vida. O ritmo de um mundo em que todos trabalham e todos querem ser felizes é a grande realidade americana, embora, na pressa frenética das grandes cidades, ela comporte uma insatisfação contínua e úlceras gástricas. Mas, em resposta a esse ritmo, o americano médio de hoje se entrincheira numa vida estritamente familiar, de casinhas nos subúrbios, com um bem-estar padrão e a pretensão programática de estar satisfeito consigo mesmo. Esse tipo de *American way of life* me entedia e não o suportaria nem por uma semana.

Em que consiste, segundo você, a felicidade do americano médio?
Há uma felicidade verdadeira, de quem consegue se realizar nas coisas que faz, a grande lição moral da velha América; e há uma infelicidade verdadeira, de quem sofre por viver no vazio, engrenagem de um mecanismo. Assim também há uma felicidade falsa, difundidíssima, de quem vive no vazio e não se dá conta disso, e uma infelicidade falsa (exemplo: os beatniks), de quem, para protestar contra a vida desperdiçada, programa-se para desperdiçar a vida.

A realidade de alguns lugares e monumentos (por exemplo, o lago de Walden, a Quinta Avenida de Nova York, o Vieux Carré de New Orleans, os jardins do Sul, os abatedouros de Chicago, supondo que os tenha visto, naturalmente) despertou-lhe considerações e reflexões sobre aquilo que imaginava antes da viagem, isto é, lembranças a priori armazenadas a partir de leituras prévias?
A literatura americana é muito verdadeira. Ao chegar a New Orleans durante o famoso carnaval, com todos os hotéis lotados, acabei num cômodo de aluguel no Vieux Carré: era um quarto escuro, cheio de coisas puídas e empoeiradas que ia dar na indefectível varanda de ferro batido passando

por um cubículo escuro, onde mantinham uma velha de noventa anos trancada o dia inteiro. Minha primeira impressão foi a de estar numa peça de Tennessee Williams ou no ambiente de um conto de Truman Capote: aquilo que eu sempre acreditara, a cada vez, ser o clima fantástico específico deste ou daquele escritor, ou um gosto especial da imaginação, comum aos escritores do Sul. Mas que nada!; vi que era apenas uma fotografia daqueles ambientes, sem necessidade de transfiguração.

Depois entendi que também aconteceu o processo inverso, a literatura influenciando a realidade. Por exemplo, contam-se histórias extraordinárias sobre muitas casas antigas de New Orleans; depois de algum tempo, fiquei sabendo que Faulkner, na juventude, quando fazia os mais variados bicos para ganhar a vida, também fora guia turístico para os visitantes do Vieux Carré; e respondia às perguntas deles inventando histórias. Muitas dessas histórias circularam de boca em boca, passando a fazer parte da história e dos guias oficiais de New Orleans, e agora não se sabe mais o que é verdade e o que é de Faulkner.

Ora, o passar dos anos apaga gradualmente os aspectos mais celebrados da literatura. Em Chicago, por exemplo, os abatedouros não existem mais: a carne pode ser transportada em caminhões frigoríficos e por isso mais vale abater o gado nas fazendas. Num país de contínuas mudanças, a realidade nunca é a mesma. Por sorte: se não fosse assim, o viajante europeu não teria uma América a descobrir, apenas uma América a verificar.

Como você explica, numa civilização rica, ordenada, com estudiosos sérios, com jornalistas com o valor de Lippmann, de Reston, de Alsop, os incríveis xeques da política externa dos Estados Unidos, desde a Turquia à Coreia e ao Japão?

Uma noite, eu estava jantando num casarão no Sul, daqueles em estilo colonial, com pórtico de colunas. Era um ambiente de empresários sérios. A conversa, como costuma acontecer nessas épocas, girou em torno das eleições. Um dos convidados explicava por que era a favor de determinado candidato. (O nome ou o partido não importa: era X, mas os mesmos argumentos também podiam ser usados em favor de outros candidatos, ou também seria possível apoiar X com argumentos contrários.) Ele dizia que, nos momentos difíceis que aguardavam os Estados Unidos, era daquele homem que precisavam, porque era um *tough guy*, um durão, um sujeito *ruthless*, alguém que não faz muitos elogios. Tentei objetar que os momentos difíceis ocorrem quando não percebemos quais são os problemas dos países do mundo e, em vez de estudo e empenho para resolver esses problemas, antepõem-se a política da força e o apoio a regimes policiais: este, portanto, era um tempo de pessoas sábias e reflexivas — disse eu —, não de sujeitos *tough*. O homem não me entendeu; sim, tudo muito bonito, dizia ele, mas, antes de mais nada, é preciso mostrar que somos os mais fortes, que estamos no comando, que não damos sinais de fraqueza. Eram os dias dos movimentos coreanos contra Syngman Rhee; no entanto, aquele senhor não compreendia que as consequências daquele tipo de raciocínio, adotado por muitos anos e ainda amplamente difundido, já são inevitáveis. Os jornalistas, os estudiosos, os homens políticos conscientes do que está acontecendo no mundo têm um número ainda limitado de seguidores. O futuro sem dúvida reservará aos Estados Unidos outras más surpresas. Há apenas a esperança de que, assim como a nova classe dirigente rooseveltiana ganhou força após a grande crise econômica de 1929 e soube realizar uma das grandes épocas da civilização americana, da mesma forma surja agora algo semelhante, a partir da crise atual na política externa. Mas ainda não se veem esses sinais, a não ser entre a geração mais jovem, aquela que ainda está nas universidades.

A democracia dos Estados Unidos lhe parece uma autêntica democracia? Em outras palavras, por trás da prosperidade geral é possível discernir a obra de deterioração dos grupos de pressão?

Os Estados Unidos têm elementos de democracia fundamentais, que os salvaram dos retrocessos antidemocráticos mais graves sofridos por tantos outros países, mesmo quando quase haviam chegado lá. Em primeiro lugar, têm uma Constituição formidável e instituições de controle democrático operantes; têm uma economia que, com seu estímulo à produção de massa, de consumo, de crédito, necessita de uma contínua ascensão das camadas sociais e dos grupos étnicos mais pobres; têm um sistema educacional que permite que praticamente todos (coisa que acontece apenas aqui e na União Soviética) frequentem a escola pelo menos até os dezoito anos; têm sindicatos com um poder de negociação sem precedentes na história; e, além do mais, têm uma verdadeira mentalidade democrática, própria de um país que viveu toda a sua história sob o signo da democracia. Porém, todos esses fatores são ameaçados por perigos constantes. Os dispositivos constitucionais podem funcionar também ao contrário (uma comissão de investigação parlamentar, ótima coisa em si, pode se tornar a de McCarthy; a autonomia dos Estados permite conservar no Sul a chaga do racismo, com a imobilidade decorrente disso). A produção de massa pode se tornar uma forma de escravidão do consumidor a prazo. As escolas, como quer que sejam, são um ótimo fator, mas ouve-se o tempo inteiro falar mal das *high schools* (que correspondem ao colegial) pelo baixo nível educacional. Os sindicatos afastam de suas lutas econômicas (com muita frequência vitoriosas) qualquer implicação política e, portanto, o peso político que eles têm (ou tentam ter) na vida europeia lá inexiste quase que de todo. E a mentalidade democrática, da qual somos guardiões, se for dada como certa de uma vez por todas, pode gerar um perigoso sentimento de superioridade, uma falta de interesse por aquilo que os outros povos realmente pensam.

Apesar de tudo isso, creio que — embora o futuro imediato não seja promissor — os Estados Unidos têm uma saúde sólida que em última instância sempre os levará a encontrar soluções democráticas, e novas em comparação às da Europa.

CONVERSA COM CARLO BO[1]

Após dez anos de sua morte, qual é sua opinião sobre a obra de Pavese? O que o tempo pôs em evidência e o que deixou de lado? Por fim, se você se sente em dívida com ele, o que seria válido mencionar?

Algumas semanas atrás, alguns amigos de Roma vieram a Turim para rodar um documentário sobre a cidade de Pavese. Levei-os pela cidade para ver os lugares que frequentávamos juntos: o Pó, os restaurantes, a colina. É claro que muitas coisas mudaram em dez anos, mais do que eu esperava. Já existe uma "época de Pavese", com traços bem precisos, e é a das duas décadas, 1930-1950, que somente agora nos aparecem com uma fisionomia única, com a guerra de entremeio, no aspecto das ruas, no desenho dos objetos, no rosto das mulheres, nos costumes, bem como no clima psicológico e ideal. Já é o suficiente para localizar Pavese no passado, mas também para afirmar seu valor numa dimensão que antes não levávamos muito em conta: a de autor de um afresco de sua época como nenhum outro, articulado em seus nove romances curtos como numa densa "comédia humana" completa. Quantas coisas, justamente por estarem distantes e hoje serem quase incompreensíveis, não se revelam repletas de uma fascinante força poética! Onde pode existir aquela juventude de longos dias e longas noites, que não sabe o que fazer nem aonde ir, entediada, mas por virgindade e vazio circundante, e não por saciedade e vazio interior como hoje? E, no entanto, por ser verdadeira e verossímil, como sofremos seu drama, ao ler Pavese! E esse problema da solidão, que diabos era? Mas tudo é tão claro, doloroso e distante, tal como claro, doloroso e distante é Leopardi.

Os nove romances de Pavese são de uma densíssima unidade estilística e temática, embora muito diferentes entre si. Eu considerava *La casa in collina* [A casa na colina] e *Mulheres sós*[2] os mais bonitos, cada um a seu modo, mas ultimamente reli *Il diavolo sulle colline* [O diabo nas colinas] que, lembro-me, foi seu romance que menos entendi quando Pavese me deu o manuscrito para ler. Agora vejo que é uma narrativa com muitos níveis de leitura, quiçá o mais rico de seus romances, com um debate filosófico complexo e muito vivo (talvez com um ligeiro excesso de discussão, porém), concentrando todo o sumo do Pavese teórico (o do diário e dos ensaios), fundido numa narrativa tensa, plena, de primeira mão.

Com certeza o caminho de Pavese não teve continuidade na literatura italiana. Nem a linguagem, nem aquela maneira própria de extrair uma tensão lírica da narrativa realista objetiva, e tampouco o desespero, que num primeiro momento parecia o aspecto mais facilmente contagioso. (Mesmo o sofrimento interior tem suas estações; quem tem vontade de sofrer, hoje em dia?) Pavese voltou a ser "a voz mais isolada da poesia italiana", como se lia na cinta de uma velha edição de *Trabalhar cansa*, creio que ditada por ele.

Mesmo eu, tido como discípulo dele, como mereço esse título? O que me liga a Pavese é um certo gosto de estilo poético e moral, uma insolência, como se diz, e muitos autores amados: tudo isso herdei dele, nos cinco anos de convivência quase diária; e não é pouco. Mas na obra, em dez anos, afastei-me daquele clima da época em que Pavese era o primeiro leitor e juiz de tudo o que eu escrevia. E quem sabe o que ele diria agora! Certos críticos misturam as coisas, dizem que minhas histórias fantásticas derivam das ideias de Pavese sobre o "mito". Mas qual a relação? Pavese, em seus últimos ensaios, negava precisamente que se pudesse dar uma carga poética ("mítica", dizia ele) a imagens de outras épocas, de outras culturas, isto é, condenava um tipo de literatura pelo qual eu enveredaria, até parecendo de propósito, a menos de um ano da sua morte. O fato é que os nossos métodos de trabalho sempre foram diferentes; eu não parto de considerações de metodologia poética: lanço-me por caminhos arriscados, esperando dar certo sempre por força da "natureza". Pavese não; para ele, não existia uma "natureza" de poeta; tudo era rigorosa autoconstrução deliberada, não dava um passo em literatura se não tivesse certeza daquilo que fazia; quem dera tivesse agido assim na vida!

Visto que entrou no assunto, explique-nos por que, como escritor, faz algum tempo que prefere trabalhar com os reflexos da realidade e as ideias que a alimentam e se afastou da composição direta e imediata das coisas.

Tentei responder a essa pergunta no prefácio do livro *Os nossos antepassados*, em que reuni agora minhas três histórias lírico-épico-bufas: *O visconde partido ao meio*, *O barão nas árvores* e *O cavaleiro inexistente*. Agora o ciclo está pronto, está fechado, está ali, para quem quiser estudá-lo ou divertir-se com ele; não me diz mais respeito. Para mim, só conta o que farei depois, e ainda não sei o que será. Mas, como eu lhe dizia, nunca parto de uma ideia de método poético, não digo: "Agora vou escrever uma narrativa realista-objetiva, ou psicológica, ou fabulosa". O que conta é aquilo que somos, é aprofundar nossa relação com o mundo e com o próximo, uma relação que pode ser de amor por aquilo que existe e, ao mesmo tempo, de vontade de transformação. Depois põe-se a ponta da caneta no papel em branco, estuda-se um certo ângulo de onde emerjam sinais que tenham sentido e vê-se o que surge. (E também, muitas vezes, rasga-se tudo.)

Ouvi dizer que você está preparando um livro sobre as impressões da viagem aos Estados Unidos. Considera as viagens proveitosas para um escritor nos dias de hoje? Em seu caso, qual a experiência positiva e qual a experiência negativa que teve em sua viagem aos Estados Unidos?

Ao partir para os Estados Unidos, e também durante a viagem, jurei que nunca escreveria um livro sobre a América (já há tantos!). Mas agora mudei de ideia. Os livros de viagem constituem uma forma útil, modesta, mas completa de fazer literatura. São livros que têm utilidade prática, apesar de, ou justamente por isso, os países mudarem de ano para ano e, ao fixá-los como os vimos, registramos sua essência mutável; e neles é possível expressar algo que vá além da descrição dos locais vistos, uma relação entre si e a realidade, um processo de conhecimento.[3]

São coisas de que me convenci aos poucos: até ontem, eu achava que viajar teria uma influência apenas indireta sobre a substância do meu trabalho. Para isso contribuía o fato de ter tido como mestre Pavese, grande inimigo de viagens. A poesia nasce de um germe que carregamos conosco por anos, talvez desde sempre, dizia ele mais ou menos nesses termos; que diferença fará para essa maturação tão lenta e secreta o fato de ter estado alguns dias ou algumas semanas aqui ou ali? Sem dúvida, viajar é uma experiência de vida, que pode amadurecer e mudar alguma coisa em nós, como qualquer outra experiência, pensava eu, e uma viagem pode servir para escrevermos melhor, se entendermos algo a mais da vida; alguém vai visitar, por exemplo, a Índia e, ao voltar para casa, escreverá melhor, sei lá, as memórias de seu primeiro dia na escola. Em todo caso, sempre gostei de viajar, para além da literatura. E foi assim que fiz também minha recente viagem americana: porque os Estados Unidos me interessam, como são de fato, e não por, sei lá, uma "peregrinação literária" ou para "ter inspiração".

Mas, uma vez lá, fui tomado por um desejo de conhecimento e de posse total de uma realidade multiforme e complexa e "diferente de mim", como nunca me acontecera antes. Foi parecido com se apaixonar. Os apaixonados, como se sabe, passam muito tempo brigando; e, mesmo agora que já voltei, de vez em quando surpreendo-me a brigar sozinho com os Estados Unidos; mas, de todo modo, continuo a viver lá, atiro-me ávido e ciumento sobre todas as coisas que ouço ou leio sobre aquele país que presumo ser eu o único a entender. Visto que aqui fui tomado pela "composição das coisas", como você, Carlo, dizia antes, é bom me apressar para pôr logo no papel.

Aspectos negativos de viajar? Como se sabe, é se distrair do horizonte de objetos determinados que forma nosso mundo poético, é dispersar aquela concentração absorta e um pouco obsessiva que é uma condição (uma das condições) para a criação literária. Mas no fundo, embora nos dispersemos, que importância tem? Humanamente, é melhor viajar do que ficar em casa. Primeiro viver, depois filosofar e escrever. Que os escritores, antes de tudo, vivam com uma atitude em relação ao mundo que corresponda a uma maior aquisição de verdade. Aquele algo que se refletir na página, aquele algo qualquer será a literatura do nosso tempo, não de outro.

O que representa, no entanto, o regresso ao país? Que valor suas lembranças de lígure têm hoje?

Há duas categorias de lígures: os apegados a seus lugares como moluscos na rocha sendo impossível retirá-los dali, e os que têm o mundo como lar e em qualquer lugar se sentem em casa. Mas mesmo estes, nos quais me incluo e você também, voltam com regularidade para casa, continuam tão apegados à sua região quanto aqueles. De quinze anos para cá, não dá mais para reconhecer minha Riviera di Ponente, mas talvez exatamente por isso a redescoberta dos vestígios de uma Ligúria da lembrança, por trás de todo esse cimento, é uma operação de *pietas* pátria ainda mais repleta de emoção amorosa. Como arrancar da mentalidade dominante mercantilizada o velho fundo moral de nossas famílias, e que no seu caso, caro Bo, é o de um catolicismo com traços jansenistas, enquanto para mim, é o de uma tradição laica, mazziniana e maçônica, toda voltada para a ética do "fazer"? O que me liga a meus lugares, sobretudo ao campo acima de Sanremo, é a memória cada mais viva de meu pai, uma personalidade e uma vida das mais singulares e ao mesmo tempo mais representativas da geração pós-Risorgimento, e último lígure típico de uma Ligúria que não existe mais (também pelo fato de ter passado um terço de sua vida no outro lado do Atlântico).

Mas vejo que todas estas são razões sentimentais, enquanto sempre procurei olhar as coisas de forma racional, do ponto de vista do mundo produtivo mais avançado, dos setores da sociedade decisivos para a história da humanidade, sejam eles na Europa industrial, na América ou na Rússia. Essa contradição, quando eu era mais jovem, me fazia sempre me questionar: se eu sabia que o mundo que importa é aquele que mencionei, por que devia continuar ligado poeticamente à Riviera que vive de uma economia subsidiária, entre o falso bem-estar do turismo e uma agricultura em grande parte atrasada? No entanto, ao escrever histórias ambientadas na Riviera, as imagens vinham nítidas, precisas, ao passo que, escrevendo histórias da civilização industrial, tudo saía desfocado, desbotado. É que se narra bem aquilo que se deixou para trás, que representa algo concluído (e depois se descobre que não está de maneira nenhuma concluído).[4]

Deve-se partir sempre daquilo que se é. A crítica sociológica, em vez de se mover no genérico, como faz, poderia realizar isso de concreto: definir a partir de seu ponto de vista a verdadeira essência de todo escritor, descobrir seu verdadeiro background social que talvez contraste com as aparências. Sobre mim, poderiam talvez descobrir que no fundo, bem lá no fundo, está o pequeno proprietário rural, o individualista, duro no trabalho, avarento, inimigo do Estado e do fisco, que, para reagir a uma economia agrícola não rentável e ao remorso de ter deixado o campo nas mãos dos arrendatários, propõe soluções universais para sua crise, o comunismo ou a civilização industrial ou a vida *déracinée* dos intelectuais cosmopolitas, ou o mero reencontro na escrita da harmonia com a natureza que se perdeu na realidade.

Se tiver de fazer uma breve história das suas experiências políticas, quais são os pontos que gostaria de ressaltar? Quais foram as amizades que ajudaram em sua formação? O que teve mais importância: as ideias ou os homens?

Os homens sempre vêm antes das ideias. Para mim, as ideias sempre tiveram olhos, nariz, boca, braços, pernas. Minha história política é, antes de mais nada, uma história de presenças humanas.[5] Quando menos se espera, descobre-se que a Itália também está cheia de boas pessoas.

Alguns meses atrás, quando voltei dos Estados Unidos, havia em Turim aquele ciclo de palestras sobre o que haviam sido o fascismo e o antifascismo; todas as vezes, o Teatro Alfieri lotado,[6] e no meio da multidão eu reencontrava os rostos daquele pequeno grande mundo que é o antifascismo, as pessoas da Resistência, novamente juntas, para qualquer lado que se fosse, e além disso inúmeros jovens, rostos novos. Pois bem, foi um belo retorno à pátria; estamos sempre aqui, e fazemos diferença; com efeito, foi o que se viu pouco depois.

Minha geração foi uma bela geração, embora não tenha feito tudo o que poderia. Claro, durante anos a política teve para nós uma importância talvez exagerada, já que a vida é feita de tantas coisas. Mas essa paixão cívica deu um arcabouço à nossa formação cultural; se nos interessamos por tantas coisas, foi por causa disso. Mesmo quando olho à minha volta, na Europa, nos Estados Unidos, para nossos coetâneos e os mais jovens, arrisco dizer que tínhamos mais disposição. Entre os jovens que vieram depois de nós nos últimos anos, na Itália, os melhores sabem mais do que nós, mas são todos mais teóricos, têm uma paixão ideológica toda formada nos livros; nós tínhamos em primeiro lugar uma paixão por agir; e isso não significa ser mais superficial, pelo contrário.

Como você vê, tento traçar um quadro geral, marcar uma continuidade entre a época em que eu fazia parte de uma organização política e agora que sou um "franco-atirador". Porque o que importa é o que continua, é o positivo que se sabe reconhecer em toda realidade. Minhas ideias políticas de agora? Talvez não tenha muito sentido na atualidade, mas eu me considero um cidadão ideal de um mundo baseado no acordo entre Estados Unidos e União Soviética. Naturalmente, isso significa desejar que muitas coisas mudem em ambos os lados, significa contar com os homens novos que com certeza estão surgindo de ambos os lados. E a China? Se os Estados Unidos e a União Soviética puderem resolver juntos os problemas do mundo subdesenvolvido, serão evitadas as vias mais dolorosas. Dor já houve muita. E a Itália? E a Europa? Bem, se souberem pensar em termos não regionais e sim mundiais (é o mínimo que se pode pedir, na era interplanetária), poderemos ser não peças passivas e sim os verdadeiros "inventores" do futuro.

O CINEMA ITALIANO EM 1960[1]

*H*ouve *um momento — lembrava Antonicelli na "Inchiesta sul neorealismo", organizada por Bo — em que alguém disse: "Nosso narrador é De Sica", indicando que cinema e narrativa pareciam andar lado a lado na busca da realidade, mas que até aquele ponto (1950) quem alcançara o verdadeiro caminho tinha sido o cinema. Você julga possível falar em 1960 — depois de uma grave e prolongada crise — de uma retomada efetiva de nosso cinema, e que nessa retomada se possa atualizar o juízo de Pavese, isto é, dizer que, pelo menos no cinema, o melhor narrador italiano é Luchino Visconti?*

A resposta de Pavese àquela entrevista de 1950 era explicitamente uma maneira de se esquivar para não fazer injustiça a nenhum de seus colegas escritores, e não pretendia sancionar uma proeminência do cinema italiano sobre a literatura.

Narrar em literatura e narrar em cinema são operações que não têm nada em comum.[2] No primeiro caso, trata-se de evocar imagens precisas com palavras necessariamente genéricas; no segundo caso, trata-se de evocar sentimentos e pensamentos gerais por meio de imagens necessariamente precisas. É inegável que os meios do cinema permitem uma sugestão de verdade mais direta. Basta que a verdade esteja nos objetos fotografados e que o método utilizado para fotografá-los e fazê-los mover não seja mistificador, para alcançar resultados que ficam muito distantes do escritor que julga poder confiar nos mesmos dados de partida (imagens e acontecimentos). A violência de *Rocco* com certeza é mais *verdadeira* do que a de muitos romances de conteúdo e tons análogos.

Não lhe parece, em todo caso, que Rocco e seus irmãos — *como já* A terra treme *e* Sedução da carne — *é uma indicação exemplar que Visconti oferece à cultura e que se pode dizer que este filme é um grande romance? Ou seja, que* Rocco *é um dos pouquíssimos filmes que alcançam, em termos cinematográficos, a estrutura e a complexidade da autêntica narrativa do realismo crítico, segundo a acepção lukacsiana?*

Ainda não me deixei levar pela onda — que creio ser passageira — de reabilitação dos gêneros literários. Nesse campo, a faxina geral feita por Croce continua a ser uma conquista definitiva. Pouco me interessa se os livros correspondem aos cânones do "romance"; imagine então se vou me preocupar com o problema do filme-romance. Além disso, meus amigos lukacsianos ortodoxos me garantem que Lukács atribui ao filme o gênero "novela". Pfff! São discussões sobre o sexo dos anjos.

Quanto a *Rocco e seus irmãos,* minha aprovação se refere, é claro, à atualidade do tema, e também à carga de agressiva impiedade com que Visconti conduz a narrativa. O problema da inserção das massas de países subdesenvolvidos nas metrópoles estava na base de uma das mais ilustres tradições da narrativa cinematográfica: o filme de gângsteres americano. O filme de Visconti em suas melhores partes retoma, aprofunda e exaspera a linguagem de imagens, ritmo, luzes e crueza da época metropolitana do filme de gângsteres.

Não gosto tanto de outros componentes da estrutura cultural-literária com que Visconti deu sustentação à narrativa: a passionalidade meridional (nas duas acepções paralelas da violência sanguinária e dos afetos familiares) e o dostoievskismo.

Não lhe parece que, em A aventura, *também se pode falar em romance, mesmo que em outra direção e com bases ideológicas que remetem não ao realismo, mas ao grande filão existencialista que, na cultura do entreguerras, expressou a solidão dos maiores autores da literatura de vanguarda decadente?*

A parte mais séria do trabalho desenvolvido nos últimos tempos pelas atividades poéticas (sobretudo pela pintura e pela literatura narrativa) é um estudo sobre a relação do homem com o mundo externo, e com suas próprias possibilidades de expressão, de juízo e de ação. Com frequência as conclusões às quais esta pesquisa chega são negativas ou alarmantes, conclusões de impasse ou renúncia, mas nem por isso essa problemática se torna menos importante: poderíamos dizer que, para implantar qualquer ação moral e historicamente positiva, não se pode partir senão dessas operações fundamentais de verificação. Por isso saudamos *Vidas vazias*, um dos livros mais sérios e mais belos que Moravia já escreveu, e o filme *A aventura*, de Antonioni, como os grandes acontecimentos da safra italiana.

O tema de *A aventura* são as capacidades de escolha e de realização de um comportamento coerente que escape ao oceano de gestos, palavras e impulsos casuais, descuidados, contraditórios das pessoas (de certas pessoas: a ação se desenrola entre os ricos ociosos; mas o importante é que, mesmo fora daquele ambiente, o filme interroga cada um se suas ações têm coerência e sentido). Não se declara nem se demonstra nada; não se presta nenhum auxílio ou satisfação ao espectador; a linguagem é crua, sem nenhum apoio ornamental; o público é obrigado a fazer o esforço de julgamento que costuma fazer (ou deveria) diante da realidade. A cenografia é desigual: às vezes parece rica de detalhes finíssimos, às vezes aproximativa; e isso é ruim: num filme desses, gostaríamos que tudo fosse regido por uma economia irrepreensível. (*Vidas vazias* tem o defeito contrário: é construído com a precisão de um relógio, mas é peremptório demais ao definir — com frequência errando — seus significados.)

O enredo de *A aventura* parte de um fato que deveria ser absolutamente indispensável: o desaparecimento de uma moça. E mostra como todos, na verdade, conseguem prescindir disso. Sugere o desenvolvimento de uma história de amor, e mostra que ela avança apenas às cegas, por acaso. Há dois personagens principais: um homem de vontade esmagada (pelo remorso de ter traído sua profissão) e uma mulher que gostaria e poderia ter vontade, coerência e frescor, mas é continuamente obrigada a se meter na encrenca geral. É um filme pessimista, que não tenta dourar a pílula, não quer moralizar ou reformar os costumes da burguesia, como fazem os católicos de esquerda e os radicais. Vocês estão numa encrenca e permanecem nela: esta é a única posição moral séria.

Mas por que decadente? É um filme muito austero, com uma moral sempre vigilante, baseado na realidade humana, não gratuito, não literário. (Literário e gratuito é *Acossado*, portanto imoral — e eis que chegamos lá — decadente.) E como retrato social *A aventura* é impecável. Há também um Sul, um inferno subdesenvolvido em contraste com o inferno do bem-estar, o Sul mais "verdadeiro" e impressionante que se viu até hoje na tela, sem o menor resquício de cumplicidade populista.[3]

Onde encaixaria o retrato felliniano de A doce vida *entre* Rocco *e* A aventura? *Qual das três tendências lhe parece a mais importante e decisiva no atual panorama do cinema italiano?*

A doce vida é um exemplo de filme ideológico. Depois de tanto se falar de ideologia na obra literária ou na cinematográfica, eis enfim uma obra que se apresenta toda articulada em capítulos de discussão e afirmação ideológica, desenvolvidos com episódios de perfeita funcionalidade narrativa, do tipo que proporciona ao espectador (ao contrário de A aventura) a satisfação de assistir a algo bem-feito, plenamente acabado, com o máximo de clareza conceitual nas ideias-imagens que apresenta.

Justamente na Itália, onde o romance de debate ideológico católico nunca veio a se difundir, o filme ideológico perfeito nos chega pelo lado católico. Mas é importante o fato de ser católico? Bem, eu não diria que significa muito. Pode-se construir uma perfeita maquinazinha narrativa de fundo ideológico como puro e simples produto artesanal a serviço das ideologias mais diversas; e é por isso que não acredito que a crítica ideológica seja suficiente para determinar um juízo de valor.

No caso de A doce vida, perante certas cenas só nos resta fazer uma reverência: o modo como ele apresenta a gama de todas as várias posições ideológicas diante do milagre é uma mostra de grande habilidade, inteligência e força de síntese conceitual. Mas uma reação bem diferente provoca em nós a facciosidade abstrata que aviva o episódio do intelectual: homem dotado de toda a bondade e virtude (representado sobretudo com uma untuosidade insuportável), mas livre pensador e desprovido da graça divina, e portanto... portanto, naturalmente destinado a trucidar os filhinhos e dar um tiro na cabeça! Um episódio tão desprovido de qualquer veracidade e sensibilidade (a ponto de se tornar uma mancha para o diretor e os roteiristas responsáveis) prova-nos a que grau de inverdade pode levar a construção a frio de filmes com arcabouço ideológico.

Em todo caso, os três filmes que a entrevista leva em consideração representam três possibilidades atuais de método de expressão: *Rocco*, a via dos sentimentos e das paixões e do grande vigor de uma atmosfera naturalista; *A doce vida*, a via da comédia de personagens simbólico--ideológicos; *A aventura*, a busca das relações menos evidentes entre seres humanos, entre as ações, entre as palavras, entre as coisas. Falo de *métodos*, não de ideologia, porque não é essencial que um deles seja inspirado por uma ideologia socialista com gosto irracionalizante, outro por uma ideologia católica com gosto racionalizante, e o terceiro por um agnosticismo que proclama claramente tudo o que rejeita em termos de gosto e de pensamento e apenas algumas de suas concordâncias. Todas as três vias propostas pelos três filmes podem ser terreno de embate entre ideologias diferentes. No quesito método, interessa-me mais *A aventura*, depois *A doce vida*, e depois *Rocco*. Como valor de cada um deles em relação ao próprio método, minha classificação poderia mudar ou até se inverter.

OITO PERGUNTAS SOBRE O EROTISMO NA LITERATURA[1]

1. O erotismo na literatura europeia tem muitos precedentes. Há o erotismo dos clássicos, das obras gregas e romanas, há o erotismo medieval, há o do Renascimento e há, enfim, o burguês que nasce no século XVIII e perdura até os nossos dias. Diríamos que a linha de separação entre o erotismo clássico e o posterior é a noção judaico-cristã de pecado. Acredita que o erotismo contemporâneo se assemelha mais ao clássico ou ao de derivação cristã?

2. O mundo, nos últimos cinquenta anos, vem se descristianizando cada vez mais. Uma grande revolução foi a do nudismo. É evidente que não se voltará atrás, à mulher vestida da cabeça aos pés e ao nu considerado pecado. Analogamente, Freud e a psicanálise desvendaram zonas da psicologia que, outrora, eram encobertas pela censura cristã. Não lhe parece que o que hoje se chama de erotismo muitas vezes não é, no fundo, senão uma realidade nova, restituída à cultura e destinada a se tornar um dia inócua e normal como o nu feminino?

3. Fala-se com frequência de neopaganismo a respeito de certas representações "inocentes", ou que assim gostariam de ser, da literatura moderna. Em sua opinião, em que consiste a diferença entre esse neopaganismo e o paganismo verdadeiro, como se apresentava no mundo antigo e como sobrevive ainda hoje em países como a Índia e o Japão?

4. A noção de pecado está estreitamente ligada às três religiões de conduta, ou ética, de origem semita: o judaísmo, o islamismo e o cristianismo. A concepção moderna do fato sexual tem, no entanto, origens científicas, naturalistas. As três religiões supracitadas tendem a excluir o sexo da cultura, enquanto a ciência moderna tende a incluí-lo. Acredita que é possível um acordo entre essas duas concepções ou crê que a segunda está destinada a suplantar a primeira?

5. Sempre que estoura um escândalo em torno de um livro ou de um filme com representações eróticas, os defensores invocam o argumento crociano do resultado estético e os acusadores tentam demonstrar que esse resultado não existe. Tal ponto de vista é até acolhido pela lei, com um artigo de nosso código. Não crê que ambos estão errados? E que a representação erótica não deveria ser julgada de maneira diferente de qualquer outra representação, isto, é, segundo um critério de necessidade e verdade?

6. Nos Estados Unidos, o relatório Kinsey revelou um profundo desnível entre as diversas leis e a realidade da vida americana. Julga positivo que esse desnível também ocorra entre a arte e a realidade da vida? Em outras palavras, a arte deve representar o mundo como é ou como deveria ser?

7. A religião cristã atribui hoje, como há vinte séculos, uma enorme importância aos tabus sexuais. Mas o que era útil e talvez necessário vinte séculos atrás, num mundo espontâneo, pagão e carnal, talvez seja supérfluo e inútil, até prejudicial, nos dias de hoje, num mundo como o nosso: moderno, rígido e intelectualista. Ou seja, que vai se descristianizando justamente por já ser cristão. E os tabus que serviam para torná-lo cristão quando ainda era pagão revelam-se inúteis hoje, quando as paixões pagãs já se apagaram. Não lhe parece que o erotismo moderno na literatura, tal como na vida, é um sinal de liberdade e sensatez, mais do que de sujeição e devassidão?

8. O erotismo na literatura contemporânea desde Lawrence tenta mostrar o sexo como algo sadio, necessário, natural e religioso. Para a literatura moderna, o sexo é uma realidade objetiva e ineliminável: um meio de conhecimento. Parece-lhe necessário ir até o fim desse caminho ou que é preciso retornar aos tabus cristãos ou, pior ainda, aos vitorianos do decoro e da boa educação pequeno-burguesa?

Nos dias de hoje ainda se pensa demais em sexo. Quem pensa demais não é livre. O "sentido de pecado" está em vias de extinção, mas estamos mais longe do que nunca de uma felicidade natural. A concepção sexocêntrica do moralismo repressivo religioso vem sendo substituída, na mentalidade e nos costumes de massa, por outra concepção em que a plenitude sexual é considerada mítica e abstrata, e por isso se torna outra forma de alienação.

Nessa situação, é cada vez mais difícil escrever sobre sexo. Se numa sociedade dominada por tabus, preconceitos e rigorismos, o sexo foi para a literatura um grande símbolo de conhecimento, de contato com a realidade, de verificação existencial, em nosso século talvez apenas um autor, Hemingway, conseguiu afirmar, em termos modernos, essa ordem de valores. Posição única (e não a principal razão pela qual a presença de Hemingway foi tão positiva e corroborativa): em nosso século, de modo geral, os escritores que se interessam por sexo ou são apologistas de alguma mística erótica (e como valor literário são bombásticos, seu arsenal verbal e de imagens envelhece em poucos anos, enfraquece e desperta risos) ou representam a vida sexual com uma atitude entre a inconstância e a náusea, e substituem o erotismo visto como paraíso por um erotismo visto como inferno (e, como valores poéticos, podem alcançar os resultados mais sérios, elevados e historicamente significativos, mas sua imagem da realidade não é diferente, no fundo, da de um evangelizador ou de um puritano).[2] Hoje diríamos que os únicos que conseguem escrever sobre sexo com força poética são os que desdenham dele, já os que veem as relações amorosas com simpatia e gratidão devem evitar escrever a respeito.

Refiro-me, claro, à área da civilização industrial "do consumo", mas creio que essas considerações também podem valer para as áreas onde vigoram situações diferentes de moral sexual de massa. Nos países economicamente atrasados (e, portanto, também em parte da Itália) subsiste a moral "do pecado" — com frequência mesclada a resquícios do paganismo primitivo —, mas esta também está com os dias contados e não pode interessar à literatura senão num plano de descrição local e anedótica. De maior interesse histórico é a situação dos países que estão vivendo a industrialização socialista e que agora, no plano da moral de massa, atravessam a fase puritana e virtuosa que a burguesia atravessara em outros países na época da acumulação do capital. É uma fase que não poderá durar muito tempo, pois bastará que se alcance um novo nível de bem-estar ou surja um novo fermento de retificações ideológicas para que tudo volte a entrar em discussão. Parece que já se anunciam os primeiros indícios de renovação do interesse erótico em alguns romances soviéticos; mas engana-se quem espera que a qualidade da literatura soviética venha a melhorar por essas vias: pelo contrário, serão obras piores do que as anteriores, retardatárias e canhestras, enquanto não se encontrar um novo equilíbrio, isto é, finalmente a superação de toda alienação.

Por ora, tudo o que podemos dizer é que o erotismo, no século xx, não é um tema poético. Nosso século é o de Kafka, escritor casto.

Os escritores que acreditam que existam batalhas a travar para que o sexo continue a ter um significado estão tomando o caminho errado. Nos Estados Unidos, ainda creem ser preciso subverter a sociedade puritana e tomam um epígono como Henry Miller por um profeta dos novos tempos. Na França, estão convencidos de que misturar sexo e filosofia é um grande avanço em comparação a misturá-lo com teologia, enquanto permanece a mesma contaminação de coisas distintas que não têm como render bons frutos. (Pierre Klossowski, por um frívolo gosto pela filosofia, trai sua vocação autêntica e, no fundo, séria de pornógrafo.) Na Itália, uma conspiração de juízes, de padres e de outras autoridades empenha-se em atrair a atenção de toda a nação para as "cenas proibidas", tentando devolver atualidade ao problema da representação artística do sexo, que não interessa mais a ninguém.

A maneira certa de combater os censores seria que se deparassem apenas com obras que não concedam nada a suas inclinações. Uma representação da realidade da qual estivesse excluída qualquer vibração de sensualidade fisiológica os deixaria loucos e, não sabendo mais para onde canalizar suas obsessões, se abandonariam publicamente às perversões que tanto os preocupam. Na prática, a situação é diferente porque, pelas mesmas razões históricas pelas quais os censores sobrevivem, sobrevivem também escritores e realizadores de espetáculos ainda interessados no lado humoral-psicológico-moralista da vida humana. Se olharmos bem, a batalha entre censores e censurados é uma falsa batalha: os dois lados são um só, e fingem combater um ao outro somente para reafirmarem juntos que a humanidade é pecado e o importante é se preocupar com esse pecado e representá-lo assim ou assado ou não o representar de maneira nenhuma, sem, contudo, pensar em outra coisa, já que todos os infinitos caminhos do Senhor passam por ali. A posição correta em relação à censura deve ser, ao mesmo tempo, de ataque impiedoso aos censores (cuja idiotice se manifesta não só em suas condenações, mas também em sua indulgência com a pornografia barata e "sem pretensões artísticas") e também de ataque a todo o campo ultrapassado e tedioso em que se desenrola a batalha.

Um tédio mortal estende sua longa sombra a respeito da própria palavra "erotismo" e sobre seus reflexos na literatura, no cinema e nos jornais.[3] (Nada mais lúgubre do que a sexologia moralizadora das revistas semanais não conformistas.)

Talvez até seja melhor assim: quem é amigo do sexo na vida não pode ser amigo do sexo na literatura. São raros os casos — páginas geralmente de autores antigos, aliás, nem tanto páginas, mas curtas passagens, rápidas combinações entre palavras e silêncios — em que a imagem da relação física seja de algum modo não indigna daquilo que ela é na vida. Acontece no sexo o mesmo que acontece na política: quem conhece o valor e o sabor da luta política e social não consegue extrair alegria e proveito dos romances políticos e sociais. Marx escarnecia dos romancistas socialistas de sua época e somente em Shakespeare encontrava o sentido do universo que via encarnado na luta do proletariado. A literatura pode dar equivalentes de todos os valores fundamentais da realidade no plano da relação com o universo.

Hoje as imagens e as palavras do "erotismo" já estão gastas e imprestáveis, e resta à expressão poética a infinita liberdade da linguagem figurativa. Uma das mais fortes e inequívocas cargas eróticas expressas em nosso século vem da poesia e das narrativas de Dylan Thomas, bastante castas nas imagens e palavras. Isso porque Dylan Thomas extrai da experiência do eros o senso de deflagração do universo contido em cada folha, em cada lembrança, em cada alegria e palpitação. Jorge Luis Borges expressou o ímpeto amoroso em contos em que uma imagem de mulher se liga a um símbolo de totalidade cósmica (ver *O Zahir* e *O aleph*), alcançando por vias intelectuais uma dimensão emocional com que jamais sonharíamos pela via habitual da mimese decadentista das sensações.

Ou há o caminho oposto: usar as imagens do erotismo, agora desprovidas de qualquer carga emocional, como ideogramas de outra série de significados. Exemplo: *Vidas vazias*, de Moravia. Disseram-me que se fala muito de relações sexuais nesse romance; não notei, mesmo tendo lido o livro com grande paixão; toda a atenção estava voltada para o verdadeiro tema da narrativa, a busca de uma relação entre o sujeito e a objetividade do universo.

É por essas razões que, aos jovens escritores que me enviam manuscritos de romances pedindo uma opinião, respondo — nove entre dez vezes — com uma carta-padrão: "Prezado senhor, examinei seu manuscrito e constatei que ele contém trechos de teor erótico. Ao devolvê-lo por carta registrada, tomo a liberdade de aconselhá-lo a eliminar esses trechos, bem como qualquer representação, menção ou alusão ao assunto, e que evite em suas futuras obras qualquer referência a tais temas...".[4]

OS BEATNIKS E O "SISTEMA"[1]

*M*esmo a ironia, quem diria, serve aos moralistas. É a lição, incontestável, de Italo Calvino. O escritor lígure-turinês falará amanhã para as Sextas-Feiras literárias no Teatro Carignano sobre o tema: "Beatniks, raivosos et cetera",[2] tendo obtido uma parte de seu conhecimento sobre o tema pelos livros, e outra parte em pessoa, durante sua visita aos Estados Unidos. Todos sabem quem são os beatniks, os escritores da geração "frustrada, queimada, destruída". Só para citar dois nomes, os mais recentes, Kerouac e Salinger; além de seu progenitor distante — no espírito, certamente não na maneira ou no estilo —, Fitzgerald. Vejamos o que diz Calvino, numa conversa a dois no escritório onde trabalha, na editora Einaudi.

De início abordei os beatniks como um fato marginal da nova sociedade americana. Depois percebi que constituem mais do que um fenômeno normal de evasão, de revolta contra os valores consagrados. Pareceram-me os novos selvagens, aqueles que se apresentam à civilização das máquinas, da técnica e dos arranha-céus como os primeiros homens da história se apresentaram no palco do mundo. Consideram essa civilização um cenário natural. É natural que recusem todos os valores dessa sociedade.

Tentemos fazer uma comparação italiana. Os "meninos da vida" de Pasolini também são indivíduos assim.

Não. É preciso entender que, apesar das aparências, Pasolini é um escritor tradicional; um moralista. O binômio pecado-redenção está sempre presente em seus livros, bem como em seu filme *Desajuste social*. Nossa geração, ao contrário de sua coetânea americana, não cresceu desprovida de ideais. Tivemos um grande ideal, a Resistência, que nos deu a sensação de que nossa entrada na história nos permitiria mudar algo na sociedade em que vivíamos. Não fomos beatniks. Nos Estados Unidos, parece-me que o ímpeto político inovador, fenômeno comum a todos os povos no pós-guerra, foi bloqueado em poucos anos, sobretudo por causa do macarthismo. A revolta se tornou uma pura rebelião existencial, um fato às vezes turístico: aqueles poemas recitados nos bares onde se toca jazz, aquelas aldeias de intelectuais...

Calvino fala devagar, mesmo para responder às perguntas mais fáceis. Gosta do mundo em que vive? Gostaria de viver num outro? Sente-se à vontade, como escritor, numa época de crise?

Não conheço senão épocas de crise, sou cidadão de um mundo em crise. Do passado, gosto do século XVIII. Ora, na aparência e na superfície foi uma época calma, clássica, equilibrada: no entanto, preparava e chegou a viver uma mudança radical na vida do mundo.

Como julga suas "histórias fantásticas" em relação à sociedade atual?

Não estão de maneira alguma distantes dos problemas atuais, aqueles em que me sinto engajado. A minha não é uma arte de evasão. Diante da realidade contingente não encontrara, até as "histórias fantásticas", um modo de escrever tomando como ambiente o mundo de hoje. Mas os tempos de minhas histórias são indefinidos; os lugares, inexistentes; as situações, desprovidas de qualquer referência precisa. Por isso creio que servem bem a minhas finalidades: mostrar os problemas dos homens de hoje sob um véu transparente de imaginação.

Escreverá outras "histórias fantásticas"?

Não. Estou trabalhando agora numa história ambientada com muita precisão no mundo de hoje. Não posso dizer mais, ainda é muito cedo.

Calvino é um escritor que não gosta de trabalhar à noite; começa seus livros devagar, esforça-se para entrar no clima adequado; então, uma vez nele, avança rápido.

Agora, por algum tempo, ficarei em casa e sem viajar. Quero trabalhar. Viajarei depois. Quis visitar os Estados Unidos por achar que ofereciam a imagem de uma sociedade humana de amanhã, uma civilização técnica e perfeitamente organizada. Mas quero visitar outros países.

"EM MEADOS DO SÉCULO"[1]

Seu novo livro, O dia de um escrutinador, trata de um tema contemporâneo, e é uma narrativa entremeada de reflexões sobre a política, a filosofia, a religião. Considera este livro uma guinada em relação a outros tão diferentes, movidos por uma imaginação livremente fantasiosa, como O visconde partido ao meio, O barão nas árvores, O cavaleiro inexistente? E, se é uma guinada, o que a determinou?

Não é uma guinada, na medida em que meu trabalho de representação e comentário da realidade contemporânea não começou hoje. *A especulação imobiliária* é um curto romance que escrevi em 1957 e que tenta — ele também partindo da experiência autobiográfica levemente distorcida — uma definição dos nossos tempos. *A nuvem de smog*, que escrevi em 1958, segue também nessa linha. O que eu queria era fazer uma espécie de ciclo que poderia se chamar *Em meados do século*, em suma, histórias dos anos 1950, assinalando a transição de época que ainda estamos vivendo. *O dia de um escrutinador* era, precisamente, uma das narrativas dessa série.[2] É dentro dessa mesma direção (na qual creio que continuarei a trabalhar ainda por um bom tempo) que se pode falar de uma guinada ou, melhor, de um aprofundamento. Os temas que menciono em *O dia de um escrutinador*, a infelicidade por natureza, a dor, a responsabilidade da procriação, eu jamais tinha ousado aludir antes. Não digo que agora fui além de mencioná-los; mas admitir sua existência, saber que se deve levá-los em conta, já muda muitas coisas.

■ *NASCI NA AMÉRICA...*

  Quanto às histórias aventuroso-fantásticas, não me ponho o problema de continuar ou não o ciclo, porque toda história nasce de uma espécie de entrelaçamento lírico-moral que se forma aos poucos, amadurece e se impõe. Claro que há também a parte da diversão, do jogo, do mecanismo. Mas esse entrelaçamento inicial é um elemento que precisa se formar por si mesmo; as intenções e a vontade pouco contam. Não que isso valha apenas para as histórias fantásticas; vale para todos os núcleos poéticos de toda obra narrativa, mesmo realista, mesmo autobiográfica, e é isso que determina, entre o oceano de coisas que se podem escrever, quais é impossível não escrever.

O ESCRUTINADOR NO COTTOLENGO[1]

Italo Calvino se agita quando lhe perguntam onde mora e quais são seus hábitos.

Não gosto de morar num lugar só, e sim em muitos lugares ao mesmo tempo. E, no entanto, toda vez que alguém me vê, logo pergunta: quando chegou? quanto tempo vai ficar? Estou aqui, estou convencido de estar em todos os lugares, me desagrada dar a sensação de ir e vir. Onde moro? Ora, em Turim e Sanremo, em Roma e Paris. Quando posso, vou esquiar; se pudesse, iria a Nova York. Alterno períodos em que me fragmento geograficamente e períodos em que me isolo.

Agora, porém, você está em Roma, numa saleta silenciosa da livraria Einaudi da rua Veneto. Faz uns dois dias que vem com uma pasta que não mostra a ninguém, mas que protege ciosamente da chuva e não quer deixar no carro. Essa pasta contém um manuscrito de menos de cem páginas, seu primeiro livro depois de mais de quatro anos. Com reticência, com pudor, Calvino fala um pouco sobre esse seu novo trabalho.

É uma narrativa não muito longa, e em que não acontecem muitas coisas; sustenta-se, basicamente, pelas reflexões do protagonista: um cidadão que durante as eleições (estamos em 1953) foi encarregado de ser o mesário ou "escrutinador" numa seção eleitoral dentro do Cottolengo de Turim. A narrativa acompanha o dia dele e se chama, justamente, *O dia de um escrutinador*. É um conto, mas ao mesmo tempo uma espécie de reportagem sobre as eleições no Cottolengo, de panfleto contra um dos aspectos mais absurdos de nossa democracia, e também de reflexão filosófica sobre o que significa que os excepcionais e os paralíticos tenham voto, sobre como isso reflete um desafio à história de todas as concepções de mundo que veem a história como uma coisa vã; e também uma imagem incomum da Itália, e um pesadelo sobre o futuro atômico do gênero humano; mas, acima de tudo, é uma reflexão do protagonista (um intelectual comunista) sobre si mesmo, uma espécie de *O peregrino* de um historicista que vê, de repente, o mundo se transformar num imenso Cottolengo e quer resgatar as razões do agir histórico junto com outras razões, que só intui naquele dia, do âmago do ser humano...

Não, tão logo começo a explicar e comentar aquilo que escrevi, digo banalidades... Enfim, tudo o que acabo de dizer está no conto, qualquer palavra a mais já começa a traí-lo. Direi apenas que o escrutinador chega ao fim do dia diferente, de alguma forma, do que ele era de manhã; e eu também, para conseguir escrever esse conto, de algum modo tive de mudar.

A verdade é que levei dez anos para escrever algo curto assim, mais tempo do que demorei em qualquer outro trabalho meu. A primeira ideia para essa narrativa me ocorreu precisamente em 7 de junho de 1953. Estive por uns dez minutos no Cottolengo, durante as eleições. Não era mesário, era candidato pelo Partido Comunista (candidato para fazer número na lista, claro) e, como candidato, percorria as seções onde os representantes da lista pediam ajuda ao partido para dirimir algumas contestações. Assim, presenciei uma discussão numa seção eleitoral do Cottolengo entre democratas-cristãos e comunistas, como aquela que está no centro do conto (aliás, idêntica pelo menos em algumas frases). E foi lá que me veio a ideia do conto, aliás, seu plano geral já estava quase completo, como o escrevi agora: a história de um escrutinador comunista que se encontra ali etc. Tentei escrever, mas não conseguia. Tinha ficado apenas alguns minutos no Cottolengo: as imagens que gravei eram insuficientes demais para o que se espera do tema (mas não queria nem quis depois condescender com cenas de "efeito"). Havia uma vasta documentação jornalística sobre os casos mais clamorosos das várias eleições no Cottolengo; mas poderia me servir apenas para uma crônica indireta, fria e distanciada. Pensei que só poderia escrever um conto se tivesse de fato vivido a experiência do mesário que acompanha todo o desenrolar das eleições ali dentro.

Tive oportunidade de ser nomeado mesário no Cottolengo durante as eleições administrativas de 1961. Passei quase dois dias no Cottolengo e estava entre os mesários que recolhem o voto nos corredores. O resultado foi que fiquei totalmente incapaz de escrever por muitos meses: as imagens que tinha nos olhos, os pobres infelizes sem condições de entender nem de falar ou de se mover, para os quais se armava a comédia de um voto indireto através do padre ou da freira, eram tão infernais que só poderiam me inspirar um panfleto violentíssimo, um manifesto antidemocrático, uma sucessão de anátemas contra um partido cujo poder se sustenta sobre votos (poucos ou muitos, não é essa a questão) obtidos dessa maneira. Enfim: antes me faltavam imagens, agora eram imagens fortes demais. Tive de esperar que se distanciassem, que se desbotassem um pouco na memória; e tive de deixar que as reflexões, os significados que irradiavam delas, como uma sequência de ondas ou de círculos concêntricos, amadurecessem aos poucos.

Disso saiu um livro lúcido e cortante, em que a realidade, mesmo revestindo-se de vez em quando com aqueles tecidos góticos e fabulosos de alguns outros romances de Calvino, nunca perde sua força de estímulo ao raciocínio e à reflexão.

É um livro muito ensaístico na linha de meus últimos escritos: *A especulação imobiliária* e *A nuvem de smog*.

A outra face de Calvino, portanto, aquela empenhada a fundo numa descrição precisa da verdade.

São narrativas que definem um pouco a Itália destes anos; *A especulação*, por exemplo, é um livro ainda muito atual, que descreve nosso país nesse período, mas também está repleto de coisas minhas, líricas, psicológicas, autobiográficas. O livro que sai agora é mais centrado na reflexão; não creio que venha a ser um sucesso, no sentido a que estamos habituados nesses anos, não é para prêmios literários, talvez nem o traduzam, tão italiano que é.

O último livro de Calvino é O cavaleiro inexistente, *publicado em 1959. Por que tantos anos de silêncio?*

Com O cavaleiro inexistente, em 1959, atingi o ponto de chegada de meu trabalho em certa direção. Sabia que não devia recomeçar a escrever a não ser quando tivesse algo a dizer, e que já havia fechado determinado ciclo. Parecia-me que tinha levado às últimas consequências certa maneira de me expressar por meio de invenções fantástico-aventurosas, cujo perigo é o de nos abandonarmos a um jogo que pode se tornar gratuito. Afirmo, porém, que nunca renunciei a outro projeto de busca. Alguns contos meus, como precisamente *A especulação* ou *A nuvem*, apresentavam o mundo em meu redor de modo menos simbólico, no sentido de uma representação de nossa época cada vez mais ligada a uma participação lírica, individual, não objetiva. Crise? Não. A verdadeira crise, se houve, começara antes, quando entendi que não podia mais escrever histórias de todo objetivas, como minhas primeiras narrativas, e que devia passar pela definição de mim mesmo para apresentar a de meu tempo e do mundo.

Apesar disso, Calvino admite que está numa fase de repensar, ou melhor, ainda mais severo consigo mesmo, e afirma que nem o livro a sair dentro de poucos dias trará fim a essa fase.

Posso dizer que meu silêncio continua. Neste livro, dou apenas algumas notícias sobre meu silêncio. É um livro de pontos de interrogação. O fato é que não tenho a preocupação de "fazer o livro", não me deixo afetar pela febre da produção literária. Participei da renovação da literatura italiana durante alguns anos; hoje, não sinto mais a necessidade de publicar para estar presente, para existir. Bem ou mal, as coisinhas que eu tinha para dizer já disse. Hoje meu problema é outro: é o de entender ao máximo possível, é o de uma construção interior minha. Depois, falarei somente se tiver algo de importante a comunicar. Mas isso não significa isolamento. Estou no meio da produção. Trabalho numa editora e gosto, embora esse trabalho me dê um certo distanciamento em relação à literatura. Vejo também sua caducidade, vejo a vertigem desse rio de papel, dessa maré literária crescente. Quantas dessas palavras resistirão ao tempo?

E aqui menciona-se talvez uma das raízes mais profundas da longa ausência de Calvino da produção literária, um motivo estreitamente ligado a seu trabalho.

Viver no meio da fábrica da glória literária, do ardor das ambições dos outros, é útil porque me dá um certo distanciamento.

É verdade, então, que se escreve muito e se lê mal, que o destino comercial do livro é uma difusão da cultura apenas na aparência? Quem pode responder melhor que Calvino, que é ao mesmo tempo escritor e diretor de uma das mais ativas editoras italianas?

Há uma estabilização do gosto no sentido de que, antes, existiam mais níveis (a literatura séria era reservada a poucas pessoas, a maioria estava satisfeita com a literatura de evasão) e hoje se criou um público médio de dimensões razoavelmente amplas. Este é o aspecto positivo, mas não o único. Por outro lado, há o perigo, para o escritor, de ter os holofotes apontados para si. Sempre se espera dele um caso, um acontecimento, um sucesso. Há momentos em que sinto falta da época em que a literatura era publicada em edições numeradas. Reconheço que é, em parte, uma nostalgia reacionária: mas não se pode silenciar o fato de que há um abismo entre o processo secreto e quase inconfessável do trabalho poético e a necessidade de prestar contas imediatas dele a um público distraído e distante. É a mesma consternação que me tomou quando, aos 23 anos, vi meu primeiro livro, *A trilha dos ninhos de aranha* (que era uma narrativa cheia de estridências pessoais, neorrealista, hemingwayana), resultado de um emaranhado de sofrimentos interiores — retomando, eu o vi se transformar da noite para o dia num dos primeiros lançamentos editoriais do pós-guerra. Não que eu me queixe disso, atenção. Se existe um escritor que não pode se queixar de nada, para quem tudo foi extremamente fácil, a quem os tempos sempre foram propícios, sou eu. Mas, talvez por isso mesmo, ficou dentro de mim algo que não é sequer um problema; é o fato de precisar levar em conta uma dupla realidade: a sinceridade interior e a necessidade de escrever sabendo que se está sob as luzes da ribalta.

E é também por isso que Calvino prefere não responder quando lhe perguntam o que está escrevendo, qual será o romance que romperá de fato seu longo silêncio.

NEOCAPITALISMO E OPOSIÇÃO DE ESQUERDA[1]

Uma conversa política com Italo Calvino sempre parte de uma discussão sobre as grandes linhas históricas do mundo contemporâneo.
Como vê a situação hoje, em comparação a alguns anos atrás?
Os dados de fundo da situação não parecem ter mudado, aliás, continuam reconfortantes. O processo de preparação para a coexistência pacífica entre as duas grandes potências continua, mesmo sem avançar passos decisivos; um fato sintomático é que hoje também se pode incluir o papa entre os que se esforçam para criar um clima de distensão.

Mas, quando passamos da avaliação das tendências históricas mais gerais para a análise das situações específicas, saltam aos olhos os inúmeros fatores negativos em contradição com uma perspectiva otimista a longo prazo. Essa Europa Ocidental oferece um cenário nada tranquilizador. Aqui na Itália, ficamos um pouco acostumados a considerar o desenvolvimento industrial de tipo "neocapitalista" e o reformismo democrático de tipo "centro-esquerda" dois fenômenos paralelos. Mas no resto da Europa não é assim, de maneira nenhuma; o novo desenvolvimento econômico-tecnológico vem acompanhado por uma estruturação autoritária do Estado na linha De Gaulle-Adenauer.

A própria Espanha de Franco, nessa perspectiva, acabaria por encontrar novas chances de sobrevivência. Mesmo nos Estados Unidos, aliás, os grupos reacionários americanos atacam constantemente uma linha de coexistência pacífica e a ideologia kennedyana de reformismo democrático na estrutura burguesa. No mundo burguês — podemos então resumir —, as minorias reformistas e progressistas estão condicionadas, mesmo quando conseguem se pôr na liderança da direção política, pelas alas mais reacionárias, às quais precisam continuar assegurando que os alicerces do capitalismo não sejam abalados e pelas quais, em suma, são constantemente chantageadas.

E no mundo socialista?

A política khruschóvniana de coexistência pacífica avançou, e me parece indiscutível que ela deve fornecer a linha estratégica de todo o mundo socialista. Precisamente por isso, pelas implicações que essa estratégia deveria ter nos vários planos, há a preocupação com a atmosfera que se criou nessas últimas semanas e que teve manifestações relevantes nas reuniões com os artistas e com os escritores em Moscou. A meu ver, a polêmica sobre a liberdade de expressão artística é apenas um aspecto dessas reuniões. Na União Soviética, a literatura é uma tribuna da opinião pública e, portanto, um conflito entre o poder socialista e os escritores, que pode ser resolvido com um endurecimento nas possibilidades de crítica, e torna-se ainda mais negativo porque indica uma interrupção ou um recuo num processo que parece levar a uma maior dialética entre poder e opinião pública.

Em sua opinião, em que ponto estamos na Itália, na relação entre impulsos democráticos e resistências conservadoras?

Parece-me que na Itália, hoje como no passado, a maior e talvez a única garantia para não haver retrocessos reacionários e mudar algo, no sentido de uma democratização do aparelho estatal e da vida social, continua a ser a existência de uma forte oposição de esquerda, de uma esquerda operária, com todas as suas forças políticas, sindicais, associativas. Sabe-se que essa força propulsora da esquerda operária, sem a qual a centro-esquerda se reduziria a um rótulo vazio, tem seu eixo nos comunistas. Hoje o anticomunismo patológico está em baixa: a polêmica política e jornalística tem se encaminhado para os verdadeiros problemas de classe. Os conservadores saem a campo abertamente para defender os interesses da grande propriedade monopolista, e os votos conservadores, desta vez, provavelmente se distribuirão também à direita da Democrazia Cristã. Seria grave se um aumento — mesmo pequeno — do peso específico da direita malagodiana[2] e da federação das indústrias no Congresso não fosse contrabalançado ou — esperemos — superado por um fortalecimento à esquerda.

No plano social, quais lhe parecem ser as tarefas concretas mais importantes de uma força de oposição de esquerda?

Hoje, sem dúvida, o desenvolvimento técnico-industrial permite possibilidades de maior bem-estar, mas, se esse bem-estar se mantém no plano de um maior consumo, num país tão pobre e atrasado no plano das estruturas, ele continuará em larga medida fictício. Podemos dizer que o bem-estar do povo está efetivamente aumentando não só quando cresce a legião dos consumidores de geladeiras ou de máquinas de lavar, mas quando há ampla disponibilidade de escolas para o ensino, uma organização sanitária eficiente, quando se cria um ambiente urbanístico que não seja o de um formigueiro. E aqui se insere o problema do desenvolvimento da cultura. O tão aclamado boom livreiro ainda está muito longe de indicar um aumento do nível cultural dos italianos. Uma nação onde as pessoas que leem ainda são uma minoria da população concentrada principalmente nas grandes cidades, onde as possibilidades de difusão da produção literária e cultural mais elevada são condicionadas pela falta de um amplo terreno cultural de base generalizada, uma nação onde a cultura de massa se expande somente no plano do espetáculo, onde as bibliotecas são quase exclusivamente instituições universitárias, é uma nação onde um plano de desenvolvimento cultural se torna cada vez mais uma necessidade fundamental.

E do ponto de vista das liberdades políticas?

A coisa mais alarmante é que, enquanto tantas coisas mudam na Itália, não vemos sinais de mudança na relação entre o cidadão e o Estado, nem nas instituições e nas pessoas que representam o Estado perante o cidadão. Tem-se agora uma espécie de contrarrevolução preventiva dos velhos funcionários conservadores contra o novo clima, que assume as formas mais ostensivas, histéricas, patológicas, nos recentes sequestros, nas condenações da magistratura, mas que se infiltra muito além de um filme ou de um livro. Aqui também a cultura é apenas um símbolo de uma batalha para conseguir (ou para impedir) que o Estado se torne o instrumento de uma democracia moderna.

E tem alguma ideia sobre como esse processo de democratização deveria se estruturar hoje?

Enquanto as programações e as reformas vierem do alto e forem condicionadas somente pelos interesses dos grupos de poder econômicos e políticos, é razoável o receio de estarmos diante de uma série de concessões e oportunidades perdidas. Nesse tipo de situação, é preciso que as forças de oposição encontrem novos caminhos para que a participação popular deixe sua marca na formulação e na solução de cada problema. A luta política terá de se tornar mais específica, mesmo sem perder a incisividade dos grandes temas gerais. É uma nova ligação entre intelectuais e massas que se deve efetivar, bem como uma nova relação com os instrumentos do poder político, do Congresso às comissões técnicas.

Está se delineando uma nova figura de quadro intelectual — técnico, mas não apenas técnico — que deverá ter uma autoridade cada vez maior na elaboração das soluções práticas (e não só nos setores da programação econômica, mas em todas as instâncias da vida civil). Se esse quadro derivar sua autoridade apenas da dos detentores do poder político ou — pior — do poder econômico, logo verá que está com as mãos atadas. Apenas se ele puder se tornar intérprete de uma consciência das massas e utilizar sua pressão organizada é que finalmente poderá se instaurar uma dialética democrática capaz de dar resultados práticos.

DESPISTAR OS CRÍTICOS[1]

*I*talo *Calvino é conhecido na França como um escritor "fantástico", embora o insólito em sua obra costume partir da fábula ou da alegoria filosófica. Mas Calvino tem outras faces. Seus contos, reunidos pela Seuil com o título* Aventures,[2] *revelam-nos hoje outro aspecto de seu talento, mais realista, mais atento ao detalhe verídico e à observação objetiva. É outro aspecto, porém não inédito, pois o que há entre* O barão nas árvores *e os contos de* Aventures *não é uma evolução, e sim um paralelismo.*

Os contos e os romances são contemporâneos. Em meu trabalho, sempre alternei o fantástico e o realista. Um sustenta o outro. E a tal ponto que, quando escrevo um texto realista, sonho em escrever algo mais livre, mais fantástico, e vice-versa. De fato, as verdadeiras diferenças estão não nos temas, mas na escrita; e podem se encontrar também dentro de um mesmo gênero. Por outro lado, meus romances fantásticos trazem páginas em estilo tão preciso e minucioso quanto o dos contos de *Aventures*.

O estilo, portanto, tem uma importância capital para você?
Sim. Nos contos, por exemplo: "A aventura de um poeta" começa com uma extrema rarefação linguística para chegar ao fim com uma grande riqueza e densidade verbal, quase como se a língua tivesse enlouquecido. Em "A aventura de um soldado" bastaria pouco — um deslize no tom estilístico, uma ausência de ironia — para que a história se tornasse vulgar.

* * *

De fato, o realismo em sua obra sempre desemboca em outra coisa, põe à luz a ambiguidade dos sentimentos, se não da própria realidade.

Os contos de *Amores difíceis* são uma tentativa de agarrar algo que escapa, talvez algo que não existe ou que faz fronteira com o vazio, com o nada. Assim, na "Aventura de um viajante", o destino da viagem é o amor, mas, quando chega ao final, fica claro que a única coisa verdadeira era a viagem.

Como você se situa no quadro da literatura italiana contemporânea?

Atualmente na Itália, discute-se muito sobre falsos problemas: tradição, vanguarda... Prefiro não falar disso. Claro que também cheguei a dar declarações sobre a poesia, sobre a literatura. Mas cada um escreve sempre à sua maneira. Essa maneira, descobrimos escrevendo. Só se pode teorizar depois. E, se viramos teóricos, ficamos condenados a ter de seguir no futuro nossa teoria. De minha parte, sempre tentei me renovar, despistar a crítica. É provável que haja uma linha percorrendo tudo o que escrevo, mas ainda não foi identificada nem posso dizer que eu mesmo a tenha encontrado. Para mim, a literatura coincide com a dúvida. Ela deve avançar às apalpadelas, ensinar às outras disciplinas que só se pode avançar tateando, levando em conta todas as facetas da realidade. Às vezes invejo os escritores que estão plenamente seguros das suas ideias. Mas, ao fim e ao cabo, prefiro ser aquilo que sou; creio que se deve olhar o mundo com olhos sempre novos, e ver as coisas de modo sempre diferente. É só assim que a literatura avança e se realiza.

LITERATURA E SOCIEDADE[1]

Assistimos, nestes últimos anos, a uma mudança de clima na literatura italiana. Em sua opinião, no que ela consiste?

Houve várias fases na literatura italiana dos últimos vinte anos: não pode ser vista como um único momento, como um "antes" que se contraponha nitidamente a um "depois". Aliás, pode-se dizer o mesmo sobre a sociedade italiana. Mas todo discurso que ressalte a ligação entre as fases de nossa literatura e as mudanças econômicas e sociais não interrompe nem substitui o discurso interno da literatura, ou como as coisas mudam na literatura. Mudam porque o "fora" muda, mas também porque mudam "dentro".

Quais são agora os fatos novos? Há uma atmosfera diferente, mais dura; surgiu uma tendência de rejeitar a literatura italiana anterior em bloco, e aqui a polêmica muitas vezes se dá em prejuízo da inteligência crítica, pois, se pusermos tudo dentro do mesmo saco, não se entende mais nada; porém a nova tensão polêmica que se criou é um fato positivo, indica o fim do *embrassons-nous* geral, da indulgência consigo mesmo e com os outros, e deveria levar cada um a fazer suas escolhas, a ser mais consciente do sentido de seu trabalho. Mas isso ainda é uma crônica externa; o importante é que a literatura está se tornando outra coisa, isto é, estamos mais próximos de entender o que é. Os vários estudos específicos que se desenvolvem há bastante tempo no mundo, em diversas direções, provavelmente confluirão em algum momento para uma definição geral da operação literária. Claro que é um processo lento. Não se pode ter pressa para fazer mediações, totalizações apressadas. Estamos somente no início de um conhecimento geral dos fatos humanos...

Em que consiste então a literatura?
O poder e a sacralidade da literatura, nunca senti. Nunca acreditei nisso. Acredito na literatura como um campo de trabalho que escolhi e no qual continuo a trabalhar. Pois no fim das contas acredito nisso, acredito que é um conjunto de operações que têm um sentido em si, que se autojustificam, e também que é um trabalho útil.

O que quer dizer um trabalho útil? Talvez nenhum de nós aqui coloque a literatura como fim último. Todos temos em mente algo mais geral, maior, ao qual tendemos ou que podemos configurar de maneiras diferentes. Digamos: um certo modo de estar no mundo. E a literatura pode contribuir para a realização desse algo. Como? A literatura é uma operação sobre as palavras, é uma operação sobre as imagens, e enquanto tal condiciona, numa parte modesta, mas mesmo assim essencial, o procedimento de outros modos da ação humana. A literatura age sobre os modos de imaginar o mundo, sobre o modo de usar a palavra por meio da qual se define o mundo.

Em suma, o poeta age sobre os instrumentos das operações mentais do cientista, do técnico, do político, do filósofo, mesmo quando eles não o sabem. E, naturalmente, todos esses agem sobre as operações mentais do poeta, mesmo quando ele não o sabe. Nesse sentido, um trabalho especificamente literário, consciente também das limitações de seu campo, mas responsável por aquilo capaz de influir num quadro mais geral, pode ser uma coisa séria. Mas o lado sacro da coisa me escapa totalmente.

Entre as mudanças de clima, houve na atividade editorial um boom econômico. Considera-o um fato positivo?
Para mim, os livros a 350 liras nas bancas são uma coisa ótima, mas por ora não dá para dizer que seja um acontecimento cultural. Uma produção exclusiva de romances, títulos avulsos, jogados ali cada um por conta própria, não tende a constituir um núcleo de biblioteca que responda às necessidades de qualquer leitor. Também em outros países, a revolução do livro econômico teve aspectos de desordem, de arbitrariedade, porém, por exemplo, na França e na Inglaterra o livro econômico abrange uma enorme produção de livros que dão um enquadramento geral, que podem fornecer ao leitor um conector cultural geral.

Fala-se sempre de "cultura de massa", de "leitor comum", isto é, usam-se termos vagos. Concretamente, quem são os leitores dos livros econômicos? Antes de mais nada, os jovens. E a demanda dos jovens tem dois aspectos: de um lado, cultura de questionamento, problemática; de outro, de acumulação cultural, de ampliação dos interesses abertos pela escola. Aqui, portanto, não é mais apenas a atividade editorial a ser chamada em causa. Por trás das iniciativas estrangeiras desse tipo há a revolução escolar em curso em todos os países mais desenvolvidos. Um fato quantitativo, antes de mais nada, um maior número de jovens estudando, mas também, talvez, uma escola mais viva, que multiplica os interesses.

No plano mais geral do mercado, ter uma estante de livros em casa logo se tornará uma necessidade generalizada como ter uma geladeira. E isso orientará a produção para os livros indispensáveis: obras de cultura e clássicos. Mas é evidente que, se a difusão da cultura se detiver num mosaico informativo e superficial, será pouco: talvez ela se torne um fato cultural revolucionário apenas quando a fome de livros nascer de uma transformação social em curso. É mais ou menos o mesmo que comentávamos antes, em relação à literatura: a importância cultural daquilo que se move na literatura não depende só da literatura, mas do terreno em que a literatura se move, o conjunto da cultura e todo o restante.

EM AS COSMICÔMICAS *CONTINUO O DISCURSO DOS ROMANCES FANTÁSTICOS*[1]

1. *As cosmicômicas: pode nos explicar, antes de mais nada, o título?*

Reunindo numa mesma palavra os dois adjetivos, *cósmico* e *cômico*, tentei juntar várias coisas de que gosto muito. No elemento *cósmico*, para mim, o importante não é tanto o atrativo da atualidade "espacial", e sim a tentativa de me reconectar com algo muito mais antigo. No homem primitivo e nos clássicos, o sentido cósmico era a atitude mais natural; nós, entretanto, para enfrentar as coisas grandes demais, precisamos de uma tela, de um filtro, e esta é a função do *cômico*.

2. *A expressão "cômicas" deve, portanto, ser entendida segundo as antigas classificações dos estilos?*

A expressão "cômico" tem uma história gloriosa nas antigas classificações dos estilos da literatura clássica. Mas não creio que pensei nisso quando chamei minhas histórias de "cômicas". Talvez pensasse mais simplesmente nas "cômicas" do cinema mudo e em especial nos *comics* ou histórias em quadrinhos em que um personagem emblemático se vê a cada vez em situações sempre diferentes, mas que seguem um esquema comum: penso em exemplos, talvez inigualáveis, de estilização, de precisão formal.[2] Poderia acrescentar que estou contente que saiu na Itália uma coletânea de *comics* de B.C., o personagem pré-histórico desenhado por Johnny Hart, ao mesmo tempo que meu livro.[3] Não me desagradaria saber

121

que os leitores de um livro são também leitores do outro, e que fazem comparações entre os dois.

3. *Fala-se de* As cosmicômicas *como uma nova espécie de ficção científica. É assim?*

Não, creio que as narrativas de ficção científica são construídas com um método completamente diverso dos meus. Há o fato, já observado por vários críticos, de que a *science-fiction* trata do futuro, enquanto cada um dos meus contos parece ecoar um "mito das origens". Mas não é tanto isso: é a relação diferente entre dados científicos e invenção fantástica. Meus contos ganham seu primeiro impulso com uma frase lida em algum lugar, geralmente num livro de astronomia ou cosmogonia contemporânea, isto é, num livro que me leva para zonas onde não tenho mais o recurso do mecanismo mental que me é mais habitual, o da imaginação visual. E, no entanto, às vezes a leitura também desperta ali imagens, sugestões de narrativas. Cada conto começa onde uma dessas imagens consegue tomar forma e se desenvolve e ganha vida autônoma. Em suma, eu gostaria de utilizar o dado científico como uma carga propulsora para sair dos hábitos da imaginação e viver, quem sabe, o cotidiano nos termos mais distantes de nossa experiência; a ficção científica, pelo contrário, parece-me que tende a aproximar o que está distante, aquilo que é difícil de imaginar, tende a lhe dar uma dimensão realista ou, pelo menos, fazê-lo entrar num horizonte de imaginação que já faz parte de um hábito.[4] Não sei; posso estar enganado; mas aí precisaria que me dissessem algo mais específico: o nome deste ou daquele autor, o título desta ou daquela narrativa de ficção científica, para então comparar com *As cosmicômicas*, ver o que há de semelhante, se houver, e o que há de diferente.

4. *O que é certo é que você buscou inspiração para esses contos na astronomia, na cosmogonia, na física relativista, na teoria da evolução. A que se devem esses interesses científicos?*

No que se refere aos contos, como dizia, são cargas propulsoras que podem surgir, penso eu, de qualquer leitura que leve a mente para além de uma história visível, para além de um relato antropomórfico. Até agora, minhas experiências se desenvolveram somente em algumas direções, isto é, ligadas a leituras que, por acaso, eu estava fazendo naquele momento, mas suponho que o mesmo método poderia funcionar também com textos — sei lá — de física quântica, de genética ou de geometria não euclidiana.

Em suma, qualquer texto teórico, a rigor, poderia funcionar, mesmo de matemática ou filosofia, mas quanto a isso devo dizer que não gosto de escolher minhas leituras com a finalidade expressa de "buscar inspiração". Não: leio por curiosidade, em ondas — como acontece com todos os que não se dedicam a nenhum estudo especializado e como creio que também acontece nas leituras não especializadas dos especialistas — e frequentemente salto de um assunto para outro. Mas, enquanto dura a onda, por exemplo, da astronomia, leio livros de astronomia porque é a astronomia que me interessa, não porque penso em utilizá-la nos contos que escreverei. Os contos aparecem por conta própria, obedecem a uma linha de pesquisa interna na qual pode ocorrer que se introduza a circunstância das solicitações exteriores.

5. *Pelo que diz, parece-me que você não vê uma separação nítida entre esta e as fases anteriores de seu trabalho. Quais são, em sua opinião, as ligações entre* As cosmicômicas *e seus outros livros?*

Quanto às relações com meu discurso anterior, não creio que haja uma separação. Penso que esses contos permanecem com o discurso de meus romances fantásticos, mas não só deles. Também dessa vez, percebi que as histórias que me saem especialmente bem são aquelas em que o não ser é contraposto ao ser, o vazio ou o rarefeito contraposto ao pleno ou ao denso, o avesso contraposto ao direito. Não à toa a experiência dos romances fantásticos culminou em *O cavaleiro inexistente*, um dos meus livros preferidos. Mas também é possível ler desse ponto de vista abstrato, geométrico, densimétrico, minhas primeiras histórias de guerra que, vinte anos atrás, pareciam brandir uma bandeira neorrealista, a mais significativa das quais é "Por último vem o corvo"; e é assim que pretendia que fossem lidas certas narrativas que eu fazia há uns dez anos, por exemplo, "A aventura de um míope". E agora, justamente, a Einaudi reeditou na coleção Coralli "A nuvem de smog", um romance curto de 1958, que nunca tinha saído num volume independente. Creio que há muitos pontos de contato entre uma imagem contemporânea como a da "Nuvem" e o cosmo de algumas *Cosmicômicas*, mesmo como escrita. Em suma, o que sempre acontece é que, quanto mais se muda, mais se faz a mesma coisa: e isso, sobretudo quando se descobre depois, dá uma satisfação especial.

6. *Acredita que* As cosmicômicas *exigem uma chave de leitura? Em caso afirmativo, o trabalho que o leitor deve fazer para extrair os significa-*

dos não representa, talvez, a reparação de uma literatura de conteúdo sobre o esteticismo floreado do nouveau roman?

As *cosmicômicas* não requerem uma chave de leitura. Se um leitor quiser propor e aplicar uma chave, muito bem: sempre me dá satisfação ver algo que escrevi interpretado em diversas chaves, especialmente se eu não havia pensado nelas. Toda nova chave que funciona sem forçar a fechadura (isto é, aquela construção de figuras e palavras que é a única que eu *disse*, a única coisa que eu *queria dizer*) é uma contraprova de que a narrativa se sustenta. Para escrever um conto, sempre parto de uma imagem — ou melhor, de uma relação entre imagens —, que procuro desenvolver segundo sua lógica interna. A possibilidade dos "significados" que a narrativa pode ter sempre me ocorre depois e evito ao máximo impô-los ao leitor. Isso não quer dizer que eu seja indiferente aos "conteúdos"; pelo contrário: penso que a um bom *significante* não pode corresponder senão um bom *significado*. Devo acrescentar que não me parece pertinente a acusação de esteticismo ao nouveau roman: a preocupação de saber a fundo o que se está fazendo quando se escreve é justamente o contrário do esteticismo, aliás, é talvez a única via para chegar a um "conteudismo", isto é, para apurar o que se pode entender por "conteúdo".

7. *Aceita-se comumente no âmbito da crítica moderna a interdependência dos gêneros artísticos. É possível fazer comparações simples: por exemplo, a literatura inglesa do século XVIII tem seu paralelo pictórico exato: o flamengo Bruegel e, sobretudo, Hogarth e a escola holandesa. Você se sente especialmente próximo de algum pintor vivo ou, pelo menos, de nosso século?*

Creio que é possível propor inúmeras correspondências figurativas atuais para *As cosmicômicas*: talvez seja porque agora vivo com *As cosmicômicas* na cabeça, mas, percorrendo as exposições, tenho a impressão o tempo todo de encontrar coisas que "se assemelham" ao que estou escrevendo. Mas seria difícil citar um nome em especial; teria de acrescentar logo outros, talvez totalmente diferentes, para contrabalançar uma indicação peremptória demais. No fundo, mais do que um verdadeiro paralelismo entre literatura e pintura, cabe falar numa atmosfera comum, num terreno comum onde lançam suas raízes. Define-se certo espírito visionário da literatura[5] surrealista como pictórico. Nesse sentido, a escolha da Einaudi de um surrealista para fazer a capa de *As cosmicômicas* foi acertada.[6] Ao mesmo tempo, porém, *As cosmicômicas* tendem também para uma direção diametralmente oposta: a de uma visão geometrizante, que se pode aproximar de certos procedimentos do abstracionismo.

8. *O que pensa sobre as vanguardas literárias italianas? Por exemplo, sobre o uso de meios semânticos não tradicionais na poesia, como números, figuras ou mesmo dispositivos mecânicos? Sua obra tem algum elemento em comum, ainda que distante, com as obras de nossas vanguardas?*

Sempre estou interessado em qualquer busca que leve a uma maior consciência sobre o que é a obra literária, a palavra, a escrita, o signo. Esse é um momento interessante pela importância do aspecto teórico na experimentação literária (principalmente na França, mas essa atmosfera vem se difundindo um pouco também na Itália). E têm aparecido obras novas, belas ou apenas curiosas no mundo; enfim, é um momento interessante. Se eu sou de vanguarda ou não, não sei; creio que uma pessoa não pode dar sozinha essas definições a si mesma. Continuo a escrever meus continhos pondo neles aquele tanto de cuidado artesanal sem o qual não tenho gosto em escrevê-los, mas, como todo dia aprendo algo de novo naquilo que escrevo, este algo novo também passa a fazer parte do que escrevi.

Quando nasceu a ideia dos primeiros contos da série As cosmicômicas?

Faz uns dois anos que os estou escrevendo. Comecei assim: me acostumei a marcar as imagens que me ocorriam lendo um livro, por exemplo, de cosmogonia, isto é, partindo de um discurso distante do mecanismo de imaginação que me é habitual. E, no entanto, ali também às vezes aparecem imagens, propostas de narrativas. Bastou anotá-las para passar a ter um certo número de inícios, de temas de partida. Só faltava desenvolvê-los.

É difícil datar com precisão um conto: há um momento em que estabeleço o início, que pode ser muito anterior ao desenvolvimento do resto. Depois, uma vez terminado o conto, pode acontecer de eu perceber que não era aquilo, que o verdadeiro conto a ser escrito era outro, e então refaço. Ou passo a avaliar o conto com outra preocupação e então corrijo, digamos, a partir de dentro, várias pequenas correções que o deixam aparentemente igual, mas no fundo o transformam num novo conto. Por exemplo, um dos primeiros contos que escrevi desta série, "Um sinal no espaço": desde que eu o publiquei no ano passado na revista *Il Caffè* até agora que saiu em livro, continuei a trabalhar nele, e no entanto é o conto com que fiquei mais satisfeito desde o primeiro momento. Tanto é que, desde que o

125

escrevi, tentei imitá-lo várias vezes, fazer outros daquela maneira. Mas era difícil.

Geralmente se acredita que para um escritor imitar a si mesmo, repetir-se, é a coisa mais fácil, é sinal de preguiça. Mas é exatamente o contrário. Repetir-se é o melhor sistema para conseguir entender bem aquilo que se fez, e pode-se chegar a isso somente por meio de aproximações e exclusões. E saber bem o que se fez é o único modo de saber bem aquilo que se quer fazer. No fundo, consegui escrever apenas um conto que, para mim, é um passo adiante em relação a "Um sinal no espaço", e é "A espiral", que narra os pensamentos de um molusco enquanto cresce a sua concha. Este também passou por várias redações; aliás, eu diria que sua história ainda não terminou. Considero-o o ponto de chegada daquilo que queria fazer com *As cosmicômicas*, mas também um ponto de partida, pois é dali que devo retomar o trabalho.

Você fala de As cosmicômicas *como de um* work in progress, *ou mesmo como de uma fase determinante na perspectiva de seu trabalho futuro?*

Quem sabe. Agora apresento uma dúzia de textos, que são uma espécie de catálogo das várias possibilidades, porque preciso que os leiam e preciso ouvir o que dizem a respeito. Os leitores de *Il Giorno* conhecem alguns, mas é em grande parte material inédito. E nem todos os que publiquei em *Il Giorno* estão no livro. Enquanto isso, continuo a escrevê-los.

E na perspectiva das obras anteriores, como se situa esse livro?

Creio que se junta a *O cavaleiro inexistente*. Sinto que me saem bem especialmente as histórias em que o não ser vem contraposto ao ser, o vazio ao pleno ou outros temas desse gênero. Mas, no fundo, meus contos sempre foram nessa linha: narrativas que aparentemente tratam da vida cotidiana, como por exemplo "A aventura de um míope", não são muito diferentes destas de *As cosmicômicas*, por exemplo "Os anos-luz". Mas mesmo os contos que escrevia vinte anos atrás, tipo "Por último vem o corvo", eram assim, como tema e como estrutura.

Você lembrou seus contos de vinte anos atrás. Qual é hoje sua atitude em relação ao "engajamento"?

Nos últimos tempos na Itália, a noção de "engajamento" político na literatura (ou, pelo menos, a maneira como ele foi entendido até agora) levou bordoadas demolidoras, e todas da "esquerda", seja da extrema esquerda ideológico-política, seja da extrema esquerda literário-formal. Tiros que acertavam o alvo, devo dizer. Nesse quadro, meu livro poderia ser entendido como uma resposta do tipo: "Bom, e eu com isso? Eu trato de astronomia!". Mas as coisas são mais complicadas. Nesses mesmos anos, na Alemanha Ocidental, a literatura mais viva está quase exclusivamente engajada no debate político. É que lá a opacidade da situação geral fez com que a literatura viesse a ser a verdadeira oposição. Diríamos que há momentos em que as palavras e as imagens da política são tão virgens, tão novas ou de uso tão insólito que a literatura pode empregá-las sem que o desgaste ou a equivocidade dos significados impostos pelo uso cotidiano venha a dissolvê-las tão logo sejam postas na página. E há outros momentos em que essas mesmas palavras e imagens não assumem destaque na página, como se fossem datilografadas sobre uma fita que não tem mais tinta. Mas estes são detalhes externos: todo discurso tem um significado também no plano da história política, quaisquer que sejam os signos usados.

Qual personagem de romance gostaria de ser?
Hummm... Bouvard e Pécuchet. Um dos dois, ou os dois. Já faz algum tempo que os invejo. Eram idiotas? Não creio, de maneira nenhuma. E hoje a idiotice anda por outros caminhos. Em todo caso, valeria a pena arriscar.

127

NUNCA SATISFEITO COM AS DEFINIÇÕES[1]

Depois da Libertação, comecei a publicar narrativas inspiradas na vida da Resistência italiana. Eram escritas *à la* Hemingway, cuja rapidez do estilo eu admirava; mas tentava ser menos realista e dar às cenas descritas uma transfiguração fabulosa.

Sentado à minha frente, Calvino evoca o tempo já distante de seus exórdios. Sua voz é calorosa, precisa.
Meu primeiro romance, *A trilha dos ninhos de aranha*, escrito em 1946, era neorrealista. Narrava num estilo violento, pesado, a história de um rapazinho na guerra *partigiana*. Mas creio que meu neorrealismo tenha encontrado seu verdadeiro desenvolvimento apenas um pouco mais tarde, no romance fantástico, que era um modo objetivo de representar os personagens. Entre 1951 e 1959 escrevi *O visconde partido ao meio, O barão nas árvores* e *O cavaleiro inexistente.*

Estes três livros já foram qualificados como "contos voltairianos". O que pensa dessa comparação?
Os críticos franceses aproximam com muita generosidade o nome de Voltaire ao meu. Gosto do estilo dele, mas, se formos à essência da coisa, parece-me que o conto filosófico de Voltaire, tal como é concebido, tem

128

poucas relações com minhas tentativas literárias. Para Voltaire, o personagem do conto tem a tarefa de encarnar uma ideia. Para mim, é quase o contrário: parto de uma imagem e a desenvolvo até as últimas consequências. Se preferir, quando escrevo vou em busca do sentido exato, profundo, daquilo que estou contando. Naturalmente, sou um homem de meu tempo, tenho minhas opiniões, não pretendo ser uma tábula rasa e, enfim, tudo o que penso se reflete naquilo que escrevo; mas nada está previsto de antemão. No fundo, minhas narrativas "fabulares" — é assim que costumam chamá-las — situam-se a meio caminho entre o conto filosófico e o conto fantástico de tipo surrealista. O escritor surrealista dá voz ao inconsciente. Em meu caso, o inconsciente (digamos: o jogo espontâneo de imagens) e a razão (o juízo intelectual) remetem continuamente um ao outro.

Com O dia de um escrutinador, *publicado na Itália três anos atrás e agora traduzido para o francês, Calvino se afasta do conto fantástico para voltar, ao que parece, a um certo realismo. O protagonista, o comunista Amerigo Ormea, é encarregado pelo partido de supervisionar a lisura das eleições numa seção eleitoral situada dentro de um grande hospício turinês — uma verdadeira cidade — administrado por freiras: o Cottolengo. As cartas já foram dadas: as freiras e os doentes foram ciosamente instruídos a votar no candidato da Democracia Cristã. Mas as coisas não são tão simples, e o dia que ele passa dentro do Cottolengo, a descoberta de um mundo que desconhecia — o do sofrimento e das doenças horríveis, bem como o mundo todo especial das freiras — despertam em Amerigo uma longa reflexão que nos é exposta com as nuances mais sutis. Sua sinceridade confere ao livro o caráter de um documento; o estilo incisivo, ora zombeteiro, ora patético de Calvino faz dele uma verdadeira obra de arte.*

Trata-se de uma experiência vivida. Escrevi O dia de um escrutinador em 1963, mas os acontecimentos remontam a 1953. É um conto que carreguei dentro de mim durante dez anos; o primeiro núcleo cresceu, amadureceu pouco a pouco... Penso que seria possível escrever um conto desses inspirando-se em cada dia da vida de um ser humano. Mas aquele dia em particular, mais do que qualquer outro, pareceu-me que merecia ser desenvolvido.

Não acredita que haja uma espécie de fratura entre O dia de um escrutinador *e seus livros anteriores?*

Não, porque paralelamente aos livros de tendência fantástica, e isso já há tempos, tento escrever "narrativas de discussão" sobre a vida contemporânea, chamando as coisas por seus nomes. A partir de certo momento, senti a necessidade de escrever contos de reflexão e meditação, cheios de nuances, nos quais colocava muito de mim mesmo. Atualmente, quando abordo um tema contemporâneo, ele sempre é visto, vivido, julgado por um personagem cuja linguagem corresponde à minha. Em *Aventures* havia, por exemplo, um conto intitulado "A nuvem de smog", em que se encontrava, ao mesmo tempo oculta e presente, certa discussão a partir de um problema ou, em termos mais concretos, a atitude do homem diante da civilização industrial. Não eram teses nem verdades a serem demonstradas, e tampouco conclusões, mas todas as posições possíveis. Em *O dia de um escrutinador* o tema abordado é político. Tentei descobrir aquilo que realmente existe sob as palavras das ideologias. Quando se diz "comunista" ou "católico", o que há sob essas palavras? O modo de agir de Amerigo — o meu — é o de um homem que nunca está satisfeito com as definições e a cada vez procura escavar mais a fundo. Tentei representar certo movimento de pensamentos, certa geometria de ideias que se opõem, se balanceiam, se mesclam, se confundem. Aqui a reflexão é explicitada pelo fato de que interrompo a narrativa introduzindo parênteses dentro dos quais expresso tudo o que meu personagem pensa. É um procedimento estilístico que permite atenuar muitas certezas simples demais.

O dia de um escrutinador não é, de certa maneira, o romance da "nostalgia" revolucionária? O termo, aliás, é de Amerigo, o qual constata que a pureza revolucionária só é total por ocasião dos grandes eventos históricos: em seu caso, a Libertação italiana. A seguir, essa pureza se deixa esmagar pela burocracia do Estado, mesmo do democrático...

Era, com efeito, a atmosfera italiana — pelo menos a dos intelectuais — nos anos 1950. Sentia-se então uma nostalgia por aquela Itália melhor que se revelara durante a Resistência e nos primeiros anos do pós-guerra. Meu protagonista sente essa nostalgia, mas ao mesmo tempo esse sentimento começa a cansá-lo. Está em seu caráter: depois que elabora uma ideia, tem uma reação contrária. Ele entende que nem tudo, naquela atmosfera de 1940-5, podia ser puro; e então fica incomodado...

Amerigo pode ser considerado um protótipo?
Amerigo é muito italiano. Creio que um italiano inteligente sente, como ele, a necessidade de buscar a verdade, de esmiuçá-la, de ver os dois lados

de um mesmo problema. É, diria, uma virtude italiana, uma virtude que é também um limite para o intelectual italiano. É difícil que o italiano seja extremista; e, se o for, será de maneira um tanto desbotada. O italiano é, por temperamento, sobretudo um mediador: isso fica claro, penso eu, no personagem de Amerigo.

Em seu livro há uma frase terrível sobre a literatura: "A literatura das pessoas parecia-lhe uma extensão de lápides de cemitério: a dos vivos e a dos mortos".[2] É uma reação de Italo Calvino?
É um estado de ânimo talvez momentâneo, mas poderia repetir-se.[3]

Como define sua posição na literatura italiana contemporânea?
Parece-me que não estou ligado de fato a nenhum grupo; diria, simplesmente, que participei de alguns momentos dessa literatura. Procuro sempre me definir por meio de minhas obras, que são, às vezes, diferentes entre si. Mas creio seguir uma linha. Como você sabe, existe uma brincadeira infantil em que se apresenta uma série de pontos numerados: unindo-os com uma linha, obtém-se um desenho. Creio que, unindo assim todos os meus livros, ao final se obterá uma figura precisa: a minha.

Com quais escritores italianos sente afinidade?
Eu era muito ligado a Elio Vittorini, com quem também dirigi uma revista.[4] Pertencia a uma geração diferente da minha, mas com ele tive o diálogo mais rico, mais fecundo. Antes conhecera também Pavese. Ambos me ajudaram a dar os primeiros passos na literatura.

FILME E ROMANCE[1]

1. *Você pensa que, em termos de narrativa, o cinema inovou ou se limitou a retomar — apropriando-se e adaptando como fez com o teatro — as modalidades da narrativa romanesca?*
2. *Filmar nessa ou naquela modalidade leva, a seu ver, ao equivalente exato de uma narrativa romanesca do mesmo gênero ou a algo completamente diferente? Por exemplo, um flashback durante uma narrativa cinematográfica causa-lhe a mesma impressão de um retorno na ordem dos acontecimentos numa narrativa romanesca?*

Para encontrar elementos comuns entre uma sucessão de palavras escritas, como é o romance, e uma sucessão de fotogramas em movimento, como é um filme, é preciso isolar, no fluxo das palavras ou dos fotogramas, aquela concatenação narrativa específica de imagens que — antes mesmo do romance e da literatura — caracterizava a narrativa oral (mito, fábula, conto folclórico, canto épico, lendas de santos e de mártires, anedotas licenciosas etc.). O cinema se remete em parte à narrativa oral (todos os filmes de James Bond são construídos como fábulas), em parte à literatura popular oitocentista (romance de aventura, romance de suspense e mistério, romance policial, romance passional, romance sentimental, romance social), em que a "sucessão de imagens" predomina sobre a "escrita".

Todavia, essa herança não basta para definir certos elementos típicos dos filmes, como a *gag* cômica e o suspense baseado num perigo físico; é preciso levar em conta o quanto o cinema deve a formas de espetáculo anteriores: não só o teatro, mas principalmente o circo (cavalos, animais ferozes, acrobatas, palhaços), o *music-hall*, o *grand-guignol* e também a competição esportiva. A força mitopoética do cinema deriva de uma estratificação de formas culturais elementares: sua tendência é mais para a repetição que para a inovação.

É preciso, portanto, distinguir esse aspecto (em geral chamado de sociológico, e que poderíamos também chamar de etnológico), especialmente acentuado no cinema, que se situa a montante do romance, e que só pode ser definido como literário no sentido em que é lícito falar de um aspecto pré-literário ou metaliterário da literatura.

Outro aspecto depende do instrumento empregado para narrar, isto é, a câmera. O primeiro plano, por exemplo, não possui um equivalente na narrativa literária. A literatura ignora qualquer procedimento que permita isolar um detalhe enormemente ampliado ou um rosto, com o fim de ressaltar um estado de ânimo ou evidenciar a importância desse detalhe em relação ao resto.

Como modalidade narrativa, o fato de poder variar a distância entre a câmera e o objeto representado é talvez irrelevante, mas constitui uma diferença em relação à narrativa oral ou escrita, em que a distância entre as palavras e a imagem evocada se mantém inalterada. Com as palavras podem-se criar atmosferas misteriosas para indicar o afastamento (Pequeno Polegar que vê ao longe uma luzinha no bosque) e a representação da proximidade para criar um efeito de estranheza e mal-estar (Roquentin[2] que se olha no espelho). No cinema, as dimensões da imagem não têm conotações afetivas, mas uma função sintática, isto é, assinalar locais privilegiados numa sucessão de imagens. (A escrita impressa poderia valer-se apenas de corpos tipográficos diferentes, a língua falada, de diversas gradações da voz.) Assim, o primeiro plano oferece ao espectador uma satisfação especial: quanto mais imensa é a imagem (e é por isso que são necessárias telas cada vez maiores), mais o espectador se sente envolvido diretamente.

O primeiro plano do rosto humano deriva de uma antiga instituição da pintura: o retrato (não creio que a pintura soube explorar as possibilidades sintáticas que consistem em mesclar retratos muito ampliados com cenas "panorâmicas"; talvez isso ocorra em certos mosaicos ou afrescos com a cabeça do Cristo *pantocrator*; mesmo Michelangelo, na abóbada da Capela Sistina, alterna retratos de profetas e sibilas com as cenas bíblicas, mas são figuras inteiras e não só cabeças, a desproporção em relação às outras figuras não é suficientemente grande, e, acima de tudo, elas se mantêm fora da narrativa pictórica). O retrato teve aplicações também no romance, principalmente graças a Balzac. Mas as minuciosas fisionomias descritas que ele nos ofereceu sob a sugestão das teorias de Lavater certamente não constituem o ponto forte dos seus romances; e o romance moderno, por seu lado, costuma deixar os traços dos personagens à sombra. Para os filmes, inversamente, os rostos são o elemento vital.

Digamos, portanto, que aquilo que o cinema tem de absolutamente cinematográfico não pode ser comparado aos procedimentos literários; desse ponto de vista, cinema e romance não têm nada a ensinar nem a aprender reciprocamente.

Resta o aspecto da contínua tentação literária do cinema. Mesmo tendo uma força tão grande, o cinema sempre invejou o discurso escrito. O cinema quer "escrever". É o mesmo fenômeno devido ao qual muitas pessoas de grande respeitabilidade e de posições eminentes em outros campos, e que consideraríamos satisfeitas consigo mesmas, todavia passam as noites a encher folhas e mais folhas de papel, movidas por uma única ambição: publicar um romance. O amor do cinema pelo romance tradicional determinou inúmeras invenções que logo se banalizaram: a voz fora do campo visual para representar a primeira pessoa, o flashback para restituir o passado, o esmaecimento para o transcorrer do tempo etc. Até pouco tempo atrás, a literatura foi má professora para o cinema. A grande novidade dos últimos anos é a consciência difundida de que o cinema deve procurar modelos literários diferentes do romance tradicional. O desafio da palavra escrita continua a ser um dos principais motores da invenção cinematográfica, mas, ao contrário do passado, a literatura começou a atuar como modelo de liberdade. O cinema de hoje manifesta uma grande riqueza de modalidades narrativas: pode-se fazer o filme de memória, o filme diário, o filme de autoanálise, o filme nouveau roman, o filme lírico poético etc. Tudo isso é novo para o cinema, mas não tão novo para a literatura. Sob esse aspecto, o filme continua a ser tributário da literatura; mas a situação está em movimento e pode mudar.

3. *Pensa que o cinema, tendo retomado por conta própria a experiência da narrativa romanesca clássica, tenha com isso influenciado (acentuando sua urgência) uma necessária renovação do romance?*

Em certo nível, poderia ser verdadeiro o contrário.

Existe uma produção narrativa que se sustenta porque seu modo de narrar (e seus temas) não se afastam dos do filme médio e visam a satisfazer as exigências do mesmo público, a demanda do mesmo consumidor. Não falo apenas do gênero *série noire*, em que as trocas entre cinema e romance são reciprocamente claras, mas daquele vasto segmento do romance médio dotado de uma "dignidade literária" e, no melhor dos casos, de certo interesse temático, que funda sua construção numa receita testada e aprovada.

É num outro nível, o da literatura experimental, que o cinema tem o poder de tornar obsoletas certas técnicas narrativas (e também certos temas, ambientes, situações, personagens), mas não penso que esse poder se detenha na liquidação do romance tradicional. Consideremos um dos procedimentos próprios do nouveau roman, a passagem despercebida do presente ao passado, do verdadeiro ao imaginado, de um "continuum espaço-temporal" a outro etc. Bastaram dois ou três filmes de qualidade para incorporar esse procedimento ao cinema; e agora, quando o reencontramos num romance escrito *depois*, este "faz cinema" (coisa que, na literatura, conserva ainda um significado negativo).

Mas os deslocamentos do tempo, por exemplo em Robbe-Grillet, valem também (ou principalmente) como operação sobre a linguagem: a ausência de vibrações emocionais e evocativas em sua escrita continua a ser um efeito literário que o cinema não pode alcançar. Digamos então que o cinema pode exercer uma ação de desgaste sobre os elementos do romance dissociáveis do fator *escrita*. Uma escrita só pode se tornar obsoleta devido a outro modo de escrever.

4. *No que concerne à sua obra, reconhece alguma influência do cinema sobre sua concepção do romance ou sobre técnicas narrativas usadas por você? Em caso afirmativo, sobre quais pontos especificamente?*

Sempre gostei do cinema "como espectador", sem relação com meu trabalho literário. Se houve uma influência do cinema em algumas de minhas obras, foi a dos desenhos animados. A visão gráfica sempre esteve mais próxima de mim do que a fotográfica; e penso que a arte de animar figurinhas sobre um fundo imóvel não está, ao fim e ao cabo, tão distante de contar uma história com palavras alinhadas numa folha em branco. O desenho animado pode ensinar muitas coisas ao escritor: antes de mais nada, a definir objetos e personagens com poucos traços. É uma arte metafórica e ao mesmo tempo metonímica: é a arte da metamorfose (o tema romanesco por excelência desde Apuleio, e que o cinema resolve tão mal) e do antropomorfismo (visão pagã do mundo, muito menos humanista do que se pensa).

Influenciou-me outra modalidade visual e gráfica de narrar: o quadrinho. Aqui também podem-se distinguir aspectos conservativos e criativos, mas com uma separação mais nítida. A narrativa de aventuras tende a conservar a ótica do romance oitocentista e do cinema. O *comic-strip*, que é o objeto principal de meu interesse, trouxe para nosso século um modo narrativo totalmente novo, com a utilização combinada da imagem ideográfica e da escrita (ou, melhor dizendo, da invenção gráfica ligada à linguagem falada e à onomatopeia). Infelizmente, o estudo dos quadrinhos tem sido entregue até agora às mãos dos sociólogos; ainda não nasceu uma verdadeira crítica do *comic-strip* como arte autônoma.

5. *O que pensa sobre a evolução do cinema de 1945 em diante e, mais especificamente, sobre as tendências atuais da cinematografia americana e das europeias? Compartilha a opinião segundo a qual, há alguns anos, os jovens cineastas realizam verdadeiros filmes-romance?*

6. *Quais reflexões sugere-lhe a atenção que os jovens de hoje dedicam respectivamente ao cinema e ao romance? Pensa que certos cineastas conseguiram estabelecer entre si e o seu público aquele diálogo que muitas vezes falta aos romancistas? Se for assim, como explica esse fenômeno?*

7. *Como vê o futuro — a curto e longo prazo — do cinema e do romance?*

Mais do que o aspecto filme-romance, acho hoje interessante tudo o que segue na direção do filme-ensaio. As partes de "investigação" de *Masculin féminin*[3] parecem-me indicativas dessa direção: por tudo aquilo que o filme nos *mostra* diretamente, pelo que representa como forma de *narrativa* e pela crítica que empreende em relação às investigações sociológicas de que parte. É este o ponto fundamental: o filme-investigação sociológica ou o filme de pesquisa historiográfica têm sentido apenas se não são ilustrações filmadas de uma verdade que a sociologia ou a historiografia já estabeleceram, apenas se intervêm para contestar de alguma maneira aquilo que a sociologia e a historiografia dizem. (Creio que mesmo Rosi tenha enveredado pelo caminho correto.) Considero necessário para o verdadeiro filme-ensaio uma atitude não pedagógica, mas problemática, de interrogação, e sem aquele complexo de inferioridade em relação à palavra escrita que embaralhou o vínculo entre cinema e literatura.

A RAZÃO DA MINHA INQUIETAÇÃO ESTILÍSTICA[1]

Por muito tempo, quis-se ver em suas obras uma dupla tendência. De um lado, uma literatura de pura fantasia — poderíamos às vezes dizer, como fez Montale, science-fiction ao contrário —; de outro, uma literatura mais "realista". Como essas duas tendências se conciliam em você?

Não acredito no realismo. A literatura, como a matemática, é abstração e formalização. É nisso que estou interessado; e, quando escrevo algo que pode ser definido como realista, na verdade sirvo-me apenas de um daqueles singulares métodos de abstração que nossa época considera realistas. Mas agrada-me mais organizar as imagens e os movimentos da narrativa numa construção que pode ser definida como "fantástica". (Eu não falaria em "ficção científica": este é um gênero bem definido e muito diferente das coisas que escrevo.) Em todo caso, gosto de experimentar a cada vez métodos diferentes de narrativa. *As cosmicômicas* são doze contos que se bastam a si mesmos e cada um procura um caminho diferente também do ponto de vista da elaboração estilística. É nessa direção que continuo a trabalhar. No último conto que escrevi (publicado recentemente no *Almanacco Bompiani*),[2] creio ter chegado ao tipo de conto novo que há muito tempo eu tentava alcançar, um conto em que todo o movimento está num processo lógico. Há um homem com o arco que disparou uma flecha contra um leão, enquanto o leão dava um salto em sua direção. O conto todo se desenrola enquanto a flecha e o leão estão no ar. Entre todos os contos que escrevi em minha vida, este é o primeiro em que sinto ter realmente conseguido fazer aquilo que queria fazer.

Quer dizer que a realidade lhe parece imutável?
Não estou entre aqueles que acreditam que exista somente a linguagem, ou somente o pensamento humano. (Também há desses que se passam por "realistas".) Acredito que existe uma realidade e que há uma relação (mesmo que sempre parcial) entre a realidade e os signos com os quais a representamos. A razão de minha inquietação estilística, da insatisfação com meus procedimentos, deriva precisamente disso. Acredito que o mundo existe independentemente do homem; o mundo existia antes e existirá depois do homem, e o homem é apenas uma ocasião que o mundo tem para organizar algumas informações sobre si mesmo. Portanto, a literatura é para mim uma série de tentativas de conhecimento e de classificação das informações sobre o mundo, sendo o conjunto muito instável e relativo, mas de algum modo não inútil.

Lendo seus livros, às vezes tem-se a impressão de uma espécie de medo. Está correto? E se for assim, do que tem medo? Da bomba atômica? Lendo As cosmicômicas, *por mais poéticas, brilhantes e belas que sejam, tive, às vezes, a impressão de uma tentativa de evitar a realidade.*
Em *As cosmicômicas* não me coloco o programa de representar diretamente a atualidade, a sociedade contemporânea, mas creio que nosso tempo acaba aparecendo mesmo assim, inclusive no conto mais abstrato e atemporal. Acredito, em todo caso, que é necessário um certo distanciamento da realidade histórica de nossa época, não porque sinta a necessidade de escapar dela, mas porque, para *vê-la* realmente, precisamos nos colocar no ponto de vista de quem contempla uma perspectiva de séculos. Uma coisa que rejeito instintivamente é a agitação de véspera de apocalipse, catástrofe ou palingenesia. Não que eu acredite que nos aguardem tempos tranquilos: pelo contrário. Mas acredito que a revolução que estamos vivendo ocupará pelo menos vinte gerações e que, para viver proveitosamente nossa vida, é preciso encontrar o ritmo certo, o de todo o processo, para além dos episódios individuais.

Gostaria de lhe perguntar — e me dirijo tanto ao consultor de uma importante editora quanto ao escritor — em que direção segue o romance italiano?

A direção em que agora se move certo número de jovens é a de compor uma narrativa com fragmentos separados, às vezes numa colagem de frases extraídas de jornais ou livros, às vezes numa associação de imagens nascidas do inconsciente. A construção de uma continuidade narrativa através da descontinuidade da imaginação é um procedimento teoricamente legítimo e tem precedentes clássicos: já no *Orlando furioso*, o poema é o resultado da intersecção de movimentos narrativos dissociados que, juntos, resultam a imagem da vastidão do mundo onde tudo converge e tudo se ramifica. Hoje, nesse tipo de romance, o que me interessa é a proposta de uma nova imagem do mundo que talvez possa brotar, ao passo que, por outro lado, não acredito muito em sua função "destrutiva", de contestação linguística, que muitos críticos colocam em primeiro plano. Pessoalmente, prossigo numa linha de busca completamente diferente.

Em toda nota biográfica a seu respeito, comenta-se a influência que Pavese e Vittorini exerceram sobre você. Como explica sua relação com dois escritores tão diferentes de você?

Os dois nomes juntos significam somente um clima intelectual: o da Itália entre 1940 e 1950, que foi decisivo para minha formação. De fato, o significado das duas personalidades é muito diferente, aliás, antitético: Pavese tendia a descobrir na realidade e na literatura de hoje a permanência das experiências culturais pré-históricas, míticas e rituais. Vittorini tendia, pelo contrário, a valorizar tudo o que representa uma nova forma de experiência, uma ruptura com a ordem antiga, uma oposição à imagem do mundo tradicional, e polemizava com as formas de conhecimento e de expressão que (embora aparentemente modernas) confirmam a antiga imagem do mundo. Personalidades complexas, ambas, e não fáceis de definir: eu mesmo, que vim a trabalhar com os dois (na editora Einaudi), levei muito tempo para entendê-los, e minha discussão com eles ainda não terminou.

E a situação literária italiana em relação à francesa? Sanguineti fala de um certo atraso logo superado. A observação lhe parece correta?

O problema me parece mal colocado. A literatura não é uma competição. A França sempre foi rica de movimentos literários, de novas escolas que se tornam imediatamente famosas no mundo todo. Na Itália, pelo contrário, o que conta realmente, o que sempre contou, são as individualidades complexas, as elaborações muito pessoais, sempre um pouco isoladas, que escapam a uma definição sintética. Dito isso, devo acrescentar que não estou satisfeito com o estado da literatura italiana atual. Mas o horizonte filosófico e cultural italiano está mudando e isso mudará, por sua vez, muitas coisas, também na literatura. Em que sentido? Por ora é difícil dizer. Pessoalmente, acho que todas as crises e insatisfações são bem-vindas.

UMA IMAGINAÇÃO E UMA LINGUAGEM SIDERAIS[1]

*A*ntes de mais nada, o título: o que quer dizer T = 0?

T = 0, ou *tê zero*, é uma fórmula que se encontra frequentemente nos livros de cosmogonia ou de teoria da relatividade: um *t* seguido por um zero pequeno embaixo, t_0, para indicar o tempo num momento chamado *zero*, distinguindo-o dos momentos subsequentes, chamados t_1, t_2 etc. Essa fórmula serve de título para um conto meu, se é que se pode chamar de conto uma história totalmente parada, toda contida num momento de mortal espera.[2]

Você disse: cosmogonia. O novo livro é inspirado no mesmo veio do anterior, As cosmicômicas*?*

Em parte sim: continuei a elaborar alguns temas que me são caros; aliás, devo dizer que só agora começo a enxergar claramente a direção que estou seguindo. Quando publiquei *As cosmicômicas*, senti que se abrira um novo caminho para mim, mas apenas aflorei as coisas que tinha a dizer.

Em As cosmicômicas, *o protagonista de todas as histórias é um ser com nome impronunciável, Qfwfq, e com uma forma inimaginável, porque é um predecessor não só do homem, mas de todos os seres vivos; um persona-*

gem que assume progressivamente as mais variadas formas. Qfwfq aparece ainda em T = 0*?*

Na primeira parte do livro sim, mas a certa altura o personagem adquire uma dimensão que não tinha nos primeiros contos: a morte. A certa altura, Qfwfq é ao mesmo tempo um dos primeiros seres vivos no oceano primordial e um milanês qualquer que dá uma volta de carro no domingo e morre num acidente.

Um Qfwfq que continua a morrer e ao mesmo tempo continua a viver?
O tema mais ambicioso que enfrentei é o monólogo de um ser unicelular que conta sua reprodução por divisão: a descontinuidade da vida... Nessa fase, Qfwfq se dissolve e nos esquecemos dele. Digamos que é a linguagem de Qfwfq que entra em crise. Resta apenas um narrar em primeira pessoa, que não precisa mais ser projetado entre galáxias e planetas. As relações com o tempo e o espaço podem ser igualmente vertiginosas para um homem fechado em seu carro na fila de um semáforo...

Refere-se a um novo conto?
Sim, a "A perseguição". Naquele ponto, era a própria ideia de "cosmicômicas" que entrava em crise...

Crise do "cósmico" ou crise do "cômico"?
Do equilíbrio entre os dois. Eu partira com o programa de afastar a aura de inquietação e assombro das evocações do nascimento do mundo e da vida; para isso, punha em jogo elementos estilísticos redutores, irônicos, uma "sublinguagem" muito prosaica, que apequenasse, "humanizasse" a imaginação para além de qualquer dimensão humana. Bom, a certa altura me senti insatisfeito; não aguentava mais falar em falsete. Então, mudei radicalmente meu programa.

Em que sentido?
Empregar uma imaginação e uma linguagem siderais, com o distanciamento da astronomia, para narrar situações tipicamente humanas, situações dramáticas ou angustiantes, e resolvê-las com procedimentos de abstração como se se tratasse de problemas matemáticos: eis o que devia fazer. Os

últimos contos de *T = 0* foram escritos com esse programa estilístico. E talvez não só estilístico; em meu jogo quis colocar...

O quê? Diga, diga.
Hein? Ah, nada, é só um jogo de precisão; quis jogar de modo mais rigoroso, só isso.

VENEZA: ARQUÉTIPO E UTOPIA DA CIDADE AQUÁTICA[1]

Italo Calvino, um dos protagonistas da nossa literatura, mora há algum tempo em Paris, num apartamento da Square de Châtillon: foi respirar o ar de uma outra cultura? Ou quer, mais simplesmente, tirar umas férias? Em todo caso, foi de Paris que ele respondeu a algumas perguntas nossas sobre Veneza, "primeira cidade antieuclidiana e, por isso, modelo de cidade que tem mais futuro pela frente", por ter uma dimensão a mais, a da água.

Nada dá tão bem a ideia de uma dimensão adicional do que as casas de Veneza, cujas portas se abrem sobre a água; é sempre um desafio para a preguiça mental do homem de terra firme habituar-se à ideia de que aquela é a verdadeira porta, enquanto a outra, que dá para o campo ou para a rua, é apenas uma porta secundária. Mas basta refletir um momento para entender que a porta sobre o canal liga não a uma via aquática e sim a todas as vias da água, isto é, à extensão líquida que envolve todo o planeta. É isso o que se sente nas casas de Veneza: que a porta terrestre dá acesso a uma parcela limitada do mundo, a uma ilhota, enquanto a porta sobre a água dá diretamente para uma dimensão sem fronteiras.

Veneza, na prática, desperta nos homens um clima mental, uma geometria especial, não euclidiana, justamente: em Veneza, a linha mais curta que une dois pontos, portanto, nunca é a linha reta.

144

É isso o que desencadeia a nossa imaginação por vias inesperadas; enquanto no plano das sensações perceptivas não há nada de ilimitado, o espaço se abre e se fecha diante de nós em configurações sempre diferentes. É precisamente na extrema diversificação, na falta de uniformidade em uma experiência homogênea que consiste no extraordinário resultado de Veneza. Não à toa, aqui a terminologia viária é de uma riqueza sem igual: ruas, praças, fundações, margens, calçadas, passagens cobertas, cada lugar pede para ser nomeado com meticulosa precisão, como que reivindicando seu caráter único. Noto que não consigo me lembrar de tantos vocábulos que indiquem as vias aquáticas: canal, rio, e o que mais? Ou se trata de uma menor receptividade da minha memória ou a nomenclatura das vias de água é mais pobre, o léxico veneziano não atende à variedade de formas em que o labirinto lagunar nos introduz. Num caso e no outro, a explicação poderia ser a mesma: a água é o elemento unificador, recebe a sua diferenciação pelos locais emergidos; a laguna é um nível único, enquanto as fundações e as pontes, com seu contínuo subir e descer de degraus, introduzem o elemento de descontinuidade que é próprio da linguagem.

Calvino parece obcecado por aquela "dimensão a mais", da água.
Viver em Veneza prescindindo da água não quer dizer encontrar-se na condição dos habitantes de outras cidades: vive-se numa cidade em negativo. A imaginação se recusa a representar uma Veneza enxuta: se tento imaginar os canais secando, vejo precipícios se abrirem entre as margens, uma cidade de pesadelo atravessada por cânions sem fundo. Ou, em outra sequência de pesadelo, os canais se fecham, cicatrizam-se, aproximando as paredes das casas e formando vielas estreitas (no entanto, existe uma Veneza assim, a Veneza dos pobres de Castello).

Qual é, para você, a realidade futurista de Veneza?
Nos projetos das metrópoles do futuro, vê-se aparecer com frequência sempre maior o modelo veneziano. Por exemplo, nas propostas dos urbanistas para resolver o problema do tráfego em Londres: vias destinadas aos veículos que passam por baixo, enquanto os pedestres circulam por vias elevadas e pontes... A água terá cada vez mais lugar na civilização metropolitana: nesse período de transição que estamos para viver, em que muitas cidades terão de ser abandonadas ou reconstruídas de cima a baixo, Veneza, que não passou pela breve fase da história humana quando se acreditava

que o futuro era o automóvel (cerca de oitenta anos apenas), será a cidade mais apta a superar a crise e indicar com sua experiência novos desenvolvimentos.

Portanto, Veneza é uma cidade do futuro, não só do passado?
Sim, isso mesmo. E Veneza perderá uma coisa, o fato de ser a única no seu gênero. O mundo se encherá de Venezas, ou melhor, de Super-Venezas onde múltiplas retículas a alturas diversas se sobreporão e se unirão: canais navegáveis, ruas e canais para veículos "voadores", vias férreas subterrâneas, subaquáticas ou elevadas... É dentro desse quadro que se deve ver o futuro de Veneza. Considerá-la no seu fascínio histórico-artístico é captar somente um aspecto, ilustre, mas limitado. A força com que Veneza age sobre a imaginação é a de um arquétipo vivo que se aproxima da utopia.

AQUELE ROMANCE ÚNICO QUE TODOS OS ROMANCES CONCORREM PARA FORMAR[1]

Participei de muitas pesquisas sobre o romance. Durante alguns anos, respondi que estava do lado do romance, que a literatura italiana só renasceria se reencontrasse o caminho do romance. (Eu, pessoalmente, não escrevia romances; respondia apenas a pesquisas sobre o romance.) Depois, por mais alguns anos, quando o romance italiano entrou na temporada dos sucessos fáceis, declarei-me contra o romance, sustentei que a literatura italiana não podia renascer pois ficava perdendo tempo com os romances. (Naturalmente, eu não escrevia romances; inclusive tinha até parado de lê-los porque não esperava mais nada deles.) Agora, visto como estão as coisas, visto que um número cada vez menor de pessoas — sobretudo entre os jovens — se interessa por romances, visto que a produção contemporânea italiana (e estrangeira) é tal que justifica amplamente essa deserção do público mais vital, bom, tenho vontade de voltar a me declarar decididamente a favor do romance. (Mas escrever romances, nem em sonhos; seguir os que são publicados é algo que deixei de fazer há muito tempo; devo continuar a despejar sentenças sobre o romance? Não, é hora também de parar de responder às pesquisas.)

Limito-me a dizer o seguinte, aos leitores que escolheram como alimento exclusivo os livros que expõem, divulgam ou discutem ideias e teorias — sociológicas, econômicas, políticas, históricas, filosóficas, psicológicas etc. — e rejeitam os romances como perda de tempo: ótimo, sua fome de ideias é sacrossanta, uma pena se não a tivessem, mas os romances às vezes podem dar às perguntas que vocês se colocam, e a muitas outras, respostas mais amplas e substanciosas e, sobretudo, podem abrir o caminho para outras perguntas.

Romances, quais? Não os de X, Y, Z (e aí os nomes usuais da atualidade). Digo "os romances" como discurso que se elaborou nos últimos séculos para responder a uma série de exigências imaginativas, cognitivas, reflexivas e emocionais (exigências que em grande parte remontam à antiguidade e à pré-história humana e que em cada civilização encontram respostas diferentes); um discurso do qual fazem parte os grandes romances dos séculos passados, isto é, os livros cuja atualidade se renova a cada leitura, e os grandes romances de nosso século, que procuram recomeçar o discurso dos clássicos com regras novas, e os romances menores sem os quais não se entendem os maiores, e até os "subliterários" antigos e modernos, nos quais há muito o que aprender sobre as formas da imaginação e do inconsciente coletivo através dos tempos, e por fim, a essa altura, nesse quadro geral, também os romances de "atualidade literária", pelo menos para confirmar nossa insatisfação.

Em suma, o que conta é a leitura daquele romance único que todos os romances concorrem para formar, nascido da necessidade de organizar conceitos e signos num desenvolvimento exemplar, e que remete sempre a um romance futuro, que possa responder a uma demanda ainda não satisfeita por nenhum dos romances existentes.

UM LIVRO NÃO É UM METEORO[1]

Nos últimos tempos, você foi morar em Paris. Essa escolha, para você, significou se afastar para se dedicar exclusivamente a seu trabalho de escritor?

Me afastar? Um pouco, sim. Para falar a verdade, mesmo na Itália eu tentava me manter afastado o máximo possível, pelo menos desde que entendi o perigo que correm todos os escritores de se tornar "homens públicos" (perigo segundo meu ponto de vista, claro; para outros, é parte necessária de seu papel). Ora, Paris fica apenas a uma hora de Milão ou Turim, e assim posso ir e vir toda vez que tenho algo a fazer. E ao mesmo tempo posso evitar um pouco aquela sucessão de aborrecimentos da qual o escritor "residente" tem dificuldade cada vez maior de se salvar. Digamos que estou em Paris da mesma forma como poderia estar no campo, mas com as vantagens (e desvantagens) de uma grande cidade à disposição. Portanto, mais do que um objetivo de "produtividade" como escritor — outra preocupação que abandonei pelo caminho —, minha escolha visa um modo de vida mais recolhido, menos dispersivo.

Não julga que esse afastamento corresponde a uma renúncia a uma função própria do escritor, a de fazer ouvir sua voz no debate contemporâneo? Lembro-me nos anos passados de várias intervenções suas sobre problemas culturais e também políticos. Entretanto, nos últimos anos estão acontecendo muitas coisas em escala italiana e em escala mundial, sobre as quais você não tomou posição.

Há uma necessidade juvenil de estar no meio das coisas que acontecem, que é uma sacrossanta necessidade vital, além de uma força histórica. Estou contente de ter vivido essa fase quando era jovem, mas penso que, com a maturidade, é preciso encontrar outro ritmo. Senão, viramos mais um dos vários "mandarins" que correm atrás da atualidade e despejam sentenças a respeito de tudo. Continuo a prestar muita atenção ao que acontece; descubro o tempo inteiro que o mundo é sempre diferente de como o imagino a cada vez; por isso tento falar somente a respeito daquilo sobre o que formei uma opinião clara, e não tenho nenhuma pressa de chegar a conclusões.

Não lhe parece que essa sua reserva faz com que os outros não o entendam, quando chega a uma conclusão própria? Para me limitar a um episódio de costume, penso no que aconteceu no ano passado com sua recusa do prêmio Viareggio. Talvez não esperasse suscitar tantas polêmicas, ver seu gesto comparado ao de outros, ouvir dizerem que agiu assim pela publicidade?

Bem, aqui passamos para um terreno que apaixona muita gente, e é inútil que eu fale, eu, que sempre tentei me ocupar o mínimo possível disso. No ano passado, pareceu-me ser a única coisa a fazer, num momento em que aceitar um grande prêmio equivaleria a se pronunciar em favor dos prêmios tal como eram, e parecia que me davam o prêmio deliberadamente para me comprometer com tal tipo de afirmação.[2] No entanto, recusei e disseram cobras e lagartos a meu respeito. Seria o caso de me pôr a retrucar, explicar, polemizar? Não creio que tenho jeito para esse tipo de confronto, e as coisas que os jornais diziam eram obviamente por má-fé. Ninguém notou que o valor que recusei não havia publicidade que pudesse me restituir. O que podia dizer? "Mas não, vejam como sou bom: perdi três milhões sem pestanejar!" Teria sido ridículo. Às vezes é preciso saber ficar sozinho; é a única maneira de deixar claro que o que importa não é aquilo.

Nesse plano, nota uma diferença entre a Itália e a França?

Se você se refere a esse plano dos costumes (prêmios, glória acadêmica, estrelismo, sociedade literária etc.), acredito — embora não tenha experiência direta — que é a mesma desgraça em toda parte, mas me parece que em Paris é um mundo em si, que tem menos a ver com a literatura e a cultura que importam. Em todo caso, há mais espaço para ignorar-se mutuamente. Na Itália, todos se conhecem, todos "se veem"; em Paris, os escritores se frequentam apenas se têm um trabalho a fazer juntos, ninguém trata os outros por "você"; e nisso acho que é melhor. Sobre essa base pode nascer aquele trabalho de grupo de que nós (pelo menos até minha geração, incluindo ela) fomos organicamente incapazes, e podem nascer verdadeiras amizades e verdadeiras inimizades. Mas creio que na Itália também esteja acontecendo uma mudança nesse sentido, na medida em que a cultura não constitui mais um "mundinho" de poucas pessoas.

E num plano geral, como avalia a vida cultural italiana, vista do observatório parisiense?

Não é questão de observatório: para fazer uma comparação entre a Itália e Paris, já não é necessário ficar mais num lugar do que no outro; informações, livros, revistas passam rapidamente de um país ao outro, e também as pessoas viajam e se encontram com frequência no outro lado das fronteiras. Em todo caso, como primeira aproximação, eu diria que a Itália dá a impressão de uma cultura mais vivaz, brilhante (e por isso os intelectuais franceses tendem frequentemente a construir um mito em torno de fatos e de pessoas italianas que sabemos serem de proporções mais modestas), mas mais superficial. Porém, esse ponto precisa ser especificado. Por exemplo, em muitos campos os intelectuais italianos, com sua paixão de estarem atualizados sobre tudo o que se passa no mundo, acabam por saber muito mais coisas do que seus colegas franceses, entre os quais essa curiosidade é menor; mas o problema é como se usa a massa de informação que se possui. Em geral, os franceses escavam numa só direção, conduzem toda pesquisa com radicalismo, e assim constroem uma cultura com conotações específicas. Porém, é preciso também dizer que esse rigor dos franceses é em muitos casos o de quem tem na cabeça uma ideia só e continua a martelar na mesma tecla com uma gravidade e uma concentração desproporcionais aos resultados. Por exemplo, agora a crítica literária tem uma linguagem única que torna a literatura das revistas francesas uma alucinante tautologia.

Mas não lhe parece que houve nos últimos tempos uma retomada de rigor especialista entre nós, que fez sentir a sua influência na atmosfera geral da cultura italiana?

Veja bem: que a cultura italiana seja ágil e curiosa é, para mim, uma qualidade positiva, e não gostaria de forma nenhuma que ela a perdesse. O que lamento é que nos contentamos com pouco, que a nossa cultura é muito pouco "exigente". Precisaríamos de uma geração que fosse ao mesmo tempo muito exigente (no sentido de pedir à cultura muito mais do que hoje ela dá ao gênero humano) e capaz de concentração (no sentido de labutar num trabalho de acumulação, de fundamentação, sem o qual não se chega a nada). Se há algo se movendo nesse sentido, não sei, mas sei agora que as guinadas na atmosfera cultural, especialmente na juventude, podem nos surpreender a qualquer momento.

Ainda em termos de comparações internacionais, que acolhida tiveram no exterior seus últimos livros As cosmicômicas *e* T = 0?

As cosmicômicas já foi lançado na França, Inglaterra, Estados Unidos, Argentina, em algum país escandinavo e da Europa Oriental, e também uma seleta na União Soviética. Entre os países onde pude acompanhar a crítica, notei resenhas especialmente favoráveis nos Estados Unidos: nada de extraordinário, uma agradável simpatia, mas é raro que, nas traduções, um escritor alcance uma satisfação mais substanciosa. Temos de dizer a verdade a esse respeito. As literaturas estrangeiras hoje vivem em toda parte numa contradição fundamental; refiro-me tanto às literaturas estrangeiras na Itália quanto à literatura italiana no exterior. A contradição é esta: traduz-se muitíssimo, mas a força de penetração é limitada. Hoje um autor, assim que alcança alguma notoriedade no seu país, pode ter certeza de que terá um livro seu traduzido nas principais línguas: as editoras, à caça dos best-sellers, mas também de prestígio cultural, querem ter uma lista de autores estrangeiros bem guarnecida. Entre esses livros traduzidos, há aquele que "estoura", por motivos que podem ser melhores ou piores — políticos, eróticos, de costume, de facilidade, de estranheza, e mais raramente por motivos apenas literários —, e há muitos outros livros que podem ser ótimos, mas não atravessam a soleira da atenção do público: no melhor dos casos, recebem sumários elogios de críticos distraídos, ficam expostos nas vitrines durante uma semana, nos balcões das livrarias um pouco mais, depois são devolvidos aos editores, desaparecem nos depósitos e não se ouve falar mais deles.

Portanto, as culturas nacionais seriam ainda vasos não comunicantes? Mas, respondendo às outras perguntas, você ressaltava a tendência ao desaparecimento das fronteiras culturais. Não é uma contradição?

Talvez não: um livro não é um meteoro, precisa de todo um contexto ao seu redor, deve ser situado no quadro de uma civilização e em relação a outros livros. Excluindo certos casos ou certos conteúdos de interesse imediato, os livros estão muito mais ligados ao seu contexto cultural do que o cosmopolitismo do mercado editorial leva a crer. Aqui se entra numa longa discussão: por que certos países conseguiram exportar a sua cultura como um contexto, e outros — por exemplo, a Itália — não? Mas, para nos atermos ao nosso discurso, direi que as culturas nacionais continuam a contar muito, embora num sentido diferente do tradicionalista ou nacional-popular. Por exemplo, acredito que os meus últimos livros, que parecem os mais cosmopolitas, na verdade estão muito radicados numa linha da literatura italiana que parte dos primeiros séculos e que, mesmo de forma descontínua, se prolonga até hoje. E são livros nascidos, em primeiro lugar, para mover alguma coisa na imaginação italiana de hoje.

Vejo que você sempre tende a limpar o terreno de toda a mitologia que se cria em torno do trabalho do escritor, mas demonstra sempre uma grande confiança no futuro da literatura. Tem certeza de que esse futuro existe? Como reage diante da hipótese da "morte da literatura"?

O pano de fundo filosófico, sociológico e escatológico das diversas teorias da "morte da literatura" é, para mim, fundamentalmente estranho. Mas reconheço que fazer "a literatura da morte da literatura" pode ser um ótimo modo de vitalizar a arte do escrever. Toda forma e ideia que morrem permitem que nasçam outras formas e ideias. Por isso, não penso de maneira nenhuma que, diante dos que dizem "A literatura deve morrer", seja preciso assumir uma atitude de paladino, de defensor sabe-se lá do quê. Pelo contrário: o único que pode dizer que está vivo é aquele que sabe que pode morrer a qualquer momento.

Uma última pergunta: pensa que a literatura, para sobreviver, deve recuperar uma explícita tensão ideológica?

Sim, mas dando a "ideologia" um sentido muito mais complexo e ao mesmo tempo muito mais simples do que aquele dado pela propaganda política. Acredito que a literatura atende a funções profundas, antropológicas, antes mesmo que ideológicas. Nesse sentido, não me sinto nada convencido dessa nova ideologização que aflora ao lado de experiências até ontem essencialmente formais, tanto na França como na Itália. Penso que a literatura interessa à ideologia na medida em que permite entender o

153

mecanismo que faz funcionar na sociedade contemporânea fatos humanos fundamentais como o medo, o riso, o eros, a crueldade, o ficar juntos, o afastamento, a atitude diante da fartura ou da penúria e assim por diante. Invertendo aquilo que comumente somos levados a acreditar, penso que a tensão ideológica deve operar mais no leitor do que na obra: o que conta não é tanto o que a literatura "ensina" ou quer ensinar, e sim a "pergunta" que o leitor dirige à literatura, sua maneira de interrogá-la.

VIDA E SONHO[1]

*C*onsidera *que o cinema teve influência sobre a literatura, e especialmente sobre o romance, enquanto narrativa e temática?*

Há um romance de Raymond Queneau em que o protagonista tem desde jovem uma vida dupla, aliás, múltipla, porque se identifica com os heróis de todos os filmes a que assiste. O livro já tem uns 25 anos, mas está para sair em italiano só agora: *Loin de Rueil*.[2] A ampliação da experiência que o cinema pode trazer a um ambiente restrito (por exemplo, na vida de um subúrbio, nos anos do cinema mudo e do começo do cinema sonoro) e a nova dimensão da imaginação que se encontra dispondo de sonhos já feitos e prontos são o tema do romance e determinam também sua estrutura narrativa, oscilante entre três planos de margens incertas: vida, sonho, cinema.

O itinerário do *Homo cinematographicus* é circular: uma vida modelada pelo cinema acaba trazendo (depois de várias experiências frustrantes) da plateia à tela. Jacques, o herói de Queneau, depois de longo treino atuando como figurante, vira um astro famoso de Hollywood: a identificação infantil com o caubói se torna verdadeira (se este não for também um sonho) e, ainda assim, frustrante. Viver todas as vidas equivale à recusa da própria vida, à escolha do não ser.

Percebemos a certa altura que esse romance, um dos mais divertidos de Queneau, é na verdade a história de um itinerário espiritual e ascético. É descendo ao fundo do não ser que Jacques consegue passar para o outro lado: o outro lado da tela. Para o obscuro figurante, o cinema se inverte, passando do mito do herói para a experiência do anonimato. Uma sequência de humildes encarnações multiformes prepara a ascensão à glória heroica, aquela do astro dos westerns. Mas será ainda uma identificação com o nada, uma sombra que servirá apenas para fazer outros jovens suburbanos sonharem, para perpetuar as fugas no não ser.

Concluiremos disso que tudo o que os homens têm a mais no cinema têm a menos na vida? Ou que, abandonando uma parte do eu ao mundo das sombras, encontraremos em nós uma substância não filmável e, portanto, essencial? Já a literatura teve de ceder ao cinema territórios que antes eram seus, de narrativas, aventuras, propostas de modelos humanos, de representações do mundo. Encontrará no fundo de si mesma riquezas que lhe compensarão as perdas?

Queneau, no último capítulo, conta como os concidadãos de Jacques, na sua nativa Rueil, assistem sem o reconhecer ao filme que narra a sua vida, sua passagem da plateia à tela. Tal como nos filmes, o romance representa seu percurso de romance, do cinema visto para sonhar viver ao cinema vivido para sonhar ser visto.

UMA PAISAGEM ININTERRUPTA DE PAPEL[1]

Atualmente, Italo Calvino mora em Paris durante a maior parte do ano. Mas, pelo que nos disse, não foi fruto de sua escolha.

Vivemos agora numa única metrópole que muda de nome segundo o aeroporto, mas que não apresenta nenhuma solução de continuidade. Na Itália, onde a metrópole é descentralizada, ou melhor, é constituída por muitos centros complementares, as pessoas costumam se deslocar sem interrupção entre três ou quatro cidades como se fossem os aposentos de uma mesma casa. Assim, há tempos aprendi a não morar em nenhum lugar para poder acreditar que moro em toda parte.

Com efeito, vários contos de T = 0 *se passam numa cidade que se parece com Nova York, e outros, numa autoestrada que liga duas cidades. Essa imagem de uma metrópole ininterrupta contrasta com suas primeiras obras, que — pelo menos até* O barão nas árvores *— estavam ligadas a uma paisagem, a da Riviera lígure. Você não pensa que a presença da natureza, de uma natureza, é essencial para um escritor?*

As paisagens naturais mudam mais depressa do que as cidades. Vivi os primeiros 25 anos (ou quase) da minha vida dentro de uma paisagem. Sem jamais sair. É uma paisagem que não posso mais perder, porque só o que existe internamente na memória é definitivo. Depois, vivi outros 25 anos (ou quase) em meio ao papel impresso: onde quer que eu esteja, estou rodeado por uma paisagem ininterrupta de papel.

Paris é também uma cidade de papel?
Paris é uma das mais luxuriantes florestas de papel impresso do mundo, e é também uma das raras cidades rodeadas por florestas de verdade, fáceis de alcançar e de percorrer. Poderia dizer que as árvores do romance que você acaba de citar, árvores imaginárias ao fundo do meu horizonte de papel, reencontro-as aqui. Mas reencontro-as na medida em que as enxergo pelos olhos de outros, quando passeio com minha filha de cinco anos. O uso da natureza, que pertence à juventude como todos os outros usos do mundo, volta a se tornar possível para a velhice graças à juventude dos outros.

Por que fala em velhice?
Nos contos de fadas (você sabe que me ocupei longamente de contos folclóricos), os papéis fundamentais cabem ao jovem, que deve passar por uma série de provas para ter sua iniciação ou realizar seus desejos, e ao velho, que vive separado da comunidade, nas margens de outro mundo, cuja função é transmitir alguma coisa, um objeto mágico ou um segredo. Por muito tempo, eu me identifiquei com o jovem: via a vida, a política, a literatura como campos de energia, itinerários para uma iniciação. Hoje a única maneira segura de ter uma velhice decente é começá-la bem cedo.[2]

A juventude consiste em aprender a possuir as coisas do mundo; a velhice consiste em aprender a se livrar delas. Talvez hoje qualquer posse seja impossível; existem apenas falsos poderes. Tudo o que aprendi, aprendi em negativo: só posso avançar por exclusão, na literatura e em tudo mais.

Você aceita a definição de "conto filosófico" que foi dada aos seus romances?
Toda narrativa tem um componente lógico. Todo pensamento é, em primeiro lugar, um relato. Sou apenas um narrador que segue a lógica interna da sua narrativa. O contrário de um filósofo, em suma. É verdade que gosto muito do século XVIII, um século XVIII que sempre sai dos seus limites temporais: ultimamente descobri Charles Fourier (uma redescoberta que está no ar, me parece) e acabei de preparar para a Itália uma ampla seleção

sistemática da sua obra, como não existe sequer na França.³ Pretendo dizer que o meu século XVIII se situa no centro de um projeto de construção cosmogônica que vem desde o Renascimento, de Giordano Bruno e também de mais longe. O homem, com sua imaginação e seu trabalho, colabora para a autoconstrução contínua do universo.

MARCOVALDO, DO LIVRO À TV[1]

Fui por muito tempo um "jovem escritor", e acabei por acreditar nessa definição. Agora discordo. Quanto antes se inicia a própria velhice, fase extraordinária, melhor é. Aconselho a todos que comecem a vivê-la quando ainda estão na flor da idade e no auge das forças.

Em transparência, no paradoxo, percebe-se a filigrana sutil da ironia de Italo Calvino, qualidade humana mais do que afiado instrumento literário, refletida no leve sorriso com que frisa todas as suas frases.
Encontro Calvino nos escritórios do seu editor turinês: tem diante de si uma grande pasta de arquivo, mostra-me o conteúdo. São desenhos, pequenos contos de alunos de diversas escolas, inspirados no personagem de Marcovaldo, o mesmo que está para se concretizar nas imagens de um seriado de televisão.[2]
Adotada há algum tempo como livro de leitura escolar, a coletânea de contos, em páginas mimeografadas de jornaizinhos do instituto ou em folhas de papel almaço, aqui parece ampliar-se e proliferar, com a imaginação dos jovens encontrando estímulo na imaginação do narrador. Calvino fica satisfeito com isso.

O escritor não produz apenas obras prontas, mas transforma e transmite esquemas míticos, inserindo-se assim no fluxo de uma narrativa popular anônima, que é patrimônio de todos. Os jovens leram meu livro na chave correta: fábulas modernas sobre fatos, personagens, situações que pertencem à vida cotidiana.

Então apresente-nos esse Marcovaldo, para podermos reconhecê-lo mais facilmente na interpretação de Nanni Loy na tela de 21 polegadas.

É uma alma simples, um pai de família numerosa, trabalha como braçal numa empresa, é a última encarnação de uma série de cândidos heróis — pobres-diabos feito Carlitos, com a particularidade de ser um "homem da natureza", um "bom selvagem" exilado na cidade industrial. Poderíamos defini-lo como um "imigrante", mas talvez a definição seja imprópria, pois todos nesses contos parecem "imigrantes" num mundo estranho ao qual não se pode escapar.

O subtítulo do livro é *As estações na cidade*. E é justamente na observação do fluxo das estações que se encontra a gênese dessas "fábulas". Não podendo escrever um diário em que se diria "... é outono, as folhas caem" — tolo demais, banal demais —, escrevi *Marcovaldo*.

Portanto, este cidadão "exilado" na cidade também traz Calvino e a sua relação com a cidade em que vivemos?

Sim, sem dúvida, em alguma medida Marcovaldo sou eu, sua impaciência com a vida na cidade é também a minha. A tristeza que aflora por trás da comicidade das situações nasce das dificuldades do nosso viver cotidiano. Não gostaria, porém, que fosse visto como um personagem inutilmente nostálgico, nem como um pessimista resignado.

Aliás, Marcovaldo, no fim de cada conto (segundo uma cadência inspirada nas revistas infantis de histórias em quadrinhos), se depara com uma derrota, uma desilusão: mas nunca nada afeta sua obstinação, seu desejo de viver e de amar a vida.

Agora, o "Marcovaldo" da TV: no começo da noite e, portanto, não só para o público de calças curtas.

Na origem, meus contos não se destinavam expressamente à meninada. Diria que, nascidas em mim como historietas de estrutura muito simples, "popular" na melhor acepção do termo, agora encontram na televisão um meio ao mesmo tempo popular, plenamente adequado. Além disso, li o roteiro, assisti a algumas filmagens e me reconheci. Nanni Loy está em perfeita sintonia com o "meu" Marcovaldo: atônito, deslocado, com aquela figura magérrima de uma melancólica comicidade...

No roteiro televisivo, Giuseppe Bennati (que é também o diretor), Manlio Scarpelli e Sandro Continenza introduziram algumas novidades: não lhe desagrada, não fere sua suscetibilidade?

Não, pelo contrário: estou contente que, mudando de meio, mude também algo do tecido original do conto. Fico com a sensação de que o meu trabalho de fato pertence a todos.

FOURIER E O RETORNO À UTOPIA[1]

Antes quase desconhecido, Fourier tornou-se uma espécie de teórico da contestação global, inspirador do "Maio" e da revolta juvenil, mestre, com Marcuse, das comunidades hippies, da revolução feminina, das experiências comunitárias da juventude. É a primeira manifestação de Calvino a respeito.[2]

A leitura de seus textos demonstra que Fourier não é de nenhuma forma um apóstolo do espontaneísmo. Pelo contrário. Uma civilização antirrepressiva é apresentada por ele como algo extremamente complicado, como um mecanismo em que todas as possibilidades são previstas e catalogadas a priori. É o seu paradoxo. Mas também o seu ensinamento. Uma educação antirrepressiva, de que muito se fala hoje, não é um desencadeamento de impulsos vitais. A grande novidade de Fourier, na sua época, mas também para nós, é que ele não pretende reprimir os impulsos individuais, porém tampouco os idealiza. Esses impulsos são, para ele, forças destrutivas e inconciliáveis sem uma disposição que as torne reciprocamente úteis e funcionais. Fourier é um daqueles raros casos em que o espírito visionário e a exatidão matemática coincidem. A realização dos desejos não lhe aparece como uma nuvem indiferenciada e luminosa, mas como uma lousa cheia de fórmulas.

Como fez a seleção? Creio que é a mais abrangente que existe. E a sua introdução também é uma surpresa: é um texto de especialista, exaustivo

163

até ao detalhe, à minúcia bibliográfica. Saiu-se muito bem no desafio, mas por que preferiu esse modo de apresentação a algum outro possível, mais livre, mais literário?

Até agora na Itália, Fourier era pouco mais do que um nome, "aquele dos Falanstérios" e só. Aliás, na França também. Para apresentá-lo aos leitores italianos, eu precisava explicar um pouco o "estado da questão", e por isso a minha introdução é sobretudo informativa, uma análise dos estudos mais recentes sobre o assunto. O meu trabalho "criativo" não foi tanto a introdução, e sim a seleção e organização dos textos. Fourier é um escritor bastante caótico, a estrutura dos seus livros é labiríntica, as digressões e as repetições são contínuas, além da obsessão classificatória, com um sistema de numeração todo próprio, com sinais tipográficos inventados por ele. Há várias formas de seleção possíveis: a minha privilegia nitidamente o Fourier utopista, isto é, o modo como ele imagina o mundo dos desejos realizados, mesmo sem negligenciar o Fourier crítico do mundo contemporâneo dele e, em larga medida, também nosso, aspecto que foi talvez o mais importante como eficácia histórica. Entre os doze desordenados volumes das obras completas e o livro de inéditos *O novo mundo amoroso*, fiz uma seleção orgânica de quatrocentas páginas: uma antologia dessas, que apresenta todo o Fourier essencial, tornando-o inteiramente legível, não existe nem mesmo na França. É o índice do livro que me deixa em especial orgulhoso: o meu verdadeiro ensaio sobre Fourier é ele. Dou bem menos valor à introdução, e gostaria que fosse lida apenas depois dos textos.

A particularidade de Fourier é ser, dentre todos os utopistas, o mais atual, ele que era tão "fora do tempo" em comparação a Saint-Simon e também a Owen, embora se aproxime dele. Talvez porque a sua antítese é mais radical...

Os utopistas do início do século XIX são importantes porque propõem os modelos que, talvez inconscientemente, servirão de pano de fundo para a teoria e a prática dos movimentos socialistas, tanto revolucionários quanto reformistas. Saint-Simon foi o verdadeiro vencedor, tanto para a imaginação socialista como para a capitalista. É a ele que se deve a expressão e a ideia de uma "sociedade industrial". Tanto os Estados Unidos quanto a União Soviética, embora jamais o citem, tendem a um modelo de sociedade tecnológica e produtivista que é o prefigurado por Saint-Simon. Fourier, por sua vez, volta a ser atual porque é a linha que o desenvolvimento social descartou.

Além do modelo, tão radicalmente contraposto ao dos outros utopistas, Fourier propõe também um "salto" ético-moral.

Fourier é inimigo declarado das "virtudes" e isso o deixa isolado no quadro da ética do século XIX, destacando-o nitidamente de todas as filosofias e linhas de conduta que sustentam o mundo. Com a condenação radical da "civilização" como ela é, ele rompe as pontes com todo o otimismo liberal de quem confia no jogo natural das forças humanas para além das desarmonias contingentes, mas essa ruptura é igualmente clara em relação a todas as filosofias que, para reconstruir o mundo ou mesmo apenas para melhorá-lo, se concentram numa mudança do homem, numa vitória do dever sobre o prazer, na exaltação das capacidades de sacrifício e abnegação e no sufocamento do hedonismo e do particularismo egoísta. No lugar do dever, Fourier coloca a "atração" na base de sua construção, isto é, rejeita qualquer via de salvação por meio de qualquer ascese: seja a ascese da caridade cristã, a ascese militar — a qual, com as guerras napoleônicas, tinha se tornado a ética dos nacionalismos nascentes —, bem como a ascese laica do trabalho que dá forma à filosofia das Luzes e depois ao socialismo.

O projeto de "homem total" de Marx não está, porém, muito distante daquele de Fourier.

Sim, mas enquanto para a mente sintética de Marx a totalidade é um conceito filosófico que não precisa de mais especificações, para Fourier ela requer uma especificação analítica sem fim. O seu culto à plena realização das faculdades humanas é alimentado por uma paixão classificatória que o leva a um levantamento cada vez mais minucioso do que ele chama de "paixões" humanas. Na base de todos os projetos de uma nova sociedade, para ele, está "o cálculo analítico e sintético das atrações e repulsões apaixonadas".

Contudo, a concepção do trabalho e a práxis são fundamentalmente diferentes em Marx e Fourier.

Em Fourier há sempre um aspecto lúdico: o trabalho precisa se tornar agradável, é um divertimento, enquanto Marx sabe bem que o trabalho é uma coisa dura, que sua sublimação ocorre sobretudo na consciência, no diferente valor filosófico que se atribui a ele. Marx se absteve de prefigurar a sociedade futura, recusou-se a fornecer "receitas para as cozinhas do futuro". Pôde assim concentrar-se na crítica da sociedade existente e no método para subvertê-la. Mas esse vazio — digo vazio como imagens sensíveis, o fato de que ainda hoje não conseguimos imaginar sequer remotamente como viverá a humanidade emancipada — pesou e continua a pesar. Para mim, devo dizer, as "receitas para as cozinhas do futuro" são as que mais interessam. Acredito que para começar a termos uma representação global de um mundo em que gostaríamos de viver, a vê-lo concretamente, é indispensável construirmos modelos. De outra forma, toda sociedade nova que acreditarmos construir na verdade será cada vez mais semelhante às antigas e trará consigo seus piores vícios. Nesse sentido, as obras dos utopistas, que Marx e Engels chamam de "romances filosóficos", interessam-me como modelos de organização de valores.

Qual é a "receita" de Fourier para a organização prática da vida?
Na sociedade de Harmonia, o trabalho se baseia na satisfação de duas paixões, que Fourier diz ter descoberto ou ter sido o primeiro a definir. Uma é a que ele chama de *papillonnée*, borboleteante, a paixão por mudar de atividade, ou paixão "alternante". Na jornada do societário, a vida é organizada de modo que nenhuma ocupação se prolongue por mais de duas horas, duas horas e meia. São jornadas longuíssimas, que começam muito cedo. Levanta-se às quatro e meia da manhã e se passa continuamente, por exemplo, de um grupo de cultivadores de peras para um grupo que trabalha nas cantinas ou para uma dança ou alguma atividade recreativa. Todo societário é membro de diversas Séries, as associações de pessoas que têm uma paixão em comum, segundo uma classificação muito especializada. Os cultivadores de peras, por exemplo, dividem-se em grupos, conforme gostem de peras macias ou daquelas ligeiramente ácidas, e assim por diante.

Parece-me que a atualidade de Fourier consiste também na sua crítica à instituição familiar.
A crítica à família e ao matrimônio é com certeza a parte mais avançada do pensamento de Fourier. É um dos raros exemplos de uma doutrina que não seja machocêntrica. Preocupa-se com que nenhum aspecto da vida associada sacrifique as mulheres. Ele diz que os homens, impondo à mulher uma condição servil, na verdade tornaram-se eles próprios escravos: o homem só poderá se dizer livre se a mulher também for livre. Há uma ligação direta entre essas suas afirmações e as primeiras teorias feministas de Flora Tristan e as atuais reivindicações da "revolução femi-

nina", e é provavelmente nesse terreno que Fourier pode ter hoje uma incidência prática.

Os surrealistas foram os verdadeiros descobridores de Fourier, embora ainda não fosse o profeta do "transformar o mundo com Marx, mudar a vida com Rimbaud" de Breton. Será que ele não quer deixar o homem tal como está?

O homem, diz Fourier, não deve ser mudado, o que se deve mudar é tudo o que o impede de se desenvolver. Mas, para mudar tudo, é preciso libertar-se de toda uma série de preconceitos, o que é uma mudança ainda mais completa do homem. A revolução moral de Fourier é tão grande que nos perguntamos se não se trata, pelo contrário, de apenas uma hipótese teórica. A extraordinária capacidade de imaginação de Fourier, esse seu sonho — e nunca se sabe até que ponto fala a sério e até que ponto é satírico —, faz com que Fourier nunca possa ser tomado ao pé da letra. A sua obra é uma aprendizagem de uma liberdade de imaginação e uma lição de rigor: dois aspectos que constituem também uma contradição sua.

Não se pode dizer de certo modo o mesmo em relação a você, pensando em seus últimos contos e na introdução a Fourier, onde o ateamento da fantasia se combina com conceitos e esquemas estruturalistas?

Na minha introdução, eu diria que estruturalistas são algumas citações de um ensaio de Barthes, tocando em pontos sobre os quais concordo de todo, embora eu me dê conta de que a linguagem da ensaística francesa contemporânea provoca em muitos leitores um brusco anticlímax. Em todo caso, eu diria que um interesse estruturalista por Fourier é bastante compreensível: o sistema de Fourier se funda em sua coerência interna, nas possibilidades classificatórias e combinatórias de um conjunto de dados. Mas realmente não sinto vontade de embarcar em discussões de método. Ao que me diz respeito, só posso dizer que as razões que me atraíram em Fourier não são diferentes dos aspectos que acho estimulantes na análise estrutural: uma abordagem objetiva, visando a descobrir uma ordem, uma geometria oculta nas produções aparentemente mais arbitrárias da mente humana.

Que ligação existe entre esses seus estudos sobre Fourier e a sua atividade de escritor?

No *Barão nas árvores*, o meu protagonista, chegando à idade madura, escrevia uma utopia que, pelas sumárias alusões que eu fazia, devia ter alguma afinidade com a de Fourier. Fourier, por mais que se declare inimigo da filosofia das Luzes, é o supremo manancial daquele século XVIII pré e pós-Revolução Francesa que eu transfigurara naquele romance. Além disso, as cosmogonias, sejam científicas, míticas ou fantásticas, sempre me estimularam a imaginação. Se alguma coisa de Fourier entra de alguma maneira na minha narrativa, é algo que não sei dizer. Ele tem um mundo tão próprio que acaba ficando fechado em si mesmo. Butor escreveu há pouco tempo uma espécie de continuação de Fourier,[3] mas o livro saiu um pouco frio.

AS FÁBULAS SÃO INSUBSTITUÍVEIS[1]

O tema desse debate, para simplificar, poderia se reduzir a um slogan simples: bruxas ou não bruxas? O elemento fantástico tradicional da fábula deve ser mantido ainda hoje ou não?

Penso que as fábulas correspondem a necessidades profundas de aprendizagem emocional e imaginativa: não à toa diz-se que elas remetem aos ritos de iniciação. Isso não exclui que todos nós, quando crianças, lemos tanto livros de fábulas tradicionais quanto livros modernos que interpretavam em chave infantil o gosto literário da época. Penso que, além dos livros de fábulas, outros livros também são necessários, inclusive as histórias mais absurdas, que são uma espécie de exercício lógico às avessas; por exemplo, aquele livro de Ionesco, a história de Giacomina, publicado por Rosellina Archinto.[2] Naturalmente, nessa produção mais inventiva há uma ampla margem de experimentação: nunca se sabe até que ponto as crianças se divertem com aquilo que achamos divertido, com aquilo que achamos que irá diverti-las. Ai se disséssemos "só as fábulas!", e não se criassem coisas novas. Quanto às crianças, elas não esperam absolutamente nada: trabalham sobre aquilo que têm, e nesse sentido a fábula tradicional, quando funciona, funciona. Certamente não a fábula fajuta, estilo Andersen.

Mas até que ponto, na apreciação da literatura infantil, estamos condicionados pela nossa cultura adulta?

169

Falando desses assuntos, vivo uma espécie de desdobramento: a minha experiência de pai, nos últimos anos, levou-me a duvidar de muitas coisas sobre as quais eu tinha absoluta segurança... Por exemplo, numa época em que a minha menina tinha sonhos ruins, cheguei a censurar, enquanto lia para ela, certas partes assustadoras das fábulas. Agora ela não tem mais sonhos ruins, embora antes, a bem da verdade, não sonhasse com coisas das fábulas... Ademais, as nossas crianças são expostas a um verdadeiro bombardeio de imagens: passam horas na frente da televisão, assistem a qualquer coisa. É preciso dizer, porém, que as imagens das fábulas são mais ricas, têm uma maior autoridade que afasta todas as outras, respondem, em suma, a necessidades profundas...

A criança não é mais consumidora de fábulas?
Concordo em rejeitar qualquer critério pedagógico como o principal. Acredito, porém, que os contos infantis servem como catalisadores de emoções, como ordenadores do mundo. Nesse sentido, as fábulas continuam a ser insubstituíveis. A mais simples de todas, *Chapeuzinho Vermelho*, já serve para estabelecer algumas oposições fundamentais: entre o bosque e a casa, entre o lobo e a avó, entre comer e ser comido. Ao mesmo tempo, podem existir estruturas simplicíssimas que, sem ser fabulísticas, funcionam muito bem: penso no sr. Bonaventura do *Corriere dei piccoli* da época em que eu era criança. Talvez hoje faltem coisas desse gênero, mas essas histórias repetitivas, esses exercícios de estilização, foram importantíssimos para mim (mesmo a história do soldado Marmittone que acabava sempre na cadeia).[3] Hoje se fazem muitas coisas graciosas, curiosas, elegantes: mas não sei se conseguem fornecer modelos, modelos lógico-fantásticos.

O problema é então criar materiais que deem à criança a mais ampla liberdade...
O aspecto da ilustração do livro infantil é importantíssimo e mereceria uma conversa à parte. Penso que a liberdade da criança é justamente a liberdade de interpretação figurativa, liberdade de imaginação: a criança tem um sentido da realidade muito forte, mas tem também o sentido de um mundo irreal que aceita como irreal com uma lógica própria. Estou plenamente de acordo com Manganelli sobre a fábula como rito, mas é igualmente importante na literatura infantil (e aqui Munari sempre fez coisas extraordinárias)[4] o elemento do puro jogo. Há uma necessidade de

inventar novas figuras, tipos engraçados, e aqui o livro ilustrado entra num jogo típico da criança, que também tem um ritual próprio, o ritual que eu definiria como "bonequístico", que começa com as pinturas das cavernas.

FENOGLIO DEZ ANOS DEPOIS[1]

Examinando o conjunto da produção literária de Fenoglio, julga ser possível, como sustenta uma parte da crítica, que Il partigiano Johnny [O *partigiano* Johnny]*, como hoje o conhecemos na edição einaudiana organizada por Lorenzo Mondo, constitui um dos primeiríssimos trabalhos do escritor?*

Creio que a conclusão mais convincente que se pode extrair das apaixonantes pesquisas de Maria Corti é que Fenoglio, desde o fim da guerra até sua morte, nunca deixou de levar adiante um projeto de narração geral da sua experiência bélica, por meio de várias estratificações de um caderno de rascunho do qual retirava as partes que julgava terem chegado à forma definitiva. O editor Garzanti e Pietro Citati poderiam, creio eu, nos esclarecer sobre a fase central desse trabalho entre 1955 (acredito) e 1959, quando ele estava empenhado na redação de um livro que abrangeria numa vasta narrativa as suas experiências antes militares, depois como membro da Resistência. Resolveu publicar somente a parte que ia até o 8 de setembro, introduzindo como desfecho a morte do protagonista (*Primavera di bellezza* [Primavera de beleza]). Todo o resto ficou de fora, e que talvez em parte já estivesse escrito quando organizou e publicou *Primavera di bellezza*, isto é, aquele material publicado postumamente, ao qual Lorenzo Mondo conseguiu dar a estrutura de um livro unitário e plenamente legível (*Il partigiano Johnny*). Fenoglio sem dúvida continuou a trabalhar sobre esse material, e a certa altura deve ter percebido que a caça ao oficial inimigo para ser capturado e trocado por prisioneiros podia ser uma ótima ideia romanesca; e deve ter negligenciado o núcleo principal para se dedicar ao desenvolvimento do episódio como narrativa autônoma (*Una questione privata* [Uma questão pessoal]). Mais uma vez entrou em crise no meio da empreitada e dessa vez ainda introduziu uma morte repentina do protagonista como possível desfecho (que foi justamente a escolha do organizador da edição póstuma); mas também dessa vez o relato prosseguia em diversas redações incompletas.

Resta o fato de que a riqueza estilística de Il partigiano Johnny *é muito maior do que a dos outros textos, com o amálgama dialetal, as invenções verbais, o uso do inglês. Isso faria pensar numa reelaboração mais tardia.*

Não, parece-me que vemos a gênese da escrita de Fenoglio sob uma ótica que não era a do autor. Não creio que essa criatividade e imprevisibilidade estilística que tanto nos fascinam fossem para Fenoglio o resultado final, e sim, pelo contrário, o esboço, o material semitrabalhado, uma espécie de linguagem mental que ele lançava no papel, mas que não deixaria ninguém ler. Dessa primeira redação ele tentava extrair, com laboriosas redações posteriores, uma prosa que, mesmo com um forte colorido, não se afastasse demais do tom da prosa narrativa italiana contemporânea: e só então considerava-a adequada para a publicação. "A minha escrita é meio pedante", disse-me certa vez; e na declaração citada na orelha da edição Garzanti ele escreve: "A mais fácil das minhas escritas só sai depois de uma dezena de penosas reelaborações". Creio que foi em 1956 ou 1957 que ele me disse — estávamos num bar em Alba —: "Agora vou lhe dizer uma coisa em que você não vai acreditar: antes escrevo em inglês e depois traduzo para o italiano".[2] Provavelmente todos os escritos de Fenoglio que conhecemos tiveram redações "estilo *partigiano* Johnny", pelas quais hoje daríamos o olho da cara, e que provavelmente ele destruía, como testemunhos do seu obscuro tormento.

Como você explica essa espécie de automutilação estilística?

Há escritores que, nas sucessivas redações do texto, partem de uma linguagem mais próxima da média, de uma enunciação substancialmente denotativa, e depois a carregam, colorem-na, deformam-na num sentido expressivo. E há escritores cuja primeira versão já é fortemente caracterizada e expressiva, e se empenham em refrear essas características para que não sejam considerados selvagens demais e não se afastarem demais do

173

leitor. Naturalmente não é só uma questão de temperamento, mas de cultura estilística, de fases do gosto literário e de uma inserção pessoal nelas. Esquecemos que, apenas quinze anos atrás ou mesmo menos, essa ideia de disciplina estilística, que hoje nos parece repressiva e mutiladora, tinha uma autoridade normativa para a maioria dos escreventes e escritores, sem que ninguém a tivesse codificado, mas só porque integrava um cânone de gosto difundido, e parecia uma condição necessária para tornar o próprio discurso comunicativo. Assim como os desenhos de muitos pintores têm um frescor e uma liberdade que os quadros não têm, também os primeiros rascunhos de muitos escritores, se tivessem sido conservados, reservariam surpresas como as de Fenoglio.[3]

A CIDADE COMO LUGAR DA MEMÓRIA E DOS DESEJOS[1]

A editora Einaudi anuncia a publicação de um novo livro, As cidades invisíveis. *Do que se trata? Um romance? Um livro de contos?*

É um livro muito unitário, com início e fim, embora não se possa definir como romance; e contém muitos contos, embora não seja um livro de contos como os outros. Explico-lhe como é: o viajante veneziano Marco Polo chega ao reino do Grã-Khan e lhe descreve as cidades que visitou nas suas viagens. Mas são todas cidades imaginárias, que têm nomes de mulher. Não correspondem a nenhuma cidade existente, mas cada uma delas contém um tema de reflexão que vale para todas as cidades, para a cidade em geral.

Então seria uma espécie de reelaboração moderna das Il Milione [Viagens] *de Marco Polo? Mas Marco Polo descrevia os países distantes do Oriente a europeus que nunca tinham ouvido falar deles. E você, que mundo quer descobrir?*

A referência às *Il Milione* existe, pelo menos de início; e as primeiras páginas abundam em temas de um Oriente fabuloso. Mas logo fica claro que o que quero representar não é um cenário exótico, e tampouco a atualidade deste ou daquele país em particular. É da nossa vida em comum que eu falo, do que a cidade é para os homens, como lugar da memória e dos

175

desejos, de como hoje é cada vez mais difícil viver nas cidades, embora não possamos nos privar delas.

Parece-me mais o tema de um ensaio do que de uma obra narrativa.

Bem, talvez não seja nem uma coisa nem outra. *As cidades invisíveis* nasceram como poesias. Poesias em prosa, poesias que quase sempre se desenvolvem como contos curtos, pois escrevo contos faz trinta anos e, mesmo quando gostaria de escrever um poema, sai um conto. Escrevi cada cidade sob o impulso de um estado de ânimo, de uma reflexão, de um sonho acordado, como se escrevem as poesias, creio eu.

Os leitores que gostavam dos seus livros, por exemplo, O barão nas árvores, *pela facilidade com que podiam se abandonar à leitura, acharam que seus últimos livros, por exemplo* T = 0, *exigiam mais concentração, maior esforço para acompanhar a sua prosa. E este livro, como será?*

Eu diria que é ainda outra coisa. Diria que o estilo é transparente e pode ser lido sem esforço. Mas não creio que seja um livro para ser lido de uma só vez e não se pensar mais a respeito. Se consegui fazer o que pretendia, há de ser um daqueles livros que a pessoa deixa à mão, abre de vez em quando e lê uma página; um livro que acompanharia o leitor por algum tempo, e com o qual o leitor poderia estabelecer um diálogo. Enfim, eu gostaria que fosse lido um pouco como o escrevi: como um diário.

Isto é, todo dia você imaginava uma cidade e a escrevia.

Não exatamente assim, mas quase. É um livro que trouxe comigo por anos, escrevendo esporadicamente, em intervalos. Passei por vários momentos: ora escrevendo somente cidades contentes, ora somente cidades tristes; houve um período em que comparava as cidades com o céu estrelado, com o zodíaco, já em outro período eu acabava sempre falando de lixo e de monturos. Mas não eram só as mudanças de humor que influenciavam: também as leituras, as discussões, os quadros, as impressões visuais. Por exemplo, há uns dois anos vi as esculturas de Melotti, que depois foram apresentadas também numa grande exposição em Turim, e comecei a imaginar cidades filiformes, delgadas, leves, como aquelas esculturas.

E as cidades onde mora, que papel têm em As cidades invisíveis? *Se não me engano, você passa uma parte do ano em Paris, mas é visto com frequência em Turim, nos escritórios da editora Einaudi.*

Bem, morar nesta ou naquela cidade não tem mais a importância de antigamente. Pode-se dizer que vivemos numa metrópole única, as linhas aéreas hoje são como os bondes que ligam os vários bairros dessa cidade ininterrupta. Ao mesmo tempo, as comunicações no interior de cada cidade se tornam mais difíceis, mais cansativas: acabamos por viver cada vez mais isolados, em qualquer lugar onde estamos.

Seu livro também fala disso?

Talvez possa ser este o verdadeiro sentido do meu livro. Das cidades invivíveis às *Cidades invisíveis*.

CINQUENTA E CINCO CIDADES[1]

Comecemos pelo título: por que As cidades invisíveis?

Cada capítulo é uma cidade, uma cidade imaginária. Cinquenta e cinco capítulos, 55 cidades; depois há os itálicos que servem de moldura e ali também aparecem outras cidades. Eu queria chegar a 77, mas parei em 55: acho que todos os múltiplos de onze são belos números.

Como nasceu o livro?

É um livro que trago comigo há alguns anos; de vez em quando escrevia uma página, isto é, uma cidade. Um estado de ânimo, uma reflexão, uma leitura, uma sugestão visual, me davam vontade de transformá-los numa imagem de cidade. Cidades inventadas, como dizia.

Mas há uma moldura que remete às viagens de Marco Polo, não é verdade?

Sim, o livro nasceu assim, da ideia de uma reelaboração das *Il Milione*. Naquele momento, eu me interessava, com alguns amigos, por formas literárias não narrativas, e também por obras literárias que são reelaborações de outras obras. Foi nesse espírito que comecei a escrever o capítulo introdutório do livro, com Marco Polo e Kublai Khan, ao qual se seguiam pequenos capítulos que se iniciavam ao estilo de Marco Polo: "Partindo dali e caminhando por três dias em direção ao levante..." e que depois continuavam por conta própria.

O Oriente revisitado?
Não. Não tem a ver com o Oriente. Sei muito pouco a respeito. Descartei para as minhas cidades nomes que até vagamente soassem chineses. Dei a todas elas nomes de mulher: nomes talvez com alguma ressonância oriental, de imperatrizes bizantinas, por exemplo, ou nomes medievais. Mas os nomes não importam. O livro é feito de muitas séries: "As cidades e a memória", "As cidades e o desejo", "As cidades e os símbolos", "As cidades e as trocas" etc., mas essas classificações não são rígidas, sobrepõem-se umas às outras.

Ainda não explicou uma coisa do título: por que chama essas cidades de "invisíveis"?
Porque, por trás da cidade que se vê, existe uma que não se vê e é essa que importa. Grande parte das cidades do livro é construída assim. Há uma série "As cidades e os olhos" que diz respeito especialmente às propriedades óticas das cidades. Mas o livro inteiro fala um pouco de visibilidade e invisibilidade: por exemplo, na série "As cidades e o nome". Este é outro dos centros em torno do qual gira o meu discurso: o nome que continua o mesmo, mas designa coisas completamente diferentes.

E a cidade futura, a cidade da utopia?
Bem, eu diria que a cidade da utopia não aparece na rota dessa viagem. As imagens de cidade mais felizes que surgem são rarefeitas, filiformes, como se a nossa imaginação otimista hoje só pudesse ser abstrata, rejeitando qualquer imagem identificável. Houve um momento em que, depois de conhecer o escultor Fausto Melotti, um dos primeiros abstracionistas italianos, que só foi redescoberto e devidamente valorizado na velhice, eu escrevia cidades delgadas como as suas esculturas: cidades sobre pernas de pau, cidades como teias de aranha. Enfim, há uma zona do meu livro que tende para um ideal de leveza; mais que isso, não saberia dizer.

E a metrópole moderna, ou melhor, a megalópole, com todos os problemas que conhecemos?

É em torno dessa imagem que o livro gravita, eu diria que é o seu ponto de partida, mais do que de chegada, no sentido em que, se para mim é tão importante falar da cidade, é porque a vida urbana se tornou tão desconfortável que sentimos a necessidade de nos perguntar o que é, o que deveria ser a cidade para nós. E se a megalópole não significa precisamente o fim da cidade, o seu contrário. Lá pelo final do livro, em "As cidades contínuas", abordo os temas da futurologia apocalíptica. Mas o meu discurso é outro: a última palavra, depois de "As cidades contínuas", cabe às "Cidades ocultas". Uma cidade infeliz pode conter, talvez só por um instante, uma cidade feliz; as cidades futuras já estão contidas nas presentes como insetos na crisálida.

Você vive ao mesmo tempo em várias cidades, pelo que se diz. Tem a família em Paris, o emprego em Turim, vai para cima e para baixo não sei quantas vezes por mês. Esta sua vida de "vai e vem" internacional tem algo a ver com os temas do seu livro?

Talvez o sentido da "cidade contínua", da metrópole ininterrupta em que vivemos, que não apresenta mais uma descontinuidade. Não vemos mais o intervalo que separava uma cidade da outra porque viajamos de avião, e é sempre como se estivéssemos na mesma cidade, como se passássemos de um aposento ao outro. E ao mesmo tempo não se vive em nenhuma cidade, porque dentro das cidades só conseguimos nos locomover em penosos percursos obrigatórios, as cidades não podem ser usadas como cidades.

Afastamo-nos muito de Marco Polo...

No livro, de vez em quando Marco Polo e Kublai Khan voltam a surgir, e são precisamente os seus diálogos que trazem o livro de volta ao presente. Veja, por muito tempo achei que não conseguiria fazer um livro com essas "cidades invisíveis": eram vários textos sem forma nem sentido geral. A certo ponto, sobrepôs-se à leitura poética uma possibilidade de leitura quase ensaística, diria eu, e então o livro começou a tomar forma. Nesse momento, fiquei com uma espécie de obsessão, pois me veio a ideia de também dar ao livro uma estrutura numérica, um esquema muito simples, como se pode ver percorrendo o índice, mas a posição em que está cada conto deve atender a funções diferentes, muito difíceis de combinar. Passei meses apenas tentando todas as maneiras possíveis de ordenar os 55 capítulos; um trabalho de computador eletrônico, eu preenchia centenas de folhas com listas e esquemas, e no fim estava tão tomado por aquilo que conseguia fazer até de cor, até caminhando pela rua. Nos últimos anos, nada que eu escreva me satisfaz se não me colocar enormes dificuldades compositivas, problemas combinatórios no limite do solucionável.

Que reações prevê por parte do seu público a um livro que se mostra bastante diferente dos seus outros livros?
O meu público espera sempre coisas diferentes de mim; ficaria desiludido se eu me repetisse. Este é um livro que precisa abrir o seu caminho aos poucos.

É a essa leitura em intensidade que você agora aspira?
Esta é uma possibilidade. Mas gostaria também de escrever coisas para serem lidas de outra maneira. Romance de folhetim, por exemplo, se ainda existisse.

É uma alusão a algum projeto seu?
Não, para escrever um livro não basta querer. É preciso que se forme uma espécie de campo magnético: o autor fornece o seu equipamento técnico, a sua disponibilidade em escrever, a sua tensão gráfico-nervosa; o autor é só um canal, e os livros são escritos por intermédio dele.

181

QUERIA PARAR E PÔR UM POUCO DE ORDEM[1]

A entrevista com Calvino foi conduzida de maneira diferente das outras: a parte gravada durante o encontro nos escritórios da editora Einaudi, em Turim, foi antecedida por um bom número de respostas epistolares, que se desenvolviam a partir delas mesmas, tanto que acabaram por formar a parte essencial do diálogo. Diga-se desde já que o Calvino epistolar emprega uma linguagem que nada tem de elevado, técnico, livresco: é, resumindo, uma linguagem deliciosamente "falada".[2]

Encontramo-nos nos escritórios onde Pavese e Vittorini, no pós-guerra, conduziram suas batalhas por uma nova literatura e uma nova cultura. É nosso tema imediato de conversa. Calvino reconhece a importância que a autoridade intelectual de ambos teve para ele. Quanto a Pavese, Calvino o relembra também como uma "figura paterna"; só depois de sua morte, porém, é que Calvino descobriu que ele era um emaranhado de problemas. Vittorini não morava em Turim, e não vinha com frequência porque não gostava da cidade, mas a sua influência, vinda de Milão, era ainda mais forte; Vittorini era o exato oposto de Pavese, que ficava fechado na sua casca, desconfiado de todos os aspectos "públicos" da vida intelectual, e acreditava somente no trabalho individual. Vittorini sempre fora propenso a captar os fermentos novos, na literatura e na sociedade; acreditava (diz Calvino) no "deus desconhecido" que se oculta na ânsia de escrever dos jovens e tinha uma forte vocação pedagógica em relação aos aspirantes a escritores, mas — sempre de acordo com Calvino — não para uniformizá-

-los segundo um modelo, mas para ajudá-los a libertar o "novo" de que eram portadores.

E ele, Calvino? Vai para Turim todos os meses (de Paris, onde leva uma vida, diz ele, quase como um eremita), mas, mais do que os manuscritos dos jovens autores ou da atualidade literária, ocupa-se da coleção de clássicos da narrativa "Centopagine", idealizada e dirigida por ele: um trabalho destinado a manter vivo o eco de uma tradição, portanto, mais do que uma busca projetada para o futuro, para a literatura em desenvolvimento. Agora que seus "pais" literários estão mortos, poderíamos dizer que ele tenha recusado assumir aquele papel de "pai" que parecia lhe caber por herança. É o que lhe digo e ele responde que, para ser pai, é preciso que alguém se reconheça como filho, e, depois, que o presumido pai se reconheça nos presumidos filhos. Mas tudo leva a crer — acrescenta — que essa relação pais-filhos realmente chegou ao fim, o que seria ótimo se levasse a uma relação de igualdade e comunhão, de prazer no trabalho em comum; "em vez disso, há ou uma escavação de túneis separados e exclusivos ou uma desolação conjunta, como a de um orfanato".

Em 1964, reapresentando o seu primeiro romance, A trilha dos ninhos de aranha, *dezessete anos após a primeira edição, você escreveu um prefácio em que diz...*

Ouça, Camon, antes gostaria que estabelecêssemos juntos algumas regras do jogo. Esse tipo de pergunta que começa: ... você no ano tal escreveu isso... para que serve? Se eu já disse uma coisa uma vez, não tenho a menor vontade de me repetir. Pessoas que falam sempre as mesmas coisas: que tédio. O meu primeiro impulso seria lhe responder dizendo exatamente o contrário, mas para isso eu teria de me lembrar direito daquilo que falei e em qual ocasião, só que nunca releio esse gênero de texto — isto é, intervenções, artigos, prefácios, declarações, sempre nascidos de uma situação determinada, como as falas de um diálogo —; passado aquele momento, não penso mais a respeito. Para retomá-los, teria de voltar a me colocar num contexto, num determinado humor...

O que você diz, devo supor que vale também para os seus livros narrativos?

Não, espere um pouco. Um conto, seja bom seja ruim, depois que o escrevi, talvez já não me agrade mais, mas continuo a tê-lo comigo, é algo definitivo, está *escrito*. Ao passo que as intervenções, digamos, teóricas estão mais do lado do falado, têm aquele tanto de aproximativo, de efêmero que é próprio do falado, despertam certa repugnância que sempre senti pela palavra falada: falada por mim, principalmente. Aí está, até posso desenvolver uma teoria a respeito, se quiser (falada: mesmo porque depois a esqueço): desconfio da expressão direta das minhas ideias e dos meus juízos; parece-me que o peso das ideias recebidas e aproximativas, das palavras que uso porque são aquelas à disposição naquele momento para nos entendermos (ou ignorarmo-nos um ao outro), é grande demais. Só se o discurso for figurado, indireto, não redutível a termos genéricos, a superficialidades conceituais, consciente de suas próprias implicações, ambiguidades, exclusões, só assim ele realmente *diz* algo, não mente.

Esta é uma declaração de desconfiança em relação ao discurso ideológico em geral, ou se refere especificamente à sua experiência, às suas escolhas dos meios de expressão?

Eu partia da minha experiência, ou seja, também das minhas reações aos discursos dos outros. Mas o meu alvo polêmico não é o discurso abstrato, formalizado. Pelo contrário. Eu me referia a uma repugnância fundamental pela palavra, por essa coisa que sai da boca, informe, mole, mole... Escrever só tem sentido partindo dessa desconfiança pela palavra, dessa repugnância... Tenho uma enorme dificuldade em me exprimir: falando sou um desastre, mas por escrito também... É por isso que tive de virar escritor, por essa necessidade de reescrever uma frase quatro, cinco vezes antes de encontrar a forma correta de dizer uma coisa, mesmo a mais simples, essa necessidade de rasgar as páginas recém-começadas... Portanto, se você me diz "discurso ideológico" no sentido de recurso a palavras, conceitos, construções lógicas que são recebidas como pratos prontos, algo que basta "aplicar", claro que sou contra; mas, se me diz "discurso ideológico" como operação mental que comporta uma invenção, um risco, o risco de toda hipótese nova, de todo projeto de novos modelos, então sou a favor. Agora, eu penso que você, nessas suas entrevistas ideológicas com os escritores, desconfiará das declarações ideológicas explícitas e vai querer escavar a ideologia profunda, latente, e isso não só para julgá-la comparando-a com um modelo de ideologia "boa", mas para extrair aquele pouco ou muito de verdade que talvez possa existir até mesmo num reacionário, justamente por ser reacionário; o importante é que não seja um hipócrita — em suma, se você os entrevista, deve ser porque espera que lhe digam alguma coisa, e não que apenas confirmem um juízo a priori. Assim, eu gostaria que me fizesse perguntas mais empíricas, sei lá, pergunte-me qual é o meu critério para *começar* e qual é o meu critério para *terminar* um conto, e verá que acabará surgindo uma ideologia, talvez a despeito de mim mesmo. Mas, nas perguntas de "comentário aos textos", é preciso sempre se referir a uma data, colocar-se "antes" daquele dado texto, depois trazê-lo de volta ao presente, atualizá-lo... Melhor perguntas atuais, que prescindam da história individual; mesmo porque depois ela retorna à superfície, de qualquer forma.

Eu teria prontamente muitas coisas a objetar, mas prefiro acreditar em você. Começo já: se você hoje quisesse voltar a narrar a luta da Resistência, como escreveria a respeito? Espero ter formulado a pergunta segundo os seus desejos: empírica e atualizada, embora não tenha me afastado do ponto de partida que havia estabelecido para mim, isto é, suas primeiras experiências de escritor e as sucessivas avaliações crítico-autobiográficas que você fez depois.

Sim, a pergunta, formulada assim... nada a dizer: é uma boa pergunta... embora responder... não seja uma brincadeira. Creio que, se eu retomasse esse tema, se conseguisse recolocá-lo em foco na memória, bem, seria em nível não macroscópico, mas quase microscópico, uma situação, um episódio mínimo, um momento entre a vida e a morte, momento absolutamente cotidiano naquela vida lá, corriqueiro, posso dizer; é extraordinário como nos habituamos também com a possibilidade de morrer de uma hora para outra, um momento assim, dizia eu, visto na rede de condições que o determinam, condições materiais antes de mais nada, biológicas, uma certa relação com o ambiente vegetal, os arbustos, a espera do crescimento dos arbustos na primavera como condição de sobrevivência para o *partigiano*, para a sua possibilidade de realizar ações em terreno aberto; em 1945, o inverno não queria acabar nunca, espiava-se a primavera no crescimento das folhas, não como fim provável da guerra, aquela na qual, por esconjuro, dizíamos sempre não acreditar, já tínhamos tido desilusões demais; mas, para os arbustos, *custi*, como se diz no meu dialeto, a densa manta verde que cobriria os vales tornando-nos invisíveis, a simbiose *partigiano-rododendro*, os problemas pavorosos da alimentação; durante o inverno todo, não havia nas nossas montanhas nada para comer, a não ser castanhas, a avitaminose que enchia as pernas dos *partigiani* de furúnculos, *ciavèli* em dialeto, certas coisas da vida *partigiana* nunca ninguém falou, que a primeira coisa pela qual se reconhecia um *partigiano* eram esses grandes furúnculos vermelho-arroxeados que soltavam um pus amarelo, as sulfamidas eram remédios raríssimos; nunca ninguém escreveu um conto que seja também a história do sangue nas veias, das substâncias no organismo, da alimentação (com todo o problema político fundamental que isso

185

comporta, das relações com os habitantes dos vilarejos, presos entre o martelo e a bigorna, as requisições de animais, de azeite), as chagas nos pés, por causa das botinas que enrijeciam com o frio, ficando duras como instrumentos de tortura, a simbiose *partigiano*-piolhos, as lêndeas penduradas em todos os pelos; os jovens de origem proletária ou montanhesa conseguiam se manter mais limpos, mas nós estudantes — os poucos que havia entre os *partigiani* — geralmente éramos os mais sujos e piolhentos: falo dos *partigiani* simples, não dos comandantes. E também as armas, todas as várias gerações de armas que formavam um mostruário heterogêneo, aquelas velhas do exército real, da Primeira e Segunda Guerra Mundial, aquelas novas automáticas tomadas dos fascistas de Salò e dos alemães, aquelas (poucas) dos aliados, talvez chegadas às nossas mãos depois de terem passado pelas mãos dos alemães — tenho certeza de que certa vez estive com uma bazuca no ombro que ninguém sabia o que era. Toda arma tem uma história não menos movimentada do que as histórias dos homens; como *Orlando furioso*, a luta da Resistência é um contínuo repasse de armas de mão em mão, de um campo ao outro, e também de objetos, roupas, mochilas, sapatos. Aliás, já no meu primeiro romance o fio condutor era a história de um revólver. Se escrevesse agora um conto ou romance sobre os *partigiani* — e lhe digo, pois é extremamente improvável que me encontre nas condições de espírito para fazê-lo —, teria de ser o ponto de encontro entre um certo modo abstrato, dedutivo, de construir a narrativa que elaborei nos últimos anos, e um modo de acumulação de detalhes da experiência, de descrição minuciosa de objetos, lugares e ações, que é um modo de escrever que de vez em quando sinto ser necessário, embora raramente consiga empregá-lo. Sem dúvida, seria preciso uma memória muito mais precisa do que a minha, mais analítica. A história seria vista não como *événementielle*, mas por meio de todas as influências recíprocas de fauna, flora, clima, fisiologia e de todas as coisas necessárias para a sobrevivência, armas, castanhas, munições, cadarços, para passar gradualmente aos condicionamentos militares locais e aos dos quartéis-generais aliados e alemães, às determinações políticas italianas ligadas por sua vez às internacionais, com uma contínua ampliação e concentração do campo focal e também da densidade linguística, do amálgama entre as diversas camadas de linguagem, trazendo à luz a rede de relações diretas e indiretas dos fatos naturais, culturais e históricos com um único mínimo episódio, em que alguns simples combatentes anônimos põem em jogo as suas vidas e as vidas dos outros.

Mas, privilegiando esses condicionamentos objetivos, não se perde o significado das ações humanas? Desculpe a pergunta ideológica, mas me parece que há uma intenção polêmica ao representar uma experiência histórica nesses termos.

Sim, uma polêmica antivoluntarista, sem dúvida. Contra um certo voluntarismo sem fundamento que se nota por aí nesses anos e que não pode levar a lugar nenhum. Um acontecimento histórico, grande ou pequeno, tem uma consistência por trás, uma multiplicidade de camadas. Sem o sentido da necessidade, a vontade não é absolutamente nada.

Você não teme um retrocesso a uma concepção determinista, fatalista, da história?

Todas as grandes teorias libertadoras foram acusadas de serem determinismos (biológicos, econômicos, psicológicos, antropológicos). Apenas estando conscientes ao máximo dos fatores que nos determinam é que se pode encontrar a brecha para escapar à determinação em sentido passivo e dominá-la em sentido ativo. É o sentido que eu quis dar ao meu conto "O conde de Montecristo", que continua ainda um dos meus pontos de chegada. Sabe, aquele do prisioneiro que, para conseguir fugir, chega à conclusão de que deve construir um modelo de prisão do qual é impossível escapar.

O marxismo tem sido desfigurado como determinismo econômico enquanto, na verdade, é o método para derrubar esse determinismo. É isso que você quer dizer?

Quero dizer que a diferença, essa diferença decisiva, é quase imperceptível, é uma brecha estreitíssima. O mapa da prisão perfeita e o mapa da fuga perfeita à primeira vista parecem idênticos. Só aguçando a vista pode-se descobrir o ponto em que não coincidem.

O interessante é que você não queria começar com as declarações ideológicas.

Viu? Já era quase uma declaração ideológica e, assim que foi feita, exatamente como eu dizia, logo se viu sujeita a ser desmentida.

Desmentida diz você, eu diria especificada. Mas talvez seja a mesma coisa, deixemos isso de lado; sempre acontece quando sobrepomos ao juízo pronunciado ontem um juízo de hoje. Eu gostaria mesmo de ver o que nasceria, por exemplo, se hoje alguém lhe perguntasse não só o que significou para você trabalhar com Vittorini, mas o que "hoje" significa para você a obra prática, editorial, intelectual de Vittorini. E também o corpus das suas obras. Enfim, que valor lhes atribui, hoje. Se é uma experiência terminada, concluída, esgotada ou uma lição atual.

Vittorini morreu às vésperas de um momento que teria sido o *seu* momento, mais do que 1956, talvez até mais do que 1945. O impulso antirrepressivo, antiautoritário foi o seu tema constante, até o fim. E quanto aos estudantes, ele foi o primeiro a formular um discurso de contestação estudantil, já em 1963, com uma virulência que então me deixou espantado, pois nunca pensei que a política dos estudantes pudesse ser uma coisa assim. Os jovens, a autonomia dos jovens em relação aos velhos, a moral, o costume dos jovens, aqueles eram temas seus, que o envolveriam. Depois o Terceiro Mundo, toda a transformação da maneira de conceber a política... Ele se jogaria de cabeça nisso, ficaria irritado, certamente não teria acompanhado os acontecimentos, teria brigado com meio mundo, criaria invenções e metáforas novas, em contraste com a linguagem cada vez mais pobre, com o mecanismo mental sempre mais engripado que teria de enfrentar...

Porém a última fase de Vittorini, que via a libertação na industrialização total, na tecnologia, não teria entrado em crise?

Teria entrado em crise inúmeras vezes, mas o espírito que colocava em suas posições sempre fora esse; Vittorini tinha um jeito muito seu, em cada coisa que pensava ia até o fim, ninguém jamais teve a coragem de dizer, como disse ele, que não só era bom que existissem frangos criados quimicamente porque milhões de pessoas agora podiam comer frango, mas que não deviam existir mais frangos genuínos porque assim se abolia o privilégio, ninguém jamais foi "chinês" como ele, capaz de pensar "chinês" radicalizando o desenvolvimento industrial, ao passo que todos são capazes de imaginar a linha chinesa aplicada no Ocidente em termos de interrupção do desenvolvimento industrial. Não estou dizendo que tivesse razão; há inúmeros argumentos para desmontar o seu discurso: digo só que ele usava o pensamento de uma certa maneira própria. A prudência era-lhe totalmente estranha, a prudência que sempre é um dispositivo para a sobrevivência da espécie, além de uma virtude cardeal; mas, para o pensamento, a falta de prudência é que é, talvez, a verdadeira virtude; ou seja, o verdadeiro dispositivo para a sobrevivência da espécie é o pensamento sem prudência, para que tudo possa ser pensado até o fim, para que depois não haja surpresas; a verdadeira prudência da espécie é a falta de prudência do pensamento. E assim Vittorini, se tivesse vivido no fim dos anos 1960, teria dado muitas derrapadas, teria mudado de opinião muitas vezes, mas também teria mudado muitas ideias dos outros, a sua presença não teria sido marginal, teria tido a força, teria dado a esse período uma dimensão que poderia ter e não teve.

Então voltemos um pouco a você, Calvino: nesse novo clima, você não pensou em continuar de algum modo a batalha de Vittorini, de recomeçar a publicar Il menabò, *a revista que dirigiam juntos, ou retomar o projeto de uma revista internacional que queriam fundar com alguns alemães do Grupo 47 e alguns franceses?*

Não, as criações editoriais de Vittorini eram coisas muito suas, sempre excluí a hipótese de que eu pudesse continuá-las. Devo dizer que a minha colaboração com Vittorini limitava-se a alguns "puxa!" de vez em quando. Ele dizia que esse meu contínuo murmúrio de perplexidade, que a minha refratariedade a qualquer entusiasmo, eram justamente a colaboração de que precisava. Acima de tudo, sem dúvida tinha necessidade de dialogar com pessoas mais entusiastas, mais estimulantes: por exemplo, muitos números de *Il menabò*, eu diria todos os números centrais, ele fez com Leonetti. Enfim, era ele que fazia, e eu ficava bastante contente de ver o que ele inventava e de matutar um pouco a respeito. Se Vittorini estivesse vivo, nestes anos talvez eu viesse a manter uma ligação mais direta com a atualidade.

Você quer dizer que Vittorini representava para você uma relação com a atualidade, e que a sua morte significou para você uma mudança nessa relação? Mas que tipo de atualidade: política, intelectual, literária?

Um pouco de tudo, como história viva, moral em ação. Uma relação com o presente também como solicitação do escritor, que leva a olhar ao redor, a ver: Vittorini comunicava isso por vias literárias, a necessidade de uma representação atual, datada, mas não em sentido documental: em sentido sintomático, como imagens significativas, como ritmos verbais, isto é, dava um impulso constante para romper o nível documental plano e para escavar. Você me perguntava se considero Vittorini atual hoje: muito bem, Vittorini era o homem da atualidade, do novo, era uma energia projetada sobre o novo. Era um extrovertido (intelectualmente; na vida, era talvez mais introvertido do que eu). Quem sabe, talvez eu tenha começado, em todo caso, a não me reconhecer mais no novo, em nenhum dos aspectos do novo, e a me retirar no meu casulo; ele certamente não, estaria mais do que nunca no meio do que acontece, e a nossa colaboração não poderia ter continuado. O fato é que os anos depois da sua morte coincidem com o meu afastamento, com uma mudança de ritmo. Uma vocação de rato de biblioteca, que antes nunca pude seguir porque passava o dia no escritório e à noite saía, agora tomou a dianteira, para a minha plena satisfação, devo dizer. Não que tenha diminuído o meu interesse por aquilo que acontece, mas não sinto mais o impulso de estar pessoalmente envolvido. É principalmente pelo fato de que não sou mais jovem, claro. O stendhalismo, que fora a filosofia prática da minha juventude, a certa altura terminou. Talvez seja só um processo do metabolismo, uma coisa que vem com a idade; fui jovem por muito tempo, talvez demais, de repente senti que devia começar a velhice, sim, a velhice mesmo, esperando, quem sabe, prolongar a velhice começando-a antes.

A velhice, se quisermos aceitar a sua terminologia, pressupõe uma relação com os jovens, a transmissão de um saber ou de uma experiência, enfim, um papel de guia, de mestre. Sente-se solicitado nesse sentido? Deixemos de lado o exemplo de Vittorini que, segundo o que você disse, estava ligado a um temperamento e a uma relação com os tempos. Mas em outras bases, com outras pessoas, você nunca pensou em iniciar um trabalho de grupo, uma revista, uma troca de experiências?

Não, esse papel não, não tenho mesmo o estofo de quem dirige, "mobiliza". Certamente nos últimos anos os amigos com quem tenho o prazer de debater são todos muito mais jovens do que eu, personagens muito diferentes entre si, mas cada qual já com suas próprias ideias, com uma via muito precisa por onde seguir, e que falam comigo para me explicar algumas coisas, para me ensinar, talvez para me repreender. E o que posso dar em troca são sempre alguns "se" e alguns "mas", dúvidas, em suma. Alguma indicação bibliográfica, também, mas todos eles são pessoas que leem muito mais do que eu. Às vezes sinto remorso por ser tão desencorajador, imagino que vão me mandar ao diabo; mas não, em geral voltam, quer dizer que de algum modo existe um diálogo. Revistas ou coisas assim, sim, de vez em quando falamos a respeito, fazemos projetos. Com Gianni Celati principalmente, que é uma espécie de vulcão de ideias, o amigo com quem tenho a troca mais rica de ideias. Porém, acabamos sempre por tender para uma revista de estudos, de teoria, estamos numa época mais especulativa do que criativa, é mesmo a impressão que tenho. Acabaríamos sempre fazendo uma coisa que seria lida por quatro gatos pingados, então melhor fazer livros. Mas sonho também com uma revista totalmente diferente, diferente como público, antes de mais nada: uma revista de romances seriados como aqueles de antigamente, Dickens, Balzac. E quem escreveria seriam escritores verdadeiros, escrevendo por encomenda (acredito muito no escrever por encomenda), e por meio dessa revista se reencontrariam as funções verdadeiras de uma relação com o público: chorar, rir, sentir medo, viver uma aventura, um enigma... Pois teria de ser uma revista de grande tiragem, que se vende nas bancas, uma espécie de *Linus* mas não em quadrinhos, romances em capítulos com muitas ilustrações, uma diagramação atraente. E muitas seções que exemplificassem estratégias narrativas, tipos de personagens, modos de leitura, instituições estilísticas, funções poético-antropológicas, mas tudo por meio de coisas divertidas de ler. Enfim, um tipo de pesquisa feito com os instrumentos da divulgação. Mas Celati diz que não devemos ensinar a ninguém, não se pode ter uma atitude pedagógica. Eu, porém, acredito que, explicando essas coisas aos outros, talvez consigamos entendê-las nós também. Em suma, eu gostaria de uma relação assim com um público novo, que ainda não pensou no lugar que a literatura pode ocupar nas necessidades cotidianas. Não que eu fosse capaz de fazer uma revista assim, mas, se existisse, eu ficaria contente.

Parece-me que esse seu interesse por um público novo está em contradição com o que dizia antes, de não se reconhecer no presente. Pelo contrário, parece-me que você se liga a uma linha que é, afinal, a de Gramsci, com a importância que Gramsci dava à narrativa popular, passando pelo Politecnico *de Vittorini, o qual também entendia a literatura como guia social, mas enquanto verdadeira literatura, isto é, com a condição da liberdade da fantasia.*

Sim, é verdade, aquele período me deixou o sentido de uma necessidade coletiva a ser respondida. Mas agora, o discurso da cultura de hoje é totalmente diferente, segue na direção da negação, e nesse sentido talvez tenha mais rigor; a via negativa é uma das dimensões fundamentais do pensamento, muitos podem achar que, se a pessoa trabalha sobre a negação, pode seguir para qualquer lado que estará sempre bem, mas aí, então, sinto a necessidade de tomar distância, sinto que a verdade da negação não coincide com todas as propostas falsas que se ouvem. Isto é, não me reconheço onde sinto um certo espírito de classe: a classe dos inapetentes, dos

191

entediados, dos inúteis, daqueles que têm tudo e podem permitir-se buscar o nada. Digamos que uns 75% daquilo que hoje se apresenta como pensamento de "esquerda" tem essa maldita marca de classe. Da minha parte, continuo a acreditar na solicitação do apetite, das classes que têm apetite, que estão fazendo a viagem de ida, não a de volta. Se fosse um técnico de alimentação (é meio por acaso que não sou; você sabe que estudei agronomia na universidade), eu me ocuparia dos problemas de como alimentar bilhões de pessoas, o que comporta, além do mais, mudanças de hábitos culturais extremamente resistentes. As grandes revoluções serão alimentares: os italianos só serão livres quando entenderem que o macarrão não é um elemento vital como o ar. No entanto, sou um técnico do material verbal e imaginativo e me ocupo dos apetites por palavras escritas, por histórias contadas, por figuras mitológicas: todas elas, coisas não menos essenciais do que a comida, como se sabe.

Noto pelas suas respostas que você, digamos assim, se move num horizonte exclusivamente italiano. Mas mora há vários anos em Paris. O que é Paris para você? O refúgio sobre as árvores de Cosme Chuvasco de Rondó? Quais são as suas relações com a cultura francesa? Talvez esta sua vida suspensa entre dois países lhe permita ver tanto a vida intelectual italiana como a francesa a partir de um observatório apartado. Como lhe parecem as coisas, vistas lá de cima?

Paris para mim é a vida em família, um lugar onde fico tranquilo, onde cada um cuida das suas coisas. Saio de casa só para comprar os jornais, a *baguette*, os queijos. Eu tinha mais relações com a cultura francesa antes, quando ia a Paris umas duas vezes ao ano e assim que chegava começava a telefonar, a ver gente. É preciso dizer também que a cultura francesa especializou-se muito, impôs uma linguagem sua, uma linha sua de discurso. Veja *Critique*, todos os artigos escritos daquela maneira. Ainda nos grandes personagens, em Foucault, o discurso é como um grande espetáculo, uma grande acrobacia, e a leitura reserva satisfações; mas, na maioria dos casos, parece que estamos lendo sempre a mesma lenga-lenga. Certamente é útil para estabelecer um rigor, mas nunca fui capaz de aceitar uma linguagem codificada, sinto imediatamente a necessidade de rompê-la, de dizer as coisas de outra maneira, isto é, de dizer outras coisas. A pesquisa literária mais avançada, *Tel Quel*, *Change*, não saberia mesmo como julgá-la, a não ser muito de fora, nem tomar posição nas suas violentíssimas polêmicas internas. E aquele tipo de politização não me convence. Entre os inspiradores teóricos de *Tel Quel*, Barthes, sim, parece-me que é sempre muito inteligente. Depois entra-se imediatamente num terreno mais filosófico, Derrida, Lacan, onde eu me movo mal. Tenho um amigo que me explica, de vez em quando, e então eu formo uma ideia. Enfim, não é que ficando em Paris eu me sinta levado a seguir por dentro o desenvolvimento das várias escolas, a cada semana. Teria de seguir os vários seminários, impor-se uma disciplina de estudante, além da de estudioso, digo de estudante à antiga. Uma vez até fui ouvir Lévi-Strauss, mas é exatamente como ler o livro que publicará, só que com antecedência. A mim Lévi-Strauss sempre interessa muito, ele se destaca de todos, gosto mesmo pelos aspectos que mais se criticam entre nós, gosto dessa cristalografia da civilização, não me interessam aqueles que querem reconciliá-lo com a história, a sua verdade é totalmente o contrário disso, e — agora seria longo demais explicar — eu acredito. Enfim, as pesquisas que mais me interessam são as que não têm uma sugestão literária direta: a semiologia de Greimas, uma coisa que está mais para o lado da lógica, dela eu gosto. Mas continuamos no mesmo ponto, há coisas que um empírico como eu não pode se permitir, é preciso adotar aquele modo de pensar e deixar de lado todo o resto, e eu nunca sou capaz de pensar uma coisa por vez, penso sempre algo e o seu contrário, portanto, é inútil me meter nisso.

Observo que, até agora, você falou apenas de pesquisas que se desenvolvem no âmbito do estruturalismo. É só o que existe em Paris? A pessoa pensa numa figura como Sartre, antes de mais nada.

Pode ser que eu não tenha me aproximado no momento certo; agora não me sinto atraído por ele. Mas em Paris há bastante coisa, sem dúvida, digo orientações intelectuais diferentes, embora com algum dado em comum. Com os amigos de Bataille, com o círculo de Blanchot, eu tinha uma relação, sobretudo quando Vittorini estava vivo, às vezes penso que deveria tê-la mantido justamente porque são o exato contrário do que sou, e então o diálogo poderia ter sido útil, mas não fui mais capaz. No fundo, as pessoas com quem me sinto mais à vontade são um grupo que ninguém sabe que existe, o Oulipo, amigos de Raymond Queneau, poetas e matemáticos que fundaram este Ouvroir de littérature potentielle, um pouco no espírito de Jarry e Roussel. Há Georges Perec, que escreveu um romance sem nunca usar a letra *e*; e agora escreveu um outro em que há só o *e* e as outras quatro vogais desapareceram.[3] O que os torna próximos de mim é sua recusa da gravidade, esta gravidade que a cultura literária francesa impõe em toda parte, mesmo onde seria necessário um pouco de autoironia. Eles não: consideram a ciência não de maneira grave, mas como jogo, segundo

193

o que sempre foi o espírito dos verdadeiros cientistas, aliás. Claro que neles também, nesse brincar por princípio, nessa meticulosidade de colaboradores da *Settimana enigmistica*, há uma dimensão heroica, um niilismo desesperado.

No qual você não se reconhece a fundo?
Reconheço-me em muitas coisas, mas são sempre pedacinhos de um espelho que não se encaixam. A essa altura da minha vida, sou um pouco como aquele que anda com os braços cheios de pacotes que caem para todos os lados: tento pegar alguma coisa e todo o resto escapa de mim. Queria parar e pôr um pouco de ordem.

O seu novo livro, publicado alguns meses atrás, passa a impressão de ser uma pausa, mas não, talvez, para pôr ordem, e sim para desmentir a possibilidade de qualquer ordem. É um juízo impressionista, admito desde já. Mas As cidades invisíveis *parece mesmo uma retomada e um desmentido da esplêndida utopia das* Le città del mondo [Cidades do mundo] *de Vittorini. Digo um desmentido porque enquanto o projeto vittoriniano detinha-se no estágio de fragmento numa tensão rumo à cidade ideal,* As cidades invisíveis *é um livro que testemunha a queda e a desconfiança definitiva em relação a qualquer futuro social, em relação a qualquer ordem pela qual lutar.*
Recuso categoricamente essa interpretação do meu livro. É um livro em que nos interrogamos sobre a cidade (sobre a sociedade) com a consciência da gravidade da situação, gravidade que seria criminoso tratar com superficialidade, e com uma contínua obstinação em ver claramente, em não se contentar com nenhuma imagem estabelecida, em recomeçar o discurso desde o início. É verdade que por trás há Vittorini, as cidades de Vittorini, a tensão entre cidade mítica e cidade futura, é provável que uma primeira sugestão venha dali (e não só daquele romance incompleto, mas desde antes, já dos textos dos anos 1940 agora relançados em *Nome e lagrime* [Nome e lágrimas], que para reler preciso retornar na memória ao efeito que me causaram quando saíram em *Tempo* ilustrado durante a guerra, estranhas mensagens cifradas, quando ainda não sabia nada sobre Vittorini nem sobre coisa nenhuma). Se se quiser atacar esse meu livro pelo uso que faço de um repertório de imagens tradicionais, de uma linguagem um pouco preciosa, talvez de um tom às vezes queixoso, certamente estou pronto a defender o que fiz, mas, em todo caso, essas seriam críticas no espírito de

Vittorini, críticas que provavelmente ele próprio me faria, só que não se pode invocar Vittorini, inimigo de todos os tocadores de pífano, para se deplorar que eu não toque fanfarras para alguma cidade futura. Não creio que o discurso que emerge desse livro tenha mudado muito, em comparação às outras coisas que escrevi, quem sabe numa tomada mais direta da vida cotidiana: veja "A formiga-argentina" e "A nuvem de smog", dois contos escritos num intervalo de dez anos entre eles, que depois reuni porque a maneira como eu represento, um a natureza, outro a cidade, é igual, não menos pessimista do que neste último livro, e em ambos eu acabava concluindo num tom que não era desesperado, embora não fosse consolador. Não é uma conclusão teórica, isso não, é só uma contraposição de imagens. Se isso é estoicismo, como dizem os críticos, não sei e não cabe a mim dizer, o fato é que a construção das coisas que escrevo sempre me vem assim. Naturalmente também mudo com o passar dos anos, todos os dias aprendo algo de novo, só faltava eu não mudar também, mas avanço mais por acumulação que por conversões e renegações, e os materiais que vou acumulando tendo a agregá-los num sistema de cristalização que permanece sempre o mesmo. Se quiser, pode me acusar de ser estático, de bater sempre na mesma tecla: até *O dia de um escrutinador* termina com a afirmação de que a cidade perfeita é a que se entrevê por um momento no fundo da última cidade da imperfeição, ou seja, justamente a mesma coisa que digo no último texto em itálico das *Cidades invisíveis* e que todos os críticos citam... Isto é, todas as últimas linhas, aquelas sobre o inferno, enquanto um pouco mais acima está a passagem sobre a utopia descontínua que dá sentido a todo o discurso.

Porém, O cavaleiro inexistente (*1959, se não me engano*) *termina com uma invocação ao futuro. Não se pode negar que essa sua expectativa utópica tenha se atenuado.*

Utopia é um termo que se usa sempre de modo vago, mas, se olharmos, os chamados utopistas apresentam alguns sistemas de pensamento extremamente precisos e detalhados. E o de Saint-Simon nada tem de utopia, é o modelo de sociedade para o qual rumam os Estados Unidos e a União Soviética; a dele é a única e verdadeira ideologia hoje vitoriosa em escala mundial. Já Fourier perdeu em todas as frentes, foi marginalizado e traído. Nessa sua entrevista, gostaria que me perguntasse o que foi para mim o trabalho para a antologia dos escritos de Fourier, publicada em 1971.[4] Pois bem, faço questão: devia ser a minha contribuição à agitação de ideias nesses anos. É um trabalho que me acompanhou por pelo menos

195

cinco anos, queria que esse autor, esse mundo, essa maneira de fazer o cérebro funcionar de forma diferente da de todos os outros entrassem no circuito italiano das ideias, no patrimônio de sugestões que estão por trás da política e da literatura, pelo menos como um ponto de referência, que se soubesse que se pode pensar também assim e não só assado. No entanto, nada. Os poucos especialistas me deram a entender que era melhor que eu passasse longe da área deles, e a cultura literária nem mesmo se deu conta. Talvez eu tenha errado, deveria ter me colocado de maneira mais pessoal, mas quis manter um distanciamento de estudioso objetivo, fiz uma introdução apenas informativa, principalmente sobre a fortuna literária de Fourier, pois não queria me imiscuir, queria que os textos fossem lidos sem intermediários. Mas também porque a minha posição em relação a Fourier não era fácil de definir, não visava a nenhuma indicação prática, e sim a uma aquisição moral e fantasmática. Isto é, eu o leio como um autor literário, mas, até aí, é assim que eu leio qualquer autor, procurando novas possibilidades de fazer funcionar o raciocínio e a imaginação, e só quando essa aquisição se inscreve nos nossos circuitos mentais é que poderá também influir na prática, não sabemos como. Enfim, não poderia dizer que sou fourieriano porque sou também muitas outras coisas diferentes, e o mesmo devo dizer de tantos outros sistemas de pensamento que frequentei: acredito que as relações entre mundo escrito e mundo da prática precisam dar uma longa volta, provar a sua capacidade de cristalizar materiais diversos que os dias depositam sobre eles, e é assim que não só os filósofos, mas também os poetas mudam o mundo. Quanto a outros tipos de relação mais direta, não conheço ou, pelo menos, não acredito neles.

Então cabe dizer que Fourier não funcionou com você. Não há traços do otimismo de Fourier em As cidades invisíveis. *Talvez em Fourier você andasse tentando reencontrar o Iluminismo, o racionalismo, o espírito setecentista do* Barão nas árvores. *Mas estava a procurá-lo porque, para você, esse espírito já estava distante, perdido.*

Antes havia críticos que diziam: Calvino não tem o sentido do trágico, é racionalista demais. Agora há críticos que dizem: Calvino representa a derrota da razão, não acredita nos destinos grandiosos e progressistas. São discursos aos quais não sou muito sensível. É verdade que continuo a me interessar pelo século XVIII: é um grande século, com aspectos diferentes e contrastantes, da filosofia das Luzes aos últimos magos e alquimistas, aos ocultistas e iluminados como também Fourier, aos herdeiros da filosofia da natureza do Renascimento, como Goethe, mas sempre com um pano de fundo comum, a ideia de um desenho do universo, uma história extra-humana em que se insere a história humana. É o pano de fundo que se pode reencontrar em algumas das minhas *Cidades*, creio eu. Quanto a ser setecentista, iluminista, racionalista, como dizem os críticos, nunca confirmei nem desmenti. Diziam isso para me elogiar, até que as palavras mudaram de sinal: hoje o Iluminismo não goza mais de uma boa imagem. Foi uma mudança de clima que, para a Itália, digo para a cultura italiana de esquerda, começou apenas nos anos 1960, poderíamos dizer que coincidiu com a tradução da *Dialética do esclarecimento* de Horkheimer e Adorno,[5] que atribuem a culpa por todos os males às Luzes, aliás, situam as origens do espírito burguês nada menos que na *Odisseia*. Bem, isso me desagrada, sempre tive simpatia por Ulisses. Devo dizer que a Adorno sempre fui bastante refratário, talvez seja uma limitação minha, mas tenho grandes reservas a toda essa escola alemã-americana que teve tanta importância no horizonte ideológico da "nova esquerda". É precisamente o conceito de "sistema" que pode ser uma armadilha, se o tomarmos como um mecanismo rígido. Como exemplo de grande sistema capaz de valer como termo de comparação, eu usaria o de equilíbrio biológico terrestre, em que uma alteração qualquer repercute numa série de alterações, até se alcançar um novo equilíbrio (isso se for alcançado, pois também são possíveis acomodações por meio de processos catastróficos que duram milhões de anos). Pois bem, o capitalismo mundial não conhece nem sequer o equilíbrio instável do sistema biológico, continua a viver numa situação de catástrofe suspensa, e, mesmo que consiga sempre tampar suas fendas, não consegue se tornar um sistema autorregulado com um mínimo de estabilidade. Eu nunca quis acreditar na racionalização capitalista, e me parece que os fatos me dão razão: que racionalização que nada! Sou sempre renitente em dar a toda uma série de valores a qualificação de "burgueses" e transformá-los de positivos em negativos: talvez sejam coisas que se podem demonstrar úteis e não é o caso de descartá-las, e a burguesia não precisa de presentes de ninguém. Sinto-me melhor com o modo de pensar dos marxistas à antiga, que o capitalismo, independente de qualquer coisa que faça, continuará sempre a ser uma selva de contradições insanáveis: isto é, o "sistema", mais do que "sistema", é uma selva, regida por um equilíbrio biológico geral próprio. E, embora o capitalismo pretenda ser um sistema finalizado e autorregulado globalmente, precisamos ter uma cabeça bastante sistemática para entender que não o é, ou melhor, uma cabeça bastante analítica para perceber os pontos em que os diversos poderes e interesses não coincidem. É sempre a história de Montecristo que eu dizia antes: a prisão e o mapa da prisão.

Parece-me notar aí uma contradição. Você disse há pouco que a utopia da "sociedade industrial" de Saint-Simon venceu em escala mundial. Pois bem, isso me parece um "sistema" ainda mais coerente e racionalizado do que o descrito por Adorno.

Um fala ao futuro, o outro ao presente... Não, deixe-me antes explicar outro ponto. Para mim, o "sistema" funciona se se sabe que é algo mental, um modelo construído com a mente e que deve ser continuamente verificado com a experiência: ao contrário, se alguém acredita que o sistema se identifica com o exterior, com o mundo... Sabe que é um dos sintomas da esquizofrenia? Os esquizofrênicos estão convencidos de que o mundo é um sistema organizado em detrimento deles. Mas dou muito valor ao uso do modelo formalizado, dedutivo, estrutural, creio que é um instrumento operacional necessário, tanto como esquema do presente quanto como projeto do futuro (ou utopia, ou profecia), para se contrapor ao presente. Também aí, quando formos aplicá-lo na realidade, o nosso sistema sempre se tornará outra coisa, porque a rede das determinações será sempre mais densa e múltipla do que os nossos modelos teóricos, e então serão necessários sempre novos sistemas (mentais) para entender o presente e orientar o futuro. Agora sabemos que o socialismo, os cem ou cem mil tipos de socialismo que poderemos encontrar, serão fases com as quais ninguém poderá se dizer satisfeito, mesmo que certas coisas tenham melhorado, talvez onde menos se espera, e muitas outras tenham piorado, enquanto não se encontrar um mecanismo de revolução ininterrupta e de recuperação ininterrupta que seja suficientemente harmônico para funcionar e corrigir-se com um ritmo e um equilíbrio naturais, sem o uso mistificador e petulante da palavra... Talvez esse seja o ponto: o uso da palavra, não sei se o ponto de chegada ou o ponto de partida, a palavra que saiba que funciona como palavra, de modo que tudo o que não é palavra possa funcionar sem palavras: uma cultura, isto é, uma economia, isto é, uma nova natureza que se mova pela força de suas próprias determinações e autorregulações internas, a história humana que reencontre no nível do máximo desenvolvimento a reinserção numa história natural não catastrófica...

Agora me parece que você esteja retornando à utopia do século XVIII...

Eu lhe havia dito que não conseguia pôr o meu mundo em ordem? Mas está vendo?, tudo se mantém.

O REFERENDO SOBRE O DIVÓRCIO[1]

Concorda com a tese segundo a qual a votação do dia 12 de maio representa uma derrota também para o PCI?

O que se mostrou é que os grandes partidos conhecem pouco a sociedade italiana, isto é, há um tipo de conhecimento empírico e intuitivo que não adere mais à realidade, e isso também vale para aquele tipo de discurso genérico e peremptório que os escritores gostavam de fazer, e que Pasolini de vez em quando ainda adora fazer. Quanto aos escritores, paciência; quanto aos políticos, é mais grave, porque significa que, para além do mapa eleitoral dividido segundo os partidos — que são classificações muito genéricas e muito estáticas —, eles pouco sabem o que passa na cabeça das pessoas. Isso é verdade sobretudo para a Democracia Cristã e não só por ter imposto o referendo, mas pela vulgaridade dos argumentos, das expressões e até dos gestos que seu secretário escolheu como a linguagem mais adequada para falar com seus eleitores. Decerto quem acredita na vulgaridade, e naquela vulgaridade específica, como necessária para estabelecer uma relação com as massas continua a ter na cabeça uma Italiazinha em que talvez Pasolini, só agora que ela está morta e enterrada, pode encontrar coisas boas. Quanto ao Partido Comunista, o discurso me parece diferente porque no fato de não querer o referendo certamente havia a preocupação de perder tempo e energias num momento tão grave. Mas não há dúvidas de que os comunistas estavam pessimistas sobre o resultado do referendo, e não só por superstição, e isso significa que não percebiam a amplitude de um amadurecimento cultural que evidentemente houve na consciência de milhões e milhões de italianos. E é esse amadurecimento o único patrimônio que a crise atual não pode lesar.

Você compartilha da ideia de atribuir a vitória do "não" a uma "mutação antropológica" da classe média italiana?

Que a Itália mudou imensamente está claro. Mas não compartilho a nostalgia de Pasolini pela sua Italiazinha camponesa, que pudemos conhecer a fundo na nossa juventude e que continuou a sobreviver por boa parte dos anos 1950. Essa crítica do presente que olha para trás não leva a nada: o que devemos ter em mente é um modelo da Itália que se sustente no contexto do desenvolvimento mundial, e neste momento quem não tiver essa perspectiva mundial, seja político ou escritor, está totalmente errado. Aqueles valores da Italiazinha camponesa e paleocapitalista comportavam aspectos detestáveis para nós que a vivíamos em condições até certo ponto privilegiadas; imaginemos o que eram para milhões de pessoas que eram de fato camponeses e carregavam todo o peso. É estranho dizer essas coisas polemizando com Pasolini, que as conhece muito bem, mas ele, já num artigo anterior, por coerência com uma certa visão sua da Itália popular, acabou por idealizar uma imagem da nossa sociedade que, se podemos nos alegrar com alguma coisa, é por termos contribuído em alguma medida para fazê-la desaparecer. Mas não quero, para polemizar com ele, fazer o elogio deste nosso mundo; ainda mais hoje, quando o consumismo se encontra nessa grande guinada. Enfim, os discursos que podem nos iluminar sobre o futuro são outros: por exemplo, saber o que pensam os jovens trabalhadores que aproveitam as horas de estudo garantidas pelos contratos sindicais.

Você julga também que a distinção entre fascismo e antifascismo já é desprovida de conteúdo e significado?

Aqui também há uma parte de verdade e é a descontinuidade entre as várias coisas que atenderam e ainda atendem ao nome de fascismo. Não conheço os jovens fascistas de hoje e espero não ter ocasião de conhecê-los: mas, pelo que leio nos jornais, parece que na confusão que têm na cabeça entram mais os fantasmas do nazismo do que os do velho *squadrismo* agrícola local.

Quanto à homogeneização dos opostos de que fala Pasolini, poderíamos facilmente rebater que a geração dele e minha, em 1943, dividiu-se entre a República de Mussolini e a Resistência, mas, como formação, não éramos tão diferentes assim: as experiências, os horizontes, as leituras (para quem tivesse lido algo), em suma, aquilo que se chama em sentido lato de cultura, era tanto mais homogêneo quanto mais pobre e rudimentar. E no entanto escolhíamos modelos opostos para o nosso futuro. E talvez se possa dizer a mesma coisa para a primeira geração do fascismo *squadrista* de 1920, que surgia das mesmas províncias agrícolas padanas e toscanas que foram o centro das zonas vermelhas, e justamente ali a luta entre duas imagens opostas de mundo explode com maior virulência. Mas hoje, por trás dos indivíduos que espancam e lançam explosivos, não me parece que haja um projeto, um modelo que se possa dizer fascista. Parece-me que tudo gira em torno de um resíduo da velha Italiazinha que permanece de pé, isto é, uma rede de chantagens, lutas pelo poder, *omertà*, camadas mafiosas e de bandidagem dentro de certos órgãos do Estado que desde 1969 esperamos que se depurem sozinhos ou que algum governo os depure. Mas também aqui há um espaço vazio entre essas abominações sensacionalistas que tentam criar uma tensão emocional e a sociedade italiana que tem outras coisas em que pensar.

INSTABILIDADE E INGOVERNABILIDADE[1]

Qual a sua impressão sobre a classe política italiana atual?
Difícil responder algo original. O sistema de poder montado num quarto de século de predomínio democrata-cristão tem uma tal força de inércia que todos já sabem analisar as culpas, mas ninguém consegue mudá-lo em nada. Todas as críticas parecem aqueles golpes num daqueles grandes sacos de areia usados para treinar boxe. Mas, quando falamos de "classe política", é em contraposição a quê? Pois ultimamente ouve-se com frequência um tipo de discurso segundo o qual há, de um lado, a "classe política" inepta, responsável pela corrupção, parasitismo, péssima administração, e do outro lado há a economia, a indústria, a classe dirigente empresarial que é plena eficiência, produtividade, racionalidade. Esse quadro não me parece muito verossímil. Essa Itália tão frágil, que aguenta tão mal os primeiros trancos de uma crise cujas dimensões ainda não sabemos, está tanto de um lado quanto do outro. A conciliação dos pequenos conchavos com os grandes interesses deu certo por muito tempo para uns e para outros. E o responsável por tudo o que não se fez enquanto era tempo de se fazer é toda a *classe dirigente*. Admitamos que esse "modelo de desenvolvimento" fosse o único possível para passar de uma civilização agrícola para uma civilização industrial: mas aí teria sido preciso organizá-lo melhor, se não se quisesse ficar sem agricultura e com cidades que não funcionam.

A imprevidência seria então, na sua opinião, o pecado capital dos nossos governantes?

A regra geral sempre foi viver o dia, nunca olhar além — se tanto — das próximas eleições. E isso se explica também pela preocupação de não mexer em nenhum interesse constituído. O sistema democrata-cristão (e incluo nele também os aliados mais assimiláveis) consiste em satisfazer um grande número de pessoas, grandes e pequenas, negligenciando os interesses gerais desde que os interesses particulares fiquem a salvo. Um grande número de interesses particulares: essa foi e é a força do sistema democrata-cristão, o seu tipo específico de força *democrática*, em que se entende por democracia uma soma de interesses heterogêneos, e não o sentido de interesse geral. É por isso que nada funciona e é por isso que ninguém quer mudar nada.

Não acredita nos perigos de um "golpe"?

Acredito nos perigos da deterioração da situação econômica e política ao mesmo tempo. Não vejo o risco de um *golpe* a partir do exterior do sistema: parecem-me jogos à sombra do poder político e de suas lutas internas, que se refletem em rivalidades nas carreiras estatais. Jogos perigosos, mas não são os generais que me dão medo, são certos políticos. O que têm na cabeça esses sociais-democratas que de repente decidem apostar tudo no tanto pior? E por que conseguem manter em suspenso a vida do país, não tendo peso numérico, nem prestígio, nem soluções a propor? Não acredito nos planos diabólicos que, de todo modo, demandariam inteligência e imaginação; tenho mais medo das mentes estreitas que seguem apenas seus pequenos cálculos. Mas admitamos que ocorra um *golpe* em Roma. E depois? Você acha que a sociedade italiana de hoje se deixa governar militarmente? Não seria só a resistência popular; seria a multiplicidade e a extensão dos centros de poder e de todos os interesses a ele ligados que impossibilitariam qualquer tentativa de condução política autoritária. Sem dúvida, se a situação econômica piorar ainda mais, se se repetirem situações tipo Reggio Calabria, então tudo é possível. Mas hoje não é ocupando o Viminale que se toma o país. E nem ocupando a televisão.

Você falou de multiplicidade dos centros de poder. Gostaria que me dissesse o que pensa do papel dos sindicatos na Itália atual.

Sim, creio que este é o elemento mais novo, mais inédito da situação italiana: o papel *político* de sindicatos nos quais as pessoas se reconhecem, mais do que nos partidos, porque são o canal que funciona melhor para registrar e transmitir a vontade popular. Toda essa crise poderia resultar numa nova distribuição de poderes: os fatos decisivos serão o lugar que os sindicatos obterão no nosso mecanismo político, e o caráter que assumirão as regiões, mas isso ainda não se vê; sem dúvida, os sistemas e a mentalidade dos 25 anos de democracia cristã deixam a sua marca pesada também nesses novos aspectos. A tendência de todos se tornarem funcionários públicos me parece deletéria: leva à multiplicação dos empregos inúteis e irremovíveis, enfim, a um clientelismo geral. Assim, a maneira como algumas categorias privilegiadas, dos superburocratas aos jornalistas, aproveitam o impulso sindical geral me parece perigosa. Sim, falei "jornalistas". Hoje tudo se apresenta como reivindicação, mesmo aquilo que é privilégio: e nem sempre as fronteiras são muito claras. A autonomia e a unidade sindical não deveriam fazer com que se perdesse o sentido do interesse geral, o qual, pelo contrário, deveria ser garantido pela ligação dos sindicatos com os partidos, de modo que os interesses da sociedade venham em primeiro lugar, antes dos interesses de categoria; e isso principalmente no que diz respeito aos órgãos públicos, aos serviços, ao funcionamento da vida civil. Enfim, o sujeito da ação sindical hoje não é mais apenas o trabalhador no local de trabalho, mas também o trabalhador como usuário dos transportes, hospitais, escolas, como inquilino, como destinatário do que se oferece na cidade, dos bens naturais e dos bens culturais...

Você falou do sindicalismo dos usuários. O que pensa da desobediência civil?

Por ora, é um dos muitos sinais de que todas as decisões são "contratadas". Não creio, porém, que seja uma forma de luta do futuro, porque pressupõe uma distância entre administradores e administrados que está destinada a se reduzir. Todo esse marasmo da nossa crise deveria gerar gradualmente uma nova relação entre o cidadão e os instrumentos de utilidade pública.

O sentido do Estado hoje está em crise, dizem. Acredita que ele pode se renovar sob outras formas?

O Estado até tem vivenciado demais, na perspectiva de que todos esperam que seja o Estado a pagar. Entretanto, o sentido de um Estado que funcione como uma máquina a serviço da coletividade, esse, entre nós, nunca houve e só poderá começar a se construir quando o impulso reivindicativo encontrar como interlocutor um poder político profundamente renovado.

Pensa na entrada dos comunistas na maioria do governo?
Ontem eu responderia: não creio que seja um simples acréscimo no topo do poder. Mas hoje talvez não seja o momento de fazer distinções acadêmicas. E tampouco o momento para fazer o inventário de tudo o que me separa do Partido Comunista. Pode-se pensar o que se quiser, mas algumas coisas me parecem certas: que os comunistas italianos fazem realmente questão da democracia e estão decididos a defendê-la; que, se a democracia está em perigo, não se pode dispensá-los; que, nos momentos de emergência nacional, o seu estado-maior sabe demonstrar responsabilidade e eficiência. Este é um fato integrado, diria eu, à memória histórica da Itália, e penso que deve ter uma validade automática. Mas antes eu estava falando de forma mais geral sobre a nossa sociedade política. Creio que, enquanto o modo de governar se mantiver o mesmo, qualquer partido no poder acabará por sofrer o contágio democrata-cristão e se tornará um partido clientelista. A pressão da direita pode acelerar a tendência nesse sentido, se for necessário um governo de coalizão, de defesa da República. Mas serão os impulsos na sociedade italiana que farão mudar o quadro político, mais do que os acordos estabelecidos. Poderemos dizer que temos um tipo de governo realmente novo quando estar ou não estar no governo for muito menos importante...

O que quer dizer?
Digo que o poder político no topo tem cada vez menos poder, já faz algum tempo, e em perspectiva sua importância será cada vez menor. Tem menos poder não só porque está dividido internamente e se move como se pisasse em ovos; mas sobretudo porque é a partir de baixo que ocorre o esvaziamento do poder dos governantes, pela contínua aquisição de poderes por parte dos governados. Esse processo, por ora, tem se dado de maneira caótica e arbitrária: assim que se toca num interesse, aciona-se um mecanismo que obriga a dar marcha a ré. Mas é um processo irreversível: os poderes dos governos serão cada vez mais limitados, e governar significará saber orquestrar essa multiplicidade de poderes exercidos pelos cidadãos.

E esse processo, a seu ver, é só italiano ou geral?

Em outros países existem burguesias mais sólidas do que a nossa, sistemas econômicos que conseguem por ora controlar melhor a crise, mas os problemas são comuns. Diria que hoje não há governo, mesmo presidencial ou gaullista, ou, em todo caso, baseado num sistema menos proporcional do que o nosso, que possa atuar como "governo forte", sem levar em conta os *outros*. A instabilidade de toda maioria é a única característica *estável* mundial. E talvez o discurso se amplie para além das democracias parlamentares. É isso que por ora nos preserva do famoso *golpe*. Um governo autoritário, para funcionar, para "render", teria de se impor, para começar, com massacres como no Chile, e nessa via sabe-se quando se começa, mas não quando se acaba. E para se encontrar depois com os mesmos problemas de antes, com a mesma impossibilidade de governar... A humanidade é imensamente mais numerosa, e sempre menos maleável; a sociedade é sempre mais complexa, diferenciada. Acredito que todos os modelos da primeira metade do século são inaplicáveis. Talvez apareçam outros piores, mas diferentes. Até nos países comunistas, o monolitismo se racha por todos os lados, agora é só de fachada; talvez mais lentamente do que em outros lugares, mas eles também, daqui a dez, no máximo vinte anos, terão de admitir a dissidência, as lutas sindicais etc. O mundo se torna cada vez mais ingovernável.

SCIASCIA, UM SILENCIOSO QUE TEM MUITO A DIZER[1]

Calvino, essa candidatura de Sciascia o surpreendeu?

Não, a candidatura de Sciascia de forma alguma me surpreendeu. Sciascia tem o grande mérito de ter escrito o romance antidemocrata-cristão que se esperava que alguém escrevesse: o *Todo modo*. Sciascia sempre foi um escritor político ligado aos problemas do seu país. Essas eleições são especialmente importantes, não tanto pelo cômputo dos votos para as diversas partes políticas, mas são importantes em termos políticos justamente porque são eleições regionais e municipais e o centro de gravidade do poder na Itália está nos poderes locais. Sciascia é talvez o último representante de um tipo de escritor fortemente local, fortemente arraigado, que tem um alcance universal justamente por ser arraigado; assim, sua participação numa eleição local não é de admirar. Podemos nos perguntar se qualquer participação de um escritor num fato eleitoral não é menos importante do que o que ele realiza como escritor. Mas a questão não é de grande relevância, uma coisa não exclui a outra.

E o fato de ser candidato na lista comunista?

A participação de Sciascia como independente na lista comunista parece-me ter um claro sentido antidemocrata-cristão. Sciascia não é comunista. Digamos que sua concepção ideológica é a de um jacobino, de um verdadeiro liberal. Isto é, um personagem no mínimo utópico na Itália, nestes tempos.

E essa sua utopia, de fato, muitas vezes se encarna nos seus romances em personagens que representam as instituições públicas. O *carabiniere*, o professor, o magistrado. Ele pensa sempre num poder positivo, num Estado que possa se afirmar contra o anti-Estado dos poderes constituídos. Digamos que Caracciolo encarna a ideia iluminista e jacobina à qual ele permaneceu ligado.

Muitos não esperavam esse engajamento direto ao lado do PCI por parte de um escritor como Sciascia. Suas relações com os comunistas, com efeito, nunca foram muito fáceis.

Sciascia sempre demonstrou um certo ceticismo em relação à política comunista; basta lembrar o conto "A morte de Stálin", ou o próprio *Contesto* [Contexto], no qual traçava uma convergência de todas as forças políticas num sentido muito pessimista e negativo. Penso, porém, que a política italiana impõe algumas escolhas obrigatórias. Se hoje se quiser tentar diminuir de alguma maneira aquele conjunto de interesses chamado Democracia Cristã, o instrumento inevitável é o mais forte partido de oposição. Não conheço a política siciliana e de Palermo o suficiente para poder avaliar com precisão o sentido da candidatura de Sciascia em vista de possíveis mudanças do quadro e da qualidade do poder. O que me parece certo é o seu significado antidemocrata-cristão. Creio que Sciascia, como eu, vê nos fatos da sociedade civil os momentos decisivos de progresso, mas também de degradação, de risco. Esses fatos depois são traduzidos de maneira política nas coisas que se podem fazer.

Não é precisamente essa a diferença entre o escritor, digamos, e o homem político?

Sem dúvida. Mas Sciascia, por exemplo, participou ativamente da campanha pelo divórcio no momento do referendo, que foi, antes de mais nada, um problema civil. E o fez com o PCI. Essa experiência talvez o tenha persuadido ainda mais de que certas transformações nos fatos da sociedade civil podem passar, acima de tudo, pela mais importante organização de massa italiana, o PCI, justamente, que continua sendo, apesar de tudo, o principal instrumento de mudança, de construção de uma sociedade diferente. São essas as forças decisivas. Se as pessoas quiserem fazer ouvir suas vozes e suas exigências de mudanças para melhor, terão inevitavelmente de fazê-lo por meio do Partido Comunista.

Por isso, então, a necessidade de se envolver diretamente?

É claro; a política de um escritor como Sciascia, creio que se deve procurar nos seus escritos. O envolvimento numa campanha eleitoral é sem dúvida um sintoma, um gesto muito importante, mas as coisas importantes que Sciascia tem a dizer se encontram claríssimas, mas ao mesmo tempo enigmáticas, nos livros que escreve. Não podemos esquecer que Leonardo Sciascia foi um dos primeiros a dar um quadro até trágico da Itália meridional. O seu primeiro escrito que li, "Memórias de um professor",[2] era um texto que se distanciava, nos anos 1950, de toda uma literatura meridionalista, documental, social, que era dominante. Distanciava-se pelo terrível desespero que transmitia, um desespero que, como sempre acontece com as representações muito pessimistas, não tinha um efeito esmagador, desencorajador, mas, pelo contrário, comunicava grande força. Assim, o método, o olhar de Sciascia, essa sua lucidez pessimista, têm uma grande força, estando, como está, inteiramente ligada a uma consciência literária e intelectual cheia de refinamento, de elegância, de cultura.

Na sua opinião, qual é o significado geral, digamos indicativo, que se pode dar à candidatura de Sciascia?

A importância maior que vejo nessa candidatura é que me parece levar em conta, antes de mais nada, a personalidade do escritor siciliano. Considero-me um dos amigos de Sciascia, mas certamente nossa amizade não se pode medir pela quantidade de palavras trocadas. Sciascia é um homem silenciosíssimo. Esse seu modo de ser representa um aspecto positivo do "silêncio siciliano", que tem por outro lado tantos desdobramentos negativos. Assim, o que digo é que, num mundo em que se fala muito para se dizer pouco, o ingresso na política ativa de um homem de fato silencioso, mas que tem muitas coisas para dizer, é um fato enormemente positivo. E não só para Palermo e a Sicília. Além disso há outra razão, que se refere ao PCI.

Qual?

As relações com o PCI sempre foram mais difíceis, para os intelectuais que militavam dentro do partido. Mas, com os outros, não se ia além do ilustre "companheiro de percurso", que tinha a sua competência específica, mas que, em termos políticos, tinha uma solidariedade muito genérica com as forças populares. O importante, porém, é que essa relação se torne dialética, até polêmica. Se essa candidatura de Sciascia pode ser vista como um

■ *NASCI NA AMÉRICA...*

fato importante de caráter geral é porque, como demonstraram recentes polêmicas, também muito candentes, aqui se trata de uma relação que pode e deve ser discutida a cada momento e assim tem um sentido, pois traz algo para ambos os lados.

A CIDADE DO FUTURO[1]

Pergunto a Italo Calvino, autor, ultimamente, de livros com títulos como As cosmicômicas *e* As cidades invisíveis (*os quais parecem nos arrancar dos nossos, e seus, lugares, e nos projetar num imenso espaço que se situa entre a utopia e o reticulado das distâncias interplanetárias*): *existe uma cidade italiana que seja sua?*

Não posso esquecer, claro, que passei os primeiros 25 anos da minha vida em Sanremo.

Sanremo, como cidade, tem um caráter próprio? Quero dizer, um caráter que tenha permanecido de alguma maneira na sua lembrança, na alma, se quisermos, e na sua obra literária...

Sim, tem. Sanremo é uma velha cidade lígure, e na época da minha infância era um centro cosmopolita. Ali se encontravam ingleses, algumas velhas famílias russas, alguns alemães; reuniam-se os últimos fulgores da belle époque. Depois tinha, e tem, o caráter de uma cidade de cassino; e, além disso, também de uma cidade de fronteira... e de mar... Mais tarde consolidou-se naquela camada de cimento que recobre ininterruptamente todo o litoral. Jamais reneguei o velho fundo provinciano da minha região lígure; ele permanece profundamente arraigado em mim. Depois houve Turim, a cidade que escolhi após longas incertezas, como alternativa a Milão. Sem dúvida, a escolha se deveu ao meu trabalho na Einaudi, mas houve também uma série de *constantes* que me levou a me estabelecer aqui. Durante algum tempo identifiquei-me com Turim. Isto é, acreditava ter razões teóricas para me dizer *turinês*. Agora, quem sabe... Turim me parece terrivelmente tediosa, limitada. Mas talvez agora eu seja mais turinês do que antes justamente por causa disso...

O que lhe deixou a Ligúria, aquela sua primeira província?

Toda a minha produção narrativa inicial está ambientada na Ligúria e também linguisticamente é alimentada pelo modo de falar lígure. Na Itália, boa parte da literatura é radicada num lugar, numa província. Penso em Sciascia, no desenvolvimento coerente do tema central de sua obra, que é dado pela pertença à Sicília. Penso como Fenoglio era radicado nas Langhe, sem alternativa. Às vezes me pergunto: se tivesse aceitado como dado fundamental e definitivo o fato de ser de Sanremo, teria sido um escritor mais coerente, mais intenso? Resta o fato, porém, de que agora outras coisas me interessam. Eu achava que a literatura não podia ficar tão vinculada assim à geografia, e sim mais a uma ideia da história, do tempo. A vocação regionalista própria dos escritores italianos sempre me pareceu uma gaiola; os escritores que me interessaram mais são os que vão além de uma contingência ambiental. Ademais, o próprio fato de ter crescido longe das grandes cidades me fazia sentir o apelo das cidades como uma vocação. O mundo da minha infância e da minha família era muito próximo do mundo agrícola: a minha família vivia a agricultura como um ideal, ou melhor, como um dever. Eu, porém, era atraído pela cidade. E essa ideia indeterminada da cidade continua sendo, para mim, o objetivo a buscar: uma cidade que seja todas as cidades juntas; ou a verdadeira cidade constituída por fragmentos de cidades específicas.

Assim, é esse o significado do fato bastante singular de que agora você, mesmo mantendo os seus compromissos em Turim, esteja morando em Paris?

Sim, embora o acaso tenha parte nisso, como sempre acontece, devido ao fato de que a minha mulher já morava em Paris. Paris é uma das poucas cidades no mundo em que nunca sentimos necessidade de perguntar por que estamos ali e não em outro lugar. E nunca há a necessidade de defini-la, de comentá-la: tudo o que se podia dizer sobre Paris já foi dito. A cidade está sempre à nossa disposição como uma gigantesca memória coletiva, como uma enciclopédia a ser consultada, que logo no início nos dá toda uma série de informações, de uma riqueza como nenhuma outra cidade. Naturalmente, hoje Paris também apresenta a dificuldade de poder ser vivida como cidade, o que é uma característica de todas as metrópoles.

Como entende essa dificuldade?
Colidimos imediatamente com uma contradição. Quanto maior uma cidade, mais oportunidades de ver e de fazer coisas. Ao mesmo tempo, para aproveitar essas oportunidades, seria necessário poder fazer tudo deslocando-se dentro de um raio sem perder dias inteiros. Quando tudo se torna cansativo demais, começa-se a deixar de lado, a negligenciar os espetáculos, a ver cada vez menos os amigos. Assim se acaba ficando o máximo possível dentro de casa, como eu faço.

Será possível, numa cidade do futuro, superar essa contradição?
Provavelmente sim. A situação de hoje é a pior. A cidade está em crise em todas as partes, mas especialmente na Itália. Na Itália estamos vivendo uma enorme e caótica urbanização, os campos se esvaziaram, tivemos as grandes imigrações de massa do Sul para o Norte, sem que as estruturas das cidades seguissem o passo desse desenvolvimento, tendo como consequência uma verdadeira desagregação social. Os problemas da cidade são os da sociedade. E não se pode pensar a cidade como uma realidade isolada. O fato, por exemplo, de que na Itália não se pense no futuro do campo, no novo papel que ele deve ocupar na vida moderna, na sua relação com a cidade, torna qualquer discurso insensato. No entanto, é dessa crise de crescimento urbano que deve surgir a imagem da cidade futura. Os materiais a serem utilizados são sempre os que a cidade oferece: seus elementos vitais e aqueles desagregados e cancerígenos.

Consegue imaginar, sonhar uma cidade do futuro?
Todas as imagens do futuro se desgastaram um pouco. Certamente eu gostaria de uma cidade onde se pudesse circular de bicicleta! A cidade do futuro deveria reencontrar a pluralidade dos meios de transporte, tanto coletivos como individuais, em percursos diferentes, talvez em diversas alturas: ruas para pedestres, para ciclistas, para automóveis, para caminhões, vias fluviais para barcos. Talvez assim fosse possível que voltassem a circular cavalos, mulas, camelos... Fourier propunha ruas especiais para as zebras, que serviriam para levar as crianças à escola... Permaneci ligado a uma ideia de cidade que circulava entre os urbanistas alguns anos atrás: em

213

vários planos, com pontes, "ruelas", "alicerces", como em Veneza, onde a circulação motorizada ocorre naquelas vias que, em Veneza, são os canais.[2] Fico sempre contente quando encontro numa cidade um lugar com calçadas elevadas e com parapeito. Ainda há algumas também em Paris. Não há razão para que as calçadas tenham de ficar só no nível das ruas!

Por que você escreveu um livro com o título As cidades invisíveis?
Porque o sentido de uma cidade é sempre algo a ser interpretado. Para *ver* uma cidade, não basta manter os olhos abertos, é preciso, em primeiro lugar, descartar tudo o que impede de vê-la, todos os lugares-comuns, as imagens pré-fabricadas. Depois é preciso simplificar, reduzir ao essencial a enorme quantidade de elementos que a cidade nos põe diante dos olhos, e reconduzi-los a um desenho unitário, a uma forma, da qual participam o passado e o futuro.

No livro, ao lado das imagens de cidades do passado, de cidades exóticas, aparecia uma certa ideia de uma cidade futurista...
Sim, no livro, principalmente no fim, há dois movimentos: em primeiro lugar, a iminência de uma cidade *contínua*, que cobre toda a superfície terrestre, sempre mais invivível (invivível ainda mais do que invisível); depois, o da última hipótese de utopia possível, uma cidade ideal montada pedaço a pedaço na nossa capacidade de pensá-la e também de vivê-la, escolhendo e ligando num único desenho todos os fragmentos positivos, todas as frestas de um mundo melhor que se abrem diante de nós na cidade como ela é hoje em dia.

Até que ponto você vive e sofre o desconforto, que é, afinal, um aspecto da crise mais ampla em que nos encontramos, do crescimento da cidade em formas desumanas, monstruosas?
Até o ponto em que às vezes parece que não entendo mais nada. Como se olhasse o mundo já estando morto. Sinto o distanciamento, o fastio, a aflição, que imagino ser dos mortos. Às vezes, pego-me pensando que o fim do mundo já aconteceu. Ao mesmo tempo fico com o remorso de não ter uma verdade a oferecer, parcial que seja, ou alguma proposta, ainda que apenas uma proposta de método mental.

Na polêmica que se abriu entre Pasolini e Moravia, de que lado você fica? Pasolini, você deve se lembrar, dizia que se devia voltar ao campo.

Não acredito que o problema se resolveria no âmbito de uma civilização camponesa, que se desagregou faz tempo. Embora o problema do campo em relação à cidade, como eu disse, seja muito importante. Talvez eu pessoalmente, assim como moro em Paris, pudesse ir morar no campo, mas não é esse o ponto. Uma metrópole monstruosa só pode ser substituída por uma metrópole harmoniosa. Moravia tem razão quando diz que devemos *atravessar* essa monstruosidade, essa crise, para sair *dela* o mais rápido possível.

Podemos dizer que você produziu uma literatura de duas faces: uma fortemente localizada e a outra... não sei como defini-la: atopográfica, em suma, separada de qualquer lugar geográfico?

Talvez se possa dizer... Acrescentando, porém, que esse meu trabalho literário tem sentido apenas se se puder encontrar na face local, provincial, uma razão cosmopolita, e na face...

... cósmica? Aceita a definição?

Digamos planetária; ou interplanetária! Se na face interplanetária, portanto, se encontrarem os humores locais...

Não há o risco de que uma literatura interplanetária, ou planetária, acabe perdendo o homem pelo caminho? Não cria, talvez, um mundo sem homens e sem cidades?

Uma literatura que, em vez do homem, representasse um vazio, mesmo assim desenharia uma imagem do homem em negativo. As palavras, os signos, os símbolos são sempre o material mais humano que existe. Não é preciso exclamar: vejam que estou falando do homem! Pelo contrário!

Como é possível encontrar o homem onde concretamente ele não está ou onde parece não estar ou não poder estar?

No momento em que pousamos o olhar num planeta desabitado, esse planeta já se torna um fato da nossa vida, que *significa* para nós. Já é um pedaço da nossa biografia!

Não corremos o risco de nos encontrarmos numa cidade totalmente negativa, cheia de homens, mas na verdade vazia do homem?

Já aconteceu. Já a Londres de Dickens e a Manchester descrita por Engels são cidades monstruosas. Porém sobreviveram: os aspectos não monstruosos talvez tenham conseguido compensar os outros.

Já esteve nos Estados Unidos?

Há uns quinze anos, durante seis meses. Se eu pensar a respeito, devo dizer que a minha verdadeira cidade foi Nova York.

Por quê?

Eu me senti em casa. Talvez porque a possuímos imediatamente, ela não tem passado, é simples topograficamente, sociologicamente, historicamente.

Não gosta das cidades cheias de história?

Gosto, mas sinto também uma sujeição a elas. Respeito muito a história, não posso tratá-la de cima.

Não sente Nova York como uma cidade fora da medida humana?

Certamente, é fora de medida; mas consigo possuí-la mentalmente, entendê-la. Agora não posso dizer como é de fato viver nela, tendo que ficar ali por trabalho, com uma família; passei lá apenas umas longas férias. Além disso, dizem que ela mudou muito nestes quinze anos. O que eu queria dizer é que na imaginação sempre me reencontro lá, várias vezes ambientei contos bastante imaginários em Nova York. Há cidades que imprimem a sua forma em nossa mente, a sua imagem, em vez de sermos nós a habitá-las. Também gosto muito de Amsterdam, porque tem uma bela forma, contida nos círculos concêntricos dos seus canais. Gosto de água nas cidades. Não consigo me consolar pelo fato de Milão não ter mais os *Navigli*. Numa viagem recente, admirei muito Isfahan, na Pérsia, a sua praça extraordinária, as avenidas, os jardins-escola perto das mesquitas. É ainda uma criação urbanista do século XVII, que está mais viva do que nunca, as pessoas usam os espaços da cidade no sentido certo para os quais foram criados, e nota-se que se sentem à vontade. Há um rio com o qual se está à vontade, com margens gramadas, onde os jovens vão estudar depois das aulas e tomar um lanche.³

Neste momento pode dizer que possui uma cidade?
Agora essa cidade é Paris: um pouco porque fica no exterior e um pouco porque, na verdade, nunca ninguém se sente no exterior em Paris. Em suma, ela me dá aquele mínimo, só um mínimo, de distanciamento do contexto italiano e me oferece a possibilidade de um olhar à distância.

Esse olhar à distância tem também um significado político, no sentido de distância da cidade social, da "pólis", em suma?
Os jornais italianos chegam a Paris no dia seguinte. Isso, por si só, já serve para decantar a tensão emocional da crônica italiana. Creio que, para enxergar com clareza, não podemos nos deixar tomar pela emotividade. Penso que os movimentos lentos são os que importam. Tento ver na crise italiana aquilo que há de característico, de diferente, mas também de comum em relação à situação geral. Acredito que a Itália, justamente por estar tão desmantelada, tão instável, é a menos exposta a explosões imprevistas, que às vezes atingem os países mais sólidos, como a França.

A sua última criatura, o Palomar que encontramos no Corriere, *tão distanciado das coisas, tão desatento, porém tão pungente, atraído pelas ondas do mar e pelos "buracos" do céu, onde, em que cidade ele mora de fato?*
É uma pergunta embaraçosa, porque prefiro deixar as fronteiras entre a terceira pessoa e a primeira pessoa no vago... Posso dizer que é uma pessoa que vejo com frequência, que deveria estar nos mesmos locais onde eu estou. Minha mulher acha que ele é diferente de mim, gordo, um senhor de idade muito calmo, que rega as flores do seu jardim, com um chapéu de palha na cabeça, camiseta regata, calças curtas que batem nos joelhos. Pode ser que eu, por dentro, seja assim!

Por que o nome Palomar?
Do observatório californiano.

217

■ *NASCI NA AMÉRICA...*

Palomar é italiano? Sua alma é italiana? Quem são seus amigos?

Os seus amigos são... Monsieur Teste de Valéry, o senhor Keuner de Brecht e muitos sábios chineses e japoneses... Quanto à nacionalidade, de início eu também queria deixá-la indeterminada, depois me dei conta de que Palomar diz coisas que só um italiano diria: mas um italiano que tem muitos pés entre muitos paralelos e meridianos...

O DIALETO[1]

1. Qual o peso que o conhecimento e o uso dos dialetos podem ter na nossa cultura contemporânea?
2. Um interesse renovado pelos dialetos poderia caracterizar uma nova cultura?
3. Os dialetos ainda têm algo a oferecer à língua italiana?
4. Você tem um dialeto? Influenciou a qualidade linguística da sua obra?

1/2/3. A cultura dialetal tem sua plena força enquanto se define como cultura municipal, estritamente local, que assegura a identificação de uma cidade, de um condado, de um vale, e os diferencia de outras cidades, condados, vales próximos. Quando o dialeto começa a ser regional, isto é, uma espécie de interdialeto, ele já entrou na fase puramente defensiva, isto é, na sua decadência. O "piemontês", o "lombardo", o "vêneto" são criações de certa forma recentes e degeneradas, e hoje devem ser enquadradas na situação das grandes imigrações de massa, devem ser vistas em função do drama que, tanto para os imigrantes quanto para os autóctones, é representado pelo contraste forçado de culturas que não são mais as culturas locais de antes e ainda não constroem uma nova cultura que as transcenda.

Foi diferente a situação do dialeto que durou na Itália até 25 anos atrás, em que a identidade municipal era fortemente caracterizante e autossuficiente. Ainda quando eu era estudante, isto é, já numa sociedade que falava correntemente a língua oficial, o dialeto era o que nos distinguia, por exemplo, nós de Sanremo, dos nossos coetâneos, digamos de Ventimiglia ou de Porto Maurizio, e era motivo de reiteradas gozações entre nós; sem falar do contraste mais forte dos dialetos dos vilarejos de montanha, como Baiardo e Triora, que correspondiam a uma situação sociológica completamente desigual e se prestavam com tanta facilidade à nossa zombaria como cidadãos litorâneos. Nesse mundo (na verdade, muito restrito), o dialeto era uma maneira de se definir como ser falante, de formar um *genius loci*, enfim, de existir. Não tenho a menor intenção de mitificar de forma nostálgica aquele horizonte cultural tão restrito, mas apenas constato que então subsistia uma vitalidade expressiva, isto é, o senso de particularidade e de precisão, que deixa de existir quando o dialeto se torna genérico e preguiçoso, isto é, na época "pasoliniana" do dialeto como resíduo de vitalidade popular.

A riqueza lexical (além da riqueza expressiva) é (isto é, era) uma das grandes forças do dialeto. O dialeto tem maior poder sobre a língua quando contém vocábulos para os quais a língua não possui correspondentes. Mas isso dura enquanto duram as técnicas (agrícolas, artesãs, culinárias, domésticas) cuja terminologia foi criada e depositada mais no dialeto que na língua. Hoje, lexicalmente, o dialeto é tributário da língua: dá apenas desinências dialetais a nomes nascidos na linguagem técnica. E também fora da terminologia dos ofícios, os vocábulos mais raros se tornam obsoletos e desaparecem.

Lembro que os velhos de Sanremo conheciam vocábulos dialetais que constituíam um patrimônio lexical insubstituível. Por exemplo, *chintagna*, que significa tanto o espaço vazio que fica atrás de uma casa construída — como sempre na Ligúria — encostado numa área terraplenada quanto o espaço vazio que fica entre a cama e a parede. Creio que não há em italiano uma palavra correspondente; mas hoje a palavra não existe mais nem no dialeto; quem a conhece, quem a usa, agora? O empobrecimento e achatamento lexical são o primeiro sinal da morte de uma linguagem.

4. O meu dialeto é o de Sanremo (chamado agora de *sanremese* mas antigamente *sanremasco*), que é um dos muitos dialetos lígures do Poente, isto é, de uma área bem distinta, como cadência e fonética, da área genovesa. Vivi quase ininterruptamente em Sanremo os primeiros 25 anos da minha vida, numa época em que a população autóctone ainda era maioria. Eu vivia num ambiente rural onde se usava sobretudo o dialeto, e o meu pai (quase meio século mais velho do que eu, tendo nascido em 1875 de uma velha família de Sanremo) falava um dialeto muito mais rico, mais preciso e expressivo que o dos meus coetâneos. Assim, cresci embebido de dialeto, mas nunca aprendi a falá-lo, porque a autoridade mais forte que

influenciava a minha educação era a da minha mãe, inimiga do dialeto e severa defensora da pureza da língua italiana. (Devo dizer que nunca aprendi a falar fluentemente nenhum outro idioma, mesmo porque, por caráter, sempre fui de poucas palavras e logo as minhas necessidades de expressão e comunicação se concentraram na língua escrita.)

Quando comecei a escrever *utilmente*, tomava cuidado para que houvesse por trás do italiano um decalque do dialeto, pois, sentindo como soava falsa a língua empregada pela maioria dos escritores, a única garantia de autenticidade que me parecia possível era essa proximidade com a oralidade popular. Pode-se perceber essa atitude nos meus primeiros livros, que a seguir vai se fazendo mais rarefeita.[2] Um fino leitor de Sanremo e velho conhecedor do dialeto (um advogado que depois Soldati transformou em personagem de um romance seu)[3] reconhecia e apreciava usos dialetais nos meus livros mesmo posteriores: ele morreu e creio que agora não existe mais ninguém que fosse capaz disso.

O impacto do dialeto logo se degenera em quem se afasta dos locais e da conversação cotidiana. No pós-guerra eu me transferi para Turim, naquela época ainda muito dialetal em todos os níveis sociais, e, mesmo resistindo à descaracterização, a atmosfera linguística diversa não podia não desbotar, dado o tronco gálico-itálico comum.

Hoje, em casa, a minha mulher conversa comigo no espanhol do rio da Prata e a minha filha no francês das estudantes populares parisienses: a língua em que escrevo não tem mais nenhuma relação com nenhuma oralidade, a não ser por meio da memória.

221

O ESCRITOR E A TRADIÇÃO[1]

A literatura italiana, no seu conjunto, vai do sério ao sisudo. Você, para a sua e a nossa sorte, não é sempre "sério": isto é, soube mascarar a seriedade ou a tragicidade dos problemas por trás de um sistema de atitudes estilísticas e formais de tipo irônico. Pois bem, não lhe pesou ser um escritor "pouco sério" numa literatura de solenes declarações e cenho orgulhoso como a nossa?

A literatura italiana nunca teve um Laurence Sterne, mas é curioso que o primeiro tradutor de Sterne na Itália tenha sido um escritor cheio de seriedade e solenidade como Foscolo, que é quase um símbolo da atitude orgulhosa e altaneira da literatura italiana.

Mas o que Foscolo traduziu? A Viagem sentimental, *não* Tristram Shandy. *E o que Foscolo entendeu de Sterne?*

Mas já era uma primeira descoberta do humour inglês, que se dava justamente no momento mais carrancudo entre o Neoclassicismo e o início do Romantismo. Isso para dizer que essas coisas nunca se apresentam em estado puro, que há ao mesmo tempo atitudes meditativas e atitudes irônicas. Admiro muito os escritores que são somente irônicos, somente parodistas, e que dessa maneira demonstram uma coerência filosófica, talvez também um desespero, um niilismo absoluto, isto é, um empenho filosófico.

222

Mas a literatura italiana, a oficial, em língua e não em dialeto, há quantos séculos não tinha um escritor totalmente engajado no fronte paródico? Talvez desde Ariosto, certo?

Quem sabe: pensemos na grande batalha do teatro que ocorre no século XVIII entre Goldoni e Gozzi, que são ambos poetas risonhos...

Mas são dois menores, se não mínimos.

Goldoni talvez não seja menor. Gozzi com certeza é um autor menor, mas teve uma influência enorme sobretudo fora da Itália; e vale dizer que Gozzi seguramente não era uma figura alegre.

Veja o caso setecentista do "Scriblerus", nome por trás do qual se escondiam escritores engajadíssimos tanto no fronte político quanto no fronte das batalhas poéticas e estéticas: aceitavam apagar os seus nomes por trás dessa alcunha, inventada para ter esse tipo de investida irônica que a literatura italiana não tinha.

É preciso dizer que na última geração, nos que vieram depois de mim, essa atitude é bem difundida, de Sanguineti a Manganelli e também Arbasino: são três casos bastante, ou melhor, muito diferentes entre si, mas têm em comum essa investida paródica.

Por outro lado, há certa dificuldade em colocá-lo no mesmo grupo de Sanguineti, Arbasino e Manganelli. Não é uma questão de idade, é mais uma questão de peso, de empenho, de estrutura do romance. Você pertence claramente à mesma geração e ao mesmo grupo ao qual podiam pertencer, não sei, Pavese, Vittorini, Gadda... Também em Gadda há esse empenho.

Em Gadda, bom... nem tanto, não. O discurso está se tornando um pouco especialista. Há toda uma tradição da *scapigliatura** lombarda, a qual, porém, certamente é constituída por autores menores.

(*) Movimento literário e artístico, surgido em Milão e Turim entre 1860 e o fim do século, que combatia o tardorromantismo e o academicismo tradicional, fazendo a defesa da absoluta individualidade do artista. (N. T.)

Tradição que, no entanto, certos italianos — e o próprio Arbasino — tentam estender para além do lícito, inflando certos escritores que talvez não mereçam tanta atenção.

No campo da crítica literária, essa tradição, que é chamada de "macarrônica" pelo seu maior estudioso, Contini, remonta a Folengo. Ela está no próprio coração da tradição italiana.

Na minha opinião, não no coração, mas no dedão do pé.

No dedão do pé, se preferir, que é uma parte importantíssima do corpo.

Sim, sim... Retomando a minha pergunta inicial: não lhe pesou ser um escritor "pouco sério" numa literatura de solenes declarações e cenho orgulhoso como a nossa?

Sempre fiquei muito contente por confundir o espírito sisudo da literatura e por escapar a esse clima.

Foi difícil?

Não, diria que não; mesmo porque, embora no início me parecesse estar fazendo algo que podia ser malvisto, logo todos os meus movimentos nesse sentido passaram a ser acompanhados com olhos favoráveis. Não posso dizer que tenha vivido um período de isolamento por causa dessa minha atitude; isso não posso mesmo dizer. Nota-se que havia uma necessidade disso.

Certas rupturas de tipo irônico e paródico na França ocorrem com Apollinaire e com os surrealistas, na Inglaterra com Joyce. A seu ver, você chegou num momento em que a literatura italiana estava disponível para esse tipo de operação?

Sim, ou talvez não, porque no fundo comecei a escrever no pós-guerra, que era o momento mais distante dessa... disponibilidade, mas contribuí para introduzir uma abertura de horizontes.

A abertura de horizontes vinha daquilo que você chamava de "coração" e eu de "dedão do pé" da literatura italiana, ou da sua cultura de caráter cosmopolita?

Creio que sim. Nunca pensei, nunca me estabeleci um programa de seguir uma tradição italiana. As leituras de um jovem são as dos autores do mundo todo: os autores anglo-saxões, os russos...

Em 1945 você já era um cosmopolita?
Desde antes.[2] Não tive uma formação... O italianista é um estudioso especializado...

Como ser um etruscólogo.
Sim, diria que sim... Ao passo que um jovem que não tem um interesse especializado pela literatura lê romances de aventura, romances humorísticos, romances policiais. Lê livros interessantes... os quais, sobretudo antes da guerra, raramente eram italianos.

Não conheço bem a sua primeira produção: como sabe, interessam-me muito mais as dos anos 1950-60, dos Nossos antepassados *em diante. Do exterior, parece-me que a sua ruptura com a tradição italiana e com o neorrealismo ocorre mais tarde, não no imediato pós-guerra, mas dez anos depois.*
Quando escrevi O visconde partido ao meio, acho que em 1951, eu me remetia a Robert Louis Stevenson, que sempre foi um autor importante para mim. Mas já na época do primeiro romance que escrevi, A trilha dos ninhos de aranha, havia declarado que queria fazer ao mesmo tempo Por quem os sinos dobram de Hemingway e A ilha do tesouro.

Conheço muito pouco Stevenson. Pode dizer algo mais sobre ele? Você me falou várias vezes de Stevenson.
Stevenson é um autor que faz o romance de aventura já "de segundo grau",[3] piscando o olho, usando certos módulos da literatura popular como só um escritor refinado e com grande *sense of humour* é capaz de usar.

Isso já acontecia com muitos outros escritores de aventura antes de Stevenson, por exemplo, Edgar Allan Poe.
Poe certamente segue essa linha: o escritor que faz um tipo de literatura popular e, ao mesmo tempo, é um grande esteta. Nesse sentido, Poe

é sem dúvida o meu primeiro mestre. E também quando comecei a escrever os contos inspirados na guerra, no fundo estavam os procedimentos à maneira de Poe. O meu primeiro período neorrealista também está cheio de efeitos desse gênero, que aliás eram comuns à literatura italiana que vinha antes de mim. Poe foi o grande inspirador de Dino Buzzati...

Porém, você não foi "lido" dessa maneira.

Devo dizer que, desde o começo, a crítica sempre me deu esse adjetivo — "fabuloso" — no qual acabei por acreditar, por me adaptar. Já Pavese, ao apresentar o meu primeiro romance, comentara precisamente esse clima fabuloso, falara de Stevenson e de Ariosto visto através de Stevenson, já descobrira as minhas leituras. É preciso dizer que, mesmo na literatura italiana mais refinada, essas coisas já tinham toda uma tradição, eram os gostos... Mas esse discurso está se tornando muito específico...

Ainda me lembro de certo rótulo "setecentista" que lhe foi atribuído depois, e que parece contrastar um pouco com a maneira como os seus críticos e você mesmo utilizam a palavra "fabuloso". Se eu lhe dissesse que, no fundo, a sua evolução foi de Stevenson a Swift, você acharia uma coisa absolutamente inaceitável?

Oh, não, está ótimo. Mas chamo a sua atenção de que se está sempre falando dos livros que lemos na infância, de autores — naturalmente também Swift — que, quando crianças, lemos em adaptações: são certa imagem da literatura, certa imagem do romance que faz parte do patrimônio da literatura infantil. E é claro que eu desenvolvi esse núcleo aí, e, para mim, provavelmente não há o salto entre as leituras infantis e uma literatura adulta que houve para outros escritores.

Você é considerado um escritor astronômico, poeta irônico dos espaços siderais, literato intergaláctico. Ora, na Itália, Dante escreveu coisas semelhantes, mas ele não conta, está sempre fora de campo. Depois houve Galileu, que uma vez você, talvez injustamente, disse ser o maior prosador italiano; mas ele, como cientista, tinha o direito de se imiscuir nas coisas celestes. Depois de Galileu, parece-me que o único literato ao qual foi atribuída a qualificação de poeta dos espaços celestes foi, veja só, Leopardi. Vai querer mesmo se pôr em tão má companhia?

Creio mesmo que Galileu é um grande escritor: grande como escritor que cria mitos e constrói uma linguagem poética. Ele narra as suas experiências e controvérsias, que agora se demonstraram frágeis no plano científico, mas que se mantêm muitíssimo bem no plano da estrutura, seja como linguagem (isso já fora notado, e utilizado como modelo de prosa italiana, na época da "prosa de arte" dos anos 1920), seja como produção de imagens, de mitos. Creio que sempre existe um horizonte cósmico na poesia. A literatura italiana tem sua espinha dorsal na poesia em versos, e como tal sempre há o horizonte cósmico. Mas a tradição italiana também é feita desses curiosos personagens entre o mago, o cientista, o utopista, entre Giordano Bruno e Galileu, e outros escritores daquela época. Creio que esta é uma dimensão da literatura italiana que vem das origens e chega até aquele grande narrador e humorista, além de poeta, que é Leopardi. Vejo que você o trata com certo desdém, mas Leopardi é também um homem cheio de invenções narrativas extraordinárias... por exemplo, a de colocar no coração da África o encontro de um islandês com uma mulher gigantesca que é a Natureza.

Embora eu sinta a tentação de considerar os seus comentários sobre Galileu uma "boutade", você acredita realmente que ele é o maior escritor italiano?
Eu acredito que Galileu é um grande narrador. Há passagens narrativas, por exemplo, aquela sobre a origem do som, o homem que procura todos os modos como se produz o som. Há vários anos estou escrevendo um ensaio sobre Galileu e, assim, tenho toda uma vastíssima exemplificação de passagens narrativas e de metáforas em Galileu. Galileu era um homem apaixonadíssimo pela literatura... era um apaixonado por Ariosto...[4]

Porém, não compreendeu Tasso...
Sim, sim, por razões equivocadas.

Por razões muito equivocadas.
Sim, as justificativas que ele dava eram equivocadas, mas no fundo não errou no gosto. E foi também um dos primeiros a reconhecer e a apreciar Ruzzante.

Voltando a Leopardi, aquele que é chamado de o poeta dos espaços celestes, isto é, o Leopardi dos "Idílios", parece-me uma péssima companhia especialmente para um narrador, mas também para um poeta.

Não, não concordo. O poeta e o escritor que sai do pequeno provincianismo do gênero humano para pensar em termos extra-humanos, extra-animais, extrabiológicos, extratudo, creio que merece uma...

Não lhe parece que na poesia romântica inglesa o salto entre o cotidiano-provinciano e o cósmico-universal, que ocorre no melhor Wordsworth, por exemplo, no seu poema "A slumber did my spirit seal", é de uma categoria absolutamente diversa da de Leopardi?

Não sei. Pode ser que no plano do valor...

Mas você não é um rondista...[5]

É, não sou, mas existem muitos outros Leopardi além do da *Ronda*.

Tanto nos contos quanto nas intervenções na imprensa, você mostra um notável interesse pela ecologia. Você inventou a ânsia ecológica antes mesmo que se falasse nela, quando escreveu aquele conto extraordinário que é "A formiga-argentina", e assim tem todo o direito de escrever sobre ecologia. Mas, por outro lado, o que você, que é um escritor e literato, tem a ver com a ecologia? É o seu ofício?

Mas por quê? Um literato não tem nada a ver com nada e tudo a ver com tudo. Posso juntar essa sua pergunta com a anterior e lembrar o final de *A consciência de Zeno*, em que Svevo fala da doença, dessa condição geral do mundo, e faz uma extraordinária previsão de poluição geral e profetiza também a bomba atômica, alguém colocando uma carga de explosivos fortíssimos no centro da terra; e o romance termina com uma visão cósmica de um universo pulverizado e finalmente sadio.

Gosto muito de A consciência de Zeno, *mas aquele final teve a sorte de ser profético "malgré lui". É tudo discernimento posterior, nós o lemos com o discernimento posterior. Na verdade, aquela última parte não é bonita.*

Por que não é bonita? Terminar é sempre muito difícil. E uma história tão privada, tão modesta como caracterização e como ambiente, que a certo ponto se dissolve numa visão cósmica, parece-me uma coisa extraordinária.

Um personagem fictício que inventei por razões práticas diz: "Nunca leio um romance além da página cinquenta. Os romances são sempre longos demais e os finais muito tediosos". Não lhe parece que isso em parte seja verdade?

Acredito que num romance existem dois momentos importantes: o começo e o fim. São momentos decisivos em que uma história se separa do conjunto de todas as outras histórias. Portanto, a arte de terminar me parece que é sempre extraordinária. Penso, por exemplo, no final de *Suave é a noite*, de Scott Fitzgerald, que, se bem lembro, é muito bonito.[6]

O romance sempre foi um avestruz de estômago forte, capaz de digerir qualquer coisa. Há escritores que conseguem digerir tudo, das estatísticas às manchetes de jornal, como Dos Passos. Não lhe parece que a ecologia é um peso no estômago nos seus romances?

Nunca fiz uma polêmica ecológica. As coisas que você citava, "A formiga-argentina" e "A nuvem de smog", provavelmente escrevi antes ainda que se falasse tanto de ecologia...

Isso eu percebi...

Todo romance, toda representação poética é a construção de um mundo, isto é, de uma relação dos personagens com a paisagem, com a civilização, com a natureza; portanto, trata-se sempre de uma relação com algo que está ao redor. Até mesmo em Beckett.

Até mesmo em Beckett?
Até mesmo em Beckett.

Não consideraria oportuno que o Ministério da Cultura enviasse uma circular aos escritores, determinando que, a partir de agora, todos os personagens dos romances devem ter três pernas em vez de duas? Não esgotamos, talvez, as possibilidades combinatórias dos bípedes? As bibliotecas estão cheias de histórias de bípedes e somente num curto romance de Stefan Themerson o protagonista, Bayamus, tem três pernas. Com Qfwfq, você tentou escapar ao fato de ter sempre de escrever sobre personagens bípedes.

Bom, se for para falar do número dos pés, antes ainda o visconde partido ao meio tem um pé só, e isso gerava problemas técnicos bastante

229

complicados. Há, por exemplo, um duelo entre as duas metades da mesma pessoa, isto é, entre dois monópodes.

Depois há um personagem sem pés, o cavaleiro inexistente.

Há o barão nas árvores que fica nas árvores, e, portanto, é quadrúmano. Com *As cosmicômicas*, justamente, tentei criar personagens que não são humanos nem animais, e não se sabe bem que forma têm. Tudo isso eu fiz, mas não creio que se possa continuar ao infinito nesse sentido. Se alguém precisar ou tiver vontade, pode continuar; há também algumas terceiras pernas mentais que podem ser novas.

Você conhece, naturalmente, a teoria de Leslie Fiedler: ele dizia que a literatura americana sempre caminhou rumo ao oeste, até que chegou na Califórnia e dali não conseguiu atravessar o Pacífico. Por isso, pegou uma terceira perna mental e seguiu na direção da "drug trip", do LSD ou do misticismo. Você se refere a isso?

Como não tive continentes para atravessar, a coisa não se coloca para mim em termos tão programáticos, que faz com que essas viagens sejam de certo modo viagens materiais, ou a travessia de um continente ou o uso de certas substâncias químicas. Não, penso simplesmente que o deslocamento um pouco mais oblíquo de um olhar, ou de um ponto de interrogação com uma dupla espiral...

Praticamente, a obliquidade ou a dimensão significa um retorno a Swift? A terceira perna mental é a de Swift?

Sim, com certeza. Penso que Swift nessas coisas é um modelo. Creio que a sua maneira de olhar dentro das pessoas...

Eu me lembro que uma vez você recusou um prêmio literário prestigioso porque era contrário a essa moda e às consequências dos prêmios. Não lhe parece que seria necessário fazer o exato contrário: em vez de dar prêmios, dar castigos? Tirar a fruta e o doce dos escritores e dos que querem começar a escrever ou a pintar, e encaminhá-los para outros caminhos. Depois, os que insistirem, tudo bem: azar o deles, ou não.

Há civilizações em que se lê muito e há civilizações em que se escreve muito. Na Itália, escreve-se mais do que se lê. Isso sem dúvida é um problema; mas cabe também pensar que, para que permaneça algo de uma época ou de um século, é preciso descartar muitíssimo, portanto...

É preciso a "redundancy"...

Sim, uma *redundancy*... Mas também é necessário que depois ela seja apagada, seja eliminada. Nesse sentido, uma primeira seleção entre os que escrevem, isto é, a formação de uma comunidade que tenha gostos em comum, uma orientação sobre o que se escreve, parece-me necessária. Nesse sentido também, os prêmios para iniciantes são rigorosamente necessários.

A redundância acontece naturalmente na medida em que, mesmo que se taxassem todos os escritores, sempre haveria aqueles dispostos a sacrificar a sua tranquilidade econômica para poder escrever ou pintar. Mas esse incentivo contínuo que vem das autoridades do Estado e das autoridades da cultura para que se escreva cada vez mais... A Itália está sobrecarregada de carros e manuscritos, não é verdade?

Hoje menos do que ontem, creio eu. Passamos pelo menos 25 anos em que todos escreviam. Hoje creio que menos, porque escrever não é um dos ideais da juventude nestes últimos dez anos. Talvez ainda existam muitos jovens que escrevem, mas há menos orientações. Realmente não se sabe o que será a literatura de amanhã.

Você está falando da morte da arte, da morte da literatura, ou de um "mixage" *de diversos gêneros?*

Certamente há menos jovens com o ideal de se tornar um escritor, também porque hoje não existem modelos de escritores, pelo menos na Itália. Na França, há uma vanguarda que se faz comentada, mas não se faz lida. E há uma produção corrente que importa de fato muito pouco. Diria que na Inglaterra também a situação é semelhante.

Nos Estados Unidos, porém, existem vários fenômenos...

Nos Estados Unidos, continua a existir um fortíssimo aparato editorial e comercial, e há também uma efervescência criativa.

Retomando a comparação entre a cultura italiana e a estrangeira, gostaria de passar à próxima pergunta, isto é, ao estranho sentimento que nós, italianos no exterior, temos em relação ao nosso país, essa mescla de orgulho e constrangimento... Apesar de todo o peso que tivemos nos últimos anos no cinema e em tantas outras coisas, na verdade, na cultura europeia continuamos a ser sempre aqueles que os ingleses chamam com certo desprezo de "Eye-talians", que afinal são, no fundo, donos de sorveterias e de restaurantes. Você, que vive no exterior faz tantos anos, sentiu esse problema?

Não, diria que hoje a Itália é um país de professores: isso se sente também no exterior porque o italiano, a literatura italiana, é uma coisa que vive institucionalmente na universidade. Isso corresponde também ao fato de que hoje a Itália é uma enorme reserva de professores e, portanto, é pouco criativa. Aquilo que a Itália tem de bom é que é muito bem informada. É um país onde se traduz muito, onde as pessoas estão sempre atualizadas sobre o que acontece no resto do mundo. A característica que a Itália tem, desde o pós-guerra, é ser mais informada do que criativa. É certamente mais aberta do que o resto do mundo, mais do que a França, a Inglaterra, a Alemanha, onde apenas algumas experiências conseguem atravessar certa barreira do som e entrar. Na Itália, sem dúvida, falta um pouco de trabalho cultural de base das pessoas que atuam tanto na área dos estudos quanto na área criativa.

Vemos que na Inglaterra e em tantos outros lugares a Itália é um país extremamente remoto em que, no fundo, nada acontece, a não ser aqueles poucos filmes e aqueles poucos livros que conseguem atravessar essa barreira. Eu reclamava com um dos diretores do The Times Literary Supplement *sobre o fato de falarem tão pouco da cultura italiana; e ele me dizia: Sim, mas na Itália vocês não fazem nada, por que haveríamos de falar muito? Não conseguimos demonstrar para o resto do mundo que temos alguma importância.*

Creio que não seja possível fazer afirmações gerais sobre essas coisas; é preciso dizer que existe tal e tal coisa, e apontar fatos precisos.

Como foi feito com o Nobel para Montale. Ou com o prêmio que você recebeu esses dias em Viena.[7]

Bem, esses são fatos marginais: apenas uma figura de poeta ou de escritor, não é isso que faz a cultura. É todo um tecido.

Esse tecido existe na Itália em muitos campos: tomemos como exemplo a pintura italiana, que é conhecida na França ou nos Estados Unidos e é totalmente desconhecida na Inglaterra. Mas talvez você, morando na França, não sinta esse isolamento.

Na França há grandes paixões pela Itália, por fatos italianos, que para nós parecem exageradas.

Também na pintura?
Não sei bem o que você quer dizer quanto à pintura em geral, mas quanto a alguns pintores, sim. Vale lembrar que a Inglaterra é muito insular.

Você vê a cultura literária inglesa de hoje como insular?
Sim, sem dúvida.

Por quê? No fundo, foi uma cultura que teve não só um peso próprio, interno, um centro de gravidade, mas também uma influência enorme, desde Joyce ao que você quiser.
Sim, certamente. Mas, nos últimos anos, tem-se a impressão de que nasceu ou se renovou o gênero literário da biografia de escritores. A Inglaterra continua a revisitar seu panteão de grandes figuras, de um número finito de autores. Sem dúvida não há mais o gosto pela exploração e anexação de novos territórios.

Um desses novos territórios poderia ser a curiosidade, que existe na Itália e falta na Inglaterra: uma incapacidade de absorver novas formas que faltam à cultura inglesa. Um exemplo não só de curiosidade, mas de abertura, é aquele que você deu recentemente no Castelo dos destinos cruzados *e nas* Cidades invisíveis: *uma tendência a uma obra de* fiction *que é também obra de relojoaria. Uma máquina de contar uma história, de encantar o leitor... Mas você não acredita que haja o risco de haver uma obra em que não existe mais o autor? O risco de uma progressiva diminuição da inventividade e liberdade, como por exemplo no* Castelo, *onde você utiliza um esquema fixo que se reduz conforme você faz algumas escolhas.*
Não, diria que não, porque no *Castelo* não segui esse sistema deixando--me guiar pelo acaso, mas forcei um pouco a mão para contar certas his-

tórias, e isso até em detrimento do esquema. Assim, propus uma fórmula mecânica, mas depois não a apliquei mecanicamente. Há poéticas de construção, diria eu, quase mecânicas, em que apenas se aplicam combinações de materiais, e há autores que trabalham dessa maneira na França e também nos Estados Unidos.

Em quem está pensando, por exemplo?
Estou pensando, por exemplo, em Georges Perec, que faz coisas muito divertidas em poesia e também as fará em prosa seguindo essa direção. Estou pensando em experiências à Raymond Roussel, como as que faz Harry Mathews (escritores desconhecidos na Inglaterra). Porém, as coisas que eu faço são um tanto diferentes, mesmo que eu tenda a complicar os contêineres da narrativa. Nesse momento, estou precisamente trabalhando em algo do gênero.

O "artifex" é aquele que inventou as cartas, mas, no momento em que você utiliza as cartas, há sempre um "artifex additus artifici"; nunca se torna mecânico. Não sente algum risco, num novo futuro, de ocorrer essa redução da possibilidade de intervenção na narrativa como um todo ou na sua narrativa em particular?
Não, não acredito nisso, não. Acredito que, se alguém narra um romance psicológico ou uma história conjugal, não faz nada além de se mover dentro de uma convenção, e, portanto, ali também...

As cartas existem sempre...
As cartas existem sempre.

Porém, há sempre uma redução daquilo que chamo de "a ilusão de Pigmalião", a ilusão de dar ao personagem uma densidade psicológica. Estamos voltando a modelos narrativos de tipo primitivo, de fábulas populares, em que o personagem é como Snoopy, ou Schroeder que traz um cartaz dizendo "amanhã é o aniversário de Beethoven"...
Sim, com certeza; mas a psicologia também pode não ser a do personagem: pode haver uma psicologia expressa por meio do desenho ou do enredo, ou também com personagens mais rudimentares do ponto de vista psicológico. E, além do mais, a psicologia não é a única dimensão da literatura.[8]

Na Inglaterra é.
Bom, não sei... Não é a psicologia que me interessa em primeiro lugar. Se depois aparece a psicologia, isto é, se surgem valores psicológicos naquilo que escrevo, tanto melhor...

Você, porém, não está disposto a renunciar à surpresa do leitor. Então, para você, a surpresa se reduziria a uma surpresa de enredo.
Mas há também as surpresas da escrita. Há a surpresa do inesperado, da aparição inesperada. Creio que não existe um romance que ofereça menos surpresas do que um romance psicológico tradicional.

Entre todos os escritores que conheço, tanto italianos quanto "estrangeiros", você é um dos poucos de cultura cosmopolita e não nacional-provinciana, e de doutrina não exclusivamente humanista. É evidente que se ganha de um lado e se perde do outro. Pois bem, o que você julga ter perdido nessa ampliação de horizontes geográficos e disciplinares?
Creio que ter raízes num lugar, num território, é importante para um escritor. E o fato de tê-las perdido aos poucos, mesmo por não suportar um enraizamento, sim, julgo que me fez perder uma intensidade, sobretudo no contexto italiano, que é feito especialmente de escritores com fortes raízes regionais. Penso em Sciascia.

A CULTURA DO PCI NOS ANOS DO STALINISMO[1]

Você viveu os anos do stalinismo dentro do PCI, até depois do XX Congresso. O zhdanovismo pesava realmente sobre os intelectuais comunistas italianos, naquela época, e criava divergências internas? Se exumarmos os símbolos daquele tempo, Andrei Zhdánov se encontra com frequência entre eles. Antes, por exemplo, que a escola para os quadros do partido em Frattocchie, perto de Roma, recebesse o nome de "Palmiro Togliatti", ela era dedicada ao dirigente de Leningrado.

Depois da Libertação, passaram-se uns dois anos em que a política cultural do PCI ainda não estava bem definida e ainda não se fazia sentir a pressão para se uniformizar com o modelo soviético. Havia polêmicas de grupos e de tendências e também fortes sectarismos, mas numa atmosfera geral de busca e inovação. A URSS era vista ainda com imagens do clima revolucionário, digamos maiakovskianas.

Quando caiu o raio zhdanoviano?
O primeiro episódio de intimidação clamorosa, ao que me lembro, foi um artigo do *Pravda* em 1947 contra Picasso, condenando o seu "formalismo". Era um artigo extenso, publicando fotos dos seus quadros para demonstrar como eram feios e ridículos. Houve muita repercussão no Ocidente, onde Picasso era o artista comunista mais famoso e considerado o paladino da batalha pela nova cultura. Esse ataque creio que não era assinado por

Zhdánov, mas inaugurou a era das excomunhões ligadas ao seu nome. Lembro que ouvi o nome de Zhdánov pela primeira vez como autor de um texto contra uma história da filosofia então publicada na União Soviética. A difusão dada a esse texto provava que Andrei Zhdánov, que comandara a organização do partido na Leningrado sitiada durante a guerra, adquirira uma autoridade ideológica somente menor do que a de Stálin. No mesmo período, houve a crítica de Zhdánov ao "formalismo" dos músicos soviéticos, entre os quais Shostakóvitch, e a condenação das revistas literárias de Leningrado com a poeta Akhmátova.

Foi então que se rompeu a atmosfera de busca e inovação do imediato pós-guerra?

Aquele foi um momento de fato alucinante: toda a autoridade desse partido-Estado onipotente que desferia seus raios sobre uma poeta idosa, autora de versos delicados e refinados. Mas o poder político mostrara do modo mais paradoxal possível a incapacidade de reconhecer que o seu discurso não esgota todos os discursos possíveis. E nunca ocorrera à poesia mostrar os seus poderes de maneira igualmente emblemática: provocando com a sua voz melancólica uma condenação tão tonitruante. Dali a pouco Zhdánov, no auge da sua autoridade, enquanto os seus escritos eram traduzidos em todas as línguas, morreu não se sabe bem como e foi sepultado com todas as honras. O zhdanovismo continuou, estendendo-se às ciências (Lissenko) e ao próprio marxismo (as excomunhões ideológicas de Lukács na Hungria), tudo isso principalmente nos anos 1948-53. A campanha contra o "cosmopolitismo" representou o mais grave retrocesso à eslavofilia reacionária do século XIX.

Togliatti era zhdanoviano? A sua polêmica com Il Politecnico *de Vittorini e as críticas do PCI contra os* Studi filosofici *de Banfi foram episódios de natureza zhdanoviana? Ou houve naquela ocasião um choque entre duas concepções: de um lado, o "Norte" (Vittorini, Pavese), que tinha como plataforma a atualização e a ligação com a cultura internacional, europeia e americana, e do outro o "Sul" (neste caso, Togliatti), que se ligava ao filão historicista que, de De Sanctis a Labriola, tentava um desenvolvimento da esquerda hegeliana na Itália?*

Togliatti, na cultura tal como na política, tentava se mover seguindo as linhas gerais ditadas por Stálin ao movimento comunista internacional, para desenvolver uma política respaldada por razões italianas, pela conti-

237

nuidade da história italiana. Nisso ele era muito hábil, além de realmente acreditar nisso, com o seu historicismo, com a sua desconfiança diante de qualquer improvisação. Tinha a percepção daquilo que era o mundo cultural italiano de então, mais sensível à continuidade do que à inovação, assim que se saia dos ambientes de liderança. Gostava de ostentar gostos classicistas e estudos filológicos. Fazia as suas polêmicas culturais em *Rinascita* com o pseudônimo de Roderigo di Castiglia, que na novela de Maquiavel é o nome sob o qual se oculta o arquidiabo Belfagor disfarçado de cavaleiro. Nesses seus textos, podia ter a mão até muito pesada (como com os pintores, em 1948), e nas polêmicas nunca concedia nada às razões do adversário (Vittorini, Massimo Mila, Norberto Bobbio). Ao mesmo tempo, tentava neutralizar as posições dos zhdanovianos explícitos nas fileiras do seu partido, isto é, daqueles que importavam as diretrizes soviéticas ao pé da letra, sem sequer o esforço de "traduzi-las". Por exemplo, no momento em que a União Soviética decretou como clássicos da crítica literária os democratas russos do século XIX, Belinski, Dobroliúbov, Tchernitchévski, e na Itália planejava-se o lançamento das obras completas desses três autores, Togliatti encontrava maneira de dizer num discurso seu que era melhor antes estudar bem De Sanctis. Os que eram mais próximos a ele contam que Togliatti detestava os romances soviéticos e só uma vez se deixou convencer a ler e a fazer a resenha de uma obra: um livro de guerra especialmente antirretórico.

Foi uma resenha de Estrada de Volokolamsk *de Bek*,[2] *mas que preferiu não assinar.*

A operação cultural que Togliatti soube conduzir melhor foi a publicação dos papéis de Gramsci, o que, no decorrer de poucos anos, entre 1947 e 1950, converteu Gramsci num ponto de referência central, sendo que antes era um autor absolutamente inédito e desconhecido. Essa valorização de Gramsci como personalidade intelectual italiana autônoma, fora do estrito uso partidário, foi uma iniciativa pessoal de Togliatti que em geral é subestimada como se fosse algo totalmente óbvio e natural, o que não era de maneira nenhuma.

Você falou de "zhdanovianos explícitos" no PCI. Quem eram? Como se situavam em relação aos togliattianos-gramscianos?

O escritório do "trabalho cultural" do PCI foi criado, creio, em 1947-8 e confiado a Emilio Sereni. As diretrizes zhdanovianas mais pesadas tiveram como propagador na Itália esse homem que era excêntrico, paradoxal, napolitano, eufórico, eficientíssimo, de cultura vivaz e genial, qualidades que não o impediram de exercer então uma influência desastrosa. Outros dois dirigentes da geração que conhecera a emigração tinham voz nas questões culturais: Giuseppe Berti e Ambrogio Donini. Berti passara pela experiência soviética e sabia o sangue e as lágrimas que custava, mas naquela época não se diferenciava dos apologetas mais incondicionais. Depois mudou e passou o resto da vida explicando como tinham sido as coisas. Donini era de um stalinismo inabalável como um lingote de chumbo e creio que assim permaneceu.

Togliatti, por sua vez, apostou nos crocianos-marxistas?
Nesse meio-tempo, a sua linha logo tinha se amalgamado com a da geração romana que chegara ao comunismo pelo crocianismo nos anos da guerra: Alicata, Salinari, Trombadori, Guttuso, isto é, a linha do "realismo", do "nacional-popular", do "retorno a De Sanctis". Com uma batalha bastante declarada, embora encoberta, essa linha conquistou a direção cultural do partido, creio que por volta de 1953-4, e publicou *Il contemporaneo*, revista semanal que, na sua primeira série, era externamente parecida com a *Mondo* de Pannunzio. Enquanto isso, Carlo Muscetta, que era um herege e um "raivoso" dentro dessa linha, dirigia *Società*.

Milão seguia os mesmos percursos?
A cultura de esquerda milanesa continuou fazendo história por conta própria, e mereceria um estudo à parte, distinguindo-a da hegemonia romano-meridional daqueles anos: Milão tinha aspectos mais europeus, impulsos centrífugos e ao mesmo tempo, na política cultural do partido, aspectos mais sectários, um pouco no gênero do comunismo francês. Foi só no fim dos anos 1950 e início dos anos 1960 que Milão tomou a dianteira para uma renovação da política cultural do PCI, com Rossana Rossanda, que, naquela época, conseguia até falar com Togliatti, coisa que nunca foi fácil para ninguém. Mas eu não estava mais no partido e não posso mais falar por experiência própria.

Como viveu os anos zhdanovianos no PCI? Que posição tomava? De que lado ficava?
Sou da geração que começou a se mover no pós-guerra; ou seja, foi

então que comecei a formar uma experiência e um sistema de valores. O fato de que os jovens ligados a um "movimento" deixam de lado todos os "se" e "mas" para conseguirem não se separar dele é algo que continua se repetindo em toda situação histórica: e valia também para mim, que fervilhava de muitos "se" e "mas" e até punha alguns por escrito, mas sempre dentro das regras do jogo. Com a participação no mundo comunista turinês, eu podia me fortalecer com uma ligação direta e constante com a organização operária, coisa que não era muito frequente entre os intelectuais comunistas, e isso me permitia marcar certa independência frente às posições culturais oficiais romanas e milanesas e também conduzir alguma (mínima) batalha. Trabalhando na Einaudi, além do mais, era naquela área que eu vivia os acontecimentos. Depois a situação deslanchou. Em 1956 me joguei de corpo e alma no debate interno, mas em 1957 tudo já se fechara outra vez e saí do partido. Assim como considero preciosa e construtiva a experiência vivida no partido enquanto movimento operário, da mesma forma os debates culturais partidários não me despertam senão amargura e pesar por tanto tempo e com tanta tensão nervosa que poderiam ser usados de modo mais proveitoso.[3]

SITUAÇÃO 1978[1]

"*O grande segredo é se ocultar, escapar, confundir os rastros.*" *É uma frase sua a* Arbasino, *no início da "belle époque", como você chamava os anos 1960. Você conseguiu. E a tal ponto que hoje nos perguntamos: Calvino, como Astolfo, está na lua?*

A lua seria um bom ponto de observação para olhar a Terra a determinada distância. Encontrar a distância certa para estar presente e ao mesmo tempo separado: era este o problema do *Barão nas árvores*. Mas passaram-se vinte anos, está cada vez mais difícil para mim situar-me no mapa das atitudes mentais dominantes. E qualquer outro lugar é insatisfatório, não se encontra um alhures. De todo modo, recuso o papel de quem corre atrás dos acontecimentos. Prefiro o de quem continua com um discurso próprio, à espera de que volte a ser atual, como todas as coisas que têm fundamento.

"Discurso", foi você que disse. Agora precisa explicar.

Talvez fosse apenas certo número de "sim" e de "não" e um grande número de "mas". Sem dúvida, pertenço à última geração que acreditou num projeto de literatura dentro de um projeto de sociedade. E tanto um como o outro voaram pelos ares. Toda a minha vida foi um reconhecer validade em coisas às quais eu dissera "não". Mas as atribuições de valor fundamental permanecem, por mais que sejam negadas.

241

Aquele projeto de sociedade, o projeto comunista da sua geração, se dissolveu. Fizeram-se outros, pela mesma mão. Você se reconhece neles?

O movimento operário para mim significava uma ética do trabalho e da produção, que na última década foi posta à sombra. Hoje, em primeiro plano estão as motivações existenciais: todos têm o direito de gozar só pelo fato de estar no mundo. É um criaturalismo que eu não compartilho, não amo as pessoas pelo simples fato de estarem no mundo. O direito de existir é preciso conquistar, e justificá-lo com o que se dá aos outros. Por isso me é estranho o "fundo" que hoje unifica o assistencialismo democrata-cristão e os movimentos de protesto juvenis.

Todo alhures, você disse, é insuficiente. Qual seria para você um alhures adequado?

Para muitos escritores, a sua subjetividade é autossuficiente. É ali que acontece aquilo que importa. Não é sequer um alhures, simplesmente o vivido é a totalidade do mundo. Pense em Henry Miller. Como odeio os desperdícios, invejo os escritores que não desperdiçam nada, que utilizam tudo. Saul Bellow, Max Frisch, a vida cotidiana como alimento contínuo para a escrita. Eu, porém, acho que as minhas coisas não podem interessar aos outros. O que escrevo, preciso justificar, mesmo perante a mim mesmo, com algo não só individual. Talvez porque venho de uma família de convicções laicas e científicas inflexíveis, cuja imagem de civilização era a simbiose humano-vegetal. Subtrair-me a essa moral, aos deveres do pequeno proprietário agrícola, fez com que me sentisse culpado. O meu mundo fantástico não me parecia suficientemente importante para se justificar em si mesmo. Era necessário um quadro geral. Não à toa passei muitos anos da juventude roendo o fígado com aquela quadratura do círculo que era viver ao mesmo tempo as razões da literatura e as razões do comunismo. Um falso problema. Mas sempre melhor do que nenhum problema, porque escrever só tem sentido se temos à frente um problema a resolver.

Gostaria de algo que lhe permitisse dizer "sim" e "não" outra vez? De volta ao início, gostaria de um projeto?

Toda vez que tento escrever um livro, preciso justificá-lo com um projeto, um programa, cujas limitações enxergo imediatamente. Então ponho-o ao lado de outro projeto, de muitos projetos, e no fim acabo travando. A cada vez, junto com o livro a escrever, preciso inventar o autor que o escreve, um tipo de escritor diferente de mim e de todos os outros cujos limites vejo claramente...

E se entre as vítimas da época estivesse o próprio conceito de projeto? Se não fosse uma transição de um projeto usado a um novo projeto, mas a morte de uma categoria?

A sua hipótese é plausível, talvez o que falte seja a necessidade de prefigurar e estejamos entrando no modo de vida de outras civilizações, que não têm os tempos do projeto. Mas o bom do escrever é a felicidade do fazer, a satisfação da coisa pronta. Se essa felicidade substituísse o voluntarismo dos projetos, caramba, eu assinaria embaixo.

Nos primeiros anos da sua escrita, há um tiro de canhão, que divide Medardo em bom e ruim. Para você naquela época (1951), muitas divisões possíveis: sujeito/objeto, razão/imaginação, "a via de fora" como Vittorini apelidava a política, e a via de dentro; o Calvino articulista do Unità *de Turim e o que já ia por imagens na Idade Média. Para você, a harmonia está perdida desde o início. Chegou a reencontrá-la?*

É verdade, a dilaceração existe em O visconde partido ao meio e talvez em tudo o que escrevi. E a consciência da dilaceração traz o desejo de harmonia. Mas toda ilusão de harmonia nas coisas contingentes é mistificadora, por isso é preciso procurá-la em outros planos. Assim cheguei ao cosmo. Mas o cosmo não existe, nem para a ciência; é somente o horizonte de uma consciência extraindividual, onde se possam superar todos os chauvinismos de uma ideia particularista do homem, e alcançar, talvez, uma visão não antropomórfica. Nessa *ascensão* nunca tive prazer geral nem contemplação. Antes um senso de responsabilidade para com o universo. Somos elos de uma corrente que parte em escala subatômica ou pré-galáctica: dar aos nossos gestos, aos nossos pensamentos, a continuidade do antes de nós e do depois de nós é uma coisa em que acredito. E gostaria que isso se depreendesse daquele conjunto de fragmentos que é a minha obra.

Procurando a harmonia, você focou na grande racionalidade. É a matemática das metáforas geométricas (no ciclo dos Antepassados*), o cálculo combinatório das estruturas (no* Castelo dos destinos cruzados, *nas*

Cidades). *Sempre perfeito e mais refinado, sempre mais "para cima". No cume haverá silêncio?*

Sim, e nessa constrição já vivo há anos, nem sei se encontrarei uma maneira de sair. Também o cálculo, a geometria, são necessidades de algo não individual. Já disse que o fato de existir, a minha biografia, aquilo que me passa pela cabeça, não autoriza o meu escrever. Porém, o fantástico para mim é o oposto do arbitrário: uma via para alcançar o universal da representação mítica. Preciso construir objetos que existam por si, coisas como cristais, que respondam a uma racionalidade impessoal. E, para que o resultado seja "natural", preciso recorrer ao artifício extremo. Com a derrota que isso comporta, pois na obra acabada há sempre algo de arbitrário e impreciso que me deixa insatisfeito.

Sobre os seus anos 1950, anos de militante, você disse: "serviço permanente efetivo" (em política); sobre os anos 1960, "belle époque". Que nome você dá no seu calendário à terceira década, que já está acabando?

Diria: não identificação. Aconteceram muitas coisas as quais vivi aberto aos desenvolvimentos, mas sempre com reserva. No capítulo final do *Castelo*, comparo a figura do eremita à do cavaleiro matador de dragões. Aí está, nos anos 1970 sou principalmente o eremita. Apartado, mas não muito distante. Nos quadros de são Jerônimo ou de santo Antônio, a cidade aparece ao fundo. Uma imagem na qual me reconheci. Mas naquele mesmo capítulo do *Castelo* há uma guinada repentina, uma revolta: dirijo-me ao malabarista, isto é, o ilusionista do tarô. E tomo-o como solução extrema. Esse prestidigitador e charlatão, que se apresenta explicitamente como alguém que faz jogos de destreza, é, no fundo, aquele que mistifica menos.

O ilusionista, o malabarista: é a única carta do intelectual hoje?

Você sabe que o meu mecanismo nunca me leva a apostar numa carta só. Por isso estou distante das figuras heroicas da cultura deste século. As três cartas finais do *Castelo* são três alternativas possíveis, unidas na combinação. Mas, se o ilusionista vence, nasce em mim a necessidade de desmontar os truques.

Paris, "a metrópole à qual me conduziu a minha longa fuga". Do que fugia, Calvino? E Paris é suficiente para uma fuga?

O eremita tem a cidade ao fundo, para mim a cidade continua a Itália. Paris é mais o símbolo de um alhures do que um alhures. Além disso, será mesmo verdade que moro em Paris? Um discurso sobre mim em Paris foi algo que nunca consegui fazer, sempre disse que, em vez de uma casa no campo, eu tinha uma casa numa cidade estrangeira, onde não tenho funções e nenhum papel.[2]

Para estar num lugar, você se mantém distante dele. Em Paris, olhando a Itália. Que prestidigitação é essa?
Entre as cidades invisíveis há uma sobre estacas, e os habitantes olham do alto a sua própria ausência. Talvez, para entender quem sou, eu precise observar um ponto em que poderia estar e não estou. Como um velho fotógrafo que se posta diante da objetiva e depois corre para apertar o disparador, fotografando o ponto em que poderia estar, mas não está. Talvez seja assim que os mortos olham os vivos, mesclando interesse e incompreensão. Mas isso eu penso quando estou deprimido. Nos momentos eufóricos, penso que esse vazio que não ocupo pode ser preenchido por um outro eu mesmo, que faz as coisas que eu deveria e não soube fazer. Um eu mesmo que pode surgir apenas desse vazio.

Grande ausência ou grande presença, um personagem público se destaca por uma das duas. Tommaso Landolfi, digamos, venceu com o mistério. Você venceu com a ausência?
Claro que não posso competir com a coerência de Landolfi. Se nos últimos anos escrevi até editoriais no *Corriere*, significa que uma parte de mim, depositária de uma voz em tom grave e definida por Fortini como "o pai nobre", está sempre presente. Não que eu esteja muito satisfeito. Preferiria que esse pai nobre se aposentasse e eu usasse outras imagens de mim. Talvez, para continuar nas definições fortinianas, a "criança cínica" de um antigo epigrama dele.

Entre dilaceração e harmonia está ela, precisamente, a criança cínica, isto é, a ironia. Que papel têm para você: a defesa, a ofensiva, tornar possível o impossível?
A ironia avisa que aquilo que escrevo deve ser lido com um ar um pouco suspenso, de discreta leveza. E como às vezes me acontece de usar

245

outros tons de voz, as coisas que importam são principalmente as que digo com ironia.

Esta é uma ironia para uso externo. Olhemos por dentro.
Em relação à dilaceração, a ironia é o anúncio de uma harmonia possível; em relação à harmonia, é a consciência da dilaceração real. A ironia avisa sempre sobre o outro lado da moeda.

Somos aquilo que não jogamos fora. Foi também isso o que você quis dizer com o último conto, "La poubelle agréée"? O que acabou e o que não acabou na "poubelle" da sua viagem intelectual?
Às vezes, me parece que nunca joguei nada fora; outras vezes, que não fiz nada além de descartar. Em toda experiência deve-se buscar a substância, que é, afinal, aquilo que permanece. Eis aí um "valor": jogar muita coisa fora para poder conservar o essencial.

Com o tempo, a mão fica mais rígida ou mais leve. Como escreve agora, em comparação a quinze anos atrás?
Aprendi a apreciar as delícias do escrever por encomenda, quando me pedem algo para determinado fim, mesmo que modesto. Pelo menos sei com certeza que há alguém que se interessa por aquilo que escrevo. Sinto-me mais livre, não há a sensação de impor aos outros uma subjetividade da qual nem eu mesmo estou certo. Acredito no individualismo absoluto e necessário da escrita, mas, para que funcione, deve ser tomado como algo que o negue ou, pelo menos, o neutralize.

Calvino, não lhe pergunto o que está escrevendo. Pergunto o que você não escreverá mais.
Se a pergunta é se há algo entre o que já escrevi e que não escreveria mais, no fundo da minha obra não há nada que eu renegue. Alguns caminhos se fecham, sem dúvida. Deixo aberta a narrativa de fabulação, movimentada e inventiva, e a mais reflexiva, na qual o conto e o ensaio se tornam uma coisa só.

VERNE, UM ESCRITOR DIFÍCIL DE DEFINIR[1]

*C*alvino, *como você, enquanto autor de contos imaginários, vê o antepassado Jules Verne?*

Os motivos de interesse e também de admiração, lendo Verne, são de duas ordens. Há, antes de mais nada, a enorme habilidade artesanal de montar uma história em torno de um problema técnico, científico, geográfico, por meio de uma galeria de personagens muito bem caracterizados. Pode ser até um problema muito simples. Por exemplo, em *Kéraban, o cabeçudo*, um turco rico inimigo das novidades, para não obedecer ao governo, que estabeleceu um pequeno imposto para quem atravessasse o Bósforo de barco, decide que voltará à sua casa para o jantar dando toda a volta pela costa do mar Negro, uma viagem imensa atravessando a Crimeia e o Cáucaso. O romance consiste numa série de obstáculos subjetivos (o caráter de Kéraban) e objetivos (geográficos e climáticos); e na solução desses problemas há o tecido, digamos o inconsciente, da sua imaginação.

Prefiro, por exemplo, o Verne subterrâneo ao aéreo. Gosto muito não só de *Viagem ao centro da terra*, mas também de *As Índias negras* que, na minha opinião, é a sua obra-prima, pela transformação de um mundo sem grande espaço de aventura narrativa, como é o das minas, num mundo infinito. Numa mina de carvão escocesa desativada, ele inventa toda uma geografia subterrânea; até uma zoologia com um terrível pássaro das profundezas. E há uma moça que nunca viu a luz do sol porque cresceu no fundo da mina: o final do romance consiste na sua adaptação à vista, primeiro, do céu estrelado e, depois, do mundo diurno. Os percursos de Verne podem ser verticais, na altura ou em profundidade, mas com mais frequência são circulares. É a volta ao redor do mundo, ou sobre a superfície, ou em grandes altitudes. Há, por exemplo, um romance, *Hector Servadac*, que trata de um pedaço de terra que se desprende do planeta e se transforma num satélite com alguns personagens nele. Sim, o problema é: como esses personagens farão para retomar os contatos com a terra.

Verne escreveu oitenta romances em cinquenta anos. Uma produção tão regular, digamos em série, faz pensar mais no cinema do que na literatura.
No seu início como escritor, Verne trabalha à sombra de Dumas. Dumas havia fundado em Paris o Théâtre Historique, onde Verne faz seus primeiros ensaios como comediógrafo e depois se torna secretário. Dumas é o primeiro romancista que então, com métodos semelhantes aos da futura indústria cinematográfica, escreve os seus romances valendo-se de um trabalho de equipe: tem alguém para as pesquisas históricas e outros para desenvolver os episódios. O romance de Dumas é um produto coletivo, feito por pessoas comuns sob a sua supervisão. Pelo que sei, Verne escrevia pessoalmente; porém o seu tipo de trabalho era quase "industrial" pela continuidade da produção romanesca, que era regulada por um contrato de vinte anos com o editor Hetzel, para dois livros ao ano. Muitos dos seus romances apareciam antes em capítulos nos jornais, depois em livro; de muitos fazia adaptações teatrais. O lançamento dos livros podia ser clamoroso, como aquele baile à fantasia em que o fotógrafo Nadar, a bordo de um foguete, era atirado de um canhão. Há um aspecto espetacular, visual, nos romances de Verne: as ilustrações, numerosíssimas, são parte integrante, tanto é que as atuais reimpressões reproduzem as ilustrações originais. Infelizmente, nos Livres de Poche essas ilustrações foram reduzidas, e assim perde-se muito daquele desenho minucioso que constituía o seu fascínio. As ilustrações eram supervisionadas pelo próprio Verne, que dava conselhos aos desenhistas, principalmente quanto às proporções entre figura humana e paisagem, de modo a criar uma sugestão de perspectivas visionárias.

Fala-se sempre da incomparável imaginação de Verne prevendo as invenções da ciência. Na verdade, ele era um grande leitor de revistas científicas, que enriquecia com aquilo que ficava sabendo sobre as pesquisas em andamento na segunda metade do seu século. Verne era enciclopédico...

Toda a sua obra visa ao enciclopedismo. Mas, folheando um estudo sobre as fontes das suas ideias narrativas, romance por romance, fiquei impressionado que, ao lado dos livros de viagem, de ciência, de técnica, havia pelo menos o mesmo número de citações de escritores setecentistas e mesmo anteriores, de Cyrano a Swift, das utopias e das viagens imaginárias. E não podemos esquecer seu noviciado teatral, no que diz respeito às caracterizações dos personagens — por exemplo, a pontualidade de Phileas Fogg —, que se tornam o centro propulsor dos acontecimentos.

As máquinas de Verne anunciam o delírio surrealista do século XX, não o seu racionalismo. Aparecem como o produto de uma fé nova (na ciência) e de uma dúvida (no homem).

O mundo das máquinas, o mundo da técnica é visto por Verne sob uma ótica totalmente oitocentista, e isso cria uma estranheza quando o observamos. Em *O castelo dos Cárpatos* há uma antecipação do cinema e da televisão que cria um mundo de fantasmas, como no Romantismo alemão. Além disso, cabe considerar que Verne muitas vezes faz com que os seus cientistas errem os cálculos; e é o acaso que repõe as coisas em ordem. Ou seja, a racionalidade, para Verne, está mais na natureza do que na ciência.

Como explica os numerosos estudos recentes sobre Verne e as contínuas reimpressões?

Procura-se estudá-lo política e psicanaliticamente: e a cada vez bate-se contra aquele muro que é o fundo secreto do personagem. Para entendê-lo, seria preciso talvez ver o ambiente de Nantes (onde nasceu), que é uma cidade de tradição protestante em que as famílias antigas têm o maior orgulho de terem sido traficantes de escravos, ou melhor, a alta burguesia tem o tráfico como insígnia, e Verne vem dessa classe burguesa de fundo protestante.

Ele condenava o colonialismo, mas somente quando era o colonialismo inglês.

Lembro *A casa a vapor*, que se passa na Índia, em que aparece uma louca misteriosa, que vagueia com uma tocha, e no fim se descobre que ela escapou dos poços onde os ingleses jogavam as vítimas dos massacres. Verne deve ser tomado como é, com todas as suas contradições ou as que assim parecem ser. Como todos os escritores daquela época, é difícil encaixá-lo nas definições de hoje.

PARTIR DO POSSÍVEL[1]

Italo Calvino mora em Paris por escolha própria. Eu, por necessidade profissional. Mas nós dois, na verdade, continuamos na Itália. Na nossa ininterrupta conversa, falamos constantemente da Itália. Hoje publico uma parte desse diálogo, nascida do ressurgimento da polêmica sobre Leonardo Sciascia.[2] *Reduzi a minha parte ao mínimo, a não ser quando indispensável por se entrelaçar com a parte de Calvino. Sobre as críticas a Sciascia, Calvino diz:*

Há muitas outras coisas a dizer, muitas outras coisas a criticar, muitas acusações mais concretas a quem deixou as coisas desandarem. Pode-se dizer que o conjunto da publicística italiana demonstrou nos últimos anos uma rica capacidade de análise e de interpretação do que ocorre. Podemos dizer que a Itália vive essa sua longa crise de olhos abertos, com plena lucidez, mas o problema é que os que deviam extrair as consequências práticas no topo do poder não o fazem ou fazem exatamente o contrário. Estando as coisas nesse pé, passou a minha vontade de fazer eu também belos discursos. E, nesse país em que agem tantas forças, já seria hora de que a força dos raciocínios começasse a ter algum peso. Coragem intelectual é sustentar aquilo que se pensa, mesmo quando se está sozinho, e Sciascia dá provas de coragem intelectual. Para dizer o que penso, não é preciso nenhuma coragem especial, porque o meu pensamento não se afasta muito dos discursos dos jornais e das forças políticas em geral. Mas, como é assim que eu penso, não posso mudar de opinião só por medo de ser banal. Creio que é impossível deixar de concordar com a grande maioria das razões que Sciascia apresenta para a sua atitude, embora as suas conclusões me pareçam equivocadas.[3] Não há o Estado de um lado e as Brigadas Vermelhas do outro. O contraste importante, para mim, se dá entre as possibilidades de desenvolvimento da democracia, de um lado, e, do outro lado, todos aqueles que têm interesse em destruí-la ou agem para destruí-la, como os terroristas.

A verdade é que eu sou muito mais pessimista do que Sciascia, que parece acreditar que as coisas não podem piorar mais do que isso e, portanto, mesmo que cheguem os extraterrestres não há o que temer. Eu tenho aquele otimismo específico que consiste em pensar que, por pior que esteja, pode ficar ainda muito pior do que agora, e a função de todos os extraterrestres, qualquer que seja o projeto ou ausência de projeto que os guie, será sempre muito terrestre, vai se unir com o que há de pior, nunca com o melhor. De todo modo, um intelectual é um cidadão como todos os outros, que tem como instrumento apenas a razão, perante fatos que têm muito pouco de racionais.

Aí está o ponto: parece-me que os sintomas de desrazão estão cada vez mais graves entre nós. O terrorismo atual é desrazão. Mas desarrazoada é também a resposta de Arrigo Levi ou de La Malfa.[4] É desarrazoado discutir se se publicam ou não os textos das Brigadas Vermelhas. A razão está com os operários que deixam as fábricas, com as pessoas que se manifestam espontaneamente nas ruas, com todos aqueles, e creio que sejam a grande maioria do povo, que gostariam de endireitar o nosso país, pô-lo de pé outra vez, para que a cabeça fique em cima e possa raciocinar. O verdadeiro perigo é que a desrazão se espalhe também na esfera do político e alimente a separação entre cidadãos e governantes.

Você sabe que divido a minha vida entre Paris e a Itália. Quando estou em Paris, a Itália que vivo é a das notícias dos jornais e é uma Itália angustiante, trágica. Assim que chego à Itália, folheio os jornais de manhã, os guardo e depois me encontro num mundo de pessoas que trabalham e pensam no seu trabalho, ou também de pessoas que pensam sobretudo em gastar e se divertir, ou também de pessoas que fazem política, mas como quem está inteiramente tomado pelos problemas concretos, locais. O que quero dizer é que é difícil encontrar o tom certo, não dizer tolices, manter a cabeça fria. E aí, quando alguém fala, tira-se uma frase do contexto e segue-se para o linchamento. Como no caso da não escolha de Sciascia, do alheamento de Moravia.[5] Posso dizer que, infelizmente, alheado não posso me sentir nem por um instante, que desgraçadamente estamos todos envolvidos, mas isso seria polemizar com a letra da frase, não com o espírito do discurso, que nasce exatamente da mesma sensação.

Se estamos todos envolvidos e devemos todos fazer a nossa parte para preservar o que temos, isto é, a democracia, ou melhor, a possibilidade da democracia, não creio que o alheamento de que falou Moravia possa ser entendido apenas num sentido restritivo. Alguém disse que o nosso país é o mais livre do mundo. É uma afirmação paradoxal, carregada de equívocos. Quem põe em dúvida as conquistas democráticas, de liberdade, que foram obtidas? Mas o problema é o uso que fizemos delas. Ou vamos considerar que a liberdade de matar, roubar, corromper, sequestrar as pessoas são também liberdades a serem defendidas? O alheamento, com todos os perigos que indica, é bem mais amplo do que a maneira como você o entende.

Como dizer de forma resumida? A Itália é um país democrático talvez como poucos outros. Mas, ao mesmo tempo, é um país que não funciona. As possibilidades de uma democracia ampliada, em contínua expansão, chocam-se com os interesses corporativos já tão definidos e difundidos que nenhuma força política está disposta a pisar nos calos de ninguém. Assistimos a uma deterioração do Estado que, em vez de ser um fato democrático, representa um retrocesso que pode levar a uma degeneração violenta, a uma medievalização do país, para usar um termo de Umberto Eco. Se a democracia é debate, nós debatemos e muitíssimo; nada ou pouco funciona por aqui, mas, como eu dizia antes, somos capazes de descrever perfeitamente o nosso naufrágio. Mas isso basta? Mesmo as Brigadas Vermelhas foram obrigadas a procurar uma linguagem articulada, para explicar as suas razões. E viu-se que tudo o que dizem já foi dito antes: não são os seus argumentos que não funcionam, e sim os nexos entre eles. Uma afirmação pode ser tomada como boa, mas a seguinte já está em contradição com a anterior. Bastaria a análise desses textos para demonstrar a superioridade do debate aberto e da ação democrática em relação ao segredo dos conventículos. Esses conspiradores estão cometendo um grave erro: a democracia italiana é muito mais forte, apesar da sua aparência desmantelada, do que as centrais subversivas, internas ou externas, podem imaginar.

Você citou um juízo de Eco, a medievalização da Itália. Mas não é só aquela dos automóveis blindados. É a medievalização das corporações, fruto aberrante do uso que fizemos das liberdades democráticas que foram sendo conquistadas.

Não se vê, por ora, o ponto em torno do qual se consolidaria uma nova ideia de comunidade. Só podemos trabalhar sobre o que existe, agregando o positivo e rejeitando os impulsos particularistas. Renúncias e sacrifícios todos precisam fazer, mas não quero repetir o já dito. Parece-me supérfluo pôr-me a pontificar. Quem não tem, como não tenho eu, uma confiança que me parece fideísta no Estado não é contagiado pelas atitudes de desilusão agora correntes. Penso que o Estado é algo que precisa ser continuamente fundado, que deve estabelecer e renovar os seus valores, apoiando-se no que foi adquirido para seguir adiante. O processo é lento.

Podemos nos confiar aos processos lentos, quando os tempos da queda se aceleram a cada dia? Creio que é a política, tal como se configurou na última década, que está na origem do mal italiano. Diante do desmantelamento que nos ameaça, creio que é necessário um grande sobressalto do país, moral e ao mesmo tempo político, uma tensão que restabeleça o quanto antes a unidade social nas corporações, e a unidade democrática na separação entre cidadãos e classe política. É somente este sobressalto que pode nos fazer sair da crise em que estamos: os ladrões, malfeitores, terroristas devem acabar inexoravelmente na cadeia, para que o país recrie ex novo as condições da convivência civilizada. Não há, porém, cautela demais, espera demais, não se sabe bem de quê, na classe política?

Parece-me uma catástrofe que não se tenha dado início a um profundo processo de renovação da política italiana. Os tempos já estavam mais do que maduros dois ou três anos atrás, e havia uma grande expectativa. No entanto, encontramo-nos sempre às voltas com uma lentidão e renitência exasperadoras por um lado e, por outro, com as descontinuidades catastróficas dos episódios terroristas. Ambos são falsos aspectos: a lentidão do mundo político mistifica o ritmo das transformações profundas da sociedade que têm uma força imperiosa, e o caráter catastrófico do terrorismo mistifica as catástrofes a longo prazo de uma sociedade que se transforma sem saber para onde se está indo.

Você faz um convite à calma. Mas só a ponderação basta, ou não será preciso também uma consciência clara do perigo que nos domina?

Evidentemente já estamos numa zona de perigo e é necessário dar

253

uma guinada. Há grandes forças sadias, que têm raízes populares profundas, e seria preciso que a DC deixasse de fazer apenas cálculos eleitorais ou políticos para olhar a situação real do país. São coisas banais...

Não me parece, embora o problema não se limite apenas à DC. E a esquerda, os comunistas, que são a grande parte disso?

Impressiona que nos últimos anos o PCI jamais tenha contraposto um projeto próprio — aquele a médio prazo, no ano passado, tinha fôlego curto demais —, mas tenha subordinado tudo à transformação do "quadro político". Preste atenção, eu acredito que a política é em grande medida empiria, e assim não tenho uma confiança apriorística no fato de ter um programa, mas acredito, pelo contrário, de ter um caráter, uma moral, uma escala de valores, uma experiência. Mas também estou entre aqueles que esperavam e esperam do PCI uma indicação precisa dos conteúdos e das modalidades da guinada de que o país necessita.

Você toca aqui num ponto-chave dos últimos cinco anos. Por que privilegiar o "quadro político" quando era a substância da política que exigia uma transformação?

A DC opõe-se a todo projeto porque sua força é permanecer sempre no vago. O PCI, por sua vez, fez uma escolha de método, evidentemente convencido de que a transformação do quadro levaria à transformação do conteúdo do quadro.

Os acontecimentos demonstram que não é bem assim. O que se pode fazer, hoje, é partir do possível: creio que a Itália de hoje só pode ser governada por uma concentração de forças que tenha a confiança, de um lado, das organizações dos trabalhadores e, do outro, da burguesia empresarial, aquela não contaminada pela prática dos subsídios. Parece-me que não há outro caminho. Nesse momento, por razões internas e internacionais, qualquer possibilidade de uma alternativa de esquerda está vedada e, portanto, é utópica.

Você já está na saída da crise, nas alianças que podem permiti-la. Mas há um problema torturante, no curto prazo, que ainda precisamos ver. Há uma perversidade intrínseca que ainda hoje nos martiriza: introduzimos algumas medidas que limitam a democracia para defendê-la do ataque dos terroristas. O que vai acontecer se as Brigadas Vermelhas — é uma hipótese horrenda, mas que mesmo assim tem de ser levada em conta — jogarem o cadáver de Aldo Moro em praça pública? Qual será a reação do país, tanto das forças políticas quanto da opinião pública? Não corremos o risco de nos vermos, de um dia para o outro, numa espécie de estado de sítio, implantado pelo governo atual, que é inteiramente DC? É um perigo grave: o estado de emergência para salvar a democracia poderia salvar somente a Democracia Cristã.

O desafio que a democracia italiana deve enfrentar é grande, sem dúvida: ou as forças políticas e sindicais conseguem tornar um desenvolvimento democrático real do país eficiente e, portanto, defensável — porque só se defende a democracia ampliando-a e aperfeiçoando-a. Ou o retrocesso antidemocrático acabará prevalecendo. Pode-se repelir o ataque que estamos sofrendo somente engrandecendo a democracia que a imensa maioria dos italianos quer a todo custo preservar. Mesmo os marginalizados, de que tanto se fala, mesmo a chamada "segunda sociedade", têm interesse direto no desenvolvimento da democracia. Sem isso, receio que a partida já estaria perdida.

É preciso que fique absolutamente claro que o terrorismo é o principal instrumento do retrocesso reacionário: as Brigadas Vermelhas falam de Estado das multinacionais, e esquecem que são as multinacionais que não querem a esquerda no poder na França ou na Itália. Falam de democracia e esquecem que as multinacionais — ver o ensaio da comissão trilateral de Carter e Agnelli, de Barre e Fukuda dois anos atrás — afirmam que há democracia demais e é preciso voltar aos albores do capitalismo, quando a democracia era reservada aos privilegiados. As Brigadas Vermelhas dizem combater "o Estado internacional das multinacionais", e, no entanto, são o seu instrumento mais direto.

Conscientemente ou não, as Brigadas Vermelhas servem a esse projeto reacionário. Não esqueçamos que, uma vez perdida a democracia, é de extrema dificuldade reconquistá-la. Só podemos defendê-la acreditando nela e agindo para ampliá-la e aprimorá-la a cada dia.

VOLTAIRE E ROUSSEAU[1]

Aqui estou falando de Voltaire e de Rousseau com um escritor como você, Calvino, que muitos consideram um "voltairiano". Assim parece-me adequado começar dizendo da posteridade desses dois colossos. A qual, para mim, parece uma posteridade bastante paradoxal: ontem, eu folheava as quatro páginas que Le Monde *dedicou a eles e li o artigo de Roland Barthes, intitulado "D'eux à nous"* [Deles a nós]. *E Barthes diz mais ou menos o seguinte: "Folheei recentemente, por acaso, Voltaire e Rousseau. E eis que o milagre se realizou: sorri lendo Voltaire e sonhei lendo Rousseau". Curioso é que Barthes o considere um "milagre", visto que na escola nos ensinam justamente que Voltaire "faz sorrir" (devido à ironia) e Rousseau "faz sonhar" (devido às suas visões, à sua profundidade, aos seus êxtases). O que você acha?*

Pelo menos quanto a Cândido, eu diria que o seu efeito continua inalterado: é um livro muito divertido, feroz, ágil. Não sei bem, porém, quanto à associação sonho-Rousseau. Os seus Devaneios do caminhante solitário são mais reflexões do que sonhos. Com Rousseau, com as suas Confissões, que continuam sendo o seu livro de maior valor literário, sinto-me imerso na concretude, na experiência humana. Diria que a importância literária, falo apenas da literária, é grande nos dois casos, mas diferente: talvez maior a de Rousseau, pois ele é um dos grandes exploradores do eu, do vivido, da experiência concreta. Voltaire é o contrário: a sua narrativa é toda incorpórea, feita de personagens de extrema leveza, toda baseada nas ideias...

256

Deve se lembrar que ele próprio teorizou em alguns verbetes para a Encyclopédie *certos princípios da narrativa: o arabesco, a leveza, a rapidez do desenho...*

São os seus dotes. Infelizmente ele se crê também um autor trágico, e as suas polêmicas literárias eram muitas vezes despropositadas; mas aquele tipo de conto setecentista, no qual se sentia a influência das *Mil e uma noites*, então recém-traduzidas, é incomparável. O conto filosófico de Jonathan Swift, por exemplo, é muito superior ao dele: em Swift há todo o peso da existência humana e também uma forte aversão pela humanidade, que não existem em Voltaire. No *Cândido* acontecem coisas atrozes, acumulam-se sofrimentos e tormentos, mas os personagens seguem como figurinhas de papel recortado, como heróis de desenhos animados: não que Voltaire seja indiferente ao sofrimento, mas consegue falar dele sem que se sinta o peso humano da carne.

Nisso que você diz, podem estar implícitos dois juízos de valor, aliás historicamente verificáveis, sobre a obra literária de Voltaire: o negativo, segundo o qual os seus personagens seriam também ideias abstratas camufladas, e o positivo, segundo o qual a sua força residiria precisamente na capacidade de construção, de composição, de arabesco. Se entendi bem, você tende para o segundo.

Sem dúvida. A sua capacidade de compor narrativas com as ideias é excepcional, sobretudo pela liberdade de movimento, em especial no *Cândido*. Um pouco diferente é *Zadig*, esse herói exclusivamente mental, que de um lado é um personagem tradicional (o do sábio, do astuto conselheiro do rei; Bertoldo também vem dessa linha) e de outro torna-se uma espécie de precursor de Sherlock Holmes, o herói do raciocínio indutivo. Depois há *O ingênuo*, menos voltairiano do que os outros, uma espécie de história sentimental e dramática. E também *A princesa da Babilônia*, talvez um pouco denso demais de detalhes...

Há outro problema, que diz respeito tanto a Voltaire quanto a Rousseau e à posteridade de ambos: a sua fecundidade ideológica. Na época da Primeira Guerra Mundial, Lanson dizia que Voltaire estava superado porque o "voltairianismo" se consolidara: era uma posição positivista. No ensino médio, apresentavam-nos os dois, Voltaire e Rousseau, como fundadores do pensamento liberal. E hoje? Voltaire, em particular, me parece um pouco fora de moda...

Hoje tende-se a ver em Voltaire o ideólogo da burguesia: superado, pouco interessante. Mas, se olharmos bem, Voltaire é o primeiro intelectual a conduzir batalhas sobre questões de direitos civis, sobre os problemas da tortura, da tolerância, da razão. Como tal, ele é extremamente atual. Hoje, o que é o Sartre militante a não ser o continuador dessas batalhas? E as assinaturas em favor da dissidência, no Leste e no Oeste, e o protesto contra a repressão? A perspectiva de termos de interpretar Voltaire não é animadora, mas essa é a realidade. Sem falar, também, que ser defensor da burguesia naquela época não era brincadeira. Quanto a mim, a crítica me definiu muitas vezes como "voltairiano"; mas, embora o *Cândido* me fascine, filosoficamente Leibniz me atrai mais do que Voltaire.

Imagino que, quando você diz Leibniz, queira dizer: "pequenas percepções", o vivido, a presença de uma experiência que não diria irracional, mas, enfim, ainda não racionalizada...
Exatamente: eu diria a busca contínua para incorporar à razão novos territórios... Nesse sentido, o racionalismo de Voltaire é com frequência simplista.

Mas isso não nos leva de volta a Rousseau?
Sim, mas estabelecidas as distâncias em relação a Voltaire, gostaria de estipular as distâncias em relação a Rousseau, que para mim são ainda maiores: admiro a sua recusa do mundo como é, a sua indignação, mas como homem é acrimonioso, lamentoso, concentrado nos seus problemas... Um homem de quem não conseguiria ser amigo...

Faz a ele as mesmas censuras que lhe fazia Voltaire...
Com certeza, embora os aspectos mundanos de Voltaire, a sua postura de se julgar um monumento, também me irritariam.

Há outras contestações que surgiram na França durante essas comemorações, a um e a outro. Sobre Voltaire dizem que, apesar de todas as suas batalhas, nunca tocou num ponto: o poder.
É verdade: Voltaire lutou contra problemas inerentes ao poder, mas nunca enfrentou a questão do poder em geral. Por outro lado, penso que seria bom não criar imagens abstratas de coisas como "o poder" ou "o sis-

tema": temo que essa problemática, tal como é enfrentada hoje, é tão abstrata que só pode servir para preparar outras formas de poder.

Contra Rousseau objeta-se que sua ideia de uma prioridade política absoluta da "vontade geral" (do povo) pode ser tendencialmente totalitária, tanto quanto a do absolutismo, sustentada, por exemplo, por Hobbes.

Temo que seja verdade. Penso que Rousseau tinha em mente uma democracia de vilarejo, de tipo suíço, saboiano, e que essas suas fantasias se adaptam muito pouco às grandes concentrações humanas de hoje, e como, aliás, de sua própria época, para as quais um discurso mais institucionalizado me parece muito mais realista.

Hoje, na França, Rousseau é retomado até como profeta da ecologia...

Sim, mas Rousseau é "ecologista" não tanto como *promeneur*, mas em relação aos estragos da civilização. Hoje em dia, a natureza para nós é uma coisa totalmente diferente. E mesmo a salvação da natureza é uma questão da civilização.

STEVENSON, O HOMEM QUE NARRAVA HISTÓRIAS[1]

*P*aris. *Na sua opinião, Calvino, a volta de* O morgado de Ballantrae *de Stevenson às vitrines das livrarias se enquadra no retorno triunfal do grande romance psicológico?*

Nos últimos tempos, Stevenson era considerado basicamente um autor infantojuvenil. Se agora há um retorno, e provavelmente há, porque na França todos os seus romances também estão sendo reeditados nos livros de bolso 10/18, creio que faz parte da fortuna de um narrador puro, de alguém que conta pelo gosto de contar. A fortuna de Stevenson segue um pouco na retomada do gosto finissecular, um certo gosto digamos *liberty*. *O morgado de Ballantrae* é um romance psicológico em sua substância. Toda a parte que se desenrola no castelo, até o magnífico duelo entre os dois irmãos, é psicologia. Ademais, é também um romance de aventuras, pois vai desde as histórias dos piratas às dos peles-vermelhas, da Índia à América, até os campos de batalha da Escócia.[2] A parte aventurosa é, a bem da verdade, mais costurada com um fio menos visível. Para as aventuras, *A ilha do tesouro* é melhor.

Stevenson pode ser posto ao lado de Conrad?

Conrad é, sem dúvida, um enorme escritor. Stevenson é um "grande menor", se assim se pode dizer. É um menor como certos menores que podem fazer coisas perfeitas. A sua ideia de literatura era o *entertainment*, é a arte de narrar histórias, que depois também praticou na vida, quando foi para as ilhas Samoa, onde era chamado de Tusitala, que significa o homem que conta histórias.[3] Essa alegria de contar é o seu grande dom; e ele o faz com um talento de extraordinária leveza também em contos como "O clube dos suicidas", "O dinamitador", "O pavilhão nas dunas", "Olalla"... Esse jogar com elementos do repertório literário, esse jogar com o romance fazendo romance a sério é o seu grande talento.

Nisso ele foi e continua sendo um "mestre" para muitos escritores?
Para Borges, Stevenson é um mestre do estilo. Para Graham Greene, a ideia de *entertainment* provém diretamente dele. O mesmo se diga de Mario Soldati. Entre nós, foi a geração de Emilio Cecchi que introduziu Stevenson no contexto cultural italiano. Lembrarei um grande stevensoniano, Aldo Camerino, crítico do *Gazzettino*, homem de gosto refinado e tradutor dos escritores ingleses do fim do século. A admiração por Stevenson chegava até a Pavese; e Pavese foi o primeiro a citar o nome de Stevenson falando de mim, talvez sem saber que era um dos meus "autores de cabeceira".

Certamente não é por acaso que nos dirigimos ao autor de O visconde partido ao meio *para falar de Robert Louis Stevenson. Vinte anos atrás, porém, você escreveu que os que comparam o Medardo "bom" e o Medardo "ruim" a* O médico e o monstro *ou aos dois irmãos de* O morgado de Ballantrae, *para afirmar que o problema do bem e do mal é caro a Calvino, estavam seguindo por vias equivocadas. Ao escrever a história do visconde, você queria dar destaque ao homem "dividido, mutilado, incompleto", isto é, o homem contemporâneo, alienado nos termos de Marx, reprimido nos termos de Freud. Mas não era essa também a intenção de Stevenson, quando evocava o desdobramento do dr. Jekyll e do sr. Hyde, embora desconhecesse Freud e Marx?*

Não lembro o que escrevi há tanto tempo, mas não posso ter desmentido a influência de Stevenson sobre mim, sobretudo em *O visconde partido ao meio*: onde, aliás, às vezes também se nota essa influência no torneio das frases e no tom da narrativa. Sempre declarei esse meu amor por Stevenson. O tema do "duplo", um dos grandes temas da narrativa, retorna com frequência em Stevenson. Em *O morgado de Ballantrae* há o personagem do herói negativo byroniano, um vilão cheio de fascínio, que aos poucos leva o personagem bom a mostrar toda a sua rudeza e egoísmo. O personagem bom nunca é simpático, embora toda a narrativa seja orientada de modo que o leitor se identifique com ele. Tudo gira ao redor do fascínio do personagem absolutamente negativo, que mantém todos os outros personagens dentro do seu círculo mágico.

A grandeza de Stevenson não consiste sobretudo no extraordinário equilíbrio entre realidade e imaginação que há em seus romances? Entre a narrativa de aventuras fantásticas e a descrição precisa dos mínimos detalhes?

Sim, ele é muito preciso, muito hábil em mascarar as coisas em que não é preciso. Stevenson tinha uma consciência literária. Era amigo de Henry James; e o maior documento que temos sobre a sua consciência poética é justamente a sua correspondência com James. Tinha um problema moral: era um rebelde do puritanismo, mas é sempre estranhamente puritano. E assim se mantém mesmo quando assume afetações byronianas. Mas tem uma grande leveza quando toca nos problemas do inconsciente, do fundo negro da alma humana. Como bom puritano, vê o Mal com *m* maiúsculo, mas nunca tem a mão pesada. Sabemos que tinha lido Dostoiévski; e mesmo na redação de O morgado de Ballantrae há aquilo que ele gostaria que fosse o seu dostoievskismo. Há uma cena muito bonita num navio, em que o personagem narrador, o valete da família dos nobres escoceses, é tentado a matar o senhor de Ballantrae. Há essa espécie de diálogo entre o mau, que seria a vítima, e o bom, que está para ser lançado ao mar, sobre as tentações violentas da bondade.

No escocês Stevenson muitas vezes aflora um pouco de humour, quase redimensionando as histórias fantásticas. E não penso apenas na viagem com um burro pelas Cevenas ou na de canoa.

Stevenson é sempre um romancista de segundo grau, escreve romances de aventura já filtrados. Tem consciência irônica e estética. Não é Alexandre Dumas que trabalha com afinco, e depois é o leitor que talvez enxergue ironia nas suas páginas. Ao escrever o romance histórico ou de aventuras, Stevenson é um esteta que joga com os seus materiais com grande precisão e fineza. Os seus romances são, justamente, romances de segundo grau.

Numa breve autobiografia onírica, Stevenson conta que algumas passagens de O médico e o monstro *foram concebidas no sono. Os seus brownies, os seus duendes escoceses, também lhe teriam sugerido muitos detalhes de* Olalla, *a história da jovem que renuncia ao amor para não transmitir aos eventuais filhos os impulsos sádicos, às vezes vampirescos, que a atormentam. É quase como se Stevenson, tal como Freud em* A interpretação dos sonhos, *também acreditasse na continuidade da atividade espiritual entre o sono e a vigília.*

Quem sabe? Stevenson é sempre muito nítido em seu traçado, constrói muito bem, é principalmente um artesão da narrativa. Não vejo muito uma atmosfera onírica. Como me dizia um psicanalista, é muito difícil encontrar um escritor que capte a atmosfera do sonho. Os sonhos literários são sempre muito bem organizados. Em Stevenson eu diria que é tudo bastante calculado, que a sua imaginação é muito racional.

SOU UM BOM MENINO[1]

Como você se chama?
Eu me chamo Italo Calvino.

E onde nasceu?
Nasci em Sanremo... Nasci tanto em Sanremo que nasci na América, porque antigamente os sanremenses imigravam muito para a América, sobretudo a América do Sul.

Para fazer o quê?
Para as mais variadas profissões. Meu pai, justamente, morava na América e pertence à categoria dos sanremenses que retornaram: voltou pouco depois do meu nascimento, e eu vivi em Sanremo os primeiros 25 anos da minha vida, de maneira ininterrupta.

Qual sua profissão?
Trabalho como escritor.

O que quer dizer?
Escrevo coisas que às vezes viram livros, que são publicados e vendidos nas principais livrarias.

Você foi menino com que idade?
Fui menino por muito tempo.

Quando era menino, com o que e com quem brincava?
Brincava... com alguns espaços, com alguns ambientes. As brincadeiras se dividem entre as brincadeiras que se fazem num ambiente delimitado, por exemplo, um campo de futebol, e as brincadeiras que se fazem fora de um ambiente... Fazer um certo percurso já é uma brincadeira. Por exemplo: qual é a primeira brincadeira que faz uma criança pequena de três, quatro anos quando a levam para passear? Ela vê uma mureta e quer andar em cima da mureta, segurada pela mão, quem sabe. No fundo, sempre fiquei com essa coisa da mureta.

Um pouco como Tom Sawyer?
Sim, por exemplo... ir até a ponta do cais, pulando de uma pedra a outra; ou percorrer um riacho sem nunca ir pelas estradas, mas de uma pedra a outra do riacho superando os pontos mais difíceis, porque existem... pequenos laguinhos.

As suas brincadeiras eram mais solitárias ou eram brincadeiras em grupo?
Digamos que eu tive uma primeira parte da infância bastante solitária. Mas essa coisa do percurso, que no fundo também permaneceu comigo em todas as coisas que faço, ir de um ponto a outro superando determinadas dificuldades, isso é bastante solitário.

Que autor e que livro escolheu para nós?
Gostaria de falar de Robert Louis Stevenson.[2] Stevenson é um autor que geralmente é lido na meninice, e às vezes deixa de ser lido pois continua a ser considerado um autor infantojuvenil. No entanto, para mim, é

265

um modelo de escritor, de narrador puro, em que o espírito do romanesco, do aventuroso, torna-se um grande tema poético, com uma grande leveza.

E o título do romance?
Queria falar de *O morgado de Ballantrae*, título agora muito conhecido também por causa do seriado na televisão.[3]

Quer nos contar um pouco a história?
É um romance que se desenrola em grande parte na Escócia, no século XVIII, numa casa solitária, o solar de uma família nobre, e todo o romance gira em torno de um personagem, às vezes ausente, às vezes presente, e ameaçador tanto ausente quanto presente, que é um dos dois irmãos, o que seria o herdeiro do título de nobreza, mas que renunciou porque se entregou a uma aventura de guerra, e que é um personagem muito cruel. É um daqueles personagens luciferinos que a literatura inglesa, de Byron em diante, muito apreciava (mas mesmo antes, porque no fundo também Shakespeare, também o teatro seiscentista está cheio de personagens muito perversos).

É perverso, ele?
É um perverso: um perverso sem nenhuma sombra de bondade.

Há uma luta entre os dois?
Há uma luta entre os dois que culmina na cena de um duelo noturno, à luz de candelabros, em que o perverso parece morrer, mas desaparece, e então seu reaparecimento será depois o ponto de partida para outras aventuras.
Stevenson, não esqueçamos, é também o autor de *O médico e o monstro*, que é o desdobramento de um personagem que se torna, em alguns momentos, um monstro de maldade.

Você escreveu um romance que se chama O visconde partido ao meio. *Nesse romance havia um personagem dividido no meio: uma metade boa e uma metade ruim. Esse seu livro teve influência de* O morgado de Ballantrae?

E esse problema do bom e do mau é um dos seus enredos narrativos, dos seus interesses?

Em geral, quando me pedem para falar de Stevenson e de *O morgado de Ballantrae*, é por causa desse livro, que escrevi já faz quase trinta anos. Também ali há um bom e um mau, mas são a metade da mesma pessoa: a metade má é o que de mais cruel se possa imaginar, a metade boa é um personagem muito tedioso, é um bom meticuloso.

Esses personagens, esses bons tediosos não lhe agradam?

Não. De fato, a moral explícita desse livro é que o personagem positivo só pode ser o homem inteiro, e não uma metade nem a outra.

Por isso é preciso sempre um pouco de bondade e de maldade juntas, como o café com leite.

É preciso... há: é uma constatação. Não fico dizendo o que é e o que não é preciso. Talvez me identifique mais com os aspectos maus do que com os bons, que mesmo assim existem.

Quando pequeno, você era um bom menino?

Pois é, você pode se decepcionar, mas penso que ainda sou um bom menino.

CARÁTER GENÉRICO DA PALAVRA, EXATIDÃO DA ESCRITA[1]

Nas suas origens de escritor estão Pavese e Vittorini. Por quê?

O problema que um historiador poderia se colocar é se eu podia ter outras origens. Deve-se levar em conta que sou um provinciano. Não vinha de um ambiente literário nem de uma cidade literária. Quando comecei a escrever, eu era um homem de poucas leituras, literariamente um autodidata cujo aprendizado ainda estava por começar. Toda a minha formação se deu durante a guerra. Lia os livros das editoras italianas, os de *Solaria*. Em 1945 conheci Pavese.

Como?

Eu tinha começado a me ligar à editora Einaudi, que durante a guerra fora a editora mais interessante e que na Libertação estava presente tanto em Turim como em Milão. Em Milão estava Vittorini, que fazia *Il Politecnico*, revista antes mensal e depois semanal.[2]

Quais foram as ligações entre a sua atividade na editora Einaudi e sua vida de escritor?

Tenho cinquenta anos, uma vida já muito longa. Sei que existem ligações, mas é difícil explicá-las. A certo ponto descobri que era escritor, mas bastante tarde: trabalhei muito na editora, nos momentos livres escrevia muitas daquelas coisas das quais depois surgiam livros, mas dediquei a maior parte do tempo da minha vida aos livros dos outros, não aos meus. Estou contente com isso, porque a editora é uma coisa importante na Itália onde vivemos, e ter trabalhado num ambiente editorial que foi modelo para o resto da Itália não é pouca coisa.

Os livros que você escreve parecem muito distantes da ótica de um dinamizador que administra a vida cultural numa estrutura editorial. Vittorini escrevia livros de relação muito mais direta com o papel dele.
Vittorini vivia intensamente, em primeiro plano, a sua atividade de dinamizador cultural, tanto é que, depois da sua morte, a minha presença nesse plano foi se atenuando cada vez mais. Sem ele, passei a me dedicar sempre mais ao trabalho individual. Digo-o agora, depois de passados doze anos da morte de Vittorini. Hoje sinto muito menos uma ligação com a vida cultural como projeto, também ligada a uma certa ideia de sociedade, acredito menos nisso, mesmo porque é mais difícil, para mim, estabelecer polos entre os quais eu possa me orientar.

Não imaginava que sua colaboração com Vittorini tivesse sido tão estreita.
Conheci Vittorini em 1945...

No mesmo ano em que conheceu Pavese?
Sim.

Havia a atmosfera daquele poema de Pavese, "Os gatos saberão"?
Havia uma tensão existencial. E eu era um rapazinho, eles eram muito mais velhos. Pavese me fez entrar na Einaudi e nos víamos todos os dias, trabalhávamos no mesmo escritório. Senti muito a sua morte. Quem sabe o que teria se tornado... Naturalmente era um suicida e eu não sabia. E os suicidas, mais cedo ou mais tarde, se matam. Mas, se ele tivesse superado a crise, poderia ter organizado culturalmente muitas outras coisas, mais do que os seus escritos podem representar. Mas Vittorini também tinha mais peso como presença viva do que como autor.

269

■ *NASCI NA AMÉRICA...*

Nos anos 1960 os jovens liam Pavese, os de hoje o leem muito menos, há um refluxo do pavesismo. A que se deve isso, para uma pessoa que viu esse mito nascer?

Embora eu seja um dos responsáveis, porque participei da edição da obra póstuma de Pavese, aquele pavesismo continua muito estranho para mim porque não sabia que ele era um suicida. Nos anos em que o conheci, ele não tivera crises suicidas, mas os amigos mais velhos sabiam. Portanto, eu tinha uma imagem dele completamente diversa. Considerava-o um duro, um forte, um grande trabalhador, com uma grande solidez. Por isso, a imagem do Pavese visto pelos suicidas, os gritos de amor e desespero do diário, só descobri depois da sua morte. Para mim, Pavese era um homem de grande rigor profissional, que foi o primeiro na Itália a explorar as dimensões antropológicas, etnológicas, procurando ligá-las à problemática literária.

Devo dizer que o Pavese de *Trabalhar cansa* realiza uma obra literária original e solitária. Não havia mais ninguém que pudesse escrever poemas desse tipo em 1936. Todo o seu trabalho de escritor e de crítico é o de um moralista severo e desdenhoso, como também o de Vittorini, que, no entanto, era totalmente diferente dele. Pavese acreditava apenas no valor individual e desprezava grupos e revistas, Vittorini era voltado à organização, animado por uma intensa paixão política. Pavese era um apolítico que se encontrava no meio de um dos grupos mais politizados da Itália, entre os mais rigorosos. A veia moralista de Vittorini era diferente: era um revolucionário, inimigo de todos os tabus. Vittorini era um siciliano que fora para o Norte, enquanto Pavese era uma personalidade mais religiosa, embora laica.

Há outros filões culturais no pós-guerra, o filão Montale, iniciado já antes, o filão Pasolini, o filão Gadda.

Desde a minha adolescência, Montale tinha sido o meu poeta e continua sendo. Permaneço um montaliano fanático. Ademais sou lígure; portanto, aprendi a ler a minha paisagem também por meio dos livros de Montale. A sua moral é extremamente importante para mim.

Pasolini, por sua vez, é meu contemporâneo, acompanhei-o desde quando ele começou a aparecer na cena nacional. Li recentemente a biografia de Siciliano, na qual aprendi inúmeros fatos sobre a sua família, o pai, a relação com o irmão, mas comecei a ler Pasolini quando ele publicou em *Paragone* um capítulo do que viria a ser depois *Meninos da vida*. Foi em 1951, e esse capítulo foi praticamente o manifesto dessa sua escrita dialetal. Ele fez um trabalho importante como poeta nos anos 1950. Comecei a ler os seus poemas quando *Nuovi Argomenti* publicou "As cinzas de Gramsci", mas antes disso já o notara na antologia de Spagnoletti, e depois pelo seu trabalho do *Cancioneiro italiano*. Houve uma polêmica na imprensa comunista, no *Contemporaneo*, porque não consideravam muito a sua obra, isso por volta de 1954, e sempre fui muito amigo dele. Depois, quando começou a fazer filmes, creio que o seu interesse diminuiu, o seu cinema não me interessou: parece-me totalmente o contrário do que é como escritor. Como escritor, tem uma exatidão, é um trabalhador muito preciso. Parece-me que no cinema tem imagens muito genéricas.

Gadda era de muita idade, nascido no século XIX, que participou da Primeira Guerra Mundial, um escritor muito pessoal, de quem fui próximo porque conhecia pessoas que o viam todos os dias; tinha uma espécie de gentileza hipercerimoniosa, ditada pela sua extrema timidez, pelo nervosismo e um ódio feroz ao próximo, que o levava a ser extremamente gentil. As relações com ele eram uma coisa especial, engraçada.

Passemos à escrita de Calvino. Pode ser uma pergunta tola, mas a que se deve o fato de ser tão incrivelmente elaborada?

Tenho muita dificuldade em falar, mas tenho igual dificuldade na escrita. Nunca escrevo de um lance só. Os meus manuscritos são cheios de rasuras, remissões, inserções. Invejo muito quem sabe falar e escrever de maneira direta. Para mim, o pensamento sempre se apresenta muito emaranhado, preciso pô-lo em ordem, fixando alguns núcleos. A forma tem as suas imposições.

Em suas páginas destaca-se um peso incrível da palavra, que condiciona a estrutura da narrativa.

Sem dúvida, é necessário que o escrito não seja banal demais, desconjuntado demais. Agora estou terminando um longo esforço, pois passei dois anos trabalhando numa espécie de romance, que sairá pela Einaudi com o título *Se um viajante numa noite de inverno*. No livro, mesmo na construção, o elemento romanesco é preponderante. Passei grande parte desse tempo construindo esquemas, elaborando essa narrativa complicada. Mas todas as construções têm muito pouca importância. É na página que se resolve tudo, que se vê se a coisa rende. A materialidade do ato do escrever é sempre decisiva.

O peso de cada palavra contrasta, porém, com o amortecido, a transparência atenuada do conjunto, uma separação entre o real e o escrito. Parece que se sai do tempo, da mudança, numa espécie de cristalização. Uma separação da vida.

Invejo muito o escritor ininterrupto, que vive e escreve, para quem o escrever é uma espécie de prolongamento do viver: mas seria como uma disciplina, começar a escrever tudo aquilo que se vive, fazer da escrita uma espécie de jornal ininterrupto. Um exemplo é Henry Miller. Mas pressupõe também um enorme egocentrismo. Quem sabe, também uma modéstia: pensar que não se pode falar de nada a não ser do que se viveu.

Há também o viver como escritor, um viver próprio que lhe pertenceria. Num documentário sobre Simone de Beauvoir, Sartre lhe pergunta a diferença que existe entre viver como escritora e viver como escritor. Como se o viver do escritor fosse diferente de todo do mero vivente.

Espero que não seja diferente. De outra maneira, que interesse haveria em ler os escritores, se aquilo que dizem não pode aspirar a uma certa universalidade? Não, viver como escritor é como viver como astrônomo. Para mim, como para quase a totalidade dos vivos, a vida é um enorme desperdício. Da imensa maioria das próprias horas não se extrai absolutamente nada.

Falamos do escrever em geral. Mas a diferença entre os seus romances e os ensaios, os artigos no Corriere della Sera, *o prefácio aos* Ninhos de aranha, *é enorme.*

Seria bom se tudo fizesse parte de um mesmo discurso, segundo certa imagem do escritor. Mas em mim predomina, talvez, uma moral artesã. Procuro fazer produtos que sirvam. Jamais estabeleço como fim a subjetividade, a expressão de mim mesmo, que não sei qual é. Estabeleço a tarefa, fazer a cada vez o objeto que me pedem. Sempre escrevo algo que me foi pedido. Mesmo os livros, escrevo não para me expressar ou dar vazão a alguma coisa...

Por quê?

E o que devo expressar? Pode ser um desejo da juventude quando, se não nos expressamos, temos medo de não existir. Mas o que foi foi. Hoje procuro responder a certa demanda, fazer produtos acabados. O fundamento da minha moral é fazer objetos que atendam a determinada função. Por isso, como escritor, dei o melhor de mim nos contos, porque ali tenho certo controle; uma coisa que começa e que termina, que tem um corte. Depois, quem sabe, montando esses contos, construo o livro.

Podem-se prestar serviços diferentes com homogeneidade de estilo e atitude de escrita. Mas me parece que em você existe uma contradição entre uma moderação, um comedimento na formulação ensaísta e, por outro lado, um extremismo narrativo, que leva ao excesso certas estilizações. Jamais O castelo dos destinos cruzados *poderia ser cotidianizado.*

É uma relação com o público. Trouxe comigo o público da minha narrativa de livro em livro, enquanto eu mudava, inclusive fazendo coisas mais difíceis e distantes. Esse senso do público creio que nunca perdi. Acredito que o público espera que eu mude de livro em livro. No livro que estou terminando de escrever, há um elemento romanesco, há uma nostalgia do escritor popular. Há o senso da demanda por parte do leitor médio, não digo não intelectual, mas não intelectualista como leitor. Surge como nostalgia: é o livro de alguém que gostaria de escrever um romance popular, mas acaba saindo uma coisa extremamente fragmentada e perturbada. Mas me esforço em escrever um livro divertido. Se divertir, meu esforço terá dado certo; se não, terá falhado. Enxergo a função social no fato de instaurar certa facilidade em comunicar coisas difíceis ou um senso da dificuldade de transmitir mesmo as coisas mais fáceis.

Um estar sempre fora da medida corrente?
Qual é a medida corrente?

Ser fácil nas coisas fáceis e difícil nas coisas difíceis.
Para que uma operação literária tenha sentido, é necessário que haja certo atrito, que seja uma operação de escalada, não só de descida, um paradoxo alcançado.

A propósito de público, há algum tempo Roland Barthes me dizia que mal e mal conhecia o seu próprio público, mas ignorava totalmente o seu leitor. Na escrita, o leitor permanece desconhecido, enquanto o público é semidefinido sociologicamente.

273

Não. Aqui se pode observar uma diferença entre a Itália e a França. Barthes pensa num tipo de intelectual, de estudante, de universitário francês sensível a certa linguagem. Um público institucionalizado, não, realmente espero que não corresponda à realidade. O público é fragmentado, composto de pessoas individuais. A sociedade italiana ficou diferente, fora do meu campo de experiência. Mas me acontece, enquanto escrevo, de ler a mim mesmo com os olhos de determinadas pessoas, de me imaginar ser alguém que sei que me lê. E sei que sou lido por pessoas absolutamente diversas, que não têm nada a ver umas com as outras. E este é o verdadeiro desafio. Não ter um público, e sim leitores diferentes. Se, além disso, pensarmos que os livros de um escritor são traduzidos em muitos países, com um público limitado, mas às vezes nem tanto, e que um livro é lido fora do contexto italiano, o leitor de fato se torna um desconhecido. Posso calcular os meus efeitos sobre certa amostragem de leitores italianos; sobre os universitários americanos ou os leitores dos livros de bolso franceses, não tenho a menor possibilidade.

Você disse antes que o público o acompanha à medida que você se distancia. Em que consiste essa distância?
A sociedade italiana mudou muito nos últimos quinze ou vinte anos. No fundo, todo escritor tem uma data própria, ao redor da qual podem ser situadas as suas obras, mesmo posteriores. A maioria das minhas obras é por volta dos anos 1950, entre 1945 e 1960. É uma época em que eu tinha a pretensão ou a ilusão de ter uma imagem da sociedade italiana, de ter um diálogo. Era, claro, uma ilusão, porque as coisas são sempre maiores. Aquilo que a sociedade italiana se tornou não fora previsto por ninguém, nem por intelectuais nem por políticos. Daquele período em diante existe uma zona de sombra cada vez mais densa, cada vez mais extensa, no teatro em que falo. As luzes da ribalta chegam a iluminar algumas filas de poltronas, mas há muita gente que não vejo.

Eu achava que a palavra "distante" aplicada aos seus livros implicava um sentido de separação, de dificuldade, e não de simples datação.
Pois é. A certa altura me pus até a escrever *As cosmicômicas*.

As cidades invisíveis certamente não são mais próximas.
Ouvi de uma parte do público uma demanda por modelos diferentes

de literatura. A certo ponto, o horizonte da literatura italiana, como se configurou durante os anos 1940 e 1950, me pareceu limitado. Senti também a necessidade de me arriscar em outros horizontes literários. É uma necessidade que senti, tenho a impressão, junto com o público.

Em que sentido o público queria distância?
A distância é um tema dos meus livros, como outros já notaram. Com *O barão nas árvores* fui um teórico, se quisermos, da pequena distância, do passo para trás, ou para cima para ver melhor ou mais longe. Na Itália, desenvolveu-se toda uma atenção descritiva no jornalismo, no cinema, numa sociologia difusa pela qual era menos interessante para o escritor fazer uma descrição social, uma representação da vida cotidiana. A ligação com o próprio tempo podia se expressar de formas mais alegóricas, mais abstratas. Ligação mais ou menos intencional, porque não há a necessidade de dizer: "quero fazer uma alegoria do meu tempo dessa maneira bizarra". Não, só pelo fato de tê-lo escrito, você ou outra pessoa descobrirá que é uma alegoria do nosso tempo. Mas é melhor que seja outra.

Há um período, por volta dos anos 1960, em que você trabalhava mais especificamente em torno da realidade italiana. A especulação imobiliária, O dia de um escrutinador. *Há uma reaproximação e depois um afastamento.*
Fiz muitas tentativas de escrever romances realistas, objetivos, depois que *Os ninhos de aranha* e os contos tinham dado certo para mim, tinham sido publicados. Então tentei escrever outros livros, mas nunca dava certo.

Você mesmo os engavetava?
Não, eu os dava para ler... Mas depois consegui, naquela espécie de autobiografia intelectual que é *A especulação imobiliária*. Eu queria fazer uma série que fosse uma crônica dos anos 1950 e que depois não deu certo. Havia um que eu queria escrever... Mas quem sabe. Tudo pode voltar.

A realidade italiana está, porém, presente nos artigos do Corriere.
Telefonavam-me de manhã e eu tinha de passar para eles o texto por telefone à noite, para os de primeira página: fazem parte mais do telefonado do que do escrito.

Por que a escolha do Corriere?
No momento em que eu escrevia lá, todos escreviam lá. Não é caracterizante. Os escritores passam de um jornal ao outro e os jornais passam de um escritor ao outro.

E também há a relação com o PCI.
Estive no PCI por doze anos. Foi uma parte importante da minha vida.

Existem vários PCI, aquele do pós-guerra, aquele que governou com a DC e que talvez não tenha refletido as esperanças de muitos.
Você não quer a DC no governo e não quer o PCI; o que quer, afinal?

Não o PCI com a DC.
O importante é que o PCI não se torne a DC.

Nos últimos anos, você nunca mais falou da sua Resistência, como entrou, como a avalia.
Não se pode mudar a própria vida. Era jovem naqueles anos e a Resistência não fui eu que inventei, encontrei-me ali no meio e assumi a forma que a história me dava. Não era um chefe, era um rapaz. Nunca fui fascista, mas, se tivesse durado, teria talvez me tornado por oportunismo? Não era fascista de ideias nem de temperamento; aí, para sobreviver, em termos práticos, as coisas talvez fossem outras.

Quantos anos tinha quando esteve na Resistência?
Nasci em 1923; portanto, em 1943 tinha vinte anos. Comecei a escrever aos 22, as primeiras coisas publicadas, na Libertação. A minha participação na literatura daquela época não pode ser avaliada no mesmo plano de quem fundou determinadas poéticas e fez determinadas escolhas estilísticas. Já estava me movendo num contexto literário em que era bastante natural escrever daquela maneira. No pós-guerra, eu não tinha grande originalidade, mas, depois de algumas tentativas, encontrei o melhor modo de escrever as minhas experiências de um jeito diferente dos outros.

Gostaria de saber qual o efeito, hoje, para quem esteve na Resistência, do seu esfacelamento como ponto de referência para os jovens e como fonte de legitimidade.

Se os jovens de hoje não entendem que a Itália é o país mais livre que jamais existiu, e que isso se deve ao antifascismo e à Resistência, quer dizer que são uns absolutos inconscientes.

Há talvez o fato de que a DC tenha reutilizado e absorvido todo o aparato anterior.

É verdade que a DC no final dos anos 1940 e nos anos 1950 era uma coisa bem dura. Mas agora aquele sistema se desmantelou. Na Constituição que foi escrita por homens que haviam passado anos na prisão, este país é único no mundo em termos de liberdade e democracia. Basta olhar ao redor. Veja um Estado autoritário como a França! É um argumento com o qual não concordo e que me enche de indignação: falar com arrogância sobre essas coisas, quando vivemos nesta frágil fatiazinha do mundo em que não há campos de concentração, e não sei até quando vai durar, pois está claro que estamos caminhando para períodos de poderes autoritários!

Que ligação há entre esse antifascismo, a Resistência e depois a sua atividade editorial?

Existe uma unidade. São os anos da minha juventude passados em torno de um projeto de sociedade italiana, o projeto de fazer da Itália um país civilizado. Isso foi feito por meio de inúmeros erros e falhas. Coisas que podemos desprezar, mas me parece que a Itália é um país diferente.

Está mais civilizado?

É um pouco problemático, mas o projeto tinha um sentido. Talvez se pudesse pensar em ganhar dinheiro, como pensa a maioria das pessoas hoje em dia. Mas tínhamos uma ideia de sociedade.

O fato de viver em Paris e não na Itália não significa nada?

Fico mais na Itália do que em Paris. Além do mais, não sei ainda por quanto tempo ficarei; vivo com liras trocadas por francos.

Um livro como O castelo dos destinos cruzados *mostra muitíssimo a influência parisiense, da combinatória, dos significantes.*
Não é preciso estar em Paris. Os livros, as revistas circulam. Aqui posso ficar mais tranquilo, com menos pessoas me telefonando.

Não são só os livros e as revistas. Há como que a impressão de que os seus livros tendem cada vez mais a ser na literatura um pouco como os pós-cubistas na pintura. Sente-se respirar o ar de Klee.
O exemplo de Klee, dessa riqueza de invenções formais, de liberdade, de musicalidade, é acertado. Naturalmente sou menos feliz, menos satisfeito comigo mesmo.

Por quê? Klee é satisfeito com ele mesmo?
Sim. Os pintores sempre são mais contentes, têm sempre uma maior satisfação naquilo que fazem. Os quadros são bonitos de ver. O escritor não faz coisas bonitas de ver.

Há a fábula, que é acabada, que é cristalina.
A fábula, bonita de se ler. Acredito que a parte hedonista da própria ética é muito importante.

Na fábula, é essencial a redução das variáveis a um número muito limitado.
Tenho certa queda pelos métodos combinatórios. A combinação de determinado número de elementos pode levar a uma quantidade astronômica de configurações. Mas pode-se descartar um número enorme das variáveis teoricamente possíveis. Há sempre incompatibilidades e pode-se sempre chegar a um número de variáveis que pode ser dominado.

Na fábula coexistem dois elementos aparentemente contraditórios: de um lado é o resultado de uma "sistematização", de uma redução de variáveis e de uma combinatória; de outro lado, é o fruto de uma arte popular que, pelo menos dos românticos em diante, foi considerada sanguínea, pouco refletida, velha, mas espontânea, ancestral.
Houve sempre dois modos de entender a fábula. Os românticos faziam

dela algo extremamente subjetivo, embora a revalorizassem como expressão coletiva. Entretanto, como arte popular, tem um quê de objetivo, de impossibilidade de ser diferente daquilo que é. A dupla acepção do fantástico se reproduz também na época surrealista.

Em toda a sua obra há um elemento antirromântico.
Para o romantismo, como para tantas outras coisas, não se deve levar ao pé da letra as ideologias, que seguem uma lógica própria, ao passo que, no fazer as coisas, o que importa são as regras do ofício.

O conto fantástico é também o ponto de chegada de toda a sua evolução, dos Ninhos de aranha *em diante.*
É necessário ver obra por obra. Os rótulos não servem. Cada coisa é construída de determinada maneira, cada coisa é uma operação que parte de determinados dados, de determinados materiais. A cada vez procuro recomeçar *ex novo*, como se fosse o primeiro livro que escrevo. Fico extremamente embaraçado quando me falam de um desenho geral dos livros que escrevi, que são pontos isolados: no meio há tantos dias vazios, tantas esperanças que não se concretizaram em coisas escritas. E aí, como fica?

Você, nos seus escritos, parece equiparar o prazer de comer um morango ao prazer sexual. O sexo está ausente. No entanto, num livro tão cristalino como As cidades invisíveis, *todas as cidades têm nome de mulher.*
Mas por que você diz que redimensiono a sexualidade? Por ser um tema pouco presente em comparação à média desses anos? Talvez estatisticamente, mas não creio. Claro, falar de sexualidade é muito difícil, tento fazê-lo o melhor que consigo, só quando tenho algo a dizer.

Não há a vontade de atenuar aquele privilégio da sexualidade sobre os demais prazeres, que lhe foi dado pelos modernos?
Sim, no plano dos prazeres pode ser legítimo. Mas a sexualidade implica uma relação interpessoal, que os outros prazeres não têm; é sempre uma relação com outra pessoa, que comporta um monte de problemas, um monte de dores de cabeça, de amolações, conflitos. Mas eu não sou bom em psicologia.

Há um lado antipsicologizante no que escreve.
A pessoa faz aquilo que sabe fazer, em que se sai melhor. Talvez me agradasse ser um grande psicólogo. Só que não me saio tão bem. Não é bonito não saber fazer uma coisa e então teorizar que não se precisa fazer tal coisa. Não, de jeito nenhum. Quem sabe fazer, faça.

Há uma separação absoluta do filão dostoievskiano.
Gosto muito de Dostoiévski, mas não consigo mesmo me aproximar.

A obsessão pela precisão nas palavras. Há palavras que você usa e que eu, leitor médio, não conhecia, termos técnicos. Há uma relação estreita com o artesanato.
Eu, no fundo, odeio a palavra por essa generalidade, por esse aproximativo. Agora sinto que falo com você e que digo coisas genéricas, e fico com uma sensação de aversão por mim mesmo. A palavra é essa coisa mole, amorfa, que sai da boca e me dá um nojo infinito. Tentar fazer com que essa palavra, que é sempre um pouco nojenta, se torne na escrita algo exato e preciso pode ser a finalidade de uma vida. Principalmente quando se vê uma deterioração, quando se vive numa sociedade em que a palavra é sempre mais genérica e mais pobre. Diante de uma linguagem que segue para o descaso ou para a abstração, às várias linguagens intelectuais que estão sempre coladas a ela, o esforço na direção de algo inalcançável, na direção de uma linguagem precisa, basta para justificar uma vida.

Você também falou de ética, da sua dimensão hedonista.
A minha moral é prática, empírica. É uma atribuição de valores segundo uma escala que se verifica na experiência, com a qual nos orientamos e sem a qual tudo se desmancha entre as mãos. Não acredito que possa ser definida de outra maneira senão com uma longa série de exemplos práticos. Por exemplo, aquilo que dizia anteriormente se inscreve numa moral em que a precisão é um valor, em que as coisas que demandam esforço, mas que enriquecem a vida de relações, são um valor.

Mas o sentido da vida não absolve da mortalidade? No sentido de que aquilo que faz é transmitido aos outros. Pois naquilo que você escreve há uma desdramatização da morte.

A minha moral faz parte da ética do trabalho. O sentido de tudo é o trabalho. E o trabalho é algo intersubjetivo, que estabelece uma comunicação com os outros. Por isso entende-se que se morre, mas através do trabalho outras pessoas que usam objetos construídos, produzidos por você, que vivem ainda, morrerão. O trabalho como comunicação. Morrer não é uma coisa tão extraordinária.

Há um lado Eclesiastes, Qohélet, um mundo visto como "fome de vento".

Não. No *Eclesiastes* há a vaidade do todo, em mim não. Para mim, o que conta é como se é, aquilo que se faz. Não engulo o espontaneísmo existencial, pelo qual todos são criaturas, todos têm o direito de viver. O direito de viver conquista-se duramente e muitas pessoas que conheço não têm nenhum direito de viver. A pessoa deve demonstrar que tem o direito de viver, eu não tenho muita certeza de ter esse direito. Preciso demonstrá-lo para mim, e nem sempre consigo. Pelo contrário.

E então, como se sente?
Sinto-me um homem a mais, essa terra está superpovoada.

UMA HISTÓRIA QUE NÃO TERMINE NUNCA[1]

Começamos a falar do livro em função da exposição ["Paris-Moscou" no Beaubourg de Paris] e da sua relação com a extraordinária riqueza cultural da Rússia do início do século e dos anos 1920, maravilhosamente documentados, e a inquietação que a percorre em todos os seus múltiplos fermentos. Também somos inquietos, sim. Mas é uma inquietação profundamente distinta.

As nossas tensões e inquietações não são comparáveis. A diferença decisiva, talvez, consiste no senso do porvir, que então existia e hoje está totalmente ausente. Não conseguimos enxergar uma perspectiva.

Há no seu livro essa inquietação obscura da nossa época?

Sabe que trabalhei nele por mais de dois anos. Quando menos por isso, o nosso tempo se reflete no livro. Poderia ser definido como o romance da mistificação, também num sentido positivo, do prazer de contar, de inventar, de se expressar por meio da imaginação.[2] Mas mistificação principalmente no sentido de incerteza do mundo, onde nunca se tem certeza do que é verdade e do que é falso, fora e dentro de nós. Estamos incertos também da nossa identidade.

Pode explicar qual é a arquitetura desse "romance mistificado"?

A construção é um pouco complicada, e também por isso tive de trabalhar muito. Creio, porém, que a leitura é fácil, porque o tema é o fascínio do romance, que adquire força num mundo em que é difícil descobrir um sentido nos acontecimentos humanos. O leitor, que é o protagonista do romance, procura o tempo todo um traçado que o ajude, uma corrente que o leve em frente, que não consegue encontrar na vida. Mas a sua busca é ilusória, fadada ao fracasso, porque o romance se interrompe continuamente e, a cada vez que o leitor-protagonista o retoma, encontra em mãos um livro diferente.

Se bem entendi, todo leitor do romance se descobrirá como protagonista...
Sim, o leitor deveria se identificar com o leitor que representei e se encontrar, ele mesmo, diretamente às voltas com o mistério do romance: mas por que todos os livros que pega em mãos a certo ponto se interrompem? Quem semeou a desordem na produção literária? Pouco a pouco, o mistério se resolve, mas antes se complica muito.

O livro é uma metáfora do mundo? E de que modo?
Não quero contar o enredo do romance. O sentido é que nos encontramos num mundo em que a confusão e a mistificação são instrumentos do poder, e entre eles circula um mistificador por excelência, que age por puro amor à mistificação.

Quem é esse segundo personagem, depois do leitor-protagonista?
É uma espécie de Cagliostro, de falsário, um Fantomas, se quiser, que no fundo continua sendo um derrotado.

É a representação do mal, evidentemente. Mas o bem, quem é?
O verdadeiro personagem positivo é uma leitora,[3] sempre pronta a procurar, mesmo entre a mistificação, uma fresta de verdade.

Se não quer revelar o enredo, pelo menos explique onde se movem esses personagens...
O livro tem uma moldura em que ocorrem aventuras movimentadas, com uma espécie de Cândido do nosso tempo...

Algum parentesco com o Cândido de Sciascia?

Nenhum; a perspectiva é totalmente diferente. Sciascia no seu *Cândido* é, estranhamente, mais otimista do que o habitual. Ele apresenta um otimismo e uma ingenuidade para poder depois desmentir. O meu Cândido é totalmente desencantado: o leitor é o meu Cândido, por isso não tem uma fisionomia muito precisa. É o leitor que lê, que se põe no lugar do leitor-protagonista, que é Cândido.

Somos nós os Cândidos, então. Mas por que não as leitoras? O que diferencia Cândido do personagem positivo, a leitora?

A leitora está sempre insatisfeita, insaciável, enquanto o leitor-Cândido gostaria de ler o livro como é, isto é, entender o mundo tal como é.

Há o mal, o Cagliostro que tem o gosto de mistificar. Há o bem, a leitora insatisfeita, e entre os dois há a inércia e a passividade do leitor-Cândido...

O leitor é um pouco passivo, mas, no fundo, é alguém que não alimenta ilusões, que gostaria de entender as coisas como são, enquanto a leitora faz escolhas durante o tempo inteiro, as quais, porém, vai deixando para trás. São escolhas que se concretizam em diferentes tipos de romance: esse meu livro contém dez inícios de romance, que correspondem a dez tipos de fascínio narrativo, de atração por uma história à qual gostaríamos de nos abandonar. Cada um corresponde a outras tantas atitudes em relação ao mundo.

Toda "filosofia" tem, portanto, um estilo próprio, um modo narrativo próprio?

Sim, embora não quisesse fazer pastiches, paródias, esses dez inícios de romance são muito diferentes entre si. Em todos eles, a minha voz é um pouco deformada por um falsete, mas creio que acaba sempre sendo identificável.[4]

Pode exemplificar quais são as diferentes atitudes?

Num dos romances, a realidade escapa como uma neblina. Em outro, porém, tudo é extremamente preciso, encorpado, sensual. Num terceiro dominam a introspecção e a introversão. Em outro há uma tensão existencial projetada em direção à história, em direção à política e à ação. Em outro há um cinismo brutal, noutro ainda um senso de desconforto e de angústia. Há o romance erótico-perverso, outro telúrico-primordial. Tentei também o romance apocalíptico, gênero literário hoje muito frequentado: um Apocalipse que acaba com um reencontro do mundo, com a esperança de que o mundo continue. E assim se fecha o círculo.

Entre esses dez romances diferentes, qual é a história que os unifica, de que o leitor é protagonista?
O leitor é o protagonista da moldura, que o leva de um romance ao outro.

Mas onde está encerrada a continuidade da narrativa?
Há semelhanças de situações. Apesar de serem muito diferentes, todos os dez romances podem ser reconduzidos, de algum modo, a um esquema comum.

O esquema é a sua visão do mundo: entre o mal-Cagliostro e o bem-leitora insatisfeita, a inércia passiva do leitor-Cândido, não emerge uma visão feminista e matriarcal das coisas?
A imagem positiva, tanto na moldura como em cada um dos dez romances, é uma mulher. Não sei se é sempre positiva em todos os romances; em todo caso, é sempre objeto do desejo. A leitora é o verdadeiro personagem do meu livro: talvez na civilização futura sejam as mulheres que poderão construir um mundo de valores.

Por que identifica o mal na mistificação de Cagliostro? Talvez não exista nada de pior no mundo?
Sem dúvida existe, e no romance há, de fato, uma força ainda mais negativa do que Cagliostro, e que é apresentada pelas imagens do poder: o sistema universal de polícias paralelas, que explora a mistificação geral. A certo ponto, aliás, Cagliostro se recusa a continuar fazendo o seu jogo e se rebela contra essa negatividade absoluta.

Da forma como descreve, o romance é muito complexo. É também um romance difícil?

285

Eu diria que não. Deveria ser a apoteose do leitor médio. O leitor ideal do meu livro é com certeza alguém que tem paixão por ler romances, mas não necessariamente um leitor "literário". Não queria escrever literatura. Espero ter escrito um livro divertido.

Como situa esse seu último trabalho no conjunto da sua obra? Você começou como um escritor luminoso, um novo escritor das Luzes. Traçando uma parábola precisa, que passa por As cosmicômicas *e "O tarô", chegou a essa última metáfora, que é metáfora da complexa obscuridade do mundo atual. É possível hoje escrever de novo um* Visconde partido ao meio?

Nesse livro há, sem dúvida, uma grande nostalgia por uma narrativa direta: creio que isso se nota. Esses dez romances no romance são, a cada vez, o desejo de partir para uma história que não termine nunca.

A metáfora, então, é otimista?

Dados os tempos, acredito que dessa vez também se pode resgatar uma fresta de otimismo. No final do livro, diz-se que antigamente todas as histórias terminavam com a morte ou com um casamento: a inelutabilidade do fim individual e, ao mesmo tempo, a continuidade da vida. O meu romance tem um final feliz: os protagonistas se casam.

PROCURAVA UM LIVRO PARA LER, ESCREVI DEZ[1]

*M*esmo antes de chegar às livrarias, o seu último romance, Se um viajante numa noite de inverno, *teve um espetacular consenso de críticas. Até agora você se calou. Até o editor fez uma divulgação discreta. Mas os leitores, que se divertem muito ao ler o seu livro, perguntam-se: como Calvino teve essa ideia? Pode nos dizer?*

É um livro que nasce realmente do desejo da leitura. Comecei a escrevê-lo pensando nos livros que gostaria de ler. E disse comigo mesmo: a melhor maneira para isso é escrevê-los. Não um, mas dez, um atrás do outro, e todos dentro do mesmo livro. E toda vez que começava um romance novo dentro desse romance, a mola que me impulsionava era sempre e outra vez o desejo de leitura. De fato quis fazer o livro do leitor. Não só porque o leitor é o verdadeiro e único protagonista desse livro, mas também porque é o seu (e não só o meu) desejo de leitura que dita os vários livros...

E o escritor para onde foi?

Naturalmente está ali também. Ademais, quem se põe a escrever, isto é, o escritor, em geral é alguém que gostaria de ler o livro que está escrevendo. Ou seja, é alguém que diz a si mesmo: "Que bom se já existisse um livro assim!". E, no momento em que pensa isso, escreve o livro.

Mas há também o leitor que gostaria de ser capaz de ter sido ele o autor do livro que está lendo e que aprecia...

Justamente: aquele leitor que, no meu livro, é ao mesmo tempo protagonista e dono do livro. Além disso, no meu livro, o leitor se divide em dois: porque há também a leitora. Em todo capítulo a leitora enuncia um desejo de leitura diferente, outro tipo de romance que é diferente daquele que estava lendo até aquele momento. É por isso que o meu romance muda o tempo inteiro...

Essa "leitora" é mulher por convenção, ou há um significado preciso no fato de se tratar de uma leitora vista em contraposição ao leitor homem?

É mulher mesmo, e a coisa tem um sentido bem preciso. A Leitora de fato é, ao mesmo tempo, uma incondicional devoradora de romances (nutre-se deles, de maneira literal), e também, em comparação com o Leitor, alguém que lê de modo mais crítico e mais consciente. Quero dizer que a Leitora com certeza entende mais do que o Leitor parece entender. É ela, no fundo, a verdadeira heroína do meu livro.

Quem foram os seus modelos? Borges? Sterne?

Belos nomes, claro, os dois. E, sim, certamente também pensei neles. Mas a minha lista é mais longa: há Queneau, por exemplo, há Nabokov, sobretudo pelo aspecto experimental da estrutura romanesca.

Todos aqueles golpes de cena...

É sim, esse meu livro é também um romance de aventura mesmo. E, de fato, os modelos que mais persegui, e que eram ao mesmo tempo mais inalcançáveis, iam do thriller ao romance de espionagem...

Nesses dias, Umberto Eco publicou um ensaio muito brilhante sobre as interações que ocorrem entre obra literária e leitor: Lector in fabula. *Algo, portanto, não muito diferente da ideia que está por trás do seu romance. Coincidência?*

Uma feliz coincidência: e, aliás, o meu livro também poderia ter o título de, precisamente, *Lector in fabula*. Ademais, houve ainda a coincidência com o livro de Giorgio Manganelli, *Centuria*: cem romances imaginados de poucas páginas cada um e reunidos num livro só.

Você sabia do projeto de Manganelli enquanto escrevia Se um viajante?
Não, não. Quando o livro saiu, escrevi de imediato a ele: "Caro Manganelli, você me venceu. Você escreveu cem e eu não cheguei a terminar dez".

E como levou em conta a grande polêmica sobre o romance destes últimos trinta anos?
Há, no meu livro, toda a "narrativa" contemporânea. Mas também quis fazer um gesto de confiança no romance. E, ao mesmo tempo, o meu livro é também um romance inalcançável, no sentido de que é um romance que a cada vez se anula, se interrompe, se pulveriza. Não são dez imitações ou paródias, mas a indicação das dez direções da narrativa contemporânea.

De fato não há paródia em nenhum momento? Nem mesmo quando o texto fica mais divertido?
Não. Embora eu tenha tentado usar uma expressão um pouco mistificada, no sentido de que os vários romances, sul-americano, japonês, polonês, calviniano, sou sempre eu que os escrevo e sempre com uma piscadela. Mas quando é que o narrador não dá uma piscadela? O narrador é exatamente isso também: alguém que finge ser outra pessoa.

Entre tantos divertimentos, às vezes, porém, há também um gesto de impaciência...
Em geral é esta a minha atitude ao escrever: escrevo um livro divertindo-me, mas depois sinto a necessidade de mudar, de escrever outro, totalmente diferente...

Quanto tempo levou para escrever Se um viajante?
Dois anos e quatro meses.

E sempre se divertiu?
Eu me divertia toda vez que recomeçava a escrever um romance novo. Mas a moldura me custou muito esforço:[2] a estrutura, as simetrias internas etc. Sobretudo o fato de que eu queria que a cada página houvesse algo novo e o interesse da leitura se renovasse de forma contínua.

289

Como vai se chamar o próximo livro?
Difícil dizer. Por ora, poderia apenas fazer uma lista de títulos. Em *Se um viajante* há dez romances. Para o próximo, havia previsto quinze. Agora reduziram-se a catorze.

PUBLICAR CADA LIVRO COM UM NOME DIFERENTE[1]

*P*ara fazer esta entrevista, que — digo logo de partida — é um terceiro grau (precisamos maltratar esses poetas, não?), lancei mão de um truque. Todas (ou quase todas) as perguntas que, pelo fato de que estou aqui, parecem ser minhas, na verdade não são: foram tiradas de livros. Livros que você conhece, que traduziu, leu. Ou escreveu: algumas estão no seu último livro: Se um viajante numa noite de inverno. A beleza de um livro é também que as suas indagações prosseguem depois do livro.
   O que pensa da história universal em geral e da história geral em particular?
   Como pergunta introdutória, certamente você não vem com mão leve... Para os leitores, expliquemos desde já que essa frase sobre a história é de Raymond Queneau, no romance *Les Fleurs bleues* [As flores azuis]. Poucos sabem, porém, que Queneau, além de um divertido romancista da *banlieue* parisiense, fora amigo e discípulo de um filósofo francês, Kojève,[2] que interpretava Hegel no sentido de que o significado da história universal consiste em tender a sair da história, a fundar um mundo sem história. Agora tentarei eu responder pessoalmente à pergunta.
   O que espero da história universal, que parece não ter feito outra coisa senão desmentir e desiludir quem esperava algo dela? Espero algumas possibilidades de história particular, que podem ser uma maneira de preparar certo prato, uma maneira de explorar a energia das ondas, uma maneira de transmitir aos outros o que a pessoa sabe e, sobretudo, manei-

ras de regular a convivência cada vez mais difícil entre os seres humanos e de possibilitar o maior número possível de histórias particulares. E penso que as histórias particulares têm importância quando se multiplicam em história geral, quando não se excluem... Estou sendo genérico? Bom, assim você aprende a não me fazer perguntas sobre conceitos gerais que nunca foram meu forte.

"Funes, o memorioso, se lembrava não só de cada folha de cada árvore de cada montanha, mas de cada uma das vezes que a vira ou imaginara." Você escreveu no seu livro um conto inteiro sobre uma frase parecida com essa de Borges. A sua frase, porém, é a seguinte: "Gostaria de separar a sensação de cada folha individual de ginkgo da sensação de todas as outras, mas me perguntava se seria possível". No tempo da representação é possível. E no tempo?

Uma memória que se fixa sobre cada fato individual não pode conceitualizar; a inteligência requer a capacidade de esquecer os casos individuais para poder extrair alguma regra da experiência. Este é o sentido do conto de Borges "Funes, o Memorioso": um homem de memória minuciosa demais é uma espécie de idiota porque é incapaz de abstração. Por outro lado, há muitos que não sabem falar, nem ver, nem viver a não ser em termos abstratos, e também para eles todas as experiências estão vedadas, eu diria, aliás, toda a vida; além do mais, eles ressumam abstração, como uma necrose que se estende: creio que esses inteligentes são os idiotas mais perigosos. A literatura deveria ser isso: mostrar a unicidade de cada folha individual para se aproximar de entender o que é a folha. Se aproximar: por isso a literatura não tem fim, mas é nisso que ela é indispensável, por essa modesta indicação de método.

Por trás dos seus livros está Borges; já disseram e você disse isso. Se um viajante numa noite de inverno, *porém, remonta diretamente à fonte: é o* Retorno de Dom Quixote.

Li Borges quando ele começou a ser lido na Europa (no início dos anos 1950, Sartre publicou alguns trechos em *Les Temps Modernes*): na época, eu já tinha uma história por trás, totalmente distinta; mas Borges reforçou em mim um gosto pelas representações nítidas e por uma certa geometria mental. O pretexto de falar de um livro imaginário para criar uma distância daquilo que se está escrevendo, isso é próprio dele. A ideia de reescrever o *Dom Quixote* palavra por palavra é um pouco o inverso dessa ideia; nesse meu livro, há um escritor que é tomado pela tentação de copiar *Crime e castigo* inteiro, mas é uma operação um pouco diferente. Se devo dizer, um conto de Borges que foi especialmente rico para mim enquanto escrevia esse livro é "A busca de Almotásim" (não tenho muita certeza do nome, é um nome persa difícil de lembrar).[3]

Consegue imaginar o que aconteceria se lhe fosse reprimida a escrita na sua materialidade, como ocorreu com Sade, isto é, se lhe fosse proibido o uso de tinta, caneta, papel ou máquina de escrever?

Segundo Benedetto Croce, o poeta já traz a sua obra na cabeça, completa, e escrever serve apenas para poder se lembrar dela. Não acredito nisso: o que se tem na cabeça é só o desejo de escrever uma coisa assim, com algum ponto bem definido e o resto vago, uma nuvem. Uma obra começa a existir apenas quando se começa a pôr as palavras no papel, uma após a outra. É o resultado de um esforço prático contra a resistência do material, contra o indeterminado, o confuso, para construir algo que pode sair totalmente diferente de como se imaginava.

E se o passeio também lhe fosse proibido?

O passeio, isto é, o vivido, o contato com o mundo, isso sim a pessoa pode recuperar no escrever, se lhe vier a faltar na vida. Sade, de fato, é o caso de alguém que da falta de liberdade — e ele tinha ideias bastante particulares sobre a liberdade, cabe dizer — e da possibilidade de escrever extrai um delírio escrito minuciosíssimo, muito coeso e sistemático.

Muitas vezes você descreveu fielmente "como nascem os seus livros". Qual é a história desse?

Incluí no livro até mesmo o "diário de um escritor", que não sou eu e sim quem tem a ideia de escrever o meu livro. O que mais você quer?

Numa entrevista no Corriere, *você disse há alguns dias — falava-se do Skylab e das centrais nucleares — que não podemos voltar atrás.*[4] *Mais papel, menos árvores?*

Mais papel e mais árvores, porque é preciso encontrar formas de reciclar o papel que se destrói. Tecnologia verdadeira é a que nos salvar do mundo de desperdício irresponsável em que vivemos.

293

■ *NASCI NA AMÉRICA...*

Quem é realmente introduzido pela primeira vez nesse livro é o você--que-está-lendo. É inevitável, porém, que o leitor se sinta como Sancho Pança. Seria possível para você escrever um livro que vai ao encontro do seu leitor sem o seu nome na capa?

Um livro assim realizaria um sonho que sempre tive: publicar cada livro com um nome diferente. Isto é, repetir a experiência do primeiro livro, do leitor alcançado pelo autor desconhecido. No entanto, o mecanismo da comunicação editorial torna necessário pôr o meu nome na capa para eu ser lido, garantir ao leitor que não é um desconhecido que ele está lendo.

Como se pode poetizar com toda essa confusão?[5]

Pode-se poetizar com a confusão (não é o meu gênero, mas faz-se muito) ou contra a confusão (com o risco de ficar sem matéria-prima), mas, de todo modo, *em relação à confusão*, para que algo dela fique menos confuso, para que algo se contraponha à entropia irreversível do universo, antes que tudo se degrade na dispersão de um cogumelo de fumaça.

ACREDITO APENAS NOS MOVIMENTOS LENTOS[1]

Como se sente, agora que finalmente saiu o livro que todos esperavam há bastante tempo?
Assim que o livro é publicado, ele se torna algo que existe por conta própria, objetivamente. Antes, a pessoa o leva junto, ou melhor, dentro de si, e não é uma coisa agradável. Mesmo agora, o livro tem uma ligação comigo, não o nego, mas só no sentido de que o conheço bem, que sei coisas que os outros não sabem. Está ali, vive por conta própria, não faz mais parte de mim.

Fala como se fosse dar à luz um filho...
Não sei, talvez não, fazer um filho é um processo muito menos natural.[2] E, além disso, é depois de nascer que um filho causa ansiedades. Ademais, dessa vez a "gravidez" para mim foi longa, dois anos, quase dois anos e meio...

Normalmente, por quanto tempo você carrega um livro dentro de si?
Depende. Sempre tenho muitos livros iniciados, muitos projetos, que procuro levar adiante ao mesmo tempo. Estabeleço-me programas, horários semanais, para trabalhar um dia num livro, um dia em outro... Depois, há, entre eles, todas as interrupções para trabalhos ocasionais, colaborações,

trabalhos editoriais e coisas do gênero. Assim, eu acabava não levando nada adiante. Então, a certa altura, passei a me dedicar apenas a esse romance e trabalhei muito nisso.

Trabalhou muito porque a estrutura era muito arquitetada?
Também por isso: quando a construção me parecia complexa demais, tentava simplificá-la e acabava complicando ainda mais. Mas o que me deu mais trabalho foi torná-lo um livro legível, de modo que nunca faltasse tensão. Fazia e refazia, era uma espécie de tecido de Penélope. Muitas partes reescrevi inúmeras vezes, e nunca ficava satisfeito.

Mas você não escreve num jato só?
Não, de maneira nenhuma, não tenho facilidade em escrever. Começar uma coisa nova me dá um grande trabalho. E esse último romance, visto que recomeçava sempre, trazia-me sempre novos problemas. E escrever é também um trabalho que tem muitos períodos vazios.

Mas há escritores que vão mais depressa?
Sim, os que se põem à máquina de escrever e só com a vontade conseguem escrever. Sinto muita inveja.

Quem, por exemplo?
Moravia diz que consegue fazer assim.

Eu, porém, ouvi Moravia afirmando exatamente o contrário: que faz e refaz, que muitas páginas reescreve até dez vezes...
Quando eu era jovem, Moravia dizia: "Escrever é só uma questão de vontade. Todas as manhãs, às nove, eu me sento à escrivaninha e escrevo".

Você deu importância a essa afirmação de Moravia?
Sim, porque para mim isso nunca deu certo. Outro escritor que fui visitar quando era muito jovem foi Hemingway. Foi em 1948 em Stresa.[3] Ele me disse: "O segredo é parar de escrever toda noite quando ainda sobra algo a ser escrito. Assim, de manhã, quando recomeço, não preciso perder

tempo para recolocar a imaginação em movimento". Parece-me um conselho muito sábio. Mas nunca consegui pôr em prática...

Se bem entendi, o problema é o da manhã...
Bom, até posso resolver começar a escrever e depois acontece que encontro todas as desculpas para não escrever. Mas vale dizer que mesmo os períodos vazios podem ser úteis para o que se escreve. Sobre isso há um apólogo chinês...

Que diz o quê?
Havia um grande mestre do desenho que era o melhor em desenhar caranguejos. Certa vez um imperador lhe encomendou um caranguejo. O famoso desenhista chinês pediu sete anos de tempo e uma grande casa com doze criados. Ao término dos sete anos, os mensageiros do imperador vieram lhe pedir o desenho e ele disse que precisava de mais três anos. Passados os três anos, voltaram para pedir o desenho. Ele pegou um pincel e num segundo, com um único movimento da mão, desenhou um caranguejo perfeito.[4]

Às vezes você não lamenta que não exista mais um imperador?
Mas sempre há o comitente. A pessoa sempre trabalha para alguém. Não acredito no escritor isolado, que escreve apenas para expressar a si mesmo.

Quem é o seu imperador?
O imperador é o público. Sempre acreditei numa certa relação com o público. Uma relação a ser inventada a cada vez, um público a ser inventado a cada vez. E o livro que escrevi agora, que é um livro da espera do leitor, parte justamente dessa consideração. Também faço parte desse público, diante da literatura em geral.

Um livro que fosse só um início, você disse enquanto o escrevia, que mantivesse ao longo de todo ele a potencialidade do início. Mas o livro traz inúmeros inícios. Não só os dez romances contidos na moldura...

297

Sim, a moldura também se abre e dentro há espaços de histórias diferentes...

Muitas hipóteses diferentes, por exemplo, com desenvolvimentos contrastantes, para as histórias que têm como protagonistas o escritor atormentado e o escritor produtivo...
Até por isso eu tinha dificuldade em desenredar o novelo, pois era um livro com essas implosões, essas explosões para dentro.

Alguém se perguntou se você, ao propor tantos modelos literários, não estaria dizendo que tudo já foi escrito...
O que eu digo, no máximo, é que o mundo é tão rico e inesgotável que a escrita nunca consegue acompanhá-lo e que, visto que a escrita é um sistema de convenções, precisamos apenas multiplicar essas convenções, essas abordagens do mundo, procurando seguir essa multiplicidade.

Então o seu livro é um ato de fé na importância da literatura?
É um ato de fé no sentido de que não se pode deixar de continuar a perseguir esse algo. Mas eu diria que, entre literatura e (usemos a palavra, assim, bastante genérica) "vida", no meu livro vence a vida. Nesse sentido, não concordo com uma resenha que me fizeram...

Quem?
Claudio Marabini, do *Carlino* e da *Nazione*, fez uma crítica muito apaixonada, muito sutil, mas dizendo que para mim existe só o escrito... Não, não, é exatamente o contrário. Para além do escrito, gostaria que se sentisse que há a multiplicidade e a imprevisibilidade do existente.

Mas no Cavaleiro inexistente *há o personagem de Bradamante, a mulher guerreira, que ora guerreava, ora se fechava num convento a escrever as histórias que lhe ocorriam, "para tentar entendê-las...". Não era uma contraposição entre literatura e vida?*
O cavaleiro inexistente escrevi já faz muitos anos. Aliás, faz exatamente vinte anos. E, embora as imagens provenham de um repertório livresco, creio que há aquilo que então se chamava "tensão existencial". Há uma

expectativa, uma expectativa da vida, que no *Viajante* é explicitamente excluída nas primeiras páginas: o Leitor-protagonista diz que não se espera mais nada de nada.

Por quê?
No primeiro capítulo, diz-se que essa espera era própria da juventude. Questão de idade, então? Ora! Talvez seja também porque há menos a esperar do mundo de hoje. Ou seja, muda a maneira de esperar as coisas... as coisas a esperar configuram-se, distribuem-se de outro modo, em fatos, quem sabe, mínimos e marginais. Mas nunca falei, creio eu, e nunca pensei que existe apenas a linguagem, que existe apenas a literatura.

Há alguém que sustente isso?
Há todo um conjunto de filosofias e de poéticas que seguem nesse sentido, hoje, sobretudo na França. Mas eu, ao fim e ao cabo, não acredito nisso, embora não tenha uma filosofia original, minha, a contrapor.

Parece-me que a sua filosofia é sempre a do engajamento, da dedicação, da clareza interior, da vontade...
Sim, da vontade. Mas não que eu acredite que se possa resolver qualquer problema com a vontade. Aliás, creio que a primeira coisa é se dar conta das paredes contra as quais batemos a cabeça. A primeira coisa é entender o mundo tal como ele é, entender tal como somos, e levar isso em conta. A vontade individual e coletiva só serve se não nos iludirmos sobre nós mesmos, se nos movermos segundo determinadas linhas de força, sem voluntarismos e sem coerções. Acredito que nos acontecimentos humanos há também uma grande parte da natureza e das determinações naturais.

E se não se levar isso em conta?
Quem não leva em conta vai de encontro a desastres. E quase toda a história contemporânea é uma história de desastres, exceto para os que sabem aplicar a ação humana dentro dos limites e do sentido do correto. Naturalmente, há sempre também uma parcela de risco que é preciso aceitar.

299

Entre os desastres você também inclui o fracasso daquela sociedade comunista em que você e tantos outros acreditaram?

Projetar algo que depois resulta no completo contrário é o grande desastre do nosso tempo. Isso se vê com mais clareza no comunismo porque a parte da elaboração de um projeto é muito mais importante e explícita e o confronto com os resultados é mais trágico. Mas, mesmo no desenvolvimento do bem-estar industrial capitalista e liberal, os resultados negativos contradizem os projetos. Ao passo que os resultados positivos, que mais devem ser levados em consideração, parecem não calculados. Enfim, ninguém sabe dirigir a sua história, e esse mover-se às cegas, isto é, com perspectivas ilusórias, tem um custo enorme de vidas e de energias humanas.

Naquele projeto de sociedade, estava reservada uma função precisa ao intelectual. Na sociedade de hoje, qual poderia ser o papel dele?

A minha resposta é: ao diabo os intelectuais! As reflexões sobre os intelectuais estão realmente muito distantes das minhas preocupações. A minha impaciência em relação aos intelectuais, que sempre senti desde o começo, digo quanto a considerar os intelectuais como categoria, como problema, como atitude, agora se tornou algo tão incompatível que fujo tão logo sinto o cheiro daquela linguagem e daquela mentalidade. Gostaria que se falasse sempre de pessoas ligadas a um trabalho preciso, ou de valores que contam para todos. Creio que raciocinar sobre os intelectuais não traz nada de bom.

Quer dizer que os intelectuais são cidadãos mortais comuns como os outros? E nessa atormentada situação italiana, o que um cidadão deve fazer? Procurar entender ou agir?

Não sei o que um italiano assim em geral deve fazer. Ou entramos numa casuística bem definida (e mesmo aí não é que sinto vontade de dar conselhos a ninguém) ou, se não, num plano mais geral, a situação do italiano é a de qualquer habitante do planeta. Então resta apenas retomar as questões do ponto mais universal possível. Kant dizia: "Aja de modo que a norma do seu comportamento também possa ser a norma para os outros".

Mas na Itália há uma situação particular: o fenômeno do terrorismo, por exemplo. Qual é a sua posição diante dessa realidade? Uma condena-

ção clara e inequívoca, ou tenta procurar as causas e encontrar justificativas?

Sou daqueles que sempre acharam que há algo por trás, isto é, interesses bem precisos, italianos e (ou) estrangeiros que tentam, com o terrorismo, influenciar a política italiana em sentido conservador. Ou seja, não acredito que sejam apenas quatro rapazes que gostam de aventuras. Claro que existem rapazes que gostam de aventuras e é compreensível que, lendo os jornais todos os dias, esses encontrem justificativas para dizer "então temos de quebrar tudo mesmo". Uma atitude assim existe e continuará a existir talvez até por muito tempo. Portanto, devemos levar em conta que o terrorismo continuará, mesmo num país que até agora consome, cresce, se diverte e está muito longe de qualquer atmosfera de guerra civil. Até agora, porque provavelmente nos aguardam tempos muito duros.

De que ponto de vista?

Penso que, por ora, as razões do terrorismo, digo as razões que movem o militante individual, são de mentalidade, de cultura, de mitologia, de modelos mentais, mais do que econômico-sociais. Mas, se a crise econômica que nos aguarda é a anunciada (isto é, se os economistas desta vez estiverem certos, depois de terem sempre se enganado sistematicamente), então vêm a se inserir razões sociais e mesmo o "quebrar tudo" poderia se tornar uma política.

Agora não é, na sua opinião?

Quebrar tudo é uma coisa que pode dar satisfação, e com certeza o terrorista é alguém que extrai satisfação. Mas não é uma ação política: a não ser para os que tendem conscientemente a forçar a situação em sentido autoritário.

Qual projeto político você vê como possível na Itália de hoje?

Bem, talvez os projetos políticos só possam ser bastante modestos. Podem ser projetos para tentar que as coisas que não funcionam passem a funcionar, para criar espaços de moralidade na corrupção geral e para se aproximar de um modelo de civilização que seja vivível para todos.

Com quais tempos?
Acredito apenas nos movimentos lentos. Acredito que apenas o que se desenvolve no fundo da sociedade, na relação entre as pessoas, na mentalidade das pessoas determina mudanças históricas. Todo o restante pode trazer satisfações, não digo que não, as revoluções têm momentos muito simpáticos a serem vividos, enquanto não começam as carnificinas tudo é divertido, vivi em Paris parte do Maio de 1968 e era bonito mesmo. Mas sabe-se que depois as revoluções vitoriosas têm como vencedores uma nova camada de burocracia que substitui a velha e fecha imediatamente todas as possibilidades. Se não houver mudanças na sociedade em nível profundo, com tempos muito lentos, como os movimentos das camadas geológicas, todo o resto são futilidades, frivolidades.

Mas você condena todas as revoluções?
Eu não condeno nada. Acredito que o que importa é a mentalidade com que se viverão as revoluções, se revoluções houver, ou com que se viverão as reações, como provavelmente é o que nos espera, ou como se viverão as reformas, como seria de desejar...

Calvino no caminho das reformas...
Desde que sejam reformas muito sérias. Reformas como abolir os manicômios de um dia para o outro criam desastres e nada mais. Somos um país que precisa urgentemente de reformas por todos os lados, faz muito tempo. Na Itália, entretanto, domina o conservadorismo explícito — embora não se veja o que se pode conservar, um conservadorismo do caos — ou a expectativa messiânica não se sabe bem do quê, que é um conservadorismo de fato. E assim se perdem tempo e energia...

Quais são as reformas que você iniciaria imediatamente?
Aquelas para fazer o país funcionar. Não creio ter nada de original a dizer sobre o assunto. A saúde, que me parece uma coisa essencial. A escola, que assim como está não serve para nada. Cada ano que se passa sem estudar, são muitos anos de dependência colonial que nos esperam.

Em base de que mecanismo?
Quem se bate contra o estudo (não falo só dos estudantes, mas dos

professores levianos e dos ministros imprevidentes) quer simplesmente que os nossos problemas econômicos, produtivos, teóricos e de organização social sejam tratados segundo projetos elaborados pelas economias e culturas dominantes em escala mundial ou europeia, com equipes de técnicos formados em outros contextos.

E os italianos?
Aos italianos poderia caber aquele papel subalterno e passivo do qual os povos do Terceiro Mundo tentam desesperadamente se libertar.

Você defende o retorno a uma escola rigorosa, seletiva?
Todas as coisas que importam têm uma única regra: apostar no mais difícil. A atitude de apostar no mais fácil está vergonhosamente de acordo com o espírito das classes parasitárias e das pessoas que só conhecem a vida fácil e querem conservar um espaço de vida fácil às custas dos outros.

Mas pensava-se também no problema dos filhos dos imigrantes meridionais, que têm de enfrentar escolas obrigatórias enquanto nem sabem falar italiano...
Sim, aí abre-se todo o problema da imigração. Foi uma enorme mudança que a indústria italiana conduziu de modo irresponsável, olhando apenas seus próprios interesses imediatos, enquanto governos igualmente irresponsáveis não faziam nada para dirigi-lo. E esta, sim, que foi uma revolução, a maior que a Itália conheceu em muitos séculos e é certamente irreversível. Para adequar as estruturas sociais a essa gigantesca passagem do Sul ao Norte, da agricultura à indústria, ainda resta fazer quase tudo. Também e sobretudo no campo do ensino. Mas criar novos exércitos de diplomados sem eira nem beira parece-me uma coisa sem sentido.

Você, portanto, vê a educação antes de mais nada como eficiência técnica?
Não, o que falta são principalmente os pressupostos culturais e de costumes para encontrar o sentido da própria utilidade pública numa época de grandes mudanças.

303

Você fala de utilidade pública: mas hoje a problemática de muitos jovens está voltada para o desejo...

A minha contribuição para essa problemática foi uma seleção de textos de Fourier que organizei para as edições Einaudi. Fourier procurava uma fórmula em que os desejos, quanto mais individuais fossem, tanto mais serviriam à harmonia universal.

Fourier, como Bataille, de algum tempo para cá é um dos autores mais citados pelas gerações mais jovens.

Bataille é um grande escritor. Fourier, como escritor, é um desastre, mas relembrando-o é mais alegre. Certos aspectos da imaginação de Fourier fazem com que eu o sinta mais próximo, enquanto a gravidade das transgressões de Bataille o distancia mais de mim.

Fourier, Bataille: dois teóricos do erotismo. Porém, nesse seu último livro, Calvino, você descreve pela primeira vez atos sexuais de modo muito realista. Por que essa mudança?

Acredito, em geral, que as representações indiretas sugerem muito mais, transmitem uma carga emocional muito mais intensa do que as descrições diretas. Mas, ao introduzir nesse livro uma série de exemplos de romances contemporâneos, é natural que a onda de explicitação dos fatos sexuais envolva também a minha escrita. Mas creio que há páginas eróticas presentes em toda a minha obra...

Por exemplo?

Agora não é o caso de lhe elencar aqui uma bibliografia... Por exemplo, "A aventura de um soldado" é um conto de 1949. Você sabe que Erica Jong começa o seu romance *Medo de voar* narrando como exemplo de relação sexual "sem compromisso" uma história vista num filme italiano em episódios. Pois bem, ela apenas reconta "A aventura de um soldado" que fora levado às telas perfeitamente por aquele grande ator que é Nino Manfredi.

O modelo feminino de Jong é uma mulher bastante agressiva. A heroína do seu Viajante *também é uma mulher assim. Para não falar da irmã.*

Outras heroínas suas, como Bradamante, são retratos de mulheres guerreiras. É uma alusão às feministas?

Muitos personagens femininos nos meus livros são mulheres resolutas, voluntariosas. Penso de modo geral que, no mundo em que vivemos, há muitas mulheres desse tipo. Com frequência com personalidade mais marcada do que a dos homens. Tais alusões já existiam nos meus livros antes que o feminismo adquirisse tanta repercussão.

Mas você parece ter um pouco de medo dessas mulheres. No Castelo dos destinos cruzados *há o conto do guerreiro atacado pelas amazonas ou bacantes que, embora não se diga claramente, parece que o castram, não?*

Sem dúvida é uma página ditada pelos tempos e pelo complexo de culpa do macho que se vê ameaçado. Temas que estão no ar nestes anos.

Mas estão no ar também para você pessoalmente?

A minha vida, como a da maioria dos homens, é condicionada pelas mulheres. E, portanto, uma tensão de luta entre os sexos como a que veio se explicitando nos últimos anos — digo explicitando porque só agora encontrou as palavras para se expressar, mas na verdade sempre existiu — não pode deixar de influir nos comportamentos e nas reflexões.

Agora, porém, há um fenômeno novo: algumas famosas feministas "históricas", na França, voltaram para dentro do lar, até lamentando terem negligenciado as satisfações da vida familiar...

Creio que tais coisas devem ser vistas em grandes linhas gerais, numa perspectiva do século, do que restará de tantas agitações desses anos. Assim como é inútil deter-se demais nos aspectos mais loucos, nos extremismos (li até Solanas,[5] que propõe exatamente castrar a todos nós!), da mesma forma os retrocessos podem ser apenas episódicos. Há mudanças em escala mundial que são irreversíveis.

Você certamente já está pensando em outro livro. Haverá um desenvolvimento dessas ideias?

Não sei, tenho diversos livros iniciados. Quando um desses livros, em certo momento, adquire um certo grau de maturidade, deixo os outros de

305

lado e me ocupo apenas dele. Mas, por ora, tenho também outros trabalhos na mesa, de outro gênero.

Ou seja?
Um libreto de ópera para Luciano Berio, que será representada no Scala na próxima primavera. Berio já tinha composto boa parte da música dessa ópera, e tinha em mente as principais situações dramáticas. Mas faltava a letra, que então escrevi para ele.[6]

É uma ópera de vanguarda? Ou uma paródia da ópera tradicional?
Não, não é uma paródia. É um pouco uma sublimação das situações da ópera tradicional. Tomou-se como arquétipo de ópera *Il trovatore*, com as suas situações dramáticas e vocais como emblema.

É escrito em versos? Com rimas?
É escrito em versos, sim. Em alguns casos também com rimas.

É a primeira vez que faz isso?
Em alguma medida, todos na vida já fizeram e a ópera é a ocasião para escrever versos para alguém que jamais ousaria se declarar poeta em versos. E também preciso escrever para Berio uma outra ópera, que está programada para os próximos anos para o Festival de Salzburgo. Esta, porém, é baseada numa ideia minha.[7]

Podemos saber algo?
Não...

Outra pergunta. Muitos veem com curiosidade a sua residência na França. Por que Calvino se estabeleceu lá?
Mas eu não me sinto estabelecido na França. Vou e venho. Ao fim e ao cabo fico mais na Itália do que na França. A minha esposa morava em Paris, trabalhava em Paris. O marido deve sempre seguir a esposa, portanto, em Paris tenho a minha vida familiar, e é um lugar onde fico mais protegido das entrevistas e dos telefonemas do que na Itália.

306

O HOMEM ATINGIU A MAIORIDADE?[1]

Iluminista é um rótulo que trago desde os anos 1950, desde a época do *Visconde partido ao meio*... mas não me pertence: rótulos são os outros que dão para nós. Seria ótimo se fosse eu a dizer: "Ah, sabem? Sou iluminista!". A palavra, ademais, tem contornos menos precisos do que se costuma crer: basta dizer que *illuministe* em francês é usado em sentido muito diferente do italiano, pois quer dizer ocultista iluminado, ligado a alguma filosofia esotérica. A verdade é que não são nítidas as fronteiras entre filosofia das Luzes e iluminismo no sentido francês. No fundo, toda a teoria das Luzes e o obscurantismo e a própria ideologia do progresso são ramificações setecentistas das religiões gnósticas. O termo iluminista, que, quando começaram a atribuí-lo a mim, era uma definição positiva, depois de uma década virou uma espécie de insulto. No ínterim também houve Horkheimer e Adorno e toda uma problemática que invertia a escala dos valores... Assim como antes evitei ao máximo declarar: "Sim, sou muito iluminista", depois não me preocupei minimamente em dizer: "Iluminista, eu? Está brincando?". E assim como o culto do progresso pode ser a coisa mais estapafúrdia, da mesma forma o desdém de muitos intelectuais por aquelas que são conquistas fundamentais (e infelizmente sempre em perigo) para a humanidade parece-me uma atitude idiota, se não pilantragem.

■ *NASCI NA AMÉRICA...*

As férias de Italo Calvino são protegidas por uma espessa manta de silêncio: diante da sua casa, a poucos quilômetros de Castiglion della Pescaia, na região de Grosseto, há somente um pinheiral, a poucos metros do mar. Não se pode "pensar" numa entrevista sobre o Iluminismo: é como perguntar o que pensa sobre o mundo, sobre a vida, sobre o destino. Então conversamos sobre isso de forma mais descompromissada, com algum embaraço.

Talvez você tenha também errado de pessoa: nunca fui, como alguns outros que não vou nomear, um conselheiro de soberanos... um aspecto fundamental da filosofia das Luzes é a confiança de influenciar a história, a sociedade, tornando-se conselheiros dos soberanos. Eu, os meus discursos prefiro dirigi-los a todos ou a ninguém... os príncipes que se virem!

Os príncipes atuais de um lado e o intelectual de outro: o poder e as palavras, desarmadas, pelo menos no que se refere aos efeitos mais imediatos e tangíveis. A história parece se repetir: penso no século XVIII italiano, nos intelectuais que enveredam pela ampla via da Arcádia, da reforma poética. Sem dúvida, havia Beccaria...

É preciso constatar uma assustadora derrota: a tortura é praticada na maioria dos países e um fanatismo bestial domina em grande parte do mundo. As revoluções são lideradas pelos aiatolás; cesarismos tecnológicos que se sustentam com a tortura, como os do xá, são abatidos por revoltas reacionárias. Na Argentina, a esquerda se atira nos braços do nacional-populismo mais acéfalo, como o peronista, para terminar abatida por uma ditadura militar de carnífices.

O que pode ser o Iluminismo hoje? Talvez apenas uma fidelidade a uma limpeza mental, uma recusa da mentira e das palavras que não querem dizer nada e, portanto, sempre acarretam consequências nefastas.

Discorramos um pouco sobre a antiga centralidade do homem de letras, assim como Pietro Verri discorria a respeito: mas quem hoje poderia se refugiar em tais certezas? O verdadeiro filósofo, sugeria Muratori, é aquele que inventou o mecanismo para tecer meias no tear.

Uma frase dessas hoje despertaria as iras de todos os polemistas antitecnológicos que possuem ótimas razões, muitas vezes afogadas em cantilenas cheias de chavões e parti pris. Mas eu gosto porque sou sempre convicto da importância da prática. O problema é que, por trás dessa máquina de fazer meias, havia uma tensão ideal que hoje é muito mais problemática.

Volta-me à mente a "entrevista" mais divulgada sobre o tema. Certa vez, o professor Kant respondeu a um célebre questionamento sobre o Iluminismo, e o definiu como a saída do homem da minoridade. Mas o homem atingiu a maioridade? E, se a atingiu como indivíduo, continua sendo maior de idade quando age como "massa", como coletividade?

Este é o ponto ainda a ser resolvido. Os comportamentos de massa se enquadram nas linhas gerais de uma cultura (no sentido de civilização). Há resultados diferentes quando o momento individual... e digo individual no sentido de que somente por meio desse momento, que pode ser também privado, de jogo e também de satisfação interior, como acontece com o trabalho do poeta, consegue, por um processo de sintonização, coincidir com o momento de formação de uma civilização, a qual dará forma à mentalidade e ao comportamento das massas.

Calvino fala devagar: interrompe o discurso com pausas longuíssimas, que o deixam suspenso pela metade, concentra-se como que para capturar a palavra certa e alinhá-la pacientemente com as outras. Concede-se raras repetições, mínimas correções. Ao interlocutor resta o espaço para "habitar", literalmente, as palavras que o enredam e, quanto às "palavras" e ao trabalho do escritor, o discurso desliza fatalmente. Nada de mentiras, está bem. Mas como fazemos com a literatura? Relembro a Calvino que Sciascia, numa conversa paralela a esta, apontou os seus trabalhos sobre Majorana, Roussel e Moro como exemplos de exercício iluminista contemporâneo. Em suma, o velho braço de ferro entre literatura e realidade, os fantasmas do comprometimento... Calvino sorri: para ele também, o discurso vem de longa data.

A questão é complexa e demandaria uma declaração de poética e de estilística... para me ater ao aspecto da moral implícita no nosso trabalho. Quanto à batalha explícita de tipo civil, vivendo numa sociedade articulada, essa tarefa que, em alguns períodos da história e em outras sociedades ainda hoje, só pode ser executada pelo escritor, encontra uma multiplicidade de canais. O predomínio da função política sobre a atividade do escritor caracterizou os anos da minha juventude num clima que olho sem pena e sem qualquer nostalgia. Nos últimos vinte anos, o que mais me orgulha é ter recusado todos os mitos e as enfatuações que têm sido moeda corrente entre os intelectuais não só mais jovens, mas também mais velhos do que eu. Não sei se isso é muito iluminista, mas, quando não sei uma coisa, prefiro ficar calado.

E realmente ele se cala, como confirmação do que disse, até que começo a lhe contar que eu passara toda a viagem de Roma até sua casa pensando no seu último romance e, sugestionado pelo tema da entrevista, sentia vontade de compará-lo a um daqueles autômatos setecentistas, a um enaltecimento do mecanismo, o qual, porém, mesmo mostradas as engrenagens, não renuncia ao gosto do disfarce. Calvino sorri, como que aliviado.

Sim, sim... volta-se sempre ao século XVIII, e, embora esse livro não se proponha uma polêmica específica, construindo essa máquina, esse autômato, como você diz, é natural que tenha surgido uma máquina que reproduz o funcionamento do mundo, visto que vivemos numa época de histórias que não sabemos como terminarão ou não sabemos como começaram. Jogando o meu Leitor de um lado e outro entre os mais variados ambientes do mundo contemporâneo, veio-me o quadro de um mundo horrível, certamente não mais consolador do que aquele em que o Cândido de Voltaire se debatia...

À diferença do Cândido e de outros Cândidos contemporâneos, o meu não tem nenhuma ilusão... em nenhum momento. A fase da perda das ilusões parece-me pertencer a eras geológicas longínquas...

Assim, das duas faces do Iluminismo, a otimista e utopista, que se projetava sobre um mundo diferente e finalmente "racional", e a perversa e pessimista, que à luz da própria razão destruía mitos e utopias, não resta senão a segunda. A resposta de Calvino chega-me como um sussurro que aos poucos se enfraquece e se extingue.

Pois é... pois é... pois é.

DUVIDO SEMPRE MAIS[1]

A leitura é um tema frequente nos seus romances; desse ponto de vista, o seu último livro Se um viajante numa noite de inverno *pode ser considerado uma síntese de toda a sua obra anterior?*

O protagonista do livro é um leitor ou, melhor, "o" leitor. É a história do leitor que tenta seguir o traçado de uma história num romance, a partir do momento em que não encontra nenhum traçado na vida; mas esse romance se interrompe constantemente, e, quando o leitor acredita tê-lo reencontrado, trata-se na verdade de outra história. O meu livro contém assim dez romances diferentes ou, mais exatamente, dez inícios de romance: cada um deles corresponde a um tipo de romance que poderia ter escrito e não escrevi. Essa lista de romances possíveis é um catálogo de caminhos que descartei, mas eles não expressam somente tipos de literatura, são também atitudes humanas, formas de relação com o mundo: assim, o meu livro acaba por rever todos os caminhos impedidos que nos circundam, é uma alegoria da nossa dificuldade em narrar o mundo.

Se é tão difícil encontrar-se no mundo como nos livros, a culpa não será talvez da palavra? No fundo, a palavra ou é feita para dizer aquilo que se pensa ou para se ocultar.

Sinto apenas nojo pela palavra falada. Essa coisa mole e informe que sai da minha boca inspira-me apenas repugnância.[2] Não gosto de me ouvir falar... Com a língua escrita as coisas não são melhores, pelo menos de primeiro momento. A inexatidão, o caráter genérico, a aproximação, a sensação de estar em areia movediça, eis o que me irrita na palavra. É por isso que escrevo: para dar a essa coisa aproximativa uma forma, uma ordem, uma racionalidade.

Como espera dar rigor à palavra escrita? Servindo-se de modelos lógicos ou matemáticos?

Em alguns livros meus, a definição da estrutura me deu mais trabalho do que a própria escrita; sinto-me seguro somente se a construção sobre a qual trabalho se sustenta exclusivamente graças às propriedades do seu traçado. Ao mesmo tempo, a literatura está em busca de coisas extremamente esmaecidas e sempre fugidias: ela se situa no limite do indizível. É isso que a distingue da linguagem matemática. Penso que a literatura deve seguir ao mesmo tempo nas duas direções, para o rigor formal e para aquilo que ainda não foi dito. Quanto ao rigor, contudo, para mim trata-se mais de um gosto pela exploração dos possíveis do que de uma *forma mentis* identificável em muitos escritores e pensadores franceses. Sempre recusei me fechar num sistema.

A esse respeito, a cultura francesa dos últimos vinte anos, que me ensinou uma grande quantidade de coisas, sempre me dá a angústia de ficar prisioneiro de uma única linguagem. O rigor da linguística estrutural e das suas aplicações a todas as ciências humanas me fascina e ao mesmo tempo me afasta, pois, se a seguimos, pode-se falar de uma maneira só; enquanto para mim é essencial poder dizer as coisas sempre de outra maneira...

Você, porém, teve relações constantes com Raymond Queneau e também fez parte do Oulipo (Ouvroir de littérature potentielle).

Sim, admiro muito Raymond Queneau pelos seus romances e pelo conjunto da sua figura intelectual; também traduzi para o italiano *Les Fleurs bleues* e atualmente estou preparando uma edição italiana de *Bâtons, chiffres et lettres*.[3] Creio que em Queneau ainda está por se descobrir toda uma filosofia oculta por trás da discrição e do humorismo. Para mim, ele é um exemplo raro de sábio do nosso tempo, sempre na contracorrente. Queneau, naquela época, apresentou-me aos seus amigos do *Ouvroir de littérature potentielle*... O núcleo teórico do Oulipo — a força criativa das restrições na literatura — interessou-me desde o início. Por exemplo, *O castelo dos destinos cruzados* não é senão um conjunto de histórias baseadas no jogo de tarô, com o qual construí uma espécie de máquina de inventar contos.

Na literatura, na verdade, há sempre um aspecto de jogo, porque escrever — escrever um texto, qualquer que seja — é uma aposta, um ato que deve obedecer a certas regras ou violá-las conscientemente; na literatura, o aspecto lúdico é metodologicamente necessário. Isso não significa que a literatura não seja uma coisa séria: o próprio jogo é algo muito sério.

Há jogos sérios, mas há também jogos perigosos, jogos arriscados. Quais são os riscos do ofício de escritor?
Existe pelo menos o perigo de perder uma parte de si. Se alguém tem uma lembrança — com tudo o que ela pode ter de vago, de indeterminado — e tenta defini-la no papel, quando consegue obtém algo porque realizou esse trabalho de clarificação para si e para os outros, mas perde aquela vibração que existia antes que a expressasse. Perde a emoção. É um risco modesto, mas quero assinalá-lo mesmo assim: muitos escritores falaram dos outros riscos melhor que eu.

Perder uma lembrança ou uma emoção quando as definimos: realmente triste. Na literatura, então, não há lugar para o humorismo?
Claro que há, visto que o humorismo é metodologicamente necessário. O humorismo consiste em pôr tudo em discussão, inclusive o que se acabou de dizer. A sátira, inversamente, é a ironia em relação aos outros, uma atitude que pode se mostrar fácil... Penso que a autoironia é o aspecto decisivo do humorismo: saber que em qualquer momento eu poderia dizer o contrário do que digo, conseguir pôr constantemente em discussão as próprias opiniões, tal é, a meu ver, a condição primeira da inteligência.

Dessa profissão de fé no humorismo deve-se concluir, então, que você duvida de tudo?
Duvido sempre mais. Aliás, acredito que a dúvida é a única coisa que um escritor pode ensinar. Duvidar significa colocar em crise todos os entusiasmos, todas as ideias certas demais, radicadas com demasiada solidez. Ao mesmo tempo, creio ater-me, às vezes sem dizê-lo — principalmente sem dizê-lo —, a um critério de escolha em termos de positivo e negativo, de mais e de menos, de bem e de mal.

313

Se a função do escritor consiste em criticar todas as ilusões, não é também uma função política?

No meu último livro, eu quis dar uma imagem de explosão, de desagregação do mundo em que vivemos, este mundo em que é sempre mais difícil distinguir as intrigas de uma falsa conspiração e as de uma polícia paralela de verdade... Vivemos mergulhados num mundo saturado de linguagem política, a qual, porém, não consegue explicar quase nada. Acredito na eficácia política de tudo o que não é diretamente político, de tudo o que consegue falar uma outra linguagem. A pretensão totalizante de explicar tudo em termos políticos representou o aspecto mais negativo dos anos da minha juventude; hoje essa linguagem mudou, mas os estragos provocados por tal pretensão aumentaram.

O que pensa das suas experiências políticas?

Pertenço a uma geração que, desde a primeira juventude, foi impelida e afundada na política até o pescoço pelos horrores da guerra; mas não tenho ressentimentos, porque talvez seja melhor ter experiência da política quando somos jovens, quando ela pode nos servir pelo menos como aprendizado moral. E quando digo "moral", não pretendo dizer "moralista": falo de uma moral prática, no comportamento, na atribuição de valores. Tanto melhor se ela não é declarada e se mantém implícita.

Com tal experiência, você se tornou otimista ou pessimista? Segundo a sua opinião, o que, por exemplo, a Europa ou a Itália podem esperar do futuro?

Espero sempre o pior. Aprendi que, muito frequentemente, depois do ruim vem o pior. O que mais me incomoda nos políticos é a sua incapacidade de fazer qualquer previsão, a maneira como avançam às cegas. O mesmo quanto aos economistas: não existe ciência mais incerta do que a deles. E nem falemos das ideologias... Enfim, a cultura não tem mais luzes do que as pessoas ditas práticas, no governo ou nas empresas. Por essa razão, as coisas positivas chegam apenas em fragmentos e bocados, onde menos esperamos.

Não acredito que a situação da Itália seja muito diferente da do resto do mundo. A única diferença é que a Itália viveu nos últimos 25 anos uma verdadeira, uma enorme revolução: a passagem de uma sociedade essencialmente agrícola para uma sociedade predominantemente industrial — devido à transferência de milhões de famílias dos campos para as periferias metropolitanas — com uma rapidez desconhecida em outros países, e também com uma velocíssima adaptação das leis e dos costumes. Assim, hoje a Itália se encontra na estranha situação de um país cuja legislação — por exemplo a respeito do trabalho ou dos direitos civis — é avançadíssima, digna quase de uma sociedade perfeita (ou melhor: de uma sociedade muito mais rica e sólida do que a nossa), e ao mesmo tempo é um país no qual parece que nada funciona mais, que tudo está tampado, entupido, que tudo transborda e explode. E, no entanto, consegue encontrar recursos de equilíbrio e uma capacidade de adaptação quase infinita.

O que poderá resultar de tudo isso?
É difícil dizer, tanto mais porque a imprevidência dos governos que não "se renovam" e continuam a viver o dia a dia, como sempre fizeram, torna essa evolução problemática. Hoje, a Itália é o país em que convivem todas as loucuras e todas as sabedorias. É um país que tem em si uma enorme sabedoria, e ao mesmo tempo um país em que todo dia a loucura aumenta... sempre atenuada, porém... pela sabedoria! Talvez os franceses estejam começando a entendê-lo; em todo caso, por anos, esperavam que a Itália fosse à ruína: como um país tão estranho consegue não afundar? Creio que agora se entende melhor que a Itália é feita de diversas coisas: mau governo, corrupção, lentidão das instituições oficiais, mas também imaginação e coragem no conjunto da sociedade para fazer frente às novas circunstâncias; muita violência organizada, tanto da criminalidade quanto da política, mas muito menos violência privada do que antigamente.

O que pensa do recente protesto de certos intelectuais franceses contra a repressão na Itália?
A palavra "repressão" lembra-me a França dos meses que se seguiram ao Maio de 1968: Paris abarrotada de policiais como uma cidade ocupada, viaturas em todas as esquinas... A França é um país de direita que funciona muito bem na garantia das liberdades democráticas fundamentais radicadas na sociedade francesa, mas é, de todo modo, um país de direita. E acho muito engraçado que aqui se denuncie a repressão na Itália, sendo a situação na Itália infinitamente mais liberal. Também mais incerta, deve-se dizer: à diferença da França, na Itália nunca se sabe se uma coisa é permitida, até que ponto é proibida mas não punível, e quando, inversamente,

315

aciona a mola de alguma armadilha judiciária. A Itália é um país em que os problemas dos direitos dos cidadãos, dos trabalhadores e também dos prisioneiros são colocados e discutidos com uma amplitude que nenhuma outra democracia conhece. Bem sei que brincar de contestador quando se trata de problemas italianos dá muita popularidade na França, mas a imagem que resulta disso está muito longe da verdade...

E os escândalos do governo?
Hoje na Itália não podem mais ser abafados; mas nos acostumamos tanto que o escândalo não causa mais escândalo. Mesmo que com grande lentidão, uma parte da verdade acaba por vir à tona. E pode-se muito bem entender por que, diante de certas indulgências da lei para alguns ex--ministros, há jovens que só pensam em "quebrar tudo"... Mas a Itália tem uma tal capacidade de aguentar pancadas que tudo, até a violência, acaba por ser reabsorvido.

De que modo?
A ideia do Estado ou da sociedade como enorme "serviço assistencial" é comum tanto na Democracia Cristã quanto para uma grande parte dos seus contestadores mais inveterados. Quando se acredita que o mundo pode ser alimentado pela providência, pode sempre haver um acordo comum.

Pensa no compromisso histórico generalizado?
Veja, também nesse ponto a distinção a ser feita é mais sutil. Um compromisso assim declarado — se os partidos são forças que se diferenciam tanto por tradição cultural quanto por interesses, e se todo partido se mantém diferente, e também desconfiado, em relação ao outro — é menos perigoso do que a vocação para a mediação oculta, sempre presente na tradição política italiana.

Enfim, a política nos dá boas razões para sermos pessimistas. Mas o escritor, por seu lado, será que não encontra na literatura uma razão para ter esperança, para entender o mundo ou para escapar dele?
Escrevi nas *Cidades invisíveis* que, mesmo quando uma cidade — vale dizer, uma sociedade — parece um inferno, é preciso procurar nela o ponto em que não é inferno, e fazê-lo durar, e lhe dar espaço. Você falou

em "escapar": esse termo, na literatura, na maioria das vezes é usado em sentido negativo; mas, para quem é — ou se sente — prisioneiro, só pode ser positivo. Escreve-se para tentar subtrair um pedacinho de universo — não maior do que a página que se escreve — à degradação geral. Mas, naquele momento, dizer para onde vai a literatura é tão difícil quanto dizer para onde vai o mundo; e não se trata apenas de uma crise, porque uma crise é sempre algo fecundo, mas de um *impasse*. Na Itália, como na França ou em outros lugares, tornou-se difícil traçar linhas de direção no trabalho literário, e mesmo linhas que unam o trabalho de um ao de outro. Sempre considerei a cultura um trabalho coletivo, e sinto-me empobrecido por uma situação em que, se às vezes consigo ver o sentido do meu trabalho individual, vejo-o muito menos em relação ao trabalho dos outros. Talvez seja porque, hoje, tudo o que remete ao sentido do coletivo não me agrada.

Não nos resta, pelo menos, a possibilidade de reencontrar um sentido autêntico do coletivo no nível das relações humanas, por exemplo, na amizade ou no amor?
Fala-se muito de uma redescoberta do amor entre os jovens, e de fato o amor se tornou mais uma vez um tema de análise. Na vida, o amor é muito importante porque representa, não digo uma relação com o outro — o que seria uma banalidade —, mas uma relação com outra pessoa concreta; nesse sentido, ele comporta inevitavelmente a multiplicação dos problemas. Com o amor, não temos apenas nossas próprias encrencas, temos também as de outra pessoa... Nos romances é diferente: o amor age como uma espécie de "motor literário". Permite dar um fim à narrativa; e, quando se dá uma finalidade amorosa à narrativa, a coisa quase sempre funciona. Aliás, nos romances o amor é a expressão de um fim, de um ponto de chegada, enquanto na vida não há pontos de chegada.

Então, o amor é possível ou não?...
O romance termina quando a história alcança o fim estabelecido, quando o traçado está completo; na vida, ao contrário, quando se crê ter chegado a um ponto, duas horas depois chegam outros problemas, acontece alguma coisa que muda tudo. Acredito que, na vida, o aspecto de "encrencas" é sempre o dominante. Estamos no mundo para ter aborrecimentos, não por outra razão.

A sua visão de mundo não é muito romântica. Como você se coloca, portanto, diante da retomada do romantismo nos dias de hoje? Posso dizer que, apesar do seu gosto pela geometria, pelo espírito no sentido setecentista francês, há, de fato, certo fundo romântico em você?

Romântico, eu? Sem dúvida, o imaginário do romantismo "negro" não me desagrada de todo, mas desconfio demais do *Sturm und Drang*, de toda forma de entusiasmo... Evidentemente, em *Se um viajante numa noite de inverno*, com todos aqueles inícios de romances, eu sigo o impulso romanesco, que é sem dúvida um elemento romântico; mas esses romances sempre se interrompem, o impulso acaba sempre numa desilusão... Ao mesmo tempo, procuro responder também a uma exigência de construção, de cálculo, de controle da complexidade do mundo, exigência entre as mais clássicas, e que nunca desilude por pouco que se consiga satisfazê-la.

Então, concluindo, você é um clássico?

Você acredita realmente que hoje seja possível ser um clássico? E depois, como você sabe, às vezes os clássicos são uns grandes chatos... Em conclusão, digamos que procuro sempre atenuar os ardores românticos com a frieza clássica!

SOBRE O NEOINDIVIDUALISMO[1]

Durante dez anos, os valores legitimados pela cultura foram os coletivos, democracia participativa, política das massas, assembleísmo, igualitarismo, solidariedade, e a aspiração juvenil mais comum parecia a de "estar bem juntos". Agora legitimam-se os valores individuais, sucesso pessoal, mérito, mundo afetivo e sentimental; e os jovens, quando não se perdem nas drogas, no suicídio ou no neoconformismo, parecem querer sobretudo "encontrar a si mesmos, cultivar a si mesmos".

É uma reação à desilusão dos ideais sociais, uma forma de reencontrar o equilíbrio, um protesto contra o nivelamento, as imposições e intolerâncias da vida coletiva, uma moda precária, uma tentação de indiferentismo egoísta ou de niilismo anárquico? E o que pode ser o individualismo hoje, numa arruinada sociedade de massa? Parece-lhe possível essa inversão de valores?

As ideias gerais, tão logo são postas em prática, precisam acertar as contas com a concretude dos casos específicos: e então vê-se que as duas séries de valores, coletivos e individuais, podem ser menos contraditórias do que parece. Falar em nome de abstrações como o homem, a nação, a classe, pode ser uma mistificação se não tivermos uma clara consciência de que as entidades designadas por esses termos abstratos são constituídas por indivíduos concretos que são feitos à sua maneira, sofrem, gozam, pensam e reagem à sua maneira. A democracia direta deveria precisamente aproximar a política e os indivíduos, fazer seus sujeitos concretos atuarem na política. É, sem dúvida, um objetivo difícil de alcançar. As pressões internas aos grupos degeneram, às vezes, em intimidação e ameaça. O assembleísmo, para mim que tenho dificuldade em falar, jamais será um ideal porque permite que quem sabe falar mais e melhor se imponha sobre os outros, e isso me faz lembrar aquela Itália dos advogados da qual sempre tive desconfiança.

Não deveria haver contradição sequer entre igualitarismo e mérito pessoal: o importante é que as diversidades individuais possam servir para ajudar os outros, em vez de prevalecer sobre eles. Se sou fisicamente mais forte, sou eu que carrego as malas: terei a vantagem de poder decidir o compartimento do trem em que iremos viajar, e você, que é mais fraco, terá a vantagem de não precisar carregar as malas.

Um neoindividualismo parece-lhe desejável?

A sociedade em que vivemos declara estar a serviço do indivíduo, estimula os consumos individuais, exalta na cultura valores e interesses individuais: mas, pela sua própria natureza, impõe uma uniformidade e um nivelamento terríveis. Neste momento, parece-me que muitos estão ocupados e preocupados demais consigo mesmos, têm poucos interesses para além de si mesmos. É como se, faltando certa ilusão coletiva, uma sociedade sem mais critérios restritivos nem modelos gerasse uma coletividade de filhos únicos mimados. Não por acaso, hoje reedita-se *O único* de Max Stirner, que foi o primeiro e extremo protesto do indivíduo em sua particularidade contra a abstração do conceito de homem, de cidadão etc.

O que é hoje o individualismo, o indivíduo?

Aquilo que é específico do indivíduo hoje pode ser definido com mais precisão graças à genética contemporânea. Como se explica a unicidade individual dentro da espécie humana do ponto de vista biológico? O mecanismo que regula as combinações dos cromossomas leva a um número de possibilidades tão grande que exclui a possibilidade de que existam, tenham existido ou venham a existir duas pessoas idênticas, a não ser dois gêmeos nascidos do mesmo óvulo (e também dois gêmeos idênticos criados em famílias distintas se tornam diferentes). Numa parte de nós mesmos, temos consciência, portanto, de não podermos ser distantes daquilo que somos, e isso poderia incentivar uma tendência ao fatalismo; mas, ao mesmo tempo, temos consciência de sermos, cada um de nós, um "eu" único que não se repetirá nunca mais, e isso incentiva que realizemos ao máximo as possibilidades que temos à disposição. As coisas não são assim tão diferentes do ponto de vista da psicanálise: cada um de nós é condicionado por um conjunto de traumas e de complexos, mas cada qual pode encontrar o caminho para sair disso ou se adaptar.

Mas, para mim, o ponto fundamental é outro: é que o reconhecimento da individualidade de cada um deve passar pelo reconhecimento da individualidade do outro. Reconhecer a si mesmo como indivíduo pode ser fácil; mas o importante é reconhecer que os outros são indivíduos. Outro ponto não menos importante é procurar conhecer a si mesmo: entender (e isso só é possível pela experiência) o que se quer ser, o que se pode ser. O mundo está cheio de pessoas que se devotam a uma ideia política que contraria as suas tendências mais profundas; de pessoas que se dedicam a uma atividade intelectual enquanto seriam mais dotadas para uma atividade prática; de pessoas que se empenham numa atividade prática, sendo que encontrariam o seu equilíbrio numa atitude contemplativa. Por isso existem tantas vidas erradas, e cada um, olhando para trás, pode se perguntar quanto tempo perdeu com coisas que não eram feitas para si. Fala-se muito em "se realizar"; dito assim, não quer dizer nada.

O que quer dizer, então, se realizar?

Um dos primeiros enaltecedores do individualismo, Stendhal, surgiu naquele período de grande vazão de energias que foi a época napoleônica: mas os seus romances ilustram como é absurda a realização de uma individualidade sem um conteúdo. Seja Julien Sorel de *O vermelho e o negro* ou Fabrice Del Dongo de *A cartuxa de Parma*, quando se encontram com um excedente de energias sob o manto de chumbo da Restauração, o que fazem? Ambos tomam a batina, tornam-se padres: isto é, escolhem o tipo de realização que é o exato oposto das suas vocações e dos seus ideais. Escolhem o caminho que lhes permite participar de um certo poder, mas, quando o têm ou acreditam tê-lo, não são mais quem eram. Não nos realizamos em abstrato: realizar-se significa realizar-se no âmbito de suas próprias aptidões e das situações possíveis. Significa também saber quais imposições vale a pena enfrentar: porque todo aprendizado é uma imposição. No *Único* de Stirner, junto com toda a problemática contemporânea do corpo e da realização pessoal, encontra-se a expressão que se tornou um slogan feminista, *Io sono mio* [Eu sou meu]. Essa afirmação é uma conquista sagrada enquanto recusa de se sacrificar aos papéis que nos são impostos, mas torna-se uma ilusão se se acredita que essa posse de si mesmo seja exclusiva. Vivemos na sociedade, não no vazio, e toda relação humana é constituída por condicionamentos. A pessoa deve saber, e se possível escolher, os limites onde se mover. Há barreiras injustas e impostas pelo exterior que devemos tentar derrubar, mas sempre encontraremos outras que teremos de aceitar: o "eu" não é uma nuvem.

O direito de todo indivíduo à liberdade e à felicidade, aspiração que dominou a década passada, é agora considerado por muitos uma utopia ridícula, pueril. Por você também?

Estudei por anos Fourier, e até publiquei uma antologia de textos dele, um utopista francês do início do século XIX que baseou toda a sua teoria em como fazer com que as particularidades e o gozo individuais pudessem ser de proveito para a sociedade.[2] Ele previa a constituição de grupos em que cada qual, seguindo as suas inclinações, fizesse algo de agradável e útil para os outros: a limpeza urbana, por exemplo, iria se tornar um passatempo para as crianças que gostam de brincar com detritos. As suas fantasias chegavam aos extremos mais engenhosos ao imaginar grupos eróticos com lugar para todos, inclusive os que tinham paixões raras, como coçar os calcanhares da amada. A sua teoria não pode ser posta em prática, é mecânica, paradoxal, complicada demais: mas, como modelo, interessa-me muito. Não creio que Fourier deva ser considerado louco: a possibilidade de conciliar o que é mais particular com o bem geral é uma ideia que nenhum outro pensador político teve.

Ao neoindividualismo liga-se a atual reproposta cultural do amor e do sentimento religioso. Como a avalia?

Parece-me que são problemas muito diferentes. Para além das repropostas culturais, que devem ser discutidas pelo que dizem, é bom que se considere o amor importante. Entendido como reconhecimento de outro indivíduo, o amor leva sempre a algo muito diferente da expressão romântica do próprio "eu": significa encontrar-se com os próprios problemas e também com os problemas da pessoa amada. E também com muitas satisfações: e ai se assim não fosse, era só o que faltava.

A religiosidade é outra coisa, é levar em conta aquilo que transcende o indivíduo: mas, se o que transcende o indivíduo nega o próprio indivíduo, então começam os problemas. Pelo que se vê, creio que a religião continuará a ser muito comentada no futuro próximo: agora já vemos um consumo religioso levado ao máximo em todas as zonas mais quentes do planeta. Sinto medo das igrejas que, com base nessa demanda religiosa, conseguem estabelecer poderes fanáticos e nefastos. Penso numa revolução como a iraniana, que não chega a adquirir uma substância política porque há uma autoridade religiosa que destrói qualquer programa e qualquer poder. Penso na organização de Mister Moon,[3] na expressão vazia das moças que andam por aí distribuindo opúsculos dessa seita que anula toda e qualquer vontade. Penso no reverendo Jones e no assustador suicídio coletivo que quisemos apagar da nossa memória,[4] embora seja um dos fatos mais significativos do mundo em que vivemos: símbolo da destrutividade do líder autoritário e da vocação à obediência, da infinita capacidade das pessoas de se submeterem a uma autoridade insana.

Alguns sustentam que há na Itália uma demanda de autoridade, de comando, de ordem imposta com dureza. Você também pensa assim?
A demanda coletiva mais forte me parece a de sair do estresse contínuo, da angústia, da prepotência, da corrupção. Sabemos, porém, que o autoritarismo está ligado a uma maior angústia e a uma maior dominação: portanto... o que se gostaria é de um clima em que se possa pôr ordem na própria vida, poder de algum modo prever o próprio futuro: coisa que a inflação, a insegurança econômica e política, a incerteza sobre os papéis dificultam cada vez mais. Não é um desejo preguiçoso de tranquilidade: é o simples desejo humano de poder encontrar nos próprios projetos a tensão vital pessoal e um significado contando com as próprias energias.

323

UM CATÁLOGO DE ROMANCES DESEJADOS[1]

O seu último romance Se um viajante numa noite de inverno *parece-nos atestar uma transição da invenção e da "consciência semiótica" do autor de* O castelo dos destinos cruzados, *e do estranhamento geográfico-histórico de* As cidades invisíveis, *para uma falta de centro em* Se um viajante numa noite de inverno, *falta de centro entendida como contínua projeção num "além". Quer falar a respeito?*

A conclusão desse romance me ocupou os últimos anos; portanto, é sem dúvida o livro que mais atesta os meus estados de ânimo mais recentes. Vejo uma relação com *As cidades invisíveis*, na medida em que este era um catálogo de cidades imaginárias, em grande parte de cidades desejadas. O *Viajante*, por sua vez, é um catálogo de romances imaginários, de romances desejados. Mas esses três livros são em grande parte contemporâneos entre si, concebidos num espaço de tempo muito próximo, embora a redação tenha sido concluída em épocas diferentes.

A propósito de um romance de Vittorini, você afirmou que todo romance é uma viagem e falou de uma "forma mítica" de viagem. Parece-nos que em Se um viajante numa noite de inverno *a forma mítica da viagem constitui o elemento essencial e de sustentação. O que você pensa?*

Deixe-me refletir. Sim, nesse romance há personagens que viajam muito, mas talvez o sentido da viagem, o espírito da viagem estivesse mais presente num livro aparentemente mais parado, como *As cidades invisíveis*. Em *Se um viajante numa noite de inverno*, o Leitor, a certo ponto, também embarca numa viagem, mas todas essas peripécias me parecem, também enquanto formulação estilística, subestimadas em relação ao elemento da leitura que, ela sim, se configura como verdadeira viagem. A "forma mítica da viagem" deveria corresponder a um percurso de iniciação, a uma viagem também espiritual. Assim, resta-nos perguntar se esse itinerário de leitura percorrido pelo Leitor e pela sua Beatriz é de fato uma viagem iniciática que leva a uma transformação. Tentei explicar esse itinerário nas notas que trouxe a público em *Alfabeta*.[2] Se, depois, é realmente assim, é o crítico e o leitor que devem dizer.

Ao lado do tema da viagem coloca-se o do nomadismo. O nômade nunca tem um centro, não tem um lugar designado para si. Em Se um viajante numa noite de inverno, *parece-me que o contínuo deslocamento de uma trama a outra, a sucessão de situações sempre novas, reflete fundamentalmente o mesmo processo da realidade que nunca tem um centro estável, é projetada, na sua variabilidade, para um "alhures", oferecendo sempre a possibilidade de uma solução nova e diferente. A leitura do seu romance desperta a impressão de que sempre é possível realizar uma nova descoberta, que a realidade nunca se identifica com o seu aspecto do momento. Era intenção sua transmitir com a escrita esse senso de deslocamento contínuo do real, de nomadismo, de projeção a um "alhures"?*

Penso que essa busca de um "alhures", que é próprio da leitura dos romances, é o tema fundamental do meu livro. É um "alhures" em que devemos nos reencontrar e, portanto, é também uma busca de identificação. Na busca do "outro" há sempre uma busca de si mesmo, do aqui e agora.

O décimo primeiro capítulo de Se um viajante numa noite de inverno *apresenta um caráter quase ensaístico sobre o que podemos definir como "teoria" da leitura. Que função você quis atribuir a esse capítulo no contexto do seu romance?*

A diferença entre o Leitor e a Leitora está no fato de que o Leitor se atém sempre àquilo que está sob os seus olhos, ao passo que a Leitora procura sempre algo mais. A função do décimo primeiro capítulo que se desenrola na biblioteca é a de expor tipos de leitura que eu não conseguira calibrar no decorrer do romance. O tema do romance é a leitura romanesca, digamos "popular", a curiosidade de saber como terminará a história, saber o que acontecerá depois; o que me dava uma imagem da leitura correspondente à verdade, mas ao mesmo tempo uma grande parte daquilo que também é a leitura que continuava de fora. Então tentei concentrar nesse décimo primeiro capítulo, nessa espécie de diálogo platônico sobre a leitura, uma "teoria" da própria leitura, com sete personagens diferentes correspondentes a posições extremas e diferentes e com o Leitor, que no fim apresenta a sua e percebe de certa maneira que alguma coisa aconteceu dentro dele também. Esse décimo primeiro foi um capítulo que me preocupou durante a redação do livro. Não tinha certeza se ia colocá-lo no centro do livro ou se no fim. Em certo momento, pensei também em fazer com que todos os personagens do romance se encontrassem nessa biblioteca, e que na própria biblioteca fosse dada a chave do romance, a chave desse suspense. Numa primeira redação, na biblioteca encontravam-se os dois professores que são um pouco os inspiradores das duas seitas. E era o romancista Flannery que procurava nas *Mil e uma noites* o relato-chave da história toda. Imaginei também o Leitor entrando na parte da biblioteca onde os livros estão reunidos e se perdendo numa perseguição de Ermes Marana, que provavelmente estava lá, mesmo não sendo visível. Esse episódio funcionava bem como trama, mas, como escrita, não me satisfazia. Acabava parecendo algo mecânico. Assim, preferi deslocar aquela parte da solução que dou à história para o capítulo anterior, em que há aquele personagem de Grande Censor, Grande Policial, que com sua onisciência pode explicar tudo. E preferi dar ao décimo primeiro capítulo um caráter menos ligado à trama e mais próximo das razões ensaísticas.

Na apresentação das diversas opiniões dos leitores nesse décimo primeiro capítulo, havia a intenção de dar destaque à extrema subjetividade da leitura?

Sim, sem dúvida. Porque esta é uma opinião minha — uma opinião que sempre tive — de que o leitor participa da substância do livro. É, em suma, um colaborador do escritor. Como o escritor escreve para ser lido, no momento em que escreve já há uma parte do leitor que colabora com ele. Quero dizer que o leitor já está presente no ato do escrever. Assim, ao leitor efetivo chega uma obra na qual uma projeção do leitor já colaborou. E é nesse sentido que se deve entender a função do leitor, até deslocar os termos da relação.

Nessa extrema subjetividade da leitura, na sua opinião, pode-se perceber uma metáfora da condição humana, dada por meio da escrita? Uma metáfora de conteúdo bastante pessimista?

Diria que sim, ainda mais que a realidade que me cerca não me autoriza a previsões muito otimistas. Aliás, muito pelo contrário. Uma metáfora do homem de hoje, alienado e apartado, inseguro, em perigo.

O que pode me dizer sobre a repercussão da crítica e do público? No que se refere à participação dos leitores, parece-me que é constante e contínua.

Não posso, claro, reclamar da acolhida da crítica ao meu livro e tampouco do interesse demonstrado pelo público. Ambos foram mais do que satisfatórios. O público dá mostras de se divertir com a leitura do *Viajante*. E o escritor precisa saber divertir o público; precisa saber criar a cada capítulo as razões e os motivos de um interesse que leve o leitor a ir em frente, a prosseguir a leitura.

O que pode nos adiantar sobre o seu próximo trabalho?

Estou me ocupando de uma coletânea de ensaios. Creio que sou dos pouquíssimos escritores italianos, se não o único, que ainda não reuniu os seus textos ensaísticos em livro. Estou fazendo isso agora. Será, portanto, um livro retraçando o meu caminho desde os primeiros anos de atividade.[3]

STENDHAL E A COMPLEXIDADE[1]

Uma imagem muito comum para representar Stendhal: o escritor cuidadosamente "entrincheirado" na sua própria individualidade. Essa individualidade tenazmente defendida e praticada apaixonou Nietzsche. E é por causa dessa individualidade que Paul Valéry falou de Stendhal como um "insular da ilha Eu". Mas de que maneira esse eu se relaciona com o continente, com o mundo?

Stendhal não está de maneira nenhuma encerrado numa ilha, o seu eu é totalmente extrovertido, existe só em função do "fora". O que Stendhal quer alcançar nas obras autobiográficas é o sabor da existência como existência vivida precisamente por ele, pela sua individualidade singular, e captar através da negatividade da sua pessoa aquele aspecto particular que a vida tem enquanto "sua" vida. Além disso, é um homem que tem uma capacidade de visão do "fora", da sociedade, da mundanidade, dos sentimentos, da política, como nenhum outro na sua época, a não ser Balzac. E no desempenho estilístico e no mecanismo dos personagens, tem sempre uma objetividade extraordinária.

Escreveu-se muito sobre o seu sistema de cifragens secretas, de mascaramentos, de códigos muito pessoais. A primeira preocupação de Stendhal seria a de se esconder multiplicando a sua imagem. Por quê, num personagem que considerava a "clareza" como a maior virtude?

Stendhal gostaria de ser outro. É feio, desajeitado, burguês, rancoroso em relação ao pai e à infância em Grenoble. Os seus pseudônimos são formas de se imaginar diferente, mas não o levam muito longe daquilo que ele realmente é. É um homem impiedoso consigo mesmo, nunca se disfarça, depois de Rousseau é quem mais se dirige a uma sinceridade absoluta. Anota nos seus diários sobretudo fatos mínimos e negativos. O mesmo com os personagens dos seus romances: Sorel é um operário que ambiciona a carreira, Leuwen é um burguês que se move canhestro no mundo da nobreza. Estamos exatamente no oposto da transfiguração romântica do eu, por exemplo, em Byron nos mesmos anos.

Grande mestre da mentira, grande mestre da verdade. Como se apenas recorrendo com astúcia à mentira fosse possível alcançar aquele ideal (iluminista?) de "verdade" que, para Stendhal, constituía um programa. Mas de que maneira?

A mentira é mentira dos personagens dos seus três maiores romances. São três figuras repletas de entusiasmo pela Revolução Francesa, pela revolução na sua encarnação napoleônica; no entanto, Sorel decide seguir a carreira eclesiástica, Del Dongo deixa-se levar ao mesmo destino e Leuwen, que se mostra legitimista, vai à igreja para se mostrar como carola. Lucien, então, é duplamente "mascarado": finge ser um fiel orleanista e tenta depois participar dos círculos conspiradores. O Stendhal romancista põe em cena o mundo fechado em que a grande novidade recente, isto é, a possibilidade de carreira também para os jovens de condição humilde, parece bloqueada; assim, essa energia, essa ambição não encontra outra vazão a não ser a hipocrisia. Pode-se dizer que Stendhal é o primeiro escritor épico de uma condição burguesa assalariada, em que a única esperança é fazer carreira. Na sua vida, ele agiu de forma mais divertida. Mas é sempre uma mentira em função de uma verdade: que é a verdade interior, isto é, a realização da própria personalidade.

O resultado desse duplo movimento entre mentira e verdade é a "naturalidade inapreensível" de que fala Blanchot a propósito de Stendhal?

É uma naturalidade muito complicada. Stendhal estuda sempre a complexidade. Mesmo na paixão. Em *Do amor* ele escreve que a paixão é como a Via Láctea, feita de muitos pontinhos luminosos. E nos seus personagens há sempre um forte impulso inicial, mas, para se realizar, precisa dar uma longa volta. Stendhal consegue acompanhar esses percursos labirínticos dos sentimentos. Por isso eu não diria que ele é "poeta da energia", a imagem superficial que também me fascinou, quando li os seus livros muitos anos atrás. Hoje me dou conta de que o Stendhal que "fica" é o das obras íntimas.

Em Souvenirs d'égotisme [Lembranças de egoísmo], *Stendhal encontrou para si a definição que depois melhor veio a "identificá-lo". Mas do que é feito esse egoísmo?*

É a busca da especificidade do seu eu, chegar a definir não alguns "universais" e sim a singularidade subjetiva. Ainda em *Do amor*, ele procura diferenciar o seu procedimento, o seu método de conhecimento tanto do dos filósofos quanto do dos romancistas, que absolutizam as paixões. Estas, para Stendhal, consistem em movimentos psicológicos mínimos, subdivisíveis ao infinito. Por isso, Stendhal dos diários insiste nos aspectos negativos, e raramente fala da felicidade. A *Vie de Henry Brulard* [*Vida de Henry Brulard*], isto é, a sua autobiografia, interrompe-se no momento da felicidade, quando chega a Milão. E os *Souvenirs d'égotisme* falam de um período triste, quando deixa Milão.

A Itália foi a grande felicidade de Stendhal. O que este país representou para ele?

Paris era a vaidade, a Itália era um mundo em que ainda se viviam as paixões. Stendhal amou a Itália porque era um país, diríamos hoje, "subdesenvolvido". Não existia a concorrência acirrada que marcava as relações humanas em Paris, e havia, pelo contrário, ritmos e maneiras com que ele se movia muito mais à vontade. E também havia uma situação política que entendia melhor. Stendhal consegue compreender melhor a restauração vivida na Itália, embora seja o reino da carolice e dos pequenos tiranos, do que a de Luís Felipe. Na *Cartuxa de Parma*, o nosso Risorgimento já é visto, com um olhar desencantado, antes mesmo que ocorresse. O duque de Parma, no momento em que se apoia na ala mais reacionária (o conde Mosca), tenta também não desagradar os liberais, porque o seu sonho é o de se pôr na liderança do movimento de independência italiano e se tornar aquilo que Stendhal não podia saber, mas previa: o Carlos Alberto ou o Vittorio Emanuele II do futuro Risorgimento. Tudo isso que acontecerá, e as forças em jogo — em jogo também de hipocrisia — são vistos claramente por Stendhal. Aliás, o que ele melhor capta, por meio dos seus personalíssimos modos de conhecer, é o páthos, isto é, a mola moral do Risorgimento.

ASSUNTO ENCERRADO, *O MEU LIVRO PÓSTUMO*[1]

O que me deixou mais contente foi o desenho da capa. É de Steinberg.

Vamos olhá-lo. Numa encosta muito escarpada, um pequeno cavaleiro armado de lança persegue um dragão que parece um crocodilo, e no encalço do cavalo e cavaleiro tem uma enorme avalanche, logo acima deles, prestes a engolir tudo.

Uma avalanche que, afinal, é o próprio mundo.

E o cavaleiro poderia ser uma metáfora do intelectual? Ou talvez, quem sabe, do autor?

Também, por que não? Uma metáfora do intelectual e do seu fracasso total.

Calvino fala devagar. Na sua sintaxe, o silêncio faz parte do discurso e às vezes diz mais do que as palavras. E no silêncio você pode olhar com calma o casaco um pouco grande demais, a camisa verde-escura desabotoada, sem gravata, o pulôver.

No fundo, o verdadeiro ensaio final desse livro, que não existe e talvez algum dia eu escreva, será um ensaio contra os intelectuais, um ensaio para dizer como os intelectuais são tolos e perniciosos, e como é correto que as suas pretensões tenham fracassado. Mas, infelizmente, o fracasso dessas pretensões leva à ruína. São pretensões de uma nocividade fatal...

Mas depois dos primeiros romances, construídos sobre grandes achados fantásticos, o leitor tem a impressão de que também Calvino se tornou um narrador intelectualista. Não há o risco de que esse ensaio contra os intelectuais se transforme numa autocrítica?

Talvez. Talvez seja verdade que os meus últimos romances são mais difíceis, mais intelectualistas. Mas a única coisa que procuro fazer é um discurso diferente dos outros.

[...][2]

Sim, eu os reuni para isso e para dar uma resposta a todos os que insistiam para que o fizesse: principalmente para os ensaios publicados em *Menabò* no início dos anos 1960. Posterguei por muito tempo... Não tinha vontade de relê-los, ia adiando, adiando. Depois a gente percebe que os escritores morrem, e alguém se ocupa de organizar os seus livros póstumos... Assim, pensei em fazer eu mesmo o meu livro póstumo...

No sentido de que já não escreveria mais essas coisas?

Ninguém jamais reescreveria aquilo que escreveu. Claro que às vezes senti a tentação de mudar algumas coisas, mas não retoquei nada. Teria sido um ato ilícito e também anti-histórico.

Mas a sucessão dos ensaios acaba provavelmente por redefinir o significado do conjunto.

Sim, num certo sentido. Tentei extrair um discurso, encontrar um fio condutor entre tantos discursos diferentes. Bem ou mal, há uma experiência unindo todos esses escritos: nascem todos de uma experiência, a minha experiência. Fiz uma tentativa de pôr ordem. Mas, naturalmente, toda ordem sempre entra em crise, não existe uma òrdem definitiva. O mundo é sempre diferente daquilo que esperamos.

Deixemos Calvino, falemos de Gianni Rodari, o escritor para crianças

que morreu poucos dias atrás e com quem você compartilhou muitas experiências: como jornalista do l'Unità, *como autor de fábulas. O que lembra de Rodari?*
A sua limpidez, a sua simplicidade, a sua imediaticidade. Era um homem simples. Começara no *Pioniere*, o jornal do Partido Comunista dirigido aos jovens. Imaginemos o que pode ser um jornal de partido, e do Partido Comunista, feito para os jovens: tétrico, burocrático, tedioso. Muito bem: em vez disso, Rodari fazia-o com espontaneidade, com alegria, com leveza inventiva, e diria também com bom senso e sabedoria.

Frequentemente inspirava-se em histórias inventadas pelas próprias crianças...
Sim, fazia assim também. Era uma maneira sua de trabalhar. Mas inventava, além disso, histórias modernas, e, até quando resolveu teorizar sobre a fábula, fez com frescor.

A fábula clássica se baseia em mecanismos repetitivos, e daí vem também a sua função tranquilizadora. Rodari inventava histórias sempre diferentes, escapava dos esquemas repetitivos. Será talvez por isso que a sua fábula, no fundo, não é tranquilizadora e não é convencional?
A criatividade para ele era muito importante. Entre outras coisas, escreveu um livro intitulado *Gramática da fantasia* em que se apresentava um jogo combinatório de elementos fabulares, algo bastante semelhante à minha técnica narrativa. Mas eu não faria sobre Rodari discursos teóricos. A respeito dele só se pode fazer um discurso sobre os aspectos humanos. Esses intelectuais que estão por aí, Rodari os liquidava com uma só frase.

Quando você, Calvino, escreve fábulas, é o mesmo Calvino que escreve para o público adulto?
Sim. O mecanismo é o mesmo.

Rodari era um instintivo?
Era um mestre, um homem simples, e escrevia por instinto. Não esqueçamos que, antes de tudo, foi um jornalista, e escrevia um artigo por dia.

333

O seu objetivo era divertir o leitor. Fez isso também com *O barão Lamberto*, lembra-se?

Onde também havia, para os entendedores, uma metáfora da editora Einaudi...
(*Sorri dissimuladamente*) Não sabia.

O que acha de tantos escritores hoje procurarem um público entre as crianças e os jovens?
Sim, existem muitas coleções, muitos editores tentam esse caminho. Encomendam um conto infantil a um narrador famoso entre os adultos e apostam na pretensão cultural dos pais. De fato o pai compra o livro, mas depois a criança o joga fora. Gostaria de ver o resultado de muitas dessas coleções. O que conta é o sucesso espontâneo. O mercado tem suas leis. No fundo, quem decide são as crianças.

Por que escolheu como título do livro Assunto encerrado?
Por muito tempo fiquei na dúvida se daria o título de algum dos ensaios ou um título que se afastasse do conteúdo do livro. Alguns desses ensaios foram muito comentados e discutidos na sua época, por exemplo, "O miolo do leão" de 1955, "O mar da objetividade" de 1959, "O desafio ao labirinto" de 1962. Mas dar ao livro um título ousado como *O desafio ao labirinto* ou *O miolo do leão* num momento em que qualquer ousadia é absolutamente injustificada parecia-me errado. Então quis apostar num título que indicasse a distância que havia entre uma época quando o projeto de uma nova sociedade e de uma nova literatura que fizesse parte desse projeto era um propósito atual e a época de hoje, quando é impossível qualquer previsão. Assim, escolhi *Una pietra sopra*, que dá o sentido de um discurso a ser retomado do zero e de um longo caminho que, confrontado aos objetivos iniciais, não pode ser considerado triunfal.

Você colocou na abertura do livro um ensaio de 1955, "O miolo do leão", enquanto todos os demais ensaios pertencem aos anos 1960 e 1970. Que valor dá a esse ensaio de abertura?
"O miolo do leão" é uma espécie de mapa das minhas opções e recu-

sas daqueles anos e vale, justamente, como um antecedente. Mas já nesse meu primeiro texto programático há alguns aspectos que permanecem e cuja presença pode ser vista também na sequência do livro.

1. A minha refratariedade à linguagem ideológica, mesmo num discurso marcadamente orientado, refratariedade esta que se confirmará a seguir diante de todos os sistemas de pensamento totalizantes e exclusivos, por exemplo, em relação às metodologias estruturalistas. Mais do que atender a uma teoria aceita na sua sistematicidade, sempre me preocupei que o meu discurso respondesse a critérios de verdade e de valores definidos vez a vez. Quem está convencido, como eu, de que verdade e valor são sempre relativos precisa aplicar, para reconhecê-los, um escrúpulo muito maior do que quem acredita que são absolutos e definitivamente estáveis.

2. A relação da literatura com a consciência política e com a ação sobre a sociedade se mantém nos demais ensaios da coletânea, a mesma que declarei na metáfora energética do título daquele primeiro ensaio. Não há literatura "negativa" que, se tiver fundamento enquanto literatura, não possa ser adquirida como elemento "positivo" para uma visão de mundo e uma norma de conduta. A frase que dá origem ao título diz: "em toda poesia verdadeira existe um miolo de leão, um alimento para uma moral rigorosa, para um domínio da história".

3. Percebo que a minha linguagem nesses textos tende a se expressar nos tons de uma prosa sentenciosa e lapidar, como se a cada vez tivesse de redigir uma declaração, um manifesto ou um testamento. Isso contrasta com outros escritos meus, nos quais me inclino para registros mais modestos, redutivos e cotidianos. Assim, podemos nos perguntar o quanto há de contorção oratória forçada nessas minhas investidas.

Todos esses aspectos podem ser atribuídos a um paradigma de "estoicismo" de provável ascendência crociana, cuja inatualidade foi alguns meses depois decretada às pressas por Citati, precisamente em polêmica com o "Miolo", num ensaio seu ("Fim do estoicismo") também publicado em *Paragone*.

A referência-chave para essa minha postura é, por um lado, Pavese (a imagem de um Pavese "estoico" tenazmente defendida contra qualquer outra interpretação), e, de outro lado, está o nome com o qual se encerra o ensaio, o de Giaime Pintor.

Entre os vários amigos mais velhos, eu escolhera como modelo o personagem mais próximo a mim em termos de idade, mas que não tive tempo de conhecer (1919-44), e tentei recuperar na coletânea dos seus escritos póstumos (1950)[3] o segredo de um estilo moral e literário nítido

335

e afiado, de um passo seguro de si, embora ágil e leve, e talvez também de uma reserva em escolher por trás de escudos[4] e armaduras a sua última essência. Não à toa, a frase de Giaime Pintor que destaquei (junto com "extrema frieza de juízo") foi "vontade tranquila de defender a própria natureza".

NO SÉCULO XVIII EU ESTARIA BEM[1]

Por que você se tornou escritor? Foi predestinação?
Vira-se escritor quando não se sabe fazer nada melhor; eu, quando jovem, não levava jeito para as atividades práticas, não me saía bem nos esportes, não tinha talento para os negócios e nos estudos parecia bastante medíocre; assim, por exclusão, acaba-se virando escritor. O escritor é sempre, como foi dito sobre Flaubert, o idiota da família.[2]

Você citou Flaubert, "l'homme-plume", para quem escrever era um trabalho árduo; no entanto, há quem sustente que escrever dificilmente é simples. Em que consiste a dificuldade de escrever?
Há muitas pessoas para as quais é muito fácil escrever, há pessoas que enchem páginas e páginas com pouco esforço. Para mim não é assim. Sempre tenho dificuldade em me exprimir, quando falo e quando escrevo, e preciso sempre deixar que se cristalize alguma coisa, uma forma, uma construção, pois há sempre uma grande resistência das palavras. Quando se começa a escrever, nunca se sabe ao certo o que se está escrevendo, a expressão exata nunca vem de uma vez só; acredito pouco nas coisas que vêm num jorro, acredito pouco na espontaneidade e na inspiração. A página que dá uma impressão de facilidade é a que é mais construída.

Porém, parece que não existe mais "l'homme-plume", o escritor que trabalha assiduamente na página em branco até sentir o seu tormento, até sentir diante de si o obstáculo de uma folha a preencher...

Creio que os que realmente escrevem continuam a escrever dessa maneira. Tentar dar forma a uma matéria escrita significa lutar com a língua, com a expressão. Penso que não existe outra forma de entender a escrita.

Você escolheu o caminho da fantasia. O que é a fantasia?
Pode-se dizer que é um modo de organizar as imagens; todos nós pensamos, comunicamos, vivemos por meio de imagens e há vários modos de organizar essas imagens.

Um grande escritor que se expressa pela fantasia é Borges. O que pensa dele e do seu mundo fantástico?
É um escritor que me interessa muito e que comecei a ler assim que passou a ser conhecido na Europa, nos anos 1950. Senti uma afinidade de gostos imediata; por exemplo, um determinado gosto pela construção geométrica na narrativa e no raciocínio, certa cristalinidade da expressão. Comecei a ler Borges quando parte da minha obra já estava escrita e o tipo de formulação do que escrevia já estava afirmado, mas sem dúvida a presença de Borges serviu para reforçar certas inclinações minhas, certas tendências que já estavam em mim.

Borges é um escritor que trabalha com a inteligência, que, diria eu, constrói tudo "com" e "sobre" a inteligência, mas parece que hoje o amor pela inteligência está desaparecendo, sobretudo na literatura.
Neste século, pode-se dizer que Borges pertence a uma constelação de autores com um tipo de inteligência fria, cujo maior expoente é Paul Valéry, que muito aprecio como ensaísta; há ainda outros tipos de inteligência, e aliás a literatura moderna carrega muitas vezes o peso de uma culpa contrária, o intelectualismo, o qual, porém, já é uma coisa um pouco diferente. Há, em todo caso, uma família de autores que se remetem a um mundo mental transparente e de algum modo feito de leveza, um mundo que sempre existiu e acredito que continuará existindo. A Itália é o país de Leopardi, autor que apenas nós italianos conhecemos, que nunca conseguimos exportar, mas que para nós é importante: toda geração literária italiana se define pela sua relação com Leopardi.

Quando citou Leopardi, pensei no grande amor que o Poeta tinha pelo saber. Existe ainda esse tipo de amor? Diz-se que hoje são poucos os escritores considerados "cultos".

É preciso estar atento quando se diz que algo desaparece; não confiar apenas nas coisas mais vistosas, nas coisas na moda.

Quando comecei a escrever, o valor que se trazia era a autenticidade, era o ímpeto existencial, era certa barbárie da qual eu também me fazia de porta-voz. Desde aquela época amadureci outros fatores que já estavam em mim; nos últimos tempos, acrescentei um certo coquetismo enciclopédico que, em certos escritores, sempre acompanha o humour e a absoluta ausência de pedantismo. Hoje, porém, estamos numa época em que se exibem muito o pedantismo, o tom professoral, que são exatamente o contrário do espírito que prefiro.

Então não deveríamos dar muito ouvido aos que sustentam que a narrativa italiana está doente. Mas, admitindo que esteja, de que males sofreria? Carlo Bo me dizia que hoje, na literatura, falta o conhecimento da vida.

Seria preciso ver onde há uma narrativa que esteja melhor, que funcione melhor. Talvez na Alemanha, lá, no final das contas, todo ano há algo de interessante na narrativa, decerto não na França. Na Inglaterra nem se fala, quanto aos Estados Unidos tenho as minhas dúvidas.

O famoso boom da narrativa latino-americana, conhecemos um pouco em todo o seu conjunto, ou seja, havia por trás um fôlego de vários anos e havia também a vastidão de um continente.

Há períodos ricos e períodos pobres na narrativa.

Hoje, na Itália, certamente há uma retomada da poesia, o que não é nada negativo, pois a vocação literária italiana, a tradição literária italiana sempre teve como eixo a poesia. Assim, eu não falaria de doença, mas de fragilidade orgânica que sempre houve e de vez em quando se faz sentir.

Giovanni Testori sustentou que ultimamente não se têm publicado livros em sintonia com as problemáticas dos nossos dias e que parece que ninguém percebe o "risco de morte" para o qual segue e com o qual convive o homem.

Os fatos terríveis da crônica contemporânea lemos todas as manhãs nos jornais, assistimos a eles todas as noites na televisão e podem ser representados literariamente apenas de modo indireto, tatuado. Li no *Corriere* um conto de Moravia, de um homem perseguido em perigo de

339

morte, que mostrava de maneira perfeita a angústia dos dias que estamos vivendo, mesmo sendo uma história não especificada nos detalhes, contada como conta Moravia: por meio de uma paisagem, uma descrição de mulher, um interior desolado.

De certa forma, penso que o tempo em que vivemos transparece nas coisas que escrevemos. Aquilo que for uma imagem profética ou uma imagem diretriz será descoberto apenas muito mais tarde; é muito difícil julgar a atualidade literária comparando-a com a atualidade das notícias.

Na sua opinião, Calvino, o que falta ao homem contemporâneo?

Não sei mesmo. Tranquilidade, possibilidade de ter diante de si um horizonte em que pense poder agir. Falta um pouco o mundo: um mundo em que se possa projetar uma ação, mínima que seja. O fato de não poder projetar nada e de poder entender muito pouco o que está acontecendo pesa em mim, me faz sentir falta de algo. É um pouco como o dinheiro: nunca sabemos quanto temos no bolso, com essa inflação que tira valor de tudo. E é assim um pouco também nas coisas da vida. Em suma, sinto falta de um contexto social, de uma sociedade diante da qual eu possa me colocar, talvez, numa posição autônoma. Mas hoje nem isso é possível, pois tudo está como que sobre areia movediça.

Em 1968 gritavam "a imaginação no poder". Você, Calvino, é dotado de uma imaginação especial: admitindo que isso lhe interessasse, o que faria se estivesse no poder?

"A imaginação no poder" era um belo slogan, sedutor, do qual não resultou absolutamente nada. Hoje, qualquer imaginação no poder me daria medo, eu a veria como uma antecâmara de desastres. Vejo na política alguns objetivos muito limitados; penso que o que importa são os movimentos da sociedade, os movimentos que acontecem quase sempre sem que a política e o poder saibam. O poder percebe apenas depois, porque o poder sempre faz os cálculos errados. Não existem ciências da previsão, daquilo que está para acontecer. A economia me parece uma trapaça sórdida; as teorias políticas fracassaram de maneira ignominiosa. Não há, portanto, alternativa senão buscarmos as coisas verdadeiras, que são as coisas da vida, as coisas sobre as quais podemos intervir realmente e controlar aqueles inexpressivos personagens que devem ser os políticos, torcendo para que tenham a menor imaginação possível.

O que pensa do comunismo hoje?
O comunismo fracassou como sociedade realizada: um fracasso às vezes terrível, com formas diversas que chegam às loucuras monstruosas do Camboja. Porém, para muitos homens ele representou uma seriedade, uma disciplina e uma moral.

Tudo o que é valor moral no comunismo e que é humanidade em certas pessoas continua a ser importante. Quanto a todo o resto, ao que agora é só doutrinarismo intelectual e projeto de sociedade burocrática, se dilui e se esvanece pouco a pouco.

A Itália laica seria melhor do que a atual?
Acredito que a Itália, afora o fato de ser governada faz 35 anos por um partido que se define como católico, não tem mais nada de religioso: nada, pelo menos, que eu perceba. Creio que as últimas décadas levaram à perda de qualquer horizonte religioso, admitindo que um horizonte desses tenha existido, porque a religiosidade italiana, penso eu, era em grande medida exterior. Em todo caso, acredito que a Itália é um dos países mais irreligiosos que existem hoje, e, portanto, devemos nos perguntar quais serão as reações diante de um futuro em que a religião será uma das grandes coisas em retomada. O século XXI começará como um milênio de grande renascimento religioso: aliás, é o que já vemos em grande parte do mundo.

Você afirma sentir a falta de um contexto social e comenta a incerteza do nosso tempo, com o qual não me parece que esteja muito satisfeito. Se lhe fosse concedido entrar numa máquina do tempo, que época escolheria?
Sim, sempre disseram e sempre admiti que a minha época era o século XVIII, isto é, uma época de preparações e mudanças quando ainda se pensava que o mundo e a sociedade fossem coisas controláveis. Creio que naquele século eu estaria bem. Era um momento em que a barbárie humana (que sempre existiu, mas que em certos momentos se mostra muito mais) e a capacidade de preservação da civilização pareciam ter alcançado um certo equilíbrio. Ilusões, naturalmente, porém ilusões que permitiam trabalhar com proveito.

Era uma época em que, para receber, também era preciso dar. Hoje todos querem e esperam milagres da sociedade à qual pertencem: vivemos de pretensões, daquelas que os americanos chamam de "raising expectations", expectativas crescentes. Na sua opinião, é correto que o indivíduo queira receber mais do que dá?

Você antes me falava do catolicismo e do laicismo. Num certo sentido, a Itália é de fato um país católico: porque em todos, da esquerda mais radical aos homens do governo, há o sentido da providência. É a providência que, em todas as circunstâncias, deve prover: por se ter nascido, acredita-se que se tem o direito de viver. Eu não acredito nisso: acredito, pelo contrário, que a vida deve ser continuamente justificada, e acredito que não é certo querer receber sem dar, sem um elemento de sacrifício, de senso do bem comum. Parece-me o único critério básico a que podemos nos ater. Esta é uma ideia religiosa, se se quiser: até ontem estava na base daquilo que se chamava de *religiosidade laica*. E eu continuo a me ater a essa ideia.

Acredita na meritocracia...
Claro! Acredito que a pessoa de algum modo deve merecer aquilo que tem.

Não gostaria de concluir este nosso encontro imprimindo um tom pessimista, mas percebo alguma preocupação sua. Você teme um conflito atômico?

Sim, penso que mais cedo ou mais tarde haverá um conflito. Talvez não seja atômico; em todo caso, já existem focos de guerra e mesmo os países em paz vivem ações de guerra, decididas por estratégias de guerra que não sei quais são. Pelo meu lado, portanto, tenho todos os medos que um simples homem da rua pode ter, que todos os homens simples que vivem hoje têm.

Você é um homem "simples". O que diria como homem simples às duas potências?

Diria para não confiarem demais uma na outra, mas que não deem passos arriscados; diria para não se desarmarem, pois é evidente que, no momento em que houver um desequilíbrio armamentista, acontecerão coisas piores do que quando há um equilíbrio. Diria para não fazerem porcarias, diria para pensarem em libertar as sociedades que dependem dos respectivos impérios, porque a melhoria da sociedade é uma coisa definitiva. Diria para se conduzirem sem excessivos idealismos, que podem ser hipócritas. Diria para se conduzirem com senso da realidade, porém sem bancarem os espertos.

A TROCA DE GUARDA[1]

Como vê a evolução da literatura italiana a partir de 1960?

A resposta não é fácil, principalmente porque os escritores mais conhecidos são em grande medida os mesmos do período anterior. O que caracteriza os anos 1960 é o surgimento de uma geração que recusa qualquer ligação com o passado recente, uma vanguarda que se liga a maior distância com as vanguardas históricas. No início, havia os chamados Novíssimos, um grupo de poetas (Sanguineti, Porta, Balestrini, Giuliani e Pagliarani). Depois surgiu o Grupo 63, que, a partir dos Novíssimos, definiu-se como movimento aberto a todos os jovens escritores, cujos integrantes, aliás, praticavam uma crítica muito ativa das suas respectivas produções, especialmente durante congressos que ficaram famosos.

A essa primeira onda seguiu-se uma segunda, de inspiração mais marcadamente política, que se situa por volta de 1968 (embora na Itália o fenômeno 1968 tenha começado antes e durado por mais tempo do que na França). Dito isso, a ligação entre essa revolução mais formal de 1963 e as diversas facções dos grupúsculos nascidos do 1968 foi difícil. E, em todo caso, disse respeito apenas a um número limitado de autores da neovanguarda; para muitos deles, os posicionamentos políticos contribuíram para mudá-los também do ponto de vista literário.

Por fim, hoje, pode-se observar entre os jovens uma nova tendência sob o signo de uma experiência existencial, que se traduz sobretudo em poesia. Nesse sentido, pode-se assistir a manifestações novas, por exemplo, as leituras públicas de textos poéticos ou, como no ano passado, o Festival de Castel Porziano, que se realizou de modo às vezes dramático e que foi documentado por um filme transmitido recentemente pela televisão italiana.

Quanto aos romances, não faltam aqueles que se inspiram na experiência das drogas, na vida amorosa e sexual dos jovens, muitas vezes escritos numa língua deliberadamente informe, redundante e colorida: é o caso de jovens escritores como Palandri ou Tondelli. São textos que documentam em primeiro lugar tendências e humores dos diversos grupos de jovens destes últimos anos. Como é evidente, essas tendências podem ser marginais em relação ao quadro geral da literatura dos últimos anos. Mas a imagem da juventude oferecida por esses textos é previsível até demais. Pode acontecer que, daqui a vinte anos, venhamos a perceber que a imagem da juventude de hoje não é essa e, inversamente, encontra-se em textos que hoje não sabemos reconhecer.

O que caracteriza atualmente a situação literária italiana?

Em primeiro lugar, o fato de que alguns autores, que 25 anos atrás eram considerados figuras marginais, excêntricas, têm hoje uma importância central. É o caso, por exemplo, de Savinio, que nunca foi um desconhecido na Itália, mas sempre permaneceu às margens. Nestes últimos anos, alguns livros seus foram reeditados; foram também publicados muitos inéditos que contribuíram para lhe devolver a visibilidade. Savinio é, sem dúvida, um autor com interesse literário de primeira ordem; mas é também representativo do estado de uma literatura caracterizada por um conjunto de "casos".

É preciso dizer também que uma corrente tem assumido uma importância crescente, a de uma literatura de inspiração grotesca, bizarra, caracterizada por elementos fortemente irônicos, cômicos, profundamente diferente do emocionalismo dos anos 1950. Savinio se remete a esse veio, como também escritores como Landolfi ou Antonio Delfini, os quais, embora pela data de publicação dos seus livros pertençam aos períodos anteriores, hoje são apreciados com maior justiça.

Autores como Arbasino, Malerba, Celati podem ser reconduzidos a essa corrente: Arbasino, com a sua escrita brilhante, curiosamente ininterrupta — uma espécie de fluxo, de "monólogo exterior", que imita singularmente o discurso das pessoas em vários níveis —, ligada a uma observação arguta do cenário internacional; Malerba, que é um romancista e um narrador paradoxal, irônico, extremamente saboroso. E também Giorgio Manganelli, um escritor que começou com o Grupo 63, mesmo sendo menos jovem do que os outros membros do grupo. É um autêntico literato, extremamente culto, dotado de um *humour* inesgotável, paradoxal: uma figura típica destes anos. Seria necessário, ademais, falar de um homem como Gadda, que aparece em filigrana por trás deles: ele era muito mais velho, mas começou a ocupar um lugar absolutamente central no início dos anos 1960.

Quanto a Sanguineti, líder do Grupo 63, ele encaminhou a sua ironia e agressividade polêmica numa direção de sabedoria e de disciplina política, mas teve um papel notável, sobretudo como poeta, e em paralelo com a sua atividade de professor universitário: é um grande erudito. Atualmente é deputado no parlamento.

Pode-se dizer também que a experiência da neovanguarda se ramificou em várias correntes, em especial no plano crítico, visivelmente dominado pela semiologia, que é aplicada por Umberto Eco de maneira brilhante.

Um lugar à parte deve, enfim, ser reservado a Gianni Celati, tanto como escritor quanto como teórico. Entre os seus romances cabe citar, em primeiro lugar, *As aventuras de Guizzardi*, escrito numa sublíngua voltada para um cômico absoluto e que foi frequentemente considerada uma tentativa de propor um equivalente do cômico do cinema mudo. Isso o leva a resultados semelhantes aos de Beckett, mesmo que numa tonalidade que não é trágica, mas bastante patético-juvenil: Celati teve grande influência sobre os escritores do monólogo existencial de que falávamos.

Existem relações entre esses escritores e a poesia?

Sim. Nestes últimos vinte anos, assistiu-se a uma grande retomada da poesia prevalecendo sobre o romance, e também no interior do romance, à diferença do que acontecia no pós-guerra, quando era a prosa que estendia a sua influência sobre os poetas. Hoje são os poetas que se põem a escrever romances, introduzindo na prosa romanesca uma linguagem iluminada por metáforas.

O primeiro que realizou essa passagem da poesia ao romance foi Pasolini, embora nele haja uma grande distância entre a linguagem da poesia e a do romance. Outros — como Volponi, Roversi, Leonetti — que foram próximos a Pasolini nos anos 1950, na revista *Officina*, usam em seus romances uma língua carregada de tensão lírica, de imagens e obscuridades verbais.

Note-se que falei apenas dos mais conhecidos, daqueles que têm um grande público. Dito isso, é preciso notar a persistência do romance, tipicamente italiano, fundado numa presença moral, cujo exemplo mais relevante é talvez Primo Levi; mas é também o caso de Leonardo Sciascia, bem conhecido na França.

Nesse contexto, onde situaria o escritor Italo Calvino?
(*Sorri*) Numa literatura desprovida de um centro, somos todos mais ou menos excêntricos. A minha obsessão sempre foi a de traçar um mapa, de reconstruir um desenho geral, mas pode ser que seja uma mania, como tantas outras...

A Itália não é, talvez, um país onde a literatura é também, em grande parte, um campo de ensaístas?
Sim, homens como o crítico de arte Roberto Longhi, o anglicista e comparatista Mario Praz, o galicista Giovanni Macchia são grandes especialistas e ao mesmo tempo excelentes escritores, vistos e admirados enquanto tais. É um fenômeno que se reapresenta com Manganelli, que é tanto ensaísta quanto escritor e se expressa nos dois casos com a mesma linguagem.
Ainda dentro desse quadro, poderíamos indicar Pietro Citati ou Guido Ceronetti, que, dotados como são de uma imensa cultura, escreveram sobre temas muito diferentes.
Por fim, uma figura que ocupa lugar eminente no campo da ensaística literária e política, que sempre participou das polêmicas e se distingue pela sutileza de interpretação e pelo senso de complexidade, é o poeta Franco Fortini, muito ouvido pela geração de 1968. Na mesma direção, embora com temperamento diferente, seria necessário lembrar Cesare Cases, ele também expoente de uma crítica literária fortemente politizada.

Qual é o impacto dessa literatura sobre o público italiano?
Em sua maioria, o público permanece ligado aos escritores mais velhos, àqueles das gerações anteriores. Parece-me, contudo, que os escritores "novos" são mais lidos na Itália do que na França. Na França, os escritores de vanguarda ficam imediatamente famosos no mundo todo, mas as suas tiragens permanecem limitadíssimas. Na Itália, podemos dizer que são menos famosos, mas mais lidos.
É preciso também levar em conta os jornais, que solicitam continuamente aos escritores que colaborem com artigos e respostas a pesquisas. Na Itália, a imprensa tem uma função fundamental de ligação entre literatura e grande público. Sobretudo a partir dos anos 1970, assistiu-se a um

grande desenvolvimento desse jornalismo dos escritores. O fenômeno começou com o *Corriere della Sera*, quando era dirigido por Piero Ottone. Foi então que os grandes jornais começaram a abrir a primeira página aos escritores, propondo-lhes intervenções totalmente livres. Foi então também que Pasolini teve espaço e papel fundamental nos jornais, com as suas ferozes polêmicas contra a sociedade de consumo e contra o "Palácio", isto é, contra o poder político, e principalmente contra a Democracia Cristã, para a qual propunha incessantemente um processo público.

A morte de Pasolini marcou uma guinada, uma mudança e uma diminuição desse papel da imprensa. Mas a presença dos escritores nas primeiras páginas dos jornais é sempre solicitada, seja sobre problemas de comportamento social (é preciso lembrar que ocorreu nestes anos uma profunda revolução nos costumes e nos hábitos dos italianos, cujo alcance foi imenso), seja sobre problemas de moralidade política. Dito isso, é preciso reconhecer que protestar contra a violência e a corrupção é uma coisa que se faz por algum tempo. Depois nos cansamos, perante a inutilidade daquilo que se escreve.

Os períodos literários desenvolvem um papel específico nesse contexto?

Cabe dizer, antes de mais nada, que as revistas estão em nítido declínio. Foram o local tradicional da literatura, mas hoje não têm mais muita importância. A pressão da grande imprensa é excessiva: não há mais espaço para as revistas, a não ser para as universitárias. Por outro lado, há muitas revistas de poesia, cuja difusão desconheço; costumam ser efêmeras, mas são numerosas.

Considera que as literaturas estrangeiras têm grande influência sobre a literatura italiana?

Penso que a situação literária que mais se aproxima da nossa é a dos autores alemães. A literatura francesa continua a despertar grande interesse; mas é preciso dizer que a linguagem da crítica e dos ensaios está se tornando rapidamente algo ultraespecializado: basta ver o caso dos lacanianos. O Grupo Tel Quel teve grandes afinidades com o Grupo 63. Mas as pesquisas sobre o texto de Philippe Sollers tiveram repercussão muito pequena na Itália. Os autores latino-americanos têm na Itália, como aliás também na França, um público fervoroso; mas é difícil dizer se exercem uma influência. Parece-me, porém, que, para sofrer esse tipo de influência, seria preciso que a Itália, como a França também, tivesse uma vitalidade, ou aspectos telúricos, que, na minha opinião, não existem. Os americanos estão provavelmente menos presentes do que estavam entre 1940 e 1960, a não ser, talvez, autores como Charles Bukowski e os da *beat generation*, em primeiro lugar Burroughs. Por outro lado, a presença da literatura austríaca corresponde a um fenômeno importante, que não é redutível a uma moda, mas se liga tanto à relevância dos livros publicados por uma editora como a Adelphi quanto às pesquisas de Claudio Magris.

Há na Itália, na sua opinião, grandes autores desconhecidos?
Diria que a maioria dos que citei é pouco conhecida. Mas, de todo modo, sempre há alguns totalmente desconhecidos, como, por exemplo, Landolfi e Delfini. Na Itália, existe hoje um interesse pela atualidade literária italiana, e é um fenômeno destes últimos anos.

ADMIRO O ARTESÃO QUE SABE CONTAR[1]

A narrativa italiana dos anos 1970 parece não ter mais linhas de tendência, um projeto. Enquanto a crítica e o público em toda geração conseguiram identificar escolas precisas, nos anos 1970 o romance italiano, enfraquecendo-se as vozes do Grupo 63, parece disperso em formas e autores excêntricos: grandes redescobertas, sucessos póstumos, francos narradores. Quais são, na sua opinião, os motivos que levaram a essa fragmentação?

A literatura sempre teve um curso descontínuo. Ora está ali, ora não está. Ora existem escolas, tendências, grupos, ora somente indivíduos, ora às vezes nem eles. Talvez um crítico de boa vontade pudesse tentar redesenhar um mapa para os anos 1980. Mas, para não se limitar à compilação de um mero recenseamento, teria de levar em conta apenas os fatos especialmente significativos, como qualidade ou como marca, deixando de lado os apelos da atualidade mais exterior.

Nestes anos, as novidades mais vistosas apareceram no terreno da poesia. Que instrumentos, que antenas adicionais tinham os poetas, em comparação aos romancistas?

Entre as razões que reconquistaram um público jovem para a poesia, há certamente uma parte equívoca, isto é, a busca de um desafogo emocional. Mas há resultados que seguem em direção totalmente oposta: por exemplo, no sentido de uma poesia "pensada", e entre estes coloco Valerio

Magrelli e Giuseppe Conte; ou no sentido da felicidade da palavra, que é uma condição fundamental da poesia, e que pode anteceder, acompanhar ou seguir a tensão do pensamento, ou talvez substituí-la.

Qual é a direção mais promissora para a qual se move o romance dos anos 1980?

O romance novo mais interessante é *La Vie mode d'emploi* [*A vida modo de usar*] de Georges Perec, publicado no ano passado na França, um livro grande, com mais de seiscentas páginas. A mania do quebra-cabeça de um personagem amplia-se e se converte em sistema do mundo e está no centro de uma proliferação de histórias, aventuras e descrições de ambientes, em que confluem Borges, Roussel, Robbe-Grillet. Mas há, principalmente, Balzac e toda a sociedade contemporânea numa copiosa comédia humana inesperadamente ressuscitada com as características de hoje, isto é, o *humour* ácido, o senso do vazio e a obsessividade.[2]

Esse vazio de novidades, essa troca geracional parecem não ser um fenômeno apenas italiano. Na França nada substituiu o "nouveau roman", a América Latina continua a repercorrer o caminho de Márquez, os Estados Unidos exportam Bukowski, a Alemanha é, talvez, a mais próxima à nossa situação com os autores Peter Handke e Wim Wenders, a Inglaterra parece ter transferido o romance para a biografia. Ao mesmo tempo, assiste-se em todos esses países ao sucesso da narrativa de consumo, tendo à frente os americanos e os seus fazedores de best-sellers. Qual a relação, na sua opinião, entre esses dois fenômenos?

A narrativa de consumo é um fato absolutamente negativo quando tem pretensões poéticas, intelectuais, de profundidade dos sentimentos etc., isto é, quando é um subproduto cultural. E na maioria dos casos é exatamente isso que é hoje a narrativa de consumo, a pior possível. Mas, se por narrativa de consumo entende-se uma narrativa consciente do aspecto artesanal das suas operações, dos mecanismos dos procedimentos e dos efeitos, tenho todo o respeito e admiração pelos seus resultados. Hoje, porém, é a mercadoria pseudoliterária a que mais vende, enquanto a qualidade na construção artesanal que o romance requer não é absolutamente levada em conta.

351

SE UM ESCRITOR NUMA NOITE DE OUTONO...[1]

Eu o procurava em Paris e, depois de um monte de telefonemas perdidos, descubro que você está em Roma. Aliás, dizem que voltou a se estabelecer na Itália. Esse seu itinerário tem um sentido? Por que Paris? Por que voltou?

Habitar... Um verbo estranho, se pensarmos bem. Associa-se aos hábitos indumentários e aos hábitos costumeiros. Gostaria que toda cidade fosse como um hábito de vestir; colocamos a roupa, depois tiramos e penduramos numa cadeira, tomando cuidado para não amassar, para podermos voltar a usá-la. Uma cidade é feita também de hábitos rotineiros; toda cidade comporta hábitos diferentes para a mesma pessoa. Uma cidade é também um lugar que serve para nos escondermos. Sinto como endereço realmente meu aquele que serve para mandarem entregar a correspondência em outro endereço e, dali, em outro ainda. Enfim: aquilo que você ouve falar sobre os meus deslocamentos tem algo de verdadeiro. De fato, em anos passados eu ficava muito em Paris; e também é verdade que, nos últimos anos, posso ser encontrado com mais frequência na Itália. Haverá um motivo existencial, além do óbvio que a crise obriga os italianos a moderarem o turismo no estrangeiro? Bom, talvez seja sempre aquele problema de se esconder. É uma necessidade que sempre tenho, mas talvez algo tenha mudado.

Quando eu era mais novo, tinha necessidade de me esconder porque me sentia como sem casca; hoje, tenho a ilusão de que carrego uma

352

casca junto comigo, a qual me serve de esconderijo em qualquer lugar onde eu esteja.

Mas o que Paris é, acima de tudo, para você?
Uma cidade onde se pode ir ao cinema, porque os filmes não são dublados. Faz muito tempo que não tolero mais as dublagens. Na semana passada, vi em Paris o novo filme de Kurosawa;[2] e pensar que na Itália até os filmes japoneses, em que as vozes são metade do espírito do filme, eu teria de ver em dublagem. O filme dublado me parece uma barbárie sem sentido e não entendo por que ninguém se revolta.

Então, para você, Paris são só os pequenos cinemas de Saint-Germain-des-Prés que passam filmes em versão original? Ou também o teatro? Ou o que mais ainda?
Mais o cinema, o fato de poder me sentir espectador desinteressado, anônimo. Na Itália sempre tem alguém que me obriga a discutir as implicações intelectuais daquilo a que assisto, e são sempre discursos idiotas. Certamente também existem pessoas assim na França, talvez até pior do que entre nós, mas lá não me deparo com elas. Ademais, nunca leio as críticas cinematográficas; para me orientar, basta-me a publicidade. Depois há também a televisão, que em Paris me interessa e me diverte com grande frequência.

Nunca gosto de dizer que na Itália as coisas são piores, mas, no caso da televisão, é preciso mesmo dizer que não há comparação possível. Na Itália, existe a liberdade de transmissão, que é uma coisa boa e não existe na França, mas grandes programas estrangeiros aqui só podemos ver na Antenne 2. Para mim, a liberdade de transmissão começaria a ser interessante se, em vez de todos esses pequenos canais particulares, pudéssemos assistir aos grandes programas dos outros países.

Mas me fale de Roma... Roma é também uma das suas cidades?
Roma é uma cidade muito simpática. O que gosto de Roma são os *supplì*, os *arancini* de arroz, a variedade de sanduíches recheados, todas essas coisas que se pode comer nos bares, e que constituem uma forma especial de civilização que não existe no resto do mundo. Poder comer andando pela cidade, sem se sentar à mesa, coisas variadas e não banais, parece-me uma grande comodidade, especialmente para um homem nervoso e impa-

ciente. Isto é, a cidade deixa a pessoa nervosa e impaciente, mas também oferece algumas pequenas comodidades que nos permitem sobreviver.

Mas a sua cidade, por muitos anos, não foi Turim?
Sim, Turim como cidade toda feita em linhas retas satisfazia uma necessidade minha de ordem, que ainda tenho. Nesse sentido, Turim continua a ter os seus méritos. Antigamente eu queria escrever um conto (e talvez alguma hora escreva) sobre uma pessoa que vivia entre Milão e Turim e a sua psicologia mudava continuamente ao passar de uma cidade com planta circular para uma cidade com planta quadricular.

Eu esperava que você falasse sobre o que foi Turim para a sua vida: o trabalho na editora Einaudi, os tempos de Pavese... Este ano foram publicados muitos artigos sobre Pavese, pelos trinta anos da sua morte. Mas você, que trabalhou com ele e que lhe deve a publicação dos seus primeiros livros, não escreveu...
De fato, não: já há tantos que falam disso... Uma reflexão que fiz é que ninguém nunca soube relembrar um discurso de Pavese, digo, uma frase em que se reconheçam as suas palavras, a sua voz. Vá lá que ele falava pouco, mas eram sempre frases com um cunho especial. Então fui procurar nos artigos que escrevi sobre ele, quando estava vivo, para ver se por acaso destaquei alguma coisa. Num artigo de 1947, uma espécie de reportagem sobre a editora, descrevi Pavese que fazia revisão, como sempre, de uma tradução e dizia: "Hoje ninguém mais quer ser tradutor; todos querem ser romancistas ou ministros".[3] Isso é o que consegui salvar do esquecimento. Pouca coisa, mas corresponde muito bem aos humores de Pavese, e, além do mais, é uma afirmação que não soa de forma alguma datada, vale hoje também, sem nenhuma alteração.

Voltando na sua biografia encontra-se Sanremo, os seus pais botânicos, o mundo das plantas. A figura do seu pai aparece de vez em quando nos seus contos; mas a sua mãe, não. Qual era a sua relação com ela?
A minha mãe era uma mulher muito severa, austera, rígida nas suas ideias, tanto nas pequenas quanto nas grandes coisas. Meu pai também era muito austero e carrancudo, mas a sua severidade era mais barulhenta, colérica, intermitente. O meu pai como personagem narrativo funciona melhor, seja como velho lígure muito enraizado na sua paisagem, ou como homem

que rodara o mundo e vivera a revolução mexicana na época de Pancho Villa. Eram duas personalidades muito fortes e caracterizadas. Uma educação absolutamente laica pode ser muito mais repressora do que a católica. A única maneira para que um filho não fosse esmagado por personalidades fortes era opor um sistema de defesas. O que comporta também algumas perdas: todo o saber que os pais poderiam transmitir aos filhos se perde parcialmente.

Mas devo dizer que o meu temperamento sempre me levou a sistemas de rejeição articulados, nunca absolutos. Assim também as minhas adesões; todas as vezes em que aderi a algo, que julguei me identificar com alguma coisa, eu ia com as minhas reservas, as minhas objeções, e aquele grau de distanciamento que permite olhar as coisas de fora.

Assim, a partir da sua experiência como filho, você se convenceu de que não deve ser repressor como pai?

Não me convenci de nada. Os pais permissivos de hoje não me parecem nada melhores do que os repressores e, principalmente, não tornaram os filhos felizes. Não tenho nenhuma ideia preconcebida sobre educação; vimos que, qualquer coisa que a gente faça com os filhos, erra-se sempre; mas eu acrescentaria o seguinte: qualquer coisa que se faça programaticamente obtém resultados errados.

Como pai tento ser natural; não procuro atenuar a imagem de pai chato e autoritário quando sinto natural sê-lo; e se consigo dar de mim uma imagem melhor, tanto melhor.

Uma família funciona enquanto consegue se divertir estando juntos. Não todos os dias, nem mesmo todas as semanas, mas basta uma vez de vez em quando por quinze minutos, ou mesmo dez. Temos de saber limitar as nossas expectativas: saber que colocamos os filhos no mundo por egoísmo, pelo prazer que dá vê-los crescer, esperando que sejam saudáveis e contentes. Não contentes todos os dias, pois então seriam animais, mas com uma capacidade potencial de serem contentes, de se moverem na vida sem levar muitas bordoadas. Afora isso, nada: nada de pedagogia; não tenho nada a ensinar; só gostaria de ensinar como opor resistência a todas as pedagogias correntes que são impostas pelo ambiente, e que são todas falsas e tolas por definição.

Então, pedagogia não, está bem. Mas existe aquela pedagogia especial que é contar fábulas. Ou, como fabulista, você se identifica com a criança que ouve? Assim como se pergunta ao comediante se ele nunca chora, a um contador de fábulas pergunta-se se ele pensa na sua idade real ou se continua sempre a pensar como criança.

O contador de fábulas é o velho, o avô ou o bisavô, ou uma voz de épocas imemoráveis como o Qfwfq que apresento em *As cosmicômicas*. Tive uma juventude muito longa porque tinha como profissão ser o "jovem escritor"; ela durou uns vinte anos. A certa altura, percebi que não podia mais prolongá-la, e então decidi pular todas as fases intermediárias e passar logo para a velhice. Começando cedo, há mais probabilidade de ter uma velhice longa; além disso, dá uma grande satisfação viver a nossa velhice em condições físicas relativamente robustas. E, principalmente, a pessoa pode se permitir o luxo de não entender mais o que acontece, as loucuras da sua época; não nos sentimos mais obrigados a estar *à la page*, podemos estabelecer uma salutar distância entre o nosso modo de pensar e o espírito dos tempos.

Poucos anos atrás, porém, nas páginas do Corriere *você foi o interlocutor de Pasolini, e depois de Sciascia, sobre os grandes temas da vida civil. Era a última chama da velha paixão do engajamento?*

Veja, não creio que o jornalismo dos editoriais seja adequado para mim. Durante alguns anos, Pasolini e depois Sciascia escreveram na primeira página dos jornais coisas que ninguém mais teria escrito, corretas ou disparatadas que fossem. Não estou fazendo juízo de valor: escrever uma coisa disparatada pode até servir para levar a pensar coisas corretas. Já eu tendia a fazer discursos mais medíocres, de bom senso, e por isso é natural que meus artigos tivessem grande aprovação, mas certamente eram menos estimulantes.

Pelo menos eu não me sinto nada estimulado pelas coisas que posso escrever nesse papel de admoestador. Creio que funciono melhor se digo as coisas de maneira indireta, se as coloco numa alegoria que não acaba num discurso explícito; penso que, como eficácia de metáfora também política, o importante é encontrar mecanismos imaginativos que se sustentem independentemente da atualidade. Uma metáfora, se funciona, continua a operar sozinha na cabeça das pessoas. Sem dúvida, aqui também posso ser refreado por uma preocupação digamos extrapoética, isto é, que aquilo que se escreve como alegoria possa ser tomado ao pé da letra. Por exemplo, há uns dez anos comecei a escrever um livro, *A decapitação dos chefes*, em que propunha como sistema ideal de governo a execução capital de todos os governantes, como um rito a prazos regulares. Depois pensei: "Mas se depois acontecesse realmente algo do gênero?" e larguei tudo ali e o guardei na gaveta. Fiz bem: nunca se sabe como as pessoas vão nos interpretar.

Quando a P38 se tornou o objeto de fetiche dos terroristas, você deve ter se lembrado de que no seu primeiro romance, A trilha dos ninhos de aranha, *a arma-tesouro do protagonista é justamente a P38... Ficou impressionado?*

Sim, esperava que mais cedo ou mais tarde alguém me fizesse essa pergunta. Observarei que naquele romance, que também trata de episódios cruentos da luta da Resistência, o culto das armas, o enaltecimento individual pela posse de uma arma é visto como uma mania infantil e grotesca. Se isso já era verdade durante uma guerra, quando o uso das armas era imposto por todas as circunstâncias objetivas, imagine-se hoje, quando não tem nenhum sentido que não passe de um desvario.

Hoje também o fragor da guerra ressoa por todos os lados. A seu ver, como o homem ocidental imaginaria hoje uma guerra geral?

Como será a próxima guerra mundial não consigo imaginar. A paz de que ainda gozamos funda-se no equilíbrio armamentista e basta que um dos dois blocos se sinta mais forte do que o outro para que a tentação da guerra possa se tornar irresistível. E creio que, por mais destrutiva que possa ser a próxima guerra, sobreviverá gente suficiente e restará território não contaminado suficiente para que, pouco tempo depois, surja outra guerra pior do que a de antes e então mais outra ainda. O terceiro milênio será um milênio muito duro de atravessar.

E quem vencerá no fim?
Os ratos. Você leu que em Roma já há um rato por habitante?

Voltemos ao presente, pois me parece que, sobre o futuro, você é apocalíptico demais. Gostaria que me dissesse o que pensa sobre os acontecimentos da Fiat, o Partido Comunista, o papa Wojtyla...

Veja, se começarmos a falar de política, também esta entrevista vai ficar como todas as outras páginas dos jornais. O que me importa ressaltar agora é que as verdadeiras transformações da sociedade se preparam em outras áreas que não a da política: na concepção de mundo, nos costumes, nas relações diretas entre as pessoas, na prática econômica e técnica, na disponibilidade de bens, nas imagens e nas palavras com que se pensam as próprias vidas.

A política e mesmo as chamadas revoluções vêm depois a sancionar, ou a mistificar, aquilo que já está em ação. A Itália nos últimos dez ou quinze anos viveu, mesmo que desordenadamente, uma das revoluções mais profundas da sua história. De país rural passou a país metropolitano, de país católico a país laico. E estas são mudanças irreversíveis porque dizem respeito à mentalidade das pessoas.

Em suma, também você teoriza uma reconversão do público ao privado...

Privado... A mim, por exemplo, agrada refletir sobre a passagem do animal ao homem, sobre a analogia entre as formas naturais e as culturais, sobre a relação entre palavra e pensamento... É privado isso? Claro que detesto a vida pública, ao passo que não tenho nada contra a vida privada. Aliás, exerço um ofício que me faz estar sempre enfurnado dentro de casa...

Fale-me então das suas casas, de como você vê a casa.

As minhas casas são sempre criação da minha mulher. Eu não saberia imprimir uma marca pessoal a uma casa. A minha mulher, pelo contrário, tem o dom de se expressar fazendo com que uma casa possa ser sua e só sua, imune a todos os lugares comuns que deixam as casas uniformes e intercambiáveis numa determinada época e cultura. Gosto muito de viver numa casa agradável, mas, sozinho, não seria capaz de deixá-la assim.

Descreva-me um pouco a sua vida. Como é o seu dia?

Bom, depende de onde estou. Em geral, logo que levanto sinto necessidade de sair, de comprar os jornais... Depois, às vezes nem saio mais durante o dia todo. Os jornais italianos no exterior sempre exigem algum deslocamento; precisa-se saber qual a banca que os recebe. Em Paris, vou a Saint-Germain-des-Prés; em Londres, vou ao Soho; embora fique muito longe, pego o metrô e vou ao Soho; em Nova York, na Rizzoli. Antigamente, em Nova York, só se encontravam jornais italianos na Times Square, numa banca subterrânea. Eu comprava *La Stampa*. "Aposentado estrangula esposa em Chivasso." Pronto: só assim eu ficava tranquilo.

Você é um grande leitor de jornais?
Não. Compro, gasto bastante dinheiro e não leio. Deixo-os de lado para ler talvez à noite. Mas depois, de noite, é melhor ler um livro, muitos livros; tenho sempre uma pilha de livros na mesa de cabeceira.

Na economia das suas leituras, você dedica mais tempo à narrativa, à poesia, aos ensaios? Ou aos tratados científicos que tanto utilizou no seu trabalho de escritor?
Tendencialmente sou um leitor onívoro, e, além do mais, entre as minhas tarefas profissionais está a de leitor editorial. Mas tento reservar o máximo de tempo possível para leituras desinteressadas, para os autores que gosto, ricos de substância poética, o verdadeiro alimento em que acredito.

Quem são os seus autores preferidos?
Você está realmente me fazendo um exame... Vejamos: no século xx, destino um lugar-chave a Paul Valéry, o Valéry ensaísta, que contrapõe a ordem da mente à complexidade do mundo. Nessa linha, por ordem de robustez crescente, colocarei Borges, Queneau, Nabokov, Kawabata...

Costuma reler os livros que ama?
Uma das minhas maiores satisfações é reler os grandes livros lidos muitos anos atrás. O meu sonho seria me concentrar num número finito de livros que considero meus. Alguns relidos muitas vezes nas várias épocas da vida e outros que nunca li, mas sei que estão ali me esperando. Já estou numa idade em que preciso pensar que não vou mais poder recuperar o tempo perdido num livro inútil ou supérfluo... E, ao mesmo tempo, as horas do dia são o que são: se preciso escrever, não posso ler...

Você se diverte mais lendo ou escrevendo?
Escrever é um grande esforço. É o ter escrito que dá satisfação, não o ato de escrever em si.

Em Se um viajante numa noite de inverno *você expõe a impotência do escritor. Hoje o romance é realmente impossível?*

De jeito nenhum, tanto que esse é justamente um romance e tende a se ramificar continuamente em outros romances. E o sucesso de público, superior a todas as expectativas, prova que foi visto como um verdadeiro romance, mesmo que problemático.

É um livro em que se desvela uma sensualidade que não se preveria a partir dos seus outros livros. Realmente você é assim tão sensual? O que é a sensualidade para você?

O que você espera que eu responda? "Ah, sou tão sensual, se você soubesse..."? Num romance, a sensualidade é um conjunto de efeitos para envolver a atenção... Na vida: bom, o olfato, por exemplo, o meu não é muito desenvolvido. O gosto, dizem que como rápido demais para sentir de fato os sabores. Mas, mesmo assim, os sentidos me interessam: um dos livros que estou escrevendo é justamente sobre os sentidos, sobre os cinco sentidos. Se, afinal, são mesmo cinco. Um pensador pelo qual tenho grande respeito, Brillat-Savarin, dizia que a atração sexual constitui um sexto sentido, que chamava de genésico.

Uma última pergunta. As mulheres lhe parecem sempre tão assustadoras como as descritas no Castelo dos destinos cruzados, *por exemplo, no conto "História do guerreiro sobrevivente"?*

Esse conto é uma espécie de pesadelo masculino diante da revolução feminina. É verdade que encontrei mulheres de grande força durante a minha vida. Não poderia viver sem uma mulher ao meu lado. Sou apenas um pedaço de um ser bicéfalo e bissexuado, que é o verdadeiro organismo biológico e pensante.

PODE-SE AINDA NARRAR UMA HISTÓRIA?[1]

Gostaria de tentar dispensar a análise das formas, a historiografia literária, a psicanálise do texto. Não porque essas práticas não sejam úteis. Ter consciência delas é agora, de certa maneira, forma, e portanto conteúdo, do ato de narrar. E representam o único patrimônio de que dispomos para pensar a "narrativa", um patrimônio cada vez mais imobilizado em diagramas e "disciplinas" acadêmicas. Interessa-me, porém, o que pode ir além dessas técnicas de leitura, que vão se constituindo como saber "autônomo", e que não me parecem mais capazes de colocar perguntas radicais sobre o narrar, ou, pelo menos, sobre as suas "condições de possibilidade", que se modificaram. Por isso, por exemplo, eu não falaria com você sobre a "crise do romance", já totalmente esgotada nos primeiros vinte anos do século; mas, por outro lado, tampouco me satisfaria com a definição de "práticas de escrita", ou da noção mais geral de "escrita", que se seguiu quando a narração saiu das suas formas tradicionais. Poderíamos trabalhar sobre algumas palavras, palavras-conceitos, para abordar o núcleo do narrar: percursos diferentes para chegar a um mesmo ponto. Uma primeira palavra poderia ser "experiência". A ausência da experiência, a comunidade de inexperiências reduzidas a puros eventos tornam a subjetividade de uma narração mais problemática e complexa. Não há cotidiano e não há sequer exceção que se possa mais colocar como experiência: não a juventude legionária de Jünger, nem o anseio pela diversidade do coronel Lawrence, nem a pesquisa dos limites em Bataille (pelo menos de um ponto de vista

361

não filosófico), nem a odisseia minimalista de Dedalus ou de Bloom na metrópole. Quero dizer: na indiferença dos eventos, onde uma narração pode encontrar seu ponto de origem?

"Experiência" significa muitas coisas, até opostas, do ponto de vista da unicidade individual. Na linguagem científica, experiência é aquilo que é reprodutível a cada vez, é o que pode existir de mais impessoal. Nas religiões que enfatizam o itinerário iniciático, a experiência é também algo extremamente impessoal ou, pelo menos, coloca a impessoalidade como ponto de chegada. Por exemplo, o que me impressiona em Hermann Hesse (para citar um autor contemporâneo que se remete a esse tipo de saber) é a extrema impessoalidade das suas narrativas, como itinerários ideais que têm seu modelo na espiritualidade asiática. Na narrativa, experiência tem um significado específico como segredo da individualidade, algo que nasce, talvez, já nas primeiras biografias romanescas de Daniel Defoe, em que é a sucessão e o caráter extraordinário das vicissitudes que compõem o *unicum* de uma vida humana, a unicidade da experiência perseguida autobiograficamente por Rousseau e por todos os que, seguindo os seus passos, tentaram avançar novos degraus na verdade sobre si mesmos. Uma experiência semelhante a esta, mas não totalmente coincidente, é a revisão das próprias explorações. Esse tipo de narrativa continua a ser um modelo literário mesmo para as explorações "mentais", para as explorações dos limites do pensável e do dizível, digamos a linha Sade-Bataille. E grande parte da literatura do nosso século é pregação de uma experiência que se realiza à medida que se prossegue na sua narração. Não há uma "realidade" sadiana fora da narrativa dele. E se em alguma medida havia, é um problema dele, de Sade, mas não nos interessa. Tudo isso, você diz, está quase esgotado porque não acreditamos mais tanto no fascínio da unicidade, esmagados como estamos pela uniformidade das experiências como verdadeira realidade do "vivido". Talvez seja por isso que, hoje, a narrativa como construção a frio, como sistema de hipóteses que tenham uma plena sustentação sob o perfil narrativo, é ainda uma das mais sólidas. E aqui me reporto à acepção científica da palavra experiência da qual parti: no nosso século, as experiências científicas mais características são os experimentos mentais de que falava Einstein. No seu caráter abstrato, elas são também as mais pessoais, as que mais trazem a marca criativa de quem as propõe. Da mesma forma, creio eu, a experiência da narrativa que se funda numa construção abstrata pode resultar mais encorpada e dolorosa do que seria se a perseguíssemos "diretamente", no vivido, sem, aliás, nunca mais chegar a alcançá-la.

A viagem mental de que você fala, portanto, se dá na imobilidade, na "falsidade" de cada movimento, na sua convencionalidade. Creio que Wim Wenders tratou desse tema num filme chamado Movimento em falso: *o jovem narrador que parte para atravessar a Alemanha e, seguindo a tradição, realizar a "viagem", a "perambulação", que servirá depois de butim para narrar, percebe que o seu movimento é absolutamente ilusório, que o que se pode mover certamente não é ele no "exterior". Tudo isso, porém, não deixa de influir na narração, ao contrário do que pensa certa literatura que narra como se ainda existisse o movimento e então escreve: "Giorgio entrou no quarto", ali onde, talvez, o único Giorgio que poderia entrar num quarto com alguma plausibilidade seria Giorgio Amendola ou Giorgio Gaber: isto é, teria de ser de algum modo "verdadeiro" para poder ser falso, para poder ser falsificado, e não o contrário, "falso" para ser "verdadeiro". Voltando à viagem, que evidentemente não é mais viagem "pelo mundo", nem possível em algum tipo de Oriente, tampouco num Oriente doméstico, o que acontece ao "viajante"? Como encontra? E como narra esse encontrar, que não é mais encontrar "diferenças"? E como a impessoalidade de que falava antes atua?*

Para ter o luxo de estar parado, de escrever estando parado, é preciso talvez ter viajado. A literatura é rica de histórias de não viajantes que fizeram viagens magníficas. Baudelaire que vai às Antilhas e se recusa a descer do navio; ou Raymond Roussel que dá a volta ao mundo no seu iate sem descer à terra ou fechando-se nos hotéis: são exemplos de escritores que não precisarão mais acreditar num bovarismo e, se tiverem sonhos exóticos, será sabendo que operação estão realizando. Dito isso, o que você comentava se refere principalmente à presença do narrador na narrativa. Presença que se tornou cada vez mais incômoda, e que todas as ilusões de narrativa "objetiva", de "olhar fotográfico", naturalistas ou robbe-grilletianas, no fundo nunca afetaram. Temos de pensar que na origem da narrativa escrita está a narrativa oral, isto é, uma espécie de representação com um único personagem: o narrador. Este, nas cláusulas das fábulas — e a fábula é a narração mais impessoal que se possa imaginar —, apresenta-se em cena, cumpre o seu papel e conclui talvez, como em muitas fábulas, com a fórmula "comeram, beberam e a mim não deram nada". Dessa presença do narrador nas cláusulas do esqueleto fabular chega-se ao narrador-comentador manzoniano, ao narrador que ocupa toda a cena como o "eu narrante". A presença de um narrador é garantia não digo de "verdade", mas da presença de alguém que narra e, por conseguinte, o objeto da narrativa existe realmente. E isso tanto mais é verdade se pensarmos que o nosso modo de nos apropriar de outra pessoa real

363

como narrativa é fazer com que ela conte a sua história, quem sabe num gravador, para depois transcrevê-la.

Aquilo que você lembra a propósito da fábula, a passagem da tradição oral à tradição escrita, é um momento fundamental da narração. Quando se começa a escrever a narrativa, na verdade, é para anotar "pro-memoria" as passagens recorrentes de uma narrativa que é sempre a mesma, que se repete sempre igual. E em geral essas partes escritas eram os catálogos dos objetos, as listas, as descrições das técnicas: como se faz um escudo, como se constrói um navio. Isto é, eram depósitos de saber. Esse caráter mnemônico da escrita narrativa original, que continha as partes invariáveis da narrativa, justamente os catálogos e principais formas retóricas, já indica um repetir-se da narrativa, um girar em torno de algo, que então era o mito. Assim, narrar é uma espécie particular do errar, do perambular, tentando alcançar sempre um mesmo ponto. Nisso, creio eu, a individualidade do narrador se estreita: o narrador é aquele que repete a história, a única história. Ou é aquele que luta contra a repetição da única história, que tenta narrar "diversamente" a única história narrável.

Sim, e, quando eu falava da oralidade, pensava no elemento da voz. A voz do narrador, embora a história seja a mesma, constitui uma mensagem, é algo que o narrador introduz: a sua cadência, aquilo que depois se tornará o estilo na narrativa literária. Este ano, para o sexto centenário do nascimento de Bernardino de Siena, saíram muitos artigos, mas não se falou a coisa que, na minha opinião, é a mais importante literariamente: Bernardino de Siena, que nunca escreveu, é um grande personagem da nossa história literária porque encontrou um escrivão que redigia as suas pregações com extrema fidelidade às suas maneiras de falar, às suas interjeições, quase até aos seus acessos de tosse. Por isso ouvimos nas suas obras uma voz humana falando. Temos, portanto, esse corpus de histórias, paralelo ao outro corpus, literário, o de Boccaccio, ambos marcados por uma personalidade: a personalidade de Boccaccio, que é composta de uma extraordinária versatilidade estilística graças a uma disciplina cultíssima da língua, e a de Bernardino, devida ao encontro, talvez casual, entre um habilidosíssimo estenógrafo avant la lettre e um pregador popular. A voz ou a mão que escreve é o filtro, o funil pelo qual a narrativa deve passar. E é daqui que eu partiria para indicar a necessidade do indivíduo no ato de narrar.

Nesse ponto de partida, você tem imediatamente dois problemas: a linguagem e a identidade, provavelmente relacionadas entre si. Aquele movimento que não é mais possível no mundo externo volta-se para o interior da linguagem. É aqui que se realiza a sua viagem, para insistir nessa metáfora, é aqui que se realiza a sua narração. E se realiza com todas as dificuldades que já foram próprias da viagem "verdadeira": nesse seu narrar-errar na linguagem, você tem momentos em que é impelido, levado; outros em que controla ou tem a ilusão de controlar a sua navegação; há também mares inseguros e cabos que não consegue dobrar, que não consegue superar. E a sua identidade se liga à linguagem, ao narrar na linguagem. Penso num conto de Stevenson, "The dynamiter" [O dinamitador]: a protagonista feminina, que precisa se esconder, que não pode se revelar, para estabelecer uma relação a cada vez que encontra alguém, precisa contar uma história, a sua "história". Aliás, é o que acontece diariamente: na verdade, quando encontramos alguém, ouvimos a sua narrativa, que está totalmente implícita: claro que ninguém nos diz, exceto se perguntarmos, "nasci, cresci, fui...", mas é esta história que ouvimos e queremos conhecer por meio dos gestos, das maneiras, dos tons de "agora" da pessoa, e é por meio de tudo isso que deixamos que a sua história seja narrada. No conto de Stevenson, o que me impressionava era que a protagonista tinha de contar todas as vezes a sua história "falsa" desde o início, e a cada vez de modo diferente. Para se ocultar, ela poderia mentir só em relação ao presente, ao momento do encontro: no entanto, ela precisa se reinventar desde a origem, desde o nascimento, como se somente dando-se profundidade, dando-se impulso, pudesse tornar "crível" o presente, numa "concatenação" temporal que é precisamente a da narração.

A vida humana tem por si mesma a forma de uma história, que começa com o nascimento e termina com a morte. Ao mesmo tempo, a individualidade que a pessoa transmite pode ser definida pelo seu ser naquele determinado momento, no momento em que se apresenta a você, pela sua fotografia; mas pode ser imediatamente apagada por outra imagem que o indivíduo dá de si próprio. Por isso tem-se a ilusão de que é a narrativa da vida até o momento presente, ou da vida até a morte para os falecidos, que define a totalidade da sua pessoa. Qualquer definição de uma pessoa traz implícita uma biografia. O eixo da psicanálise é precisamente este: para explicar a razão de um tique nervoso ou de um lapso ou de uma perda de apetite, basta contar a própria história. Daqui deriva também a presunção etiológica que sempre existe na narrativa, a explicação do *porquê*, como se o fato de alguém ser assim não bastasse. E é isso também o que diferencia as duas explorações fundamentais da linguagem, a narrativa e a poesia.

■ *NASCI NA AMÉRICA...*

A poesia também é um recenseamento da linguagem, é a escolha de um corpus de palavras entre as faladas em determinada época ou em determinada sociedade. Todo poeta faz a sua proposta: um incorpora neologismos ou vocábulos ideológicos, outro os exclui. Mas o que distingue a operação linguística da poesia e a da narrativa? O fato de que a narrativa se baseia nos verbos de ação, enquanto para a poesia provavelmente bastaria o verbo "ser"...

"Ser" (com os seus predicados) é também o verbo da reflexão filosófica...
Sim. A poesia é sobre ser, e é no presente (naturalmente eu falo de poesia lírica, pois acredito na essência lírica da poesia, que de outra forma pode ser também narrativa). Há uma dimensão *presente* da relação indivíduo-linguagem, ou indivíduo-sociedade, que é a da poesia; e há uma dimensão dessa relação *no tempo*, que é a da narrativa.

Barthes, na Câmara clara, *aponta a essência da fotografia como representação do "foi": aquilo que você vê numa fotografia "foi". Como imagem é "falsa", porque o que você vê no presente "não é", mas "foi" realmente no tempo. Na essência da fotografia há, portanto, algo semelhante à narrativa.*
Sim, porém a fotografia está no presente, é um presente que se apresenta a nós como passado. A narrativa não nos diz: neste momento Anna Kariênina está se jogando debaixo do trem; ela nos diz que já se jogou, ou nos diz que irá se jogar; ou já sabemos que no final ela se jogará debaixo do trem, e repercorremos o caminho que a leva a esse gesto. Talvez a narrativa seja precisamente o que exclui o presente, embora existam muitos casos de operações feitas sobre o presente, mas que justamente ressaltam a sua exclusão da narrativa. Outra coisa que distingue a narrativa é, como dizer, uma estratégia voltada para um fim de tipo prático-emocional. Você conta uma piada para fazer rir. Narra uma história de horror para dar medo. É um efeito prático, fisiológico, que se propõe. E uma história moral também funciona do mesmo modo, pois desperta em nós uma emoção que permanece impressa na nossa memória. O conto policial é uma estratégia que nos dá aquele prazer especial de entender aos poucos ou de não entender aquilo que sabemos que precisamos entender ou de nos identificarmos com o processo que no fim levou a entender. Há nisso tudo algo de muito prático, como uma massagem ou a extração de um dente. O narrador é, de certa forma, alguém que trabalha com o corpo.

Mas, no fundo, o que faz a narrativa é exatamente aquilo que não se consegue obter com uma estratégia absolutamente perfeita.

Sim, o que digo agora contradiz um pouco aquilo que dissemos no início, sobre o se tornar tudo mental...

É como se você tivesse de preparar tudo, calcular as suas estratégias, predispor cada pequeno detalhe para que surja a narrativa, e operar até os seus limites, para que ela surja. Mas a narrativa, enfim, é justamente o resíduo de tudo isso. É o resto da sua operação, na qual, ao contrário da operação física, o resultado não é plenamente coerente com o que foi feito na prática.

Sim, em certa medida é um mostrar o alicate e o dente não está ali, mas você fica admirado com algo que não é o alívio de um dente arrancado. Sim, pode ficar admirado com uma piada mesmo que não dê risada. Creio que nem você nem eu sentimos medo quando lemos uma história de horror, mas isso nos diverte da mesma forma. Assim, temos um tipo de interesse, de prazer, de investimento da nossa atenção que não é diferente da narrativa mais intelectual, mais destacada dessas funções antropológicas primitivas que também presidiram à formação desses mecanismos. Isto é, existe algo que funciona como mecanismo e que vale independentemente do resultado.

Gostaria de retomar aquilo que você falou antes sobre a experiência científica. Que tipo de "narrativa" é essa? Tenho a impressão de que todas as nossas tentativas de dizer o "real", embora já irreversivelmente cindidas em linguagens particulares, têm porém alguma ligação, e precisamente nos pontos de conflito e de diferença entre essas linguagens. É provável que "$E=mc^2$" seja um dos mais belos contos já escritos. E o fato de que essa narrativa tenha um epílogo "operacional" que nenhuma outra possui não passa de uma diferença banal — tão "banal", obviamente, quanto a bomba atômica. Diferenças e conflitos mais cruciais talvez ocorram — ou talvez possamos vê-los melhor — no âmbito da "representação".

Que a experimentação científica possa ser uma narrativa é demonstrado pelo caso mais evidente de um grande cientista e grande escritor: Galileu. Quando Galileu dá um exemplo, muitas vezes é uma linda historieta, a ponto de entrar na antologia de Enrico Falqui reunindo prosas científicas do século XVII italiano. Mas também é verdade que todo axioma é um conto. Existe conto mais bonito do que: "Chama-se de paralelas duas linhas que se encontram no infinito"? E pode-se ampliar esse discurso: há anos Greimas estuda a narratividade de cada produção linguística, de cada movimento sintático, e reencontra as mesmas funções do conto popular num contrato de seguro ou numa fórmula jurídica. A reunião de um sujeito, um verbo e um predicado é sempre uma operação narrativa. Poderíamos dizer que aprendemos a narrar antes mesmo de aprender a falar.

Há a narrativa explícita da ciência, você citou Galileu, e há a narrativa explícita do filósofo, ou mesmo implícita: imagens que não declara, mas que lhe servem para conceitualizar, ou imagens de "serviço" (pontes, portas, caminhos, ultrapassagens etc.). A narrativa científica, porém, em muitos casos narra uma equação: uma coisa é igual à outra, e a diferença entre uma e outra está na "transformação". Wittgenstein, falando de si como filósofo, diz: "o que eu invento são apenas similitudes". Aí está, sei que estou falando de modo muito esquemático e genérico, mas creio que o que a "narrativa" científica ou a filosófica nos relata neste século é a equivalência do mundo e a sua capacidade de transformação. E nisso residem a sua força, a sua validade, a sua "beleza".

A narrativa está sempre baseada na diferença, embora o tema da narração possa ser a unidade do mundo. As *Metamorfoses* de Ovídio são um poema sobre a capacidade de transformação de tudo em tudo, portanto, sobre a substancial unidade do universo. Mas, pelo próprio fato de narrar a metamorfose, narra uma mudança de alguma coisa em outra coisa. A ciência é equivalência, mas é também deslocamento de potencial, transmissão de energia; e a narrativa é sempre uma passagem de energia, há sempre um doador e um destinatário, há sempre um algo que passa de uma mão para outra. E há sempre alguém que se torna diferente do que era ou que consegue continuar igual, mesmo passando por mudanças.

Interessava-me uma comparação entre narrativa literária e "narrativa" científica e filosófica não na base das diferenças clássicas (conceito-imagem etc.), e naturalmente muito distante de qualquer intenção de recompor a unidade daquilo que está definitiva e irreversivelmente cindido. Porém, talvez nos pontos de cisão e de conflito entre as linguagens, nos interstícios entre uns e outros, encontrem-se problemas similares. Nesse sentido, há talvez um possível paralelo, ou um possível campo de diferenças, entre a capacidade da ciência e da filosofia de girar em torno do próprio pressuposto, formalizando-o até quanto baste e superando-se continuamen-

te nessa tentativa, e a narração, que é também um girar em torno de um pressuposto que você não pode enunciar "pela sua própria evidência": e aquilo que rasga a narrativa e constitui ao mesmo tempo o seu limite é, talvez, precisamente essa "evidência".

A ciência hoje está dividida e atormentada pelo problema do tempo. No livro de Prigogine, *A nova aliança*, o problema do tempo na ciência está estreitamente ligado ao problema narrativo. Além do mais, a ciência é a problemática dos possíveis, e a narrativa também é a problemática dos possíveis. Paolo Zellini, no seu livro *Breve storia dell'infinito* [Breve história do infinito], desenvolve esse tema e faz várias referências a Musil. E nos diversos artigos sobre Musil que lemos nestes dias, foi muitas vezes tratada justamente a problemática dos possíveis.

Quanto a Musil, porém, parece-me que houve quase uma inversão. Em Musil, havia de certa forma a defesa do possível, da interrogação sobre o possível, "em conflito" com a necessidade do único. Hoje, porém, temos a soma dos possíveis. O "romance" de Eco, O nome da rosa, *é um exemplo disso. E também o seu* Viajante, *talvez. Ou seja, parece que há uma enumeração dos possíveis, uma contemplação dos possíveis, como se a solução do problema pudesse estar, de alguma maneira, na multiplicidade, no desdobramento, na coexistência pacífica dos possíveis. Em Musil, creio eu, metade da questão é que existem os possíveis. A outra metade é que existe a "necessidade" do único.*

O que você diz parece-me tocar num ponto essencial: a narrativa, provavelmente, sempre foi o *escamotage* da unicidade, sempre foi a contemplação da multiplicidade, um sistema de multiplicação dos possíveis para exorcizar o caráter trágico da unicidade. O fato de que a vida é una, de que todo acontecimento é uno, comporta a perda de bilhões de outros acontecimentos, perdidos para sempre. Narrador é quem quer escapar a esse destino.

TENHO SIMPATIA POR QUEM ESCAPA DA PRISÃO[1]

Há quem tenha vislumbrado em você o sentimento de culpa de um intelectual italiano saído da Resistência e o sentimento de impotência diante da nova realidade. Reconhece-se nisso?
Não sei quem disse tudo isso. A nova realidade é muito difícil de entender; calo-me com muita frequência porque não a entendo. Não sei, portanto, até que ponto pode haver um sentimento de culpa aí.

Os italianos aprenderam algo com a guerra e com o fascismo?
Claro, muitíssimo. Tomam certas direções e descartam outras que sabem que já percorreram e, ao percorrê-las, se arruinaram.

O que representou para você a saída do PCI depois da revolução húngara de 1956? Arrependeu-se depois?
A saída do PCI significou para mim ver as coisas menos emocionalmente do que antes. Não podia haver, portanto, nenhum arrependimento. Com efeito, considerar a realidade de um ponto de vista partidário não combina com o meu temperamento.

O seu gênero literário fantástico, a tendência de transfigurar os fatos históricos no surreal o expõem frequentemente à crítica de "desengajamento político". Mas você se considera um autor "engajado"?

A melhor prova da falta de fundamento de uma crítica literária que quer encontrar um conteúdo político em todas as obras, ou seja, inclusive nas de gênero não político, é o fato de que tal tentativa quase sempre fracassa. Contudo, mesmo as minhas obras que, tematicamente, parecem mais distantes dos temas da atualidade têm sugerido ou podem sugerir considerações políticas. Sou, de fato, um homem que vive no nosso tempo, embora organize a minha imaginação segundo leis internas ao material fantástico.

Mas o seu mundo fantástico não é talvez uma evasão da realidade?

Por quase toda a minha vida, ouvi usarem a expressão "literatura de evasão" como uma condenação. Mas, no fundo, tenho simpatia por quem escapa da prisão. Para o prisioneiro, o desejo de escapar é legítimo; mesmo a evasão é uma resposta, um juízo sobre a prisão. Em suma, atribuo à evasão um significado ativo. Outra coisa é a mistificação, que mascara a realidade tornando-a mais bonita do que é. Mas a evasão, em que a realidade continua sendo o que é e tenta-se inventar alguma coisa diferente sabendo que se trata de uma criação fantástica, tem para mim um significado positivo.

Você compartilha de alguma maneira o gosto de Vittorini, que dizia preferir As mil e uma noites *a qualquer macilento romance realista...*

O que me atrai mais nas *Mil e uma noites* — um livro que fascinou e inspirou Vittorini desde sua juventude — é aquele sentido de proliferação de histórias, de histórias que nascem de outras histórias. No meu último romance, *Se um viajante numa noite de inverno*, que reflete a vida contemporânea a partir de diversos pontos de vista simultâneos, procurei dar o sentido de muitas histórias que se ramificam uma a partir da outra, mas conservando um parentesco recíproco... exatamente como nas *Mil e uma noites*, em que se lê sempre uma história diferente, mas com a impressão de continuar a ler a anterior.

Sente também familiaridade com o mundo fantástico de Alberto Savinio?

Gosto muito de Alberto Savinio. Quando estava vivo, era considerado um autor bastante marginal; hoje descobre-se nele uma grande personalidade e também um sistema de pensamento. Savinio, porém, que dá o melhor de si em coletâneas publicadas postumamente, se expressa com grande liberdade. Isto é, ele não tinha o problema — que sempre tive de enfrentar — da forma narrativa. Para mim, escrever um novo livro significa construir uma nova forma de conto. Savinio, portanto, é um autor diferente, pertence a uma geração diferente.

Afinal, que função você atribui à sua literatura irônico-fantástica na nossa sociedade tão rica de tragédias e contradições?

O fato de que a minha literatura tenha nascido nessa sociedade é prova de que essa sociedade a fez possível. Penso, também, que hoje somente uma literatura irônica é capaz de enfrentar as condições terríveis do mundo em que vivemos. Não podemos visar ao sublime ou ao trágico enquanto as tragédias em que estamos mergulhados são mais fortes e demonstrariam a futilidade da nossa linguagem.

Em todas as suas obras, a fantasia se remete de alguma maneira à realidade, que está aberta e oferece muitas possibilidades, mas no Castelo dos destinos cruzados, *pelo contrário, ela parte de um sistema fechado em que todos os elementos têm um lugar muito preciso, como no jogo do tarô. Qual foi a sua experiência com essa nova concepção literária?*

O castelo dos destinos cruzados representou para mim uma experiência singular: nele explorei as possibilidades narrativas de um sistema dado, fechado. Os elementos figurativos me fascinaram muito: figuras bastante complicadas que podia a cada vez interpretar de outro modo. Durante algum tempo, acalentei a ideia de escrever um livro, um sistema de contos, utilizando gravuras de Dürer, as alegorias mais complicadas como a *Melancolia*, a *Fortuna*, o *Cavaleiro* e a *Morte*; iria interpretar aquelas figuras não segundo a tradição iconográfica, mas inventando outras histórias. De todo modo, nos meus últimos livros, tento sempre me impor regras difíceis para construir uma obra, colocar-me dificuldades que devo superar: e a invenção nasce dessa superação.

Mas, se você parte de um sistema fechado, já não se coloca fora da realidade?

Utilizando material iconográfico arcaico, a pessoa certamente se sente obrigada a expressar uma psicologia antiga: o diabo, a morte...; ao mesmo tempo, porém, o desafio lançado por esse ponto de partida é conseguir falar do presente. No *Castelo dos destinos cruzados* creio que, em certa medida, aceitei esse desafio. As alusões ao presente são constantes; aliás, talvez seja o livro em que mais falei de mim mesmo. Naturalmente, a certa altura nos cansamos de determinado repertório de signos e, assim, no mesmo livro passo da imagem do cavaleiro de espada e do eremita para outro sistema fechado, que é o dos afrescos de Carpaccio com a história de São Jerônimo e São Jorge, e faço com que se torne uma história só. Mas em todas essas operações, repito, é constante a referência ao presente e à sua moral.

As cidades invisíveis *também representa um sistema fechado de signos da cidade...*
É verdade, mas esse número fechado não está fora da realidade, na medida em que somos nós que o estabelecemos, assim como somos nós que reduzimos qualquer experiência da realidade a certo número de signos. Explico-me. Perante o tema "cidade", fui eu que escolhi, entre as infinitas manifestações do fenômeno cidade, as que me interessavam, isto é, as coisas que para mim constituem uma cidade; e sobre esse número de elementos estabeleci uma série de combinações e de oposições. A operação seria similar se eu tivesse tomado um estudo, uma redefinição clássica da cidade, por exemplo, o livro de Max Weber sobre a cidade, e tivesse dito: agora vou escrever contos baseando-me exclusivamente nos títulos de todos os capítulos daquele livro.

A mensagem contida nas Cidades invisíveis *tem, a seu ver, um valor universal?*
Em certo sentido sim. Embora as minhas experiências sejam as de um cidadão do mundo ocidental de certa classe social e com certo estilo de vida. O amor pela cidade e o sofrimento com a dificuldade de viver a cidade atual é que me ditaram esse livro.

Nas Cidades invisíveis *deu nomes de mulher às cidades. Por quê?*
Parti de nomes como Palmira que podem ser nomes de mulher e nomes de cidade, e assim procurei toda uma série deles. Os primeiros podiam ser orientais, bizantinos; depois passei para nomes germânicos, sugeridos pela história dos longobardos. A técnica foi trabalhosa, como a que se usa para dar nome aos personagens.

373

O que significa para você dar nome aos seus personagens?
Para um escritor, é sempre um momento muito delicado. Eu, às vezes, fico travado por dias para conseguir dar um nome a um personagem: há personagens que atraem um nome; outros, outro. O nome certo favorece a identificação do personagem consigo mesmo e a comunicação com quem tenta compreendê-lo.

Nas suas "histórias cosmicômicas", você utilizou dados e citações científicas para extrair associações próprias da vida cotidiana. Em vez de humanizar o cosmo desse modo, não seria melhor deixá-lo na sua distância e inatingibilidade?
É uma crítica legítima. Um amigo meu, o poeta Andrea Zanzotto, também me disse que eu não devia tomar tais liberdades com o cosmo. Mas a realidade é outra. A ciência de hoje não cria mais imagens, põe-se além da imagem e abre um mundo completamente abstrato. Partindo de ideias que encontrei em tratados de ciência moderna, tentei reencontrar uma possibilidade mítica, criar mitos cosmológicos primitivos. Ao mesmo tempo, queria fugir de certa grandiloquência do cósmico, reencontrar o cósmico por meio de uma linguagem comum, por meio de sinais da vida cotidiana. Não sei se consegui, mas a minha intenção era essa.

Na sua obra evidencia-se cada vez mais a afinidade com Borges...
Borges foi para mim de uma importância extraordinária. A leitura de Borges serviu para lançar luz sobre coisas que, no entanto, já eram do meu gosto, já estavam nos rumos da minha imaginação. Ligo-me a Borges na admiração por certos autores ingleses que ele ama, por exemplo, Stevenson, Kipling e Chesterton, dos quais eu já gostava também, antes de ler Borges. Naturalmente, venho de uma história totalmente diferente, a de um jovem europeu que foi, em certa medida, filho da Segunda Guerra Mundial... e parti também com algumas coordenadas culturais muito diferentes. Mas, como Borges, em geral gosto dos autores que encontram no fantástico o gosto pela geometria mental... e tento fazer parte dessa constelação.

Sente-se próximo também de autores alemães contemporâneos?
Considero-me um contemporâneo tanto de Günter Grass quanto de Enzensberger. Talvez a literatura alemã, neste momento, seja mais rica e estimulante do que a italiana: temos muito a aprender com a Alemanha. E

acredito que é possível um diálogo muito produtivo entre os escritores alemães e os italianos, mesmo porque já existe uma linguagem comum.

Você disse que se sentia filho da Segunda Guerra Mundial. É também como Pasolini se considerava. Mas ele também tentou combater certas tendências irracionais, como a consumista, surgidas na história racional do pós-guerra europeu. Qual é a sua posição?

Pasolini via na sociedade de consumo uma barbarização e uma violência, e as suas denúncias se tornaram cada vez mais dramáticas nos seus últimos anos... e o seu fim é quase uma trágica confirmação disso. A minha posição a esse respeito é de grande perplexidade. Sem dúvida, a Itália viveu nestes últimos quinze, vinte anos uma enorme revolução: os campos se despovoaram, as cidades se tornaram metrópoles caóticas. Isso se deu sob o impulso de interesses que eram tudo menos racionais e não pensavam no futuro. De fato, hoje a Itália é um país muito difícil de fazer funcionar... mesmo porque nenhuma das forças políticas, econômicas, mas também espirituais e culturais, previu tudo o que estava acontecendo com essa revolução industrial.

Mas você não rejeitou o rótulo de "racionalista" e "iluminista" que lhe foi frequentemente atribuído no passado...

É verdade, mas não no sentido de que eu não enxergue a crise pela qual agora está passando esse princípio de racionalidade e de progresso. Seria cego se não enxergasse. Não sei, porém, sequer se existem modelos alternativos confiáveis. Não acredito, em todo caso, que a salvação consista no retorno a um mundo camponês, aquele que Pasolini idealizava nos seus últimos anos, mesmo tendo sido uma vítima dele. Vislumbro uma eventual salvação em tornar o mundo em que vivemos mais humano e mais habitável... mas não me pergunte como, pois não sei.

Nesse contexto, o terrorismo tem algum significado cultural?

Pode ser. Para mim o terrorismo é, porém, principalmente o fruto de uma fanatização ideológica: por isso só posso entendê-lo existencialmente. São jovens que não veem nenhuma via de solução política e então optam por esta, que é suicida e desesperada.

375

A FORÇA DA NARRATIVA[1]

Esquematizando um pouco, poderíamos distinguir na sua obra dois registros principais. O de uma tomada direta da realidade, que caracteriza, por exemplo, O dia de um escrutinador, *e um veio em que se conhece o real com toda uma série de mediações: aventuras fantásticas, ficção científica etc. Você vê uma contradição ou uma complementaridade entre essas diferentes abordagens?*

É claro, antes de mais nada, que não fiz uma escolha. Às vezes aperto um pedal, às vezes aperto outro. Consigo me expressar melhor quando represento o meu tempo de modos indiretos: simbólicos ou alegóricos, sem me preocupar demais com o que tais alegorias querem dizer. Depois que uma imagem se impõe à minha imaginação, como que dotada de força própria, passo a elaborá-la, e nesse processo apresentam-se significados, alusões, ligações com outros níveis de conhecimento e de experiência. Enquanto elaboro a história, deixo que se desenvolva uma rede de significados. A minha preocupação constante é de deixar a leitura aberta.

Por outro lado, a realidade se impôs imediatamente à minha geração (que deu os primeiros passos na literatura após a Resistência, depois da guerra) num clima fortemente realista...

É o que você explica no prefácio de 1964 à Trilha dos ninhos de aranha*?*
Sim, tentei, antes de mais nada, fazer uma espécie de realismo objetivo não autobiográfico. O meu primeiro romance foi escrito também em oposição a toda a literatura memorialista da época.

Exatamente isso! Num ensaio de 1955, "O miolo do leão", você reivindicava uma literatura que estivesse presente na história e criticava, de um lado, "as poéticas [...] que tendem a uma objetividade sem intervenções de ordem racional" como a "tranche de vie" ou a literatura dialetal, de outro o "voluntarismo expressionista que intumesce as veias e a linguagem num impulso de lirismo irracional". E acrescentava: "A literatura que gostaríamos de ver surgir deveria expressar, na aguda inteligência do negativo que nos cerca, a vontade límpida e ativa que move os cavaleiros nos antigos cantares". Vinte e cinco anos depois, tem-se a impressão de que a sua análise se enriqueceu e ao mesmo tempo se transformou. Mas como você, com os seus olhos, vê o seu percurso?
O que eu escrevia naquela época encaixava-se ainda na literatura engajada e se situava num quadro geral que, desde então, explodiu diversas vezes. Hoje o panorama da literatura mundial, se for possível indicar algum, é completamente diferente. Certas constantes permaneceram: o meu amor pelo desenho geométrico, por uma força da narrativa que contenha também um impulso moral; mas esse traçado foi se complicando cada vez mais. E o meu gosto pelas máquinas narrativas complexas aumentou.

Essas suas últimas palavras me levam a perguntar como você escreveu o seu último romance. Como escolheu essa forma? Qual é o processo que produziu um labirinto de tamanha perfeição?
Num capítulo do romance, "Do diário de Silas Flannery" (que é um personagem muito distante de mim), há a *mise en abîme*, o relato do nascimento desse livro, o primeiro esquema, a ideia de fazer um livro constituído de inícios de romances para manter intacta a força que toda narrativa tem no seu momento inicial. Essa ideia me acompanhou por anos: achava a coisa difícil e fiz diversas tentativas. Cheguei a começar o romance sem dar o texto que o Leitor protagonista lê, *mas a sua leitura e o efeito da sua leitura*. A seguir, não podendo continuar dessa forma, o que ele lê parece ser realmente *os textos*. Mas em cada um desses inícios de romance há uma passagem em que a escrita e a leitura vêm para o primeiro plano.

■ *NASCI NA AMÉRICA...*

Todo o romance tem como um fio vermelho a percorrê-lo a dificuldade de captar a complexidade do real, a sua extensão, os seus imprevistos, fraturas, transformações. Por que levou esse problema a tal ponto de incandescência? Não era mais simples nos seus primeiros romances?

Quando jovens, acreditamos, se não entender tudo, pelo menos *poder* entender tudo, poder simplificar tudo. Envelhecendo, acho o mundo sempre mais complexo e tento apresentar essa complexidade. Os meus gostos formais me levam a formas fechadas, geométricas, bastante regulares, mas vejo tudo isso como o oposto da explosão desordenada do que me rodeia. Tento dar conta dessa complexidade por meio de uma forma despedaçada, multifacetada, sem desistir de encontrar nela uma unidade, um sentido ou vários sentidos entrelaçados.

Por que você fez um romance com o que constitui normalmente o objeto de ensaios e coisas semelhantes, isto é, a leitura, a escrita, o comércio de livros e das ideias, a crítica etc.?

Vi o livro crescer entre as minhas mãos e se tornar cada vez mais uma espécie de enciclopédia sobre a leitura, sobre a produção e a difusão do livro. Há uma razão interna: quando tenho uma ideia, tento sempre organizar detalhes que sejam homogêneos com o tema; e, o tema sendo a leitura e o livro, era natural que procurasse explorar esse campo. Há também uma razão autobiográfica: sempre trabalhei em editoras como a Einaudi em Turim, e quando viajo sempre tenho contato com editores.

Com efeito, a casa em que você mora fica no nº 29 desta rua e o seu editor no nº 27!

(*Ri*) Há também um desafio literário. Enfrentei temas que normalmente se encontram em ensaios, em textos bastante tediosos. Quis transformá-los em conto, em aventura.

Como considera a relação entre o escritor e a crítica literária, tanto no caso dos ensaios de contemporâneos quanto no caso dos seus escritos ensaísticos?

Acompanhei desde o começo a problemática da crítica francesa e os estudos semiológicos da narrativa. Também acompanhei os cursos de Barthes sobre *Sarrasine* de Balzac e os de Greimas. Nessa área, estou mais interessado nas análises da estrutura da narrativa do que nas experiências de desconstrução dos textos. Trabalhei sobre os contos populares antes que se começasse a praticar esse gênero de estudos na Europa, sempre tive interesse pelo romance "romanesco" e creio que se encontra um eco dessa problemática no meu último romance. Mas não sou um aluno rigoroso demais. Aproprio-me de uma problemática, mas digiro-a, e, quando escrevo, o que me interessa são os problemas internos do texto. Estou cansado de uma crítica que se limita a aplicar esquemas interpretativos e se esquece do conteúdo do texto. Gosto de leituras que reservam surpresas. Uma crítica que procura nos textos somente a confirmação das suas próprias teses não me interessa. É preciso sempre conduzir uma polêmica anti-intelectualista, pela razão de que se deve sempre procurar um contato direto com o texto, sobre o qual será possível também teorizar de outra maneira. É preciso ainda dizer que o que serve para entender num certo momento depois torna-se um obstáculo.

Durante a gestação de Se um viajante numa noite de inverno *pensou em* Jacques le fataliste [Jacques, o fatalista]? *Além das incontáveis diferenças entre o seu romance e o de Diderot, eu diria que o leitor — tanto num quanto noutro — mantém uma relação muito ativa com a leitura.*

É verdade. *Jacques le fataliste* é o romance setecentista cujo evento é constituído pelo papel desempenhado pelo leitor. É um livro que aprecio muito.

Em Se um viajante *você escreve: "é um autor que muda muito de um livro para outro. E é justamente nessas mudanças que se pode reconhecê-lo". É possível pensar que se trata de você. Um admirador do século das Luzes como você não julga que há algo de barroco nessas perpétuas mudanças dignas de um Proteu?*

O século XVIII é um século muito complexo. Não é possível defini-lo com uma fórmula muito sintética. Como talvez você saiba, escrever não me diverte. Escrever é um trabalho árduo, que só me dá satisfação quando termino. A única coisa que compensa o esforço é fazer algo novo. Gosto também de conduzir o meu público (o qual consegui fazer com que me acompanhasse até agora) para formas novas.

No Visconde partido ao meio *via-se o protagonista em busca da sua totalidade; no* Barão nas árvores, *em busca da sua autonomia; no* Cavaleiro

379

inexistente, *Agilulfo, em busca de uma prova tangível da sua existência. No seu último livro, é o leitor que parte em busca do romance...*

A busca é quase uma condição do romance. É preciso que uma narrativa prossiga na direção de um fim. A busca é uma forma clássica do conto popular, da *chanson de geste*, do romance de cavalaria, bem como do romance policial ou do romance de aventuras com a busca de um tesouro. A trilogia que você recordou tinha como fim a pessoa completa. Talvez já não acredite tanto... Mas continuo a lutar contra o homem incompleto, mesmo não tendo um ideal de homem completo.

Há cerca de dez anos, você organizou e apresentou na Itália uma edição de obras escolhidas de Charles Fourier. Há outros escritores franceses que gostaria de apresentar ao público italiano e, reciprocamente, autores italianos que gostaria que fossem conhecidos pelo público francês?

O trabalho sobre Fourier fiz no clima do Maio de 1968, mas incluí também uma certa intenção polêmica: Fourier era, de fato, a construção de uma sociedade do desejo que não tinha nada de espontâneo, que pressupunha uma organização meticulosa. Era exatamente o contrário de certo ímpeto existencial que naquela época, e ainda hoje, é considerado um requisito da libertação.[2]

Há sempre autores a serem descobertos, mas também autores conhecidos a serem redescobertos: em primeiro lugar Balzac, o inesgotável, de quem me ocupei diversas vezes. Os autores italianos que precisariam ser mais conhecidos na França são inúmeros, a começar por Ariosto, que, na época de Voltaire, todas as pessoas cultas conheciam de cor e em italiano!

Entre os contemporâneos, é um escândalo que, por exemplo, nenhum editor francês tenha publicado Giorgio Manganelli, um escritor finíssimo, divertidíssimo, uma personalidade de primeira ordem!

PROCURO SEMPRE FAZER ALGO NOVO[1]

Você afirmou que uma cidade é também um lugar que serve para se esconder e, poucos meses atrás, voltou a Roma, depois de morar treze anos em Paris. É Paris que talvez desempenhe essa função melhor do que qualquer outro lugar?

Nos últimos anos, tive constantes estadias em Paris e ainda continuo a passar alguns períodos por lá, pois lá fico mais tranquilo e não há tantos pedidos de entrevista.

E a Sanremo, onde você nasceu, vai algumas vezes?

Vou algumas vezes por assuntos familiares que ainda tenho lá e que muitas vezes são problemas de caráter prático.

Nos seus primeiros romances, o ambiente e o clima da Ligúria apareciam com frequência, mas, com o passar do tempo, foram deixados de lado. Você teria talvez perdido a ligação com a sua região natal por frequentá-la pouco?

Penso que isso se deve acima de tudo a uma determinação estilística: dirijo-me sempre menos à literatura da memória e a memória está ligada à paisagem lígure. Mas creio que de vez em quando, tanto nas imagens quanto na linguagem, a Ligúria retorna naquilo que escrevo.

O seu primeiro romance, A trilha dos ninhos de aranha, *foi ambientado nos arredores de Sanremo.*

Conhecia muito bem a região de Sanremo e dos Alpes lígures, onde eu era mais um lígure da montanha do que um lígure do mar.

Também O barão nas árvores *se movia numa paisagem da sua infância.*

De fato, era um cenário de fantasia que se baseava na Ligúria.

O que mudou em você desde então?

Quando escrevi *O barão nas árvores*, talvez eu acreditasse me identificar, entre os dois personagens contrastantes, mais com o irmão que vivia nas árvores e que também se interessava, entre outras coisas, pela política; agora, talvez eu esteja mais próximo do personagem que falava em primeira pessoa.

De fato, anos atrás você no Corriere della Sera *publicava artigos de fundo com conteúdo político e social.*

Houve um período em que os escritores eram muito solicitados a participar nas primeiras páginas: nessas coisas, procuro sempre discursos responsáveis. De vez em quando, ainda escrevo no *Repubblica*. Nessas intervenções jornalísticas, quem faz mais barulho é quem defende teses paradoxais. De vez em quando, também sinto vontade de dizer coisas paradoxais, mas depois penso que talvez seja levado ao pé da letra e então prefiro ficar calado.

Por outro lado, você afirmou que se diverte mais falando de coisas atuais por meio das alegorias dos seus romances.

Acredito que as coisas ditas diretamente contam apenas no momento em que são enunciadas; já as coisas ditas indiretamente, simbolicamente, nunca deixam de ser atuais e podem encontrar novas aplicações.

Frequentemente os acontecimentos narrados por você têm o poder de reconduzir o leitor a um território da fantasia perdido com a infância, graças ao seu fascinante modo de contar, em que não transparece o "ofício" do escritor.

Quem sabe, pode ser que certa inocência e simplicidade correspondam também a uma técnica de comunicação e de ação sobre o leitor. Não cabe a mim dizê-lo.

Você tem um público muito grande, que começa com as crianças das escolas primárias.
Um livro meu muito lido nas escolas, *Marcovaldo*, vem sendo adotado pelos professores faz muitos anos: eles pedem aos alunos que inventem outras histórias de Marcovaldo seguindo o mesmo esquema, pois é um modelo bastante simples. As crianças também fazem desenhos e me mandam: tenho uma coleção inteira deles.

Você disse que, para você, é muito difícil escrever: eu achava que o difícil era encontrar uma boa ideia para escrever.
Assim como eu tenho certa dificuldade em falar, também tenho para escrever: escrever quer dizer apagar, quer dizer tentar montar uma frase e depois começar a trabalhar sobre ela, até se aproximar o máximo possível daquilo que se queria dizer.

Mas em algumas páginas dos seus livros, As cosmicômicas, *por exemplo, ou naquelas para Adami,*[2] *parece até que a caneta corre na frente do pensamento, tão fluente e espontânea é a sua maneira de narrar.*
Há momentos em que há esse impulso, mas em geral essa facilidade, essa fluência é um resultado, não um ponto de partida. O fato de escrever sobre o próprio ato gráfico, sobre o gesto de escrever ou de desenhar é um dos meus temas.

Falam de você como romancista atípico e ao mesmo tempo aproximam-no de Borges. Concorda?
Quando tive meu primeiro encontro com a obra de Borges, eu já havia escrito parte dos livros que me caracterizavam; mas sem dúvida encontrei nele uma afinidade de gosto e de estilo que me confirmou em certas direções de trabalho. Mas, toda vez que escrevo um livro, procuro sempre fazer algo novo: isso em resposta à minha atipicidade.

383

Com Se um viajante numa noite de inverno, o seu experimentalismo atingiu o ápice criando uma espécie de caixa chinesa ou, como já disseram, a alegoria da alegoria da alegoria.

De fato, montei essa máquina muito complicada, mas vejo que os leitores se divertem em acompanhá-la.

Uma última pergunta: está trabalhando em algum novo romance?

Nunca falo daquilo que estou fazendo por uma espécie de superstição, mesmo porque sempre começo muitas coisas e depois algumas termino e outras não.

UM CATÁLOGO DE POSSIBILIDADES NARRATIVAS[1]

A partir do Castelo dos destinos cruzados, *percebe-se em você uma maior atenção, que mesmo antes era já muito viva, aos procedimentos romanescos.*

Creio que, nestes últimos quinze anos, a crítica contemporânea vem se orientando, por um lado, para certa desconstrução do texto e se interessando, por outro lado, pelos procedimentos narrativos do romance tradicional ou popular. Quanto a mim, sempre tive interesse por esse aspecto da semiologia da narrativa, e espero que não se queira ver no meu último romance uma busca teórica, mas sim o prazer de se entregar à leitura de romances num sentido quase *naïf*. Pode-se dizer que o protagonista do meu livro é um leitor *naïf*. A Leitora pratica uma leitura mais consciente: encarna o desejo de uma leitura, está sempre insatisfeita com aquilo que gostaria de ler. Há um catálogo inteiro de leitores possíveis: leitores ultra-refinados como o professor Uzzi-Tuzii, exemplos de leituras ruins como a da irmã da Leitora, Lotaria, vale dizer, a leitora intelectual que procura nos textos a confirmação daquilo que já sabe. Há também um personagem de não leitor absoluto, Irnerio. Construí esse romance, segundo os meus hábitos, em torno de um tema cujas possibilidades tento esgotar.

A leitura parece ser um dos temas de Se um viajante numa noite de inverno, *mas não se trata antes de uma reafirmação dos direitos do escritor,*

385

do seu ofício? De fato, o personagem do leitor e o leitor propriamente dito são apenas marionetes e você controla todos os fios, indicando a eles os lugares do seu prazer e da sua desilusão.

Sim, na Itália um crítico já notou esta situação: digo ao leitor que lhe deixo a sua liberdade enquanto, como personagem, imponho-lhe aventuras catastróficas e, como leitor, desilusões e frustrações de todas as espécies. Sim, é provável que o escritor não possa sair do seu papel de tirano do leitor; talvez esteja condenado a esse papel, mas ressalto que o escritor escreve sempre para alguns leitores e sente sempre alguns olhos pousados na página em branco que está preenchendo. De algum modo, o desejo do leitor dita aquilo que o escritor escreve. É a problemática desse personagem de escritor muito comercial, que eu quis converter num escritor de sucesso, que tem também uma consciência hipercrítica, um escritor de consumo que é também um escritor atormentado.

Você, que tanto aprecia o romance setecentista, tinha em mente Jacques le fataliste *quando começou a escrever o seu romance?*

Sim, mas não quando comecei a escrever. Em determinado momento, percebi que quem havia designado ao leitor esse papel de coautor tinha sido Diderot, em *Jacques le fataliste* (tinha-o escrito depois de ler *Tristram Shandy* de Sterne). É um dos primeiros romances que é visto de fora, que não obriga o leitor a acreditar num mundo fictício que o cerca, mas que vê o leitor; presume-se que o leitor se veja no próprio momento em que lê o livro.

Coloca-se assim a ambiguidade do fato literário e o poder de fabulação da literatura.

Creio que essa ambiguidade foi claramente percebida e representada por Brecht no seu teatro, o qual deseja que o espectador seja consciente...

Mas em você não há pedagogia...

Em mim não há pedagogia. Se se aprende alguma coisa com a leitura, e acredito que se aprende algo que depende das formas do imaginário, dos modelos com os quais se observa o mundo, trata-se de uma coisa lentíssima, uma influência sobre a sensibilidade, sobre as relações com o mundo; não acredito que se possa transmitir um ensinamento em termos teóricos abstratos, do contrário não valeria a pena escrever romances e contos.

Logo depois desse romance, você publicou os seus textos teóricos com o título de Assunto encerrado. *Tem-se a impressão de que a teoria, para você, será compreendida no próprio corpo da narrativa, que não estará mais separada dela.*

Sim, acredito que isso seria o ideal. Por muito tempo vivi uma espécie de esquizofrenia entre uma língua para narrar e uma língua para teorizar. Publicando os meus ensaios (iniciei em 1955, quando comecei a dirigir um olhar crítico à literatura engajada da época), escolhi o título *Assunto encerrado* para marcar uma distância. Hoje, o único ensaio desse livro em que me reconheço inteiramente é o último.[2]

Todas as suas histórias formam uma só e única frase. Significa, talvez, que estamos diante de dois enunciados: um "crítico", o outro puramente fabulatório, tendo ao fundo o debate italiano sobre a "literatura como mentira"?

O que o meu livro tem em comum com o Oulipo são as *contraintes*, as restrições. Eu me impus como regra um livro composto de inícios de algum modo obrigatórios, porque os títulos deviam se encadear numa frase que fosse, ela mesma, o início de um romance; e que cada tipo de romance fosse, ele mesmo, anunciado pela Leitora em cada capítulo da moldura. A Leitora diz: "Deste livro não gosto", "Gostaria de ler aquele outro". Esse título traz uma referência literal ao que acontece no romance seguinte, e todos esses inícios de romances têm uma configuração que, dizendo em termos muito esquemáticos, monta uma combinação entre todos eles. O homem que fala em primeira pessoa e é atraído por uma mulher escorrega para uma situação perigosíssima diante de um inimigo perigosíssimo e coletivo, situação que se repete sempre. É o aspecto do "jogo" do romance tradicional, se não até popular, e ao mesmo tempo esses abismos que se abrem, a impossibilidade atual de seguir uma história. É talvez um reflexo do mundo em que vivemos. Lendo os jornais, vemos histórias cujo início conhecemos, mas nunca o fim, vemos os efeitos, mas não se conhecem as razões ocultas, as causas. O meu livro fala de literatura, mas também da situação do mundo.

Parece que você contrapõe os seus livros às mídias. Na sua paródia inicial do marketing literário, mas também e sobretudo na leitura como você a apresenta, ela implica a separação, a solidão. Os seus personagens se separam um do outro no momento em que começam a ler.

387

Tratando-se de um livro sobre a leitura, é um livro sobre essa condição solitária, também criativa. De fato, sem essa leitura solitária, silenciosa, reflexiva, com um tempo que é interior, o livro não existiria. Afirmo esse poder da leitura diante da imposição coletiva das mídias; mas, contra a crítica apocalíptica da cultura de massa, também sustento que uma liberdade do leitor sempre sobrevive, mesmo numa sociedade de massa. [...][3] O espaço representado pela leitura é indestrutível. No meu livro, é a leitura que vence.

O meu livro nasceu numa situação literária que coloca em relevo a ficção do fato literário. Na Itália, Giorgio Manganelli é um extremista dessa corrente que reivindica a literatura como mentira. O meu livro também é fruto do que eu quis representar no personagem de Ermes Marana, que tem um pouco o papel de antagonista, mas é também uma parte de mim mesmo; representei o prazer da mistificação que está presente no ato de escrever. Já há tempos percebi que sinto uma viva satisfação em contar uma história que se desenvolve num ambiente que não conheço, que exibe conhecimentos que não possuo; é um grande prazer, um jogo de prestidigitação.

Tem-se a impressão de que você quis fazer uma síntese "total" das experiências narrativas deste pós-guerra, cuja metáfora seria a cegueira daquele a quem você chama de "Pai das Histórias",[4] o escritor, aquele que produz o simbólico e, de certo modo, trabalha com uma matéria que lhe escapa.

A palavra "totalidade" não me agrada; digamos catálogo ou também enciclopédia...

No sentido de Savinio?

Sim, e de toda aquela família de escritores "enciclopedistas", de Savinio a Borges, que são também pessoas cheias de curiosidade e certamente não pretendem impor uma visão global do mundo. Este meu catálogo das possibilidades narrativas não pretende ser exaustivo. Escolhi dez tipos de romance, mas poderia ter apresentado muitos outros. Esse catálogo corresponde também a uma gama de atitudes em relação ao mundo. Este "Pai das Histórias" é o hiper-romancista, aquele que está por trás de todos os que escrevem, a voz atemporal e anônima que tem os seus intérpretes nos escritores: a voz da literatura, do conto — não só escrito, mas também oral —, do mito... Uma imagem que precede as bibliotecas, um orador, um aedo: talvez das *Mil e uma noites*.

LER OS ROMANCES[1]

Em Se um viajante numa noite de inverno *encontrei a seguinte frase: "é melhor não conhecer o autor pessoalmente, pois sua pessoa real nunca corresponde à imagem que se faz dele ao ler os livros". Então seria melhor não tentar conhecê-lo, não o entrevistar?*

Isso, na verdade, depende dos autores. Proust escreveu páginas muito bonitas para mostrar a desilusão do narrador da *Procura* depois do seu primeiro encontro com Bergotte, que sempre admirara. Num primeiro momento, a imagem não corresponde à realidade do homem. Mas a seguir o narrador repensa a sua desilusão e entende que o Bergotte da vida real é realmente igual ao Bergotte dos livros. Resta o fato de que sempre existe uma discrepância e não é fácil fazer com que o escritor lido corresponda ao escritor como pessoa.

Em todo caso, creio que você não gosta de entrevistas.

Escrevo porque não tenho nenhuma facilidade com as palavras. Se falasse sem dificuldade, talvez não escrevesse. E, quando aceito uma entrevista, muitas vezes só começo a encontrar horas depois as respostas que gostaria de ter dado às perguntas.

Entendo; se preferir, posso fazer as perguntas e voltar amanhã...

Não, às vezes a gente precisa se esforçar para falar. Por outro lado, não pense que se trata somente da palavra oral. Para mim, escrever também é difícil. A frase escrita é sempre o resultado de um esforço, de aproximações sucessivas, de correções. Pode-se até mesmo dizer que, quanto mais espontânea parece uma frase, mais há por trás um trabalho real, um trabalho interminável.

Os seus romances são perfeitamente fechados em si mesmos e, ao mesmo tempo, parecem sempre inconclusos, continuam de algum modo "trabalhando". Se um viajante é o exemplo por excelência, com a sua série de dez contos incompletos e concatenados entre si.

Tento construir livros que tenham uma forma completa. Nesse sentido, *Se um viajante* é uma máquina autônoma com engrenagens muito precisas. Acredito nos livros que abrem um espaço interior, que têm dentro de si um espaço infinito, mas que, por fora, se apresentam com uma forma fechada.

Hoje nos encontramos em Paris, onde você morou por bastante tempo antes do seu recente regresso à Itália. Você que diz que olha o mundo "da sacada", de uma certa distância como o barão nas árvores, como vê Paris?

Há muitos anos divido o meu tempo entre a Itália e Paris; mas ultimamente vivo mais na Itália. A minha situação depende dos respectivos câmbios da lira e do franco! Raramente me perguntaram por que eu estava bem em Paris: é uma cidade onde quase tudo funciona, o que para um italiano não é uma coisa óbvia. Paris é também uma cidade com um peso histórico, com uma continuidade no tempo, enquanto a Itália é mais uma sobreposição de histórias diferentes. E, além do mais, Paris é uma cidade onde me parece natural viver, sobretudo para um escritor. Não tanto em virtude da cultura francesa atual, mas por uma espécie de tradição: parece que os escritores do mundo todo sempre viveram com naturalidade nesse local da memória. Acrescentaria que Paris é uma cidade onde sou muito menos conhecido do que na Itália, e onde estou tranquilo e seguro de não receber telefonemas.

A cultura francesa atual não parece atraí-lo de modo especial.

É verdade, sempre estive mais interessado, por exemplo, na literatura anglo-saxã. Mas admiro muito estudiosos como Lévi-Strauss, Dumézil ou o linguista Greimas. Também admirava muito Barthes.

(*E precisamente Barthes, numa transmissão de France Culture dedicada a Calvino e transcrita no* Le Monde, *depois de analisar a beleza quase matemática dos seus textos narrativos, dizia: "Na arte de Calvino e no que transparece do homem, naquilo que ele escreve, há — para usar o velho termo — uma sensibilidade. Poderíamos também dizer uma humanidade, e eu diria quase uma bondade, se o termo não fosse demasiado comprometedor. Nas suas observações há sempre uma ironia que nunca fere e nunca é agressiva: há uma distância, um sorriso, uma simpatia".*)

Fui principalmente grande admirador e amigo de Raymond Queneau, de quem traduzi para o italiano *Les fleurs bleues*.[2]

Você também fez parte junto com ele do grupo do Oulipo, o Ouvroir de littérature potentielle.

Raymond Queneau tinha me apresentado e me feito entrar nesse grupo que, à diferença de quase todos os outros grupos literários, dos quais, por sinal, nunca fiz parte, não se levava a sério, estudava coisas sérias com espírito jocoso. E eu ainda compartilho esta ideia fundamental do Oulipo: toda obra literária se constrói na base de restrições, de regras do jogo autoimpostas.

Por exemplo, como um teorema que é preciso demonstrar?

Sim, um pouco assim. Impomo-nos restrições difíceis e é um desafio que temos de vencer. As restrições técnicas muitas vezes são fonte de arte.

Lendo Se um viajante, *em que você começa dez vezes um romance, mesmo escrevendo o livro desses dez livros incompletos, pensei algumas vezes nos* Exercícios de estilo *de Raymond Queneau.*

É uma comparação que me deixa muito contente. Os nossos dois livros não se parecem. Mas, assim como Queneau escreveu 99 vezes, a cada vez num estilo diferente, sobre um episódio da vida cotidiana num ônibus, eu escrevi dez inícios de romances aparentemente muito distintos, mas que, mesmo que não se note de imediato, têm um esquema comum. Procurei uma situação romanesca exemplar e a apliquei dez vezes. Trata-se sempre de um homem que tem de enfrentar a ameaça de um poder misterioso. Encontra-se nessa situação de perigo por causa de uma mulher ou de uma imagem feminina. Cada um dos meus dez romances incompletos é uma variação dessa situação romanesca típica, e cada um corresponde à ideia

391

evocada pelo personagem-chave da Leitora. Em geral ela diz: "Tudo bem, mas o romance que eu queria ler era na verdade este, que corresponde a esta atitude em relação ao mundo etc.". O romance seguinte, então, é o que a Leitora deseja ler.

Escrevendo esses inícios de romances — de espionagem, erótico, metafísico, belga, japonês, sul-americano etc. — você se divertiu muito.
Poder entrar na pele do escritor fictício, ser o autor imaginário desses romances, foi, sem dúvida, a coisa mais divertida. O prazer foi trocar de pele o tempo todo, passar de um livro policial a um romance sobre a revolução, depois a um romance japonês: enfim, de me disfarçar. Algumas vezes ficava tão preso que tinha vontade de terminar a história começada; outras vezes, ficava contente de não precisar continuar. Um dos meus dez romances, que se chama "Numa rede de linhas que se entrelaçam" e fala sobre um homem obcecado pela ideia de ser chamado ao telefone, é, além disso, o início de uma história que eu tinha em mente fazia muito tempo. Nunca a escrevera porque não sabia como continuar.

Mas todos esses inícios de romances são uma verdadeira frustração para o leitor, que não pode prosseguir.
A minha tese é que a força de cada romance se concentra no início. E acredito que, na maioria dos meus dez inícios, já está tudo ali. Então outras vinte, cem ou duzentas páginas não nos diriam muito mais. Para que continuar?

Entre todas as excentricidades de Se um viajante, *há a referência a computadores que completam qualquer romance a partir do seu início, computadores "programados para desenvolver todos os elementos de um texto com perfeita fidelidade aos modelos estilísticos e conceituais do autor". Não falo da inquietante Organização para a Produção Eletrônica de Obras Literárias Homogeneizadas. No fundo, em vista do seu interesse pela ficção científica, pergunto-me se não acredita de fato em invenções assim, em computadores que dão continuidade aos romances partindo do seu início.*
Penso que muitos romances que aparecem hoje nas livrarias poderiam ter sido escritos por computadores. E penso também que, se tivessem sido escritos por um computador, talvez tivessem resultados melhores. Quanto

a saber se essas previsões vão se realizar... O que é divertido na literatura é o imprevisível, e o imprevisível é impossível de programar.

A certo ponto, lê-se em Se um viajante*: "Eis que o autor se acha na obrigação de recorrer a um desses exercícios de virtuosismo próprios dos literatos modernos". Essa ironia sobre os seus próprios livros não será talvez uma maneira de afirmar também que o romanesco está atualmente preso numa armadilha, que ninguém mais pode acreditar de fato nos romances?*

Seja como for, isso, sem dúvida, é verdade para mim. Vivo sempre na esperança de encontrar um romancista que seja simples, *naif*, e que diga algo verdadeiramente novo. Mas não vejo isso entre os contemporâneos. Mesmo no caso de um autor que é autêntico e magnífico narrador como o austríaco Thomas Bernhard, percebe-se que os seus textos narrativos são muito construídos e intelectuais.

Você faz frequentes alusões a "uma linha limítrofe: de um lado estão aqueles que fazem os livros, do outro, aqueles que os leem". Diz também: "Desde que me tornei um escravo da escrita, o prazer da leitura se acabou para mim".

Bom, o que mais você queria! Há um pouco de saudade... Procuro ao máximo ler de modo desinteressado, mas preciso construir espaços especiais para mim. É bom que se saiba: a partir do momento em que se está mergulhado na vida editorial, na literatura como profissão, passa-se para o outro lado: não se olham mais os textos do mesmo modo. Então, muitas vezes sinto uma grande saudade da condição de leitor que não precisa ler um livro para depois redigir um parecer de leitura, uma ficha publicitária, o texto de uma quarta capa, uma introdução etc.

Mas você poderia ratificar sem remorsos a frase de Sartre em As palavras*: "Comecei a vida como é provável que a termine: em meio aos livros".*

Sem remorsos. De todo modo, dado o ponto em que cheguei, parece-me difícil mudar de direção.

Você trabalhou por muito tempo na Einaudi. Em Se um viajante *há claramente muitas lembranças profissionais: todas aquelas coisas de cadernos misturados, de capas erradas, de folhas impressas de um lado só. Sem esquecer o extraordinário dr. Cavedagna, o factótum de uma editora, do manuscrito ao depósito, o homem que "vê livros nascerem e morrerem todos os dias".*

A trama do livro me fez percorrer o mundo editorial e, portanto, a minha experiência. Você tem razão: o dr. Cavedagna é um personagem tomado à realidade. Era um dos meus colegas na Einaudi, que infelizmente morreu alguns meses antes da publicação do romance. Tinha essa dupla natureza, extremamente rara no nosso ofício: ser um profissional formidável no trabalho editorial e, ao mesmo tempo, ter conservado o gosto *naïf* da leitura popular. Era capaz de uma leitura não intelectual.[3]

No seu trabalho editorial, nunca sonhou em embaralhar as cartas, publicar livros de X sob o nome de Y, inverter os cadernos dos livros, publicar falsos?

A sua pergunta é realmente constrangedora. Como redator, tenho uma consciência editorial que me impede até de imaginar coisas do gênero...

Claro que não acredito em nenhuma palavra sua, quando menos porque você é um leitor de Borges, o inventor de falsos prefácios para livros falsos.

Borges deu uma extraordinária dimensão literária à ideia de falsa bibliografia. Mas é preciso lembrar que, antes de Borges, já existia um escritor com tais ideias: é, por acaso, justamente um dos escritores franceses que mais amo, Marcel Schwob. Era um erudito extraordinário, tinha curiosidade por tudo e sabia de tudo. Schwob, que escreveu *Vidas imaginárias*, em que, graças à sua cultura, nos conduz num passeio ao longo dos séculos, foi também um maravilhoso inventor de livros imaginários.

Lendo você, pensei também na "Batalha dos livros" de Swift.

Sim, essa batalha entre o exército dos livros antigos e o exército dos livros modernos na biblioteca do rei. Não por acaso, Swift é um dos meus autores preferidos.

Se um viajante é, em primeiro lugar, a materialidade do livro, o livro como objeto.

Eu quis que o livro fosse percebido como um verdadeiro objeto material. Falo com frequência desses detalhes que compõem o livro, da costura, da capa. Falo do prazer do corta-papel. Um prazer que está se perdendo, mas reconheço que ler um livro de bolso no metrô com um corta-papel não seria muito confortável. Por falar nisso, aliás, poderíamos imaginar um metrô cheio de gente cortando páginas de livros: não seria ruim...

Você usa uma expressão de que eu gosto muito: fala da "beleza do diabo"* de um livro recém-publicado.

Não acha que é verdade? Como a "beleza do diabo", a beleza de um livro recém-impresso dura muito pouco. E por isso é tão mais fascinante. Sabe que na Itália *la beauté du diable* se diz "a beleza do asno"? Mas os livros usados e com as páginas amareladas também têm um fascínio extraordinário.

Interessam-lhe as pesquisas sobre livros como aquelas feitas por Michel Butor?

Embora não o acompanhe sempre, tenho muito interesse pelo trabalho de Michel Butor. Quanto a mim, porém, a minha única tentativa de livro diferente foi o que construí em torno do jogo de tarô no *Castelo dos destinos cruzados*. Ali uma história é narrada tanto com um repertório de imagens quanto com um texto. Em linhas gerais, posso dizer que não acredito muito em pesquisas como a de Michel Butor para novos tipos de livros. Gosto muito da arte gráfica, mas, se deixarmos que prevaleça, o livro se torna muito rapidamente uma arte visual, coisa que, na minha opinião, ele não é. Para mim, o livro continua sendo uma superfície plana de papel. Não acredito, por exemplo, no livro tridimensional ou no livro na tela de TV. As únicas experiências que pude fazer, fiz em cima da estrutura da narração, para projetá-las depois na página tradicional.

Notei que o seu livro, desde o primeiro parágrafo, começa com esse gesto simbólico do leitor: desligar a televisão. Como se o livro e a televisão fossem totalmente opostos e incompatíveis.

Confesso que esse início não foi conscientemente desejado. É uma reação espontânea, mas que corresponde à realidade: todas as noites, na

---

(*) *La bellezza del diavolo*, tradução literal de "*la beauté du diable*", expressão francesa que significa a beleza natural da coisa nova, da juventude. (N. T.)

minha vida, há uma concorrência entre a televisão e a leitura. Sinto uma espécie de alívio se não há nada na TV que eu fique tentado a assistir: então posso ler tranquilamente. Assisto com frequência a filmes e reportagens de atualidades, mas não posso deixar de considerá-los como tempo roubado à leitura. Pertenço à civilização do livro e não posso reagir de outra maneira. Se o livro estivesse concorrendo com a vida, as viagens, conhecer pessoas, talvez não concebesse essas experiências como coisas opostas. Mas entre televisão e livro há uma verdadeira oposição, pois são dois produtos culturais. E, sem estabelecer hierarquias, devo reconhecer que o livro é o meu meio de expressão, o meu ofício, enquanto a televisão me aparece mais como uma distração ou uma fonte de informação complementar. Para conhecer exatamente a nova estrada da floresta Amazônica no Brasil, vou preferir a televisão. Mas para a poesia, para a literatura, haveria realmente algo além do livro?

Mas a literatura não pode, em todo caso, ignorar a civilização da imagem.

Eu me pergunto se a razão pela qual, em *Se um viajante*, o leitor de romances se tornou personagem não se encontraria na televisão ou no cinema. O livro visto de fora talvez seja também um resultado da época audiovisual. Para falar a verdade, há na minha vida um concorrente terrível para o livro: o cinema, que é uma das minhas paixões. Em linhas gerais, entre o filme e o romance há uma concorrência perigosa, porque a forma narrativa do filme provém em grande parte do romance. O perigo está justamente em acreditar na homogeneidade filme-romance. É por isso que tantos escritores publicam romances que são só filmes. Creio que perdem o rumo. É importantíssimo salvaguardar a especificidade do trabalho literário em relação ao cinema, não confundir as palavras e as imagens mesmo fazendo enxergar com as palavras. A escrita é uma outra sintaxe do imaginário.

Mas hoje o romance popular, o romance de ação, de capa e espada ou de espionagem foram roubados pelo cinema.

Infelizmente é assim. Por isso escrevo romances elevados ao quadrado, hiper-romances em que tomo o leitor e a leitora do romance como tema de um outro romance. Creio que assim reencontro certo veio popular, mesmo permanecendo na literatura.

Você se refere pelo menos duas vezes às Mil e uma noites. *As histórias de Sherazade, esses contos de "suspense" que lhe permitem adiar indefinidamente a morte, são para você o próprio exemplo da literatura?*

É, pelo menos, o exemplo perfeito do conto. *As mil e uma noites* continua sendo um livro misteriosíssimo, aberto a essa potencialidade de contos que se geram reciprocamente. Essa ideia de proliferação de contos sempre me fascinou: a proliferação nas *Mil e uma noites,* como em Balzac, em Boccaccio ou em Simenon. Eu, que sou um escritor vagaroso, que escrevo pouco, tenho verdadeira admiração por autores como eles.

Você me faz pensar naquele "Projeto de história" em Se um viajante, *que apresenta de um lado "um escritor produtivo", de outro lado "um escritor atormentado".*

Veja: comecei a publicar em 1947 com A trilha dos ninhos de aranha e cheguei apenas a quinze livros, às vezes muito finos. Quando penso em Balzac ou em outros escritores da sua época, a minha produção me parece irrisória. Com efeito, o ritmo de trabalho dos escritores oitocentistas é para mim um verdadeiro mistério da natureza. Balzac escrevia um romance grande no tempo que levo para escrever um conto breve. O próprio Stendhal, que publicou pouco, escrevia em grande velocidade. Nunca estou seguro sobre o que escrevo: escrevo, corrijo e reescrevo até cansar. Se não parasse para publicar, ficaria louco com a incerteza. O meu método de pensamento é a dúvida sistemática. Mas em determinado momento precisamos decidir não ter mais dúvidas, do contrário ficamos loucos.

Em Se um viajante *você enfrenta o problema da censura, tanto para evocar máquinas capazes de realizar o trabalho dos censores quanto para "observar o planisfério" da censura, no qual, num dos extremos, estão "os países em que todos os livros são sistematicamente confiscados" e, no outro extremo, "os países em que diariamente saem fornadas de livros para todos os gostos e todas as ideias, na indiferença geral". E um dos seus personagens acrescenta uma consideração bastante inquietante: "Ninguém hoje tem tanto apreço pela palavra escrita quanto os regimes policiais".*

Sim, reconheço, são considerações pessimistas. Mas são infundadas? Pessoalmente sempre fiquei impressionado com a importância que se atribui aos romances na União Soviética, enquanto na Itália é possível publicar qualquer coisa na maior indiferença. Na Itália, o efeito da palavra escrita é mínimo.

■ *NASCI NA AMÉRICA...*

Gabriel García Márquez pensa que as autoridades soviéticas "superestimam o poder da literatura a ponto de acreditar que um livro pode abalar o sistema".

É provável que, na prática, seja verdade. Mas tais considerações não precisam levar a juízos positivos sobre essas pessoas. Do meu lado, não acredito que as autoridades soviéticas tenham uma ideia muito elevada da literatura. Acredito sobretudo que têm medo de tudo, e também da literatura, cujo poder imediato é, em todo caso, ínfimo. O poder da literatura é indireto no conjunto da cultura: é apenas um meio de plasmar o olhar e o pensamento dos homens. A sua ação, portanto, é lenta, não imediata. Quer se trate da história ou do indivíduo, as mudanças são extremamente lentas, sempre indiretas. E se o poder da literatura se manifesta de modo mais evidente nos regimes policialescos, não gostaria que as minhas palavras parecessem ambíguas: é claro que prefiro publicar em meio à indiferença geral a não publicar de forma nenhuma. Com "indiferença geral", o que eu quis ressaltar sobretudo é que na Itália, ao contrário do que ocorre nos regimes censores, a expressão de uma crítica política ou os textos de natureza erótica não impressionam mais ninguém.

Se um viajante, publicado em 1979, foi na Itália um verdadeiro best-seller.

No entanto, quando foi publicado, eu pensava que era um livro que exigia um certo esforço dos leitores. Mas o público não pareceu reticente; e esse livro, que é escrito para leitores de romances, teve algum sucesso. Pessoas que também gostam de ler autores como John le Carré ou Graham Greene tiveram reações muito positivas. *Se um viajante* é um livro problemático e complicado, mas tem também, espero eu, aspectos muito romanescos; e é também um daqueles romances que podem ser lidos por diversão. Em cada página procurei reacender o interesse pela leitura, busquei evitar os pontos mortos. Aquilo que o público reprova com razão na literatura de vanguarda não é ser difícil, complicada, mas não fornecer estímulos suficientes à atenção, à imaginação. Penso que isso não se pode reprovar em *Se um viajante*. Quanto à expressão "best-seller", creio que não se aplica ao meu caso. Sou mais daqueles escritores que no jargão editorial são definidos como *long-seller*.

Ótimas vendas, mas distribuídas num período muito longo.

Exato. Na Itália, quase todos os meus livros são reimpressos todo ano.

O barão nas árvores, publicado em 1957, superou 1 milhão de exemplares. O mesmo vale para *Marcovaldo*, que é muito lido nas escolas. Reconheço que o sucesso de *Se um viajante*, que de todo modo é um livro mais difícil, me espantou um pouco. Mas ele logo se beneficiou de resenhas muito calorosas e de uma acolhida muito favorável do público, visto que em seis meses foram vendidos 150 mil exemplares.

Cabe também dizer que os jornalistas, em especial os políticos, fizeram uma formidável publicidade do livro, parodiando sempre o título dele: "Se um deputado num dia de verão" foi, por exemplo, o nome de uma matéria de jornal.

Não só o título do livro, mas também os títulos dos capítulos que correspondem aos meus inícios de romances foram imitados e parodiados: "Fora do povoado de Malbork" ou "Debruçando-se na borda da costa escarpada" ou "Sem temer o vento e a vertigem", todas essas expressões foram usadas pelos jornalistas com uma piscadela. Os meus títulos são imitados e parodiados com frequência. É um pouco fácil, mas é a fama, não?

Aceitaria publicar sob uma capa falsa ou sob pseudônimo?

Pensei muitas vezes nisso, perguntando-me: o que teria acontecido se, em vez de começar publicando com o meu nome, eu tivesse adotado um pseudônimo e o mudasse a cada vez? Não teria sido talvez mais livre? Mas o efeito do acúmulo da fama literária, aquilo que torna um autor reconhecido como autor, não teria existido. E todo autor, creio eu, precisa disso.

Alguma vez enviou um manuscrito anonimamente para uma editora?

Se o tivesse feito, não contaria!

E quem pode provar que não acabamos de ler uma falsa entrevista de Italo Calvino?

É muito simples: uma falsa entrevista de Italo Calvino seria muito mais brilhante...

UM NARRADOR PARA MOZART[1]

Calvino encontra Mozart. O que é: um casamento por amor (como aqueles celebrados nas telas por Bergman e Losey, em A flauta mágica *e* Don Juan*), ou um casamento por interesse?*

Nem um nem outro, estando assente que adoro Mozart e o século XVIII. Eu diria que é um casamento um pouco casual, visto que quem me solicitou essa reconstrução hipotética do drama — pois trata-se mais de um drama do que de uma ópera jocosa — foi o meu amigo cenógrafo-produtor inglês Adam Pollock, idealizador da manifestação.

Como nasce, então, esse pacto trilateral toscano-anglo-mozartiano?

Do fato de que Pollock, empresário por amor e certamente não por interesse, adquiriu alguns anos atrás as ruínas do mosteiro de Batignano, hoje restaurado, e lá realiza no verão, desde 1974, um festival de ópera de qualidade, rarefeita e refinada, com cantores e músicos ingleses que passam algum tempo no convento toscano, sendo-lhes pagas apenas as despesas de estadia. Neste verão, além de *Zaide*, também será encenada *La finta semplice* [A falsa ingênua] de Mozart, obra juvenil que se inspira em Goldoni.

Mas não é arriscado intervir em Mozart?

Veja, vamos falar claro, não é que eu intervenha em Mozart. Escrevi apenas as partes declamadas. O texto musical continua em alemão, é o de Schachtner. Dessa obra restaram quinze trechos musicais: redescobriram-se árias, duetos, coros, interlúdios, mas, tratando-se de uma *Singspiel*, isto é, tendo trechos falados, e faltando justamente os diálogos e o final, foi aí que se desenvolveu a minha tarefa.

Qual é a história? É parecida com a do Rapto?
A ambientação é semelhante, estamos sempre entre os perfumes e costumes do Oriente distante, mas aqui a chave é dramática e não de ópera-bufa. Zaide é a favorita do sultão Soliman e se apaixona por um escravo, ele também ocidental e cristão, e juntos tentam fugir. Entre os dois intromete-se o ministro Allazim, que caiu nas graças do sultão, e que os ajuda no plano da fuga amorosa. Por quê? Como vai acabar?

São estas as respostas que você vai dar?
Não, não dou juízos nem resoluções, deixo quatro finais possíveis, de forma que depois o público pode escolher o que lhe agradar. Evitei propositalmente "fechar" a história.

A ópera foi representada outras vezes?
Sim, e geralmente é completada com trechos de outras óperas mozartianas. Aqui, porém, nos ativemos ao que foi reencontrado da partitura original de *Zaide*, sem interferências. Por isso precisei escrever trechos de ligação, digamos, e de sustentação para as passagens que faltam.

Na prática...
Na prática, inventei um personagem externo, de narrador, que será confiado no palco a um ator italiano, com a tarefa de unir as diversas ações da ópera.

Qual é o risco da operação para um escritor como você?
O risco é o de se intrometer demais e muito a fundo. Por isso farei de tudo para manter artificial o artificial, a moldura como moldura, tudo na maior evidência. Em suma, nunca me coloco no lugar de Mozart, nem do seu libretista. Portanto, não anteponho a minha personalidade de autor atual

à dos outros. A matéria musical e verbal permanece como é; não fiz nada além de construir uma caixa, um recipiente, como que em busca da história não terminada e que, como lhe disse, tampouco eu termino. Isso significa uma meta-história? Sim, digamos que sim.

O FABULISTA CONTEMPORÂNEO[1]

Embora você seja um escritor muito considerado na Itália e na Europa faz mais de trinta anos, só há pouco as suas obras começam a ser apreciadas nos Estados Unidos. No ano passado, por exemplo, suas Fábulas italianas *tiveram lá um grande reconhecimento crítico. Como explica que esse livro, e não um dos seus romances anteriores, como* O visconde partido ao meio *ou* O barão nas árvores, *tenha de repente atraído a atenção dos leitores americanos? Como explica o sucesso extraordinário das* Fábulas italianas?

Parece mesmo que hoje há nos Estados Unidos um vivo interesse pelas fábulas: pergunto-me se esse entusiasmo não é em parte causado pelas atuais preocupações ecológicas e pelo impulso de voltar ao ambiente natural e à essência natural do homem. As fábulas populares são, substancialmente, um ato de criatividade espontânea, não contaminada, se assim posso dizer, pela civilização moderna. Talvez seja precisamente essa simplicidade, essa falta de complicação das fábulas, que atraiu o leitor americano.

Mas também devemos ter consciência de que tem surgido, nestes últimos anos, outra tendência entre os leitores de língua inglesa, que se reflete claramente no número crescente de aficionados pelo gênero que foi chamado de "fantástico" ou literatura de fantasia. Talvez seja graças a Tolkien que estamos vendo se manifestar pela primeira vez a atual "onda *fantasy*". Mas os meus livros juvenis de fantasia, que incluem *O cavaleiro inexistente* e os que você acabou de lembrar, na verdade precedem essa voga recen-

403

te de *fantasy* e têm uma motivação muito diferente, ainda que, graças à rápida transformação de perspectiva da literatura atual, essas minhas obras juvenis também comecem a encontrar um público novo.

Detenhamo-nos por um momento para fazer uma nítida distinção entre as minhas obras pessoais e as *Fábulas italianas*, visto que não há nenhuma ligação entre elas. Qualquer que seja o valor das minhas obras originais, ele depende da minha veia inventiva; qualquer que seja o valor das *Fábulas italianas*, ele reside na fidelidade do livro a uma tradição e não traz, na verdade, nenhuma invenção da minha parte. As minhas *Fábulas italianas* se baseiam nas coletâneas folclóricas de estudiosos italianos do século XIX. O meu trabalho efetivo, então, consistiu em escolher as fábulas, traduzi-las dos diversos dialetos locais e lhes dar um estilo mais fluente, embora continuando fiel aos modos populares de contar histórias.

No que se refere à minha narrativa, fui de fato apreciado pela primeira vez nos Estados Unidos cerca de dez anos atrás, um pouco depois da publicação de *As cidades invisíveis*. O sucesso desse livro me surpreendeu. Realmente não achava que *As cidades invisíveis* pudessem encontrar tantos leitores, sobretudo porque não se trata de um romance e sim de uma coletânea de *petits poèmes en prose*. Devo também agradecer a Gore Vidal por ter me apresentado ao público americano em 1974, com um artigo publicado no *New York Review of Books*.[2]

Embora as Fábulas italianas, *como você diz, não sejam em sentido estrito uma obra sua, a introdução certamente é. Ali, você faz várias observações curiosas e intelectualmente provocadoras sobre as fábulas e a literatura fantástica em geral. A certo ponto, por exemplo, você afirma que as fábulas são "verdadeiras". O que pretende dizer com isso?*

Refiro-me ao que os antropólogos já disseram sobre as fábulas: elas têm origem em antigos ritos tribais de iniciação, em cerimônias ligadas à passagem para a idade adulta e à entrada a pleno título na tribo. Mas, para mim, a verdade essencial das fábulas depende ainda mais do fato de representarem inevitavelmente um catálogo dos elementos fundamentais da vida, uma sucessão dos acontecimentos fundamentais da vida desde o nascimento até a morte.

Quando você fala de um catálogo de eventos humanos que inspiram as fábulas, quer talvez sugerir que há uma aderência tanto ao inconsciente humano quanto à sua mitologia? Refere-se ao conceito junguiano do inconsciente coletivo?

Sem dúvida, o inconsciente coletivo do homem tem um papel de grande relevância na criação das fábulas. Sem dúvida, existe certa aderência à natureza humana e ao ritmo da vida. Mas tentemos ser mais flexíveis. O inconsciente humano não é imune à mudança: mesmo no curto espaço da nossa vida pessoal, já vimos enormes transformações nos hábitos e na mentalidade do homem.

O psicanalista americano Bruno Bettelheim mostrou, assim como você, grande interesse pelas fábulas. No livro A psicanálise dos contos de fadas, *ele sustenta que as fábulas podem desempenhar um papel importante no desenvolvimento emocional da criança, fornecendo-lhe certos instrumentos para enfrentar as crueldades e ansiedades da vida. Segundo Bettelheim, na mente infantil há pouco espaço para a ambiguidade: assim, por meio do mundo em preto e branco das fábulas, a criança aprende inadvertidamente, "por dedução", as "vantagens do comportamento moral" e vem a entender "que o crime não compensa". Você concorda com as teorias de Bettelheim sobre o papel que os contos de fadas podem ter no desenvolvimento emocional da criança (e posteriormente do homem)?*

As coisas não são tão simples. As fábulas retratam um mundo cruel e não oferecem soluções cômodas aos problemas da vida. Na verdade, as fábulas estão tomadas de contradições e ambiguidades. Nelas aparecem muitas figuras enganadoras, personagens que no início parecem positivos, mas que depois se revelam diferentes.

Chapeuzinho Vermelho, por exemplo, pensa que está indo visitar a avó, mas na verdade encontra o Lobo Mau disfarçado. Em *A Bela e a Fera* temos a situação oposta. A Bela pensa ter encontrado uma fera, e só depois entende que se trata de um belíssimo príncipe. No final dessas histórias, entendemos efetivamente quem é bom e quem é mau. Mas só no fim.

Então você não crê que o fascínio das fábulas reside em alguma lição ou moral oculta que elas nos poderiam ensinar? Você não crê que mitos como a tradicional busca do herói e o seu triunfo final sobre o pecado e a adversidade, descritos em grandes poemas épicos como a Odisseia *e a* Eneida, *foram concebidos para oferecer ao homem conforto e renovada confiança em si mesmo?*

Não necessariamente. É difícil estabelecer e igualmente difícil seguir uma moralidade de fato digna e válida. Quanto às histórias tradicionais do herói, algumas são consoladoras e encorajadoras, outras não. Tomemos por exemplo a história de Fausto. Tomemos a busca de Percival. Visto que todos os desfechos das suas peripécias se demonstraram insatisfatórios, poetas e escritores continuaram narrando essas mesmas histórias durante séculos.

No entanto, você utiliza exatamente muitos contos ou mitos tradicionais como fundamento da sua obra. Por exemplo, um dos seus livros recentes e, na minha opinião, um dos mais bonitos, O castelo dos destinos cruzados, *parece claramente moldado pelo mito do herói vitorioso. Embora todas as histórias que o compõem sejam diferentes, todas começam de maneira muito tradicional e previsível: o cavaleiro recebe a chamada à aventura, abandona a floresta escura da dúvida que ameaça a missão da sua vida e logo enfrenta diversos riscos e obstáculos que precisa vencer.*

É verdade: efetivamente utilizo elementos tradicionais, temas cavaleirescos e fabulosos nas minhas obras. Mas isso não deve surpreender. Muita literatura contemporânea extrai alimento da tradição. Vivemos numa época que se nutre do passado. Talvez seja a mitologia tradicional do herói que figura no esquema geral do *Castelo*. Sem dúvida, é verdade que procurei colocar no livro muitos dos meus heróis preferidos e das suas histórias, incluídos Percival, Fausto, Hamlet e o rei Lear. Assim, utilizei a convenção do bosque como pano de fundo ou como moldura para reunir as histórias individuais.

Mas, como você talvez se lembre, nenhuma dessas histórias tem um final feliz tradicional. Pelo contrário, todas terminam mal, quando não até de maneira desastrosa. Nem sempre um final feliz faz parte das peripécias do herói, e, acima de tudo, isso não acontece na literatura moderna.

Os finais sombrios das histórias do Castelo dos destinos cruzados *inegavelmente transmitem uma mensagem muito negativa. Parece, aliás, que você nessas histórias se propôs o objetivo deliberado de subverter, ou de destruir, a imagem do cavaleiro intrépido, apresentado nos romances de cavalaria renascentistas.*

Sim, é verdade. Começo as histórias dentro de uma moldura ou de um pano de fundo convencionais, mas apenas para ter um distanciamento irônico. Veja, apesar do tema cavaleiresco, *O castelo* é de fato um livro escrito para o presente. Como tal, ele não tem grandes heróis. Não há sequer lugar para a confiança em si do Renascimento. Afinal, vivemos numa época de escassíssima confiança. Em todo caso, creio que, mesmo na época renascentista, a ideia do herói já começara a ser tratada com um pouco de ironia. Em muitos aspectos, Ariosto já é um escritor moderno. Mas, naturalmente, é em Cervantes que de fato se inicia a literatura moderna.

Voltemos, portanto, ao *Castelo*. Nunca me propus o objetivo deliberado de pôr uma moral nos meus livros, mas foi precisamente o que fiz nesse. Para encontrar a minha "mensagem", se quisermos mesmo chamá-la assim, precisamos examinar um capítulo, o intitulado "Também tento contar a minha".[3] Nele construo uma história combinando elementos das vidas de são Jorge e de são Jerônimo, exatamente como vemos esses dois indivíduos representados em inúmeras pinturas famosas espalhadas pelos museus do mundo todo.

Mas, se bem me lembro dessa história, ela não tem nenhuma mensagem ou, pelo menos, nenhuma mensagem clara. Na verdade, a maneira como o personagem central chega às conclusões definitivas, nas últimas linhas da história, é muito inquietante e desconcertante: "Assim consegui pôr tudo em seus lugares. Na página, pelo menos. Dentro de mim continua tudo como dantes". Essa ambígua declaração, como muitas outras análogas no Castelo, *quer talvez sugerir uma espécie de moral?*

Bem, digamos que é o melhor que posso propor como moral. Serve para mim, mas não posso dizer se será útil a outros. Hoje vivemos mesmo com essa incômoda herança moral. Hoje estamos nesse ponto.

Se, para você, é este o ponto em que se encontra a nossa sociedade atualmente, então não há por que se espantar se as suas histórias, além de todos os seus momentos de sutil humour, representam um mundo cinzento e contraditório, povoado por pequenos homens impotentes. Todas as suas obras, apesar dos vários temas e de personagens tradicionais, são indubitavelmente concebidas como sátiras do homem moderno e do seu mundo.

Sem dúvida. No fim das contas, embora tenhamos falado muito da minha obra e da sua relação com a tradição, sou um escritor moderno. E, além do mais, o que é a tradição? Não é apenas algo que pertence ao passado: também faz parte do presente e do futuro. É verdade que escrevo fábulas; mas hoje o significado das fábulas está inevitavelmente ligado ao que elas dizem sobre a condição contemporânea.

E as suas ideias sobre a condição contemporânea parecem se refletir nas formas novas e inovadoras das suas histórias atuais. Nos últimos tempos, também o seu estilo, a maneira como você escreve, tem-se afastado nitidamente do modo de narrar tradicional. Para voltar ao Castelo dos destinos cruzados, *todos os personagens são mudos e, por isso, são obrigados a contar as suas sombrias aventuras por meio do tarô. De fato, o livro se revela um enorme jogo de cartas, de que participam tanto os leitores quanto os personagens que quebram a cabeça com as figuras das cartas e decifram para si mesmos os acontecimentos da vida da melhor maneira que podem. Mais do que uma simples sátira contemporânea,* O castelo *é também uma experimentação moderna da forma narrativa, um jogo linguístico, que usa as cartas no lugar da linguagem.*

Sim, o livro é experimental: uma experiência de construção. Trabalhei dentro de certas regras predeterminadas e extremamente restritivas, que me foram impostas pelos tipos e números das próprias cartas. Mas, apesar das limitações exercidas pela moldura do livro, fiquei muito feliz em descobrir que ainda havia espaço para uma grande liberdade e variedade das histórias. Poderia até dizer que, no *Castelo*, consegui me expressar mais do que em qualquer outro livro meu.

Agora há pouco, você falava da importância da tradição literária na literatura moderna. Basicamente você dizia com toda a clareza que a literatura de hoje, em especial, "se nutre" do passado. E agora acaba de se definir nitidamente como um escritor moderno, muito experimental. Existe, a seu ver, uma contradição entre as suas ideias anteriores sobre a importância do passado e a sua última observação sobre a natureza contemporânea da sua escrita?

Não, não existe. Quando eu falava do passado, pensava simplesmente nas velhas histórias que inspiram muita literatura contemporânea. Quando falo do moderno, penso na tendência da literatura contemporânea em romper com as formas tradicionais de escrita: em "desconstruir" o romance tradicional, para dar um exemplo. Na literatura criativa atual, há uma forte tendência em "desconstruir", às vezes só para se aproximar mais do inconsciente humano.

Mesmo obras recentes de críticos literários apresentam o mesmo novo interesse pela construção. Os estudos estruturais, em especial sobre o romance, procuram revalorizar a importância da moldura narrativa bem construída.

Por essas suas últimas palavras, parece correto o que John Barth disse sobre você muito tempo atrás, no artigo "The Literature of Replenishment" (publicado no The Atlantic Monthly *em janeiro de 1980). Lembra-se que ele o definia como um escritor com "um pé na narrativa do passado... um pé no... presente estruturalista parisiense; um pé na fantasia e outro na realidade objetiva"?*

Sim, eu me lembro, e não posso deixar de concordar com ele. Todavia, Barth apresenta vários conceitos no seu artigo. De um lado, fala de teoria e de prática, de outro, de fantasia e de realidade. Em todo caso, no final me dá quatro pernas nas quais eu me apoiaria, que sem dúvida é um apoio mais estável, tanto para mim como para a minha obra!

No mesmo artigo, Barth identifica uma escola literária que chama de "pós-modernismo" e considera-o, ao lado de alguns outros escritores famosos, um dos expoentes dessa escola. Depois ele traça uma espécie de programa pós-modernista. Segundo Barth, "o romance pós-modernista ideal superará de algum modo a controvérsia entre realismo e irrealismo, formalismo e 'conteudismo', literatura pura e literatura engajada, narrativa de elite e narrativa descartável". Acrescenta que o escritor pós-modernista "talvez não pretenda atingir e conquistar os devotos de James Michener e de Irving Wallace, para não dizer os analfabetos lobotomizados pelos meios de comunicação de massa. Mas decerto espera alcançar e ser apreciado, pelo menos em parte, para além do círculo daqueles que Mann costumava chamar de 'primeiros cristãos': os devotos professores da grande arte". Você concorda com a descrição do pós-modernismo feita por Barth? É de fato um escritor pós-modernista?

Não sei. Ainda não tenho certeza se sei o que é pós-modernismo. Mas fico feliz e lisonjeado em ser incluído em tão ilustre companhia. De modo geral, nunca consegui, como escritor, atribuir-me qualquer rótulo. Algumas vezes até invejei a capacidade dos escritores franceses de se situarem em escolas bem definidas. Mas, provavelmente para mim será sempre mais natural decidir onde me colocar segundo cada novo livro que escreverei.

Quanto à definição do pós-modernismo formulada por Barth, penso que descreve a condição de qualquer literatura que vale, e, portanto, não posso senão estar de acordo com ele.

Não considera, porém, um pouco esnobe a exclusão proposta por Barth dos "analfabetos lobotomizados pelos meios de comunicação de massa"

409

dentre o público dos leitores pós-modernos? A mim parece que, sobretudo por causa da televisão, o número dos leitores diminui ano a ano. O programa de Barth, assim como ele o formula, não tende a limitar o público dos leitores a uma elite de indivíduos?

Uma resposta completa à pergunta demandaria talvez uma análise sociológica dos leitores e da leitura; e não creio que esse tipo de estudo científico já tenha sido feito. Digo apenas: a literatura não é um meio de comunicação de massa, nunca foi. O público dos leitores de um livro, qualquer que seja o seu sucesso, pode ser mensurado somente em dezenas ou centenas de milhares. Em raros casos pode acontecer que um livro alcance no fim 1 milhão de leitores; mas isso em geral demanda certo tempo. Dentro dessa população de leitores relativamente pequena, poderíamos, talvez, realizar uma outra análise: distinguir níveis diferentes de leitura e de leitores. Mas os resultados desses estudos não seriam sempre confiáveis.

Por exemplo, quando — não faz muito tempo — escrevi *Se um viajante numa noite de inverno*, o próprio editor não tinha certeza se o livro agradaria um público amplo. No entanto, na Itália vendi mais de 100 mil exemplares nos primeiros três meses, obtendo um sucesso popular totalmente inesperado.

Mas, sucesso popular ou não, o escritor deve, sobretudo, ser honesto consigo mesmo. Deve escrever coisas que pareçam úteis e significativas para ele, mas também para aquele determinado segmento de público que mais lhe interessa, para aqueles leitores aos quais sente pertencer.

Os best-sellers escritos com o único intuito de serem sucessos comerciais esquecem-se depressa. O problema é que em todas as listas de best--sellers há uma quantidade de coisas que foram escritas de má-fé: por exemplo, histórias de amor e de mundanidade, escritas com a única finalidade de apelar a certos sentimentos. Pior ainda são aquelas obras que sondam falsas profundidades psicológicas, mas que são totalmente desprovidas de verdadeira substância, desonestas, e no fim soam falsas.

Mas não me entenda mal: não estava falando de literatura popular no seu conjunto. Respeito uma boa capacidade literária em todos os textos e ocasiões em que consigo vê-la. Se um livro se apresenta por aquilo que é, sem falsas pretensões, reconheço o seu valor. Os livros de John le Carré, por exemplo, demandam muitíssimas informações sobre países e povos, uma trama sólida e bem elaborada e um ofício sério que admiro muito. Livros policiais, histórias de espiões e de horror, absolvem o fim que se puseram e satisfazem seu público específico. Pode-se, portanto, mensurar o valor apenas no interior do seu gênero literário.

Porém, isso que você acabou de dizer sobre as diferentes finalidades e diversas categorias de literatura não diminui o alcance do debate em curso sobre a direção da escrita contemporânea. Aliás, justamente o seu último livro, Se um viajante numa noite de inverno, *apenas reabre a controvérsia do pós-modernismo. Como já* O castelo dos destinos cruzados *e* As cidades invisíveis, Se um viajante *é uma obra altamente inovadora. Como em especial* O castelo, *não é um romance em sentido tradicional, mas uma coletânea de contos com uma tênue ligação entre eles. Só que desta vez nenhum dos contos termina. Pode me dizer qual a finalidade de um livro como esse? Por que começou e não terminou essas histórias?*

Não terminei as histórias simplesmente porque não havia nenhuma razão para terminá-las. Cada um dos seus começos já contém a promessa do todo, já contém o seu fim. Por isso, mesmo que as tivesse terminado, não poderia de fato alcançar nada de novo. Em todo caso, o fato de que as histórias *devem* ter um fim não passa de uma convenção literária. A vida não é talvez assim?

Então, de algum modo, esse livro representa a vida?

Talvez, de algum modo. Vivo num país, a Itália, em que todo dia há um novo escândalo, um novo mistério, um novo delito, uma nova investigação e um outro processo. Todas essas histórias começam e nenhuma jamais termina. Há muitos mistérios da existência, muitos fins ou soluções diferentes da vida, que simplesmente nunca descobriremos.

Contudo, alguns críticos americanos manifestaram opiniões mistas sobre esse seu novo livro de inícios, achando-o com muita frequência estudado demais. Eles sustentam que Se um viajante *é hiperelaborado, confuso, livresco e preocupado demais com o problema da leitura. Como você responde a essas críticas?*

Não há dúvida de que esses críticos têm razão. Os meus livros são elaborados, complexos, se quiser até livrescos. Se procuram um escritor que fala com o coração na mão, não devem se dirigir a mim. No entanto, penso que esse meu último livro mostra um grande amor pela narrativa. Nele se desenvolve uma espécie de batalha entre o que é livresco e o que é a verdadeira alegria do narrar. No fim não posso dizer qual desses dois elementos prevalece. O leitor é que deve decidir.

411

Contudo, muitos dos comentários menos favoráveis sobre Se um viajante *coincidem efetivamente com as palavras cáusticas dos críticos aos pós-modernistas. Eles sustentam que grande parte da literatura de hoje dá uma importância excessiva à arte da escrita em detrimento do conteúdo, e que muitas vezes o pós-modernismo é pouco mais do que literatura sobre literatura. O seu último livro não é, talvez, aquele tipo de literatura de que os críticos aos pós-modernistas escarnecem? Parece que* Se um viajante, *como todas as suas obras mais recentes, realmente dá uma ênfase maior à execução do que ao conteúdo.*

Não posso negar. *Se um viajante* é um exemplo de literatura sobre a literatura, um livro sobre livros, justamente como grande parte da literatura de hoje. É verdade que dedico um enorme cuidado à execução, ao resultado da minha escrita. É este o meu modo de trabalhar; é isso o que me interessa.

Se bem me lembro, um dos capítulos finais de Se um viajante *é dedicado a um debate literário sobre os gêneros. Nele um grupo de cinco leitores fictícios discute longamente as sutilezas da literatura e sustenta o papel do leitor diante dessas complexidades. Você acredita de fato que tais discussões cabem à ficção? Deve ser este o cerne da literatura de hoje?*

Não sei você, mas eu odeio dizer o que a literatura *deve* ser ou o que *cabe* a ela. O ponto, creio eu, é que coloquei no final do livro justamente essa discussão sobre a leitura, que certamente não está deslocada, visto que o livro inteiro diz respeito à leitura. À leitura, repito, não à literatura. Quando falamos de literatura, em geral pensamos nos tipos de livros que são apresentados do ponto de vista do escritor. O ponto central desse meu livro, pelo contrário, é que ele exprime a faceta de diferentes tipos de leitores. No fim, para completar essa "enciclopédia" do ler, apresento, portanto, uma revisão dos mais refinados e problemáticos métodos de leitura.

Mas essas discussões sutis, junto com essa recente investigação da forma literária em detrimento do conteúdo, não prenunciam, talvez, uma nova expressão do barroco?

O que entendemos por barroco? Ele não é de nenhuma forma um termo negativo. O barroco é um gosto, um estilo, que neste século teve uma atenta revalorização crítica. Representa um esforço em direção da multiplicidade, da complexidade e da infinita diversidade do nosso mundo. É uma espécie de exploração das profundezas interiores do homem à qual muitos escritores de hoje (embora não eu especificamente) aspiram. Não creio que eu de fato pertença àquele grupo de escritores com gosto pelo barroco.

Talvez não. No entanto, parece que hoje nenhum escritor vivo personifica mais do que você essa nova tendência à complexidade e à diversidade na literatura. As suas obras juvenis, como A trilha dos ninhos de aranha, *são caracterizadas pelo realismo cru da Itália em guerra. Outros contos, entre os quais "A formiga-argentina", "A nuvem de smog", e* O dia de um escrutinador *têm relação com a ecologia, a política e a reflexão social. Outros ainda, como* O visconde partido ao meio, *mesclam fantasia e observações humorísticas, mas pungentes, sobre a condição espiritual do homem moderno. Livros mais recentes, como os que acabamos de falar sobre, experimentam novas formas de narrativa, inclusive cartas de baralho e histórias não concluídas. Com toda a variedade e a inovação da sua escrita, como definiria o conjunto da sua obra?*

Não saberia definir o conjunto da minha obra. Procuro nunca pensar nessas coisas. Escrevo cada livro como se fosse o primeiro, como se não tivesse a menor relação com nenhum dos outros. Deixo ao crítico a tarefa de definir a minha obra.

Quanto à finalidade do meu trabalho, é de fato muito simples. Quando leio algo que me agrada, já fico satisfeito, contente. Se aquilo que escrevo pode fazer outras pessoas sentirem esse mesmo tipo de prazer, e talvez até um pouco de alimento para a mente, então a finalidade foi alcançada.

Há outros escritores vivos com quem sente algum tipo de afinidade? Em particular, existe algum escritor americano ao qual poderia ser comparado?

Deixe-me pensar. Mark Twain era um delicioso escritor satírico, e certamente me agradaria ser comparado a ele. Quanto aos escritores vivos, há muitos que amo e admiro, embora com frequência sejam muito diferentes de mim. Borges, por exemplo, tem uma grande importância para mim: gosto muito da sua imaginação e da sua linguagem, embora sua formação não seja semelhante à minha. Admiro muito também Samuel Beckett, apesar de sua escrita não ter nada a ver com a minha.

Mas voltemos aos Estados Unidos e aos autores americanos. Considerando a sua formação e as suas ligações juvenis com a literatura america-

413

na, surpreendeu-me muito ler recentemente que você não tem muito interesse pelos escritores americanos.

Certamente fui mal citado. Talvez eu tenha dito que em anos recentes não vimos muitos escritores americanos novos e interessantes.

A literatura americana sempre teve para mim grande familiaridade e importância, tanto para a minha evolução de escritor quanto para o meu trabalho. Como talvez você saiba, durante muitos anos trabalhei na Itália como editor: nessa função, li inúmeros autores americanos e fiz revisão das traduções dos seus livros.

Quanto à minha formação pessoal de escritor, pertenço àquela geração italiana que cresceu admirando e cultuando escritores como Hemingway, Faulkner e Fitzgerald. Os meus guias, tanto na escrita literária como no trabalho editorial, foram, naquela época, Cesare Pavese e Elio Vittorini. Foram eles os primeiros a traduzir os narradores americanos nos anos 1930 e 1940 e os apresentaram à Itália, propondo-os como modelos estilísticos aos nossos escritores daquele período. Você sabia, por exemplo, que no início dos anos 1940 Vittorini já havia traduzido William Saroyan e fizera dele uma espécie de mestre para os jovens aspirantes autores italianos? Mas hoje essa é uma história velha.

Desde então sempre acompanhei de perto a literatura americana, e em especial escritores como Vidal, Mailer, Bellow e Barth. Fico contente em poder dizer que vários desses escritores são também meus amigos pessoais.

Considerando o estado de constante transformação que vemos hoje na literatura contemporânea, e o seu contínuo distanciamento das formas e das atitudes tradicionais, quais são, afinal, na sua opinião, os fins últimos da literatura de hoje?

Também não me faça perguntas sobre os fins últimos. Diria que o âmbito e a finalidade da literatura têm hoje muito menos pretensões do que antigamente. Se se fala de influência sobre o vasto público, deve-se dizer que a literatura *sofre* a enorme concorrência de outros meios de comunicação, o cinema e a televisão. No quadro de uma tentativa qualquer de construir um novo futuro, a nossa sociedade está mais consciente do que nunca de ter pouco poder para controlar o curso da história e dos acontecimentos. Hoje, em todos os níveis da sociedade, há poucas ilusões. Mas poucas ilusões são muito melhores do que falsas promessas.

Para ser sincero, penso ainda que a literatura mantém suas promessas mais do que a maioria das outras expressões culturais, por exemplo, mais do que a política. Se a verdadeira finalidade da literatura é apenas a de oferecer modelos de visões, de pensamentos, de linguagens e de sentimentos, então ela já o conseguiu. Se a literatura dá prazer a quem lê e usufrui dela, já é mais do que suficiente.

O ESCRUTINADOR DE FILMES[1]

*P*ineta di Roccamare. *Italo Calvino está no júri do próximo Festival de Cinema de Veneza, talvez seja o seu presidente. É um dos escritores que menos contribuíram diretamente para o cinema italiano: algumas colaborações em roteiros, por exemplo, de* Renzo e Luciana, *um episódio de* Boccaccio '70 *dirigido por Monicelli; o tema belíssimo para um filme de Antonioni nunca realizado; um filme de animação de Pino Zac a partir do seu* Cavaleiro inexistente; *um esquete dirigido e interpretado por Nino Manfredi extraído de um conto seu, "A aventura de um soldado". Mas é talvez o escritor italiano que mais antecipou em sua própria obra o imaginário, as fascinações, as tendências do cinema internacional contemporâneo: o mundo medieval revivido com ironia, o universo mágico repetitivo e fatal da fábula, as cosmogonias fantástico-científicas, as cidades do sonho entre o Oriente visionário e a megalópole moderna, a narrativa como processo combinatório de elementos preexistentes, a narrativa como forma completa que é possível decompor, trabalhando com o conto como um jogo de xadrez. Calvino se define "um espectador médio", mas está para se tornar jurado de filmes: vamos interrogá-lo sobre suas relações com o cinema.*

O que lhe agrada na ideia de fazer parte do júri do Festival de Cinema de Veneza?

Sempre gosto de ir a Veneza. Gosto de ver os filmes em versão original, o que é impossível na Itália: é uma prova de barbárie italiana acreditar que um filme dublado seja equivalente a um filme que fala a própria língua; é um preconceito estético pensar que um filme é feito apenas de imagens, que a sobreposição de uma linguagem estranha e de vozes fictícias não o desvirtua; é uma mutilação cultural ver dublados em italiano até os filmes japoneses, nos quais é essencial o fato fônico, os tons, o arfar, o ritmo do diálogo. Gosto de ver os filmes do começo ao fim, ao contrário do absurdo hábito italiano de entrar no cinema em qualquer momento. Certos filmes só agora, ao revê-los na TV, estou vendo de fato, do começo ao fim, não desestruturados narrativamente, nem emocionalmente alterados: e muitas vezes reconheço o ponto em que entrei na sala naquela primeira vez.

E gosta de cinema? Vai com frequência?
Não, não vou com especial frequência. Tenho meu passado de cineclube, de dias inteiros que passei na Cinemateca de Paris, mas creio que me convidaram para o júri do Festival de Veneza porque não sei nada de cinema, porque nunca teorizei sobre o cinema. Creio nunca ter lido histórias do cinema ou textos de teoria cinematográfica, embora tenha trabalhado durante anos numa editora que publicava muitos livros do gênero, e tenha escrito durante anos as orelhas ou as sinopses publicitárias desses livros. Detesto sobretudo os livros com roteiros de filmes: seriam interessantes apenas se oferecessem as diversas fases pelas quais passa um roteiro, todas as redações sucessivas de uma cena ou de um diálogo, todos os cortes, descartes, eliminações, as palavras que não se tornaram imagens, aquilo que nunca foi filmado.

Gosta de ir sozinho ao cinema?
Quando estou só, logo digo "está bem, entendi", me levanto e vou embora; mas, se estou com outras pessoas, fico até o fim do filme. Vou ao cinema com a minha mulher, é ela que me leva; por mim, adiaria, adiaria sempre.

Significa que você não extrai do cinema hoje nenhum tipo especial de alimento?
Estou de dieta: isso não quer dizer que não haja alimento.

417

Se lhe disserem que as pessoas quase não vão mais ao cinema, que o cinema é um gênero de espetáculo não mais contemporâneo, que o cinema morreu, o que pensará?

Pensarei que a ópera lírica é um fenômeno que se encerrou depois de dois séculos, e que ainda neste ano a minha principal atividade foi me dedicar às óperas líricas. A agonia de um império pode durar um milênio, como a de Bizâncio.

Quando era jovem, para você o cinema foi uma paixão, um mito, o mundo?

Mais ou menos como para todos: acredito que realmente represento o espectador médio. Na infância, fui educado com muito rigor: a minha mãe não me deixava ir sozinho ao cinema e escolhia para mim somente filmes educativos. Tinha em casa um projetor, um Pathé Baby que meus pais trouxeram dos Estados Unidos, e projetavam para mim filmes instrutivos. Mesmo cômicos, mas minha mãe pensava que Carlitos era mal-educado demais. Preferia Harold Lloyd porque se comportava muito melhor, tinha mais compostura, e assim eram muitos os filmes de Harold Lloyd. Às vezes me levavam também ao cinema. Tenho poucas lembranças dos filmes mudos, mas me lembro do início dos filmes falados: *A voz da África*, um documentário sobre animais ferozes; ou *Trader Horn* [*Mercador das selvas*],[2] que também se desenrolava na África, mas creio que havia cenas de tortura infligidas pelos selvagens aos exploradores, e minha mãe me levou embora, dizia que as cenas impressionantes fazem mal ao sistema nervoso.

No seu mundo de fantasia, eram mais importantes os livros ou os filmes? E filmes cômicos ou de aventura?

Não lia tantos livros assim: não fui precoce em nada, nem na leitura. O cinema de aventuras e o de comédia correspondem ambos, penso eu, a uma mesma necessidade elementar interior: sermos surpreendidos por uma emoção, que pode ser tanto a que desencadeia o riso quanto a que liberta de uma tensão de perigo.

Os seus heróis, os seus modelos, pertenciam ao cinema?

Na adolescência logo me orientei para modelos irônicos e reflexivos, como podiam ser o sublime Leslie Howard ou o imperturbável William Powell. Ou Fred Astaire, que eu também adorava: com os seus extraordinários dotes de bailarino, ele pertencia a um mundo sobre-humano, mas como personagem humano tinha *humour* e graça. Sem dúvida, fazia parte do meu Olimpo, e ainda hoje é um grande prazer rever os seus filmes, tão perfeitos mesmo formalmente, como objetos concluídos e fechados em si, como mecanismos absolutamente operantes.[3]

Todos eles são atores que personificam a elegância, a leveza, a desenvoltura mundana do viver, o estilo...
Correspondem também a uma época em que a minha principal leitura eram os romances de P.G. Wodehouse: como vê, estas perguntas me levam de volta a um mundo que não tem mais relação com o mundo de hoje, nem com o cinema de hoje.

Berto Wooster ou Psmith, os rapazinhos ingleses protagonistas de tantos romances de Wodehouse, são uns tolos, uns atrapalhados...
Mas Jeeves não: meu modelo de onisciência, onipotência, segurança e traquejo era ele, Jeeves.

Nenhum modelo cinematográfico de herói de ação, aventureiro ou militar?
Gary Cooper estava ali presente, simbolizava o heroísmo aventureiro ou militar, mas sempre com um toque de ironia: mesmo ele tinha uma extraordinária leveza. Outro que estava presente era Clark Gable, que dava uma alegria transgressora mesmo à mais brutal virilidade. A certo ponto, a esse caráter quase unidimensional do cinema americano veio a se acrescentar a dimensão diferente do cinema francês, cheio de cheiros, humores e suores, com Jean Gabin erguendo a cara do prato suja de sopa, nas primeiras cenas de *A bandeira*.[4]

Entre as mulheres do cinema, qual era a sua preferida?
As mulheres do cinema constituíam um catálogo de possibilidades, um firmamento de constelações. Havia Jean Harlow, que representava aquele conjunto de concretude terrestre e abstração platinada que teve tantas encarnações no cinema, até aquela versão atordoante de Marilyn Monroe. Do outro lado do espectro, estavam as mulheres mais misteriosas, irônicas e dotadas de cabeça, de inteligência: como Myrna Loy, cujo rosto foi, sem

dúvida, importante para definir uma tipologia feminina de mulher não objeto. Entre umas e outras havia o núcleo das mulheres fatais: Greta, Marlene, e progressivamente até Joan Crawford.

Mas a verdadeira predileta?
Myrna Loy.

Filmes e atores italianos, nada?
Eu os assistia, assisti a todos, assisto novamente na TV: o único que não me desiludiu é *Darò un milione* [Darei 1 milhão], de Camerini.[5] Eu me lembrava perfeitamente dele, é um magnífico desenvolvimento dos temas de René Clair, realizado com muita elegância.

O cinema era também uma escola de comportamento? Às vezes imitava os trejeitos dos filmes, as atitudes, as falas, o modo de andar com a gola da capa de chuva levantada, de acender os cigarros, de beijar a namorada?
Eu gostaria de saber levantar a parte das sobrancelhas junto ao nariz deixando abaixada a parte do lado das têmporas. Todos os atores americanos faziam isso e teve um momento em que achei que conseguia fazê-lo, mas depois não consegui mais. Cada qual tem suas limitações.

Depois, o cinema tornou-se outra coisa?
Os gostos da adolescência passaram; falar deles é como se pertencessem à vida de outra pessoa. Mas talvez, quem sabe: não sei. Quando passei a fazer parte do mundo do papel impresso, o cinema feito por pessoas que podia conhecer já não me impressionava tanto. Não havia mais o sentimento de distância, de mistério mítico, de ampliação das fronteiras do real: para recuperá-lo, devia assistir aos filmes japoneses, pertencentes a um mundo totalmente distante. Perdeu-se a emoção do extraordinário, do espectador encantado e boquiaberto como uma criança, característica de uma época em que a gama de imagens era limitada, a experiência de contemplar imagens era incomum e rara, ao contrário de hoje, que é habitual e corriqueira.

A sua obra narrativa foi pouco explorada pelo cinema; você trabalhou pouco para o cinema. Por quê?

Os escritores da minha geração foram imediatamente em bloco para o cinema: vi que se acotovelavam, e então saí. Manfredi rodou um esquete perfeito da minha novela "A aventura de um soldado", mas o que eu mais gostaria era de ser plagiado pelo cinema: rende menos, mas é mais lisonjeiro. Meu amigo Furio Scarpelli diz que o episódio dos *Eternos desconhecidos* em que os ladrões começam a comer na cozinha do apartamento que foram roubar foi inspirado numa novela minha, "Furto in pasticceria" [Furto na confeitaria]. Anos antes, Blasetti já queria filmar um esquete dessa mesma novela, mas foi impedido pela censura porque havia policiais que, em vez de perseguir os ladrões, se põem a comer docinhos: imagine agora.

E o que pensava sobre aquele cinema italiano do pós-guerra, que recebeu a mesma definição dos seus primeiros romances, "neorrealismo"?

Lembro-me de ter assistido a *Obsessão* de Visconti ainda sob o fascismo; impressionou-me muito, e compreendi que a sua poética era a mesma dos romances americanos que se liam na época. Quanto aos outros filmes do neorrealismo italiano, gostava mais de alguns do que de outros.

Os fenômenos mais relevantes, a seguir, foram o cinema de autor na nouvelle vague francesa, o cinema tecnológico no grande espetáculo americano: gostava deles?

Interessaram-me, com o distanciamento de alguém que não quer ficar preso no meio das sofisticações intelectuais nem da formulação de uma espetacularidade exclusivamente tecnológica. *2001: Uma odisseia no espaço* de Kubrick é um filme maravilhoso, gigantesco, *Apocalypse Now* de Coppola me parece maravilhoso, excluindo Marlon Brando: mas não quero me pôr a teorizar, a fazer discursos de gosto ou de poética cinematográfica.

No hipotético conflito entre apoiadores do "alto cinema" e apoiadores do "baixo cinema", entre cinema de engajamento sociocultural e cinema popular de evasão, em suma, entre arte e espetáculo, entre História e efêmero, de que lado você está?

Eu estava entre os enaltecedores do cinema popular e artesanal até que ele se tornou uma bandeira de muitos intelectuais, que o teorizaram e o converteram em mais uma fajutice. Sem tomar uma posição prévia, pro-

421

curo estar aberto ao que tem valor: mas como regra, e não só no cinema, prefiro o profissionalismo à superficialidade que se acredita inspirada.

E as pessoas do cinema, em geral, gosta delas?
Em geral, não gosto de ninguém. Em particular...

Michele Prisco, deixando a crítica cinematográfica que mantinha num jornal diário, escreveu: "Ver a vida reinventada na tela e sofrer o bombardeio de histórias, fantasias e imagens dos outros me impede de escrever e de inventar histórias minhas para dividir com a página dos livros junto aos meus leitores". Você faria essa mesma consideração? O autor do Dia de um escrutinador *dá seu sorriso de furão, emanando o fascínio da inteligência, e diz:*
Daqui a um mês terei o balanço dessa imersão contínua num oceano de imagens, filmes, documentos, sonhos, pesadelos. Considero, em todo caso, que a visão é uma coisa e a criação é outra.

Ser o presidente de um júri heterogêneo e internacional como o desta edição do Festival foi cansativo?
O trabalho de presidente e escrutinador de filmes foi muito mais cansativo e intenso do que jamais pensei. Dúvidas e incertezas acumulam-se de forma contínua, depois de cada reunião, depois de cada exibição. Julgar é sempre difícil e nenhum prêmio conferido teve unanimidade (eram necessários cinco de nove votos para entrar na lista dos vencedores). A última reunião foi muito acalorada e com muitos embates: havia quem não quisesse dar o Leão de Ouro somente para o filme de Margarethe von Trotta, *Os anos de chumbo*, e quem apoiasse *Sonhos de ouro* de Nanni Moretti. Faço questão de dizer que nenhum membro do júri manifestou qualquer dúvida sobre o filme de Trotta devido ao tema do terrorismo, que ela enfrenta com tanta lucidez e emoção.

É verdade que o americano Peter Bogdanovich detestava o filme de Nanni Moretti e que como diretor-jurado foi embora depois de meia hora de projeção do filme A ocasião da Rosa, *de Salvatore Piscicelli?*
É verdade que alguns filmes italianos dedicados a problemas nacionais e, como no caso do filme de Piscicelli, a uma realidade complexa e autóc-

tone como a napolitana suburbana deixaram muitos membros do júri perplexos, sobretudo alguns estrangeiros. Em todo caso, toda avaliação e todo juízo sempre têm seu outro lado: a francesa Marie-Christine Barrault, por exemplo, gostou muitíssimo do filme de Nanni Moretti, *Sonhos de ouro*, e lhe previu um grande sucesso na França entre o público jovem.

Quais são os filmes vistos de que mais gostou?

Sonhos de ouro de Moretti me convenceu pela lufada de inteligência humorística e de sutil melancolia que contém. Mas fiquei entusiasmado com o filme fora da competição *Francisca* de Manoel de Oliveira, membro do júri. Baseado no romance *Fanny Owen* da portuguesa Agustina Bessa-Luís, *Francisca* deveria chegar ao público o quanto antes. A história é ambientada num Portugal romântico e aristocrático de 1850 e é inspirada numa história verídica, em que a família do diretor esteve envolvida. Diante de uma obra como essa, que também faz um excelente uso da música eletrônica, a indagação sobre a suposta morte ou esgotamento do cinema perde qualquer razão de ser.[6]

Você, na vida cotidiana, quando mora em Paris ou em Roma, como costume, vai com frequência ao cinema?

Bastante não significa muitíssimo nem pouquíssimo. Claro que a frequente transmissão de filmes pelos canais de televisão prejudicou o cinema.

O que pensa da polêmica do ministro da Cultura francês Jack Lang, que boicotou um festival de cinema americano que ocorre na França e declarou que os países da Europa devem se unir numa frente comum contra a colonização do cinema ianque? Italo Calvino responde imediatamente, com um ímpeto que atesta um passado juvenil quase de cinéfilo. Diz sorrindo, com a ironia das suas Cosmicômicas:

O meu amor pelo cinema nasceu sobretudo, uns três quartos dele, a partir do cinema americano e, portanto, não compartilho um ostracismo que limitaria as livres escolhas do público. Desde sempre o cinema americano realiza filmes envolventes e bem-feitos, e um dos meus prazeres mais secretos e sutis como espectador, e só indiretamente jurado, desta Bienal, foi a descoberta de que o grande Howard Hawks (ao qual foi dedicada uma extraordinária retrospectiva) assinou alguns filmes que amei muito na minha juventude.

AS IDADES DO HOMEM[1]

A *velhice ainda existirá em 2000?*
A velhice... a velhice em 2000 com certeza é um tema que interessa... a mim e a todos os que, se tudo der certo, chegarão a 2000 com oitenta anos nas costas, mais ou menos. Há dados que devem ser levados em conta: a duração média da vida humana está aumentando, a porcentagem de velhos na população é maior, os avanços da medicina tornam a velhice mais facilmente suportável para muitas pessoas. Mas as mudanças que poderemos discutir aqui são de outro tipo: dizem respeito à relação entre os velhos e os não velhos, o papel dos velhos e dos jovens na sociedade. Se, por exemplo, os velhos em 2000 se revelarem como os únicos jovens, e se os jovens se sentissem já como velhos, isso mudaria muito a situação.

A diferença entre os velhos e os jovens, a relação entre eles, é um dos aspectos que melhor definem uma civilização. O que significa o velho para uma civilização parece-me ser a verdadeira questão a se discutir. Pois hoje parece-me indubitável que os velhos estão perdendo o significado. Em outras épocas, o contraste entre velhos e jovens era muito marcado, e a imagem do velho possuía características muito fortes: positivas ou negativas. Podia ser considerado o depositário da sabedoria, o patriarca objeto de veneração ou, pelo contrário (e talvez ao mesmo tempo), o velho resmungão, o velho avarento, o obstáculo a ser removido para a afirmação da juventude.[2]

Hoje o velho não deve ser removido, já foi removido. E, por outro lado, ninguém pensa que tenha sabedoria a transmitir, e sequer uma experiência. Hoje a tendência é separar os velhos do resto da sociedade. Sabemos que nos Estados Unidos existem as cidades dos aposentados, onde apenas velhos moram; aqui também, na Riviera, há as cidades onde os velhos passam o inverno, as praias em que não se vê nada além de velhos. Essa separação sem dúvida corresponde a uma perda de relações, uma perda de significado. Mas não gostaria de simplificar demais. Há sempre novos dados que devem ser analisados: o centro de algumas metrópoles — ouço falar de Paris — tem sido ocupado cada vez mais por velhos e por gente muito jovem, enquanto a parte produtiva da sociedade se desloca para a periferia e os casais, quando se casam, vão morar nos subúrbios residenciais. Portanto, aí se criaria uma equiparação entre os mais velhos e os mais jovens como excluídos da produção, mas sem uma verdadeira relação entre eles.

Mas a definição da situação — digamos — urbanística não é essencial. O essencial é o que se transmite entre os diversos grupos de idade, como se distribuem os valores, a experiência, a energia. Temos muitos exemplos de jovens cansados e de velhos enérgicos...

Estaremos rumando para um mundo que será conduzido pelos velhos?
Bem, se fosse assim, não seria uma boa coisa, não seria um bom sinal: se tanta vitalidade dos velhos serviu para criar um mundo em que os jovens se sentem menos vitais, é sinal de que havia algo de errado. Talvez seja este o ponto: vivemos num mundo em que não se acumula mais experiência. O que terei para transmitir, daqui a vinte anos? Qual sabedoria? Até hoje, devo dizer, é muito pouco o que consegui separar para transmitir aos que vierem depois de mim. Aquilo que com certeza todo idoso pode atestar é a série de erros que cometeu, a parte negativa da sua experiência, se tiver lucidez o bastante para reconhecê-la. Mas como transmiti-la aos jovens, que não têm nenhuma vontade de ficar nos ouvindo? Os jovens têm necessidade de cometer seus erros pessoalmente, embora sejam os mesmos erros dos pais, ou erros parecidos, levando em conta que a situação mudou...

Mas há também a parte positiva da experiência própria a ser transmitida, não acha?
Sem dúvida, há os valores positivos que toda geração teve ou acredita ter tido. Tanto os velhos quanto os jovens sentem a necessidade de reconhecer-se num certo número de valores. Mas isso também é difícil de trans-

mitir. Se a pessoa começa a dizer: "É, nós sim, quando jovens, é que éramos bons!", torna-se imediatamente um terrível chato, é logo rejeitado, ninguém o ouvirá mais. A positividade da experiência é o que há de mais difícil de se transmitir. E, por outro lado, se um idoso tenta granjear a simpatia dos jovens: "Ah, vocês sim é que são bons! Ah, se soubessem como aprecio estes seus novos aspectos!", já falseia tudo, faz tudo se tornar falso.

Como será possível, então, comunicar-se entre gerações diferentes?
O que poderia aproximar mais as gerações é a comparação dos erros cometidos, mas é uma experiência que não se pode transmitir porque cada geração deve cometer seus próprios erros. O que distingue mais é a parte positiva que cada geração traz consigo, mas isso é incomunicável por sua própria natureza, pois, tão logo se tenta enunciá-la, torna-se retórica.

Portanto, amanhã haverá mais contraste ou mais aliança entre velhos e jovens?
Quem sabe se a melhor solução não é se tornar um velho muito antipático. Creio que eu conseguiria sem muito esforço, talvez até acentuando as características repulsivas da velhice, tornando-me um velho ranzinza, maldoso, um pouco asqueroso, um pouco sinistro. Assim poderia provocar nos jovens uma reação de beleza, de limpeza, de alegria. Talvez seja a única maneira de alcançar um resultado socialmente positivo, que nenhuma pedagogia pode sonhar obter.

Mas como são concebidas essas cidades de velhos?
Hoje em dia, são um pouco sinistras, com o seu ar de despreocupação programática. Vai-se criando um consumismo especial para velhos, como há um consumismo para jovens.

Existirão alimentos próprios para os velhos?
Por que não? Alimentos para quem precisa mastigar com dentadura... Mas o que acentua a diferenciação é menos sinistro do que aquilo que pretende mascará-la; as roupas chamativas, as modas juvenis: há uma falsa jovialidade dos velhos que não é nada atraente. Talvez o melhor caminho seja acentuar a separação, levá-la às extremas consequências. Por exemplo, fazer das cidades dos velhos espécies de cidades proibidas, proibi-

das aos não velhos; assim adquiririam um valor simbólico, como cidades de fronteira com um outro mundo, acentuando o seu caráter de antecâmara do além. O que poderia assumir significados infernais ou paradisíacos. Por exemplo, cidades malditas de onde partem expedições de velhos malvadíssimos que se lançam às cidades dos jovens, capturam criaturas jovens para se alimentar delas, para sugar o seu sangue quente. Ou cidades de patriarcas bíblicos, com longas barbas brancas, vestes solenes, grande compostura. Talvez houvesse jovens que se separariam da cidade dos jovens e procurariam vencer as barreiras para entrar na cidade dos velhos, para captar uma sabedoria que julgariam estar ali preservada, e que talvez nem estivesse, mas, em todo caso, já o fato de buscá-la seria uma coisa muito importante.

Esta é uma imagem quase mágica da velhice no futuro...
Sim, mas cuidado! Sem anunciar, sem dizer: "Aí está, vamos fazer algo mágico!", pois senão logo se vê o truque.

Mas, socialmente, você pensa que os velhos terão o poder?
Fala-se muito que as grandes potências são governadas por velhos, que também na Itália há uma extrema lentidão na renovação dos grupos dirigentes. Mas isso se refere a uma parte restrita da população idosa, aquela que detém o poder. Não é que a pessoa envelhece e, num determinado momento, tlec!, dão-lhe o poder. Não, é preciso que toda a sua vida tenha se realizado daquela forma, que tenha feito de tudo para ser um homem de poder desde jovem. Mas isso não me parece um problema interessante. Se o poder vier a se tornar uma coisa, como agora já é em grande parte, totalmente desprovida de encanto, desprovida de atrativos, uma coisa que atrai apenas os que têm aquela vocação limitada e pouco invejável, tudo bem que fique entregue na mão dos velhos, de um determinado tipo de velhos.

Até agora você falou dos velhos e dos jovens, mas não das crianças. O que acontecerá com as crianças?
Pode-se pensar num paralelismo entre a separação dos velhos e a das crianças. Crianças que crescem nas cidades, e que terão sempre mais problemas porque ficarão, em larga medida, abandonadas a si mesmas.

Mas como serão criadas? Creches, jardins de infância?

Sim, haverá cada vez mais crianças, mas haverá também cada vez mais problemas logísticos: como levá-las às creches? As cidades estarão sempre congestionadas, praticamente as crianças não poderão se afastar dos grandes prédios residenciais. Continuarão a se adotar as soluções agora em uso nas grandes cidades: uma porteira, uma velhinha, que cuida de alguns grupos de crianças que moram no prédio. Aí está uma função da velhinha que não se reduzirá, enquanto existirem essas velhinhas. A avó, a tia, a comadre terão em 2000 uma importância social decisiva, mas se tornarão raríssimas. E os grupos de crianças a ser atendidas continuarão crescendo, transbordarão dos mezaninos, das portarias, dos pátios, invadirão as ruas. Hordas de crianças transbordarão na cidade, no meio do trânsito. Mas o trânsito estará sempre paralisado, e as crianças poderão passear entre os carros parados. Crianças de todas as raças, porque as cidades serão habitadas por diversas etnias.[3]

E como conseguirão se entender?

Haverá uma evolução linguística que se desenvolverá a partir de baixo, da infância das metrópoles ocidentais habitadas cada vez mais por africanos e asiáticos, de tal modo que haverá mesclas de línguas e também de classes completamente distintas. Ao mesmo tempo, haverá a influência unificadora da televisão, que tende a uma linguagem padronizada, um pouco abstrata, um pouco insípida, como a que estamos usando neste momento.

A música terá um papel na comunicação?

Sem dúvida, a música será, como já é agora, não um meio de comunicação, mas um modo de estarem juntos. Até mesmo juntos cada um por si, ouvindo a sua fita cassete nos seus fones de ouvido.

Na educação das crianças, a música não poderia substituir a linguagem?

Pode ser que essas comadres cuidando das hordas de crianças, para se fazerem ouvir no meio da barulheira da cidade, utilizem cornetas, tambores e outros instrumentos acústicos bem ruidosos para se comunicarem. Quem sabe nascesse daí um novo tipo de música.

Nessas cidades, que papel a natureza poderá ter?

Há um elemento natural em grande expansão, com o qual certamente podemos contar, e são os ratos; os ratos aumentam sempre, porque o único resultado de todas as campanhas de dedetização é selecionar espécies de ratos mais resistentes aos novos venenos, mais inteligentes e que se propagam com tal rapidez que será impossível qualquer forma de combate. Então com certeza teremos de levar em conta que as cidades serão povoadas por essas massas enormes de ratos, que sairão à luz do dia dos porões, dos subterrâneos, dos bueiros e se integrarão à vida da cidade, serão seu elemento natural mais característico.

Haverá outro flautista de Hamelin?

Talvez aquelas comadres que eu citava antes. Crianças e ratos dominarão a cidade, ora combatendo entre si, ora se aliando contra os adultos.

O que prevê na relação entre pais e filhos? Mudará?

Acredito que essa crise de descontinuidade entre gerações continuará a existir, visto que os pais estão cada vez mais inseguros sobre o que devem ensinar, ou ensinam coisas que depois não servem. O ideal seria que o "poder repressor" que toda educação deve ter e o "poder libertador" que deve ser o seu efeito encontrassem um equilíbrio. A repressão não deve ser a ponto de sufocar, pois então o seu efeito educativo é nulo ou catastrófico, mas igualmente deletéria é a recusa de exercer uma autoridade, de representar uma figura de orientação, de assumir a responsabilidade em fornecer indicações que sejam úteis. Como temos visto nestes anos, essa incapacidade de educar cria apenas pessoas infelizes. Mas sabe-se lá quando chegaremos a um novo equilíbrio entre uma forma de autoridade e o poder libertador que deve vir da educação. Certamente o prazo de vinte anos é curto demais para que alguma coisa mude; esperemos que pelo menos daqui a duzentos anos a situação melhore.

O que a humanidade mais fará? Ou fará menos? Mais trabalhos manuais?

A tendência até agora foi de perda da destreza nas mãos, mas parece que há hoje nos jovens uma nova tendência de recuperação das habilidades manuais, talvez para montar tipos sofisticados de toca-discos e alto-falantes, de instrumentos musicais eletrônicos, e isso poderia ser um sinal.

O ano 2000 será sem Deus nem Marx?
A tendência atual mais visível caminha para retomadas religiosas muito agudas: religiões estranhas, religiões novas, religiões até terríveis como a do reverendo Jones na Guiana, que leva a suicídios coletivos, seitas mais ou menos exóticas, tipo Mister Moon ou os filhos de Krishna, que exploram a facilidade de manipular as consciências com disciplinas absolutamente alienantes, mas ao mesmo tempo haverá retomadas religiosas — não digo sinceras, pois sinceras todas elas provavelmente são —, digamos ligadas a conteúdos culturais mais substanciosos e menos improvisados, tanto nas religiões tradicionais quanto na forma de religiosidade individual. Não sei se persistirá a época das religiões políticas, dos credos políticos nos quais se possa investir uma carga ideal desinteressada, as formas de religiosidade laica presentes na ação civil, patriótica e social, que dominaram já o século XIX e grande parte do nosso século. Pode também acontecer que prossigam, mas penso que a política se tornará cada vez mais administrativa, sem um fundo de palingênese, e então sobreviverão aquelas filosofias políticas capazes de fornecer uma moral rigorosa à administração cotidiana, um fundamento moral que hoje não existe. No fim das contas, acredito que a política se tornará cada vez menos interessante para aquele tipo de investimento existencial, moral e de concepção de mundo que chamamos de religioso, na medida em que, até duzentos anos atrás, era absorvido inteiramente pelas religiões.

A humanidade será ainda capaz de imaginação?
Bem, vejamos um pouco, desconfio bastante desse imperativo da criatividade que se ouve por toda parte. Tudo deve ser criativo, a educação, todos os tipos de trabalho. Ora, eu acredito que a primeira coisa necessária são algumas bases de exatidão, método, concretude, senso de realidade. É apenas a partir de uma certa solidez prosaica que pode nascer uma criatividade; a imaginação é como a geleia, precisa ser espalhada sobre uma sólida fatia de pão. Senão, se a base é a imaginação, tudo fica uma coisa informe, como uma geleia, sobre a qual não se pode construir nada. Alguns anos atrás dizia-se: "A imaginação no poder!", e era um belo slogan, mas no fundo o importante é exatamente o contrário: que a imaginação nunca tome o poder, que não se torne palavra de ordem e programa, nunca seja oficializada, convertida em obrigação. É preciso que a imaginação tenha algo com o qual contrastar, para não perder a sua força. Num mundo de coisas sólidas, que prossegue de maneira talvez um pouco limitada, um pouco mesquinha, você pode sempre estender bandeirolas coloridas, guir-

landas, pendurar plumas, asas de borboleta; no entanto, se tudo for plumas e asas de borboleta, você não terá mais nenhum lugar onde pendurá-las, não conseguirá manter de pé a sua imaginação, a sua criatividade, tudo se tornará uniforme como o mais cinzento dos mundos.

Há o risco de se matar a beleza?

A coisa mais importante é que haja a capacidade de ver a beleza, de descobri-la, de recuperá-la, de inventá-la. É preciso que haja uma contínua descoberta ou redescoberta daquilo que até ontem não parecia belo, não entrava nos cânones oficiais da beleza, e que num certo momento aparece-nos como belo, primeiro numa iluminação individual e depois para uma coletividade sempre maior. Assim, a certo ponto se descobrirá a beleza do plástico, como se redescobre a beleza de tantas coisas de ontem que pareciam de mau gosto e depois voltaram a ser bonitas. Certamente a beleza é um valor, na medida em que há uma necessidade de beleza, ao passo que a necessidade de feiura não existe. Mas o importante é o processo para chegar a ver a verdadeira beleza, de certa forma também nova, e não apenas a beleza já definida como beleza, imposta como tal, que você não faz nenhum esforço para descobri-la.

O que será do amor em 2000?

O amor tem aspectos que são constantes e aspectos que mudam segundo as épocas. As transformações poderão dizer respeito à possessividade. Talvez não se elimine totalmente um certo sentido de possessividade, porque provavelmente a possessividade faz parte do sentimento amoroso, mas me parece desejável que ela seja eliminada nas formas que têm sido praticadas até hoje, que ela seja vivida de um outro modo. O instinto de dominação do outro está, em alguma medida, sempre presente no amor: mas seria bom que se instaurasse pelo menos um ritmo de alternância na dominação do outro, um prazer de se comportar em igualdade de forças mesmo na mútua dilaceração.

Ainda existirá o ciúme?

Espero que exista cada vez menos, porque é um sentimento que faz mais mal ao ciumento do que ao objeto do ciúme. Mas é preciso dizer que o amor é isso: uma parte de ciúme talvez seja inevitável. O que pode mudar é o modo de vivê-lo, para que a pessoa consiga ser ela mesma, plenamente ela mesma, na relação amorosa. O primeiro passo é sair dos esquemas fixos do comportamento masculino e do comportamento feminino, mas ao mesmo tempo sem perder a consciência de que são dois papéis diferentes e que o verdadeiro prazer está em ver como se move o outro. Tudo isso dependerá do quanto seremos neuróticos: essa dimensão da neurose em que vivemos mergulhados reflete-se nas relações amorosas de maneira às vezes esmagadora. Precisamos aprender a administrar a nossa neurose do melhor modo possível, sem despejá-la exclusivamente sobre o outro ou a outra, sem transformar o parceiro em vítima ou, em todo caso, em receptáculo da nossa própria neurose.

Fala-se muito de igualdade dos sexos. Conseguiremos ter uma igualdade de amor?

Mas isso talvez, em alguns exemplos felizes, tem acontecido. Deveria haver uma paridade dentro do amor, mas no prazer da diferença, porque a paridade não deve nunca ser uniformidade. O amor é uma relação entre diferentes, entre individualidades, precisa haver essa curiosidade e esse prazer de estar junto com alguém que é diferente de você.

A que ainda levará a grande revolução feminista?

O que conta em todos os movimentos, em todas as revoluções, são os efeitos lentos, os efeitos silenciosos, os efeitos indiretos. Há um movimento lento que leva as mulheres a ocupar postos de responsabilidade na vida civil. Provavelmente neste mundo neurótico em que vivemos, se num primeiro momento as mulheres se ressentiam mais, com o passar do tempo os seus dotes de resistir à neurose virão cada vez mais para um primeiro plano. Assim, os homens serão postos fora de combate mais facilmente e as mulheres resistirão mais, em profissões que até agora têm sido masculinas. Ao mesmo tempo, os homens deverão assumir muitas das funções que até agora têm sido consideradas tipicamente femininas.

Na vida doméstica?

O futuro é de completa paridade entre homem e mulher na alçada da cozinha, e não só, mas também na manutenção da casa e das roupas. Mas isso só acontecerá quando essas atividades deixarem de ser vistas (como são vistas hoje, e não erroneamente) como uma escravidão que tradicionalmente pesa sobre a mulher, e sim como um aspecto essencial de toda civilização. De fato, uma cultura que não se expressa dignamente na cozinha, em tornar agradáveis os locais de moradia a cada dia, ou que negligencia as roupas, é uma cultura de que se deve desconfiar também em todos os outros campos. Enquanto a polêmica entre os sexos sobre as tarefas domésticas tiver fins punitivos, não se avançará muito. É preciso revalorizar nas chamadas tarefas domésticas o aspecto de um *saber* refinado transmitido pelas mulheres ao longo dos séculos, e levar a rivalidade masculina a se apropriar dele.

Mas precisamos temer o amanhã dos nossos filhos e dos nossos netos?
Sim, devemos estar sempre prontos para o pior.

Como será, como deveria ser o homem culto em 2000?
Einstein dizia que gostaria de ter sido funileiro: creio que o homem culto de 2000 deverá ser alguém que saiba cozinhar e limpar a casa, e que o faça; em todo caso, deverá pôr algum prazer nessas atividades, compreender que uma civilização é constituída por todas essas coisas, que tudo deve começar pelas bases materiais do viver, que saiba também cozinhar, coisa que eu não sei, mas que até poderia aprender. Talvez que saiba também fazer uma meia.

Qual é o nosso maior erro atual em relação ao futuro?
Não valorizar aquilo que é irreversível e aquilo que é modificável. Acredito, por exemplo, que é difícil pensar que poderíamos nos privar de enormes quantidades de energia; portanto, o "problema energético" deve ser enfrentado de maneira realista, sem criarmos um mito da natureza, que hoje podemos usufruir apenas porque contamos com uma civilização tecnológica que nos garante inúmeras coisas. A natureza que hoje usufruímos, não a usufruiríamos como natureza se ela fosse aquele inimigo contra o qual combatiam os nossos antepassados.

Italo Calvino, três chaves, três talismãs para o 2000.
Vamos lá! Decorar poemas, muitos poemas; quando criança, quando jovem, também quando velho. Os poemas fazem companhia, a pessoa os repete mentalmente; e, além disso, o desenvolvimento da memória é muito importante.

Segundo: apostar só nas coisas difíceis, executadas com perfeição, as coisas que exigem esforço; desconfiar da facilidade, da superficialidade, do fazer só por fazer. E combater a abstração da linguagem que já nos é imposta de todos os lados. Apostar na precisão, tanto na linguagem quanto nas coisas que fazemos.

Terceiro: saber que tudo o que possuímos pode ser tirado de nós de uma hora para outra. Com isso não estou dizendo para renunciarmos a nada; pelo contrário, aproveitemos as coisas mais do que nunca, mas sabendo que de uma hora para outra tudo o que possuímos pode desaparecer numa nuvem de fumaça.

TENHO DUAS CALIGRAFIAS[1]

"*Vamos falar deste livro*", *diz Italo Calvino estendendo-me um exemplar da* Pequena cosmogonia portátil, *o poema em seis cantos em alexandrinos livres que Raymond Queneau publicou na sua primeira versão em* Les Temps Modernes *há mais de trinta anos (a* Petite cosmogonie portative *pretendia ser uma versão moderna, em chave jocosa, do* Sobre a natureza das coisas *de Lucrécio), e que agora a Einaudi publicou em italiano na tradução em hendecassílabos livres de Sergio Solmi, acompanhada por um comentário do próprio Calvino.*

O pobre Solmi me suplicava que eu lhe enviasse o comentário, mas eu estava demorando. Ele corrigira as últimas provas pouco antes de morrer. Agora finalmente saiu o livro com o meu comentário, o qual, do ponto de vista literário, é uma idiotice: a poesia é outra coisa. É como um comentário a Dante nos manuais escolares. Mas, quando um trabalho se apresenta a mim com características obsessivas, sonho com ele até de noite, e não tenho paz enquanto não estiver terminado. Mas estou contente por ter participado de um trabalho que traz os nomes de Queneau e de Solmi, dois nomes que representam uma abertura sobre a literatura com os interesses mais diversos e com uma curiosidade inesgotável...

O trabalho se lhe apresenta sempre com características obsessivas?
Não, foi o comentário à *Pequena cosmogonia portátil* que se apresentou a mim com essas características. Era uma imensa lista de pontos obscuros, de enigmas, de quebra-cabeças, em cada um dos quais eu poderia gastar um dia ou até vários dias. É um trabalho que estava comigo fazia vários anos. Não lembro mais quando começou a correspondência com Solmi a respeito. Creio que quatro ou cinco anos atrás. Naturalmente, eu fazia outras coisas ao mesmo tempo. Sempre faço muitas coisas ao mesmo tempo. É um fato que sempre lamento, mas que provavelmente corresponde a uma necessidade minha.

Entre essas muitas coisas há também um novo romance?
Talvez sim, mas ainda não tenho nenhum anúncio a fazer. Os meus livros se agregam aos poucos, até adquirir uma espécie de força de gravidade que atrai tudo. Mas, até que isso ocorra, há um acúmulo espontâneo e esporádico de páginas. Não que não tenha um método, mas, já que qualquer desculpa serve, acontece que só escrevo na parte da tarde. Depois do jantar, penso que, se escrever, à noite não durmo e, portanto, é melhor fazer outra coisa.

Mas, quando se senta para escrever, você escreve com facilidade ou dificuldade, com serenidade, com alegria ou com obsessão?
Escrevo com muito esforço. Para mim, começar é sempre muito difícil, mesmo um artigo. Um artigo escrevo em poucas horas, mas, antes de escrevê-lo, adio por vários dias porque adio o momento de começar. Escrevo à mão. Faço uma primeira redação e depois corrijo tanto, abro tantos parênteses, cada vez menores, tão pequenos que no final não entendo mais nada e preciso pegar a lupa para decifrar o que escrevi. Posso dizer que tenho duas caligrafias, que correspondem a duas atitudes ou estados de ânimo diferentes: uma com as letras bem grandes, com os "a" e os "o" bem redondos; outra com as letras miudíssimas, em que os "a" e os "o" são meros pontinhos. Naturalmente, há entre as duas uma série de escritas intermediárias, que mudam conforme as coisas que estou escrevendo e a facilidade ou dificuldade com que brota o texto. Escrevendo em letra bem miúda, tenho a ilusão de vencer as dificuldades, como que de atravessar os arbustos que me barram o caminho. Para mim é difícil decifrar o que escrevi, embora mais cedo ou mais tarde eu consiga. Às vezes consigo apenas recons-

truindo aquilo que havia pensado, e então percebo que tinha comido na escrita várias letras ou sílabas inteiras.

No entanto, no imediato pós-guerra você era jornalista, escrevia artigos para o Unità *sobre as lutas sindicais, a ocupação das fábricas, as greves. O seu primeiro romance,* A trilha dos ninhos de aranha, *foi escrito em vinte dias, em dezembro de 1946, como você mesmo veio a dizer em 1960.*

Fui jornalista por pouquíssimo tempo. Estive por muitos anos no departamento de divulgação da Einaudi, um trabalho que certamente demanda outro ritmo, porque os livros podem sair até um mês depois. Esse ofício me deu certo traquejo para escrever orelhas e fichas publicitárias. Às vezes conseguia fazer isso até para livros cujo cheiro mal havia sentido. Quando estudante, fui também vendedor de livros, mas as lembranças a respeito são vagas. Nasci em 1923, tenho quase sessenta anos, e não consigo me lembrar direito. Creio que ia vender livros nos bancos, mas nunca fiz bons negócios. Quanto à *Trilha dos ninhos de aranha*, lembro que escrevi o primeiro capítulo muito devagar e com muita incerteza, depois interrompi por alguns meses, e então resolvi terminá-lo e continuei num fôlego só. Mas devo dizer que demorei muito em adquirir a segurança de que era um escritor. Mesmo depois de ter publicado os meus primeiros livros e tudo ter corrido bem, ainda não tinha certeza se escrever era a coisa mais importante que podia fazer, ou então achava que antes devia "viver". Mas era uma ideia totalmente equivocada, pois estava vivendo e não percebia, estava escrevendo e não me convencia disso. Pensava que, em vez de escrever, estava fazendo algo à margem dos livros que iria realmente escrever depois. Os juízos dos críticos eram em geral positivos, mas a pessoa, quando sente insegurança por dentro, mesmo que ganhe a medalha de ouro nas Olimpíadas, acredita que foi por acaso, assim como um deprimido pode ter todas as sortes do mundo, mas não se liberta da sua depressão.

Esse seu estado de ânimo não teria sido influenciado pelo fato de que Vittorini não gostou de A trilha dos ninhos de aranha?

Não me referia a dados precisos. Desde o início, Vittorini pensava que tudo nos meus contos devia ser expresso na representação narrativa, e não no comentário ou numa construção ditada por razões intelectuais, que eram naquela época os famosos deveres políticos que julgávamos que devíamos impor a nós mesmos. No meu aprendizado, os juízos de Vittorini, mesmo negativos, me ajudaram muito. E do *Visconde partido ao meio* em diante, Vittorini sempre apoiou e incentivou o meu trabalho.

É verdade que você não havia compreendido o drama existencial de Pavese, o drama que levou o escritor ao suicídio?

Sim, eu não havia compreendido. Achava que ele estava ficando louco, pois fazia coisas que nunca fizera antes, ou seja, achava que a extravagância dele estava passando por uma transformação. Eu era um jovem muito frágil e via-o como um homem maduro e forte. No entanto, não era verdade. Mas eu sempre compreendi pouco as pessoas, mesmo depois.

Nos anos do pós-guerra, você estava totalmente engajado em termos políticos: membro da Resistência, filiado ao PCI, colaborador do Unità *etc. No entanto, como escritor, escapou quase totalmente ao neorrealismo, ao chamado "realismo socialista", ao zhdanovismo. O que mais influenciou essa sua posição, absolutamente singular na esquerda daqueles anos? Talvez as suas leituras juvenis, de Conrad a Stevenson?*

O que posso dizer hoje, distante no tempo e também afastado psicologicamente daqueles problemas, não sei se corresponde à verdade. Para um escritor, biografia e bibliografia coincidem e, portanto, é inquestionável que, como escritor, nasço com a Resistência e a partir de um engajamento político que mantive muito seriamente, creio eu, e por não poucos anos. Mas, se não tivesse vivido aos vinte anos a tragédia da Itália — a guerra civil e depois uma atmosfera que levava a colocar a política em primeiro plano —, talvez a minha história de escritor tivesse sido diferente, admitindo que tivesse me tornado um escritor. Estamos no domínio do "se". Na minha primeira vocação de adolescente, precisamente por ser de um temperamento contrário ao fascismo era levado a procurar a mim mesmo em leituras e projetos os mais distantes possíveis da política. No início dos anos 1950, como os modelos de escrita que se apresentavam a mim ou não me convenciam ou estavam além da minha capacidade, deixei ressurgir uma camada de imaginação fabulosa que já existia potencialmente, e que eu tentava conciliar de alguma maneira com as convicções morais amadurecidas durante o período da minha formação política.

Em 1957 você deixa o PCI, em 1964 se estabelece em Paris,[2] onde fica até 1980. Entre os acontecimentos dos anos 1950 — XX Congresso do PCUS, os eventos na Hungria, a posição do PCI a respeito —, quais influenciaram mais a sua decisão? Ao ir para Paris, a sua intenção era, talvez, marcar também fisicamente a separação da esquerda?

A separação foi progressiva. Em 1959 fui aos Estados Unidos, aonde nunca pudera ir porque estava filiado ao PCI. Conheci assim uma civilização que sempre havia admirado, mesmo quando estava no PCI, e que achei sempre mais interessante e próxima do que a russa. Nos anos 1960, acreditei por muito tempo que as duas civilizações — a americana e a russa — iriam se assemelhar cada vez mais. Mas depois vieram anos de experiências sombrias de um lado e de outro: para os Estados Unidos, o assassinato dos dois Kennedy, a Guerra do Vietnã, ou seja, fatos que determinaram uma crise da consciência americana; para a União Soviética, tudo o que sabemos e que apagou qualquer perspectiva de transformação. Acredito, porém, que a longo prazo a imagem dos Estados Unidos resista mais. Além disso, devo dizer que nunca partilhei as ilusões que tantos têm sobre a China. Deixei de pensar que tantos sacrifícios pudessem servir para algo quando vi que a última coisa que parecia que o socialismo pudesse garantir, ou seja, a paz, era uma ilusão. No Ussuri, de fato, os exércitos russo e chinês estavam prontos para se atacar. Eram os anos em torno do 1968, isto é, os anos em que centenas de milhares de jovens burgueses descobriram de repente que eram comunistas de uma ou outra linha, enquanto naquele exato momento eu compreendia que a política era outra coisa, ou, pelo menos, outra coisa para mim.

Como você avalia o 1968? É notório que muitos o consideram a matriz de vários acontecimentos posteriores, o reservatório dos movimentos e dos grupos que atuam hoje na Itália, inclusive os grupos terroristas.

O que se chama de "o 1968" certamente exerceu enorme influência sobre a mudança da mentalidade e dos costumes. Foi como uma passagem de século. Quanto aos movimentos políticos que criou, talvez eles se ressentissem de uma compreensão incorreta das suas razões, que eram uniformemente definidas nos termos clássicos da luta de classes, mesmo quando respondiam a impulsos muito diferentes e complexos. Por isso o terrorismo, que em parte, mas só em parte, sem dúvida deriva dos movimentos de 1968, conseguiu fazer tábula rasa de todos os movimentos de extrema esquerda, e procedeu a uma operação reacionária como nenhuma repressão jamais conseguiria.

Quais são, na sua opinião, as outras causas do terrorismo, os impulsos "muito diferentes e complexos" que mencionou há pouco?

Quando digo "impulsos complexos", refiro-me a uma agressividade endêmica das classes médias italianas, agigantadas pela ampliação do setor terciário e pela falta de perspectivas. Esses fenômenos se reproduzem periodicamente na história da Itália e não possuem o caráter libertador que podemos reconhecer nas melhores fases do movimento operário. Porém, mesclados a eles, há impulsos com certeza libertadores e que acompanham a transição da Itália, mesmo que caótica, de sociedade rural e deprimida para a sociedade metropolitana (por ora do mesmo modo deprimida, infelizmente). As transformações nos costumes, a emancipação da mulher, a multiplicação dos sujeitos pensantes, entre os quais há certamente muitos maus sujeitos, mas não todos, por sorte, são aspectos positivos mesclados aos impulsos negativos.

Você tinha uma visão ou percepção mais clara dos acontecimentos italianos quando vivia em Paris ou agora em Roma?

Quando estou em Paris, compro o *Le Monde* às duas da tarde; quando estou na Itália, compro-o no dia seguinte. A coisa não muda muito. Já me aconteceu de estar em Paris quando ocorriam na Itália algumas das inúmeras barbaridades destes anos e eu tinha a impressão de um fim de mundo; mas, quando me acontece de estar na Itália no momento da enésima barbaridade, tenho as experiências que todos temos e a vida continua como antes, com seus altos e seus baixos.

A atmosfera que reina hoje na Itália influencia a sua atividade de escritor?

Creio que sim. Creio que não é possível ser a mesma coisa escrever numa época de estabilidade e escrever perante um fim de mundo que se tornou quase uma condição estável.

Uma condição estável de caráter histórico, ou uma condição que se estabilizou no curso da história, que apresenta épocas não menos desastradas e desastrosas do que a nossa?

Talvez a condição de hoje em diante. Em outras épocas, talvez também fosse assim ou quase, mas as pessoas se apercebiam menos. Quando eu era jovem, extraía do pano de fundo das tragédias ou dos massacres uma espécie de brio para enfrentar um desafio de barbárie. Hoje acho que talvez pudesse ter vivido melhor em tempos mais propícios ao classicismo, mas certamente isso não me foi dado nem na juventude nem na maturidade, nem me será dado na velhice.

LA VERA STORIA[1]

Roma. Italo Calvino acabou de voltar de Veneza, onde assistiu na terça-feira, no pátio do Palazzo Grassi, à Zaide *de Mozart para a qual reescreveu as partes faltantes do libreto de J.A. Schachtner, que se perderam. Agora está mais uma vez de partida. Espera-o a estreia, no Teatro alla Scala de Milão, da ópera de Luciano Berio* La vera storia, *com letra do próprio Calvino.*

Não é a primeira vez que você colabora com Berio?

Há entre nós uma velha amizade e somos conterrâneos. Ele é de Oneglia, eu de Sanremo. Pertencemos àquela estirpe de lígures que se sentem bem em qualquer parte do mundo. A primeira vez que trabalhei com ele foi para o balé *Allez-hop*. Foi representado no Fenice de Veneza em 1959. Daquela vez, tratava-se de encontrar o enredo para um balé que já estava com a música pronta.[2]

Em La vera storia *vocês começaram a projetar juntos a ópera desde o começo?*

Não. As margens de movimento foram ainda mais estreitas. Embora nem toda a música estivesse escrita, a ação cênica já estava bem clara na mente do compositor. E outras pessoas já haviam tentado escrever os libretos.

442

Berio lhe "encomendou" um texto, indicando o que devia acontecer?
De início, Berio me pediu a letra para as baladas que seriam inseridas no decorrer da ópera. E estranhamente essas baladas são as que sofreram mais transposições: apenas em algumas é possível reconhecer o meu ponto de partida. Por outro lado, logo encontrei a maneira de agradar a Berio nas letras dos coros, das árias, dos duetos e, por fim, em todos aqueles velhos episódios que se entremeiam em *La vera storia* como quadros emblemáticos.

Mas que indicações Berio lhe dava para escrever?
Bem... o momento decisivo foi compreender o que ele queria. Os pontos em que Luciano me chamou para trabalhar pertenciam a um coro festivo que, aos poucos, se torna explosão de violência, rito sacrificial, revolução. Esses coros da festa que se repetem quatro vezes no primeiro tempo foram as primeiras coisas que escrevi. Berio me falou da ópera lírica oitocentista, como, por exemplo, *Il trovatore*.[3] O seu mundo musical, naturalmente, é diferente em complexidade e riqueza, mas não desconhece momentos de comunicação lírica da tradição italiana.

Há, portanto, o fantasma do Trovatore *por trás da* Vera storia*?*
A referência ao *Trovatore* é bem distante. Mas também aqui é possível reconhecer a história do filho raptado, dos irmãos inimigos, o final na prisão. São temas que adquirem uma aura simbólica da condição violenta do mundo contemporâneo. Essas situações têm como referência distante o melodrama romântico, mas despido de toda *imagerie* romântica.

Que tipo de linguagem utilizou?
Uma versificação que se remete, mais do que ao século XIX, à linguagem poética italiana do século XVIII que, creio eu, deve atuar como uma espécie de contraste com a matéria musical de Berio. Há, além disso, uma segunda parte da ópera a que Berio dá grande importância e na qual as mesmas frases melódicas e também as mesmas frases cantadas retornam numa composição diversa. Disso resulta algo completamente distinto. Aqui a partitura reina soberana, muito mais do que na primeira parte.

Para uma pessoa como você, tão fiel à escrita em prosa, qual a sensação de escrever em versos?

443

Quando começo a escrever versos surgem as rimas, uma métrica clássica que talvez ninguém esperasse numa ópera de música de vanguarda. Mas é claro que, quando escrevo em versos, escrevo usando outros caracteres tipográficos, outra impostação de voz. Depende também do jogo de afastamento e aproximação em relação à tradição do melodrama italiano que aqui, mesmo que de esguelha, é revisitada.

NÃO SOU UM LIBRETISTA[1]

E assim você é o libretista de Mozart e Berio.
Bem, não... São dois trabalhos completamente distintos. E, em ambos os casos, a minha tarefa era pequena: dois episódios musicais que a certa altura precisavam da palavra; assim recorreram a um artesão da palavra.

Para *Zaide*, foi uma escolha de Adam Pollock, que, durante o verão, organiza no convento de Santa Croce em Batignano espetáculos de ópera dos séculos XVII e XVIII. De *Zaide* chegaram a nós quinze trechos musicados, sobre o libreto de Schachtner; para encená-la, geralmente procura-se integrá-la com recitativos para preencher as lacunas do libreto e com outras músicas mozartianas para preencher as lacunas da música. Pollock, porém, procurou um escritor para ter um texto em prosa que ligasse os trechos autênticos existentes, uma narrativa que servisse de moldura; dirigiu-se a mim como autor das *Cidades invisíveis*, que trata do Oriente fabuloso e do *Castelo dos destinos cruzados*, que tem uma estrutura combinatória de histórias que interligam um certo número de elementos dados. Um ator recita o meu texto, sugerindo hipóteses sobre o libreto perdido, que são as minhas conjecturas. Mas eu não quis criar a ilusão de uma obra completa; pelo contrário, quis destacar a atmosfera de suspensão que toda obra incompleta transmite.

E assim nasceu uma completude diferente, que criamos nós... quero dizer, nós com você. Você chama os atores para encenar a ação, fazendo com que a imaginemos a cada vez com um significado diferente, e, aos poucos, as nossas perguntas se sobrepõem, tornam-se um único tipo de pergunta, ou melhor, uma espera, a audição se carrega de presságios, e a música de Mozart responde, revelando implicações emocionantes. É uma contribuição crítica e um feito totalmente interior, mozartiano...

Você acha isso? Ao escrever aquele texto e ao vê-lo no palco, fiquei a todo tempo e ainda continuo até agora em dúvida, sempre tenho medo de ter traído alguma coisa.

Lembro-me de que Gianfranco Contini, na sua antologia do século XX, comentou que você operava com uma "abordagem setecentista, quase iluminista". Útil para enfrentar Mozart? Ou há outras afinidades em jogo?

Ah, gosto muito da música setecentista, sobretudo de Haydn e, claro, de Mozart. Para o meu trabalho em *Zaide*, o que me incentiva é que Mozart era uma pessoa que também utilizava uma técnica combinatória. Para me explicar melhor, eu teria de ser um musicólogo, mas sei que, por exemplo, há desenvolvimentos de figuras musicais tais que certos temas passam para momentos compositivos totalmente distintos com significados totalmente distintos. Em suma, há esse aspecto técnico, que veicula especialmente uma grande energia, uma grande vitalidade, que faz com que eu me sinta autorizado a acompanhar Mozart mediante operações tecnicamente não dessemelhantes no plano da palavra. Embora me reste a dúvida...

Não é possível que você seja tão humilde. Deve haver algum truque secreto.

Oh, não: o mundo da música me intimida.

Bom, isso com Mozart. E com Berio?

Berio e eu somos amigos há muitos anos. Em 1956, em Veneza, ele me pediu para colaborar numa coisa que se chamava *Allez-hop*: tratava-se de unir três elementos dados por meio de uma ação cênica.[2] E, nesses anos, sempre me telefonava, de um ou outro aeroporto: "Pode me escrever a letra para...?". De vez em quando, eu tentava. Ele é um músico sempre com uma ideia musical precisa, quer um texto e espera que as letras que escrevo se adaptem plenamente à sua ideia. Para *La vera storia*, ele também tinha, em linhas gerais, a sua ideia dramatúrgica própria. Era a de expor de alguma maneira a essência de determinadas funções operísticas; adotar um esquema dramático muito forte, embora não especificado em termos naturalistas, para fazer ópera, colocando todas as emoções que fazem da ópera um espetáculo também popular.

Berio, algum tempo atrás, falou-nos sobre o ponto de referência no Trovatore.

Sim, a primeira coisa que ele me disse para me situar foi Il trovatore. Mas não sei se agora Luciano... Há quanto tempo não fala com ele?

Sobre esse tema, já faz alguns meses. Mas em Musica viva, *quando a ópera ainda estava em elaboração, publicamos algumas páginas inéditas: havia, por exemplo, um personagem que dizia palavras intensas: "O tempo em fragmentos despedaçado desgastado cadeia de ansiedades que grita" e tinha o mesmo nome da protagonista do* Trovatore *de Verdi, Leonora. Aliás, Luciano Berio, mais tarde, nos prometera uma espécie de Azucena, no sentido de que deve haver uma mulher assumindo o peso de todas as culpas... E também algo como um Manrico e um Conte di Luna...*

Há uma mãe, personagem muito infeliz, cheia de força. Há dois que poderiam ser irmãos, um poderoso, o outro rebelde, há uma mulher dividida entre os dois, mas isso é somente sugerido. Há uma festa que se torna também uma execução capital, uma revolução; havia coisas muito claras na imaginação musical e também cênica de Berio... e queria baladas. Há uma prisão; há um duelo, uma espécie de conceitualização...

Desculpe a dúvida: mas, ouvindo a ópera, viremos a saber de tudo isso?

Penso que sim. Não creio que haja uma intelectualização. Há uma análise da ópera, tanto que na segunda parte os materiais retornam numa condição diferente. Mas é uma verdadeira ópera, onde cada elemento aparece na sua essência, despido de...

Italo Calvino continua falando devagar, em tom definitivo. Mas aqui se detém, hesita. Pergunta-se: "despidos do quê?". E não responde, mas não disfarça, volta atrás: "aparece na sua essência".

Mas quanto ao Trovatore, veja, quando foi apresentada uma suíte da ópera nesse outono em Veneza, tive de escrever algumas notas de apre-

447

sentação e coloquei um pouco do *Trovatore*, em duas linhas, mas Luciano mandou que eu tirasse.

Para um setecentista contemporâneo como você, que efeito causa Il trovatore?
Ah, é uma ópera que aprecio muito.

Vai com frequência à ópera?
Bem, não sou fanático. Mas, quando vou à ópera, fico todo contente.

Por que escreveu tão pouco para o teatro?
Não sei; muitas vezes me perguntei sobre isso. Na adolescência, queria escrever para o teatro: aos vinte anos, achava que o faria. Mas, no pós-guerra, a narrativa impelia mais... o teatro era mais uma questão de diretor do que de autor. Nunca cheguei a me envolver.

E no entanto sente-se que teria dado certo. O seu texto com a entrevista radiofônica para O homem de Neandertal,[3] *por exemplo... A propósito, você sempre tem interesses pontuais, imprevisíveis. Uma atenção à ciência, por exemplo.*
Não sei. Talvez porque sou filho de cientistas... Nunca quis estudar ciências quando jovem... Tento recuperar um pouco de método por meio da palavra. Mas não tenho nenhuma competência na área. Aliás, ontem mesmo recebi, por exemplo, uma carta da Califórnia. Uma pintora que gosta muito dos animais marinhos estava absolutamente escandalizada porque defini o ouriço-do-mar como um molusco, quando na verdade é um equinodermo. Ela diz crer que é um erro de tradução, mas fui eu mesmo que escrevi assim. Você vê...

Mas não me refiro às várias noções, que com certeza existem. Refiro-me ao olhar com que enxerga os detalhes, mesmo técnicos, das coisas. O ritmo do trabalho, por exemplo, que captura e se torna afetuosamente familiar a nós, mesmo nas coisas mais distantes...
Na vida cotidiana, sou um incompetente. Quando escrevo, sinto neces-

sidade de aparentar competência. É um gesto amoroso meu no qual simulo a competência.

Aquela sua maneira de escrever em estruturas complexas, intricadas e sobrepostas também faz parte da atenção ao ritmo atual da vida, com todos os cruzamentos de sensações, percepções, culturas, ideias? Julga que é também uma necessidade nossa, como leitores, reencontrarmo-nos nesse tipo de formas?

Há essa necessidade em quem escreve. Mas veja que, mesmo nos contos mais realistas do início, embora as descrições fossem totalmente verdadeiras, eu estava atento ao desenvolvimento exaustivo das possibilidades do tema.

Nisso, certamente, você está próximo a Luciano Berio, que engloba, sobrepõe, mostra em conjunto todas as formas e estruturas musicais possíveis: para ele, a linguagem é sempre uma soma de linguagens, nisso encontra o seu método direto de comunicar...

Bem, sim, parece-me que Berio tem uma grande inventividade e capacidade de incluir no seu discurso mesmo as formas musicais mais distantes da vanguarda musical. É também um trabalhador extraordinário. Admiro-o muito como força da natureza.

Por que Berio, nos círculos da esquerda oficial ou, pelo menos, nos mais engajados, muitas vezes é visto com desconfiança, como se essa disponibilidade onívora fosse uma espécie de indiferentismo?

É perigoso falar dessas coisas, porque talvez ele tente demonstrar o contrário. Naturalmente não sei... Faz muitas décadas que não convivo mais com as ideologias.

E se sente bem?
Oh, sim, sim!

E no que acredita?
Bem, acredito naqueles que acreditam nas coisas que fazem, e acredito nas coisas feitas por aqueles que acreditam nelas.

E você agora o que está fazendo?
Estou para me convencer de que estou para começar a escrever um romance.

E a música?
Sempre pensei que em certo momento me dedicaria mais à música.

Tendo estudado música, a que se dedicaria?
Ah, creio que sobretudo à música sinfônica e de câmara, deixando a ópera como prazer.

Mas em que papel?
Ah! É verdade. Para saber, para entender bem, creio que teria de ser compositor.

Enquanto isso é libretista.
Oh, não. Não sou um libretista. (*Move o braço com gesto lento e repetido, como para dizer: imagine só... Olha ao longe, como que tomado por uma inveja fabulosa*) Oh, não: os libretistas tinham uma autoridade... que eu não tenho. Quer comparar com Francesco Maria Piave?

DESCONFIO MUITO DA PROFUNDIDADE[1]

*T*razemos aqui algumas das respostas que Calvino deu às várias perguntas que lhe foram feitas durante a nossa conversa.

Premissa. Respostas a perguntas sobre as suas convicções e a sua posição como escritor.

Não sou um orador. O meu meio de expressão é a palavra escrita. A palavra escrita significa tentar escrever uma palavra no papel para depois apagá-la, substituí-la por outra, às vezes, depois, voltar à anterior. São, todas elas, coisas que falando não podemos fazer. Assim, quando falo, sinto-me em grande desvantagem e toda vez que digo uma palavra penso em apagá-la e corrigi-la. A cada frase que digo, gostaria de abrir um parêntese para especificar melhor aquilo que penso. Seja como for, em suma, espero que não haja um gravador registrando o que falo... Nada do que for gravado valerá. Não reconheço e não assino embaixo.

Pertenço à geração cuja formação passou mais pelos poetas italianos do que pelos narradores... pertenço a uma literatura italiana que tem a sua espinha dorsal mais na poesia do que na prosa, e nos escritores que escrevem atentos a cada palavra, tal como os poetas devem estar atentos. Por isso interesso-me muito menos por toda a vertente prosaica da poesia de hoje. E o que não perdoo a Montale, ao poeta que sempre foi o meu poeta, [foi] ter abaixado a tensão poética dos seus três grandes livros para escrever poesias mais despojadas e prosaicas em todo o seu último período, de *Satura* em diante (mesmo *Satura* sendo ainda um livro belíssimo, em que

451

a intensidade poética do grande Montale não é menor). Porém, o fato de ter continuado a abaixar cada vez mais o registro foi negativo, porque encorajou muitos poetas jovens e outros nem tão jovens assim a escreverem poesia num tom discursivo fácil demais. Não digo que a poesia deva ser necessariamente difícil de ler: deve ser difícil de escrever, deve trazer as marcas de uma concentração interior. Em suma, gosto do narrador narrador e do lírico lírico. Portanto, mesmo entre os jovens poetas, os mais recentes, gosto daqueles que têm mais concentração lírica ou conceitual.

O escrever traz mensagens, conteúdos, por uma via especial: não é uma mera transmissão de informação, mas envolve todo um mundo individual. A pessoa coloca na escrita as suas obsessões pessoais, os seus cacoetes linguísticos e age sobre as obsessões pessoais de quem lê. Acredito que é um domínio que outros meios de comunicação não podem invadir. Pode ser que, com a atual expansão do audiovisual, o livro deixe de ser colocado num altar exclusivo, pois há também muitos outros meios de difusão de ideias. Mas hoje o próprio livro também dispõe de uma maior difusão. Com isso não quero dizer, de forma nenhuma, que seja mais lido ou lido melhor. Quero dizer que me parece errada a atitude de quem apenas reclama da onipotência dos meios de comunicação de massa. Pelo menos tão errada quanto a atitude oposta: ver a atual situação com excessivo otimismo. Em vez disso, tentemos agir para que os instrumentos de que dispomos sejam mais bem usados.

Quanto a um *otimismo iluminista* meu, creio que nunca existiu, nem mesmo na época em que a crítica literária parecia unânime em me rotular como "iluminista". Se havia alguma raiz iluminista, já havia também uma rachadura bastante profunda, embora me movesse num quadro histórico no qual procurava confiar. Penso que a minha figura mudou desde então até hoje, mas que esses contornos já existiam naquela época... E depois o mundo ao meu redor também mudou... Mas, em vez de brigar por causa de um nome, de uma bandeira, de um rótulo, prefiro ser julgado por cada atitude, por aquilo que faço na prática. Não renego a minha filiação a uma cultura "iluminista". Quando o Iluminismo começou a ser um termo depreciativo na Itália, no final dos anos 1960 — digamos, desde que saiu a tradução da *Dialética do Esclarecimento*, de Horkheimer e Adorno —, vi imediatamente que, por essa via, poderiam surgir generalizações perigosas. Enfim, vá lá que existam as leviandades do progressismo iluminista, mas as leviandades anti-iluministas parecem-me piores. Horkheimer e Adorno fazem de Ulisses o primeiro iluminista e o primeiro burguês: muito bem, Ulisses sempre foi e continua a ser o meu herói preferido, digam o que disserem.

Creio que certas operações minhas que parecem privilegiar a estrutura narrativa, um puro projeto, também têm um sentido em outro plano, digamos, de conteúdo filosófico. E a estrutura corresponde ao tema. Por exemplo, no *Castelo dos destinos cruzados*, que seria o meu livro mais abstrato, há uma passagem que é a coisa mais autobiográfica (autobiográfico-ideológica) que já escrevi, uma espécie de profissão de fé da minha moral, quando falo dos quadros de Carpaccio do ciclo de são Jorge e são Jerônimo.[2] É uma daquelas coisas que, se eu tivesse morrido [na época], faria questão de que fosse considerado o meu testamento. Espero ter tempo também para escrever vários outros testamentos, talvez contraditórios entre si, mas esse aí é um testamento, datado, porém ainda válido...

Acredito que a "crise" existe. Acredito que o que hoje se entende por "literatura da crise" tem um sentido. Talvez entre nós (na Itália) fale-se demais sobre ela e por isso não falo a respeito, mas ela existe. O que eu comentava sobre o descrever e sobre a superfície liga-se também a toda a problemática do dizível e do indizível, à problemática da crise da palavra, que foi explorada pelos autores que são sempre citados quando se fala dessas coisas, como Hofmannsthal e Wittgenstein. E exatamente porque vejo cada vez menos propostas de soluções, procuro fazer uma literatura que seja modelo de operações limitadas, mas, à sua maneira, eficazes.

Para mim, é difícil definir uma posição própria. A referência que você fez a Vittorini é importante porque nos reconduz à necessidade de se colocar vários questionamentos que parecem distantes da literatura, como era a concepção de Vittorini sobre uma cultura que sinta a responsabilidade por cada fato da vida e da sociedade. Hoje, dificilmente eu conseguiria acompanhar Vittorini em algumas de suas posições, como por exemplo ao defender a cultura industrial com uma intransigência absoluta, ao ver todos os males da cultura industrial como consequências do fato de não ser suficientemente industrial. Vittorini era um homem de posições muito definidas, de escolhas absolutas. Hoje (será talvez também um efeito da "cultura da crise"?) não seria mais possível sustentar certas posições tão *tranchantes*.

Resposta a perguntas sobre o seu estilo. A sua opinião sobre outros escritores.

Eu também parti de uma linguagem que procurava manter ligada a uma fala: à fala que era de uma região italiana, a Riviera lígure do Poente. E, nas minhas primeiras experiências escritas, tentava que todas as frases que eu escrevia tivessem uma correspondência literal em dialeto. Não sei se conseguia: de vez em quando, pendia para o italiano culto.

Naturalmente, para um italiano do norte há um grande problema para escrever um romance mantendo esse tipo de linguagem. O tempo narrativo italiano é o pretérito perfeito do indicativo, que não existe nos dialetos e nem sequer na língua oral do norte da Itália. No norte não se diz *"io andai"*. Diz-se *"io sono andato"*. Ninguém usa o pretérito perfeito simples no norte da Itália, embora se fale um italiano impecável. Então escrevi o meu primeiro romance inteiramente no presente, para contornar esse obstáculo. Porque, se eu começasse a dizer *"andò"*, *"fece"*, seria um toscanismo; estaria fazendo algo contrário à minha então primeira poética rudimentar. Mas, depois, não que eu tenha seguido essa linha, mesmo porque fui aos poucos perdendo esse enraizamento regional que, para os escritores italianos, como você sabe, sempre foi muito importante, mas que pode ser também limitante, e assim passei a escrever em registros diferentes, mas quase sempre em italiano literário. Nesse meio-tempo, nasceu um italiano falado, um pan-italiano. Nasceu sobretudo porque as pessoas ouvem a televisão: o elemento linguístico unificador na Itália foi provavelmente a televisão, muito mais do que a escola, o exército, as primeiras instituições unitárias italianas. Sim, creio que isso que você comentava é verdade, tenho um estilo muito diferente do de Queneau porque não tenho aqueles amálgamas linguísticos que, no entanto, são característicos de outra corrente da literatura italiana: aquela que tem em Gadda seu representante mais importante. O meu ideal estilístico, de modo geral, é de leveza, de rapidez sintética da expressão, mais do que de núcleos verbais. Mas há outros aspectos que me ligam a Queneau: ele também tinha o gosto, a obsessão pela composição geométrica. De início, eu tinha instintivamente um certo amor pelo romance construído segundo um esquema preciso, e depois se tornou um elemento calculado, cada vez mais importante para mim. Além disso, afinal, amamos os escritores que são também muito diferentes, e eu tive como referência útil escritores também muito distantes de mim. Para citar escritores da literatura inglesa que creio ser a mais familiar a você, sempre oscilei entre dois escritores da mesma época, muito diferentes entre si, embora com elementos comuns: Stevenson e Conrad. Stevenson: a leveza, esse estilo transparente e essa construção linear. Conrad, por seu lado, um profundo interesse humano, que gira em torno de um personagem e de uma situação até explorar todas as zonas obscuras, a profundidade. Conrad escrevia num inglês até suntuoso, um inglês hiperliterário, um inglês estranhamente repleto de palavras de origem latina. Ele dizia que a primeira língua da sua vocação literária era o francês, e inclusive que, na sua obsessão pela palavra certa, procurava primeiro o termo francês e depois o inglês. Não sei se é verdade, porque depois, quando escreve alguma frase em francês nos seus romances, não é um grande francês. O seu amor pela língua inglesa leva-o a criar uma língua luxuriante como a de poucos escritores anglo-saxões.

Não conheço muito a literatura australiana. Li alguns romances de Patrick White e aqui retomo o que dizia sobre Conrad, sobre uma linguagem nobre e rica, vigorosamente poética. Parece-me que Patrick White deve ser um escritor australiano muito representativo, embora não possa dizer que sei muito a esse respeito. Creio que uma especificidade literária nacional não deve ser uma tomada de posição prévia: deve ser natural que um escritor exprima o seu país, a sua tradição literária, mas essas qualidades de origem servem para alimentar a literatura universal. Um grande escritor italiano ou um grande escritor australiano não são aqueles com presença restrita ao âmbito italiano ou australiano, e sim aqueles que levam a sua italianidade ou australianidade para a literatura universal.

Resposta a perguntas sobre Os amores difíceis *e o ciclo de* Marcovaldo.
Na primeira parte da minha atividade, eu escrevia muitos contos. Aliás, deveria ter escrito mais, porque o meu meio de expressão eram os contos. No entanto, em certo momento Pavese — creio que foi ele mesmo — me disse: "Já vimos que você é capaz de escrever contos, agora deve escrever romances". E assim me esforcei e escrevi o meu primeiro romance. Depois me esforcei em escrever outros romances que não deram certo. Perdi tempo tentando escrever romances, ao passo que, se expressasse nos contos tudo o que tinha em mente, as minhas experiências juvenis, teria escrito muitas coisas que depois não fui mais capaz de escrever. Quando quis depois reunir esses contos num volume, em 1958, procurei juntá-los em séries que se chamavam: *Os idílios difíceis, As memórias difíceis, Os amores difíceis* porque em todos, ou quase todos, havia um problema de dificuldade de comunicação.

Naquela época, o aspecto teórico, a minha posição literária, era muito menos consciente do que a seguir. Mas devo dizer que mesmo aqueles *Amores difíceis* respondem a um critério de construção formal, cada qual centrado numa oposição muito simples. Em geral, quando escrevo, parto de uma imagem visual ou também de um esquema de situação que funciona como um mecanismo. Em suma, em geral, traduzo uma série de experiências num mecanismo esquemático que depois se converte num conto.

A série de histórias de *Marcovaldo* eu tinha começado a publicar num jornal. Saía na terceira página do *Unità* por volta de 1951-2. E havia criado esse personagem inspirado em um almoxarife da editora onde trabalhava:

aliás, uma das histórias, a dos cogumelos, era verdadeira; aquele homem encontrara alguns cogumelos pela rua, comera-os e acabou se intoxicando. E a partir daí, inventando outras histórias desse mesmo tipo, comecei a série. E depois escrevi outras, que ficaram maiores e reuni dez delas no livro *I racconti*, de 1958. Depois, quando fiz o livro *Marcovaldo*, alguns anos mais tarde, acrescentei mais dez. Agora Maria Corti sustenta num ensaio seu que os dez primeiros contos tinham uma coerência formal e constituem o que ela define como "macrotexto", ao passo que, com o acréscimo dos outros dez, o macrotexto foi detonado porque esses outros não correspondem mais ao mesmo esquema. Mas lembro que, quando esse ensaio foi publicado, escrevi a ela uma carta construindo um esquema ainda mais complicado, em que todos eles entravam...[3] O interessante da série com vinte contos, em comparação à primeira série com dez, é que os dez são ainda numa Itália, digamos assim, neorrealista, muito pobre, enquanto os escritos depois se passam numa Itália consumista. São das coisas mais simples que escrevi porque se baseiam num contraste muito simples: o contraste entre natureza e cidade. Quase todos têm um ponto de partida sazonal e baseiam-se na experiência efetiva de que o transcorrer das estações passa muito mais despercebido na cidade do que no campo. E nunca têm um final feliz... E publiquei justamente como livro para o público juvenil porque nada obriga a que todas as histórias para os jovens tenham final feliz. Eles também precisam aprender que as coisas podem dar errado. Resumindo, no começo diziam que não era um livro adequado para os jovens porque era triste demais, e depois acabou sendo adotado como leitura nas escolas, no ginásio. E continuo a receber pacotes com trabalhos de crianças que escrevem na escola outras histórias sobre Marcovaldo e fazem desenhos. Creio que o livro alcançou na Itália as maiores tiragens justamente por causa dessa difusão nas escolas. Quase empatando com o meu conterrâneo Edmondo De Amicis.

Resposta a uma pergunta sobre a sua última obra: a literatura como descrição.

Posso, sem dúvida, antecipar o que penso que será um futuro livro meu, que já está parcialmente escrito. Durante alguns anos escrevi pequenos textos literários no *Corriere della Sera*, que não eram em primeira pessoa, mas tinham um personagem que se chamava senhor Palomar e eram em geral baseados em descrições. A ideia fundamental é que eu acredito muito na superfície, naquilo que se vê de fora. Sempre desconfio muito da profundidade. Numa época em que a cultura está toda voltada para o elogio da profundidade, um apelo ao que se vê, ao que se toca, à forma das coisas, me parece, não sei se consigo explicar bem, mas creio que é um dos pontos sólidos da minha ideologia. Hoje não se tem tempo para observar uma coisa como ela é sem que apareçam aqueles que dizem que por trás há motivações inconscientes, que por trás há motivações históricas, sociais etc. sempre com o ar de culpabilizar alguém. Essa atitude nos impede de ver como são as coisas que atuam concretamente e nos fazem sofrer ou ter prazer. Quando me acontece de escrever um texto que se encaixa nessa linha, reservo-o para esse meu livro que terá como uma das suas linhas temáticas a descrição dos aspectos visuais das coisas. Aquele texto sobre os estorninhos em Roma sobre o qual me foi perguntado é um capítulo desse livro.[4] Os estorninhos naqueles dias eram tema constante de conversa em Roma, pois era impressionante ver como ocupavam o céu inteiro, e eu, embora não seja conhecedor da vida dos pássaros, quis escrever tendo como programa: "direi apenas aquilo que vejo". E, em parte, fiz isso também para criar um pouco de contraste com os temas habituais das páginas literárias do jornal em que escrevo, *La Repubblica*, páginas inteiramente dedicadas à cultura (cultura com C maiúsculo), em que se fala sempre de livros, de debates, de ideias; e disse a mim mesmo: por uma vez, falo também de pássaros.

O CINEMA DOS ANOS 1930[1]

Você escreveu um depoimento sobre a sua infância e adolescência na Itália nos anos do fascismo, que saiu no livro com diversos autores La generazione degli anni difficili [*A geração dos anos difíceis*], *publicado pela Laterza em 1962.*

É verdade. Esse livro reúne depoimentos de pessoas da minha geração, que foram publicados no início dos anos 1960 por uma revista milanesa, *Il Paradosso*. Tinham preparado um questionário que submeteram a um certo número de pessoas: eu entre elas. Quando as respostas foram depois reunidas em livro, escrevi outro texto, completamente diferente do primeiro. Na revista falava da minha infância, do fascismo visto por uma criança, e principalmente dos anos 1930 e início dos anos 1940. Depois me perguntei qual seria o sentido, afinal, em falar dessa pré-história: uma criança não pensa na política, o que conta é a vida consciente. Escrevi, então, uma continuação, em que falo principalmente da minha formação política no pós-guerra. Trata-se, portanto, de dois textos que são de certo modo complementares.[2] Durante pelo menos vinte anos após o "vicênio" fascista, a Itália não fez outra coisa senão relembrar a época mussoliniana. Por exemplo, um periódico como *Il Mondo*, revista semanal cultural de Mario Pannunzio que teve durante quinze anos um papel de grande relevância na Itália, publicava com muita frequência reevocações do período fascista: muita gente que conhecera a vida cultural e a vida política da época fascista tinha muitas coisas para contar.

O CINEMA DOS ANOS 1930

Quando foi que você se aproximou do Partido Comunista Italiano?
Durante a Resistência. Era um período em que tudo ocorria com grande rapidez e os meses contavam como anos. Devido às experiências da Resistência e também ao quadro político geral — os Estados Unidos e a União Soviética eram aliados —, aproximei-me do PCI. A eficiência dos comunistas italianos na Resistência era enorme, muito superior à de todas as outras organizações políticas.

Na "Autobiografia de um espectador" você escreve: "Houve anos em que eu ia ao cinema quase todos os dias e, com um pouco de sorte, duas vezes ao dia, e eram os anos, digamos, entre 1936 e a guerra, a época, enfim, de minha adolescência. Anos em que o cinema era o mundo para mim. [...] Ainda não disse, mas me parecia ponto pacífico que cinema para mim era o americano, a produção corrente de Hollywood. 'Minha' época vai, aproximadamente, desde Lanceiros da Índia, *com Gary Cooper, e* O grande motim, *com Charles Laughton e Clark Gable, até a morte de Jean Harlow [...] com muitas comédias". Inversamente, você diz que, embora assistisse a quase todos os filmes italianos, eles não contavam nada para você. Por que essa diferença?*
Os filmes italianos eram muito menos significativos. Aqueles que falam de outro país, de outra civilização, são muito mais fascinantes. Os filmes italianos não falavam de nada. Naquela época, eram comédias ambientadas na Hungria ou na França, pois na Itália não podiam existir adultérios, divórcios e muitas outras coisas: era, portanto, um cinema pouco significativo.

Procurava uma forma de evasão no cinema americano?
Naquela época, decerto não me colocava problemas de evasão ou coisas do gênero. Via os filmes porque eram divertidos, porque gostava dos atores, porque as histórias me interessavam. Tentemos não fazer intelectualismos...

Na "Autobiografia de um espectador", você observa que os filmes de Hollywood transmitiam uma "imagem mentirosa da vida". Deve-se pensar que a mentira dos filmes americanos dava mais espaço ao imaginário do que a mentira dos filmes italianos?
Não sei se percebia a mentira... Os filmes americanos tinham um sabor de grande verdade. Hoje, o cinema provavelmente transmite um toque de

459

verdade mais forte, talvez junto com outras mistificações; naquela época, tinha certamente uma verdade muito forte. Se bem me lembro, ia ao cinema porque os filmes americanos me divertiam. É o leitor de hoje que pode se colocar o problema da mistificação do cinema americano. Pode ser que eu também tivesse alguma consciência disso, mas esta é mais uma resposta a uma objeção de hoje que a uma pergunta de então, uma problemática que não me colocava naquela época. Na minha "Autobiografia de um espectador" simplesmente contei que tinha os gostos que todos tinham. No mundo inteiro, eram milhões de pessoas que iam assistir aos filmes americanos. O meu depoimento é o de uma pessoa qualquer, é também a defesa dessa experiência e não é de maneira nenhuma uma autocrítica: "Ah, como eu era idiota em ver aqueles filmes!". Não, estou felicíssimo por tê-los visto.

A censura do regime fascista não barrava os filmes americanos. As revistas de cinema da época estavam cheias de informações sobre o cinema americano, sobre as estrelas americanas. Por exemplo a revista Cinema.

Também *Film*, que era a revista mais popular. Cinema era já de um nível mais alto: não sei se era vendida em bancas de jornal; talvez se encontrasse apenas em livrarias. Já a *Film* saía todas as semanas em todas as bancas: era uma publicação de formato grande, repleta de cinema americano, com diversas matérias sobre Hollywood. Nela escreviam autores importantes, como, por exemplo, Massimo Bontempelli.

Até 1938 o regime fascista não opôs nenhum obstáculo ao cinema americano.

A lei de 1938 era, antes de mais nada, uma disposição relativa ao protecionismo comercial diante do cinema americano. Do ponto de vista da repressão cultural, o regime fascista não tinha ideias claras. Só nos últimos anos tentou formular uma política cultural. O fascismo tinha uma ideologia em política externa, em política interna, mas no campo da cultura limitava-se a proibir um monte de coisas. Havia também coisas permitidas, por exemplo, a literatura americana. Foram publicadas muitas traduções: antes e durante a guerra, a literatura americana teve grande popularidade.

Faulkner foi traduzido naqueles anos, e também Steinbeck, que talvez não seja um grande autor. O regime não proibia os livros que falavam das lutas sociais ou que davam uma ideia da crise naqueles países que eram chamados de "plutocracias". Hemingway, por sua vez, não era traduzido porque quase todos os seus livros tinham um conteúdo abertamente antifascista.

Para voltar ao cinema, parece-me que na sua "Autobiografia de um espectador" você prefere o artifício do cinema americano ao artifício proposto pelo fascismo.

O cinema é uma imagem de artifício artístico. Eu amava essa arte popular como podia amar a ópera ou mesmo o teatro de variedades. É um artifício, mas temos o direito de amá-lo. O fascismo era, por seu lado, a realidade da vida com uma grande confusão de coisas falsas.

Como se percebia essa "grande confusão de coisas falsas" ao se morar numa pequena cidade como Sanremo, longe de Roma?

Era um grande tédio, pois sempre havia feriados em que era preciso vestir o uniforme, ir aos comícios, toda aquela retórica... Eu vivia num ambiente que falava com grande liberdade e que criticava todas as autoridades, grandes e pequenas; e, ao mesmo tempo, o fascismo era vitorioso. Eu via que o mundo dos meus pais perdia em todas as partes: Hitler, a guerra da Espanha e também o início da Segunda Guerra Mundial. Tudo isso me levava a procurar uma realização pessoal longe da política.

Nesse clima, que também não tinha nada de exaltante, formou-se uma excelente geração de intelectuais, que começaram a se expressar sobretudo a partir de 1945.

Expressavam-se antes também. Depois da guerra, convivi muito com a geração daqueles que tinham dez anos a mais que eu e que tinham vivido a parte talvez mais interessante da vida nos anos 1930 e 1940. Os intelectuais italianos daquela geração — nascidos por volta de 1910 — são frequentemente escritores notáveis. Alguns deles, uma minoria, viveram aquela época como antifascistas militantes. Os outros, a maioria, viveram na sociedade fascista oficial, aproveitando aquele clima de cumplicidade que permitia um distanciamento, visto que não tinham atividades antifascistas. Quando alguém tinha atividade política, tanto isolada quanto no interior do Partido Fascista, era automaticamente descoberto e exilado. Para a literatura, havia o problema da censura, mas num primeiro período ela era exercida pela autoridade civil: o direito de censura era da alçada do prefeito, e para a literatura tratava-se principalmente de uma censura moralista. A

461

certa altura — você provavelmente sabe as datas melhor do que eu — foi criado o Ministério de Imprensa e Propaganda, que depois se tornou o Ministério da Cultura Popular. Ele começou a fazer uma política cultural. De certo ponto de vista, foi um passo na direção de um regime de fato totalitário; mas foi também um meio para tentar proteger os intelectuais considerados dissidentes. Bottai, o famoso ministro da Educação Nacional, protegia os intelectuais que estavam na oposição. Na revista oficial *Primato*, dirigida por Bottai, escreviam intelectuais de oposição.

Pode-se dizer que o fascismo, em relação à massa dos italianos, contentava-se com um consenso de indiferença mais do que de adesão?
O fascismo era uma máquina de criar adesão, um regime fundado numa organização de massa. Dito isso, o fascismo não podia censurar a indiferença. Se algum filiado das organizações fascistas vestia a camisa preta a contragosto, era problema dele (para as gerações jovens, a filiação a uma dessas organizações era obrigatória, por exemplo, para ir à escola, assim como era obrigatório vestir camisa preta nos feriados).

O fascismo quase não se serviu do cinema como meio de propaganda.
Todos os anos, porém, saíam dois ou três filmes de propaganda importantes. Pense, por exemplo, em todos aqueles com Fosco Giachetti, nos filmes de guerra, nos grandes eventos, nos filmes de Genina ou de Alessandrini. Toda a produção italiana era centrada nesses filmes, como *Luciano Serra, piloto*...

No entanto, esses filmes são uma ínfima minoria dentro do conjunto da produção italiana.
Sim, porque havia uma produção média. O cinema continuava sendo uma indústria: era preciso produzir filmes que agradassem ao público e tentassem concorrer com o cinema americano. Hoje pode-se encontrar uma ideologia mesmo nos dramas passionais, em todos os filmes com Fosco Giachetti — que personificava o homem austero — ou nos filmes com Amedeo Nazzari, essa imagem heroica de virilidade... Creio que até na Alemanha, que era um país realmente totalitário, havia inúmeras comédias, filmes que tinham pouca popularidade na Itália porque o público não gostava do cinema alemão. Também na Alemanha rodavam-se dois ou três

grandes filmes de propaganda por ano, e o resto eram comédias e filmes de aventura.

Na "Autobiografia de um espectador" você ressalta a importância do jornalismo humorístico. Como explica a presença desse jornalismo na sociedade fascista?

Era um jornalismo humorístico um pouco especial, visto que os jornais não podiam falar de política. Era um humorismo verbal com alguns laivos de sátira de costumes. Essa situação tinha gerado uma espécie de humorismo surrealista, que era aquele de revistas semanais como *Marc'Aurelio* e *Bertoldo*. *Bertoldo* foi fundada por um grupo de jornalistas de *Marc'Aurelio* que se mudaram de Roma para Milão. *Bertoldo* tinha posto em circulação uma linguagem que fora adotada pelos estudantes secundaristas: eles falavam usando um monte de expressões irônicas.

Os italianos encontraram no jornalismo humorístico a base para uma maior autonomia intelectual?

Não, não creio. Todos os dias, sob todos os regimes, é preciso viver, é preciso falar, é preciso rir...

CONTAR ORLANDO FURIOSO[1]

Como lhe veio a ideia de "contar" Orlando furioso?
Simplesmente porque a Radio Italiana me pediu, alguns anos atrás, para apresentar aos ouvintes uma seleta do poema de Ariosto. A minha história era dublada por atores que liam o original. A ideia me agradou de imediato, e, como gosto muito de trabalhar por encomenda, aquela experiência gerou esse livro, agora traduzido para o francês. Só me desagrada que a tradução do poema proposta aos leitores franceses seja uma versão do século XIX em prosa.[2]

Como fez a seleção nesse texto imenso? O que o seduziu em especial?
Cabe dizer que a estrutura da narrativa em Ariosto é extremamente complexa e moderna. Com efeito, ela se desenvolve em diversos planos simultâneos: o autor avança em flashes sucessivos, com breves ações acontecendo ao mesmo tempo. É uma verdadeira montagem cinematográfica que organiza o poema como uma obra em contínuo movimento: não por acaso Galileu admirava tanto Ariosto! Para dizer a verdade, *Orlando furioso* é uma narrativa policêntrica ou acêntrica. E, aliás, vindo após um poema cavaleiresco (*Orlando apaixonado* de Boiardo) que se liga a outro poema que nasce, ele também, da tradição épica francesa, o "romance" de Ariosto não tem início; e pode-se dizer também que não tem fim. Assombrosa modernidade, portanto. Mas eu tinha de selecionar e concebi a seleta em torno

de um palácio encantado onde damas e cavaleiros se perseguem, se cruzam, se amam ou se enganam: uma espécie de Marienbad do século XVI! Assim, escolhi um sistema oposto à montagem e encenação feitas por Sanguineti e Ronconi alguns anos atrás.[3] Eles haviam insistido na simultaneidade das aventuras.

Mas, para além dessa encomenda e desse livro, Ariosto o interessa como tal: por exemplo, O cavaleiro inexistente *era um modelo singular de virtuosismo "ariostesco". Era uma alusão, um olhar irônico dirigido à literatura clássica?*

Não, de forma nenhuma. Era o prazer da narrativa que me movia. Pois, como o tema que havia escolhido era o de uma armadura vazia, pareceu-me natural situar os acontecimentos no quadro fabuloso do poema cavaleiresco. Você sabe que essa forma literária e esse reservatório mítico tiveram uma importância fundamental para a Itália (e também para a Espanha: pense em *Dom Quixote*), que a França não conheceu. Na Itália, a tradição também se perpetuou até os nossos dias nos bonecos, nos fantoches sicilianos.

Os problemas do funcionamento romanesco parecem atraí-lo sempre. O que pensa hoje do Castelo dos destinos cruzados, *em que as figuras do tarô lhe sugeriram a construção infinita de novas histórias?*

Penso que sempre deveria retomar aquela experiência: sinto que não a esgotei. Se não a continuei, foi porque, escrevendo *O castelo dos destinos cruzados*, achei realmente que tinha enlouquecido. Mas é verdade que o jogo das possibilidades, da infinidade das interpretações, unido ao fascínio das imagens do tarô, continua a me seduzir.

Continuando na lista dos seus títulos, três deles — O visconde partido ao meio, O cavaleiro inexistente, O barão nas árvores *— formam uma espécie de trilogia...*

Sim, e é verdade, apesar da diversidade do tema e da escrita. O primeiro é, de fato, um livro fechado, uma espécie de apólogo; o segundo tem uma forma mais livre, mais inventiva; e o terceiro descende dos romances enciclopédicos do final do século XVIII, uma época pela qual também sinto muita afeição. Na Itália reuni-os num volume com o título *Os nossos antepassados*. Como que para designar a árvore genealógica fabulosa do homem contemporâneo.

E você, onde situa o centro da sua obra?
Não costumo olhar muito para o conjunto do meu trabalho passado. O centro da minha obra? É o meu próximo livro. Que sairá logo...

ESCREVO PORQUE NÃO TINHA TALENTO PARA O COMÉRCIO[1]

Caras moças, caros rapazes, estou muito contente de estar aqui com vocês, depois de tanto tempo que fora convidado para vir a Pesaro. Fico contente com a presença numerosa, fico contente em ver meu nome nos muros de Pesaro junto com uma colher, um garfo e uma faca, que são apetrechos muito simpáticos. Recebi uma lista das suas perguntas: são cerca de 45 e passaria aqui uma semana se respondesse a todas elas. Há algumas até bastante difíceis; por exemplo: "A comicidade dos seus livros, sempre original, tem com frequência um fundo levemente amargo. Por que essa amargura?". Para isso, talvez eu tivesse de fazer psicanálise ou explicar o tom com que um autor escreve. Comicidade, amargura: é muito difícil. Todo escritor tem um tom próprio, uma entonação própria; é mais ou menos como o timbre da voz, que é o seu temperamento.

Outra pergunta do mesmo tipo: "O tom desdramatizante com que enfrenta mesmo os piores lados da vida humana, os personagens extravagantes que povoam os seus contos e o próprio gênero literário irreal que escolheu na trilogia dos *Nossos antepassados* são um reflexo da sua personalidade ou algo que se impôs, um artifício forçado? E esse gênero lhe foi inspirado por algum modelo do passado ou não?". Eu diria que o tom de um escritor é algo que o caracteriza e que é muito difícil definir. Há escritores que parecem forçados, falsos, vê-se que fazem uma coisa por maneirismo; isso somente o leitor pode dizer, só vocês podem dizer "isso soa forçado" ou "isso é estranho, inusitado, mas sente-se que tem algo por trás". Muitas

467

vezes o escritor nem mesmo sabe: é assim que ele escreve e por meio dessa escrita que se exprime do modo como imagina, que dá um movimento, um calor ou uma frieza, uma frase, exprime a si mesmo. Certamente também se remete a uma tradição literária.

A primeira das perguntas que vejo aqui é interessante e séria: "Por quantas fases você passa na redação do livro? Fica sempre satisfeito? Depois nunca pensa que teria de refazê-lo?". Posso dizer que nunca estou satisfeito e por isso continuo a escrever. Procuro sempre fazer algo que tenha um significado, que represente o meu modo de ver o mundo com histórias, com uma escrita na qual os outros possam se reconhecer. Satisfeito nunca fico: escrever é um trabalho que não traz satisfação no próprio fato de escrever. O pintor tem uma certa beleza no gesto que executa, no uso da cor. Escrever não, trabalha-se com palavras: se escrevemos à mão, há a feiura da nossa letra; se escrevemos à máquina, é uma coisa mecânica. Não existe uma satisfação física no escrever, pelo menos para mim; talvez para outros exista, mas receio que os que ficam satisfeitos demais ao escrever sejam grafômanos, que escrevem só para si mesmos. No entanto, sinto satisfação por ter escrito, ter feito uma coisa, tê-la concluído, ver a obra realizada; experimento a satisfação que pode experimentar um artesão que construiu um objeto ou um mecanismo que funciona. Portanto, as coisas que fiz, embora às vezes não fique totalmente satisfeito, são coisas que fiz e que permanecem como tais: isso porque às vezes os meus livros não são romances que têm um começo e um fim, são feitos de muitas partes reunidas; por isso, às vezes posso pensar: "mas eu poderia acrescentar mais coisas naquele livro", porque procedo no meu trabalho um pouco por acumulação. Trabalho muito, cada coisa que escrevo é muito trabalhada, isto é, faço várias redações. Há coisas que me vêm de uma vez só e ficam tal como me vêm, mas na maioria das vezes escrevo e corrijo, escrevo e corrijo: a certa altura, não entendo mais nada daquilo que escrevi numa página, porque faço a primeira redação à mão, sempre; faço muitas correções com letras menores, cada vez menores, insiro outros trechos com letra miudíssima. No fim, preciso pegar uma lupa para entender o que escrevi. Depois faço uma cópia à mão, depois copio à máquina, depois, na releitura, às vezes digo: "oh, mas isso aqui saiu muito frouxo, não transmite realmente nada"; e, então, sinto a necessidade de refazer a página outra vez, de entender qual é o ponto em que... para dar a essa história um movimento, um ritmo, uma tensão, o que devo colocar nela. Há também algo, penso eu, como uma composição musical, que deve ter um certo ritmo e que é preciso dar: às vezes conseguimos logo chegar a esse ritmo na primeira redação e às vezes é preciso pensar a respeito.

Essa pergunta se liga também a uma outra: "Ao escrever, nunca lhe aconteceu de não encontrar os termos para exprimir as suas sensações e impressões?". Sim, com muita frequência pego-me sentindo necessidade de uma palavra que expresse algo que quero expressar, e não encontro a palavra. Então penso a respeito, vou por associação: é uma palavra assim, mas não é essa, é outra que precisa ter uma nuance desse tipo. Às vezes também recorro aos dicionários, por exemplo a dicionários analógicos, dicionários que têm famílias de palavras. Como muitos, uso um dicionário que não é muito bom, porém é prático, o *Palazzi*: pego uma palavra próxima à que procuro e vejo todas as outras que são citadas. Às vezes também uso o *Tommaseo*, que é o grande dicionário da nossa língua; porém é um dicionário do século passado e, assim, é uma língua bem distante de nós. Uso também, principalmente para coisas de nomenclatura, um dicionário do final do século passado que se encontra em antiquários: chama-se Premoli, é um pouco desorganizado, um pouco bagunçado, mas nele se encontram muitas palavras. O importante é que não sejam palavras rebuscadas, que sejam palavras que se apresentem naturalmente e que ajudem a fluência da escrita do pensamento, não que detenham a atenção.

Essa pergunta tem uma segunda parte: "Nunca criou termos novos que agora entraram para o uso corrente?". Não, acho que não. Há escritores importantes que inventam palavras, que têm uma grande imaginação linguística; eu diria que emprego palavras que já estão em uso, sem me afastar muito do italiano corrente. Os estrangeiros que tentam ler os meus livros em italiano têm certa dificuldade, porque dizem que a língua que uso é muito rica, que uso muitos vocábulos que eles não conhecem. No entanto, creio que não me afasto do italiano corrente: mesmo quando faço histórias que não se passam na nossa época e são fantásticas, procuro sempre fazer com que o meu italiano seja um italiano moderno.

Você tem uma arma secreta para alcançar o sucesso?
Não, realmente creio que não possuo esse segredo. Creio que não me coloco a questão do sucesso, escrevo uma coisa que me interessa escrever. Geralmente coloco-me um problema, quero escrever um livro assim e assado, que apresente tais e tais dificuldades, costumo fazer desafios a mim mesmo; é uma espécie de desafio comigo mesmo que me coloco: "vamos ver se consigo escrever uma coisa assim". Não é questão de sucesso, penso sempre em escrever algo que tenha um significado e que se insira naquilo que é o desenvolvimento da literatura moderna; portanto, é um desafio comigo mesmo e com os outros escritores da minha época. O sucesso

469

pode vir ou não vir. Em certo momento, vê-se que mesmo livros que eram considerados difíceis, livros para poucos, depois encontraram um público próprio. Creio que hoje em dia se fala demais em termos de sucesso, de vendas. Aliás, entre essas suas perguntas, há uma sobre aquele livro, *Il best seller all'italiana* [O best-seller à italiana],[2] que me parece um livro muito infeliz inclusive na própria concepção: num país em que se lê pouco como na Itália (onde até os sucessos são sucessos limitados), olhar com uma espécie de malevolência os escritores cujos livros encontraram o favor do público — fazendo coisas que não agradavam aos gostos mais fáceis mas fazendo algo difícil — e, em vez de ficar contente e se alegrar que o público tenha acompanhado o esforço do escritor, ver isso como uma manobra de baixo interesse é totalmente absurdo e não tem o menor sentido. Há, sem dúvida, escritores puramente comerciais, mas são os que agradam aos aspectos mais fáceis do gosto do público. Por exemplo, um romance como o último que publiquei, que me deu imenso trabalho e se intitula *Se um viajante numa noite de inverno*, é um livro que o editor achou que podia ter uma tiragem de 10 mil exemplares. Não parecia um livro para um público muito amplo: todas as pessoas do ofício às quais dei o livro para lerem disseram-me que seria um livro de interesse restrito, e depois, pelo contrário, teve certo sucesso, não extraordinário, chegou-se aos 100 mil exemplares, e isso é uma boa coisa. Como é um livro que escrevi por motivos literários e expressivos, o fato de que o público tenha acolhido, tenha participado do jogo, parece-me uma coisa excelente; mas não há por trás nenhuma manobra do escritor e nem mesmo do editor. As editoras são sempre prudentes, nunca se arriscam a fazer uma tiragem muito grande porque depois, no ano seguinte, os livros acabam sendo vendidos pela metade do preço nos outlets das livrarias. É uma espécie de diálogo entre o livro e o público: se o público responde, então mais exemplares são impressos.

Gostaria de saber, se possível, por que você escreve.
É uma boa pergunta. Escrevo porque não tinha talento para o comércio, não tinha talento para o esporte, não tinha talento para muitas outras coisas; era um pouco aquele que, para usar uma expressão famosa, é "o idiota da família". Sartre publicou uma biografia de Flaubert intitulada *O idiota da família*. Em geral, quem escreve é alguém que, entre as várias coisas que tenta fazer, percebe que se sentar à escrivaninha e pôr para fora coisas que saem da sua cabeça e da sua caneta é um modo de se realizar e de se comunicar. Posso dizer que escrevo para comunicar, por-

que a escrita é como consigo fazer as coisas passarem através de mim, coisas que talvez cheguem a mim a partir da cultura que me cerca, da vida, da experiência, da literatura que me antecedeu, às quais dou aquele elemento pessoal presente em todas as experiências que passam através de uma pessoa humana e coloco-as de novo em circulação. É por isso que escrevo: para fazer de mim instrumento de algo que é certamente maior do que eu e que é o modo como os homens olham, julgam, comentam, exprimem o mundo, fazê-lo passar através de mim e recolocá-lo em circulação. Esta é uma das várias maneiras como uma civilização, uma cultura, uma sociedade vive assimilando experiências e recolocando-as em circulação.

Não lhe parece que o barão nas árvores deve descer das árvores e enfrentar a realidade sem escapar dos problemas que ela comporta?

Se o barão não tivesse subido nas árvores ou tivesse subido e depois descido, não haveria o livro. Um livro, em geral, conta alguma coisa que se destaca da média ou da maneira mais usual como as coisas acontecem.

Como escrevi esse livro? Escrevi desenvolvendo um tema, talvez um tema que tenha vindo da minha memória; queria contar a época em que, quando meninote, subia nas árvores e passava horas lá em cima; depois levei-o às extremas consequências e acabei por convertê-lo numa espécie de símbolo. Símbolo de quê? Um símbolo frequentemente é símbolo de várias coisas: pode ser um símbolo do escritor, do poeta que se afastou do mundo para vê-lo de uma certa distância e que precisa se manter fiel a um rigor pessoal que os outros não entendem; pode ser também um símbolo mais geral do homem que, para tentar entender, se afasta, prefere tomar uma certa distância e ao mesmo tempo sente-se ligado, não isolado daquilo que acontece na terra. Acabou surgindo uma história paradoxal, que se sustenta precisamente porque, entre todas as possibilidades dessa relação entre as árvores e a terra, o barão se estabeleceu aquela determinada regra e a segue até o fim. A história tem o seu rigor próprio por ser a história de alguém que segue o seu próprio rigor. Claro que eu poderia fazer com que ele descesse no final. Creio que, anos atrás, fizeram uma adaptação teatral em que o barão, no fim, descia para o solo: isso dá uma moral à história, mas talvez seja uma moral um pouco fácil. Preferi que esse rapaz levasse adiante, por toda a vida, aquela lei, aquele imperativo categórico que se impusera. Os livros, as invenções literárias valem também pelo seu aspecto paradoxal, porque levam até o fim mesmo algo que é difícil de engolir. Gosto de fazer livros sobre invenções da minha imaginação que sejam também um pouco difíceis de engolir, pois é isso que estimula a reflexão.

471

Se, pelo contrário, oferece-se uma solução que contenta a todos, que atende a todas as consciências, não é o que quero fazer. Quero sacudir. A literatura importante é uma literatura que nos coloca diante de coisas que desafiam também o senso comum, e foi isso que eu quis fazer.

No Visconde partido ao meio, *o personagem principal é dividido numa parte boa e numa parte ruim. Isso corresponde à sua concepção da humanidade? Se sim, por que fez as duas partes aparecerem em momentos diferentes? Por que primeiro a parte ruim e não a boa?*

Quando comecei a escrever O *visconde partido ao meio*, queria antes de mais nada escrever uma história divertida para divertir a mim mesmo e possivelmente para divertir os outros. Eu tinha essa imagem de um homem cortado em dois e julguei que esse tema do homem cortado em dois, do homem partido ao meio, era um tema significativo, tinha um sentido contemporâneo: todos nós nos sentimos de certa forma incompletos, todos realizamos uma parte de nós mesmos e não a outra. Para fazer isso, tentei construir uma história que se mantivesse de pé, que tivesse uma simetria, um ritmo de narrativa de aventuras, mas ao mesmo tempo também quase de balé. Para diferenciar as duas metades, considerei que fazer uma boa e outra ruim era a maneira de criar o maior contraste.[3] Era toda uma construção narrativa baseada nos contrastes e, portanto, a história se baseia numa série de efeitos surpresa: por exemplo, achei que o retorno ao vilarejo não do visconde inteiro, mas apenas de uma metade dele, muito cruel, criaria o máximo de efeito surpresa. E depois, a certa altura, a descoberta de um visconde absolutamente bom no lugar do mau criava outro efeito surpresa. Que as duas metades, a boa e a má, fossem igualmente insuportáveis era um efeito cômico e ao mesmo tempo significativo, porque às vezes os bons, aqueles programaticamente bonzinhos demais, cheios de boas intenções, são um tanto chatos. O importante numa coisa do gênero é fazer uma história que funcione também como técnica narrativa, capturando o leitor. Ao mesmo tempo, sempre estou muito atento aos significados: tomo cuidado para que uma história não acabe por ser interpretada de modo contrário ao que eu penso. Portanto, os significados também são muito importantes, porém, num conto como esse, o aspecto de funcionalidade narrativa e, digamos, de diversão é bastante importante. Imagino que divertir é uma função social, corresponde à minha moral. Penso sempre no leitor, que deve sorver todas essas páginas: precisa se divertir, precisa ter também uma gratificação. Esta é a minha moral: a pessoa comprou o livro, pagou por ele, investe o seu tempo, necessita se divertir. Não sou só eu que penso assim; por exemplo, mesmo um escritor muito atento aos conteúdos como Bertolt Brecht dizia que a primeira função social de uma obra teatral era a diversão. Acho que a diversão é uma coisa séria.

Gostaríamos de saber qual é, na sua opinião, a função do escritor e da literatura e por que a literatura italiana quase nunca consegue ultrapassar as fronteiras nacionais.

Essa pergunta também é longa. A função do escritor e da literatura é algo que alguém tenta entender praticando-a. A literatura é um aspecto da civilização, um aspecto da vida que nos cerca e sem a qual creio que a vida seria muito mais pobre. Podemos dizer que a literatura enriquece, multiplica, espelha a vida, e que a nossa vida sem os grandes escritores, os grandes poetas do passado, seria muito mais pobre, e que uma literatura vive quando tem uma continuidade, quando há alguém que, bem ou mal, a leva adiante. Portanto, eu poderia dizer que escrevo para levar adiante algo que considero muito importante e que é o passado da literatura. Talvez existam períodos magros, talvez nós contemporâneos sejamos indignos sucessores dos períodos gloriosos da literatura, mas, depois de nós, talvez venham outros melhores. A literatura italiana foi uma grande literatura em séculos em que praticamente ainda não existiam outras literaturas europeias. No século XIV, há apenas a literatura italiana na Europa àquela altura; no século XVI, a literatura italiana é de altíssima qualidade; ainda no século XVII, há personagens muito curiosos como Giordano Bruno, Campanella ou grandes cientistas como Galileu, que escrevem numa prosa maravilhosa; a literatura italiana teve um grande período no início do século passado, com Leopardi, Manzoni. O que hoje mais conta para nós na literatura, isto é, o romance, é um pouco a fragilidade da literatura italiana, que não teve uma tradição de romancistas durante o século XIX. Assim, é muito importante que o estudante de literatura italiana, mesmo nas escolas, se integre ao máximo com a leitura dos grandes romancistas franceses, ingleses, russos e também com o que se pode ver da grande poesia das outras literaturas. Acredito que hoje devemos pensar em termos de literatura internacional; todos nós somos talvez influenciados em maior medida pelas grandes literaturas estrangeiras e, ao mesmo tempo, sinto-me também muito ligado à literatura italiana, sobretudo dos séculos passados. Nesse momento, em todos os países os escritores nacionais são mais lidos do que os estrangeiros. Não que a literatura italiana seja muito lida no exterior, mas, de vez em quando, há um escritor que, por uma razão ou outra, por uma razão de conteúdo ou mesmo por uma razão de novidade formal, faz algo de interesse, é traduzido, é lido, é citado; portanto, nada obriga que a literatura italiana fique totalmente excluída do circuito mundial. É preciso se interessar pelas literaturas estrangeiras, porque devemos ter uma visão planetária e prestar atenção no mundo todo, e também, ao mesmo tempo, escrever pensando que as nossas coisas não são lidas apenas no nosso país, mas podem circular e participar de um diálogo mundial.

Gostaríamos que desenvolvesse o seu conceito segmentar do tempo, que nos estimulou muito na leitura das suas últimas obras T = 0 *e* Se um viajante numa noite de inverno, *e nos explicasse as consequências dessa concepção na dimensão espaçotemporal da ficção literária.*

A concepção do tempo. Esse é um problema-chave da narrativa contemporânea. O que é o tempo e a representação literária dessa dimensão ocupa uma grande parte da literatura do século xx: desde a monumental obra de Marcel Proust, *À procura do tempo perdido*, que vê no tempo pessoal, individual de uma pessoa, uma repetição de ciclos, uma sobreposição de momentos separados no tempo cronológico que se identificam na memória da pessoa, a Joyce, que recupera um tempo interior, o tempo do monólogo interior. Pode-se dizer que todos os grandes inovadores da narrativa do nosso século se confrontaram com uma própria ideia do tempo, ao mesmo tempo que a física relativista e a filosofia colocavam em questão o conceito de tempo. Em obras como os contos que reuni no livro *T = 0* (que significa precisamente *tempo zero*), que é uma continuação das *Cosmicômicas*, parti de leituras de física relativista para propor maneiras de imaginar o tempo. Por exemplo, conto sobre um caçador de leões africano que, no momento em que lança sua arma, pergunta-se se matará o leão ou se o leão o matará. Vê o tempo, o tempo a vir, como várias possibilidades todas igualmente presentes, como se cada segundo desse tempo fosse uma concretização espacial daquilo que ocorre. Não sei se tenho uma concepção do tempo; às vezes ponho-me a pensar e faço hipóteses, em geral prossigo fazendo algumas hipóteses, poderia ser assim ou assado. Mas não é que eu chegue até vocês e diga: vejam, é assim que eu penso e vocês devem pensar assim também, e ai de vocês se não pensarem assim. Eu digo: vamos ver se uma história contada dessa maneira se sustenta; é este o meu procedimento. Sou um homem que, provavelmente, no fim da minha vida, verão que não ensinei certezas, talvez tenha ensinado dúvidas, talvez tenha ensinado um modo de se colocar problemas. Ensinei [...] aquilo que se faz pensando: "sim, agora faço assim", mas tendo presente que as coisas também poderiam ser diferentes, parece-me que é mais seguro do que aquilo que se faz seguindo em frente com excessiva certeza. Sem dúvida, quando se age, é preciso estar seguro, em certo sentido; mas também sempre ter a ideia de que as coisas poderiam ser diferentes parece-me que nos salva de ficar dando cabeçadas contra a parede. Essa é uma digressão moral geral da minha parte, tomem-na como quiserem. Assim, também sobre uma questão como a concepção do tempo, pode acontecer que a certa altura, ao final, seja possível extrair das coisas que escrevi relacionadas ao tempo uma filosofia pessoal do tempo: mas, por ora, não saberia expô-la.

No livro que estou escrevendo agora, em algumas partes há também o problema do tempo, que é um problema filosófico aberto; e se o que escrevo valer como material para reflexão, já fico contente.

A tendência do Calvino escritor à evasão de uma realidade regulada por princípios racionais concilia-se com o Calvino homem?

É uma pergunta que contém diversas outras. Primeiro, temos de nos perguntar se eu escapo de uma realidade racional, como escritor, depois, se escapo como homem, e depois se esses dois comportamentos se conciliam ou não, se entendi bem. Diria que não sei se escapo de uma realidade racional: represento frequentemente coisas inverossímeis, por trás das quais há, porém, um raciocínio, há um esquema, há um mecanismo que se pode aplicar à realidade cotidiana, talvez. Um matemático fala de entidades que não existem, mas os seus cálculos e equações podem ser aplicados aos objetos do universo; assim é também o trabalho de um filósofo que desenvolve conceitos abstratos; assim é também o trabalho de um escritor de imaginação cujas invenções são inverossímeis e não pretendem ser tomadas como verdadeiras, mas o que importa é o mecanismo delas, assim como o de um raciocínio matemático ou lógico. Acredito que existe uma lógica em tudo o que escrevo. Os escritores irracionais são de outro tipo, podem ser escritores extraordinários, mas mais ligados a coisas da realidade, coisas do sentimento fisiológico do existir, e são plenamente realistas, mas são realistas enquanto captam forças psíquicas, aspectos da vida que não podem ser definidos em termos racionais. Não creio que eu pertença a esse tipo de escritor; não creio que seja muito dotado para a psicologia, para a introspecção. É nessa zona que se avança mais para o irracional. Creio ser mais propenso às construções talvez lógico-abstratas e, portanto, estaria do lado da racionalidade, talvez mais da racionalidade do que da realidade. Quanto a uma diferença entre mim como homem e como escritor, não sei: ao longo dos anos, creio que me identifiquei sempre mais e mais como escritor, pois no fundo não faço outra coisa, expresso-me exclusivamente através do que escrevo. Não sei se fui satisfatório ao responder a essa pergunta dificílima.

Não sou estudante nem professora, sou uma piemontesa de Valsesia que viveu em primeira pessoa, muito tragicamente, acontecimentos da Resistência e adquiri uma consciência política naquela época. Estudei em Turim e a primeira leitura séria que me fascinou foi Pavese; depois de Pavese, não sei por qual correlação, minha primeira leitura foi a sua e precisamente A trilha dos ninhos de aranha, *que amadureceu ainda mais em mim essa consciência política. Como li todos os seus livros, que amo muito, gostaria que você me explicasse o sentido do fantástico na sua trilogia* O barão nas árvores, O visconde partido ao meio *e* O cavaleiro inexistente. *Não sei se a pergunta está bem colocada.*

Parece-me que a sua pergunta traz implícita a observação de uma oposição, quase de uma contradição, entre os meus inícios realistas, ligados a uma experiência histórica vivida, e o desenvolvimento da minha narrativa em sentido fantástico. Também para mim, como para muitos da nossa geração, a guerra, a ocupação alemã, a Resistência foram experiências fundamentais, trágicas, que determinaram de algum modo toda a nossa vida; e *A trilha dos ninhos de aranha*, sobre o qual vejo que versam muitas das perguntas escritas, foi o livro que escrevi depois daquela experiência, narrando uma história imaginária, mas representando personagens que em grande parte conhecera, que haviam me impressionado nos meses terríveis da luta da Resistência. Eu queria dar à minha história um caráter não comemorativo — como já era inevitável que se falasse da Resistência em termos comemorativos, tão logo terminara —, que a enfrentasse na sua realidade mesmo mais brutal e, acima de tudo, que representasse o ritmo vital, a energia e, ao mesmo tempo, também o sabor amargo daquela experiência. Portanto, eu tinha um programa literário, isto é, escrever sobre a Resistência de um modo diferente daquele que me parecia possível naquele momento. Era também um programa moral, fazer uma literatura não edificante, mas que de fato abordasse a realidade dos problemas humanos que a Resistência colocara em jogo. Desde então os críticos, a começar pelo primeiro a ler esse romance e a escrever sobre ele também, e a publicá-lo, isto é, Cesare Pavese, ao falar desse livro, lançava luz sobre o aspecto fabuloso, o aspecto de imaginação, quase de fábula. Ou seja, comecei como escritor realista também porque aquele período terrível da guerra me dera uma experiência de realidade e de contato com as pessoas que até então não tivera na vida, na minha vida de jovem burguês vivendo como que sob uma redoma de vidro. Mas o caráter que eu dava espontaneamente, o tom que dava, era de transfiguração fabulosa: isso naquele romance, assim como nos primeiros contos, que também eram de certa forma inspirados na experiência da Resistência, como "Por último vem o corvo" e outros contos. Imediatamente os críticos começaram a falar de mim como um escritor neorrealista, sim, mas fantasioso, fantástico, fabuloso. E depois de ter feito várias tentativas de escrever romances realistas que não davam certo, tentando representar a realidade do pós-guerra etc., experimentei escrever histórias de fato fantásticas e saíram melhor. Portanto, segui esse caminho, não dizendo: "agora só fantástico, não vou me ocupar mais da realidade". Elaborei ainda um tipo de narrativa autobiográfico-intelectual que fala da realidade contemporânea como *A especulação imobiliária*, como "A nuvem de smog", como *O dia de um escrutinador*. Mas uma certa energia, um certo estilo aventuroso que eu sentia necessidade de dar à minha narrativa saíam melhor nas coisas fantásticas do que nas coisas realistas. A realidade ao meu redor parece de sonho, o contato com a realidade é um pouco deprimente: vinham-me coisas um pouco depressivas, um pouco tristes, e queria escrever coisas que tivessem mais energia. O que eu tentava salvar era, de maneira paradoxal, a fidelidade àquele meu primeiro início de narrador da épica do desconjuntado exército da Resistência: aquela energia, aquele estilo, aquele ímpeto aventuroso. Assim, ao escrever coisas fantásticas, uma certa ostensiva infidelidade aos meus inícios era, como tantas vezes ocorre com a infidelidade, uma forma de fidelidade transposta para outro plano.[4]

Você falou da existência da luta contra os fascistas como um grande trauma. Do que se lembra exatamente daquele período?

Aquele período, agora que a pessoa tem um pouco mais de idade e muitas experiências se acumularam no mundo, na experiência histórica do mundo, pode-se dizer que foi um período bastante curto, mas, para nós que o vivemos, os meses valem por anos, ou melhor, dias que têm uma duração interior. Aqui volto ao problema do tempo, ao problema do que é o tempo para cada um de nós. É enorme; portanto, é muito difícil dizer de forma resumida o que foi aquele período: foi uma fase da nossa vida sobretudo para quem esteve envolvido ou teve de fazer escolhas. Durante a ocupação alemã aconteciam coisas terríveis; os pais eram apanhados no lugar dos filhos que não queriam se alistar e se tornavam membros da Resistência, o que gerava problemas morais terríveis. A minha mãe ficou como refém da ss por um mês, meu pai por mais dois meses: eu tinha de tomar decisões terríveis, sabendo que delas dependia a vida dos meus pais. Coisas assim deixam marcas. Naquela época, eu tinha vinte anos: de repente a pessoa se vê, não sei se amadurecendo (porque amadurecer é sempre uma coisa lenta), mas passando de uma fase da vida a outra, a uma concepção de mundo até diferente. Seria longo demais contar, e talvez uma hora eu conte. Vejo que uma das perguntas escritas indaga se eu voltaria a escrever sobre a Resistência: infelizmente a memória apaga muitas coisas e um texto sobre a Resistência que comecei a escrever, e talvez continue, como parte de um dos vários próximos livros que tenho em preparação é precisamente uma espécie de batalha com a memória para me lembrar de um episódio, para procurar trazê-lo de volta à memória tal como de fato era, na minha constante preocupação de transmitir sempre a verdadeira realidade de uma experiência, mais para contrapô-la à maneira usual de falar dessas coisas em termos históricos ou comemorativos ou jornalísticos ou políticos, e procurar recuperar aquela que era a verdadeira realidade vivida disso.

No romance A trilha dos ninhos de aranha, *você se identifica mais com Kim, intelectual e burguês, ou com Pin, o rapaz marginalizado que vê a Resistência com os olhos de um menino?*

Naquela época, quase todos os que escreviam sobre a Resistência escreviam na primeira pessoa, contavam sua experiência. Fiz uma escolha diferente. Parecia-me que a minha experiência talvez fosse angustiada demais, desordenada demais: não me parecia suficientemente exemplar. Então tentei escrever uma história objetiva, tomando como centro um menino, um rapazinho do grupo que eu conhecera bem, e apresentei a Resistência vista pelos olhos desse rapazinho: já era uma forma de distanciamento, de afastamento. Se algum de vocês se aprofundar nos estudos literários, lerá a teoria de Bertolt Brecht, segundo a qual uma representação épica deve ser de algum modo distanciada, ela deve ser vista de fora. Há diversas teorias literárias do nosso século, uma outra também, do soviético Chklóvski, sobre o distanciamento. Eu, sem saber de nada disso, instintivamente escolhi ver a Resistência através dos olhos de um rapazinho que aos poucos se dava conta do que acontecia, mas não totalmente. Portanto, num certo sentido é uma experiência muito diferente; eu a havia visto como um jovem burguês, como um estudante burguês que tinha vivido num mundo muito tranquilo e então se encontrava inserido numa realidade brutal e terrível, portanto, completamente diferente da história de um menino subproletário. Porém, a distância era correspondente, era simétrica. A certo ponto, para incluir algumas reflexões, coloquei também um personagem intelectual num capítulo que sai um pouco da história do livro, e há aquele Kim que reflete e raciocina. Mesmo aí não é uma identificação, não é autobiográfico, pois é um amigo meu, é uma pessoa que existe, que hoje é médico em Turim e é também muito importante nas questões da medicina do trabalho.[5] Naquela época, era o comissário de divisão na formação à qual eu pertencia, e aquelas reflexões são em grande parte reflexões dele. Estou tanto naquele personagem de moleque do submundo quanto no intelectual que comenta; não sou nenhum dos dois, mas, de alguma maneira, faço parte de ambos.

Na sua opinião, qual é a importância atual do livro para os jovens, numa sociedade tão instrumentalizada pelos meios de comunicação de massa?

O livro é uma coisa diferente: o livro é aquela coisa que, em certo ponto, você para e o fecha (se bem que a televisão você também pode desligar), mas o livro fica ali, você o fecha, volta a abrir, pode parar numa frase e relê-la muitas vezes, refletir a respeito. Acredito que a função do livro é insubstituível. Não sou daqueles que ficam lamentando sobre o embrutecimento da televisão, das fitas cassetes, dos discos; precisamos viver com nosso próprio tempo, precisamos extrair o que pode haver de bom de todos os meios que temos à disposição. Porém, os livros são insubstituíveis; talvez demande um pequeno esforço, mas depois vemos que valia a pena. Com isso, se a pessoa não quer ler livros, não é obrigada; deve ser algo de que goste, que divirta, que apaixone, em que se encontre uma verdade que não se encontra em outro lugar. Sem dúvida, a escola deve ensinar a ler, e esperemos que entre essa enorme massa de jovens que vão à escola haja alguém que tenha paixão pelo livro. Quanto aos outros, paciência: não criemos um drama sobre essas coisas.

Se pudesse voltar atrás, qual livro não escreveria, e por quê? Inversamente, qual é o seu preferido? Continua escrevendo ainda hoje porque gosta ou porque agora é a sua profissão? E, por último, pensa que o público hoje lê as suas obras porque gosta ou principalmente porque são de Calvino?

São muitas perguntas. Uma vez, escrevi que jamais se deveria escrever o primeiro livro, mas eu o escrevi com todo um contexto que agora tento reconstruir. Era porque, escrevendo, destrói-se um pouco aquele material de memória sobre o qual se constrói o primeiro livro, destrói-se porque não existe mais como memória, existe como coisa escrita. Em certo sentido, porém, salva-se esse material porque escrever no calor da hora também é muito importante como experiência. Hoje penso que deveria ter escrito muito mais, logo depois da Libertação, depois da Resistência. Naquela época, eu era um escritor de contos; deveria ter escrito mais contos porque, com eles, teria salvado muitas coisas que depois não fui mais capaz de escrever. Não sou uma pessoa que escreve um livro por ano, ou a cada dois anos; fico até muitos anos sem escrever e, portanto, fico feliz em ter escrito os livros que escrevi, pois, do contrário, a minha obra... Certas coisas, se não são escritas no momento em que são pensadas, depois não se escreve mais. Gostaria de ter escrito mais porque certas coisas que teriam servido como ponte entre uma obra e outra ficaram na intenção e não cheguei a escrevê-las. Portanto, não há um livro que não escreveria, que, se tivesse de voltar atrás não escreveria: o que há, há.

O livro preferido, um livro que penso que saiu bastante bem, é *As cidades invisíveis*. É um livro muito separado de mim e, ao mesmo tempo, fiz uma espécie de conto curto ou de poesia em prosa que ninguém mais fez. Fala coisas sobre a cidade e, portanto, sobre a sociedade, tanto em sentido absoluto, fora do tempo, quanto da cidade em que vivemos hoje. É um livro que muita gente aprecia e que, estranhamente, mesmo fora da Itália encontrou leitores, por exemplo, até nos Estados Unidos, onde suporíamos que gostam de livros de gênero bem diferente. No entanto, pode-se dizer que é o meu livro de que mais gostaram nos Estados Unidos. Ele agradou sobretudo a determinadas categorias, os poetas: é um livro importante para os poetas americanos das últimas gerações e um livro importante também para os arquitetos, para os urbanistas. Citam-no o tempo todo também na Itália, também na França, porque parte, afinal, de toda uma série de reflexões que são habituais no mundo dos urbanistas e dos arquitetos. Portanto, diria que o livro que sinto mais bem realizado, em que consegui fazer aquilo que queria fazer, é *As cidades invisíveis*.

Se escrevo porque gosto de escrever ou porque é minha profissão? O que deveria fazer? Não posso mudar de ofício na minha idade, portanto continuo escrevendo. Aqui a pergunta interessante é esta: "No começo, pensava que ficaria tão famoso? Se, pelo contrário, não tivesse tido sucesso, teria continuado igualmente a ser escritor?". Não, a pessoa vai por tentativas, não tinha certeza de ser um escritor; aliás, devo dizer que as coisas sempre deram bastante certo para mim. O meu primeiro livro teve sucesso para aquela época; parece-me que tinham imprimido 3 mil exemplares, depois mais 2 mil. Cinco mil exemplares em 1947 já era uma coisa extraordinária, e também todos os críticos falavam bem dele. Acredito que críticas negativas foram poucas; portanto, era um grande sucesso. Mas não é que eu me desse conta disso, pensava que tinha ido bem, mas que talvez não fosse capaz de escrever um segundo livro; assim, por muitos anos não tive certeza sobre mim e sobre a minha vocação. Ter a profissão de escritor, declarar escritor como minha profissão é uma coisa à qual cheguei muito tarde, quando vi que os outros me consideravam um escritor. Sempre escrevi porque tinha essa paixão, essa vocação; tinha mais facilidade em escrever do que em fazer outras coisas, mas sempre fui por tentativas e no fim acabei me vendo considerado um escritor pelos outros. Não é que eu mesmo tenha me nomeado escritor desde o início.

Por fim: "Pensa que o público hoje lê as suas obras porque gosta ou principalmente porque são de Calvino?". Espero que leiam porque gostam. Entre outras coisas, chego a dar pequenas frustrações aos meus leitores: se escrevi um livro de determinado tipo, não me interessa mais escrever outro seguindo a mesma fórmula; quero inventar coisas novas. Portanto, aquele leitor que leu aquele livro de Calvino espera encontrar aquele determinado tipo de livro, e, no entanto, encontra outro. É exatamente o contrário do que acontece com a leitura costumeira de determinado autor e espero que as pessoas leiam cada livro em si porque aquele livro lhes interessa; ou não o leiam porque não lhes interessa.

Se encontrasse uma pessoa cansada da existência, o que lhe diria para prendê-la à vida, para demonstrar que vale a pena viver?

Manzoni falava dos seus 25 leitores, você fala no livro Se um viajante numa noite de inverno *de um Leitor e de uma Leitora; gostaríamos de perguntar as conotações do leitor ideal, se é que pode existir.*

Gostaria de perguntar uma coisa condizente ao teatro: qual a relação entre a sua obra literária e o teatro? Você falou antes de uma tradução teatral do Barão nas árvores. Em especial — faço parte de um grupo teatral — nos impressionou muito o livro que você citou agora há pouco, As cidades invisíveis, *que é riquíssimo de inspirações também nesse sentido. Quais pensa serem as dificuldades e a riqueza de operações do gênero, de traduções de uma obra para um outro tipo de linguagem?*

Na edição de 1964 de A trilha dos ninhos de aranha, *você fez alterações no texto original. Por exemplo, você definiu os italianos do Sul como* terroni [tabaréus], *depois disse "pobres marginalizados", e as mulheres, definidas como "animais nojentos", depois são até mesmo elogiadas através da figura materna. A que se devem essas mudanças? Isto é, na primeira edição os italianos do Sul foram definidos como terroni, e depois você suavizou essa imagem na segunda edição; as mulheres eram definidas como "animais nojentos", e na segunda edição essa expressão não existe mais,*

481

pelo contrário, a figura materna é até mesmo elogiada. A que se devem essas mudanças?

Em 1968, você recusou o prêmio Viareggio. Adota ainda essa atitude, ou o seu juízo sobre os prêmios literários mudou?

Em muitos pontos de "T = 0", no momento de fazer uma listagem que compreende numerosos termos, você renuncia ao uso das vírgulas, o que não acontece, porém, na maioria dos outros contos, como, por exemplo, nos de Por último vem o corvo. *Se a vírgula foi eliminada para alcançar uma imagem geral que compreendesse cada objeto individualmente, imagem que não poderia obter utilizando as vírgulas que também graficamente separam as palavras, por que não usou, por exemplo, hifens?*

Lendo A trilha dos ninhos de aranha, *notei que, além da figura infantil de Pin mergulhado no incompreensível mundo dos adultos e na atmosfera violenta da guerra, destaca-se também especialmente a imagem calorosa e mais humana do primo, que está em nítido contraste com a frieza dos outros personagens, pelo menos assim me pareceu. Essa figura que ajuda Pin e lhe é próxima nos momentos de solidão e desconsolo está ligada à lembrança de uma pessoa que lhe é cara ou desenvolve esse papel por acaso?*

Diria que isso é suficiente. O leitor ideal, naquele livro em que o leitor é o protagonista, quase não tem feições, não tem personalidade, chama-se o Leitor e é um pouco passivo: por outro lado, a Leitora é construída um pouco como um personagem; ali construí uma imagem de mulher apaixonada pela leitura. Diria que, às vezes, a gente pensa qual poderia ser a reação a algo que está escrevendo quando lido por algum conhecido nosso; mas o público não tem um rosto, é um público que não conheço. Penso que aqueles para quem escrevo são pessoas que leram outros livros contemporâneos. O meu livro entra num contexto de literatura contemporânea. Elsa Morante, escrevendo *A história*, propunha-se a fazer ler um livro quem nunca lera um livro: é uma tarefa que me faria tremer, ficaria paralisado à ideia de fazer um livro que tem a ambição de ser único. Penso sempre que estou escrevendo um livro entre muitos outros e que se dirige a um público que o compara a outros livros. Isso é tudo o que posso dizer sobre o meu leitor.

Teatro. Estranhamente não houve um encontro meu com o teatro como autor. Quando tinha entre dezesseis e vinte anos, sonhava em me tornar um escritor de teatro, talvez porque naquela época a minha comunicação com o mundo se dava por meio do rádio, que transmitia muitas comédias, e também porque ia ao teatro: o teatro me parecia o mundo mais vivaz. Depois, no entanto, no pós-guerra, o teatro italiano foi muito interessante como direção, mas não como autores, ao passo que os autores eram interessantes na narrativa; portanto, passei a me orientar para a narrativa e não para o teatro. Depois veio a época em que os grupos teatrais procuravam textos, como creio que vocês façam ainda agora, textos que não são escritos para o teatro, mas nos quais se encontram inspirações teatrais. De fato, você mencionou *Cidades invisíveis*, que é um texto que não sei se é adequado ao teatro [...] Um grupo teatral, um diretor faz uma elaboração de um texto, que não fora escrito originalmente para o teatro. Porém, o meu encontro como autor só ocorrerá quando me der conta de que voltou a ser necessário ter textos escritos em que a palavra importa, em que a maneira como são escritos importa. Pode ser que algum dia isso aconteça; no fundo, a vocação teatral também pode ser tardia.

As variantes entre as duas edições de *A trilha dos ninhos de aranha*. Você fez observações filológicas: sim, acredito que em certo momento fiz correções porque havia escrito coisas que me pareciam brutais ou exasperadas demais. Havia em *A trilha dos ninhos de aranha*, entre várias coisas, uma espécie de neurose na qual, a certa altura, eu não me reconhecia mais. Então procurei atenuar algumas coisas exasperadas e certamente até feias, embora fossem atribuídas aos pensamentos dos personagens e não a mim mesmo. Talvez tenha sido também porque achei, ao escrever o livro, que ele teria um público de poucas centenas de pessoas, como acontecia então com os livros de literatura italiana. Vendo, porém, que era lido por muita gente, o livro também mudou perante os meus olhos. Relendo-o, pensei: "mas como pude escrever essas coisas?"; por conseguinte, fiz algumas correções. Sem dúvida, nesse livro há também uma espécie de exasperação: são fases quase da adolescência, são fases pelas quais um jovem passa. É um livro muito juvenil.

O prêmio Viareggio. Agora não me lembro mais: era uma polêmica do momento, vê-se que eu estava de mau humor. Era 1968, havia uma contestação geral dos prêmios, fiquei com a impressão de que estavam me dando o prêmio para devolver aos prêmios uma virgindade. Muitos prêmios eram corruptos, manipulados por pressões editoriais. Eu tinha sido vítima dessas manobras em outras épocas, em anos anteriores; foi, portanto, um gesto de protesto contra o prêmio; mas são gestos que valem para o momento em que são feitos.[6] Não faço uma filosofia em cima disso.

O estudo das vírgulas. Parece-me meritório fazer um estudo sobre as vírgulas, pois as vírgulas fazem parte de um texto. Não usar vírgulas numa enumeração é um hábito não só meu, mas de grande parte da literatura italiana deste século; sobre essa questão, creio que mudei várias vezes de opinião, mas depende dos casos: às vezes fica bem não usar vírgulas, fica bem que essa listagem apareça assim sem vírgulas; às vezes, porém, a vírgula serve para lubrificar, para dar fluência. Eu teria de me preparar bastante para fazer aqui uma exposição da minha filosofia sobre a vírgula, a qual não quero subestimar; sem dúvida, ela também é importante, mas agora não tenho como fazer um tratado sobre a vírgula.

O personagem do primo no livro *A trilha dos ninhos de aranha*, que representa uma presença de calor humano, surgiu como uma espécie de necessidade, naquela história tão áspera, de incluir uma presença de calor humano, e não está vinculada a nenhuma lembrança... Talvez fisicamente o personagem daquele *partigiano* lembre alguém que conheci, mas o personagem em si, não, ele é inventado, e tem uma função precisa, como que dar um pai a esse menino sem pai. É uma presença paterna.

Chegamos agora à pergunta mais difícil: o que eu diria para alguém que se diz cansado de existir, para ligá-lo à vida. Pergunta muito difícil. Eu diria que a vida para outros é rica de coisas e, portanto, pode reservar muitas coisas; que o amanhã nunca é igual ao ontem; que há sempre algo à sua espera; que acima de tudo é preciso procurar sair de si mesmo e participar da vida dos outros, das coisas que existem. A literatura já é, em si mesma, uma documentação sobre os valores, sobre a maneira como o discurso pode tratar os valores da vida; entre o que é desvalor, o que é negatividade, ela pode apontar aquele elemento identificável pelo qual vale a pena viver. Jamais diria a uma pessoa que se diz cansada de existir: "Ah, a vida é tão bonita! Ah, se você soubesse!". Não, diria que a vida é cheia de problemas, de incômodos. Por melhor que seja, sempre terá problemas; qualquer experiência feliz que tiver, vai lhe trazer novos problemas. Se você está triste porque não tem um amor, olha que, assim que tiver um amor, logo nascerá um monte de problemas que você nem imagina; qualquer coisa positiva lhe trará ainda mais problemas. A vida é assim: é dar cabeçadas nessa parede de constantes problemas e dificuldades. Somente no meio disso, em certo momento você encontrará algo que valha a pena, talvez encontre amanhã, no dia que lhe parece mais desgraçado. Lembrando-se dele um ano depois, ou cinco ou dez anos depois, vai lhe parecer extraordinário pelo que deu a você; e aquilo que lhe é dado lhe é dado também através da dor, através do tédio, através de tudo isso. É o que eu diria e não tentaria lhe cantar "La vie en rose". A vida não é rosa, mas justamente por isso é o nosso elemento; portanto, a pessoa que tem problemas está mais próxima da realidade da vida, sente-a mais e assim a aproveita mais do que uma pessoa que é absolutamente indiferente ou para quem as coisas vão sempre bem. Com isso retomo aquela pergunta sobre a amargura que um de vocês encontrou nos meus escritos e me perguntou a razão dessa amargura. É porque é o sabor da vida: certamente não comemos apenas bolos de creme. Precisamos também de alimentos amargos, azedos, salgados: é o que dá sabor à vida. Com isso me despeço e agradeço a vocês.

O OLHO E O SILÊNCIO[1]

Interroguemos o escritor sobre si mesmo, sobre o novo livro e sobre o senhor Palomar.

Palomar é o nome da montanha californiana que abriga um famoso observatório astronômico e o segundo maior telescópio do mundo: você deu esse nome ao seu protagonista por razões simbólicas ou porque gostava do som fantástico da palavra?

Diverti-me escolhendo esse nome para um personagem que observa as coisas muito próximas, em vez das coisas muito distantes que se veem com um telescópio.[2] Pelo projeto, o livro devia ter mais astronomia e cosmogonia, mas, como o meu conhecimento nessa área é limitado, quis representar o meu desconhecimento: havia muito mais ciência celeste em $T = 0$ ou nas *Cosmicômicas*, uma parte da minha narrativa que relembro com maior prazer. O nome Palomar agradava-me pelo símbolo e também pela sonoridade. Há o problema da pronúncia: os americanos dizem Pálomar, mas, sendo um termo de origem espanhola, parecia-me mais correto Palomár. Significa pombal, e isso não tem nada a ver com o livro. Para mim, a primeira associação de palavras que vem à mente é *palombaro* (escafandrista): o personagem é como um escafandrista que se imerge na superfície.

Ao escrever, tinha em mente algum modelo literário?

De início, pensava no Monsieur Teste de Valéry, que, porém, é puramente mental, enquanto Palomar reflete apenas sob o estímulo de experiências concretas. Pensei no senhor Keuner, protagonista de curtas histórias de Brecht. Enquanto preparava o livro, estava lendo Musil, *O homem sem qualidades*. Ali há uma estrutura romanesca, o protagonista é, sem dúvida, muito mais rico: mas, como modelo de personagem que se realiza no plano filosófico, mental, Ulrich, o homem sem qualidades, também teve uma influência. Hesitei muito, perguntando-me se também devia dar ao senhor Palomar mais densidade, densidade de romance. Em vez disso, enxuguei-o cada vez mais. É simplesmente o objeto de um tipo de experiência que exclui ao máximo possível comentários culturais, bem como aspectos psicológicos: a não ser um certo nervosismo e mau humor permanente do personagem.

O senhor Palomar é você?
É uma projeção de mim mesmo. Esse é o livro mais autobiográfico que já escrevi, uma autobiografia em terceira pessoa: cada experiência de Palomar é uma experiência minha.

Mesmo a escolha do silêncio, de "morder a língua três vezes antes de fazer qualquer afirmação", de calar-se?
É o silêncio de um homem que vive num mundo saturado de palavras, em que se vive assoberbado pelo que já foi dito. Palomar calcula quantas palavras serão provocadas caso fale ou caso se cale, e chega a uma amarga conclusão: acaba principalmente por ficar em silêncio.[3] Incomodam-me o aspecto amorfo das palavras e, muitas vezes, a inutilidade da tagarelice contemporânea, a mania de se desdobrar em quatro para proclamar opiniões e juízos. Naturalmente sinto grande necessidade de me comunicar, mas não tenho muitas relações com os outros. Não é fácil para mim. Sempre fui de poucas palavras. Sou lígure, a minha mãe é sarda: tenho o laconismo de muitos lígures e o mutismo dos sardos, sou o cruzamento de duas raças taciturnas.

O silêncio em Palomar *mais parece uma escolha intelectual. Também política.*
"O modelo dos modelos" é o nome do capítulo do livro sobre a política. Houve uma época em que Palomar imaginava que seria possível construir um modelo de sociedade o mais perfeito, lógico e geométrico possí-

vel. Depois de percorrer todas as alternativas (deve a realidade adaptar-se ao modelo, ou deve o modelo adaptar-se à realidade?), procura ver a realidade diretamente, sem mais modelos nem diafragmas: e decidir caso a caso, segundo uma escala de valores própria de cada um, mesmo que prefira não a definir, para que não se torne, por sua vez, um modelo rígido.

É renúncia à ideologia, desconfiança pela cultura?
É o ponto a que cheguei. Tendo de levar esse tipo de conhecimento ao humano, Palomar vê que não consegue aplicar o seu discurso porque não conhece a si mesmo. Chegando ao conhecimento de si mesmo, Palomar olha ao seu redor e o mundo que vê é muito mais feio do que antes: pois o identifica consigo mesmo.

Um percurso doloroso?
É, sim. Procurei contar todas as experiências que sejam verdadeiras experiências. Não fatos externos, mas eventos que envolvam, que deixem marcas: e que, portanto, comportam sofrimento.

Você escreve devagar, elabora os materiais durante anos, os seus livros têm uma longa gestação. Não é arriscado confiar um livro novo a uma editora em crise, como a Einaudi agora?
Não quero que isso seja interpretado como um gesto assistencial. Não é. Dei *Palomar* para a Einaudi porque tenho certeza de que a produção da editora continuará regularmente, que, em relação aos livros, tudo permanecerá funcionando da maneira adequada. Estou muito triste com essa crise: a Casa Einaudi ocupa um espaço muito grande na minha biografia, foi a minha universidade. Comecei a trabalhar lá quando era um jovem que não sabia fazer nada, e encontrar-me num ambiente interdisciplinar, aberto à cultura mundial, teve uma importância decisiva na minha formação. Todas as editoras lançaram livros bons, mas a Casa Einaudi foi o modelo adotado também por outras editoras, pela Saggiatore e pela Feltrinelli, além daquelas como a Boringhieri e a Adelphi, de ex-colegas nossos, quase como ramos que brotaram do nosso tronco. Creio que é esta a importância histórica da Einaudi: a importância contemporânea reside em características que nenhuma outra editora possui.

Quais?

Por exemplo, manter o catálogo ativo. A Einaudi não corre atrás dos best-sellers, mas um número notável dos seus livros, inclusive os meus, tem reimpressões quase anuais: assim evitando o fenômeno, agora cada vez mais generalizado, dos livros que desaparecem das livrarias logo que deixam de ser novidade, e que ninguém vê mais. Esta é a marca de uma grande civilização editorial. Essas são coisas sérias, para além do mito Einaudi e das reevocações sentimentais.

QUENEAU, UMA PROPOSTA DE SABEDORIA[1]

Além de apaixonado leitor e sensibilíssimo tradutor, você foi amigo de Queneau. Como o recorda?

Como pessoa, Queneau não era fácil de conhecer porque era muito cordial, muito afável, mas não era muito comunicativo, eu diria; ou eu é que não sou muito comunicativo; ou eram duas escassas comunicações que se encontravam. Queneau estava sempre na Gallimard, no seu escritório de diretor da *Encyclopédie de la Pléiade*: era um senhor de roupa escura, corpulento, de óculos, com um ar que podia ser o de um professor ou o de um diretor de banco, como frequentemente era o ar dos homens daquela geração francesa... Os surrealistas, vendo pelo aspecto exterior, eram pessoas que se vestiam com muita propriedade e se comportavam de maneira muito normal. Em Queneau também havia, talvez, um excesso de... cerimônia, de gentileza — o que criava certa distância — que era constantemente interrompido por risadas sardônicas. Nos últimos anos, via-o com bastante regularidade, e ele tinha esse espírito paradoxal sempre muito contido e, ao mesmo tempo, uma grande leveza, uma grande modéstia: não era... daquelas pessoas, daqueles escritores que consideram a própria obra o centro do mundo; ele tinha aquele senso da relatividade dos valores que é próprio da inteligência.

Um dos méritos de Queneau é ter criado personagens como Pierrot, Cidrolin, Zazie, excêntricos e muito humanos, que falam uma língua nada literária, pelo contrário, muito coloquial e cheia de gírias. Ele, que era um grande literato, como conseguiu descer a tais protagonistas de rua?

Queneau era um grande frequentador dos cafés parisienses; com certeza passou muitas horas da sua vida apoiado ao balcão de zinco de um café de periferia. Aliás, num livro de inéditos póstumos que foi publicado, há também uma pequena antologia de frases captadas de passagem nos bares. Essa ligação com o mundo popular, com o mundo do *argot*, certamente era muito natural nele. (É preciso também lembrar, detalhe biográfico, que foi um grande bebedor durante um período da vida, antes que eu o conhecesse.)

Nos seus personagens há uma filosofia, há uma proposta de sabedoria. Ele era um homem que acreditava, embora nunca o tenha escrito, na sabedoria. Quem explica isso é um filósofo, Koyré,[2] que fora praticamente quem havia introduzido a filosofia de Hegel no mundo universitário francês e que Queneau acompanhara muito; e que tinha uma estranha ideia de Hegel, completamente diferente da dos italianos, para quem a filosofia de Hegel era uma escola para se chegar à sabedoria. Nesses romances que lemos como puro divertimento, pela desenvoltura da linguagem — naturalmente, são livros que em italiano perdem, digamos, uns 75% —, há mais do que se imagina, isto é, não há somente um grande divertimento, mas há também uma visão da vida e uma sabedoria, embora muito irônica.

Por que a técnica narrativa, o procedimento poético, eram tão importantes para Queneau?

Os livros de Queneau parecem-nos escritos de maneira casual, pelo mero divertimento de escrever, mas nele havia sempre, pode-se dizer sempre, um projeto, um esquema. Isso é evidente nos livros mais experimentais, como, precisamente, em *Exercices de style*, no qual a mesma anedota é repetida 99 vezes em estilos diferentes; mas em seus romances provavelmente também há um esquema, um projeto que, depois, ele tentava ocultar de alguma maneira, pois uma das suas características é com frequência ocultar a ideia da qual partiu. Ele diz, por exemplo, que o seu primeiro romance, *Le chiendent*,[3] queria ser um equivalente do *Discurso do método* de Descartes, em forma de romance.

O fato de ter de obedecer a certas regras, a certas *contraintes*, isto é, restrições, era um sistema de liberdade, e não uma limitação à liberdade. Dizia que o artista, o poeta, precisa estar consciente das regras que deve seguir, das restrições que é obrigado a respeitar, do contrário vai escrever tolhido por restrições que desconhece. Este era o ponto. O escritor, o poeta, que se acredita inspirado e que se acredita... uma pura expressão do seu sentimento, submete-se a determinações que não conhece. Portanto, mais vale que ele se estabeleça regras, como faziam os poetas clássicos, para, dentro dessa espécie de estrutura de base, conseguir de fato dizer algo de verdadeiro.

O OLHAR DE PALOMAR[1]

Professor Calvino, vou me permitir dirigir algumas perguntas ao senhor Palomar e outras a Italo Calvino. Comecemos pelo senhor Palomar. Ele presta uma atenção especial à natureza: lê uma onda do mar, perscruta a lua, observa o céu estrelado; estuda os hábitos dos camaleões, das tartarugas, dos pombos, dos estorninhos. Parece-me que a concepção da natureza do senhor Palomar está mais próxima da de "marâtre nature" que encontramos em Montaigne e Leopardi, vinda de Lucrécio, do que da natureza idílica, que hoje volta a nos ser proposta pelo movimento ecológico.

Sim, creio que está correto. São perguntas ao senhor Palomar ou a mim? Parece-me que o meu olhar, digo o olhar de Palomar, não tem nenhuma indulgência em relação ao idílico. Ele sempre procura no simples o desenho do complexo e na aparente serenidade as tensões, as dilacerações, os devoramentos. Palomar não encontra consolo na natureza. E isso creio que é um dado em comum com os meus outros personagens e contos.

Além de Valéry e de Musil, parece-me que o senhor Palomar foi leitor atento de Leopardi, principalmente ali onde ele entrevê uma profunda e cega solidariedade entre a "realidade informe e demente da convivência humana" e a do universo. Fiquei muito contente com essa afinidade com Leopardi, pois grande parte da cultura italiana dos últimos cem anos representa a tentativa ora provinciana, ora cosmopolita de remover Leopardi.

■ *NASCI NA AMÉRICA...*

Leopardi está sempre presente de alguma maneira no que escrevo, e esse livro é construído em episódios que poderiam ser poemetos; portanto, há uma analogia estrutural, mesmo que distante, com alguns dos *Cantos*, no sentido de que há um personagem que observa um espetáculo da natureza, uma hora do dia, um dado qualquer do cotidiano, e faz disso pretexto para as suas reflexões. A isso se acrescenta a sugestão dos *Opúsculos morais*, que sempre foi um dos meus modelos. Leopardi removido? Diria que todas as gerações de escritores italianos constroem o seu próprio Leopardi, definem-se em relação a uma imagem de Leopardi.

Agora uma pergunta para você, Italo Calvino. Em todos os seus livros, você parece fascinado pela natureza, da qual é um atento observador. O próprio senhor Palomar às vezes lamenta não ser um naturalista. Sei que os seus pais eram eminentes botânicos. Isso teve influência sobre você?

Influência no sentido de que me distanciei do tipo de cultura em que o meu ambiente familiar tendia a me situar. E isso comportou ganhos e perdas, perdas das quais muito cedo me apercebi, mas não me restava senão continuar o meu caminho e procurar recuperar pela literatura um tipo diferente de conhecimento.[2]

O senhor Palomar realiza um trabalho peculiar: "trabalha em locais e ambientes que se diriam do mais absoluto repouso [...] sentir-se obrigado a não deixar de trabalhar, mesmo quando repousa sob as árvores numa manhã de verão". E em muitas páginas do livro nós o surpreendemos em atitude meditativa ou contemplativa. Ele, por outro lado, em viagem para o Japão, aproveita a ocasião para expressar uma delicada crítica às técnicas de meditação, hoje tão na moda e tão de massa, introduzidas por diversos gurus e ascetas retornando do Grand Tour pelo Oriente. A meditação e a contemplação do senhor Palomar são, porém, totalmente laicas: ele não quer de maneira nenhuma perder-se no objeto da sua meditação, e sim resgatá-lo da insignificância ou do seu significado mais banal por meio da sua atenção e da procura das palavras certas para nomeá-lo. Há um escritor francês, Michel Leiris, que me fez lembrar, nos seus livros sobre a própria infância, o mesmo tipo de meditação laica, quando, por exemplo, extrai o conceito de infinito a partir da observação de uma caixa de Cacao Droste. Agora gostaria de lhe pedir que nos deixe participar um pouco desse segredo do seu laboratório de artista: a relação entre meditação sobre um objeto e escrita.

Mais do que uma polêmica com a meditação de tipo oriental, aquele capítulo do meu livro intitulado "O canteiro de areia"[3] traz a constatação de como é difícil a meditação no mundo de massa. O senhor Palomar é o mais próximo que se possa imaginar de um monge, se quisermos, budista, embora seja inteiramente construído com procedimentos da nossa cultura e não com materiais ouvidos ou tomados de empréstimo. Você citou o nome de Leiris, que me parece muito pertinente; é nessas zonas que se podem encontrar alguns precedentes de Palomar, por exemplo, as descrições de objetos de Francis Ponge, um autor que aprecio muito,[4] ou também em certos *propos* de Alain, como aquele sobre a formiga-leão.

Agora gostaria de perguntar a Italo Calvino como e quando se manifestou a sua vocação literária.
Na história de uma vocação sempre se pode remontar a um antes. A verdade é que nunca tive plena certeza daquilo que fazia e sempre pensei que, para escrever de fato, devia começar por aquilo que ainda tinha a escrever. E isso continua válido até hoje.

Na capa do livro, há uma belíssima e inquietante gravura de Dürer: representa o pintor, com aparência ascética e olhar concentrado e penetrante, preparando-se para representar numa folha quadriculada uma bela mulher seminua, deitada em pose quase lasciva diante dele, na mesma mesa de trabalho, mas separada por uma tela ou grade. Essa mulher se parece com um suntuoso queijo e tem a "brancura espessa e macia" de uma vasilha cheia de gordura de ganso, que o senhor Palomar observa numa loja de queijos e numa charcuterie *parisienses ["Um quilo e meio de confit de canard"]. Mas ao sexo e à gula o senhor Palomar prefere uma luxúria e uma glutoneria sobretudo "mentais, estéticas, simbólicas". E assim o senhor Palomar conclui as suas reflexões: "Talvez por mais sinceramente que ame as galantinas, as galantinas não o amem. Sentem que seu olhar transforma cada iguaria num documento da história da civilização, num objeto de museu. O senhor Palomar gostaria que a fila avançasse mais depressa. Sabe que se passar mais alguns minutos naquela loja acabará por convencer-se de ser ele o profano, o estrangeiro, o excluso". Ora, por que o excluído?*
Gosto dessa sua interpretação da figura de Dürer na capa, porque temia um pouco as interpretações que poderiam surgir. Com efeito, é uma figura que eu mesmo escolhi, indiquei ao editor dizendo: "Procurem algo desse tipo". Contudo, gostaram tanto que foi imediatamente adotada. O problema

é que a figura da mulher tão suntuosa, renascentista e, se quisermos, até lasciva promete algo que o meu livro não dá, pois é sem dúvida um livro muito mais magro. E você mesma, tendo de exemplificar, cita os queijos e as galantinas. Aquilo em que mais me reconheço está no lado direito da figura, isto é, o olhar e o quadriculado.

Há uma breve nota ao índice em que você classifica os textos de Palomar *em três categorias: textos descritivos, textos que tendem a se desenvolver em narrativas, textos especulativo-reflexivos. Pego o segundo ponto: textos que tendem a se desenvolver em narrativas. Do mesmo modo, o seu penúltimo livro* Se um viajante numa noite de inverno *não era um romance, mas o que chamam hoje de metarromance, na minha opinião um ensaio sobre o romance. Gostaria de lhe perguntar por que o senhor Palomar não é o personagem de uma verdadeira narrativa, ou seja, por que não entrou numa narrativa.*

Por algum tempo me iludi que Palomar poderia se tornar o protagonista de um romance, mas talvez a sua maneira de fazer experiência seja fragmentária e consista em sondagens puntiformes. E talvez o seu drama resida mesmo no fato de não conseguir desenvolver uma verdadeira história, um discurso unitário. Mas talvez essa seja precisamente a minha forma de proceder por justaposição e acúmulo de páginas separadas, de experiências avulsas. O livro é construído pelo entrelaçamento de temas que são a harmonia e a desarmonia do mundo, a palavra e o silêncio, a particularidade e o infinito.

RECONHECER AS CONSTELAÇÕES A OLHO NU[1]

Você está sentado de um jeito estranho. Tem-se a impressão de que espera ser tranquilizado, posto à vontade, pela poltrona. Será que é porque não gosta muito de entrevistas?
Quando escrevo... posso apagar... corrigir... voltar atrás. Se falo, fico condenado a seguir a sequência temporal...

Então não se deve falar? Para que servem, então, as palavras faladas?
A fala é sempre uma aproximação: faz um monte de coisas, e principalmente resmungos e grunhidos... mugidos... tossidas. Exprimimo-nos assim. Os sons são mensagens, veículos importantes; mais do que as palavras, talvez...

A palavra se torna ponto de interrogação, de exclamação, reticências...
Quando a pessoa escreve, procura as palavras: elas regulam a arquitetura da frase. Mas que ritmo... que ritmo dar de fato àquilo que se diz falando?

Enfim, essa direção teatral de Strehler [O rapto do serralho *de Mozart*

497

no Opéra de Paris] não conseguirá a unanimidade da crítica, como aconteceu com As bodas de Fígaro.

O espetáculo, porém, é lindo... tem uma elegância extraordinária. O século XVIII de Strehler é feito de grande precisão formal e também de uma certa melancolia... Como a sua *Minna von Barnhelm*. Uma das características de Strehler, a que prefiro. Mas ele também deu a conhecer Brecht e o expressionismo alemão na Itália; e por isso teve tantos reconhecimentos...

O Littré *a cinquenta francos [reimpressão do dicionário* Littré *na coleção de bolso 10/18] é uma ótima coisa.*

Vou comprá-lo, porque gosto de ter dicionários das diversas línguas em cada lugar onde moro. Dicionários são como geladeiras e máquinas de lavar louça... constituem a base de uma casa. Moro onde tenho dicionários. Já tenho o *Littré*... na edição clássica e aquele num só volume, que não traz exemplos literários. Preciso também de léxicos... glossários que me permitam encontrar qualquer coisa se quero escrever... sobre um carpinteiro, por exemplo. Gosto muito dos velhos dicionários do tipo *Larousse*, suas ilustrações e estampas coloridas, imagens da riqueza do mundo. A única verdadeira riqueza é talvez a dos dicionários...

Em suma, você joga com essas imagens, com essas palavras impressas, como outros embaralham as cartas de um baralho.

Procuro as ilustrações que mostrem todas as partes e cortes do boi. Foi o que fiz no meu livro que saiu há pouco na Itália. No início, pensei em escrever uma espécie de *Monsieur Teste*... mas depois saiu algo completamente diferente. Monsieur Teste vive como um puro espírito, enquanto o meu senhor Palomar se projeta sempre nas coisas que vê. E no fim tornou-se um livro de descrições... Precisei de muitos léxicos. Se descrevo o senhor Palomar indo às compras, ao açougueiro... preciso exibir o léxico todo do açougue.

Um livro repleto de palavras roubadas do dicionário: é reconfortante?

Quando eu era jovem... escrevia sem nunca abrir um dicionário. Impusera-me essa regra porque achava que não devia complicar, mas usar apenas as palavras que me ocorriam de forma espontânea. Queria evitar qualquer contaminação erudita. Depois mudei... A minha memória empobreceu? Hoje em dia uso sobretudo dicionários de sinônimos. Em italiano...

Mas algumas vezes me ocorre uma palavra em francês ou em inglês... com uma nuance que devo expressar em italiano.

A Seuil republicou três contos de Italo Svevo sob o título do primeiro, Le bon vieux et la belle enfant.[2]

Foi publicado póstumo... e é uma das coisas mais bonitas de Svevo. Os personagens: um velho *viveur*, uma moça motorneira... em plena guerra mundial. A guerra existe, mas não lhes diz respeito. Outro desses contos, "Uma gozação bem-sucedida", apresenta um escritor fracassado que transmite seus estados de ânimo... inventando fábulas... histórias de pássaros...

Essa pequena obra-prima, publicada na França já em 1963, passara quase desapercebida!

O destino das traduções é imprevisível... Algumas vezes nos fazem descobrir uma obra que projetam para a atualidade... enquanto livros bem mais famosos continuam a ser esquecidos. Ontem comprei na Hune um livro raríssimo de Giambattista Vico, recém-publicado por Café-Clima com o título *Origine de la poésie et du droit*[3] e a apresentação de Jean-Louis Schefer. É traduzido do latim... eu nunca o tinha lido, mas vejo que prenuncia os temas da *Ciência nova*, um dos livros que revolucionaram o pensamento setecentista. Vico era extraordinário como escritor e não só como filósofo: usava nas suas obras em italiano uma língua primordial repleta de invenções...

A filmagem de Europa 51 *de Rossellini nos leva de volta à Itália do pós-guerra...*

Tenho uma lembrança distante: 1951, o período mais sombrio da Guerra Fria... Se a memória não me trai, era um filme polêmico sobre os intelectuais de esquerda. Ingrid Bergman, para protestar contra a abstração dos intelectuais que a cercavam, ia trabalhar — ela, mulher burguesa — como operária numa fábrica. Essa circunstância evocava de maneira muito sintética a experiência de Simone Weil em *A condição operária*. Sim, acredito que era esse filme, sim: lembro sobretudo da angústia que me provocava... Rossellini foi talvez o primeiro na Itália a levantar questões sobre os problemas que muitos de nós consideravam carregados de valores universais... Eu percebia que ele tinha razão, mas não ousava admitir isso... Vou rever o filme? Não creio... Não tenho vontade de voltar àqueles anos.

499

Com As cosmicômicas, *você inventou uma literatura do céu. Caspar David Friedrich, que terá uma exposição sua no Centre Culturel du Marais, fez o mesmo com a natureza e os astros.*

Quadros em que o homem é pequeno e a paisagem desmesuradamente grande... é uma coisa que me interessa sempre. O que gosto em Friedrich é justamente dessas desmesuras. Lembro-me daquele quadro em que o homem olha para a lua: ele está no alto de uma colina... a lua está entre as árvores, mas parece brilhar sob o solo. Assim, não consigo deixar de pensar no poema de Leopardi, "À lua". Leopardi amava a lua; evocou-a diversas vezes. Também para Galileu... ela nunca foi apenas um objeto científico...

Você consulta também as estrelas?

Nos últimos tempos foi possível ver todos os planetas alinhados. Algumas vezes, quando o céu está limpo, tento reconhecer as constelações a olho nu, sem telescópio, como faziam antigamente os pastores e os marinheiros.

PROCURAR A COMPLEXIDADE[1]

*E*sta *entrevista, que diz respeito às obras mais recentes da narrativa de Calvino,* Se um viajante numa noite de inverno *(1979) e* Palomar *(1983), ocorreu na casa do escritor em Roma, em 12 de março de 1984. Ponto de partida da discussão: a autoconsciência literária, a autorreflexão e o autoconhecimento textual da escrita calviniana.*

Parece-me possível dizer que a autoconsciência do seu trabalho de autor começou mais ou menos com a trilogia dos Antepassados.

Provavelmente sim, porque o final do *Barão nas árvores* — em que a escrita, o ato físico da escrita, vem para o primeiro plano e a página escrita à mão ocupa o campo, torna-se a mesma coisa que o espaço no qual se desenrola o romance — é um sinal de que, naquele momento, eu já tomava consciência de que o ato de escrever, o meio que eu utilizava, era importante. Talvez também o uso da primeira pessoa, já no *Visconde partido ao meio* — uma primeira pessoa que não é a de um protagonista, mas a de um personagem lateral que tem o papel de narrador —, era uma maneira de situar toda a narrativa no interior de um discurso; e esse aspecto depois adquire maior importância no *Cavaleiro inexistente*. Agora não saberia dizer quais eram as leituras que acompanhavam esse novo tipo de consciência, mas, sem dúvida, a crítica internacional e, por reflexo, também italiana dos anos 1950, e cada vez mais perto dos anos 1960, torna-se mais consciente dos instrumentos da expressão.

501

Coincide com o início do estruturalismo?
Sim, com o início do estruturalismo, do qual comecei a tomar consciência mais tarde, nos anos 1960, e que prontamente senti que respondia às minhas exigências, àquilo que eu sabia ser o escrever. Antes na Itália havia um interesse pela crítica estilística, havia a personalidade de um crítico como Gianfranco Contini, alguém que sabia de fato tudo, mas não propagandeava essas coisas: mantinha-as para si e mostrava-as de forma indireta na sua crítica. Em todo caso, ele tinha essa atenção em relação à estilística, em relação à matéria linguística. Outro crítico que teve grande influência na Itália foi Spitzer.

Segundo alguns, no que se refere não só ao seu trabalho, mas também ao trabalho de outros que tomaram consciência desse "amor narcisista", essa tomada de posição era, no fundo, uma recusa da sociedade, justamente no sentido literário, uma falta de interesse pela representação social, sobretudo comparando-se com a literatura realista do pós-guerra. Na verdade, não sei se se pode dizer que era uma recusa. Em vez disso, talvez fosse uma indicação de interesse por outros sentidos da literatura, por valores que são sociais, mas que não estão diretamente ligados à representação tradicional.
Creio que é uma recusa de identificar o aspecto social com a representação chamada "objetiva" da sociedade, que bem sabemos que não é objetiva. Mas essa ideia da representação objetiva nunca foi o aspecto dominante da literatura italiana, que antes, no entreguerras, era dominada pela poesia lírica, pela expressão do estado de espírito; e depois, no período da guerra, teve — por uma necessidade histórica, a necessidade de conhecer a Itália — esse revivalismo realista, em certos casos até naturalista. Eu tinha lançado mão do neorrealismo porque, durante a guerra, tive uma experiência de vida popular; mas a minha formação literária anterior, se se pode falar de formação literária para os anos da minha adolescência, antes da guerra, estava ligada à literatura italiana e, portanto, não tinha tantas raízes realistas. Não se pode dizer que a literatura italiana do entreguerras fosse muito realista e que existissem, portanto, raízes muito profundas.

Talvez também a censura...
Sim, havia a censura. Mas, por sorte, comecei a publicar em tempos de liberdade. E depois de um primeiro período, em que acreditei numa espécie de realismo objetivo, logo entendi que para dizer algo, mesmo algo referente à sociedade italiana, à história da sociedade, era preciso

ou procurar dentro de si mesmo ou trazer à luz alguns mecanismos por meio de representações que não precisavam ser realistas no sentido tradicional. Por exemplo, mesmo o método de Bertolt Brecht foi muito importante para mostrar que, para a representação de uma moral social, de determinados processos históricos, o mais importante era representar o mecanismo...

O que está por baixo, num nível mais profundo...
Sim, exato, o diagrama das forças que se movem. Naturalmente também um documentarismo social bem-feito tem grande valor, mas a pessoa precisa conhecer realmente os ambientes. Pratolini, um homem crescido nos bairros pobres de Florença, sem dúvida tinha também uma sinceridade ao expressar aquele mundo, mais do que um escritor burguês que, em vez disso, agia, sei lá, como um explorador em terra estrangeira, desconhecida.

Portanto, Brecht o interessou durante um período. As teorias de Brecht se referem não só à literatura e ao teatro em si e por si mesmos, mas também ao público que assiste e participa.
A ideia do teatro épico de Brecht é que o teatro não deve se passar pela realidade, mas deve se declarar como teatro, precisamente para despertar um espírito crítico no público...

Para criar distância.
Para criar distância. Isso foi muito importante para mim, ao passo que, inversamente, as teorias do espelhamento de Lukács não me despertaram interesse.

Porque estavam demasiado ligadas ao fato social?
Porque não gostava da imagem do espelho. É uma imagem passiva demais. E depois, eu não acreditava nisso, na literatura-espelho. A minha ideia era a de uma literatura que interviesse na realidade. Era assim, naquele momento: agora, todas essas coisas estão muito distantes de mim e já não me interesso muito nem por Brecht nem por Lukács. Mas naquela época, entre Brecht e Lukács, eu ficava com Brecht.

No seu romance Se um viajante numa noite de inverno, *de 1979, a autoconsciência literária é interessante no que se refere não só à literatura, mas também ao leitor, precisamente o leitor que está lendo. Também vi esse aspecto em* Palomar, *onde, porém, é muito menos evidente.*

Sim, *Palomar* é um trabalho completamente diferente, e não posso dizer que seja posterior ao *Viajante* porque comecei a escrever partes de *Palomar* em 1975, ou seja, na prática escrevi-os em simultâneo. Porém, *Palomar* responde a outra problemática, em especial à problemática do não linguístico: isto é, como se pode ler alguma coisa que não está escrita, por exemplo, as ondas do mar.

Depois de Se um viajante numa noite de inverno, *a temática do leitor e da atividade da leitura continuará a figurar no seu trabalho?*

Não sei, por ora parece-me terminada porque penso ter esgotado o tema da leitura, mas pode ser que encontre uma nova expressão.

Foi por isso que perguntei. O Viajante, como artefato, parece talvez ter, se não encontrado todas as respostas, pelo menos feito todas as perguntas cabíveis.

A certo ponto, eu tinha ainda muitas questões sobre a leitura, sobre os tipos de leitura, e amalgamei todas elas naquele capítulo sobre a biblioteca; ou seja, ali fiz uma espécie de enciclopédia sobre a arte de ler.

Gostaria de lhe fazer uma pergunta específica, talvez até demais. Quase no começo de Se um viajante numa noite de inverno, *o romance dentro do romance parece polonês, depois, mais adiante, cimério. De Homero em diante, "cimério" tem uma conotação de obscuridade. Não sei se você entendia o termo nesse sentido. Como escolheu essa nacionalidade tão distante do mundo?*

Porque não queria colocar nacionalidades precisas. Muitos críticos já procuraram referências precisas, que tal ou tal romance seria de tal ou tal autor. Não, mais do que de autores ou literaturas, trata-se de estilos, de sugestões mais gerais. O início do romance "Debruçando-se na borda da costa escarpada" pode ser alemão, como paisagem pode ser — lembro-me do mar perto de Lübeck —, mas, como sensibilidade, aproxima-se de estados de espírito da literatura austríaca.

Portanto, é um modo de ocultar ou, pelo menos de sua parte, de confundir toda tentativa crítica de...

Alguns dos inícios de romance têm uma localização mais precisa. Há um romance latino-americano: isso fica muito claro, embora não fique claro se é sul-americano ou centro-americano. Depois há o último, que se desenrola numa rua chamada Perspectiva, e logo se pensa em Gógol, na tradição do romance russo. Mas as referências se mantêm muito gerais.

Portanto, como nos seus outros romances, aqui também não se trata de interpretação alegórica, de uma relação estreita entre signo e objeto.

Mas procurei tipos de relação com o mundo e tipos de narrativa. O romance sobre os espelhos é construído em certa medida como alguns contos de Poe que começam com uma citação erudita, aquele tipo de conto em que a erudição introduz a um conto de "suspense" ou também a um conto de terror. Borges também faz os seus contos um pouco dessa mesma maneira. Portanto, são realmente tipos de narrativa em que se encontram exemplos em vários países, porque ricocheteiam de um continente ao outro. O romance japonês poderia lembrar um conto de Kawabata ou Tanizaki, mas é uma situação erótica que poderia também ser tipicamente francesa: penso, por exemplo, em Klossowski.

Trata-se, em suma, de relações humanas, mas não ligadas especificamente a um escritor ou a outro. Talvez tudo isso mostre a necessidade humana de interpretação, a nossa necessidade de interpretar ou pelo menos tentar uma interpretação, talvez para organizar ou dar uma ordem ao mundo caótico demais. Há um excelente exemplo desse fenômeno em Palomar. *A cena que me impressionou é a visita às ruínas de Tula, antiga capital dos toltecas, no México: enquanto o amigo mexicano que acompanha o senhor Palomar lhe explica que as ruínas têm um significado, isto é, que aqueles objetos existem e não há dúvida de que têm ou pelo menos tiveram um significado, um professor guiando uma turma de alunos declara que não se sabe mais o que aqueles símbolos querem dizer. Segundo o amigo de Palomar, o significado das ruínas é a continuidade da vida e da morte. O senhor Palomar, mesmo estando "fascinado pela riqueza de referências mitológicas do amigo [...] sente-se atraído também pelo comportamento oposto do professor da escola".*

São dois comportamentos diferentes e reconheço a força de ambos.

Não podemos deixar de interpretar, de nos perguntarmos o que significa, de tentar uma explicação. Ao mesmo tempo, sabemos que para qualquer explicação — de um soneto de Dante ou de um quadro alegórico medieval ou, ainda mais, de um objeto etnográfico de uma civilização distante de nós — faltam-nos coisas demais, porque nos falta todo o contexto. Embora consigamos estabelecer alguns significados com precisão, esses significados no nosso contexto são totalmente diferentes.

Mesmo supondo que os conhecêssemos com certeza, mesmo nesse caso, por causa da distância do tempo e da cultura...
Saber que determinado símbolo quer dizer "morte" ainda não nos explica tudo. O que significa a morte naquela cultura?

O outro lado da moeda: no caso das ruínas de Tula, a continuidade da vida.
Portanto, uma crítica puramente descritiva tem a sua função. Mesmo o estruturalismo, por exemplo, não pretende interpretar. Procura somente estabelecer oposições entre determinados signos: há este signo e há também este outro signo, por exemplo, uma oposição entre baixo e alto. O estruturalismo procura dar uma descrição do texto, do fenômeno, que não seja uma interpretação.

É a descrição de um sistema de diferenças que podem levar naturalmente à interpretação, mas em si a descrição como total não basta.
Naquele meu conto curto,[2] não tomo posição, limito-me a representar essas duas posições, uma contra a outra, e ressaltar a força daquele pequeno professor mexicano que fica dizendo: "Não se sabe o que quer dizer".

A sua convicção é muito bonita, também por vir expressa em espanhol ("No se sabe qué quiere decir): há um efeito de autenticidade local que influi nas reações do leitor. Mas no final do livro há outra coisa que me impressionou, e diz respeito à trama da narrativa. Ainda que Palomar *seja um livro no qual toda ideia de um enredo parece secundária, no fim, quando o senhor Palomar decide "que se porá a descrever cada instante de sua vida", momento por momento, de repente morre. Nesse ponto, o enredo se torna importante, mas o livro agora já terminou.*

É, pelo menos, o momento alto de toda narrativa... isto é, a morte.

Isso me fez pensar — mas só nesse sentido — na conclusão de Le cognizione del dolore [Cognição da dor] *de Gadda, visto que também aí o livro parece quase não ter enredo até o final, mas então o enredo aflora de repente.*

Ali tinha um enredo, precisava ter, precisava ter a morte da mãe, precisava ter o assassinato. Ele tinha um enredo em mente.

O final tão surpreendente de Palomar *então não significa que, precisamente por causa dele, o leitor deve voltar para trás e reconstruir toda a narrativa ao longo das linhas de um enredo?*

Mas pode ser que esse escrever momento por momento seja... o livro que escrevi, que publiquei...

Para ampliar um pouco a discussão, tenho duas perguntas referentes à literatura contemporânea nos Estados Unidos e na Itália. Você manifestou várias vezes o seu interesse por certos escritores americanos e de língua inglesa. Esse interesse persiste?

Sim, creio que persiste. Creio que se percebe bem a influência de Nabokov no *Viajante*, por exemplo. A minha formação literária se deu quando havia na Itália o culto à chamada "*the lost generation*": Hemingway, Faulkner, Fitzgerald... Então me parecia possível acompanhar a literatura americana como um todo com uma história em comum. A seguir, vieram os escritores que me interessaram individualmente. Por exemplo, um que constituiu para mim uma verdadeira descoberta do prazer de escrever foi Updike. Outros escritores, como John Barth, interessam-me como imaginação crítica, como invenção de novas formas. E o mesmo com Donald Barthelme. Um dos últimos romances americanos que apreciei muito, tanto como diversão de leitura quanto como novidade da forma, foi *Duluth*, de Gore Vidal.

Num ensaio de 1959, se não me engano, você dividiu a literatura italiana contemporânea em três correntes. A primeira, épico-elegíaca (por exemplo, Cassola, Bassani, Tomasi di Lampedusa e outros); a segunda, em que predominam a tensão linguística e a pesquisa dialetal (Pasolini, Gadda); e a terceira (que inclui a sua obra), caracterizada pela força transfiguradora do fantástico. Essa terceira corrente, a seu ver, não representava uma evasão da vida social, e sim uma outra maneira de abordar as virtudes e vícios humanos e sociais. Eu me pergunto se você ainda faz parte dessa terceira corrente, movido pelo interesse por um tipo de representação que não é o tradicional, mas o da investigação indireta, de uma maneira indireta e talvez autoconsciente de abordar os mesmos problemas dentro da literatura. Estou pensando não só na sua obra, mas também nos livros recentes, por exemplo, de Ferdinando Camon e de Carmelo Samonà.[3]

Não sei se hoje é possível falar numa linha, pois são coisas que só se podem dizer a posteriori, quando se podem reunir três ou quatro livros semelhantes. Talvez hoje não seja possível dizer qual é a linha da literatura italiana. Não há um trend principal. Hoje talvez constatemos que a literatura italiana é formada mais por figuras excêntricas, figuras marginais, do que por figuras centrais. Um escritor como Alberto Savinio, que era considerado um excêntrico, agora vemos que era, pelo contrário, um escritor muito representativo. Assim, hoje escritores como Landolfi ou Delfini tornam-se, desse ponto de vista, muito mais importantes do que vários outros.

Assim, o fato de não se poder discernir claramente uma linha não significa que a literatura italiana esteja em total confusão.

Há talvez uma retomada do trabalho individual que se torna mais importante do que o trabalho coletivo, visto que não há revistas, não há centros claramente definidos, não há movimentos. O último movimento foi o do Grupo 63, mas ele também, se olharmos com atenção, era uma galáxia de indivíduos. Um dos escritores mais interessantes hoje, também pelo seu ponto de vista, é Giorgio Manganelli, que é um típico escritor excêntrico.

A última pergunta trata do ofício de escritor. Devo dizer que, mesmo para os estudantes dos meus cursos, a sua linguagem sempre pareceu muito lúcida, mas também muito complexa. Há um conjunto de dificuldades que são expressas — não são negadas, não são simplificadas —, mas são expressas de maneira muito clara. Essa combinação de clareza e complexidade, esse seu estilo, é um dom divino ou é algo sobre o qual teve de trabalhar de forma consciente?

Digamos que é um programa de trabalho. O que me interessa é procurar a complexidade: se for o caso, esclarecê-la, mas de todo jeito representá-la. Interessa-me o que é complexo, complicado, difícil de descrever, e procuro exprimi-lo com a maior limpidez possível. Essa minha linha com certeza é diferente da dos escritores que querem fazer a mimese da complexidade por meio de uma linguagem que seja como um caldeirão borbulhante, uma representação que seja complexa em si mesma, por exemplo, Gadda ou Sanguineti...

Pode-se considerar também Faulkner, por exemplo...

É a linha de Faulkner, de Joyce. Respeito e admiro muito esses escritores de grande densidade linguística. Mas o meu procedimento é diferente, porque procuro acentuar o contraste entre frases aparentemente lineares, clássicas, e uma realidade muito complicada. No fundo, acredito que em todos os escritores há essa tentativa fundamental, mesmo quando representam a realidade mais caótica. O simples fato de escrever implica uma ordem.

A RIQUEZA DOS OBJETOS[1]

Há cerca de três anos, você deixou Paris para viver em Roma em caráter permanente. O que pensa da Roma atual? Adensam-se sobre a capital as mais graves acusações de que se tem notícia. Você compartilha dessas acusações?

A bem da verdade, nunca deixei Roma; há uns quinze anos eu me divido entre Paris e Roma. O que penso de Roma, escrevi no meu último livro, *Palomar*. Roma é uma cidade que se deixa corroer por baixo pelos ratos e por cima pelos pombos, sem opor a essa ação devastadora aquela resistência que, em outros tempos, opôs às invasões dos bárbaros. Ademais, Roma, como a Itália e como grande parte do mundo, é dominada pela irritabilidade geral, é o lugar das complicações supérfluas e das aproximações confusas, é um lugar onde todos se desdobram para proclamar opiniões ou juízos e ninguém conhece mais a arte do silêncio, a qual é mais difícil do que a arte do dizer.

Palomar é, visivelmente, o seu alter ego, como se costuma dizer, ou o seu correspondente literário. Ora, Palomar pensa que não há no mundo mais nada de certo, de estável, a não ser o próprio nada; vê o mundo, natural e humano, à mercê do massacre e do caos, como um amontoado de escombros e cadáveres que rolam nas praias-monturos dos continentes-cemitérios. Como veio a se dar em você esse niilismo, esse ceticismo radical?

Não sei se existe essa correspondência entre mim e Palomar. Decerto deve existir, mas no meu livro há um grande amor pelas formas em que se revela o espetáculo do mundo. Isso significa que não sou totalmente niilista, totalmente cético.

O amor pelas formas é uma crença de ordem artística, não de ordem filosófica. Você continua sendo um niilista, um cético.
Em geral, a imagem de mim que despertava maior atenção era a da fabulação, da imaginação narrativa. Mas aqui escolhi a descrição, que pressupõe uma modéstia, uma humildade diante do que se vê. Comecei a fazer exercícios de tipo descritivo, no sentido primário da palavra, primário de escola primária.

Esses exercícios já haviam sido feitos por outros, sem grande sucesso, para dizer a verdade. Foram feitos por Parise com os Sillabari [Silabários]*, foram feitos por Natalia Ginzburg em diversos livros seus.*
Esses escritores captam elementos simples e diretos nos sentimentos humanos, o que até agora não consegui fazer: para falar do mundo humano, preciso inventar histórias. Penso que a descrição detalhada das coisas é a operação mais complexa, e não a mais simples. É uma operação difícil. Um dos patronos da operação que tentei realizar em *Palomar* é o poeta em prosa francês Ponge, que é um grande descritor de objetos, que transforma os objetos em paisagens.[2]

Parece-nos que Palomar, *mais do que a Ponge, remete-se à "escola do olhar", que estava em voga nos anos 1960.*
A problemática sobre o olhar tem toda uma história. Sartre em *A náusea* olhava a raiz de uma árvore ou o próprio rosto no espelho e extraía daí um sentimento de desambientação, que produzia um sentimento de angústia. Robbe-Grillet olhava as coisas excluindo qualquer metáfora antropomórfica, reduzindo-as a dados mensuráveis e objetivos. A minha operação não é reducionista dessa maneira. Escrevendo, lanço mão de todos os meios linguísticos de que disponho. No último romance, também procurei usar a língua com precisão, fazer um livro rigoroso. Pessoalmente, estou disposto a aceitar todos os tipos de escrita, desde que haja um estilo, calculado ou espontâneo que seja. Para mim, tudo vai bem, exceto o aproxi-

511

mativo e o desleixo. De todo modo, as coisas, os objetos, contêm em si uma riqueza própria: o mundo não é só pensamento ou só linguagem.

Se isso é verdade, não se entende por que você se mostra tão desalentado, tão perplexo.

O termo "perplexidade" aparece várias vezes em *Palomar*, mas parti não da perplexidade, e sim da interrogação, do desejo de captar aquilo que está além das palavras. A minha intenção era fazer com que uma visão de mundo, uma filosofia, brotasse, despontasse de uma série de observações individuais, de experiências puntiformes, digamos assim.

Essa filosofia despontou, mas é uma filosofia de renúncia. O que influi mais sobre você na determinação de uma visão de mundo tão negativa? A situação internacional ou a situação italiana, que vem se tornando cada vez mais crítica? Até que ponto influi a crise da Einaudi, a editora à qual você está estreitamente ligado?

Desde que comecei a escrever, publiquei sempre pela Einaudi e, portanto, a crise em que ela se debate agora não pode deixar de influenciar. Mas a crise da Einaudi é o reflexo de uma crise mais ampla, que condiciona a vida de todos: a inflação, as altas taxas bancárias, a impossibilidade de fazer programações a longo prazo.

Que perspectivas você vislumbra para o futuro próximo?

Parece-me que a incapacidade de administrar, de fazer programações, que se vê na Itália é um fenômeno geral. Parece-me que os responsáveis em programar o curso da vida econômica não têm capacidade para isso. Quando então passamos para os cenários de guerra, as perspectivas se tornam muito mais ameaçadoras.

Acredita que o mundo será destruído pela guerra nuclear?

A paz agora é condicionada pelo equilíbrio da ameaça nuclear. Se não houver um equilíbrio, aumentará o perigo da guerra nuclear. A minha esperança, como a de todos, é que o Ocidente consiga restabelecer o equilíbrio de forças com a outra parte. Apenas assim poderemos pensar numa diminuição gradual dos armamentos nucleares. Mas, também nesse caso, as perspectivas serão sempre ameaçadoras.

Por que as perspectivas seriam sempre ameaçadoras, mesmo se as duas superpotências procedessem a uma diminuição gradual e paritária dos armamentos nucleares?

Porque no dia em que as duas superpotências decidissem reduzir gradualmente as armas nucleares e dispensar essas armas, a guerra se tornaria mais possível do que hoje. Os armamentos convencionais, que o desenvolvimento tecnológico multiplicaria e tornaria mais eficientes ou mais destrutivos, possibilitariam uma guerra talvez menos catastrófica do que uma guerra nuclear, mas, de qualquer forma, assustadora.

Não há, portanto, uma via de salvação possível?
Parece que não.

Já tentou imaginar como seria uma eventual guerra nuclear?
As imagens às quais me remeto, como todos, são as que temos na memória histórica, as de Hiroshima, Nagasaki, multiplicadas, é claro. Mas, se até hoje tem-se evitado uma guerra nuclear, deve-se justamente ao horror que essas imagens exercem sobre as pessoas. A lógica da "dissuasão" é assustadora e perigosa, mas por ora não há outra. Os pacifistas deveriam pensar que, se a Europa se desarmasse, seria antes invadida pelos soviéticos e depois bombardeada pelos americanos, com consequências facilmente imagináveis.

Mas você, dentro de si, na sua esfera íntima, nos seus pensamentos secretos, pensa que é possível de fato se desencadear uma guerra nuclear?
Penso que, se se alcançar um equilíbrio nos armamentos nucleares, a catástrofe não deveria ocorrer, mas sempre podem surgir variáveis ou componentes enlouquecidos.

A MINHA CIDADE É NOVA YORK[1]

Como se deu o seu primeiro contato com a cultura americana e, em especial, com a literatura daquele país, dos romances de Hemingway aos de Faulkner?

No que se refere à minha formação, ocorrida nos anos 1940, num primeiro momento aproximei-me como simples leitor da narrativa americana, que naquela época representava uma grande abertura para o horizonte italiano. Por isso, quando eu era jovem, a literatura americana era muito importante e, é claro, li todos os romances que então chegavam à Itália. Num primeiro momento, em todo caso, eu era um provinciano: vivia em Sanremo e não possuía uma cultura literária, visto que era um estudante de agronomia. Depois fiquei amigo de Pavese e de Vittorini; não conheci Pintor, pois ele morreu durante a guerra. Sou um *Homo novus*, comecei a circular depois da guerra.

É verdade que Hemingway foi um dos meus primeiros modelos, talvez porque fosse mais fácil, como módulos estilísticos, do que Faulkner, que é muito mais complexo. E também no que se refere aos meus primeiros escritos, sem dúvida fui influenciado por Hemingway; aliás, fui até visitá-lo num hotel de Stresa, em 1948, creio eu, e fomos passear de barco no lago, pescar.[2]

Diante de uma produção literária tão vasta e heterogênea como a sua, nem sempre é fácil localizar e destacar os possíveis nexos ou reais ascendên-

cias que o ligam a este ou àquele escritor; no âmbito da literatura americana, qual é o clássico que mais aprecia e ama?

Sou sobretudo contista, mais do que romancista; assim, uma leitura que certamente me influenciou, pode-se dizer desde a infância, é a dos contos de Poe: hoje, se tivesse de dizer qual é o autor que mais me influenciou, não só na esfera americana, mas em sentido absoluto, diria que é Edgar Allan Poe, porque é um escritor que, nos limites do conto, sabe fazer tudo. Dentro do conto, é um autor de possibilidades ilimitadas; e também aparece para mim como uma figura mítica de herói da literatura, de herói cultural, fundador de todos os gêneros da narrativa que serão desenvolvidos a seguir.

Por isso é possível traçar linhas que ligam Poe a, por exemplo, Borges ou Kafka: é possível traçar linhas extraordinárias que nunca terminam. Mesmo um escritor tão diferente como Giorgio Manganelli — com certeza um dos escritores italianos mais notáveis dos últimos anos —, mesmo ele, totalmente distinto de Poe, conheci-o como tradutor, e mesmo ele estabeleceu com Poe uma autêntica relação. Também por isso penso que a presença de Poe é absolutamente atual.[3] Sempre no tema das relações com os clássicos americanos, poderia indicar também os nomes de Hawthorne, ou de Mark Twain, o qual certamente é um escritor de que me sinto próximo, sobretudo nos seus aspectos, digamos, mais desconjuntados e mais "frescos".

Continuamos acompanhando a evolução dessa sua relação com uma sociedade, e uma literatura, que por sua vez mudava abrindo-se a novos rumos, a novas experiências, se comparadas às que haviam animado a geração dos anos 1930 e 1940.

Naturalmente a literatura americana também se tornou diferente por volta de 1950, depois da morte de Pavese; mas já se sentia essa mudança lá pelos finais dos anos 1940. Lembro-me quando Pavese começou a ler os novos livros que chegavam no pós-guerra — havia Saul Bellow com seu primeiro romance, *Dangling Man*[4] — e lembro-me também de Vittorini, que dizia: "Estes aqui são como escritores europeus, são mais intelectuais, não nos interessam tanto".

Era um rumo totalmente diverso do que a literatura americana havia tomado, e quando estive pela primeira vez adulto nos Estados Unidos, em 1959, aquele quadro mítico, que era ainda o da chamada "lost generation", dos escritores do primeiro pós-guerra, não existia mais. Era a época em que uma figura como Henry Miller era muito mais importante do que Hemingway, pelo qual ninguém mais se interessava. As coisas, portanto, mudaram muito: hoje seria preciso ver as relações que existiram entre os escritores da minha geração, na Itália e nos Estados Unidos; poderiam se fazer comparações. Quem corresponde a Norman Mailer na Itália, por exemplo? Em certos aspectos de provocação, talvez Pasolini, mesmo que Mailer seja um personagem que ainda se parece mais com Hemingway, que se ligou a esse tipo de escritor.

Chegamos à situação atual, os anos em que não é mais possível olhar os Estados Unidos em termos de barbárie, nem o escritor americano como o intérprete rude, sanguíneo, muitas vezes inconsciente dessa realidade.

Este é um tema a ser discutido: essa imagem de um Estados Unidos selvagem e cheio de energia vital com certeza agora não existe mais. O escritor americano, ao contrário do que acontece ou do que acontecia na Itália — visto que agora esse rumo também tem sido adotado aqui —, é uma pessoa que trabalha numa universidade, que escreve romances sobre a vida no campus, sobre as fofocas dos adultérios entre professores, que não é um grande mundo, não é uma coisa de fato excitante, mas é assim: a vida da sociedade americana é essa.

Quais são os aspectos do mundo literário americano contemporâneo que lhe parecem mais significativos, e quais os seus personagens de maior destaque?

Hoje, na literatura americana, às vezes olho com inveja para esses escritores que conseguem captar de imediato a vida contemporânea, que têm uma veia loquaz e irônica, como Saul Bellow; certamente não sou tão bom em fazer esse tipo de coisa. A narrativa americana tem romancistas que conseguem escrever um romance por ano e que são capazes de transmitir a cor da época; tenho muita inveja deles.

Entre os meus contemporâneos, diria que vivi a descoberta de um escritor que possuía um estilo de fato bonito — falo de John Updike — e que no início parecia um romancista muito importante. Depois ele também escreveu um pouco demais: continua sendo uma pessoa inteligente e brilhante, mas às vezes nota-se uma certa facilidade nos escritores americanos de hoje. Se tivesse de dizer qual é o meu autor preferido desses anos, e que de algum modo também me influenciou, diria que é Vladimir Nabokov: grande escritor russo e grande escritor de língua inglesa; inventou para si uma língua inglesa de uma riqueza extraordinária. É verdadeiramente um grande gênio, um dos maiores escritores do século e uma das personalidades em que mais me reconheço. Naturalmente é um personagem de extraordinário cinismo, de tremenda crueldade, mas é realmente um dos grandes escritores.

A partir de alguns desdobramentos da sua narrativa mais recente — Se um viajante numa noite de inverno, *e ainda mais* Palomar *— poderíamos pensar na existência de alguma relação entre você e os chamados iniciadores do* postmodern.

Naturalmente tenho também vínculos com aquela que se pode definir como a neovanguarda americana: de vez em quando vou aos Estados Unidos para fazer aqueles cursos de *creative writing*, e sou amigo de John Barth, um escritor que começou com um romance muito bonito, como The End of the Road.[5] Depois desse primeiro livro, que poderíamos definir "existencialista", Barth foi ficando sempre mais complexo, com produtos de uma estrutura mais sofisticada; é ele que, mesmo lendo apenas em inglês, é um pouco o embaixador dos Estados Unidos diante das novas literaturas europeias. Além de Barth, Donald Barthelme e Thomas Pynchon há outros escritores cujo trabalho acompanho e com os quais também mantenho relações de amizade.

Concluindo, gostaria de lhe perguntar o que o seu encontro com os Estados Unidos, como entidade física, representou, em termos de sensações pessoais. A América das cidades, apresentada em tantos romances e também em tantos filmes, e a cidade real, o próprio símbolo da América atual.

Literariamente sou um pouco autodidata, comecei muito tarde e frequentei por muitos anos o cinema, quando se assistia a dois filmes por dia, e eram filmes americanos. Tive uma intensa relação de espectador com o cinema americano, tanto que para mim o cinema continua a ser o americano na essência.

O encontro material com os Estados Unidos foi uma experiência mesmo bonita: Nova York é uma das minhas cidades, e, de fato, sempre nos anos 1960, nas *Cosmicômicas* e também em *T = 0*, há contos que se passam em Nova York. Do outro lado do Atlântico sinto-me parte daquela maioria de italianos que vão para os Estados Unidos com grande facilidade — hoje em dia são milhões e milhões — e não daquela minoria que permanece na Itália; talvez porque na primeira vez em que estive nos Estados Unidos, com os meus pais, eu tinha um ano de idade. Quando voltei pela primeira vez já adulto para os Estados Unidos, tinha uma bolsa da Ford Foundation que me dava o direito de viajar pelo país inteiro, sem nenhuma obrigação: é claro que fiz um passeio, viajando pelo Sul e também pela Califórnia, mas eu me sentia nova-iorquino: a minha cidade é Nova York.

ESTOU UM POUCO CANSADO DE SER CALVINO[1]

Roma. Na casa de Italo Calvino, contei cinco mesas de trabalho. Não têm uma finalidade precisa, não há simetrias misteriosas entre os papéis e a superfície de madeira. Esta que está perto de mim, por exemplo, não é a mesa sobre a qual necessariamente nascerão as histórias de Qfwfq, o personagem das Cosmicômicas *de nome impronunciável. Aquela outra lá não está reservada para a leitura ou para os artigos de jornal. Calvino quer apenas evitar os acúmulos de livros e de papéis. Como um jogador que muda de tabuleiro, deixa frases e anotações em suspenso. Voltará àquela mesa daqui a uma hora, daqui a um dia, daqui a um mês.*

A casa fica no coração de Roma, alta e muito iluminada, como que para compensar as escadas íngremes e escuras. Mesmo que chova e as trepadeiras estejam desfolhadas, a sacada permite imaginar calmas noites de primavera ou verão, na companhia dos amigos. Agora que a editora Garzanti publicou Cosmicomiche vecchie e nuove, *em vão procuro ao redor de Calvino algum sinal que me ajude a descobrir as razões da sua paixão pelas épocas e locais mais distantes. Qfwfq conta que foi dinossauro. Digamos que eu esperava encontrar estranhas gravuras nas paredes ou pelo menos uma atmosfera de planetário.*

A primeira pergunta é a mesma que fiz a Borges anos atrás: por que tenta imaginar outras vidas diferentes da sua? Por que você, em certo sentido, também gostaria de ter estado "com os bisões da aurora"?[2]

O que lhe respondeu Borges?

Que perseguia aquelas fantasias porque estava um pouco cansado de ser Borges.

É uma resposta na qual eu também me reconheço. Estou sempre insatisfeito. Procuro imaginar aonde teria me levado o outro caminho, aquele que não escolhi. Assim, em vez de pensar nos livros que seria natural que eu escrevesse, fico pensando nos livros que não sei e não posso escrever, nos livros que outra pessoa escreveria. Essa hipótese serve de estímulo para mim. Digo: um livro assim nunca conseguiria escrever, então preciso imaginar como poderia ser feito e assim se instala o processo de formulação dessa escrita. Creio que este é o único sistema para reencontrar o meu verdadeiro eu.

Não lhe parece que isso também possa significar uma recusa e um cansaço da realidade? Ou uma relutância em se reconhecer nas formas do nosso tempo?

Admito não me reconhecer nas formas óbvias e previsíveis. Mas há também o desejo, a necessidade de interpretar a nossa época de maneira mais reveladora e de antecipar qual poderá ser o chamado "espírito do tempo" no futuro. Mas não que eu calcule muito essas coisas, no sentido de que não procuro perseguir esse "espírito do tempo". Porém, creio que isso ocorre precisamente quando a pessoa menos espera.

Junto com Cosmicomiche vecchie e nuove, *saiu nestas últimas semanas, sempre pela editora Garzanti, outro livro seu,* Coleção de areia. *Mais de metade das páginas é ocupada por resumos de exposições que têm como regra o insólito, o "fait divers": exposições de coleções estranhas, de "nós e amarrações", bonecos de cera, mapas, tabuletas ligadas ao surgimento da escrita. Por que sente essa atração pelo insólito?*

Espere um pouco: também vou ver todas as grandes exposições. Poucos dias atrás, em Nova York, fui a uma exposição extraordinária de Van Gogh. Mas esses eventos são acompanhados pelos críticos de arte e eu respeito as competências. Então, ocupo-me preferencialmente das exposições que escapam às especializações habituais.

Mas é evidente que essa escolha lhe agrada, que se sente à vontade entre quem recolhe em frascos a areia cinzenta do lago Balaton ou aquela branquíssima do golfo do Sião.

Interessa-me tudo o que é interdisciplinar, sobretudo quando percebo componentes antropológicos ou ecos da história das ciências. Vivo numa época supersaturada de teorias e discursos abstratos e quase por reação procuro basear-me em coisas que vejo, em objetos, em imagens.

Se você pensa assim, por que não exerceu mais o jornalismo?
O jornalismo foi um amor infeliz, mas talvez não fosse a minha vocação. Aí está uma das vidas que gostaria de ter vivido: a de enviado especial, ser um olho que grava e transmite os fatos.

Houve alguma tentativa?
Nas Olimpíadas de Helsinque em 1952. Passava os dias com um mestre como Paolo Monelli. Ambos fazíamos "a cor": ele para *La Stampa*, eu para *l'Unità*. Andávamos juntos pelas ruas de Helsinque. Monelli era muito míope, e era eu que lhe dizia: olhe aqui, olhe ali. No dia seguinte, eu abria *La Stampa* e via que ele tinha escrito tudo o que eu lhe indicara, ao passo que eu não havia sido capaz de fazer o mesmo. Por isso desisti de ser jornalista.

Num dos capítulos de Coleção de areia, *você afirma que nunca se sentiu "fortemente inclinado a explorar a interioridade psicológica". É mais uma das suas recusas?*
É uma coisa que digo com frequência, talvez com um desejo secreto de ouvir alguém me retrucar: não, imagine, você também tem extrema perspicácia psicológica. Mas isso nunca acontece, isto é, ninguém me responde assim. Com efeito, como escritor, não sou fascinado pela introspecção e gostaria que algum fulgor de iluminação psicológica brotasse dos fatos, do ritmo da narrativa ou dos estados de espírito evocados pela minha prosa. Talvez aqui também se manifeste uma reação contra a nossa época, que é supersaturada de análises da psique.

Você afirma que é atraído pelos objetos, pelas coisas que se veem. Como concilia essa sua propensão com as aventuras de Qfwfq no mundo das Cosmicômicas?
As cosmicômicas pertencem a outro rumo de pesquisa, mas ela também ligada aos olhos da imaginação. Escrevi as primeiras *Cosmicômicas*

vinte anos atrás, partindo da constatação de que a ciência moderna, a física, a cosmologia, a biologia molecular não oferecem imagens visuais e podem ser compreendidas apenas de maneira conceitual, abstrata. Lendo alguns textos ou artigos de informação científica, de vez em quando ocorria-me alguma imagem. Experimentei desenvolver essas imagens e construí histórias que tinham relação com os espaços cósmicos, com a explosão das galáxias, com os anos-luz, com os átomos e as células.

Esse rumo de pesquisa ainda não se esgotou?
De forma nenhuma; tanto é verdade que o volume das *Cosmicômicas* que acabou de sair traz alguns contos escritos neste ano, cujo pano de fundo é dado pelos últimos horizontes da astrofísica: os "quasares", os "pulsares", os "buracos negros".

Pergunto a você e a mim mesmo: como é possível compatibilizar o Calvino dos primeiros romances e contos e o de Fábulas italianas, *o Calvino de* Os nossos antepassados *e o que se encanta com as origens do universo?*
Quer me dizer que existem pelo menos quatro Calvinos? Pode ser verdade, se pensarmos apenas na classificação dos livros que escrevi. Acrescento que a coisa seria simples se tivessem sido escritos em fases sucessivas. O problema é que esses vários Calvinos se entrelaçam e se sobrepõem no mesmo período de tempo.

É um problema para você ou para os críticos?
Para os críticos que teriam de destrinçar o novelo. Quanto a mim, parto da multiplicidade dos usos da linguagem que, potencialmente, existe em todos os escritores. Reconheço que, às vezes, creio que deveria invejar quem repete sempre o mesmo discurso e nunca muda a entoação da voz.

Mas você não vai além dessa inveja genérica...
Por temperamento, sou levado a experimentar sempre novas hipóteses de trabalho, e sinto insatisfação e impaciência com qualquer forma estilística cujas possibilidades já tenha explorado. Se no final acontecer que exista um sentido unitário em tudo o que escrevi, muito que bem. Do contrário, espero que pelo menos alguma coisa tenha prestado como tentativa em si: isto é, *O visconde partido ao meio*, *As cosmicômicas*, as *Fábulas italianas* e

outros livros meus, tomados cada qual em si, sem colocá-los em relação com os demais.

É verdade que o seu próximo livro será dedicado aos cinco sentidos?
Faz algum tempo que me interrogo sobre a decadência dos sentidos. O homem moderno percebe algumas coisas, mas não capta outras: o olfato está atrofiado, o gosto limitado a uma gama de sensações restritas. Quanto à visão, habituada como está a ler e interpretar imagens fabricadas, não tem mais aquela capacidade de distinguir detalhes, traços, indícios, como certamente possuía o homem da tribo. Gostaria de trabalhar sobre esses temas, mas não sei ainda o que farei.[3]

Enquanto vinha para a sua casa, fiz-me um pequeno teste: Calvino tem ou não tem um computador pessoal? Confesso-lhe que, pensando no seu interesse pelas conquistas e conjecturas da ciência, dei a mim mesmo uma resposta positiva. Mas não vejo nos seus aposentos nenhum sinal de computador.
Ainda não tenho, mas estou sentindo a necessidade. Creio que pode liberar a mente de muitos deveres servis e abrir o espaço da memória para tarefas mais altas.

Nenhuma contraindicação, portanto?
Penso também na presença de um novo gadget em casa: só aumentaria as minhas irritabilidades. A verdade é que cada um aplica o seu nervosismo aos instrumentos de que dispõe. Podemos descarregar a parte mecânica das nossas obsessões da mesma forma com a pedra lascada de uma ferramenta pré-histórica ou com o teclado de um computador pessoal.

O TEMPO NA LITERATURA E NA HISTÓRIA[1]

Resumindo: para me deter em t_0, tenho que estabelecer uma configuração objetiva de t_0; para estabelecer uma configuração objetiva de t_0 tenho que me deslocar para t_1; para me deslocar para t_1 tenho que adotar uma perspectiva subjetiva qualquer, portanto dá na mesma eu ficar com a minha. Resumindo ainda: para parar no tempo tenho de me mover com o tempo, para me tornar objetivo tenho de me manter subjetivo [...]. Mas o perigo que corro é de que o conteúdo de t_1, do instante-universo t_1, seja tão mais interessante, tão mais rico que t_0 em emoções e surpresas, não sei se triunfais ou ruinosas, que eu fique tentado a me dedicar totalmente a t_1, voltando as costas para t_0, esquecendo que passei para t_1 apenas para me informar melhor sobre t_0.

São as reflexões finais do hesitante protagonista de "T = 0", um conto de Italo Calvino dedicado ao tema do tempo e reeditado agora na coletânea Cosmicomiche vecchie e nuove. *O que pensa a respeito, após dezessete anos da sua publicação? Por que uma notação científica para descrever o instante?*

Em "T = 0", procuro ver o tempo com a concretude com que se vê o espaço. No conto, cada segundo, cada fração de tempo é um universo. Aboli todo o antes e todo o depois, fixando-me assim no instante, na tentativa de descobrir a sua infinita riqueza. Viver o tempo como tempo, o segundo por aquilo que é, representa uma tentativa de fugir da dramaticidade do porvir. Aquilo que conseguimos viver no segundo é sempre algo especialmente intenso, que prescinde da expectativa do futuro e da lembrança do passado, enfim libertado da presença contínua da memória. "T = 0" contém a afirmação do valor absoluto de cada segmento do vivido, separado de todo o resto.

Trata-se então de um conto que acolhe uma visão "feliz" do tempo? Ou, pelo contrário, de uma extrema tragicidade?

"T = 0" é o esforço para encontrar a melhor maneira de habitar a tragicidade. Também existe, obviamente, uma maneira melhor para superar a tragicidade: dar forma ao porvir. Mas, para isso, é preciso acreditar na possibilidade de dar uma forma qualquer à própria vida, criando uma história com um sentido completo. Mas nessa possibilidade, que permitiria provavelmente um grau maior de felicidade, acredito cada vez menos.

Proust e Joyce, Borges e Valéry, Baudelaire e Musil: a literatura moderna parece constituir uma ponte emocional e racional entre homem e tempo, percepção do tempo universal, histórico e social, e experiência do tempo mental. Italo Calvino é o escritor italiano mais sensível às problemáticas temporais da literatura, o mais apto a encontrar os pontos de contato entre tempo e escrita.

O tempo intervém na literatura de várias maneiras. Há alguns autores que tratam o tempo como um problema: e o tempo é o único tema dos seus romances. Um exemplo extraordinário é um conto de Borges chamado "O jardim de veredas que se bifurcam", no qual o autor, sob a inusitada aparência de um thriller, apresenta uma sugestiva teoria do tempo segundo a qual ele é múltiplo e a cada instante da vida abrem-se duas trilhas temporais diferentes, que, justamente, se bifurcam. O tempo é um ente cada vez mais complexo, tal como confirma a intuição. A essa categoria pertencem um romance como *A máquina do tempo* de Herbert George Wells, o meu conto "T = 0", ou ainda o romance *As flores azuis* de Raymond Queneau. Neste último, a história é vista como sonho, depósito tangível do nosso inconsciente. Queneau por muito tempo fez análise, e o tempo da análise, do inconsciente, é o verdadeiro protagonista desse livro. E a delicada ironia de Queneau contrapõe aos massacres, às mudanças profundas da história, uma sabedoria plenamente estática, mas nem por isso menos rica do que a ânsia romântica do porvir. Há depois quem represente o tempo no seu fluir, confuso, imenso. É o caso da *Procura* de Marcel Proust.

Qual é o maior fascínio do romance de Proust?
O maior fascínio consiste no fato de que tudo no romance, cada ação, gravita naturalmente para o final, para o reencontro do tempo, como que levado por uma correnteza. É, em absoluto, o livro que mais se aproxima de gerar aquela sensação inexprimível que é, afinal, o modo como habitamos o tempo. Eu colocaria num terceiro grupo aqueles que abordam o tempo na forma que dão à narrativa. Joyce, por exemplo, com o monólogo interior. Ou ainda Joseph Conrad, com a contínua inversão da perspectiva com que a realidade é vista graças à intervenção de diversos narradores, cada um com um tempo seu, um espaço seu.

É típico da natureza do tempo apresentar-se em cada situação sob um aspecto múltiplo, ocupando sempre um lugar mais importante do que o previsto. O tempo não é só tema, pano de fundo em eterno movimento e expediente da obra literária. O tempo, pela forma que assume no ritmo, é o coração da escrita. Calvino, você nunca publicou poemas: por uma questão de ritmo?
Em certo sentido, sim: prefiro a prosa porque ela vive do ritmo, ainda mais do que a poesia. A poesia pode apoiar-se numa métrica explícita ou implícita, ao passo que a prosa precisa inventar continuamente um tempo, uma musicalidade para si. E o desempenho rítmico é fundamental: um episódio extraordinário pode desaparecer uma vez na página se não se conseguir transmitir ao leitor o tempo necessário. Transmitir o senso da rapidez, ou de uma pausa, em que a escrita toma um lento fôlego, tornando-se quase um adágio, um largo musical, é de fato trabalhar sobre o tempo, porque a rapidez não se expressa necessariamente em palavras e frase curtas, mas num trabalho estilístico que cria a impressão de uma aceleração natural do compasso temporal.

Como nasce o seu ritmo?
Para mim, a busca do ritmo certo é um trabalho muito complexo. Com frequência significa escrever e reescrever até que a palavra encontre a vibração correta. De vez em quando, o ritmo desejado pode vir de forma espontânea, mas são casos excepcionais. E além do mais eu não acredito no

ritmo inato, imediato. É o efeito final que deve ser espontâneo e vital. Por trás, sempre há muito esforço.

Regulando os ciclos de funcionamento do organismo, administrando com regularidade incognoscível e, portanto, incorrigível, os altos e baixos do desempenho intelectual, o tempo conhece um outro ponto de contato com a escrita: o corpo humano. A cronobiologia, por exemplo, aponta a primeira parte da manhã, das seis e meia até oito e meia ou nove horas, como o melhor momento para a produção intelectual. Há muitos escritores que, tão logo acordam, já começam a trabalhar. Um exemplo que vale por todos: Paul Valéry. Todo dia, com uma regularidade de monge, das cinco às oito ele enchia páginas e mais páginas do seu diário. E comentou a esse propósito: "Oito horas. Acordei antes das cinco; creio, às oito, já ter vivido um dia todo com a mente e ter direito a ser animal até à noite". Você também é madrugador?

Não, o meu dia é feito de vários sistemas para perder tempo, para atrasar ao máximo possível o momento de me pôr à escrivaninha. Madrugador certamente não sou, e assim acabo sempre escrevendo quando posso, alternando o tempo dedicado à escrita e o destinado às outras atividades do dia. Além do mais, no meu trabalho não há uma nítida separação entre atividade e descanso. O tempo livre não existe.

Palomar, "T = 0", um constante interesse pelas verdades ao mesmo tempo precisas e insuficientes da ciência e pelas mais recentes descobertas da pesquisa... Calvino, você se considera um escritor voltado para o amanhã e para as especulações sobre o futuro?

Sim, porque mesmo quando falo do passado há sempre uma forte tensão em direção a um futuro fantástico. De todo modo, persiste em mim a tentação do passado e da memória, e entre os vários livros que comecei e nunca levei adiante há também um autobiográfico. Mas, tendo formado a minha educação literária numa época em que a literatura da memória e o exemplo de Proust estavam muito no auge, sempre procurei evitar esse caminho, porque já era percorrido por muitos escritores. Mas não tenho dúvidas: um dia terei de prestar contas também com a minha autobiografia. Antes que o meu passado saia definitivamente do meu campo de visão. Há, porém, um livro, *As cidades invisíveis*, no qual procuro exprimir a sensação do tempo que permaneceu cristalizado nos objetos, contido nas coisas que nos cercam. Pois nós nos movemos num presente que também sempre contém em si um tempo passado. As cidades são apenas formas do tempo. Falei disso no capítulo "A forma do tempo" de *Coleção de areia*, em que procuro imagens visuais do tempo. Por exemplo, uma árvore milenar cujos ramos e raízes não se distinguem mais ou os fogos dos ritos zoroastristas que se perpetuam continuamente.

Mas essa memória diz respeito a um tempo não seu, um passado que pertence às coisas. Não mantém um diário para conservar o conteúdo do "seu" passado?

Não escrevo um verdadeiro diário. Há vários anos, porém, sinto a necessidade de anotar num caderninho os eventos que preencheram os meus dias. São, portanto, fatos bastante banais como jantares, espetáculos e também os impostos. E não posso mais deixar de anotá-los. Do contrário, teria a impressão de perder todo o sentido daquilo que fiz. Vejo os anos em que ainda não havia adotado essa prática como uma paisagem de contornos vagos, da qual afloram apenas pequenas ilhas, ao acaso.

Em Palomar *você escreveu: "Estar morto para Palomar significa habituar-se à desilusão de se encontrar igual a si mesmo num estado definitivo que não pode mais pretender mudar". Viver é modificar-se continuamente.*

Sem dúvida: o que importa é a possibilidade de dar um sentido ao passado com contínuas correções trazidas ao presente. A vida sempre precisa de retoques, acréscimos, notas de rodapé. Exatamente como a página escrita. A morte intervém interrompendo esse processo e tudo se torna irrevogável.

A mudança entendida como força criadora do universo aproxima a filosofia do tempo de Calvino às teorias do cientista russo-belga Ilya Prigogine. E em 1980, quando saiu na França o ensaio A nova aliança, *Calvino foi um dos primeiros a elogiar esse livro nos jornais italianos.*[2] *A filosofia do tempo de Prigogine pode ter um reflexo também para o homem?*

Num certo sentido sim: como homem, a posição de Prigogine me interessa em contraposição à de Jacques Monod, que via o homem completamente só e suspenso entre acaso e necessidade na absoluta indiferença do universo. Prigogine, por seu lado, apresenta a imagem de uma natureza como um grande organismo do qual nós também fazemos parte. É a integração do homem no cosmo por meio de uma ligação íntima que passa pelo tempo. E sou particularmente sensível a essa comunhão. Embora não tenha a coragem de explicitar uma filosofia, apaixona-me a imagem de um universo unitário ao qual todos somos chamados a colaborar. Senti o mesmo fascínio também pelas teorias de Mach, segundo as quais aquilo que acontece mesmo numa estrela muito distante tem consequências sobre o que acontece a nós. A começar pelo princípio da inércia: se o ônibus freia bruscamente e me choco contra o vizinho, esse fato depende da quantidade de matéria presente no universo. Prigogine compreendeu e explicou que, naquela faixa de universo em que ocorrem os fenômenos que nos afetam, o tempo tem um sentido mais rico do que, por exemplo, num cosmo com as suas contínuas oscilações ou no invisível do mundo subatômico.

Não há nada a fazer: a tentação de separar o tempo do homem e o tempo da natureza é forte demais. Todavia, a intuição diz que há um lugar e um momento em que os dois tempos se confundem: no infinito. E não é esta, talvez, a mensagem de uma página do Homem sem qualidades *de Robert Musil: "Esperar a cada instante o instante seguinte é apenas um hábito; feche-se a barragem e o tempo transborda como um lago. As horas fluem, é verdade, mas são mais largas do que longas. Anoitece, mas o tempo não passou"?*

Essa citação realmente nos situa no cerne do problema das duas acepções do tempo. O tempo marcado pelos dias, pelas noites, pelos minutos medidos pela nossa vida e pela história, e o tempo no seu fluir infinito e incontrolado, surdo às nossas experiências temporais que não passam de grãos de areia no deserto. E é fundamental em toda tentativa de "sabedoria" aproximar-se o máximo possível do sentido do tempo na sua incomensurabilidade. Envelhecendo, entendi que isso vale também em escala histórica: toda pretensão de acelerar a história comprimindo-a em tempos curtos é apenas uma ilusão. Somente as transformações lentíssimas importam.

No livro que contém "T = 0" há outro conto, "A perseguição", dedicado ao tema do espaço. É mais difícil falar do tempo ou do espaço?

Pensar no espaço e, portanto, escrever sobre ele é sem dúvida menos trágico, porque o espaço, se existe, fica ali bem tranquilo. O tempo, como se sabe, nunca está parado...

529

GOSTO DE EXPERIMENTAR FORMAS NOVAS[1]

Você é conhecido em primeiro lugar como autor de romances fantásticos que não têm nenhuma relação com a realidade do cotidiano, mas o seu novo livro Palomar (*1983*), *como o anterior* Marcovaldo (*1969*), *diz respeito à natureza e à nossa relação com a natureza. De onde vem esse interesse?*

Passei a infância e a juventude em meio à natureza. O meu pai era agrônomo e o seu trabalho consistia em fazer experiências agrícolas. A minha mãe era botânica e geneticista. Vivíamos em Sanremo, numa casa cheia de plantas exóticas, e tínhamos uma pequena propriedade para cultivo.

O meu pai, que havia passado muitos anos no México e em Cuba, foi o primeiro a importar para a Itália o abacate e a toranja. Logo que chegou ao México, enviou sementes de abacate para Sanremo. Hoje são bem conhecidos na Itália, mas naquela época, nos anos 1920 e 1930, comer essas frutas exóticas parecia uma excentricidade da família Calvino.

Os interesses científicos dos seus pais se manifestam em alguns dos seus livros: As cosmicômicas *aborda temas como o Big Bang e o espaço curvo.*

Sempre fui a ovelha negra da minha família, que era inteiramente constituída por cientistas. Tinha também dois tios químicos que se casaram com duas químicas. Eu, pelo contrário, dei as costas ao mundo científico. Se o meu trabalho teve alguma relação com a natureza, deve-se a uma espécie de nostalgia por um mundo que perdi e que procuro recuperar através da literatura.

Mesmo nos seus escritos sobre a natureza, em todo caso, a sua visão é distanciada, científica e bastante inquieta.
Palomar é um álbum de desenhos ao vivo. Ao escrever os meus livros, avanço sempre acumulando certo tipo de material. Quando me acontece de ver algo da vida real que quero descrever, anoto em algumas linhas. Com *Palomar*, procurei reabilitar a descrição, um gênero literário que caiu em desuso. A operação de descrever às vezes é frustrante, visto que, mesmo quando se alcança o mais ínfimo detalhe, sempre há outro ainda menor. A sensação que meu livro transmite é a da inesgotabilidade da vida real. Todo capítulo é tanto uma reflexão quanto uma descrição, e diz respeito ao processo de conhecimento.

A sua carreira de escritor alçou voo logo após a Segunda Guerra Mundial e os seus primeiros contos são sobre essas experiências. Havia decidido escrever já antes ou foi a guerra que o levou a escrever?
A guerra e a experiência da Resistência tiveram sobre mim um efeito importantíssimo. Antes, eu já queria escrever, mas sentia que não podia porque não tinha vivido nenhuma experiência. Mas, durante a ocupação alemã da Itália, as circunstâncias me lançaram no meio de um mundo aventuroso e trágico que me deu a justificativa para escrever. Eu conhecera e experimentara o mundo que via descrito nos livros de autores americanos, como Hemingway e Dos Passos, que lia naquela época.

Você participou da Resistência?
Eu tinha vinte anos quando fui convocado pelo governo fascista de Salò. No início, me escondi no campo e vivi com os agricultores que trabalhavam para o meu pai: devo a eles o meu primeiro contato real com o povo. Depois, os fascistas anunciaram em cartazes a pena de morte para quem não se alistasse. Eu me apresentei num quartel do exército, mas fugi alguns dias depois e fui encontrar com os *partigiani*. Minha mãe e meu pai foram presos pelos fascistas e ficaram reféns da ss por diversos meses.

Naquele período, o meu irmão e eu vivemos a vida dos *partigiani*, numa zona em que todas as cidades estavam nas mãos dos alemães ou dos fascistas. Passei assim meses muito duros, mas isso me deu consciência de que eu vivera o drama da minha nação e arriscara a vida várias vezes. Essa experiência determinou o meu engajamento político em participar de uma profunda renovação democrática do meu país.

Depois da guerra, a tradição literária dominante era o neorrealismo. De que modo você foi influenciado?

Embora a minha tendência natural fosse para o lado da imaginação e da invenção, as primeiras coisas que escrevi eram realistas. Desde o início, os críticos disseram que eu tendia a transfigurar a realidade numa visão fabulosa: me senti assim autorizado a desenvolver essa inclinação fantástica. Naquela época, o trabalho criativo era só um elemento dentro de uma visão geral da renovação cultural italiana. Assim, o meu início literário foi influenciado por uma visão filosófica e política mais ampla.

Naquela época, isso significava estar alinhado com o Partido Comunista Italiano.

Sim. Os americanos têm muita dificuldade em entender por que tantos intelectuais italianos militaram no Partido Comunista naquele período. Talvez seja apenas um problema terminológico: o "comunismo" que conhecemos na Itália não tem nada a ver com o que os americanos associam hoje ao termo comunismo, em outras palavras, a Rússia e a ditadura. Naquela época, todas essas coisas existiam, mas como mitos distantes.

Tem-se a impressão de que você é hoje um escritor essencialmente apolítico.

É verdade. Estou contente por ter tido a minha fase extremista quando era jovem, pois, ao ver escritores que se politizaram mais tarde, a coisa me pareceu muito mais falsa. Isso me manteve longe da nova onda de radicalismo de 1968, que observei com uma sensação de grande distanciamento. Vi então com grande tristeza muitas pessoas inteligentes capturadas pelos mitos da revolução chinesa e do Terceiro Mundo. A sensação de não pertencer a nenhuma corrente política se intensificou cada vez mais em mim.

Pelo menos a um exame superficial, os seus livros mudaram enormemente, desde os contos realistas aos romances e contos fantásticos posteriores. Há algo em você como escritor que não tenha mudado?

O que não mudou é o que peço a um livro que escrevo. Quero ter uma relação com o leitor; quero que o leitor se divirta; não quero ser um escritor maçante. Ao mesmo tempo, quero que os meus livros tenham um sentido e tenham um sentido na cultura do nosso tempo; que digam algo que ainda não foi dito e digam-no de um modo que só possa ser dito por meio da literatura. Acredito sempre mais na literatura como uma linguagem que diz coisas que as outras linguagens não podem dizer, e que a literatura tem pleno status como forma de conhecimento.

Houve algum ponto de ruptura que marcou a sua passagem da narrativa realista para a fantástica?
As mudanças foram graduais e constantes, visto que por natureza fico insatisfeito com qualquer coisa que faça, e assim logo que resolvo um problema coloco-me outros. Mas um momento importante para mim foi quando escrevi *As cosmicômicas*. Naquele ponto, creio que de fato realizei um grande avanço e consegui incluir ali as minhas experiências da vanguarda literária, de Borges a Beckett. E este é um rumo que ainda estou explorando. Mesmo depois de ter publicado *As cosmicômicas* e *T = 0*, continuei a escrever contos nessa mesma veia.

Quem é o protagonista das Cosmicômicas*?*
Não sabemos quem é o protagonista de nome impronunciável porque ele existia antes que os seres humanos aparecessem. Qfwfq já existia na época do Big Bang; e assume forma animal durante a história da evolução. É pouco mais do que uma voz ou do que dois olhos, dois olhos humanos, uma espécie de antropomorfização de uma criatura biológica.

Procurei fazer com a ciência moderna o que os povos primitivos fizeram com as forças da natureza: personificá-las em figuras que ficam entre o humano e o animal. Esses contos são as lendas e os mitos do mundo da ciência. A ciência afastou-se sempre mais do mundo das imagens, tornou-se cada vez mais abstrata, de tal modo que para entrar nela precisamos povoá-la com imagens concretas e visíveis.

Entre os seus livros, há algum preferido?
Penso que *As cosmicômicas* e *T = 0* estão entre os meus melhores livros. Creio que constituem a parte da minha obra que será sempre mais apre-

ciada. Mas provavelmente o livro que saiu melhor e mais bem realizado é *As cidades invisíveis*.

Alguns criticaram esses seus livros mais recentes dizendo que se tornaram inacessíveis, cerebrais demais. Como reage a essas críticas?
Não creio que seja assim. Creio, pelo contrário, que até *Se um viajante numa noite de inverno* é um livro comunicativo, que conseguiu apaixonar muitos leitores. Numa recente entrevista na Itália, Saul Bellow disse que costumava ler os meus livros, mas que agora os acha tediosos. Lamento por Saul Bellow, pois é um escritor que amo, mas, diferente dele, gosto de continuar a experimentar novas formas.

Você tem a impressão de ser considerado de modo diferente aqui nos Estados Unidos e na Itália?
A principal diferença diz respeito aos tempos. Creio que nos Estados Unidos surgiu um verdadeiro interesse pela minha obra apenas com *As cidades invisíveis*, mas o maior sucesso em termos de popularidade tive com as *Fábulas italianas*.[2] Recebi várias cartas de leitores normais, muitos deles ítalo-americanos, às vezes imigrantes de terceira ou quarta geração: escreviam-me para dizer que as fábulas que tinham ouvido dos seus pais e avós eram parecidas com as do meu livro.

Há aqui nos Estados Unidos escritores que você acompanha com interesse?
Fico sempre feliz quando vejo escritores da minha geração com uma personalidade já completamente definida fazendo algo novo e inesperado. Por exemplo, parece-me que o último romance de John Updike, *As bruxas de Eastwick*, tem riqueza de escrita e acrescenta uma dimensão nova à sua obra. Gostei muito de *Duluth* de Gore Vidal. Entre os escritores mais experimentais, acompanho Donald Barthelme sempre com grande interesse e divertimento.

Que tipo de estímulos procura estando aqui?
Penso que os Estados Unidos prefiguram sempre aquilo que acontecerá na sociedade europeia daqui a alguns anos.

O MUNDO NÃO É UM LIVRO, MAS VAMOS LÊ-LO MESMO ASSIM[1]

H<small>ARTH</small> — *Comecemos com um problema técnico que tem a vantagem de ser concreto. Teria interesse em saber de Burkhart Kroeber quais foram as maiores dificuldades na tradução de* Palomar.

K<small>ROEBER</small> — *As passagens mais difíceis foram as descritivas, sobretudo quando são realmente descritivas como no início do livro, em que Palomar está diante do mar e olha uma onda. Aqui, o texto se limita apenas a descrever o que se vê, isto é, o jogo das ondas. A dificuldade de traduzir passagens do gênero explica-se, talvez, pelo fato de que as línguas românicas, ao descrever, formulam as frases de uma maneira muito diferente da do alemão. Tenho certeza de que mesmo o tradutor inglês não deve ter tido as mesmas dificuldades, visto que as estruturas sintáticas daquela língua e também as raízes das palavras correspondem melhor ao italiano. Tomemos como exemplo a última frase do livro: "Neste momento [Palomar] morre". Em alemão precisava colocar "in diesem Augenblick ist er tot" para ter a palavra forte no final da frase. Além do mais, o texto em geral é muito denso. Trata-se de miniaturas poéticas, que são sempre mais difíceis de traduzir do que um texto de grande fôlego narrativo.*

Acredito que o espírito do livro se encontra precisamente nessas descrições. Tentei reabilitar um gênero literário caído em desuso, como a descrição. Todo o meu esforço é uma contínua aproximação em criar com a palavra o equivalente a um objeto, a algo não escrito. É sempre um exercício frustrante, porque a palavra chega até certo ponto, mas nunca se chega

535

a um resultado totalmente satisfatório. Há um esforço de conhecimento por meio da palavra que quer se limitar ao máximo possível a uma descrição do visível, da superfície das coisas, e toda vez choca-se com a dificuldade de esgotar tudo o que nos é dado pelas sensações, daquilo que despertam em nós como valor simbólico, cultural, emotivo, psicológico e que a palavra não pode deixar de gravar.

No meu livro levei em conta certas experiências da literatura francesa, principalmente Francis Ponge, que admiro muito, como uma experiência única na literatura do nosso século, de solidariedade, atenção e respeito aos objetos mais humildes do cotidiano. Ponge vai muito além da descrição: chega a uma identificação com os objetos.[2] Ele tem um lugar à parte naquela linha de pesquisa da transposição dos objetos como operação literária e ao mesmo tempo filosófica, fenomenológica, que vai da de Sartre da *Náusea*, em que os objetos vistos fora do seu contexto são portadores de angústia, até ao método rigoroso de Robbe-Grillet, que descreve simplesmente com termos geométricos e quantitativos. Com a minha pesquisa, procurei me aproximar mais da experiência de Francis Ponge, ou da experiência da poesia americana dos imagistas, sobretudo de William Carlos Williams e Marianne Moore. Se eu fosse um poeta, o meu modelo seria Marianne Moore.[3]

HARTH — *Para mim, o mistério das descrições de* Palomar *é que são não só rigorosas e de certo modo metódicas, mas também realmente sensuais. No caso de Robbe-Grillet, nunca se consegue ver, imaginar os objetos ou os espaços descritos, porque justamente a precisão geométrica dos termos descritivos ofusca, esconde o visível ao invés de revelá-lo.*

Mas Robbe-Grillet tem um rigor metodológico em comparação ao qual eu posso ser acusado de ecletismo. Porém, o que eu faço é outra coisa. Talvez o meu projeto se ligue, embora de longe, a certas coisas da poesia oriental: penso na relação com a natureza da literatura japonesa.

HARTH — *Há evidentemente também uma relação entre* Palomar *e certas tradições da pintura. A reprodução do famoso* Desenhista da mulher deitada *de Albrecht Dürer na capa do livro lembra o fato de que, no Renascimento, a arte da pintura se torna ciência, no sentido de que utiliza um método rigorosamente científico na reprodução do mundo visível.*

Com Dürer e principalmente com Leonardo, a arte é filosofia que passa não pela palavra, mas pela visão, pela composição de uma imagem.

KROEBER — *O mesmo vale em certa medida também para a música da época. E, de fato, o momento musical em* Palomar *parece-me muito importante. Há algum tempo, num parecer escrito para a editora Hanser, defini o livro como uma arte da fuga literária.*

O mais importante crítico musical italiano, Massimo Mila, que é um caro amigo meu e sabe que não entendo nada de música, escreveu um artigo sobre *Palomar* para demonstrar que muitas das minhas descrições trazem uma metáfora musical ou um discurso que também se aplica à música.[4] Se ele diz...

KROEBER — Palomar *consiste não só de cada parte descritiva ou reflexiva, mas mostra também uma estrutura e uma composição muito complexas e variadas. O modo como os diversos componentes e elementos da construção são harmoniosamente reunidos lembra mesmo a arte da fuga.*

Acredito na narratividade de qualquer discurso. Mesmo a descrição é narração. A certo ponto, procurei classificar as partes que havia escrito como narrativa, como meditação ou como descrição, mas talvez essa tripartição se reproduza em cada parte. Toda descrição é também conto e meditação, toda meditação é ao mesmo tempo descrição e conto, e para o conto aplica-se o mesmo. O ideal seria fazer os três juntos. Tudo isso que estou dizendo refere-se a *Palomar*, isto é, uma das várias direções em que havia trabalhado nos últimos anos. Não é a única, claro, e provavelmente é bastante diferente dos meus livros passados e futuros. Cheguei a esse projeto porque percebia que faltava algo naquilo que escrevia, e por isso procurei me dedicar mais a essa direção. O problema, ao escrever essas partes, é que a cada vez eu tinha de, antes de tudo, adquirir uma experiência, uma competência. Antes de me sentar à escrivaninha e escrever, tinha de me preparar para escrever com a precisão que é o meu ideal estilístico, isto é, como primeira coisa eu devia aplicar essa precisão na observação. E isso significa que, primeiro, eu precisava de alguma maneira mudar a mim mesmo, visto que não sou um observador por temperamento. A observação requer uma atitude mental especial, uma atenção, uma aplicação especiais. Desse ponto de vista, o capítulo sobre a observação das estrelas é bastante exemplar, no sentido em que descreve o esforço que faço para adquirir a experiência de algo sobre o qual quero escrever. O mesmo se poderia dizer sobre o capítulo do açougue ou o dos queijos. Não estou fingindo uma competência que não tenho.

Mas, também nos grandes escritores que admiramos pela competência de vida que nos transmitem pela sua página, talvez a competência esteja inteiramente contida naquela própria página. Talvez não é que tivessem uma mina de conhecimento e de experiências fora da escrita. Talvez tudo fosse criado ad hoc para escrever aquela página.

Em todo caso, o meu esforço de escrever as páginas de *Palomar* demonstrando uma competência é uma homenagem, um tributo de admiração à competência. E é também um ato de reconhecimento de que o mundo existe. No momento, a literatura e a filosofia oscilam entre dois extremos: ou pensar que existe apenas a linguagem e o mundo não existe, ou pensar que o mundo existe mas é inefável, isto é, não se pode traduzir em linguagem. Entendo o fascínio das duas posições, mas não compartilho de nenhuma delas. Acredito que existe o mundo, não escrito, não falado, independentemente da linguagem, e acredito também que a linguagem pode se aproximar de uma representação desse mundo, mesmo sem pretender substituí-lo, pode procurar conhecê-lo através de contínuas aproximações.

HARTH — *O primeiro capítulo, "Leitura de uma onda", faz alusão a uma velha metáfora muito conhecida, a metáfora do "livro do mundo", à qual o filósofo alemão Hans Blumenberg recentemente dedicou uma pesquisa histórica muito interessante.*

De fato: li há pouco tempo o belíssimo livro de Blumenberg.[5] A tradução italiana é bastante trabalhosa: os períodos são sintaticamente contorcidos e muitas vezes obscuros, mas acompanhei o fio do discurso com tanto envolvimento que não conseguia me desgrudar dele. E o tecido de citações é extraordinário! É um livro que li com grande paixão, mas o li somente depois de *Palomar*, neste ano, justamente. Gostaria que Blumenberg lesse esse meu livro, porque acredito que, de certa forma, condiz com o seu discurso.

HARTH — Palomar *me parece desenvolver esse exato problema, visto que o livro relembra ao leitor justamente a resistência dos fenômenos à linguagem, a relutância das coisas à ordem simbólica da página escrita.*

Parece-me, de fato, que estamos num novo capítulo dessa história: hoje, a leitura do mundo se apresenta como um desafio contínuo e muitas vezes está diante de um impasse. A conclusão a que podemos chegar é que o mundo não se deixa ler, mas devemos tentar lê-lo mesmo assim.

HARTH — *Há outra observação que me parece bastante significativa, qual seja, o fato de que todos os impulsos intelectuais do senhor Palomar, todos os seus esforços em conhecer o mundo, são provocados por desordens e desarmonias. O capítulo "A pantufa desparelhada" é um excelente exemplo; outro seria a contemplação das girafas e da sua desarmonia preestabelecida no zoológico de Vincennes.*

Parece-me que a oposição harmonia/desarmonia é uma das chaves do livro. Palomar é um personagem que vive na desarmonia, que sofre com a desarmonia. Sem dúvida aspira a uma harmonia, mas ao mesmo tempo sabe bem que, no fundo, a harmonia é inalcançável. O desejo de harmonia permanece, porém, essencial como expressão de uma necessidade estética e também metafísica. Parece-me que o artigo de Massimo Mila, que eu citava, insistia precisamente na minha utilização da palavra "harmonia". Outra palavra que uso com frequência (não sei se também em *Palomar*) é "geometria". E certamente a necessidade de geometria, de simplificação, de ordem mental, sempre foi um grande estímulo para o conhecimento. Mas não podemos fazer disso um mito, diria eu, assim como não podemos fazer um culto do contrário, do informe, do caótico, que seria igualmente equivocado. Palomar não aprecia a desarmonia, sofre com ela, mas sabe que deve acertar as contas com ela em cada momento da sua vida.

HARTH — *Numa primeira olhada ainda bastante superficial do livro, o personagem de Palomar me parecia uma reencarnação de Monsieur Teste.*

Sim. Provavelmente, criando o personagem, eu também tinha em mente Monsieur Teste. Porém, Monsieur Teste é puro espírito e por isso é o exato contrário. Palomar está inteiramente voltado para o mundo externo, para as coisas, e não tem a sublime confiança no intelecto de Monsieur Teste. Ao mesmo tempo, Monsieur Teste é também muito humano, talvez mais humano do que Palomar. À diferença de Palomar, Monsieur Teste é alguém que sofre de uma dor física, enquanto creio que Palomar nunca faz qualquer alusão ao seu corpo. Monsieur Teste pode também ser objeto de um culto sublime, por meio da admiração incondicional que a sua esposa lhe tributa. Palomar, no entanto, não é imaginável senão por meio de uma constante ironia.

WYSS — *Eu me pergunto qual pode ser a relação de Palomar com outro personagem seu, o rei à escuta, protagonista da ópera homônima que recentemente fez com Luciano Berio. O rei que ouve também é alguém que procura sentir, ouvir as coisas do mundo; mas ao mesmo tempo não tem*

539

aquele distanciamento, aquela ironia, aquele rigor metodológico do conhecimento, e sim uma disposição quase mística de entregar-se à experiência do ouvir; e de outro lado há a via da dor e da morte.

Um rei à escuta era originalmente um conto meu; depois da première da ópera, publiquei o conto no jornal *La Repubblica*. Esse personagem está totalmente concentrado na audição e talvez exista uma relação com Palomar, nesse regresso a um primado da percepção. O rei à escuta é alguém que reconstrói o mundo inteiro por meio dos sons, os sons pelo que significam para ele. Mas, no final, consegue se identificar num mundo em que os sons existem independentemente dele, em que a sua voz é como a voz de um outro, faz parte do mundo. O ponto de chegada é uma espécie de fusão geral com o mundo e com os outros.

KROEBER — *Infelizmente o libreto da ópera afastou-se muito da ideia original do seu conto. Berio modificou-a bastante.*

O libreto da ópera foi, de fato, escrito em parte por Berio. A ideia inicial era minha, depois Berio se apaixonou pela metáfora do teatro e eu também segui a sua sugestão. Numa fase bem final, ele incluiu *A tempestade*, um libreto setecentista sobre *A tempestade* de Shakespeare. Os personagens principais do meu conto são um rei e um prisioneiro que está escondido numa cela subterrânea. Creio que o núcleo alegórico do meu conto inicial ainda é reconhecível, embora introduzido numa dramaturgia expressionista que está muito distante das minhas intenções.

HARTH — *Para retornar a* Palomar *e ao discurso sobre a oposição entre ordem e desordem nesse livro, gostaria de fazer uma pequena observação. Aparentemente* Palomar *mostra uma estrutura muito rigorosa, ressaltada entre outras coisas pela nota explícita do autor no final do texto. Com essa nota final, o autor nos sugere uma leitura, por assim dizer, escolástica do livro, isto é, uma exploração sistemática de todos os níveis semânticos do texto, do "sensus litteralis", "historicus", "anagogicus" etc. Por outro lado, estudando o texto de maneira mais aprofundada, vê-se de imediato que aquela ordem é sutilmente contrabalançada por uma desordem oculta. Porque, na verdade, nem todas as partes entram na classificação prevista.*

A nota classificatória final com os números poderia ser até supérflua. Porém, há um aspecto de mim mesmo que vai se acentuando com a idade, a necessidade de fazer coisas sistemáticas. É uma mania minha e, portanto, tomem como tal. Se em determinado ponto não faço um esquema que de certo modo me dê a ilusão de ter feito uma máquina perfeitamente racional, não fico contente. Os textos são uma outra coisa. Em certo sentido, a exigência de fazer uma coisa muito regular e construída é uma disciplina que me serve como freio, embora não consiga seguir rigorosamente o esquema previsto. O caso mais clamoroso de infração das regras fixadas por mim mesmo é talvez o de *Castelo dos destinos cruzados*, onde na segunda parte comecei decidido a fazer um desenho bem preciso, que se desdobrasse em todas as direções, e depois acabou saindo uma barafunda geral.

HARTH — *Qual é a sua relação com* Bouvard e Pécuchet *de Flaubert? Parece haver pontos importantes em comum, como, por exemplo, a exigência de se apropriar metodológica e cientificamente do mundo, e também a aspiração a uma totalidade, uma enciclopédia do saber humano. Mas, ao mesmo tempo, há ainda diferenças muito notáveis.*

Flaubert também era uma pessoa que queria fazer uma experiência daquilo que escrevia, e por isso se punha a ler uma enorme quantidade de livros, a armazenar toda uma enciclopédia. Ele foi Bouvard e Pécuchet antes de começar a escrever; identificou-se com a démarche dos seus protagonistas.

HARTH — *Mas depois, no texto elaborado, o narrador se apresenta ironicamente afastado dos seus personagens. A ironia existe também em* Palomar, *mas de um modo muito diferente.*

Flaubert ri dos seus personagens que são completamente desprovidos de ironia. O meu personagem é, pelo contrário, uma pessoa que vê a si mesmo de forma irônica. Esta me parece a diferença fundamental. Não tenho a atitude flaubertiana da ironia sobre a *bêtise humaine*. Não sei se chego a uma verdadeira solidariedade humana, a uma piedade ou caridade, mas não está na minha natureza caçoar de quem tem algo a menos. Posso caçoar de quem tem algo a mais.

KROEBER — *Estou pensando como terá nascido* Palomar. *Pode ser que tenha começado a escrever algumas partes, depois, visto que o conjunto crescia, faltava um quadro nele, um elemento estruturante, e talvez a invenção do senhor Palomar preenchesse essa lacuna.*

■ *NASCI NA AMÉRICA...*

Comecei a escrever essas coisas no *Corriere della Sera* em 1975: publicava junto dois ou três trechos; de todos esses trechos publicados no *Corriere*, escolhi apenas uns dez para o livro; outros foram escritos expressamente para entrar na estrutura do livro. O personagem de Palomar, isto é, a ideia de escrever na terceira pessoa e não na primeira, dava-me um especial distanciamento. Lembro que a publicação dos primeiros trechos no *Corriere* havia também gerado alguma pequena polêmica: com Fortini, que criticava a minha ideia de história submissa à natureza; com outros, que diziam que eu tinha voltado à prosa de arte. Isso me incentivou a escrever também trechos para defender as minhas ideias. Mas os textos que mantive para o livro são aqueles em que sigo um método de experiências de uma certa coerência, todas de tipo visual, descritivo, quase miniaturistas, microscópicas, em que se faz uma reflexão geral por meio das ocasiões mínimas.[6]

No fundo, a estrutura desses trechos poderia ser também a de um poema. Os poetas sempre escreveram dessa maneira: olham uma paisagem, experimentam um sentimento, refletem. *Palomar* nasceu um pouco também da minha inveja pelos poetas, do pesar por não ter especializado a minha sensibilidade e as minhas capacidades expressivas no caminho da poesia lírica.

KROEBER — *Traduzindo o texto, percebi que muitas frases poderiam facilmente passar por verdadeiros poemas.*

Isso corresponde perfeitamente à tradição da literatura italiana. A nossa literatura sempre teve como eixo a poesia. Não teve o desenvolvimento do romance que ocorreu em outras literaturas. Talvez a literatura alemã também seja um pouco assim, mas teve mais romances. No nosso século, os prosadores italianos mais importantes foram os que podem estar próximos dos poetas. Alguns são narradores e poetas ao mesmo tempo, como, por exemplo, Aldo Palazzeschi, um escritor que sempre me foi muito caro. Pavese fez uma operação ainda diferente dos outros, isto é, elaborou uma linha na poesia em versos que estava ligada ao romance, à prosa, principalmente à literatura americana contemporânea. Mas, ao mesmo tempo, os seus romances são escritos como poemas, isto é, o que conta é a frase com o seu ritmo, a sua invenção verbal, a sua sinteticidade fulgurante. A tradição do romance segundo a qual a expressão concentrada e memorável não tem importância é um pouco estranha à tradição italiana. Basta dizer que o nosso romance supremo, *Os noivos*, é repleto de frases memoráveis, que se tornaram proverbiais. A ambição do escritor italiano é que o aprendam de cor. E devo dizer que esse destino de ficar na memória é compartilhado pelos *Noivos* e por *Pinóquio*, o primeiro livro que todo italiano lê e com muitas expressões que entraram na linguagem proverbial.

Quem mais polemizou contra essa imagem da literatura italiana foi Alberto Moravia, que sustenta que o romancista é outra coisa. Nas suas entrevistas e nos seus escritos teóricos, Moravia sempre declarou que os escritores e os romancistas são duas categorias separadas: os primeiros se preocupam com a página e com a frase, os segundos, apenas em contar uma história. Moravia se qualifica romancista e afirma que o que falta à literatura italiana são justamente os romancistas, porque escritores sempre houve muitos. Do seu ponto de vista, ele tem razão e a sua polêmica me fez entender que talvez eu nunca venha a ser um romancista, pois me interesso demais em "como" escrever.

HARTH — *Quando sairá a tradução alemã de* Palomar?

Provavelmente no outono deste ano, quase ao mesmo tempo que a tradução inglesa.

O SILÊNCIO TEM RAZÕES QUE A PALAVRA DESCONHECE[1]

Vamos *partir da relação entre* Se um viajante numa noite de inverno *e* Palomar. *Tratava-se de mudar de registro e de explorar plenamente um depois de ter usado o outro?*

Se um viajante numa noite de inverno é, com toda a clareza, um romance sobre o romanesco; em *Palomar*, a problemática é totalmente diferente. Trabalho sempre por acumulação: reúno materiais em torno de certos temas, e, no caso de *Palomar*, o tema era *a descrição*. Eu queria reabilitar um gênero, um procedimento literário caído em desuso; e queria também escrever utilizando uma terceira pessoa distanciada, que representa apenas uma parte de mim mesmo... O livro, portanto, nasceu aos poucos. Uns dez anos atrás, comecei a publicar uma parte dos textos no *Corriere* e no *La Repubblica*; e, quando chegou o momento de compor o livro como tal, decidi que devia levar em consideração somente aqueles ligados a uma experiência minimalista e com a menor presença possível de dados culturais. Em outros termos, é o que acontece com um pintor que pinta *d'après nature*, ao vivo. *Palomar* nasceu, em suma, de uma vontade de emulação, de uma forma de inveja em relação aos pintores, que retratam o tema ao vivo. Ademais, muitos textos foram escritos na natureza...

A resistência que o mundo opõe a uma descrição exaustiva é o outro grande centro do livro...

Poderíamos dizer que todo texto é uma tentativa de ler alguma coisa que não está escrita e, ao mesmo tempo, uma interrogação sobre a relação entre o mundo não escrito e a linguagem. Nesse livro, ao contrário do anterior, o problema nunca é a escrita: Palomar se contenta em ter algo para olhar; e todo esforço nesse sentido é um esforço em direção ao conhecimento que sempre se conclui com um insucesso, pois o aspecto visual das coisas é inesgotável.

Sente-se, com isso, parte de uma nova "école du regard"?
O livro segue, com efeito, uma linha de pesquisas, principalmente francesas, sobre esses temas: em primeiro lugar Ponge, com suas definições de objetos, sua fidelidade, sua compreensão minuciosíssima do que significam as coisas. Também Sartre com certas descrições da *Náusea*, esse olhar fenomenológico que transforma o cotidiano numa coisa estranha. E depois Robbe-Grillet e a sua descrição das características objetivas, quase geométricas, dos objetos: sem dúvida, o mais rigoroso. Não se pode realmente ir além do que ele fez em relação a um tomate cortado em quatro...

Como se coloca, então, nessa tradição?
Procuro esgotar o objeto por meio das palavras, sabendo que entre as palavras e as coisas há um vazio, sabendo que as coisas não são apenas corpos sólidos com diversas dimensões, mas que são portadoras de um significado imediato, de dados culturais. Em mim o observador está sempre presente, a olhar e a se interrogar. E, se tivesse de me situar em relação aos três exemplos que lhe dei, penso que é de Ponge que eu estaria mais próximo.

Você falava de uma linha de pesquisas francesas. Há um equivalente na Itália?
Como sabe, houve Leonardo da Vinci... Penso que uma prática do gênero é mais visível nos poetas. O poeta olhava tradicionalmente a paisagem para representá-la segundo o seu estado de espírito; retomo essa modalidade situando-a numa problemática diferente, a da linguagem e das palavras em geral, mas também do silêncio. Nestes últimos dez anos, assistimos na Itália a uma retomada de pensadores e escritores como Wittgenstein e Hofmannsthal, que na sua *Carta de Lord Chandos* chegara à conclusão de que a linguagem não quer dizer mais nada. No que diz respeito a mim, procuro retomar o discurso no momento em que de um lado, digamos

Paris, sustenta-se que existe somente o discurso, e de outro, digamos Viena *fin de siècle*, pensa-se que o mundo é inefável e que a linguagem não pode dar conta dele. Procuro me exercitar em afinar a linguagem, em torná-la mais dúctil para que tenha aderência e esteja o mais próximo possível da superfície das coisas.

É um pouco paradoxal para um escritor considerado "escritural" como é você. Trata-se de uma exigência nova, ligada a uma transformação do cenário cultural?
Não, retornar às coisas é um desejo que sempre tive, e que me levou a superar os obstáculos. Devo lhe confessar que, por natureza, não sou um observador. Toda descrição me custa um enorme esforço. Se, por exemplo, vou passear num jardim botânico, tão logo volto para casa não me resta nada; esqueço-me de tudo e não conseguiria me lembrar dos pontos mais visíveis. E esses textos me serviram como exercícios de controle para aprender. O verdadeiro dever de todo escritor é, de fato, fazer sempre coisas que vão um pouco além das suas possibilidades. Se em *Um viajante numa noite de inverno* procurei escrever todos os romances que nunca escrevi, ou, se se preferir, os romances dos outros, em *Palomar* a minha finalidade foi exprimir competências que não possuía: a começar pelos queijos franceses, dos quais não sabia nada e tive de descobrir. Porque toda descrição, repito, é simultaneamente a descrição de um procedimento necessário para se apropriar do conhecimento.

Procedimento simbolizado pelo fascínio que o saber astronômico tem sobre você?
Desde as *Cosmicômicas* a *T = 0*, tive grande paixão pela astronomia, mesmo que seja como saber livresco. Nesse livro, fala-se da relação de um homem atual qualquer com as estrelas, às voltas com um mapa celeste no qual tem dificuldade de se orientar.

E o seu nome?
É o de um observatório, porque o senhor Palomar olha as coisas mais próximas como se estivessem a anos-luz de distância e as coisas mais distantes como se estivessem próximas.

O pretexto para tal observação é uma estranha série de animais (tartarugas, melros, camaleões, girafas, um gorila albino) e de locais (Roma, Barcelona, Paris, Quioto, México): como você os escolheu? Têm uma função em especial?

Trata-se de mero acaso, da casualidade dos encontros e das experiências que tive.

Uma autobiografia, portanto?
Sem dúvida, é uma espécie de autobiografia.

Mas por que essa progressão ternária implacável em todo o livro?
Na verdade, a ordem do livro apareceu a posteriori. Tive de organizar o meu material e pensei na ordem mais racional e mais simples. Três, porque eu tinha três possibilidades de escrita, três registros diferentes, que indicavam uma progressão. Na parte final, passei para textos mais teóricos, porque me senti na obrigação de explicitar uma certa filosofia do livro. Hoje penso que poderia ter dispensado essa parte, visto que toda a filosofia de *Palomar* já está contida nas descrições. Mas, como o livro é também um livro sobre o silêncio, senti vontade de escrever uma verdadeira teoria do silêncio...

Aquilo que separa as palavras das coisas?
Não vejo isso de maneira puramente negativa. Pensava antes nas coisas que são ditas no e pelo silêncio, ou que se mostram por meio do silêncio. O silêncio, como você sabe, tem razões que a palavra desconhece...

547

GERALMENTE PARTO DE UMA IMAGEM[1]

Italo Calvino lembra um lindo verso do Purgatório: *"Então chove dentro da alta fantasia...". A imaginação, portanto, é um local onde chove dentro, chovem imagens do céu. Para Dante, a inspiração artística vem de Deus, assim como na concepção clássica vinha das Musas.*

As Musas como guardiãs da memória, filhas da Memória, a memória coletiva. As Musas representam o depósito de todo o narrável, de todo o dizível. Saber alcançar esse repertório potencial é o dote do poeta.

E na sua imaginação, como, quanto, o que chove?

Chovem palavras junto com imagens. Baseio-me num processo misto. Muitas vezes, o que me vem à mente é antes uma imagem visual do que verbal. Mas o momento decisivo é quando começo a escrever. Então a intenção original muda, pode até transformar-se totalmente, ser completamente esquecida. Outras vezes ela resiste. Por exemplo: a imagem inicial era de um homem cortado ao meio? Era um rapaz que sobe numa árvore e não desce mais? Era uma armadura vazia capaz de se mover pela força de vontade, sem ser sustentada por corpo nenhum? É sobre essas imagens figurativas que eu trabalho. Crio todas as hipóteses possíveis, pergunto-me o que acontecerá...

Numa entrevista de alguns anos atrás, você declarou: "Acredito na existência do mundo". Assim, não põe em dúvida aquilo que se define como "realidade". A imaginação faz parte da realidade ou se contrapõe a ela?

Nunca me lembro daquilo que disse em entrevistas anteriores e geralmente sinto-me tentado a afirmar o contrário; se uma coisa era verdadeira no momento em que a disse, provavelmente não é mais verdadeira num outro momento. Penso, porém, que essa declaração polemizava com quem defende que apenas a linguagem existe ou, em todo caso, que só podemos conhecer a linguagem. Ao passo que eu acredito que existe também o não linguístico, o não dizível, o não escrevível, e que escrever é justamente buscar sempre esse mundo não escrito e talvez não escrevível. Nesse sentido, o mundo é feito também de imagens, de pensamentos: é o mundo multiplicado por suas próprias imagens, suas próprias transfigurações. Assim, sempre paira sobre o mundo uma espécie de nuvem, uma *fantasfera*, que é uma atmosfera criada pelas nossas imagens do mundo. Precisamos dessas imagens para agir, para crescer, para operar, para julgar. Então, nesse sentido, acredito na realidade e na imaginação juntas, se a imaginação for o conjunto das imagens.

A sabedoria, o que é?

Assim não vale. Primeiro você me diz que quer me entrevistar sobre a imaginação e depois me pergunta sobre a sabedoria... Me pega no contrapé... Vejamos... A sabedoria é uma capacidade de decidir, de julgar as coisas da vida com base naquilo que se adquiriu na experiência. É a capacidade de aplicar em casos específicos aquilo que se aprendeu em outros casos específicos completamente diferentes. É algo quase impossível ou demanda ao mesmo tempo um dote especial de abstração e de adesão ao detalhe.

A imaginação não tem nada a ver com a sabedoria?

Sim, é verdade, a imaginação tem alguma relação. Porque a imaginação é velocidade em imaginar o possível e o impossível. É ter na cabeça uma espécie de máquina eletrônica que faz todas as combinações possíveis e escolhe aquelas que correspondem a um fim ou que, simplesmente, são as mais interessantes, agradáveis, divertidas. Assim, ela também se baseia, ao mesmo tempo, na abstração e na adesão aos detalhes.

Vê alguma contradição entre imaginação e razão?
Não. A imaginação pula algumas passagens. A razão sem imaginação comporta uma grande perda de tempo. Porque é preciso percorrer todas as passagens e também todos os casos que depois serão descartados.

Quando escreveu a primeira fábula?
Quando criança, eu lia muito o *Corriere dei piccoli* e, antes mesmo de ler, eu o folheava e a partir das figuras contava histórias a mim mesmo. Fazia variações de histórias possíveis. Creio que isso foi uma escola de imaginação e de lógica das imagens. Pois é ainda de lógica que se trata, principalmente na fábula, que é um tipo de narrativa muito simples e na qual tudo tem uma função.

Como era o menino Italo?
Não muito vivaz, não muito precoce, não muito dotado, não muito ágil.

A imaginação o levava ao isolamento ou à comunicação?
Ah, ao isolamento total, sim. Sim. Um isolamento que durou até agora. Tanto é que esta é talvez a primeira vez que comento isso com alguém.

Então uma imaginação pronunciada torna as crianças mais solitárias?
Naturalmente as crianças não querem ser diferentes dos outros. Se eu era diferente, recusava admiti-lo, e no fundo todas as crianças são imaginativas, e, portanto, uma maior imaginação teria me igualado aos outros... Mas é difícil falar da própria infância quando somos adultos, principalmente depois dos sessenta anos. Penso que só podemos contar fantasias sobre a própria infância. Não, não creio que a minha memória seja confiável...

Como era a sua mãe?
Era uma mulher muito severa. Era meiga também. Mas era uma mulher muito severa... Qual a relação?

É aqui que Calvino lança um dos seus raros olhares frontais. Lança outro quando pergunto qual das três mesas dispostas no fundo da sala é a sua.

As três. Trabalho um pouco aqui, um pouco ali.

A cor predominante da casa, decorada em estilo moderno, é o branco. Despontam plantas verdes. Como a sala de estar, além de escritório, também é a entrada, a mulher do escritor e a filha, uma moça de uns vinte anos, vão e vêm, atendem ao telefone, abrem a porta. Mas ele não presta atenção nelas, elas não prestam atenção nele. Ao redor da fortaleza, o bairro é movimentado, barulhento e vital.

Você acredita em fadas, bruxas, elfos, gnomos?

Oh, que boa pergunta! Fadas, elfos, gnomos são aqueles que na física renascentista se chamavam "espíritos elementais". Acredito numa sociedade de todos os seres vivos, e das plantas, e dos objetos, e das pedras. Penso que, se eu tenho uma alma, os ditos objetos inanimados também têm.

Você gosta de jogar?
Não, não jogo nada.

Quer jogar agora?
Jogar agora? O quê?

Sugiro algumas imagens que, a julgar pelos seus escritos, devem ser caras a você. Você me diz as fantasias que elas lhe trazem à mente. Comecemos pelo esqueleto.

O esqueleto parece-me absolutamente essencial. É algo que trazemos em nós e é um símbolo universal. Acima de tudo é dotado de uma alegria própria. E de uma funcionalidade e pureza próprias. É uma imagem alegre. Tem um estilo, tem sempre um grande estilo.

Prefere os magros ou os gordos?

Ah! Às vezes penso que, por dentro, sou um homem gordo. Os gordos quase não existem mais, no sentido de que quase não os vemos mais. Mas sem dúvida ainda existem. Há gordos escondidos nos magros. Gosto muito

551

da esbelteza como agilidade. Sou magro, mas não sou ágil. Assim, mais valeria que eu fosse gordo.

Voltemos ao nosso jogo. Agora é a vez do labirinto.
É outro símbolo universal. Em qualquer espaço podemos encontrar um labirinto. Não esqueçamos que o labirinto é uma máquina para sair, digamos que é uma porta um pouco mais complicada, é algo que é preciso atravessar.

Mas é uma porta para onde?
Uma porta é sempre para dentro e para fora. Os verdadeiros labirintos nos permitem escolher o que é dentro e o que é fora. Todo fora pode ser transformado num dentro, assim como podemos considerar todo dentro um fora e decidir que a nossa cela é a única liberdade possível.

Agora, o ovo.
Ovo. É um grande êxito do design, é o recipiente universal, é algo que deveria planar no espaço, pois não pode ficar de pé. E, ao contrário do labirinto e da porta, é algo para o qual o dentro e o fora são decididamente opostos e não pode haver nenhuma troca possível. O que está dentro está dentro e o que está fora está fora. Portanto, coloca-se sempre o problema do fora. Se o universo é um ovo, é circundado por um não universo. E coloca-se o problema de onde fica o em cima e onde fica o embaixo. A menos que não exista um porta-ovo ou porta-universo.

E a galinha não tem nenhum mérito?
Pronto, eu falei design e você imediatamente pensou num arquiteto milanês. No entanto, eu pensava também na galinha e em todas as espécies ovíparas, incluindo o casal homem-mulher. Porque o homem, ao tornar o ovo um ovo, também tem uma parte sua.

Se uma cigana adivinhar o seu passado e futuro, você vai ficar incrédulo ou confiará na profecia?
Não, não fico incrédulo. Penso que seja um caso de rapidez mental: poder conceber ao mesmo tempo todo o possível e excluir todo o impro-

vável. Porém, é apenas nessa rapidez que tais fatos podem estar relacionados com a imaginação. Em geral, os exemplos do chamado paranormal pertencem a um repertório muito conhecido e previsível, e que não me parece mais estimulante do que muitos aspectos da infinidade do possível que se nos apresentam também nas experiências chamadas normais.

Pensa que a experiência do escritor é de algum modo mediúnica?
Não, não acredito, não sei. Sim, é uma experiência que também tem sempre uma relação com a multiplicidade. Procurar a cada vez a expressão adequada é lidar com um vocabulário imenso, por todo um repertório de usos. Mas, como sempre, trata-se de circunscrever as nossas escolhas. Nesse sentido, não sou muito mediúnico, porque escrevo muito devagar. Uma ultrassensibilidade deveria permitir que se escrevesse com o menor esforço possível. Eu não, eu trabalho feito um animal. É bem o caso de dizer que ganho o pão com o suor do meu rosto.

Sente-se nos seus romances e nos seus escritos teóricos uma constante posição a meio entre imaginação e razão, como se a tentativa de dar limites, de comprimir o existente no círculo da escrita fosse constantemente ameaçada pela imensidão da fantasia. É assim?
Sim, parece-me uma excelente metáfora do trabalho do escritor. Eu também me reconheço nela. O estímulo para imaginar vem das restrições que nos colocamos. Estabelecem-se algumas regras do jogo e dentro delas opera-se uma quantidade enorme de combinações, realiza-se a própria liberdade e também é possível, em certo ponto, quebrar as regras. Mas, se não há regra, não há como transgredi-la. As normas na literatura sempre foram um grande estímulo para a imaginação. A métrica na poesia é estímulo para construir um verso. Ninguém pode sustentar que a poesia se tornou mais imaginativa desde que se difundiu o uso do verso livre. E, de resto, mesmo o verso livre tem uma métrica implícita, subentendida.

Há uma parte da vida que tem uma ligação privilegiada com a imaginação: o amor...
No amor, há uma participação enorme daquilo que os psicanalistas chamam de fantasma: entre o casal de amantes interpõem-se sempre uma ou mais imagens incorpóreas. Parece-me que foi Freud que disse que todo encontro amoroso é o encontro entre, no mínimo, quatro pessoas: os dois

parceiros e os seus fantasmas. Esses fantasmas podem ser muito ou pouco semelhantes com o verdadeiro; se estão totalmente separados da realidade, não creio que seja uma boa coisa. Digamos que o encontro amoroso ocorre na realidade, acompanhado por cem mil variações possíveis na imaginação.

Mas os amores são sempre "difíceis", como diz um título seu?
Bem! Tudo é difícil e muito é possível. Mas veja só que raio de frase me fez dizer...

Política e imaginação.
A imaginação no poder foi um lema de 1968, mas realmente não resultou em muita coisa. No sentido de que as pessoas mais adeptas à ideia do poder eram justamente as mais distantes da imaginação. Não faziam nada além de repetir mecanismos teóricos, distantes não só da realidade, mas também de uma participação emocional própria. A política, as decisões que acarretam consequências imediatas sobre a vida das pessoas, demandam antes de mais nada *conhecimento*, portanto, é o "conhecimento no poder"... A imaginação não deve ser um álibi para não conhecer. É preciso conseguir imaginar o que acontece, quais são as consequências de cada mudança da realidade. É preciso conhecer a sociedade em todos os seus aspectos e conhecer o que se pode mudar e o que não se pode mudar, o que é necessário mudar e o que é necessário conservar. E conhecer as consequências de cada mudança, mesmo pequena, que podem ser imensas. Naturalmente isso comporta uma parte de imaginação. Porém, imaginação quer dizer também prenunciar o pior, e não somente buscar a realização dos diversos desejos.

O mundo, a guerra.
Acredito que o mundo prossegue sem conseguir prever nada. Os políticos frequentemente não conhecem e não têm sequer a mentalidade que leva a conhecer e imaginar o futuro. Mas não só os políticos, também os industriais, os "técnicos", prosseguem de acordo com as suas necessidades do momento. Nos anos do boom, criam correntes migratórias descontroladas que tornam as cidades invisíveis e bárbaras, e depois tampouco têm alguma ideia clara de como gerenciar o excedente de mão de obra que surge a seguir... Ainda não temos nem mesmo as imagens para pensar a

grande transformação tecnológica atualmente em curso no mundo. Portanto, pode-se dizer que hoje não há muita imaginação verdadeira no mundo. Talvez os comandos das forças armadas sejam obrigados a pensar o tempo todo em cenários de guerras possíveis e que até agora foi esse tipo de imaginação que nos salvou de uma terceira guerra mundial. Porém, as guerras locais absurdas, como a guerra entre o Irã e o Iraque ou entre o Vietnã e o Camboja, sabe-se lá da imaginação de quem dependem, e nem mesmo se alguém alguma vez se empenhou em imaginar alguma coisa a respeito.

O processo criativo.

O problema da imaginação para o escritor é: existe uma imaginação visual ou uma imaginação verbal? Eu diria que me baseio num processo misto. Frequentemente o que me vem antes à mente é uma imagem visual. Mas pode vir parcialmente acompanhada (ou não) por frases ou trechos de frases. Em todo caso, o verdadeiro momento decisivo é aquele em que começo a escrever e, conforme as palavras e as frases vêm surgindo, a visão original, a intenção original, também muda. E pode também transformar-se por completo, e normalmente é esquecida e substituída por aquela imaginação em ação que depositei na página. Às vezes pode existir uma imaginação conceitual que antecede tanto a imaginação visual quanto a verbal. Isto é, eu preciso inventar uma imagem que me sirva para determinado fim (por exemplo, no enredo de um conto ou no projeto de um conto no qual quero dizer determinadas coisas). Mas repito: eu geralmente parto de uma imagem. Antes imagino, por exemplo, um rapaz que sobe numa árvore e nunca mais desce, e daí me pergunto o que pode lhe acontecer, invento toda uma história, concebo todas as hipóteses possíveis...

As regras na literatura. O Oulipo.

Num romance muito construído e que segue determinadas regras, a imaginação pode se desencadear mais do que numa prosa informal. Uma das imaginações mais rápidas e irrefreáveis do início do nosso século, Raymond Roussel, procedia impondo-se regras estranhíssimas. Por exemplo, começar um romance com uma frase e depois construir uma frase completamente diferente mudando somente algumas letras e colocando-a como meta final do romance. No meio dessas duas balizas, punha em operação tudo o que lhe passava pela cabeça, mas sempre tendo em mente aquele fim. Nessa ideia de que as obrigações podem servir de estímulo à imaginação, um grupo fundado na França por Raymond Queneau, do qual participava Georges Perec e do qual eu participo também, teorizou determinada poética. O grupo se chama Oficina de literatura potencial, Oulipo (*Ouvroir de littérature potentielle*). É um tipo de poética que se contrapõe à do surrealismo, que, inversamente, acreditava na escrita automática, acreditava no acaso. Ao passo que eu não faço o culto do acaso. Acredito que do acaso não se extrai nada de bom.

O amor.
Em toda relação há dois aspectos igualmente necessários: é preciso aceitar que o parceiro é do jeito que é, ao mesmo tempo cada um tenta mudar muito ou pouco a outra pessoa e por sua vez é mudado por ela. Essas duas necessidades, a de aceitação do outro como ele é e a de mudar e ser mudado, determinam a história de todas as relações. Um escritor não se subtrai a esse processo. Um escritor, como qualquer outro homem, muda a cada encontro, amoroso e não amoroso, todo dia, segundo as experiências que tem. Pouco ou muito, muda.

OS CADERNOS DE EXERCÍCIOS[1]

Italo Calvino, já conhecíamos a sua veia histórica, a sua veia geográfica e a sua veia linguística. Palomar parece inaugurar a veia filosófica.

Tenho dois *livres de chevet* [livros de cabeceira]: *De rerum natura* de Lucrécio e as *Metamorfoses* de Ovídio. Gostaria que tudo o que escrevo se remetesse a um ou ao outro, ou a ambos. *Palomar* está decididamente do lado de Lucrécio; o meu sonho seria alcançar um conhecimento sobre a natureza das coisas tão minucioso a ponto de que a própria substância delas se dissolvesse no momento em que fosse captada. Por anos procurei anotar tudo o que me parecia uma experiência de "conhecimento". O conhecimento deve começar pela superfície: pegar um objeto e descrevê-lo. Cada um desses objetos coloca um problema de leitura, de tradução em palavras de um discurso que o objeto desenvolve fora de qualquer língua. *Palomar* é uma tentativa de leitura das coisas.

O seu personagem tem algum modelo?

Há toda uma tradição de personagens que dão voz às reflexões do autor: Paul Valéry tinha Monsieur Teste; Brecht, as historinhas do senhor Keuner. Até o Ulrich de Musil ou o Barnabooth de Valery Larbaud se encaixam nessa categoria, mas com maior espessura romanesca. Gostaria de citar também o Plume de Michaux porque gosto muito, mas aí passamos para outro gênero de invenção. Naturalmente logo pensei em Monsieur

Teste. Tenho uma grande admiração pelo Valéry pensador e ensaísta. Contudo, o parentesco entre os dois personagens é superficial: Monsieur Teste é a mente em estado puro, enquanto Palomar está inteiramente nas coisas que vê.[2] Monsieur Teste tem o culto da própria mente; Palomar conhece somente a dúvida e a ironia. Todas as suas iniciativas terminam sempre num impasse, e o seu sonho seria anular a si mesmo como sujeito para ser um instrumento pelo qual o mundo olha o mundo.

A impressão é que esse senhor Palomar é muito autobiográfico.
Sim, cada um dos curtos capítulos corresponde a uma experiência de vida cotidiana. É uma espécie de diário íntimo que relata apenas eventos mínimos, as observações de alguém que não tem o temperamento do observador, mas se esforça igualmente em olhar. Assim como Palomar quando olha as estrelas, eu preciso fazer esforços contínuos para adquirir competências.

E depois chega o momento da escrita...
Há uma batalha entre aquilo que se vê e a linguagem em que o exprimimos. Uma vontade de esgotar o objeto por meio da linguagem. E o objeto nunca é totalmente "objetivo", mas se deixa captar apenas nas sensações e nos pensamentos que provoca. Nesse livro, eu nunca falo da escrita. Nada obriga a que Palomar seja escritor. É alguém que quer *ler* o mundo, e que somente no fim decide *descrevê-lo* numa espécie de autobiografia infinita e, naturalmente, impossível.

Há desespero nesse modo de agir.
A escrita será sempre uma tentativa de alcançar a infinita multiplicidade da experiência, e nunca conseguirá chegar a isso. É um pouco como quando se tenta descrever um sonho, e percebemos que, para descrever um sonho de poucos segundos, é preciso encher páginas e mais páginas. O meu livro dá algumas amostras desse relato-descrição que o senhor Palomar não consegue fazer; poderia ser considerado um dos meus "cadernos de exercícios", aquele dedicado à descrição, gênero literário caído em desuso. Desde que Breton, em *Nadja*, substituiu as descrições por fotografias, acredita-se que elas se tornaram inúteis. *Palomar* gostaria de reabilitar a descrição. Procuro demonstrar que em toda descrição há um relato e que, inversamente, todo relato tem necessidade de uma ou mais descrições.

Há uma obstinação não desprezível que o senhor Palomar compartilha com vários outros personagens inventados por você.

É verdade. Os meus personagens frequentemente são obstinados, quando não até maníacos. São pessoas que se colocam um objetivo simplicíssimo e o levam às últimas consequências. Ou, partindo de certo ponto, exploram todas as possibilidades. Palomar obstina-se em ler textos não escritos, como um voo de estorninhos ou a barriga de um camaleão. Não posso dizer que se obstine em descrever, já que nunca o vemos no ato de escrever; sou eu que desenvolvo essa tarefa por intermédio dos seus pensamentos. Contudo, quando vemos Palomar perambular com caderninho e caneta numa loja de queijos, podemos concluir que está pensando num texto escrito. Exatamente como o autor que é o seu duplo e anota no seu caderninho os nomes dos queijos, e que às vezes, transcrevendo as anotações, se engana: na página 76, em vez de *Chabicholi*, deve-se ler, obviamente, *Chabichou*.[3]

Há, portanto, uma vontade pedagógica.

Pedagogia do olhar e da reflexão. O leitor precisa aprender a olhar e a nunca se dar por satisfeito com aquilo que viu. Talvez seja exatamente nesse sentido que o meu trabalho se afasta do da *école du regard* de trinta anos atrás. O ensinamento a que me remeto é, em vez disso, o do *Parti pris des choses* de Francis Ponge, e de tudo o que Ponge escreveu a seguir.

Num texto curto antes do índice, você avisa ao leitor que o seu texto tem uma estrutura rigorosa.

Em relação aos meus últimos livros, *Palomar* tem um esquema extremamente simples. É uma coletânea de textos muito curtos, que têm uma certa coerência temática e estão dispostos em determinada ordem. É verdade que, ao montar os meus livros, sou um pouco obcecado pela ordem, pela simetria, até por construções numerológicas. Não à toa sou membro da Oulipo. Para compor esse livro, parti de um material acumulado ao longo dos anos. Os primeiros textos de *Palomar* foram publicados dez anos atrás no *Corriere della Sera*, mas uma ideia clara do que seria o livro definitivo me ocorreu aos poucos, e tive de reescrever diversos textos para adaptá-los ao projeto: um projeto que no início era imenso e depois se reduziu gradualmente. No fim, concentrei-me numa estrutura ternária, que tem ao seu lado a autoridade de Dante. A *Divina comédia* é constituída de três cânticos de 33 cantos cada um, compostos de tercetos. Como todos os italianos

— ou pelo menos os da minha idade —, passei três anos do colegial estudando Dante, e isso me marcou pelo resto da vida. A partir do momento em que decidi que o meu livro teria a forma 3x3x3, descartei os textos que não se adequavam a essa estrutura e escrevi outros novos, isto é, reescrevi mais uma vez o livro. Mas o problema que me deu as maiores dores de cabeça foi encontrar uma conclusão — ou mais conclusões — para as experiências do senhor Palomar. E justo no final me aconteceu de escrever as minhas páginas mais negativas.

Mais pessimistas que negativas, diria...
Relendo *As cosmicômicas* e *T = 0*, percebi que vinte anos atrás eu tinha um otimismo, por assim dizer, cognitivo, que em *Palomar* não existe mais. Mas há sempre a autoironia, que é a condição primeira de qualquer salvação, e há — como eu dizia um minuto atrás — a obstinação. O senhor Palomar dá cabeçadas o tempo todo contra alguma coisa. Mas isso não o impede de seguir adiante.

Como o livro foi recebido na Itália?
Houve resenhas muito interessantes dos mais variados tipos, até uma em quadrinhos, extraordinária. Alguns críticos o julgaram "perplexo" demais, enquanto agradou aos mais jovens e aos mais "filósofos". Na Itália, firmou-se nos anos 1970 uma tendência filosófica que, no rastro de Wittgenstein, de Hofmannsthal, baseia-se no silêncio, na crise, no negativo; nos anos 1980, houve a passagem do pensamento negativo para um pensamento "fraco" que rejeita a sua própria autoridade. Em tal contexto, o livro agradou. Mas é desnecessário dizer que não faço nenhuma profissão de fé filosófica.

Como se sabe, a política teve um papel importante na sua juventude e nas suas primeiras obras. Em Palomar *está totalmente ausente.*
No entanto, um dos últimos capítulos, "O modelo dos modelos", pode ser lido como uma autobiografia política: no início, a confiança na possibilidade de racionalizar a sociedade do poder, depois a consciência de que todo esquema teórico aplicado à sociedade se torna uma jaula, uma prisão. Creio que não seria capaz de enunciar o ponto ao qual cheguei com palavras mais claras do que estas: "Palomar, que sempre espera o pior dos poderes e contrapoderes, acabou por convencer-se de que o que

conta na verdade é aquilo que ocorre *não obstante* eles: a forma que a sociedade vai adquirindo lentamente, silenciosamente, anonimamente, nos hábitos, no modo de pensar e de fazer, na escala dos valores. Analisando assim as coisas, o modelo dos modelos almejado por Palomar deverá servir para obter modelos transparentes, diáfanos, sutis como teias de aranha; talvez até mesmo para dissolver os modelos, ou até mesmo para dissolver-se a si próprio".

O senhor Palomar dá as costas à política, mas também a um certo modo de relatar o mundo em que vive. No texto intitulado "A barriga do camaleão", ele e sua mulher dão as costas à televisão para olhar um camaleão se empanzinando com insetos noturnos.
Essa também é uma história de massacres. Não há nenhum descompromisso em relação aos problemas do mundo, há antes uma tentativa de ver o mundo de outro modo, procurando incluir o universo e a nossa realidade histórica dentro de um mesmo discurso.

O nome do senhor Palomar também é fruto de uma escolha cuidadosa. Mount Palomar na Califórnia é o maior observatório astronômico do mundo. De início, eu pensava num personagem que seria, acima de tudo, um apaixonado por questões cósmicas, mas depois afastou-se da linha das *Cosmicômicas*. O projeto das *Cosmicômicas* (e da sua continuação, *T = 0*) inspirava-se ao mesmo tempo em Lucrécio e Ovídio. Ou, se preferir, de um lado na *Pequena cosmogonia portátil* de Queneau (o *De rerum natura* do nosso século) e, de outro lado, em certos repertórios etnográficos de mitos cosmogônicos primitivos. O procedimento de *Palomar* é diferente; falta o lado *Metamorfoses*, ou seja, o mítico. Palomar interroga o mundo como um Lucrécio cético e desprovido de qualquer sistema, partindo dos dados muito elementares da sua experiência cotidiana. Por outro lado, esse novo procedimento não exclui o outro, visto que continuo a escrever contos cosmicômicos. Escrevi dois no verão passado, um dos quais inspirado nessa novíssima teoria do *inflationary universe*, segundo a qual o universo nasceria literalmente do *nada*.[4]

Para você, é normal retornar aos seus textos passados?
Sempre tive vontade de voltar às *Cosmicômicas*. Quando surgiu a ocasião de fazer uma nova edição, aproveitei para escrever alguns textos novos. A

atualidade científica não para de me sugerir novas aventuras de Qfwfq, o protagonista das *Cosmicômicas*.

E Palomar terá uma sequência?
Nunca considero terminados os meus livros de textos curtos. Cada um representa um canteiro de obras no qual fico escavando. Quem sabe um dia farei um *Palomar 2*. Afora isso, tenho guardadas algumas fichas chamadas "cidades invisíveis". Quando surge uma ideia, trabalho sobre essa ideia, e assim os meus textos continuam a viver e a crescer mesmo depois de publicados.

Com a publicação de Se um viajante numa noite de inverno, *você se tornou um autor de fama internacional. O que aconteceu depois da publicação desse livro?*
Nos Estados Unidos o meu nome sempre vem associado ao dos autores "pós-modernos". Não saberia dizer por quê, mas, no fim das contas, por que não? Na verdade, nos Estados Unidos um verdadeiro interesse pelos meus livros começou com *As cidades invisíveis*. Este livro, que parece muito distante do gosto americano, encontrou os seus primeiros leitores entre os poetas e arquitetos, nas universidades. Depois o movimento cresceu e não parou. A tradução americana de *Palomar* sairá no outono; mas é impossível prever a reação dos leitores americanos a um livro tão incomum. *Se um viajante numa noite de inverno* era uma apologia do romanesco, *Palomar* é o contrário: é a descoberta da narrativa onde não há narrativa. É um livro que deveria ser colocado na mesma prateleira das *Cidades invisíveis*.

Ademais, no plano formal, eles são parecidos.
Nunca fui um escritor "longo". Talvez seja um poeta malogrado. O meu modelo sempre foi a concisão da poesia, a densidade de sentido concentrada em poucas linhas. Escrevo sempre com esforço, não tenho facilidade de escrita. As minhas páginas são cheias de rasuras e descartes.

Imagino que isso impõe sérios problemas para os seus tradutores, sobretudo porque você conhece à perfeição o francês, o espanhol e o inglês.
Para essas três línguas, discuto com os meus tradutores. Ultimamente

comecei a fazê-lo com o alemão, uma língua que conheço pouco, mas lamento não o ter feito antes; é um trabalho que enriquece muito e penso que a intervenção do autor é decisiva. O trabalho do autor consiste em forçar a língua, em fazê-la dizer alguma coisa que a linguagem corrente não diz. É esse esforço que o tradutor deve verter. Frequentemente a tradução restitui apenas uma imagem muito fraca do trabalho dos autores. Podem-se tirar duas conclusões: ou ler somente na língua original ou esforçar-se para traduzir dando algo a mais do que uma versão literal. Prefiro a segunda solução. Traduzir é a melhor maneira de ler um livro, de perceber aquilo que o autor realmente quis fazer. A minha experiência de preparador editorial me permite dizer que a revisão de uma tradução é a maneira mais eficaz de ler um texto e discuti-lo.

Nunca lhe ocorreu a ideia de se autotraduzir?
Não. Não saberia fazê-lo. Acabaria por empobrecer o meu pensamento. As minhas traduções seriam piores do que as de um bom tradutor. O que importa é a relação neurótica que se tem com a língua, e essa posso ter somente com a língua italiana.

Nunca lhe acontece escrever diretamente em alguma língua estrangeira?
Sim, mas apenas artigos. Por exemplo, respondi em francês à recente pesquisa do *Libération, Pourquoi écrivez-vous?*.[5] Agora estou preparando uma série de conferências para os Estados Unidos diretamente em inglês. Mas não seria capaz de escrever os meus livros numa língua diferente da minha. Resumindo, tenho dificuldade em falar e me expresso mal em todas as línguas. Balbucio mesmo na minha língua materna: para mim, escrever significa acima de tudo tartamudear, apagar, prosseguir às apalpadelas. É uma batalha com a língua, na qual preciso conhecer plenamente o potencial das forças inimigas, captá-lo num golpe de vista, e isso sou capaz de fazer somente em italiano.

A NARRATIVA GERA RACIONALIDADE[1]

Há uma imagem que permanece na minha cabeça depois da leitura de Palomar. *Aquelas gravuras japonesas de Utamaro, Hiroshige e outras que no Japão são chamadas Ukiyo-e, literalmente, "imagens do mundo flutuante".*

Curioso que tenha pensado nisso. Há uma relação de analogia e, em alguns casos, de filiação direta, por exemplo em "O canteiro de areia",[2] em que o senhor Palomar observa um jardim zen no Japão. Colocado diante do mundo flutuante, o senhor Palomar procura chegar a alguma exatidão de tipo lógico-matemático, mas sempre com uma adesão não reducionista. Eu mesmo estou bem longe de qualquer certeza absoluta quanto aos resultados da racionalidade. Para o senhor Palomar, a batalha se dá entre a linguagem e o mundo não escrito. Na linguagem eu confio, como instrumento de conhecimento, e confio na narrativa: ela gera racionalidade.

Alguém na Itália disse que Palomar *parece ser obra de um filósofo malogrado.*

A filosofia requer um profissionalismo que não tenho. O livro demanda talvez a colaboração de um filósofo. Mas o que eu queria fazer era outra coisa. Estava preocupado em reabilitar um gênero literário caído em desuso: a descrição.

Como processo de conhecimento?

Sim, justamente. É um *scrapbook*, uma coletânea de desenhos ao vivo escritos ao longo de anos. Em certa medida, é um livro privado, embora na terceira pessoa, é um diário. Creio que, se tentasse olhar a minha alma, não veria absolutamente nada. Vemo-nos somente na comparação com o objeto. O projeto do livro era muito mais amplo. O encerramento devia ser a comparação com os outros: há uma menção a isso na história da pantufa.[3] Mas a comparação com os outros é o tema do romance, bem como do teatro. E é algo que não existe mais na literatura. Ocorre-me Barbara Pym como última representante da arte de saber representar as relações com os outros nos seus aspectos grotescos e infernais, e que sabe expressar a solidão por meio disso.

A linguagem em Palomar *é especialmente clara, até fácil.*

É linguagem da comunicação. Algumas das partes tinham uma destinação jornalística e foram, de fato, publicadas no *La Repubblica*. Depois, como disse antes, coloquei-me o objetivo de redescobrir a descrição. O que me importava era uma precisão meticulosa: a mistura linguística é de importância secundária.

Na Grã-Bretanha é quase automático defini-lo como "o escritor italiano mais internacional de todos".

Formei-me com livros de várias literaturas e sempre mantive o contato com a literatura europeia. Todos dizem aqui na Itália que a tradição francesa do *conte philosophique* teve grande influência sobre mim, mas esquecem sempre Swift e Sterne. Eu lhe falava da descrição. Devo citar um livro inglês que me é muito caro: *The Compleat Angler* [O pescador completo] de Izaak Walton. Eu me viro bastante bem em inglês; a língua inglesa sempre está presente, para mim, como modelo de maleabilidade. Acredito que hoje o italiano, se souber usá-lo, também é quase igualmente maleável e ágil. À diferença do francês, a nossa língua tem uma história feita de muitas histórias paralelas. Temos muitos modos de dizer as coisas, muitas nuances, muitos léxicos. Tudo isso o inglês sabe captar muito bem.

É por isso que Calvino se traduz tão bem para o inglês?

Sim. Mas tenho também a sorte de ter em William Weaver um ótimo tradutor que é também um excelente italianista.

Havíamos combinado que eu não faria nenhuma pergunta pessoal. Mas há uma que não posso evitar. É notório na Grã-Bretanha que você, muito jovem, quase rapaz, participou da Resistência. Depois militou no Partido Comunista Italiano até 1957, poucos meses depois da invasão russa da Hungria, quando, sem nenhum clamor público, você deixou... (ele me interrompe)

Quer que eu diga qual é a minha visão política agora? Não tenho mais um modelo... O modelo dos modelos... Sou um filho da Segunda Guerra Mundial: formei-me naqueles anos. Na primeira parte da minha vida, a atividade política era muito importante... Depois afastei-me cada vez mais. Não penso mais num modelo de sociedade diferente a ser aplicado sobre a sociedade. Preocupa-me mais a elasticidade do modelo político, que deve procurar corrigir... Não compartilho mais os projetos políticos que levam a desastres. Prefiro... a limitação do poder, limitação dos abusos do poder, de qualquer poder... e mesmo de qualquer contrapoder.

Foi a única pergunta à qual respondeu com alguma dificuldade e com pausas bem espaçadas. Desta vez, escolhendo com cuidado as palavras entre os fios de grama em que apoiava os pés.

A LITERATURA ITALIANA ME CAI MUITO BEM[1]

*Q*uais *autores tiveram maior peso na suá formação de escritor? E há um elemento comum, algo que unifique aquelas que foram as suas leituras mais autênticas?*

Devo apontar alguns livros que li na adolescência e que depois tiveram influência nas coisas que escrevi. Digo desde já: *As confissões de um italiano*, de Ippolito Nievo, único romance italiano do século XIX dotado de um fascínio romanesco comparável ao que se encontra em grande abundância nas literaturas estrangeiras. Um episódio do meu primeiro romance, *A trilha dos ninhos de aranha*, se inspira no encontro de Carlino e Spaccafumo. Uma vaga atmosfera de Castelo de Fratta é evocada no *Visconde partido ao meio*. E *O barão nas árvores* reproduz o romance de Nievo no arco de uma vida que abrange o mesmo período histórico entre os séculos XVIII e XIX e os mesmos ambientes sociais; além do mais, o personagem feminino tem como modelo a Pisana.

Quando comecei a escrever, eu era um jovem de poucas leituras; tentar reconstituir uma biblioteca "genética" significa remontar rapidamente aos livros da infância: toda lista, creio eu, deve começar com *Pinóquio*, que sempre considerei um modelo de narrativa, em que todos os temas se apresentam e retornam com ritmo e clareza exemplares, todos os episódios têm uma função e uma necessidade no traçado geral da peripécia, todos os personagens têm nitidez visual e uma linguagem inconfundível. Se é possível vislumbrar uma continuidade na minha primeira formação — diga-

567

mos entre os seis e os 23 anos —, é a que vai de *Pinóquio* à *Amerika* de Kafka, outro livro decisivo na minha vida, que sempre considerei "o romance" por excelência na literatura mundial do século xx, e talvez não só na desse século.[2] O elemento unificador poderia ser definido assim: aventura e solidão de um indivíduo perdido na vastidão do mundo, rumo a uma iniciação e autoconstrução interiores.

Mas são muitos os elementos que contribuem para construir um mundo poético; cada um deles tem sua origem precisa em alguma leitura juvenil. Recentemente, relendo a cena da caça na *Légende de saint Julien l'Hospitalier* [Lenda de são Julião hospitaleiro], revivi com absoluta nitidez o momento em que se formou em mim aquele gosto gótico-animalista que transparece num conto como "Por último vem o corvo" e em outros daquela época e posteriores.

No percurso criativo indicado pelas suas obras, nunca se encontra nenhuma repetição, o que é um dado muito positivo. Desse ponto de vista, na história da sua atividade narrativa, você dá preferência a um processo de desenvolvimento coerente, de avanços, ou a mudanças de rota, por ter alcançado em cada fase aquilo que, para você, era a essencialidade pertinente a ela? Ou, terceira hipótese, você está entre os que pensam ter escrito somente um livro ao longo de toda a vida?

Tenderia para a segunda hipótese: mudo de rota para dizer algo que não conseguiria dizer com a formulação anterior. Isso não significa que considero esgotada a linha de pesquisa anterior: posso continuar por anos concebendo e acrescentando outros textos aos que já escrevi, mesmo que agora esteja fazendo coisas bem diferentes; de fato, não considero uma operação concluída enquanto não lhe tiver dado um sentido e uma estrutura que possa considerar definitiva.

Quase tudo o que escrevo insere-se idealmente em "macrotextos", procedimento que você, Maria Corti, estudou nas histórias de Marcovaldo. Mesmo a sequência de *Marcovaldo*, que também considero "concluída", eu ainda poderia ter continuado, aplicando aquele mecanismo narrativo às transformações tecnológico-sociais da cidade nos anos seguintes; mas, depois de algum tempo, a espontaneidade de determinado tipo de escrita, como você notou, se perde. Assim, houve muitas séries que comecei e que depois abandonei sem terminar.

A especulação imobiliária, *O dia de um escrutinador* e uma terceira narrativa da qual escrevi apenas poucas páginas, *Que susto o verão*, foram concebidas em conjunto, por volta de 1955, como um tríptico, *Crônicas dos anos cinquenta*, baseado na reação do intelectual à negatividade da realidade. Mas, quando consegui levar a cabo *O dia de um escrutinador*, já se passara tempo demais, tínhamos entrado nos anos 1960, eu sentia a necessidade de procurar formas novas, e assim aquela série ficou incompleta.

Nesse meio-tempo, eu também havia escrito "A nuvem de smog", conto que, naquela época, eu considerava muito diferente porque era escrito em outra chave, de transfiguração da experiência, mas que também poderia muito bem figurar no lugar da terceira narrativa no tríptico projetado. No entanto, ele encontrou o seu lugar como *pendant* da "Formiga-argentina", escrita dez anos antes, num díptico justificado por afinidades estruturais e conceituais.

A linguagem de um artista, como já disse Montale, é uma "linguagem historicizada, uma relação. Vale na medida em que se opõe ou se diferencia de outras linguagens". Dessa perspectiva, como você comentaria a identidade da sua linguagem?

A pergunta deve ser feita a vocês, críticos. Só posso dizer que tento me opor à preguiça mental demonstrada por muitos colegas romancistas no uso que fazem de uma linguagem que é, para dizer o mínimo, previsível e insípida. Acredito que a prosa demanda um investimento de todos os nossos recursos verbais, da mesma forma que a poesia: arrojo e precisão na escolha dos vocábulos, economia, densidade semântica e engenhosidade na sua distribuição e estratégia, impulso, mobilidade e tensão na frase, agilidade e ductilidade na passagem de um registro a outro, de um ritmo a outro. Por exemplo, os escritores que usam adjetivos óbvios demais ou inúteis ou destinados apenas a forçar um efeito que não conseguem gerar de outra maneira podem ser considerados ingênuos em alguns casos e desonestos em outros casos: seja como for, são pessoas nas quais nunca podemos confiar.

Dito isso, acrescento que tampouco concordo que se carregue a frase com muitas intenções, piscadelas, caretas, coloridos, opacidades, mesclas, piruetas. Tudo bem que é preciso sempre tentar obter o máximo resultado, mas também é preciso cuidar para que se chegue a esse resultado, se não com o menor número de recursos, pelo menos com meios não desproporcionais ao fim que se quer atingir.

Quando comecei a me pôr o problema de como escrever, isto é, no início dos anos 1940, havia uma ideia de *moral* que devia dar forma ao estilo, e isso é talvez o que mais me restou daquele clima da literatura italiana da época, ao longo de toda essa distância que nos separa. Se eu tiver de definir o meu ideal de escrita com um exemplo, eis um livro que tenho em mãos porque saiu há pouco (1984), mas que reúne páginas escritas nos anos 1940: *Il labirinto* [*O labirinto*], de Giorgio Caproni. Escolheria este parágrafo da página 17:

> Na encosta desnuda de Grammondo, recolhemo-nos ao bivaque. E embora o céu tivesse se corrompido e do oeste soprasse um impetuoso vento de chuva nada brando, o prazer de descansar os pés, ainda macios e por isso causticados por aquela primeira marcha forçada, impedia-me de satisfazer o meu intenso desejo de armar a barraca e me deitar imediatamente. No entanto, ainda havia algum temerário que, apesar do cansaço, tinha disposição de se fazer de engraçadinho: e isso pondo-se à plena vista no alto do monte, bem na frente dos franceses, em vez de ficar junto com os outros, alguns metros mais abaixo, ao abrigo. Coragem, não: inconsciência. E quando um oficial gritou aquilo que ele merecia, prenunciando o perigo ao qual nos expunha, entendi, ou melhor, senti que realmente estava na linha, e que o fogo seria questão de horas, talvez de minutos.[3]

Junto duas perguntas parecidas numa só. O processo criativo dos seus textos passa por muitas fases de reelaboração? Diríamos que você dá muita importância aos "mundos possíveis" da invenção e, portanto, à relação entre o que escolhe, isto é, materializa no texto, e o que necessariamente exclui, mas nem por isso esquece. Quer nos dizer alguma coisa a respeito?

Geralmente fico com uma ideia na cabeça por anos antes de resolver lhe dar forma no papel, e muitas vezes, durante a espera, deixo-a morrer. A ideia morre de qualquer forma, mesmo quando decido começar a escrever: a partir daquele momento, haverá apenas as tentativas de realizá-la, as aproximações, a luta com os meus meios de expressão. Para começar a escrever alguma coisa, a cada vez preciso de um esforço da vontade, porque sei que o que me espera é o cansaço e a insatisfação de experimentar e reexperimentar, de corrigir, de reescrever.

A espontaneidade tem também os seus momentos: às vezes no início — e então não costuma durar muito —, às vezes como impulso que se dá ao avançar, outras vezes como arrancada final. Mas a espontaneidade é um valor? Certamente é para quem escreve, porque permite trabalhar com menos esforço, sem entrar em crise a todo instante; mas, para a obra, não é necessariamente algo proveitoso. O importante é a espontaneidade como impressão transmitida pela obra, mas não se chega necessariamente a esse resultado usando a espontaneidade como meio: em muitos casos é somente uma elaboração paciente que permite chegar à solução mais feliz e aparentemente "espontânea".

Todo texto tem uma história própria, um método próprio. Há livros que nascem por exclusão: antes acumula-se uma massa de material, digo, de páginas escritas; depois faz-se uma seleção, percebendo aos poucos o que pode entrar naquele traçado, naquele programa, e o que, pelo contrário, continua alheio. O livro *Palomar* é o resultado de muitas fases de um trabalho desse tipo, em que o "tirar" teve muito mais importância do que o "colocar".

Os ambientes naturais e culturais em que viveu, Turim, Roma, Paris, foram-lhe todos acolhedores e estimulantes, ou em algum deles defendeu mais a sua solidão?

A cidade que mais senti como minha foi Nova York. Uma vez até escrevi, imitando Stendhal, que queria que inscrevessem "nova-iorquino" na minha lápide. Isso foi em 1960. Não mudei de ideia, apesar de depois ter vivido a maior parte do tempo em Paris, cidade da qual não me afasto a não ser por breves períodos e onde, talvez, podendo escolher, morrerei. Mas, a cada vez que vou a Nova York, acho-a mais bonita e mais próxima de uma forma de cidade ideal. Talvez seja porque é uma cidade geométrica, cristalina, sem passado, sem profundidade, aparentemente sem segredos; por isso, é a cidade que gera menos submissão, a cidade que posso ter a ilusão de controlar mentalmente, de pensá-la como um todo, de uma vez só.

Apesar de tudo, o quanto se vê de Nova York nas histórias que escrevi? Pouquíssimo. Talvez somente nuns dois contos de *T = 0* ou similares, alguma página aqui e ali. (Bom, agora estou procurando no *Castelo dos destinos cruzados*: página 80.) E Paris? Certamente não encontraria muito mais. O fato é que muitos dos meus contos não se situam em nenhum local identificável. Talvez seja por isso que preciso fazer um certo esforço para responder a essa pergunta: para mim, os processos da imaginação seguem itinerários que nem sempre coincidem com os da vida.

Como ambiente natural, aquilo que não se pode rechaçar nem esconder é a paisagem natal e familiar; Sanremo continua a aparecer nos meus livros, dos mais variados ângulos e perspectivas, principalmente vista do alto, e está presente em especial em muitas das *Cidades invisíveis*. Naturalmente, falo de Sanremo como era até trinta ou 35 anos atrás, e sobretudo como era cinquenta ou sessenta anos atrás, na minha infância. Toda investigação só pode partir daquele núcleo de onde se originam a imaginação, a psicologia,

571

a linguagem; essa persistência é tão forte em mim quanto foi, na juventude, o impulso centrípeto que logo se demonstrou irreversível, pois em pouco tempo os lugares deixaram de existir.

No pós-guerra, eu não via a hora de contrapor à imobilidade daquele cenário ancestral, do qual nunca me afastara, o cenário de uma grande cidade; depois de oscilações entre Milão e Turim, acabei por encontrar um emprego em Turim, bem como uma série de razões (que agora daria trabalho desenterrar) para justificar o meu endereço como uma opção cultural. Eu estava, então, tentando me situar diante da oposição Milão/Turim? Provavelmente sim, apesar de uma grande propensão a unir os dois termos. De fato, durante todos os anos em que morei de modo mais ou menos estável em Turim (e não são poucos, cerca de quinze), procurava ao máximo possível viver as duas cidades como se fossem uma só, dividida nem tanto pelos 127 quilômetros de autoestrada, mas pela incompatibilidade entre a planta quadrangular de uma e a planta circular da outra, coisa que cria dificuldades psicotopológicas para quem pretende morar nas duas ao mesmo tempo.

No início do pós-guerra, o fervor geral de produtividade cultural, que assumia aspectos diferentes na eufórica e extrovertida Milão e na metódica e cautelosa Turim, deslocava o polo magnético da literatura italiana para o norte, o que era uma novidade em relação à geografia literária do *entre-deux-guerres*, que tivera Florença como capital incontestável. Mas, mesmo naquela época, seria forçado traçar uma linha "nortista" em oposição a uma precedente linha "florentina", pelo simples fato de que os protagonistas de ambas (em momentos diversos, mas sem descontinuidade) eram os mesmos.

Assim como, a seguir, tornando-se Roma o centro residencial de um grande número de escritores de todas as proveniências e tendências, seria igualmente difícil encontrar um denominador comum que definisse uma "linha romana", em contraposição a outra qualquer. Enfim, parece-me que um mapa da literatura italiana atual é totalmente independente do mapa geográfico, e se isso é bom ou mau é um problema que deixo em aberto.

Quanto a mim, só estou bem quando não preciso me perguntar: "por que estou aqui?", questão que geralmente podemos dispensar nas cidades que possuem um tecido cultural tão rico e complexo, uma bibliografia tão imensa que desencoraja quem ainda sinta a tentação de escrever sobre ela. Por exemplo, faz dois séculos que moram em Roma escritores de todas as partes do mundo, os quais não têm nenhuma razão especial para estar em Roma em vez de qualquer outro lugar, alguns deles exploradores curiosos e afinados com o espírito da cidade (Gógol, mais do que todos), outros aproveitando as vantagens de se sentir estrangeiros.

Ao contrário de outros escritores, a sua atividade criativa nunca impediu uma reflexão teórica paralela, metanarrativa e metapoética. Para dar um exemplo, bastaria citar o recentíssimo texto "Comment j'ai écrit un de mes livres", *publicado nos* Actes sémiotiques: Documents VI, 51, 1984 ("Groupe de Recherches sémio-linguistiques" de l'Ecole des Hautes Etudes en Sciences Sociales). *Isso se confirmaria também pelas grandes sugestões que semiólogos e teóricos da literatura sempre encontraram na sua obra, na qual, porém, a operação não se configura programática. Como você explica essa espécie de luminosa simbiose?*

É bastante natural que as ideias em circulação tenham me influenciado, às vezes na mesma época, às vezes com atraso. O importante seria ter pensado antecipadamente algo que, depois, também tenha servido a outros. O fato de haver me dedicado a fábulas populares numa época em que ninguém se interessava pelos seus mecanismos misteriosos tornou-me receptivo às problemáticas estruturalistas, tão logo se impuseram à atenção geral uma década depois. Mas não creio que eu tenha uma verdadeira vocação teórica. O divertimento em experimentar um método de pensamento, como um gadget que coloca regras exigentes e complicadas, pode coexistir com um agnosticismo e empirismo de fundo; creio que quase sempre o pensamento dos poetas e dos artistas funciona dessa maneira. Outra coisa é investir todas as nossas expectativas de alcançar uma verdade numa teoria ou numa metodologia (assim como numa filosofia ou numa ideologia). Sempre admirei e apreciei muito o rigor da filosofia e da ciência; mas sempre um pouco à distância.

Como se sente dentro da literatura italiana atual? Vislumbra nos nossos tempos mais recentes algo que vá além de um mero decoro? Além disso, vê algum sentido na questão do "sentido da literatura", posta hoje por diversas revistas?

Para determinar a situação da literatura italiana atual — e redesenhar sob essa luz a história literária do século —, é preciso levar em conta várias coisas que eram verdadeiras quarenta anos atrás, na época do meu aprendizado, e que voltaram a se evidenciar agora, ou seja, foram sempre verdadeiras: *a)* predomínio da poesia versificada como portadora de valores que os prosadores e narradores também buscam com outros meios mas para os mesmos fins; *b*) na narrativa, o predomínio do "conto" e de outras formas de escrita imaginativa, mais do que o romance, cujos bons resultados são raros e excepcionais; *c*) os irregulares, os excêntricos, os atípicos, acabam por se revelar as figuras mais representativas do seu tempo.

Constatado isso, reconsiderado o conjunto do que fiz, disse e pensei, bem ou mal, devo concluir que a literatura italiana me cai muito bem e não poderia me imaginar em outro contexto.

NOTAS

INTRODUÇÃO [pp. 13-25]

1. Trata-se da carta ao eslavista Angelo Tamborra, datada de 20 de agosto de 1978: cf. *Lettere*, pp. 1379-81. O caso foi depois reconstituído em detalhe, com amplo aparato documental, por Stefano Adami em "L'ombra del padre. Il caso Calvino", *California Italian Studies Journal*, I, 2, 2010. Disponível em: <escholarship.org/uc/ismrg_cisj>. Acesso em: 18 maio 2023.

2. "Eremita em Paris" é o título de um texto, resultante de uma entrevista de Valerio Riva, em que Calvino conta sobre sua relação com Paris; publicado em plaqueta em 1974, foi incluído no livro homônimo *Eremita em Paris. Páginas autobiográficas* (Mondadori, Milão, 1994; Companhia das Letras, 2006) e depois em *Romanzi e racconti*, 3, pp. 102-10.

3. É uma referência ao relato-ensaio "Do opaco", publicado pela primeira vez em *Adelphiana 1971*, incluído no livro póstumo *O caminho de San Giovanni* (Mondadori, Milão, 1990; Companhia das Letras, 2000) e depois em *Romanzi e racconti*, 3, pp. 89-101.

4. A rigor, até o momento são conhecidas 227 entrevistas: cf. Luca Baranelli, *Bibliografia di Italo Calvino*, Edizioni della Normale, Pisa, 2008 (2. ed.), pp. 266-70.

5. *Saggi*, p. 8.

6. Cf. "O museu dos queijos", em *Romanzi e racconti*, 2, p. 936.

7. Claudio Milanini falou de "uma trilogia de *Intelligenzen-Roman* mais ou menos elípticos e abreviados, em muitos aspectos especular e em outros complementar à dos *Nossos antepassados*": cf. Introdução a *Romanzi e racconti*, 1, p. LVI.

8. *Saggi*, p. 2973.

9. Cf. *Saggi*, p. 710.

10. *Romanzi e racconti*, 2, p. 596.

11. Cf. *Lettere*, pp. 1226-7. Um detalhe curioso é que, após a publicação de uma entrevista a Ludovica Ripa di Meana, com o subtítulo de "Autocolloquio di Italo Calvino", em 1979 no *Europeo*, o autor alega que as perguntas foram autênticas (cf. aqui à p. 599, n. 1).

12. Contudo, o sentimento de representar uma anomalia em relação aos parentes se confirma em outras declarações, por exemplo na entrevista concedida a Alexander Stille: "Sempre

fui a ovelha negra da minha família, que era inteiramente constituída por cientistas" (aqui à p. 530).

13. *Romanzi e racconti*, 2, p. 969.

14. *Romanzi e racconti*, 1, pp. 654-5.

15. "Trabalho como escritor" é a resposta à quarta pergunta de Nico Orengo, "Qual sua profissão?" (aqui à p. 264).

16. Assim escreve Emerico Metz no *Dizionario biografico degli italiani Treccani*, vol. XVII, 1974, no verbete "Calvino, Mario" (http://www.treccani.it). Mario Calvino é autor de cerca de 120 publicações, algumas das quais em coautoria com a esposa, Evelina Mameli.

17. Cf. "O caminho de San Giovanni", em *Romanzi e racconti*, 3, p. 25. O texto, publicado em revista em 1962, saiu em livro na coletânea póstuma de 1990, *O caminho de San Giovanni*.

NOTA DO ORGANIZADOR [pp. 27-33]

1. A esse respeito, é significativa a carta a Germana Pescio Bottino, de 9 de junho de 1964 (*I libri degli altri. Lettere 1947-1981*, org. Giovanni Tesio, Einaudi, Turim, 1991, p. 479), cujo sucinto conteúdo é desenvolvido num fragmento manuscrito datável de 1966, em que se lê: "Italo Calvino não quer fornecer dados biográficos porque diz que as únicas coisas dos escritores que importam são os livros que escreveram, e que suas vidas são interessantes somente quando são inventadas. Mas, como ele ainda não escreveu uma autobiografia inventada, temos de nos satisfazer com alguns poucos dados muito genéricos. [...] A certo ponto os rastros desaparecem; restam apenas alguns títulos de livros e datas de publicação, isto é, aquilo que os estudiosos chamam de 'bibliografia'". Mas veja-se também a longa carta a Gian Carlo Ferretti, de 5 de outubro de 1965, em que Calvino tende a privilegiar a concisão discreta do currículo em vez das complicações da biografia, e ressalta a importância da "obra de êxito que pode se permitir apagar o autor" (*Lettere*, pp. 883-6). Sobre a atração-repulsão de Calvino diante da memória autobiográfica, e não só, ler o excelente ensaio de Francesca Serra: "La notte del morto nel paese nemico. Calvino in guerra", *Paragone Letteratura*, LXI, 90-91-92, ago./dez., 2010, pp. 125-34.

2. Carta a Domenico Rea de 13 de março de 1954 (*Lettere*, p. 397).

3. Entrevista de Gian Antonio Cibotto, *La Fiera letteraria*, IX, 27, 4 jul. 1954, p. 5; ver aqui às pp. 41-4.

4. *Lettere*, pp. 1012-3.

5. "Calvino: Ludmilla sono io", *Tuttolibri*, V, 29, 28 jul. 1979, p. 3.

6. Aqui à p. 527.

7. *Lettere*, p. 1531 (grifo meu).

8. *Lettere*, p. 1538 (grifo meu).

9. Aqui às pp. 186.

10. *Lettere*, p. 1240.

11. Aqui à p. 478.

12. A esse propósito é oportuno lembrar que o fato de ter sido até 1983 autor de uma só editora, a Einaudi, onde também foi por muito tempo editor e consultor, confere a muitas dessas entrevistas o duplo caráter de autoapresentação editorial e autorreflexão crítica.

13. Essa escolha encontra uma explicação ética e estilística na entrevista "oral" de Marco d'Eramo de 1979: "Eu, no fundo, odeio a palavra por essa generalidade, por esse aproximativo. Agora sinto que falo com você e que digo coisas genéricas, e fico com uma sensação de aversão por mim mesmo. A palavra é essa coisa mole, amorfa, que sai da boca e me dá um nojo infinito. Tentar fazer que essa palavra, que é sempre um pouco nojenta, se torne na escrita algo exato e preciso pode ser a finalidade de uma vida" (aqui à p. 280). Mas, a propósito, cabe tam-

bém lembrar uma carta a Edoardo Sanguineti de 5 de fevereiro de 1974, em que Calvino explica essa sua prática das "respostas orais fictícias" (*Lettere*, p. 1226-7).

14. Entre elas — mais do que entrevistas, verdadeiros testemunhos autobiográficos — são especialmente significativas as respostas à pesquisa da revista *Paradosso* reunidas sob o título "Autobiografia política juvenil", em especial a primeira delas, intitulada "Uma infância sob o fascismo", que podem ser lidas na seção intitulada "Páginas autobiográficas" do Meridiano.

SOBRE O TEATRO E O CINEMA [pp. 37-40]

1. Respostas à pesquisa entre os escritores italianos, "Della scissione tra la cultura e il teatro", *Sipario* (Rivista del teatro e del cinema, Milão), VII, 74, jun. 1952, p. 4; a seguir, respostas à pesquisa sobre "Il cinema e la libertà della cultura", *Rassegna del film* (Mensile di cultura cinematografica, Turim), I, 6, ago./set. 1952, pp. 12 e 15.

ESCRITOR DE AVENTURAS [pp. 41-4]

1. "Italo Calvino scrittore d'avventure (Che cosa fanno gli scrittori italiani)", entrevista de Gian Antonio Cibotto, *La Fiera letteraria*, IX, 27, 4 jul. 1954, p. 5. O texto aqui publicado corresponde ao de uma cópia datilografada conservada entre os papéis de IC (em *Fiera letteraria* faltam as últimas quatro perguntas e respostas).

2. É o romance *La collana della regina* [*O colar da rainha*], que ficou inédito.

NECESSIDADE DE IDEIAS E CULTURA [pp. 45-6]

1. "Ci vogliono ossa robuste", *La Fiera letteraria*, IX, 29, 18 jul. 1954, p. 3 (texto idêntico ao de um texto datilografado conservado entre os papéis de IC). Resposta à primeira de sete perguntas do questionário de Ferdinando Virdia: "Existe uma nova narrativa?".

AUTORRETRATO 1956 [pp. 47-51]

1. *Il Caffè politico e letterario*, VI, 1, jan. 1956, pp. 16-7; depois com o título "Questionário de 1956", em *Eremita em Paris*, e em *Saggi*, pp. 2709-14. Entre os papéis de IC encontra-se o manuscrito original, com o título "Risposte di Italo Calvino all'inchiesta de *Il Caffè*", com acréscimos e variantes, aqui assinalados em nota.

2. Num perfil autobiográfico inédito (e incompleto) de 1953, encomendado pela federação turinesa do PCI e conservado em manuscrito entre os seus papéis, IC escreve: "Na minha educação política e moral, a personalidade dos meus pais teve grande influência: o meu pai continuava sendo um clássico representante da velha geração radical e social-democrata lígure (nascera em 1875), a geração de Orazio Raimondo e Giovanni Cànepa, ademais com a experiência mexicana, que o levavam a considerar o fascismo nos termos dos contraditórios movimentos revolucionários daquele país; a minha mãe, ela também cientista e colaboradora do meu pai, e alimentada por ideais laicos, humanitários e pacifistas, sempre foi, à diferença do meu pai, rigorosa e corajosamente antifascista. O aspecto mais evidente do anticonformismo dos meus pais era o ostensivo e irredutível anticlericalismo deles: desde pequeno, na escola, aprendi o que significa pensar diferente dos outros, aguentar suspeitas, discriminações, escárnios por parte de superiores e companheiros por não seguir as ideias oficiais: apontavam-me o dedo porque não ia à missa, não recebia o crisma como meus companheiros, não assistia às aulas de religião e, nos documentos

públicos onde constava a religião, meus pais escreviam: nenhuma. Outra ideia que meus pais me inculcaram desde criança foi a aversão pela monarquia, a consciência de pertencer a uma família de antigas tradições republicanas e mazzinianas".

3. Esta primeira parte da entrevista será reelaborada com variantes por IC no perfil autobiográfico publicado em *Ritratti su misura di scrittori italiani*, org. Elio Filippo Accrocca, Sodalizio del Libro, Veneza, 1960, pp. 110-1.

4. E. Giachino, "Il primo della classe", *Mondo nuovo*, 20 nov. 1947, p. 3; depois em Andrea Dini, *Il Premio Nazionale "Riccione" 1947 e Italo Calvino*, Società Editrice "Il Ponte Vecchio", Cesena, 2007, pp. 324-6.

5. Foi publicada em *Paragone Letteratura*, VI, 66, jun. 1955, pp. 17-31; depois em *Assunto encerrado. Discursos sobre literatura e sociedade* (Einaudi, Turim, 1980; Companhia das Letras, 2009) e em *Saggi*, pp. 9-27.

6. No manuscrito seguem-se estas duas frases: "As mulheres, por exemplo: mesma coisa. As mulheres: digo pouco!".

7. *Ragazzi di vita*, Garzanti, Milão, 1955.

8. "Hemingway e noi", *Il contemporaneo*, I, 33, 13 nov. 1954, p. 3; depois em *Saggi*, pp. 1312-20.

9. No manuscrito segue-se esta frase: "Talvez também porque, se houvesse um escritor contemporâneo que me satisfizesse inteiramente, eu não teria mais o estímulo para ser escritor".

REALISMO E GOSTO PELO INVEROSSÍMIL [pp. 52-5]

1. Respostas à pesquisa de Pier Francesco Listri, "Libri e scrittori dell'ultimo decennio. IX: I giovani voltano le spalle a Hemingway", *Il Nuovo Corriere,* 6 jun. 1956, p. 3. Embora P.F. Listri escreva que entrevistou IC no café Platti de Turim, o texto das perguntas e respostas, mais amplo e com algumas diferenças em relação ao publicado pelo jornal, foi extraído de um manuscrito conservado entre os papéis de IC.

2. No texto impresso a resposta termina assim: "Quando tiver, tentarei colocá-las em prática".

3. É "O miolo do leão", *Paragone Letteratura*, VI, 66, jun. 1955, pp. 17-31; depois em *Assunto encerrado*, e em *Saggi*, pp. 9-27.

INVENÇÃO FANTÁSTICA, MULTIPLICIDADE DAS LINGUAGENS [pp. 56-9]

1. "Incontro con Calvino", entrevista de Giuseppe Mazzaglia, *Il Punto della settimana*, II, 46, 16 nov. 1957, p. 13. O segundo parágrafo, sobre Flaubert e Tolstói, coincide quase literalmente com uma passagem (§ 5) da conferência "Natureza e história no romance", lida pela primeira vez em Sanremo em 24 de março de 1958 e depois incluída por IC em *Assunto encerrado*.

Numa carta de 5 de novembro de 1957, que acompanhava o texto datilografado das respostas, IC, entre outras coisas, escrevia a Mazzaglia: "Aboli a terceira pergunta que você me fez, aquela sobre por que 'as fábulas são verdadeiras'. Já tinha sido atendida com minhas respostas anteriores e, além do mais, não saberia o que acrescentar ao que escrevi no prefácio das fábulas".

2. No ano seguinte, respondendo à quinta das "9 perguntas sobre o romance (O que pensam sobre o realismo socialista na narrativa?)", IC exprimirá conceitos mais radicais: "A literatura revolucionária sempre foi fantástica, satírica, utopista. O 'realismo' no mais das vezes traz consigo um fundo de desconfiança na história, uma propensão ao passado, talvez nobremente reacionária, talvez até conservadora no sentido mais positivo da palavra. Poderá haver algum dia um realismo revolucionário? Até agora não tivemos exemplos suficientemente comprova-

dores. O realismo socialista na União Soviética nasceu mal, sobretudo porque teve por suposto pai um escritor decadente e dado ao misticismo como Górki" ("9 domande sul romanzo", *Nuovi Argomenti*, 38-39, maio/ago. 1959, pp. 6-12; depois em *Saggi*, pp. 1521-9; e em *Mundo escrito e mundo não escrito*, org. Mario Barenghi, São Paulo: Companhia das Letras, 2015).

3. Um rascunho manuscrito das respostas, conservado entre os papéis de IC, que coincide apenas em parte com o texto impresso, começa com as seguintes palavras: "Não entrarei na discussão que frequentemente se faz sobre as duas direções — uma realista e uma fantástica — do meu trabalho. Vou me limitar, eventualmente, a acrescentar que são mais de duas, que usei diversas maneiras fabulares ou fantásticas e diversas maneiras realistas ou neorrealistas. E usarei outras, para deixar os críticos loucos".

4. No rascunho manuscrito das respostas lê-se: "… meu grande ponto de referência é Picasso que, diante da realidade multiforme do nosso tempo, não cessa de experimentar novos meios para enfrentá-la, representando-a de todos os modos, exaltando-a, zombando dela, sempre mais continuando a ser quem é. Talvez o caráter unitário do meu trabalho venha a ser compreendido somente daqui a muitos anos, ou, quem sabe, talvez nunca seja entendido, talvez todo o meu trabalho permaneça uma soma de peças desconjuntadas que, se valem alguma coisa, é apenas cada uma por conta própria".

A RESISTÊNCIA ME PÔS NO MUNDO [pp. 60-1]

1. Respostas escritas às perguntas de Enzo Maizza para o debate sobre a *"Giovane Narrativa"*, *La Discussione*, v, 210, 29 dez. 1957, pp. 8-9.

LITERATURA E REALIDADE ITALIANA [pp. 62-4]

1. Inìsero Cremaschi, "Sei domande a Italo Calvino", *Gazzetta del libro*, IV, 4, maio 1958, pp. 1-2. A Cremaschi, que lhe enviara nove perguntas, IC escreve em 6 de abril de 1958 dizendo que "deixou de lado as três últimas, tendo me delongado nas primeiras".

2. No ano seguinte, respondendo a uma pesquisa de Dario Puccini e Mario Socrate, IC dirá: "Não sei qual será o próximo livro que farei. (E, se soubesse, não lhe diria enquanto não estivesse pronto.) Depois de "A nuvem de smog", que escrevi neste verão [1958] e com o qual fechei minha coletânea dos *Contos*, e depois de uma ou outra novela que traz a data de 1958 no mesmo livro não escrevi mais nada de narrativo. Tenho umas vinte ideias de contos e romances tanto fantásticos quanto realistas, mas não sei ainda qual escolherei primeiro. Não importa o que se escolhe escrever, a pessoa tem muitas ideias e as mantém ali; depois, a certo ponto encontra-se num estado de ânimo que lhe impõe a necessidade de escrever e então escolhe a ideia que lhe parece mais adequada àquele estado de ânimo e a desenvolve. Se a desenvolvesse num outro momento, sairia uma coisa totalmente diferente. E se escolhesse escrever naquele momento não aquela história, mas outra, totalmente diferente, sairia um conto totalmente diferente, mas, no fundo, equivalente, pela carga interior, pela verdade do 'conteúdo', ao que teria escrito escolhendo aquela primeira história. Falo de um estado de ânimo geral, de um modo de sentir o mundo e a história, não tanto de um estado de ânimo particular, intimista e psicológico; isto é, no poeta e no revolucionário ambos são interdependentes, são uma coisa só. E realmente evito dizer que a ideia de partida, a *donnée*, o tema do conto não é importante, pelo contrário, é importante como as raízes de uma planta, e pode ficar enterrado na memória por anos e anos sem definhar, e pode carregar-se progressivamente dos significados e desenvolvimentos mais novos até que chegue o momento de escrever. / Se eu escrever algo agora, haverá uma tensão em relação ao futuro, em relação ao indecifrável amanhã oculto na casca do hoje, o amanhã sempre diferente do que esperamos, sempre de

algum modo pior do que nossas esperanças e sempre melhor de algum modo que não estávamos esperando" ("Cosa stanno preparando i nostri scrittori?", *Italia domani*, II, 11, 15 mar. 1959, p. 17).

3. Publicada em primeira edição na revista internacional *Botteghe Oscure*, xx, 1957, pp. 438-517.

4. Ray (Raymond Douglas) Bradbury (1920-2012), um dos mais célebres e fecundos autores americanos de ficção científica, em 1958 já havia publicado alguns dos seus livros mais conhecidos, como *Crônicas marcianas* (1950) e *Fahrenheit 451* (1953); William Tenn (pseudônimo de Philip Klass, 1920-2010) foi um autor anglo-americano de contos e romances de ficção científica satírica. Pode-se supor que IC tivesse lido os três contos de Bradbury ("A longa chuva", "O veldt", "Hora zero") e os de Tenn ("O duplo criminoso", "A descoberta de Morniel Mathaway") que no ano seguinte sairiam em *Le meraviglie del possibile. Antologia della fantascienza*, org. Sergio Solmi e Carlo Fruttero, Einaudi, Turim, 1959.

PAVESE, CARLO LEVI, ROBBE-GRILLET, BUTOR, VITTORINI... [pp. 65-70]

1. "Pavese fu il mio lettore ideale", entrevista de Roberto de Monticelli, *Il Giorno*, 18 ago. 1959, p. 6; depois, com o título de IC aqui reproduzido, em *Saggi*, pp. 2717-23.

2. "Turim é uma cidade que convida ao rigor, à linearidade, ao estilo. Convida à lógica, e através da lógica abre o caminho à loucura" ("O escritor e a cidade" [1960], depois em *Eremita em Paris*, e em *Saggi*, p. 2708).

3. Respondendo no mesmo período à pergunta de um jornalista, IC diz: "Os meus contos sempre falam, mais ou menos, de uma pessoa que se impõe determinadas regras e as segue até o limite: seja ficar nas árvores a vida inteira, seja fazer uma especulação imobiliária mesmo sendo uma nulidade, seja um rapaz que se propõe (ele apenas) não roubar. Gostaria que todas as histórias que conto tivessem como dado comum esta tensão moral: sejam elas fantásticas ou realistas, objetivas ou semiautobiográficas, tanto faz. O meu ideal de artista é Picasso, é sempre reconhecível e tem uma rigorosíssima unidade de conteúdo e também de meios formais" (Adolfo Chiesa, "Italo Calvino scriverà presto un romanzo storico", *Paese sera*, 18 nov. 1959, p. 3).

4. "O mar da objetividade", *Il menabò di letteratura*, 2, 1960, pp. 9-14; depois em *Assunto encerrado*, e em *Saggi*, pp. 52-60.

A DISTÂNCIA E A TENSÃO [pp. 71-4]

1. "Entretien avec... Italo Calvino", entrevista de Maria Craipeau, *France Observateur*, XI, 526, 2 jun. 1960, pp. 21-2.

2. Parece clara a referência ao "páthos da distância", uma expressão de Nietzsche retomada por Cesare Cases na sua resenha do *Barão nas árvores* (*Città aperta*, II, 7-8 [1958], pp. 33-5; depois em *Patrie lettere*, nova ed. Einaudi, Turim, 1987, pp. 160-6).

OS ESTADOS DESUNIDOS [pp. 75-8]

1. "Gli Stati disuniti", entrevista de Paolo Pozzesi, *Vie nuove*, xv, 23, 4 jun. 1960, pp. 10 e 12.

2. Em 9 de dezembro de 1963, respondendo no *Paese sera* a Berenice (Iolena Baldini), que solicitara a ele e a outros escritores italianos uma declaração sobre o Texas depois do assassinato de J.F. Kennedy, IC escreverá: "Já tive ocasião, anos atrás, de escrever as minhas impressões sobre uma curta estada no Texas, e mais precisamente em Houston, em feve-

reiro de 1960 [IC refere-se a "Mitologia del Texas", uma das "Cartoline dall'America" publicadas na revista semanal *ABC* de Gaetano Baldacci (I, 5, 10 jul. 1960, p. 15); depois em *Saggi*, pp. 2531-3]. Resumo-as aqui, baseando-me principalmente sobre o que havia escrito então. / Consegui, mesmo que em poucos dias, captar uma imagem significativa deste país tão famoso por seu espírito de aventura e por sua riqueza. De fato, cheguei a Houston enquanto ocorria a *fat stock show*, a grande exposição anual de gado, quando se realiza o mais importante rodeio de todo o país, e a metrópole texana se enche de *cowboys*. Mas o fato caraterístico é que, nesses dias, mesmo quem não tem nada a ver com *cowboys* se veste também de *cowboy*: empresários de idade, senhoras, funcionários, moças, crianças, todos com trajes texanos, chapelão e colete com franjas. Assim, o Texas se apresentou a mim como um país uniformizado: indo para a exposição zootécnica, as boas pequenas famílias burguesas seguiam em marcha compacta num impecável uniforme de *cowboy*; senhoras idosas das associações locais, em trajes *western* de cetim branco, ofereciam café em copos de papel aos convidados estrangeiros do rodeio. O imenso estádio do rodeio estava repleto de bandeiras texanas em número muito superior às bandeiras dos Estados Unidos; o hino texano dominava como hino oficial, superando o hino dos Estados Unidos; o rodeio era precedido por discursos de personalidades locais, transbordantes de mitologia texana./ Cito a partir de um artigo meu, publicado na época: 'Essa mitologia local, essa ostentação de um costume prático e anti-intelectual, traz em si uma carga de fanatismo e de alarmante belicosidade que redesperta em mim certas lembranças desagradáveis'./ Nesse espírito do Texas, entram como forte elemento o autonomismo, a contínua polêmica contra o governo federal de Washington e os intelectuais de Nova York, acusados, entre outras coisas, de serem "moles" demais também em política externa. Não devemos esquecer que o Texas é o único estado dos Estados Unidos que tem, devido a uma exceção constitucional especial, o direito de se separar da Confederação se assim o quiser. A polêmica contra o Norte chega a aspectos paradoxais: muitos automóveis circulam pelas ruas de Houston com uma faixa colada atrás: "*Built in Texas by Texans*" (Feito no Texas por texanos)./ Frequentemente, falando dos Estados Unidos, esquecemos que eles são realmente cinquenta estados, para a maioria dos quais a política é somente política local, ligada a interesses e conservadorismos variados. Grande parte da imprensa local dos estados, e não somente no Texas, sobre os problemas de política geral internacional é de uma tal grosseria e pobreza de informações que seus leitores podem engolir tranquilamente mesmo as notícias mais ilógicas como as destes dias sobre Oswald [o presumido assassino de J.F. Kennedy]./ A armadilha que Kennedy desafiou conscientemente com extrema coragem é certamente de proporções enormes e não podemos prever se e em que medida a polícia federal conseguirá desmontá-la. Os jornais que minimizam o fanatismo reacionário desencadeado contra Kennedy e insistem nas teses da polícia de Dallas ofendem, antes de mais nada, a memória de Kennedy: isto é, negam que ele morreu como combatente; apresentam-no quase como uma vítima do acaso, morto por um maníaco isolado com perfil político inexplicável mais do que contraditório./ Kennedy, mesmo avisado das ameaças de morte das associações de extrema direita, foi enfrentar a cidade inimiga de maneira corajosa e franca. Poderá ser mesmo o caso de uma nação que tem medo de reconhecer que seu mais respeitável representante morreu como herói por uma causa justa?".

3. Poucos dias antes, num debate coordenado por Giorgio Bocca — "La richezza li petrifica (Che ne pensate degli americani?)", *Il Giorno*, 28 maio 1960, p. 12 —, IC dissera a propósito dos jornais: "Volto de uma temporada de seis meses nos Estados Unidos. Nas grandes cidades podem se encontrar ótimas formas de informação. A imprensa provinciana, no entanto, é isolacionista e furiosamente reacionária".

■ *NASCI NA AMÉRICA...*

A LITERATURA ITALIANA NOS ANOS 1950 [pp. 79-80]

1. "Opinioni sulla letteratura italiana dal 1950 al 1960", entrevista de Renzo Tian (feita em Sanremo), *Il Messaggero*, 26 jul. 1960, p. 8. Uma cópia datilografada das respostas está conservada entre os papéis de IC.

AS MINHAS IMPRESSÕES SOBRE OS ESTADOS UNIDOS [pp. 81-5]

1. "Che me ne sembra dell'America. Italo Calvino ci parla del suo viaggio negli Stati Uniti", entrevista de Ernesto Battaglia, *Settimo giorno*, XIII, 35, 25 ago. 1960, pp. 20-1.

CONVERSA COM CARLO BO [pp. 86-91]

1. Carlo Bo, "Il comunista dimezzato (A colloquio con Italo Calvino, dieci anni dopo Pavese)", *L'Europeo*, XVI, 35, 28 ago. 1960, pp. 64-5; depois, com o título "O comunista partido ao meio", em *Eremita em Paris*, e em *Saggi*, pp. 2724-32.
2. Sobre *Mulheres sós*, ver a carta de IC a Pavese de 27 de julho de 1949, em *Lettere*, pp. 249-52.
3. Entrevistado por Paolo Monelli no ano seguinte, IC dirá: "Eu me dei conta de que não se escreve um livro sobre os Estados Unidos depois de uma estada de alguns meses. Já se falou demais do país. Um novo livro é justificado somente se alguém tem vontade de dizer algo novo. E também não tenho vontade de fazer como todos, que ficam, sei lá, um mês ou uma semana no país estrangeiro e escrevem um solene ensaio sobre ele. [...] eu queria realmente explicar os Estados Unidos para mim e para os leitores, e dizer por que Los Angeles é odiada por todos, e São Francisco é amada por todos, e por que eu gostaria de viver em Nova York e em nenhuma outra cidade dos estados. Quando comecei a organizar a matéria, percebi que devia jogar metade fora porque já era sabido e notório; e o resto eu devia aprofundar. E assim não fiz mais nada" ("Calvino [*I contemporanei al girarrosto*], *Successo*, III, 6, jun. 1961, pp. 116-8; depois em P. Monelli, *Ombre cinesi. Scrittori al girarrosto*, Mondadori, Milão, 1965, pp. 173-88).
4. Num texto datilografado com correções autógrafas, conservado entre os papéis de IC junto com as duas páginas do *Europeo*, segue este parágrafo não incluído no texto impresso: "De Turim, por exemplo, onde faz uns quinze anos que, desde que trabalho para Einaudi, passo a maioria dos meus dias úteis, talvez consiga escrever bem só agora que creio ter dito tudo o que tinha a dizer; só consigo entendê-la realmente quando lhe dou as costas. Ao passo que, do romance da vida contemporânea (você, Carlo, acredita no romance), aproximei-me mais tentando um quadro da Riviera de hoje, na *Especulação imobiliária*".
5. No texto datilografado citado na nota anterior, nesse ponto seguem-se algumas linhas riscadas: "Antes — claro — o ambiente familiar, aberto a influências internacionais, ardorosamente crítico em relação aos males crônicos da Itália. Partindo daí, aos vinte anos, era na humanidade mesmo frequentemente elementar dos *partigiani* que eu procurava a solução para o meu problema daquela época: para combater a violência dos opressores, devo eu mesmo usar a violência? Depois, nasciam da especulação teórica as interrogações sobre a construção de uma sociedade nova, quando se tornavam honestos rostos de 'quadros' operários".
6. As lições e os testemunhos do teatro Alfieri foram reunidos no livro *Dall'antifascismo alla Resistenza. Trent'anni di storia italiana (1915-1945)*, Einaudi, Turim, 1961.

O CINEMA ITALIANO EM 1960 [pp. 92-96]

1. "Quattro domande sul cinema italiano", *Cinema nuovo*, x, 149, jan./fev. 1961, pp. 32-5.
2. "Sou contrário aos filmes extraídos de obras literárias. O cinema me interessa quando diz coisas diferentes das que diz a literatura" ("Non credo nei film tratti dai romanzi", entrevista de Adolfo Chiesa com ic, *Stasera*, 8 mar. 1962, p. 5).
3. Numa breve entrevista de poucos meses antes, ic dissera: "Entre os muitos belos filmes dessa fase de retomada do cinema italiano, o realmente importante é *A aventura* de Antonioni. Há uma relação nova entre espectador e filme, não mais passiva, mas de contínua interrogação, dúvida e exame de consciência. É um filme que consegue ser moral justamente porque não recorre aos 'bons sentimentos'. É um filme em que se vê o Sul pela primeira vez, como o cinema italiano nunca conseguira mostrar" ("Calvino e il controllo delle nascite" [*Il diavolo in salotto*, coluna de Giancarlo Vigorelli], *Tempo*, XXII, 46, 12 nov. 1960, p. 77).

OITO PERGUNTAS SOBRE O EROTISMO NA LITERATURA [pp. 97-101]

1. *Nuovi Argomenti*, 51-52, jul./out. 1961, pp. 1-2 e 21-4.
2. "O sexo na literatura pode se tornar retórica, como qualquer outro elemento usado não por necessidade expressiva ou por representação da realidade, mas para seguir uma moda. Mas os moralistas, os censores, os hipócritas, os fariseus burgueses são piores do que quaisquer outros e tudo o que os irrita tem pelo menos a virtude de irritá-los, desde que os irrite de verdade" (declaração de ic a *Noi donne*, XVII, 2, 14 jan. 1962, p. 28).
3. Alguns meses antes, respondendo às perguntas de um jornalista esportivo, ic dissera: "... hoje em geral sente-se a necessidade de uma carga bem forte, áspera, na literatura e na arte. O assunto do sexo na escrita é como uma cor forte na paleta de um pintor, ou um nota alta na escala musical. Porém, não basta usar aquela cor ou aquela nota para fazer um quadro ou uma música forte; pelo contrário, muitas vezes acontece o inverso. Muitos escritores, quanto mais brutais querem se mostrar, mais revelam a candura de uma pomba. Quando preciso tratar de assuntos sexuais, procuro fazê-lo com todo respeito, simpatia e gratidão que sinto em relação a esse importante aspecto da vida humana. Outros, por sua vez, parecem representar a vida sexual com asco ou horror; ou com uma exaltação retórica fora da realidade; não aprovo nem uns, nem outros, mas reconheço que são modos de avaliar a realidade que podem ter uma sinceridade e seriedade próprias, sem ser considerados pornografia. Pornografia é outra coisa: por exemplo, certas matérias de cinejornal de atualidades (que o público não escolhe, mas lhe é imposto antes do filme), com um comentário narrado cheio de vulgaridades, de gracejos obscenos, com enquadramentos vulgares a cada vez que se apresenta uma moça: no entanto, ninguém censura esses cinejornais e nenhum procurador ainda sonhou em apreendê-los. Aqui não se trata de artistas, de escritores e de liberdade de expressão: aqui há apenas o mau gosto de quem dá uma piscadela maliciosa às coisas do sexo. E esta é a verdadeira mentalidade pornográfica, isto é, uma mentalidade de adolescentes atrasados" ("Migliorare l'organizzazione sportiva conta più che tifare per gli azzurri", respostas escritas de ic a Renato Morino, *Tuttosport*, 7 dez. 1960, p. 8).
4. Alguns anos antes, respondendo a uma pergunta sobre o erotismo na literatura, ic dissera: "Sou contra. Sobre sexo, agora, só se pode escrever mal. Parece que só quem escreve sobre ele com tédio e asco consegue fazê-lo com arte. Nem mesmo sobre a mínima coisa de bom que se veja nele, não se consegue escrever a respeito. Os italianos, sobretudo, não levam jeito com o erotismo. Eu seria da opinião de não escrever por uns trinta anos, já que nesse meio-tempo não se diria nada de novo mesmo. A não ser que fossem os soviéticos que se pusessem finalmente a escrever sobre isso, e então talvez nascesse uma nova literatura" ("Questioni sul realismo", pesquisa de Franco Matacotta, *Tempo presente*, II, 11, 1957, p. 882).

■ *NASCI NA AMÉRICA...*

OS BEATNIKS E O "SISTEMA" [pp. 102-4]

1. Giuseppe Del Colle, "Calvino fra i 'beatniks' (Lo scrittore parla domani ai *Venerdì letterari* [di Torino]", *Stampa sera*, 8-9 mar. 1962, p. 9.
2. O texto da conferência, com o título "I beatniks e il 'sistema'" será incluído por IC em *Assunto encerrado*; depois em *Saggi*, pp. 96-104.

"EM MEADOS DO SÉCULO" [pp. 105-6]

1. "Una domanda a Calvino", *Corriere della Sera*, 10 mar. 1963, p. 7. Entre os papéis de IC conserva-se um texto datilografado sem perguntas, utilizado tanto para esta entrevista (c. 1) como para a seguinte de Andrea Barbato (cc. 2 e 3).
2. "Estou olhando novamente todo esse período que acabamos de viver... a passagem entre a Guerra Fria e esta estranha belle époque que estamos vivendo... os meus protagonistas não são pessoas que emitem juízos *tranchants*... que mantenham posições claras... Atraídos por uma coisa, fazem o contrário... Assim, nesse sentido, posso estudar a situação e ajudar os outros a entendê-la junto comigo... Anos atrás escrevi um romance curto: *A especulação imobiliária*. Reli-o pouco tempo atrás e me pareceu cada vez mais autobiográfico, mais verdadeiro... Há algum tempo comecei outro relato, que está saindo bastante parecido... a mesma coisa... Quer dizer que lá eu já tocara o ponto... (Alberto Arbasino, "Meglio il silenzio che le chiacchiere dei notabili", *Il Giorno*, 6 maio 1963, pp. 2-3 da publicação; depois com o título "Italo Calvino", em A. Arbasino, *Sessanta posizioni*, Feltrinelli, Milão, 1971, pp. 92-7; com o título "Intervista di Alberto Arbasino", em *Saggi*, pp. 2760-8).

O ESCRUTINADOR NO COTTOLENGO [pp. 107-11]

1. Andrea Barbato, "Il 7 giugno al Cottolengo (Calvino ha impiegato dieci anni per scrivere le cento pagine del suo ultimo libro)", *L'Espresso*, IX, 10, 10 mar. 1963, p. 11. Em relação à versão impressa, foram aqui recuperadas algumas frases de IC extraídas de um texto datilografado sem perguntas conservado entre seus papéis, utilizado por ele para esta entrevista e para a anterior do *Corriere della Sera*.

NEOCAPITALISMO E OPOSIÇÃO DE ESQUERDA [pp. 112-5]

1. "Calvino: potenziare la forza d'opposizione della sinistra operaia (Gli uomini di cultura e le elezioni 1963)", entrevista de Paolo Spriano, *l'Unità*, 21 mar. 1963, p. 3.
2. Giovanni Malagodi (1904-91), por longo tempo senador e líder do Partido Liberal Italiano, sempre esteve próximo da Confindustria e, a partir dos anos 1960, opôs-se às "aberturas à esquerda" da Democracia Cristã em relação ao Partido Socialista Italiano.

DESPISTAR OS CRÍTICOS [pp. 116-7]

1. Claude Bonnefoy, "Les deux tentations d'Italo Calvino", *Arts*, 961, 6-12 maio 1964, p. 3.
2. A primeira edição de 1964 de *Aventures*, além das novas *Avventure* do "Libro terzo" (*Os amores difíceis*) de *Racconti* (1958), continha "A formiga-argentina" e "A nuvem de smog".

LITERATURA E SOCIEDADE [pp. 118-20]

1. Respostas de IC, em "La letteratura si trasforma. Cosa diventerà?", mesa-redonda com Italo Calvino, Franco Fortini, Edoardo Sanguineti e Pietro Citati, *Il Giorno*, 10 nov. 1965, pp. 9-10.

EM *AS COSMICÔMICAS* CONTINUO O DISCURSO DOS ROMANCES FANTÁSTICOS [pp. 121-7]

1. Autoentrevista em cinco perguntas e respostas preparada por IC em ocasião da publicação das *Cosmicômicas* (novembro de 1965) e publicada com acréscimos e variantes em diversos jornais nacionais e locais. O original mimeografado (4 cc.), conservado no Arquivo Einaudi, traz o título "Calvino: niente fantascienza. Continuo il mio discorso", com o subtítulo de "Intervista con l'autore delle *Cosmicomiche*. Na c. 1 lê-se o seguinte prefácio à entrevista: "Um livro de Italo Calvino, um dos nossos escritores mais criativos e inteligentes, constitui sempre um grande acontecimento literário: além do mais, especialmente se, como no caso das recentes *Cosmicômicas*, publicadas pela Einaudi, seu humor visionário e aventuroso recua dos séculos do *Barão nas árvores* e do *Cavaleiro inexistente* a milhões e bilhões de anos atrás: quando a Lua roçava a Terra e podia-se subir nela com uma escada de madeira; quando a Terra ainda era desprovida de cores e de água, e brincava-se de bolinha de gude com os primeiros átomos de hidrogênio. Temas que Calvino trata com segurança familiar, animando essas histórias com os anseios, as dúvidas, as preocupações dos homens de hoje. A crítica tem discutido acaloradamente a 'moral' dessas fábulas. De nosso lado, quisemos ouvir a pessoa mais qualificada: o próprio autor. E eis as respostas de Italo Calvino". A pergunta-resposta 6 encontra-se em "Due domande a Italo Calvino" (de Fr. Pal. [Franco Palmieri]), *Avanti!*, 16 dez. 1965, p. 3; as perguntas-respostas 7 e 8 em "Quattro domande a Italo Calvino" (de Giorgio Montefoschi), *Corriere mercantile*, 13 jun. 1966, p. 3. As perguntas e respostas seguintes estão em Alfredo Barberis, "Calvino spiega il suo cosmo (Dal *Barone rampante* al misteriosissimo Qfwfq)", *Il Giorno*, 22 dez. 1965, p. 7.

2. Um ano antes, apresentando no *Caffè* de Vicàri "Um sinal no espaço", IC escrevera: "*As cosmicômicas* têm por trás principalmente Leopardi, os *comics* de Popeye, Samuel Beckett, Giordano Bruno, Lewis Carroll, a pintura de Matta e em certos casos Landolfi, Immanuel Kant, Borges, as gravuras de Grandville" ("*Le Cosmicomiche*", *Il Caffè*, XII, 4, nov. 1964, p. 40).

3. O livro de J. Hart, *L'antichissimo mondo di B.C.*, Mondadori, Milão, 1965, foi publicado na coleção "Nuovi scrittori stranieri" dirigida por Elio Vittorini. B.C. é o acrônimo de Before Christ [Antes de Cristo].

4. Anos depois, respondendo a Alfredo Barberis ("você escreveu contos que podem ser considerados, em sentido lato, de ficção científica"), IC dirá: "Entre 1963 e 1968 li muitos livros de astronomia, principalmente sobre as últimas teorias cosmológicas e cosmogônicas. Questionamentos fantásticos nascidos dessas leituras inspiraram *As cosmicômicas* e *T = 0*. Creio que os contos desses dois livros seguem vias completamente diferentes da ficção científica: como modo de imaginação, como escrita e como relação paradoxal com o horizonte da ciência" ("Lavoro da professionisti [I cieli della fantascienza]", *Corriere della Sera*, 27 abr. 1972, p. 13).

5. Corrigindo o termo "pintura", provável lapso do texto impresso.

6. A imagem de sobrecapa de *As cosmicômicas* era *Autre monde*, de M.C. Escher.

NUNCA SATISFEITO COM AS DEFINIÇÕES [pp. 128-31]

1. Claude Couffon, "Calvino à Paris", *Les Lettres Françaises*, 1131, 12-18 maio 1966, pp. 6-9.
2. A frase está no início do cap. 11.

3. O restante da resposta está incompreensível devido a um salto tipográfico de linhas no periódico francês.
4. *Il menabò di letteratura*, 1959-67.

FILME E ROMANCE [pp. 132-6]

1. *Cahiers du cinéma*, 185, dez. 1966, pp. 87-9; depois com variantes textuais, com as respostas nesta ordem e com o título "Film et roman. Problèmes du récit", em IC, *La machine littérature. Essais*, Editions du Seuil, Paris, 1984, pp. 63-7; e em *Saggi*, pp. 1530-6. A tradução italiana de Michele Gandin, aqui revista e corrigida, foi publicada no corpo de uma pesquisa do próprio Gandin: "Film, romanzo e problemi del racconto cinematografico", *Cinema nuovo*, XVI, 186, mar./abr. 1967, pp. 120-2. Entre os papéis de IC encontra-se uma folha manuscrita com a identificação "traduzir", o título "Film e romanzo", e a seguinte introdução: *Cahiers du Cinéma*, n. 185, dezembro de 1966. Inédito em italiano. Escrito em francês. Respostas à pesquisa "Film et roman", org. Jean-André Fieschi e Claude Ollier". Essas linhas, escritas no alto à direita como todas as epígrafes de *Assunto encerrado*, sugerem que IC talvez tenha pensado em incluir também esse ensaio.
2. Protagonista do romance *A náusea* de Jean-Paul Sartre.
3. Filme de Jean-Luc Godard de 1966.

A RAZÃO DA MINHA INQUIETAÇÃO ESTILÍSTICA [pp. 137-40]

1. "Je ne suis pas satisfait de la littérature actuelle en Italie", entrevista de Madeleine Santschi, *Gazette de Lausanne*, 3-4 jun. 1967, p. 30. O texto italiano das primeiras cinco respostas (e da quinta pergunta) está num texto datilografado com correções e acréscimos autógrafos conservado entre os papéis de IC.
2. "*Ti con zero*", em *Almanacco letterario 1967*, org. Giuliana Broggi, Giancarlo Bonacina e Andrea Fidora, Bompiani, Milão, 1966, pp. 168-72.

UMA IMAGINAÇÃO E UMA LINGUAGEM SIDERAIS [pp. 141-3]

1. "Un Calvino nuovo in *Ti con zero*", autoentrevista (assinada por Mauro Lami), *Messaggero veneto*, 22 dez. 1967, p. 3.
2 Ver o que IC dirá muitos anos depois na entrevista de Michele Neri (aqui às pp. 524-9)

VENEZA: ARQUÉTIPO E UTOPIA DA CIDADE AQUÁTICA [pp. 144-6]

1. "La 'loro' Venezia. Archetipo e utopia della città acquatica", diálogo com IC, marcado i. p. (Ivo Prandin), *Il Gazzettino*, 9 abr. 1968, p. 4. Entre os papéis de IC conserva-se o original datilografado de um texto ensaístico mais longo — quase idêntico nas partes utilizadas pelo *Gazzettino* — com assinatura, acréscimos, correções e data (1968) autógrafos, e com o título "Venezia: archetipo e utopia. Avvenire della città acquatica", publicado em tradução alemã na revista *Merian*, setembro de 1974; depois em *Saggi*, pp. 2688-92, com o título "Venezia: archetipo e utopia della città acquatica".

AQUELE ROMANCE ÚNICO QUE TODOS OS ROMANCES CONCORREM PARA FORMAR [pp. 147-8]

1. "Abbiamo chiesto agli scrittori: ma è proprio vero che... il romanzo è morto?", org. Alcide Paolini, *Il Giorno*, 29 jan. 1969, p. 4 ("Calvino: necessità sempre insoddisfatta"). Na mesma página, encontram-se também as respostas de Anna Banti, Libero Bigiaretti, Carlo Cassola, Ottiero Ottieri.

UM LIVRO NÃO É UM METEORO [pp. 149-54]

1. "Calvino scrittore appartato ha fiducia nella letteratura (L'autore del *Barone rampante* ha scelto Parigi per lavorare e osservare)", entrevista de Raffaele Crovi, *Avvenire*, 20 jul. 1969, p. 3.
2. Para esclarecer as razões que o haviam levado a recusar o prêmio Viareggio, IC escreveu uma carta ao diretor da revista semanal *Tempo* (13 de agosto de 1968); depois em *Lettere*, pp. 1006-7.

VIDA E SONHO [pp. 155-6]

1. "Vita e sogno (Gli scrittori e il cinematografo)", *Corriere della Sera*, 2 abr. 1970, p. 11. Entre os papéis de IC conserva-se um texto datilografado com acréscimos e correções autógrafos e com cabeçalho autógrafo "para o *Corriere della Sera* / escrito em 20.3.70".
2. A tradução italiana de *Loin de Rueil* (1944) saiu com o título *Suburbio e fuga* (Einaudi, Turim, 1970).

UMA PAISAGEM ININTERRUPTA DE PAPEL [pp. 157-9]

1. "Nous vivons désormais dans une métropole unique", entrevista de Françoise Wagener, *Le Monde*, 25 abr. 1970 (Le Monde des livres, pp. I, III).
2. Na longa entrevista de 1973 de Ferdinando Camon (ver aqui às pp. 182-98), IC dirá: "O stendhalismo, que fora a filosofia prática da minha juventude, a certa altura terminou. Talvez seja só um processo do metabolismo, uma coisa que vem com a idade; fui jovem por muito tempo, talvez demais, de repente senti que devia começar a velhice, sim, a velhice mesmo, esperando, quem sabe, prolongar a velhice começando-a antes".
3. Será publicado no ano seguinte com o título *Teoria dei quattro movimenti. Il nuovo mondo amoroso e altri scritti sul lavoro, l'educazione, l'architettura nella società d'Armonia*, seleção e introdução de IC, trad. de E. Basevi, Einaudi, Turim; ver aqui às pp. 163-8.

MARCOVALDO, DO LIVRO À TV [pp. 160-2]

1. "Calvino spiega il suo Marcovaldo", artigo-entrevista de Pier Giorgio Martellini, *Radiocorriere TV*, XLVII, 17, 26 abr./2 maio 1970, pp. 36 e 38.
2. A série de televisão em cinco episódios *Marcovaldo* — transmitida a partir de 1º de maio de 1970 no Segundo programa da RAI TV — fora filmada em Turim pelo diretor Giuseppe

■ *NASCI NA AMÉRICA...*

Bennati com os atores Nanni Loy no papel do protagonista, Didi Perego, Arnoldo Foà, Liliana Feldmann, Rodolfo Bianchi, Cinzia De Carolis, Guido Alberti.

FOURIER E O RETORNO À UTOPIA [pp. 163-8]

1. Giorgio Fanti, "Calvino parla di Fourier", *Paese sera Libri*, 28 maio 1971, p. III (não numerada); com o título "*Il nuovo mondo amoroso ovvero il ritorno all'utopia* (Italo Calvino parla di Charles Fourier)", *L'Ora*, 28 maio 1971, p. 6.
2. Charles Fourier, *Teoria dei quattro movimenti. Il nuovo mondo amoroso e altri scritti sul lavoro, l'educazione, l'architettura nella società d'Armonia*, seleção e introdução de IC, trad. E. Basevi, Einaudi, Turim, 1971.
3. Michel Butor, *La Rose des vents (32 Rhumbs pour Charles Fourier)*, Gallimard, Paris, 1970.

AS FÁBULAS SÃO INSUBSTITUÍVEIS [pp. 169-71]

1. "E al loro posto chi verrà?", respostas de IC num debate sobre as fábulas entre ele, Rosellina Archinto, Natalia Ginzburg e Giorgio Manganelli, *L'Espresso*, XVIII, 18, 30 abr. 1972, pp. 12-3.
2. Trata-se de *Storia numero 1: per bambini che hanno tre anni*, de Eugène Ionesco, Emme Edizioni, Milão, 1967. Ilustrado por Etienne Delessert, é a história de uma menina chamada Giacomina, filha do senhor Giacomina, com uma mãe e duas irmãs, todas chamadas Giacomina.
3. O soldado Marmittone, desajeitado e inadequado à vida militar, era um personagem popular do *Corriere dei piccoli* criado pelo ilustrador Bruno Angoletta no final dos anos 1920.
4. Bruno Munari (1907-1998), figura de destaque na arte gráfica e no design do século XX, é também autor de inúmeros livros para crianças.

FENOGLIO DEZ ANOS DEPOIS [pp. 172-4]

1. "Calvino parla di Fenoglio", em *Fenoglio: dieci anni dalla morte*, org. Mario Miccinesi, *Uomini e libri*, VIII, 40, set./out. de 1972, pp. 24-5.
2. Também numa carta a Maria Corti de 15 de fevereiro de 1969, IC escrevera: "Posso datar com uma certa segurança: outono de 1956, a vez que o vi em Alba e confiou-me ('uma coisa que, se eu lhe contar, você não vai acreditar') que ele escrevia em inglês e depois traduzia para o italiano" (*Maria Corti. Congedi primi e ultimi. Inediti, documenti e testimonianze*, org. Renzo Cremante e Angelo Stella, *Autografo*, XVIII, 44, 2002, p. 155).
3. Alguns anos antes, numa curta intervenção com o título "Uno scrittore senza eredi", publicado nos *Quaderni dell'Istituto Nuovi Incontri di Asti* (4, 5 de junho de 1968), IC escrevera: "Beppe Fenoglio conseguiu ser um homem solitário e silencioso numa época em que os escritores caem facilmente na armadilha de se acreditarem personagens públicos. Soube se defender tão bem que, hoje, resta-nos dele, como homem, somente uma imagem de traços ressentidos e altivos, mas, no fundo, apenas uma máscara atrás da qual oculta-se alguém que continua desconhecido para nós. Até agora o único testemunho que nos dá alguma informação adicional sobre ele é a de um amigo, o filósofo Pietro Chiodi (*La Cultura*, 1965, pp. 1-7). Para Chiodi, que conhecia bem o homem Fenoglio, ou, pelo menos, possuía mais elementos para conhecê-lo, é a obra que se apresenta como imprevisível e misteriosa, que opõe resistência às suas chaves interpretativas, e o leva a indagar sobre as razões gerais da dimensão literária desse sistema de oposições simbólicas que é a literatura./ A própria refle-

xão sobre Fenoglio convida-nos a repensar a essência da operação literária, embora a página escrita tenha se tornado, para nós, o ponto de partida da investigação. A obra de Fenoglio, contida em poucas centenas de páginas e culminando no ápice cortante de *Una questione privata*, é como a parte emersa de um iceberg, que pressupõe um bloco interior submerso./ Beppe Fenoglio foi para nós talvez a última encarnação de uma figura histórica de escritor, que deixou marca própria nas narrativas literárias do segundo quarto deste século e agora desapareceu sem deixar herdeiros: escritor que exprime ao mesmo tempo a solitária consciência de uma tensão interior e o mito extrovertido de uma vida prática e ativa. E, como os melhores daquela esparsa falange, escolheu como bancada de testes da sua vontade e da sua graça, o estilo. O estilo, isto é, o ponto em que se unem individualidade e comunicação, conteúdo ético e forma".

A CIDADE COMO LUGAR DA MEMÓRIA E DOS DESEJOS [pp. 175-7]

1. Autoentrevista publicada com títulos editoriais diferentes e variantes mínimas em jornais de difusão regional, entre os quais *Il nostro tempo* (Turim), 15 out. 1972; *Messaggero veneto*, 24 nov. 1972; *L'Unione sarda*, 9 dez. 1972; *Gazzetta di Parma*, 14 dez. 1972; *Il Lavoro*, 3 jan. 1973. O original mimeografado conservado no Arquivo Einaudi intitula-se "Italo Calvino parla del suo nuovo libro *Le città invisibili*".

CINQUENTA E CINCO CIDADES [pp. 178-81]

1. "Sfogliando l'atlante (colloquio con l'autore)", *L'Espresso,* XVIII, 45, 5 nov. 1972, p. 11.

QUERIA PARAR E PÔR UM POUCO DE ORDEM [pp. 182-98]

1. "Italo Calvino", em Ferdinando Camon, *Il mestiere di scrittore. Conversazioni critiche*, Garzanti, Milão, 1973, pp. 181-201; depois, com o título "Colloquio con Ferdinando Camon", em *Saggi*, pp. 2774-96.
2. Numa carta a Edoardo Sanguineti de 5 de fevereiro de 1974, IC escreve: "O estado de consistência das minhas ideias hoje me leva a preferir, em lugar do gênero ensaio — e daquela peremptoriedade que ele exige —, o gênero diálogo, diálogo verdadeiro, isto é, debatendo com um interlocutor não fictício, mas ainda assim sempre um diálogo fictício, ou seja, escrito fazendo de conta que se fala. (Integrando ou não uma conversa ao vivo.) Comecei a praticar esse gênero no ano passado escrevendo respostas orais fictícias a Ferdinando Camon para a reedição do seu livro, aliás, pouco ameno, *Il mestiere di scrittore*, isto é, adaptando ou inventando as suas perguntas ou objeções às minhas respostas. E percebi que, para mim, este é o sistema mais indicado para discussões, digo, discutir por escrito com um ar de conversa. E pensei que esta poderia ser a fórmula de revista possível hoje, uma revista-diálogo: a cada número, duas pessoas debatem um tema, uma gravação (fictícia) de um diálogo verdadeiro, e depois textos, documentos e peças de apoio à discussão" (*Lettere,* pp. 1226-7).
3. Trata-se de *La disparition*, Denoël, Paris, 1969 (trad. ital. de Piero Falchetta com o título *La scomparsa*, Guida, Nápoles, 1995); e de *Les revenentes*, Julliard, Paris, 1972.
4. Ver a entrevista de Giorgio Fanti de 1971, aqui às pp. 163-8.
5. Einaudi, Turim, 1966.

O REFERENDO SOBRE O DIVÓRCIO [pp. 199-201]

1. "Quelli che dicono 'no'", entrevista de Ruggero Guarini sobre o referendo de 12 de maio de 1974, *Il Messaggero*, 18 jun. 1974, p. 3.

INSTABILIDADE E INGOVERNABILIDADE [pp. 202-6]

1. "Le città instabili di Italo Calvino (Scrittori e politica)", entrevista de Enzo Siciliano, *La Stampa*, 21 nov. 1974, p. 3. Estão aqui reproduzidas as perguntas e respostas escritas por IC — em quatro folhas datilografadas com numerosas correções autógrafas e em duas folhas manuscritas conservadas entre seus papéis —, apenas levemente diferentes das publicadas.

SCIASCIA, UM SILENCIOSO QUE TEM MUITO A DIZER [pp. 207-10]

1. "Un silenzioso che ha molto da dire", entrevista de Ferdinando Scianna, *L'Ora*, 10 jun. 1975, p. 3. A entrevista, realizada em Paris em 9 de junho de 1975, inspirava-se na candidatura de Leonardo Sciascia às eleições municipais de Palermo.
2. Trata-se de "Cronache scolastiche", que IC fez publicar no n. 12 (jan.-fev. 1955) de *Nuovi Argomenti*, e que constituiu o primeiro núcleo do livro *Le parrocchie di Regalpetra*, Laterza, Bari, 1956. Cabe lembrar que IC redigiu diversas apresentações editoriais (quartas capas, orelhas, fichas) para os livros de Sciascia publicados pela Einaudi.

A CIDADE DO FUTURO [pp. 211-8]

1. "Calvino e una città invisibile", em Claudio Marabini, *Le città dei poeti*, Società Editrice Internazionale, Turim, 1976, pp. 181-8. Versões mais curtas da entrevista, com os títulos "Un futuro in bicicletta (Gli scrittori e le città: Calvino)" e "La metropoli dell'avvenire", em *La Nazione* e *Il Resto del Carlino* de 12 de dezembro de 1975.
2. Ver aqui às pp. 144-6 a entrevista ao *Gazzettino* de 9 de maio de 1968.
3. IC descreve estes lugares num texto, "Il mihrab", extraído "das anotações de uma viagem de 1975" ao Irã e publicado em 1984 em *Collezione di sabbia* (Garzanti, Milão, 1984) [Coleção de areia (Companhia das Letras, São Paulo, 2010)]; depois em *Saggi*, pp. 611-4.

O DIALETO [pp. 219-21]

1. Respostas à pesquisa de Walter Della Monica, "Il rapporto con la lingua (Inchiesta sulla fine dei dialetti)", intervenções de IC, Franco Fortini, Umberto Bosco, Corrado Grassi, *La Fiera letteraria*, LII, 71 (19), 9 maio 1976, pp. 4-5. O texto integral aqui reproduzido (no jornal faltam os parágrafos 2, 4, parte do 6, 7 e 8) está conservado entre os papéis de IC com o título "Il dialetto" e a nota autógrafa: "Resposta a uma pesquisa de Walter Della Monica. Alguns pontos foram publicados em *Fiera letteraria* de 9 de maio de 1976"; depois em *Eremita* em Paris, e em *Saggi*, pp. 2814-7.
2. Respondendo muitos anos antes a uma das "9 domande sul romanzo" (*Nuovi Argomenti*, 38-39, maio/ago. 1959, p. 11; depois em *Saggi*, p. 1528), IC escrevera: "O dialeto pode servir como molde para a língua de um escritor, isto é, como ponto de referência em determinadas escolhas linguísticas. Uma vez estabelecido que sob o meu italiano há o dialeto x, escolherei de preferência vocábulos, construções, usos, que remetam ao clima linguístico x, ao

invés de vocábulos, construções, usos que remetam a outras tradições. Esse sistema pode servir para dar coerência e clareza a uma linguagem narrativa, até o momento em que se torna uma limitação às faculdades de expressão; então é preciso mandá-lo aos diabos".

3. Trata-se muito provavelmente de Paolo Manuel Gismondi (1898-1968), prefeito de Sanremo e deputado democrata-cristão no segundo pós-guerra, representado por Soldati no romance *L'attore*.

O ESCRITOR E A TRADIÇÃO [pp. 222-35]

1. Entrevista realizada em italiano em Paris em março de 1977. A tradução inglesa de G. Almansi foi publicada com o título "Italo Calvino talks to Guido Almansi", em *The New Review* (Londres), IV, 39-40, jun./jul. 1977, pp. 13-9 (uma tradução italiana de Mario Boselli foi publicada com o título "Intervista a Italo Calvino", em *Nuova corrente*, XXXIV, 100, jul./dez. 1987, pp. 387-408). O texto publicado aqui, mais coloquial e genuíno do que o traduzido para o inglês e depois italiano, segue basicamente a transcrição datilografada italiana do entrevistador, conservada no Fondo G. Almansi do Archivio Prezzolini, da Biblioteca cantonale di Lugano: agradeço a Diana Rüesch, que gentilmente a cedeu.

2. Na versão impressa de *The New Review* e de *Nuova corrente* segue uma frase que falta na transcrição datilografada: "Então não era cosmopolita nem provinciano. Eu havia lido livros que podiam interessar a qualquer jovem de província. Lia os livros que estavam nos programas escolares e depois uma quantidade de autores estrangeiros traduzidos".

3. Ver a entrevista de Bernardo Valli, aqui às pp. 260-3.

4. Numa carta aberta a Anna Maria Ortese publicada com o título "Occhi al cielo" no *Corriere della Sera*, de 24 dez. 1967, p. 11 (depois, com o título "Il rapporto con la luna" ["A relação com a Lua"], em *Assunto encerrado*, e em *Saggi*, p. 228), IC afirmara: "O maior escritor da literatura italiana de todos os séculos, Galileu, assim que começa a falar da Lua, eleva sua prosa a um grau de precisão e evidência e, ao mesmo tempo, de rarefação lírica prodigiosas. E a língua de Galileu foi um dos modelos da língua de Leopardi, grande poeta lunar...". E numa entrevista de 1968 para a televisão, sobre "Ciência e literatura", ele dissera: "Em seu *Zibaldone*, Leopardi admira a prosa de Galileu pela precisão e elegância conjuntas. E basta observar a escolha de trechos de Galileu feita por Leopardi em sua *Crestomazia della prosa italiana*, para compreender quanto a língua leopardiana — mesmo do Leopardi poeta — deve a Galileu. Mas, para retomar a conversa de há pouco, Galileu usa a linguagem não como um instrumento neutro, mas com consciência literária, com uma ininterrupta participação expressiva, imaginativa, até lírica. Ao ler Galileu, gosto de buscar as passagens em que ele fala da Lua: é a primeira vez que a Lua se torna para os homens um objeto real, que é descrita minuciosamente como coisa tangível, no entanto, assim que a Lua aparece, na linguagem de Galileu percebemos uma espécie de rarefação, de levitação: elevamo-nos em encantada suspensão. Não por acaso Galileu admirou e postilou aquele poeta cósmico e lunar que foi Ariosto (Galileu comentou também Tasso, mas aí ele não foi um bom crítico: justamente porque sua paixão por Ariosto, que chegava a ser sediciosa, levou-o a criticar impiedosamente Tasso, quase sempre de forma injusta). O ideal de olhar sobre o mundo que guia também o Galileu cientista é alimentado pela cultura literária. Tanto que podemos marcar uma linha Ariosto-Galileu-Leopardi como uma das mais importantes linhas de força da nossa literatura (*L'Approdo letterario*, XIV, 41, jan./mar. 1968, p. 107; depois com o título "Due interviste su scienza e letteratura", em *Assunto encerrado*, e em *Saggi*, pp. 231-2).

5. O rondismo foi um movimento literário italiano do começo do século XX. Seu nome deriva da revista literária *La Ronda*, criada por literatos contrários à vanguarda, que propunham a retomada do estilo clássico, vendo em Leopardi seu grande guia. (N. T.)

6. Na versão impressa de *The New Review* e de *Nuova corrente* segue uma frase que falta na transcrição datilografada: "Penso naquela conversa admiravelmente absurda no final de

■ *NASCI NA AMÉRICA...*

Education sentimentale [*A educação sentimental*] de Flaubert, sobre aquela aventura no bordel que os dois amigos *não* tiveram". A admiração que IC sempre manifestara pelo final de *Education sentimentale* [*A educação sentimental*] está documentada pela conferência de 1958 *Natura e storia nel romanzo* (*Saggi*, p. 36) e por "Cominciare e finire", o texto de 1985 publicado por Mario Barenghi como Apêndice das *Lezioni americane* (*Saggi*, p. 749).

7. Em 8 de fevereiro de 1977, em Viena, IC havia recebido o Staatspreis für Europäische Literatur, concedido pelo Ministério austríaco da Instrução e da Arte.

8. Numa entrevista de televisão de 1979 IC dirá: "Para os escritores que, como eu, não são especialmente atraídos pela psicologia, pela análise dos sentimentos e pela introspecção, abrem-se horizontes que certamente são tão vastos quanto os dominados por personagens de individualidade bem esculpida, ou aqueles que se revelam aos exploradores do interior da alma humana. O que me interessa é o mosaico em que o homem se encontra preso: o jogo de relações, a figura a ser descoberta entre os arabescos do tapete. Pois já sei, com certeza, que do humano não escapo, embora não faça nenhum esforço para transpirar humanidade por todos os poros".

A CULTURA DO PCI NOS ANOS DO STALINISMO [pp. 236-40]

1. Bernardo Valli, "Andrej Zhdánov l'indistruttibile. Ma Togliatti-Roderigo consigliava ai compagni di leggere De Sanctis (Italo Calvino rievoca la linea ideologica del PCI in quegli anni)", *La Repubblica*, 14 dez. 1977, pp. 12-3.

2. O livro de Aleksandr Bek fora traduzido pela Edizioni di Cultura Sociale, Roma, 1951.

3. Entrevistado alguns meses depois por Italo A. Chiusano, IC dirá: "A política ocupou um grande espaço na minha juventude, especialmente durante os doze anos em que estive no PCI. Hoje acredito que atribuir tanto espaço à política é uma coisa errada. O que conta é a civilização como conjunto de todas as atividades humanas. E a moral como escolha de valores. Essas duas coisas determinam a política e por ela são determinadas. As múltiplas atividades humanas e conteúdos morais muitas vezes se desenvolvem independentemente ou a despeito das intenções dos regimes e dos governos. Creio que o mundo deve ser mudado, mas que as mudanças importantes são aquelas lentas ou lentíssimas, que às vezes a vida política não registra ou registra sempre em atraso. Dito isto, permaneço muito ligado a certas características que foram a imagem positiva do comunista, para mim, e que levaram a me identificar com esse modelo de vida... Dedicar-se ao bem comum, à disciplina interior, enfrentar as situações difíceis, o sentido da história. Embora hoje me pareça impossível utilizar rótulos políticos a não ser muito genéricos, situo-me ainda numa história que tem como espinha dorsal o movimento operário" ("Calvino, il futuro che vorrei vedere", *Nuova Gazzetta del popolo*, 23 jul. 1978, p. 2).

SITUAÇÃO 1978 [pp. 241-6]

1. "Colloquio con Italo Calvino. Un altrove da cui guardare l'universo", de Daniele Del Giudice, *Paese sera*, 7 jan. 1978, p. 3; depois, com o título "Situazione 1978", em *Eremita em Paris*, e em *Saggi*, pp. 2828-34.

2. "Passo aqui, em média, cinco ou seis meses por ano; mas todo mês passo pelo menos uma semana na Itália. Oficialmente resido na Itália, em Turim; pago os impostos na Itália; enfim, continuo, para todos os efeitos, italiano. Em Paris tenho minha vida familiar: aqui moram minha mulher, minha filha. É como se tivesse uma casa de campo, que por mero acaso encontra-se em plena Paris. Trago as coisas para fazer, os livros ou os originais para examinar para a Einaudi, e aqui trabalho mais tranquilo, não tendo grandes relações com a cidade. É como se estivesse, justamente, no campo. Fico resguardado pela relativa dificuldade que existe em me telefonarem da Itália, o prefixo a acrescentar, a linha que cai, e assim por diante. Naturalmente aqui há sempre

Paris à disposição, com tudo o que Paris oferece: exposições, concertos, teatro, cinema... É muito e seria muitíssimo se alguém tivesse tempo e energia para se movimentar mais, em vez de se render a uma certa preguiça. Lembro que, quando vinha a Paris como turista, três ou quatro vezes ao ano, via mais coisas em poucos dias do que agora, morando em Paris por meses" ("Lo scrittore dimezzato", entrevista de Dario Zanelli, *Il Resto del Carlino*, 15 jan. 1978).

VERNE, UM ESCRITOR DIFÍCIL DE DEFINIR [pp. 247-9]

1. "Viaggio al centro di Jules Verne. Non siamo ancora riusciti a decifrarlo... (Come Italo Calvino, autore di racconti immaginari, giudica il narratore francese)", entrevista de Bernardo Valli, *La Repubblica*, 29-30 jan. 1978, pp. 10-1. Em 8 de fevereiro de 1978 era o 150º aniversário do nascimento de Verne.

PARTIR DO POSSÍVEL [pp. 250-5]

1. "Calvino: l'Italia ha tante facce", entrevista de Giorgio Fanti, *Paese sera*, 10 abr. 1978, p. 3.
2. Dizendo "ressurgimento da polêmica", Fanti se refere à discussão ocorrida no ano anterior, entre abril e julho de 1977, em alguns dos principais jornais e periódicos italianos (*Corriere della Sera*, *La Stampa*, *La Repubblica*, *l'Unità*, *L'Espresso* e outros). Participaram escritores, políticos e intelectuais, entre os quais — além de Sciascia — Giorgio Amendola, Alberto Arbasino, Alberto Asor Rosa, Norberto Bobbio, IC, Cesare Cases, Natalia Ginzburg, Ugo La Malfa, Geno Pampaloni, Luigi Pintor, Edoardo Sanguineti, Paolo Spriano, Giovanni Testori, Antonello Trombadori. Grande parte das intervenções foi reunida por Domenico Porzio num livro de bolso intitulado *Coraggio e viltà degli intellettuali*, Mondadori, Milão, 1977. A discussão fora provocada por Eugenio Montale que, entrevistado por telefone por Giulio Nascimbeni (*Corriere della Sera*, 5 de maio de 1977), havia dito que compreendia e compartilhava a renúncia (por medo) de alguns jurados populares a participar do processo turinês contra as Brigadas Vermelhas. Também Sciascia, com argumentos diferentes, escrevera que jamais faria parte de um júri popular num processo contra as BV.
3. Entrevistado naqueles dias por Saverio Vertone ("La verità è spiacevole ma bisogna dirla", *Nuovasocietà*, VI, 124, 1º maio 1978, pp. 59-60), IC diz: "Sciascia é um homem de cultura liberal que teve confiança no Estado, uma confiança bastante rara entre os intelectuais italianos. Lembremo-nos dos seus romances, em que o personagem positivo é um *carabiniere* ou um juiz. Se se levar isso em conta, entende-se também por que alguém que via o Estado como elemento positivo, transfigurando-o, aliás, num ideal bastante utópico, pode depois cair numa desilusão profunda e também no ressentimento. [...] Não me exprimo e jamais me exprimiria assim, pois me dou conta da gravidade da situação. Porém, num país em que tantas coisas não funcionam e haveria tantas pessoas a acusar, parece-me injusto implicarem com os intelectuais. O fato de que, num certo momento, Sciascia, Montale ou Moravia sejam escolhidos como alvo da polêmica faz com que eu, que penso de modo diferente e não gostaria de discutir com eles, me dissocie das acusações dos políticos. Se se quiser que digam algo diferente, procurem interpretar as palavras deles". IC voltará ao tema na resenha do *Affaire Moro* [*O caso Moro*] de Sciascia ("Moro ovvero una tragedia del potere", *L'Ora*, 4 nov. 1978, p. 1; depois em *Saggi*, pp. 2349-52).
4. Fanti se refere às drásticas medidas de emergência que o diretor do *Stampa*, Arrigo Levi, segundo o deputado Ugo La Malfa, propusera no seu jornal em 28 de março de 1978.
5. Num artigo publicado no *Corriere della Sera* de 20 de março de 1978, Moravia escrevera que, diante do que estava acontecendo na Itália naquele período, sentia um profundo "distanciamento que não é indiferença".

VOLTAIRE E ROUSSEAU [pp. 256-9]

1. Enrico Filippini, "L'ironia e l'estasi (Intervista con Italo Calvino)", *La Repubblica*, 18 abr. 1978, p. 11 (sobre o bicentenário da morte de Voltaire e Rousseau).

STEVENSON, O HOMEM QUE NARRAVA HISTÓRIAS [pp. 260-3]

1. Bernardo Valli, "Quei 'cattivi' pieni di fascino (A colloquio con Italo Calvino)", *La Repubblica*, 5-6 nov. 1978, pp. 16-7.
2. Sobre *Master of Ballantrae*, ver a entrevista seguinte de Nico Orengo.
3. "O escritor ideal para mim é, talvez, Stevenson. Sua narrativa é plena de força moral e é uma fábula; ele, como homem quero dizer, está lutando contra o mal, é fraco e doente, mas com a coragem consegue, salva-se. E quando vai morar naquela ilha, quando já está muito mal, não só consegue escrever, mas se torna para os habitantes locais uma espécie de chefe santo. Faz-se adorar como homem mesmo. Uma vida e um talento não desperdiçados, não egoístas. Ele existiu para os outros não só pela sua arte, mas como homem em vida" ("Ho detto 'Ti amo' in tram", entrevista de Giorgio Soavi, *Amica*, 9, 1º mar. 1983, pp. 26-8).

SOU UM BOM MENINO [pp. 264-7]

1. Nico Orengo entrevista ic, em *Buonasera con... Calvino*, programa de Lucia Bolzoni, Nico Orengo, Donatella Ziliotto, direção de Vittorio Nevano. Transmitida na RAI Due em 5 de junho de 1979.
2. Ver a propósito a entrevista anterior de Bernardo Valli.
3. A minissérie em cinco episódios do *Morgado de Ballantrae*, transmitida pela RAI Uno em janeiro-fevereiro de 1979, era assinada pelo diretor Anton Giulio Majano; os dois irmãos foram interpretados por Giuseppe Pambieri e Luigi La Monica.

CARÁTER GENÉRICO DA PALAVRA, EXATIDÃO DA ESCRITA [pp. 268-81]

1. "Italo Calvino", entrevista de Marco d'Eramo, *Mondoperaio*, XXXII, 6, 1979, pp. 133-8.
2. Na verdade *Il Politecnico* teve no início periodicidade semanal (1945-1946) e depois, antes de fechar em 1947, mensal.

UMA HISTÓRIA QUE NÃO TERMINE NUNCA [pp. 282-6]

1. "Ho voluto narrare la mistificazione del nostro tempo", entrevista de Giorgio Fanti sobre *Se um viajante numa noite de inverno*, *Paese sera*, 19 jun. 1979, p. 3; idêntica, com o título "E l'ignaro lettore si ritrovò a pagina uno (Italo Calvino parla del suo nuovo romanzo-rompicapo)", *L'Ora*, 21 jun. 1979, p. 12.
2. "... a moral, a conclusão do livro é que a leitura pode descobrir o fundo de verdade que há também na mistificação mais exagerada. Este é o triunfo da Leitora, de Ludmilla. Assim como para o psicanalista, que o paciente diga a verdade ou não, é a mesma coisa, porque a mentira é tão significativa quanto a sinceridade, em toda narrativa, em toda escrita, a mistificação verdadei-

ra, isto é, com o prazer da mistificação, revela sempre algo da verdade" ("Signori, vi imbroglio per amor di verità", entrevista de Bernardo Valli, *La Repubblica*, 19 jun. 1979, p. 15).

3. Sobre o papel ativo da leitora, IC retorna em outras entrevistas: "Essa Ludmilla representa também o espírito da leitura, propõe-se um ideal de leitura diferente e, ao mesmo tempo, uma atitude diferente em relação ao mundo. Há uma contínua insatisfação nela, mas também uma contínua confiança na busca — digamos — de uma verdade". ("Signori, vi imbroglio per amor di verità", entrevista de B. Valli cit.).

"O tema do livro não é a semiologia ou a narratologia, mas o prazer de ler um romance, o prazer de 'ver como termina'. Ludmilla é uma leitora de romances que tem seu espírito crítico próprio, como todos os verdadeiros leitores, e a cada vez retifica, especifica o seu gosto, exclui alguns tipos de narrativa e procura outros, mas sempre continua a acreditar naquela relação especial que existe entre o romance e o leitor" ("Calvino: Ludmilla sono io", entrevista de Nico Orengo, *Tuttolibri*, v. 29, 28 jul. 1979, p. 3).

Em 1981, respondendo a uma observação do jornalista francês Eric Neuhoff que, sobre as relações entre o Leitor e a Leitora, apontava o livro como um meio de sedução entre os dois, IC dirá: "Sim, é uma velha história que começa com o canto V do *Inferno* de Dante, quando a sedução mútua de Paolo e Francesca se dá por meio de um livro. A Leitora é mais personagem do que o Leitor. O Leitor é um vazio que deixei aberto para que se possa entrar no livro, enquanto a Leitora tem um papel ativo. É ela que representa o espírito, o desejo da leitura. É ela que enuncia a cada capítulo um tipo de romance diferente que gostaria de ler, e o trecho de romance seguinte nasce dessa indicação. Para retornar a Dante, ela é a Beatriz que conduz o Leitor ao paraíso da leitura, a esse incerto paraíso da leitura ("Italo Calvino: l'écrivain masqué", entrevista de Eric Neuhoff, *Quotidien de Paris* [Le quotidien des livres], 399, 10 mar. 1981, p. 29).

4. "Queria fazer um mostruário de possibilidades narrativas diferentes, mas não queria fazer um pastiche, paródias, nem paródias de certos autores, nem paródias de gêneros de romance. Naturalmente, em todo conto a minha voz aparece um pouco alterada, como num falsete diferente a cada vez, mas creio ser sempre eu. [...] São situações, quase todas elas, que inventei na hora. Talvez uma só, a dos telefones, é o início de um romance que pretendia escrever e nunca escrevi porque, justamente, nunca imaginei a continuação. O último, aquele do fim do mundo, saiu como um conto autônomo que poderia ter publicado à parte" ("Signori, vi imbroglio per amor di verità", entrevista de B. Valli cit.).

"Algumas [daquelas dez histórias] são contos fechados em si; não sei se isso no plano do livro é um fato positivo ou negativo. Aprecio especialmente o último, aquele do fim do mundo por anulação, que me parece o mais acabado e que também tem algo a dizer" ("Calvino: Ludmilla sono io", entrevista de N. Orengo cit.).

PROCURAVA UM LIVRO PARA LER, ESCREVI DEZ [pp. 287-90]

1. "Cercavo un libro da leggere, ne ho scritti dieci", *L'Europeo*, XXXV, 27, 5 jul. 1979, p. 128.
2. "... a separação estilística entre a moldura e os inícios [...] foi exatamente o problema que me deu mais trabalho. Quis manter deliberadamente a moldura num nível 'abaixo' dos meus vários estilos possíveis. E naturalmente devia evitar que descesse demais, que caísse na facilidade. Este é o ponto que também desperta reservas em Geno Pampaloni, expressas... bem... com muita fineza" ("Calvino: Ludmilla sono io", entrevista de Nico Orengo, *Tuttolibri*, v, 29, 28 jul. 1979, p. 3).

PUBLICAR CADA LIVRO COM UM NOME DIFERENTE [pp. 291-4]

1. "Come si può poetare con tutta questa confusione?", entrevista de Francesca Salvemini datada "Castiglione della Pescaia, 10 de julho de 1979", *Lotta continua*, 19 jul. 1979, p. 10;

depois em F. Salvemini, *Il realismo fantastico di Italo Calvino*, Edizioni Associate, Roma, 2001, pp. 57-61 (fac-símile do manuscrito original de IC em quatro páginas finais não numeradas: foi base para a revisão do texto impresso).

2. Alexandre Kojève (Aleksandr Vladimirovitch Kozhevnikov, 1902-1968), filósofo russo naturalizado francês, nos anos 1930 realizou na École Pratique des Hautes Études uma série de seminários muito concorridos sobre Hegel, em especial sobre a *Fenomenologia do espírito*: aliás, deve-se a Queneau, que anotara escrupulosamente essas aulas, a publicação delas em 1947 com o título *Introduction à la lecture de Hegel* (trad. ital. Adelphi, Milão, 1996). "Queneau, que trabalhou por mais de trinta anos na *Encyclopédie de la Pléiade* [...], nutria uma grande paixão pelas matemáticas, principalmente pela matemática numérica, e tinha muitos amigos entre os matemáticos. Agora a Einaudi apresentará um livro de Queneau [*Segni, cifre e lettere e altri saggi*, publicado em 1981, org. IC] que dará a medida de todos esses seus interesses, desde uma certa visão da filosofia de Hegel através de Alexandre Kojève às matemáticas, desde a cosmologia à biologia" ("Intervista a Italo Calvino", *Notiziario Einaudi*, verão de 1979, p. 9). Ver a entrevista sobre Queneau aqui às pp. 490-2.

3. "A aproximação a Almotásim", escrito por Borges em 1935 e depois reunido em *Ficções*.

4. O Skylab, laboratório espacial americano colocado em órbita em 1973 para o estudo do Sol e da poluição da Terra, e projetado para resistir até 1983, desintegrou-se em 11 de julho de 1979. Seus fragmentos caíram no oceano Índico, sem, todavia, causar os temidos danos caso caíssem numa área habitada. Em 10 de julho de 1979, o *Corriere della Sera* dedicou parte da primeira página a esse evento ("Quando la paura viene dal cielo. Ricordando Seveso, aspettando Skylab non facciamo il processo alla scienza"): um artigo de Giulio Nascimbeni estava acompanhado por curtas entrevistas organizadas por Andrea Bonanni ("Fino a che punto l'uomo può osare. Ne parlano Cesare Musatti, Italo Calvino, monsignor Virgilio Levi, Alberto Moravia e Carlo Bo"). IC deu a seguinte resposta: "Diante da má tecnologia não há senão a tecnologia boa. Talvez, se houvesse um pouco menos de tecnologia, vivêssemos melhor. Mas é um processo irreversível. É inútil fazer sermões. Agora os Seveso, os Skylab são casos isolados. No futuro serão sempre mais numerosos, mas não devemos nos iludir: é preciso que a sociedade seja capaz de dominar as forças das quais não podemos nos privar. Voltar atrás é impossível. Não haveria senão Seveso por todos os lados. As centrais nucleares? Será realmente necessário que aprendam a controlar essas fontes de energia. Agora elas atemorizam também porque a sociedade é constituída por ineptos, por atrapalhados". A solução? "Somente a criação de um mundo de responsáveis pode resolver os problemas. É um fato moral. O próprio progresso técnico é um progresso moral. Não existe a ciência como divindade oracular. A ciência não fala. Quem fala e age são somente as pessoas que têm as devidas competências, interesses e responsabilidades. É entre essas pessoas que é preciso procurar os culpados por certas situações".

5. A pergunta foi extraída de uma história do Pato Donald.

ACREDITO APENAS NOS MOVIMENTOS LENTOS [pp. 295-306]

1. "Al diavolo gli intellettuali", entrevista de Maria Luigia Pace, *Panorama*, XVII, 693, 30 jul. 1979, pp. 80-9.

2. O número de *Panorama* datado de 20 de agosto de 1979 publicará na p. 8 com o título "Libri e figli" a seguinte carta de retificação de IC: "Lendo a conversa comigo publicada em *Panorama* 693, vejo que minha resposta à pergunta se dar à luz um livro é como dar à luz um filho foi: 'Fazer um filho é um processo muito menos natural'. Apesar dos meus esforços de memória, não consegui reconstituir um raciocínio que me possa ter levado a sustentar uma tese tão estranha. Por isso tendo a acreditar que a frase foi mal entendida. A minha resposta, portanto, deve ser corrigida (em consonância com as minhas outras afirmações sobre o esforço

de escrever): 'Um *livro* é um processo muito menos natural...'. Italo Calvino, Castiglione della Pescaia".

3. Numa carta de IC de 11 de outubro de 1948 ao escritor de Viareggio Silvio Micheli, lê-se: "Passei belos dias em Stresa com Hemingway, junto com Natalia e Giulio Einaudi" (*Lettere*, p. 233).

4. Esse apólogo será retomado nas *Lezioni americane* [*Seis propostas para o próximo milênio*], como conclusão de *Rapidità* [*Rapidez*].

5. Valerie Jean Solanas (1936-88), feminista militante americana, autora em 1967 do *S.C.U.M. Manifesto* (trad. it. *S.C.U.M. - Manifesto per l'eliminazione di maschi*, Edizioni delle donne, Roma, 1976).

6. É *La vera storia*, que será representada no Teatro alla Scala de Milão em março de 1982.

7. É *Un re in ascolto*, que será representada no Festival de Salzburgo em agosto de 1984.

O HOMEM ATINGIU A MAIORIDADE? [pp. 307-10]

1. "Italo Calvino: ragione e menzogna", entrevista de Paolo Mauri, *La Repubblica*, 26-27 ago. 1979, p. 11.

DUVIDO SEMPRE MAIS [pp. 311-8]

1. Christian Delacampagne, "Italo Calvino, classique romantique", *Le Monde*, 16-17 dez. 1979, pp. XVI-XVII de *Le Monde dimanche*; a entrevista foi depois reunida por Ch. Delacampagne, com o título "Italo Calvino", em *Entretiens avec Le Monde. 2. Littératures*, Editions La Découverte; Le Monde, Paris, 1984, pp. 31-41.

2. Palavras e conceitos idênticos encontram-se na entrevista de Marco d'Eramo (aqui à p. 280); e na conversa de 1973 com Ferdinando Camon (aqui à p. 183).

3. R. Queneau, *Segni, cifre e lettere e altri saggi*, introdução de IC, trad. de G. Bogliolo, Einaudi, Turim, 1981.

SOBRE O NEOINDIVIDUALISMO [pp. 319-23]

1. "Calvino: io, io, io e gli altri (Intervista con lo scrittore sul 'neo-individualismo')", de Lietta Tornabuoni, *La Stampa*, 12 jan. 1980, p. 3.

2 Ver a entrevista de Giorgio Fanti, aqui às pp. 163-8.

3. Sun Myung Moon (1920), mais conhecido como "reverendo Moon": pregador sul-coreano, fundador da Igreja da Unificação, movimento religioso com milhões de fiéis no mundo todo. Conhecido principalmente pelos casamentos coletivos, celebrados no estádio de Seul, no Madison Square Garden de Nova York, por videoconferência, e depois pela internet.

4. O maior suicídio coletivo do século XX, ocorrido em 18 de novembro de 1978 em Jonestown, na Guiana: os mais de mil adeptos, todos americanos, de uma seita cristã-batista fundada e dirigida pelo reverendo Jim Jones (1931-78) foram induzidos pelo reverendo a tomar suco de abacaxi com cianureto, para impedir uma invasão das forças do Mal. Morreram 911 pessoas.

UM CATÁLOGO DE ROMANCES DESEJADOS [pp. 324-7]

1. "Incontro con Italo Calvino", *Uomini e libri*, 77, jan./fev. de 1980, pp. 40-1.
2. "Se una notte d'inverno un narratore", *Alfabeta*, I, 8, dez. 1979, pp. 4-5; depois em *Romanzi e racconti*, 2, pp. 1388-97.
3. *Una pietra sopra. Discorsi di letteratura e società*, Einaudi, Turim, 1980 [*Assunto encerrado. Discursos sobre literatura e sociedade*, Companhia das Letras, São Paulo, 2009]. Sobre esse livro, ver as entrevistas de Pietro Bianucci e Nico Orengo, aqui às pp. 331-6.

STENDHAL E A COMPLEXIDADE [pp. 328-30]

1. Daniele Del Giudice, "Stendhal, un uomo che avrebbe voluto essere un altro (Intervista sullo scrittore francese con Italo Calvino)", *Paese sera*, 19 mar. 1980, p. 3. A entrevista foi publicada no dia em que IC abria em Milão um seminário stendhaliano com uma apresentação intitulada "La conoscenza della Via Lattea" (depois com o título "La conoscenza pulviscolare in Stendhal", em *Saggi*, pp. 942-58).

ASSUNTO ENCERRADO, O MEU LIVRO PÓSTUMO [pp. 331-6]

1. Piero Bianucci, "Calvino sogna un libro contro gli intellettuali (Intervista con lo scrittore: parole e silenzio)", *Gazzetta del popolo*, 18 abr. 1980, p. 3. Nico Orengo, "Una pietra per ricominciare (A colloquio con l'autore: come giudica i suoi interventi)", *Tuttolibri*, VI, 15, 19 abr. 1980, pp. 3-4.
2. A este ponto Bianucci cita dois parágrafos da Apresentação, inclusive aquele final que termina com a frase: "Para encerrar o assunto".
3. *Il sangue d'Europa. Scritti politici e letterari (1939-1943)*, org. Valentino Gerratana, Einaudi, Turim, 1965.
4. Corrige "estudos" do original impresso.

NO SÉCULO XVIII EU ESTARIA BEM [pp. 337-43]

1. *L'incontro*, entrevista de Salvatore Maria Fares gravada em Roccamare em agosto de 1980 para a Televisão da Suíça italiana; depois em *Per Italo Calvino*, org. S.M. Fares, com textos de Pietro Citati, Mario Rigoni Stern, Grytzko Mascioni, Casagrande, Bellinzona, 1985, pp. 11-7.
2. IC faz alusão ao livro de J.-P Sartre com este título. À mesma pergunta que lhe foi feita pelos estudantes de Pesaro em 1983, responderá com palavras análogas (ver aqui à p. 470).

A TROCA DE GUARDA [pp. 344-9]

1. "La relève de la garde", entrevista de Mario Fusco, *Magazine littéraire*, 165, out. 1980, pp. 17-9.

ADMIRO O ARTESÃO QUE SABE CONTAR [pp. 350-1]

1. "Ammiro l'artigiano che sa raccontare", respostas a quatro de cinco perguntas da pesquisa de Nico Orengo, "Romanzo, se ci sei batti un colpo (Poche novità, molte riscoperte: quale narrativa negli anni '80?)", *Tuttolibri*, VI, 243, 1º nov. 1980, pp. 4-5.
2. Depois que IC tentara inutilmente que a Einaudi traduzisse e publicasse o livro, *La vita istruzioni per l'uso* foi publicado pela Rizzoli (Milão, 1984). Em "Multiplicidade", a última das *Seis propostas para o próximo milênio*, IC escreve: "Outro exemplo daquilo que chamo de 'hiper-romance' é *La Vie mode d'emploi* de Georges Perec, romance extremamente longo, mas construído com muitas histórias que se cruzam (não é por nada que no subtítulo traz *Romans* no plural), renovando o prazer dos grandes ciclos à la Balzac. Creio que esse livro, publicado em Paris em 1978, quatro anos antes da morte prematura do autor aos 46 anos, seja o último verdadeiro acontecimento na história do romance. E isso por vários motivos: o incomensurável do projeto nada obstante realizado; a novidade do estilo literário; o compêndio de uma tradição narrativa e a suma enciclopédica de saberes que dão forma a uma imagem do mundo; o sentido do hoje que é igualmente feito com acumulações do passado e com a vertigem do vácuo; a contínua simultaneidade de ironia e angústia; em suma, a maneira pela qual a busca de um projeto estrutural e imponderável da poesia se tornam uma só coisa" (*Saggi*, pp. 730-1).

SE UM ESCRITOR NUMA NOITE DE OUTONO... [pp. 352-60]

1. "Se una sera d'autunno uno scrittore... Autocolloquio di Italo Calvino", org. Ludovica Ripa di Meana, *Europeo*, XXXVI, 47, 17 nov. 1980, pp. 85-91. No n. 48 de *Europeo* (24 nov. 1980, p. 167) lê-se a seguinte especificação de IC: "Na introdução da minha entrevista publicada no *Europeo* 47, há um ponto que preciso retificar, onde consta: 'As perguntas também... são de Calvino'. A verdade é o contrário. As perguntas são de Ludovica Ripa di Meana e faziam parte de um questionário escrito; eu só as respondi".
2. É *Kagemusha*, a respeito do qual IC escreveu "Il potere dell'uomo seduto", *La Repubblica*, 12 nov. 1980, p. 16; depois em *Saggi*, pp. 1941-3.
3. "Vita segreta di una casa editrice", publicado com o pseudônimo de Enea Traverso no *Bollettino di informazioni culturali* [mimeografado para os livreiros da editora Einaudi], 13, 10 jan. 1948, p. 7-10; depois em *Album Calvino*, org. L. Baranelli e E. Ferrero, Mondadori, Milão, 1995, pp. 91-100.

PODE-SE AINDA NARRAR UMA HISTÓRIA? [pp. 361-9]

1. "C'è ancora possibilità di narrare una storia? (Conversazione tra Italo Calvino e Daniele Del Giudice)", *Pace e guerra*, I, 8, nov. 1980, pp. 24-6.

TENHO SIMPATIA POR QUEM ESCAPA DA PRISÃO [pp. 370-5]

1. "Con gli strumenti dell'ironia", entrevista de Mario Tamponi, *Avanti!*, 15-16 fev. 1981, p. VI do suplemento Cultura.

■ *NASCI NA AMÉRICA...*

A FORÇA DA NARRATIVA [pp. 376-80]

1. "La force narrative (Calvino)", conversa com Jean-Baptiste Para, *Révolution*, 53, 6 mar. 1981, pp. 36-8.
2. Ver a entrevista de Giorgio Fanti, aqui às pp. 163-8.

PROCURO SEMPRE FAZER ALGO NOVO [pp. 381-4]

1. "Un mago chiamato Calvino", entrevista de Luciano Caprile, *Il Lavoro*, 24 mar. 1981, p. 3.
2. "Quattro favole d'Esopo per Valerio Adami (La mano e la linea. I piedi e la figura. La linea orizzontale e il colore blu. La parola scritta, i colori e la voce)", em *Valerio Adami*, Studio Marconi, Milão, 1980; depois em *Romanzi e racconti*, 3, pp. 414-8.

UM CATÁLOGO DE POSSIBILIDADES NARRATIVAS [pp. 385-8]

1. "Celui qui se tient derrière tous ceux qui écrivent (*Si par une nuit d'hiver un voyageur*, d'Italo Calvino)", entrevista de Philippe Di Meo, *La Quinzaine*, 346, 16-30 abr. 1981, pp. 11-2.
2. "Os níveis da realidade em literatura".
3. Assim no texto original.
4. "... o "Pai das Histórias", longevo de idade imemorável, cego e analfabeto, que narra ininterruptamente histórias que ocorrem em terras e épocas de todo desconhecidas dele" (*Se um viajante numa noite de inverno, Romanzi e racconti*, 2, cap. VI, p. 724).

LER OS ROMANCES [pp. 389-99]

1. "Italo Calvino (L'auteur du *Baron perché* a trouvé un sujet en or pour son dernier roman: la lecture des romans)", entrevista de Pierre Boncenne, *Lire*, 68, abr. 1981, pp. 125-35.
2. *I fiori blu*, Einaudi, Turim, 1967.
3. Trata-se di Daniele Ponchiroli (Viadana, 1924-79), por muitos anos redator chefe da editora Einaudi.

UM NARRADOR PARA MOZART [pp. 400-2]

1. "Per il Mozart incompiuto Calvino diventa 'librettista'", entrevista de Maurizio Porro, *Corriere della Sera*, 20 jun. 1981, p. 25.

O FABULISTA CONTEMPORÂNEO [pp. 403-15]

1. Constance Markey, "Italo Calvino: The Contemporary Fabulist", *Italian Quarterly*, XXIII, 88, primavera de 1982, pp. 77-85. A entrevista foi gravada em Roccamare em agosto de 1981.
2. "Fabulous Calvino", *The New York Review of Books*, XXI, 9, 30 maio 1974, pp. 13-21 (trad. ital. com o título "I romanzi di Calvino", em G. Vidal, *Il canarino e la miniera. Saggi letterari 1956-2000*, Fazi, Roma, 2003, pp. 252-69). Trata-se de um longo ensaio sobre os seguintes livros traduzidos em inglês por editores americanos: *A trilha dos ninhos de aranha, O barão*

nas árvores, O cavaleiro inexistente e *O visconde partido ao meio, As cosmicômicas, T = 0, O dia de um escrutinador, As cidades invisíveis.*

3. Ver a propósito a entrevista de Gaetano Rando, aqui às pp. 451-7.

O ESCRUTINADOR DE FILMES [pp. 416-23]

1. Lietta Tornabuoni, "Calvino: il cinema inesistente (Intervista con lo scrittore, in giuria alla prossima Mostra di Venezia)", *La Stampa*, 23 ago. 1981, p. 3; depois em *L'avventura di uno spettatore. Italo Calvino e il cinema*, org. Lorenzo Pellizzari, Lubrina, Bergamo, 1990, pp. 127--34. Giovanna Grassi, "Un Leone e altre bestie (Il Festival di Venezia)", *La Domenica del Corriere*, LXXXIII, 39, 26 set. 1981, pp. 12 e 14.

2. *Africa speaks!* (1930), produzido e interpretado por Paul L. Hoefler, foi dirigido por Walter Futter; *Trader Horn* (1931) por W.S. Van Dyke.

3. Alguns anos depois, respondendo a uma pesquisa de Costanzo Costantini sobre o fechamento das salas cinematográficas ("Il rito perduto", *Il Messaggero di Roma*, 19 jun. 1984, p. 7) IC dirá: "Estamos renunciando a uma parte da nossa cultura, da nossa civilização. O cinema é algo que vive nas salas, que se alimenta da participação do público. Quando, três ou quatro anos atrás, fui convidado para presidir ao júri do Festival de Veneza, propus que os jurados vissem os filmes junto com o público. As reações do público — os risos, as caretas, o tédio etc. — fazem parte do filme. O cinema foi uma das principais fontes da minha formação. Nos anos 1930 e 1940, em Sanremo, ia diariamente ao cinema, às vezes até duas vezes por dia. Havia cinco cinemas, três de estreias, o Centrale, o Supercinema e o Sanremese, e dois de reprises ou filmes menores. Assistia principalmente a filmes americanos e franceses. Era a época dos *Lanceiros da* Índia, dos *A revolta na Bounty*, das comédias de suspense-sentimental com Myrna Loy e William Powell, dos musicais de Fred Astaire e Ginger Rogers, dos mistérios de Charlie Chan e dos filmes de terror de Boris Karloff. Assisti a tudo até a morte de Jean Harlow, que muitos anos depois revivi como morte de Marilyn Monroe, numa época mais consciente da carga neurótica de todo símbolo./ A minha era uma paixão individual, e, justamente por isso, o cinema era um local de encontro, onde me encontrava com os colegas de escola, com os outros adolescentes, embora naquela época não existisse ainda a cinefilia intelectual de hoje. O cinema era um tema de diálogo e de discussão muito mais do que os livros, muito mais do que a literatura. Sem dúvida, viam-se os filmes no escuro, como hoje, aliás, mas o escuro favorecia também outro tipo de encontro. Não tenho nada de pessoal a dizer a esse respeito, mas tenho na minha memória de adolescente a lembrança de que, para uma moça, ir ao cinema com um rapaz já era algo comprometedor. A abordagem não acontecia no cinema, mas em outro local; no cinema acontecia algo diferente. O cinema é uma forma de espetáculo e, como tal, necessita da participação do público. É essa participação do público que o cinema herdou do teatro. O fechamento das salas é uma catástrofe para o cinema".

4. Filme de 1935 de Julien Duvivier, com Annabella, Robert Le Vigan, Jean Gabin, Viviane Romance, Pierre Renoir.

5. Filme de 1935 com Vittorio De Sica, Assia Noris, Luigi Almirante.

6. "Para mim, além do mais, ter conhecido Oliveira [...] foi a experiência humana mais interessante do Festival. Homem idoso, diretor de poucos filmes, muito diferente de todos os outros membros do júri, Oliveira, que vem de um mundo bastante isolado como o de Portugal, deu pareceres muito pessoais sobre os filmes. Uma diversidade, a dele, também moral e de educação. Pelo que pude me comunicar com ele (coisa bastante complicada porque não é homem de grande fluência na língua em que ambos devíamos nos expressar, o francês), Oliveira pareceu-me um personagem muito interessante, embora os nossos gostos nunca coincidissem: o seu olhar é basicamente voltado para o passado. E, contudo, curiosamente, em *Francisca*, um filme totalmente oitocentista, profundo, sério (um século XIX que parece vivido

por dentro, inclusive no que se refere aos ritmos), há um comentário musical com base na música eletrônica. Assim, Oliveira mostra que na sua visão de mundo também há algo de profundamente moderno. E isso explica por que o seu filme cativou o público e os próprios críticos. Ninguém disse: 'Ah, esse filme tão lento é uma grande chatice'" ("Criticando il critico", entrevista de Bruno Blasi, *Panorama,* XIX, 806, 28 set. 1981, p. 167).

AS IDADES DO HOMEM [pp. 424-34]

1. Italo Calvino, "Le età dell'uomo", em Alberto Sinigaglia, *Vent'anni al Duemila,* entrevistas com Alberto Arbasino, Giulio Carlo Argan, Norberto Bobbio, Italo Calvino, Umberto Eco, Luigi Firpo, Serena Foglia, Rita Levi-Montalcini, Siro Lombardini, Cesare Musatti, Aurelio Peccei, Michele Pellegrino e Andrea Zanzotto, com um poema de Primo Levi, introdução de Giorgio Manganelli, Eri Edizioni Rai, Turim, 1982, pp. 21-8. O livro nasceu do programa cultural *Vent'anni al 2000* (Terceira rede televisiva da RAI, Centro de produção de Turim): transmitido e reprisado em 1981, era conduzido por Alberto Sinigaglia, com direção de Bruno Gambarotta e supervisão de Cesare Dapino.

2. "Em 2000, se estiver vivo, serei um velho. Assim, pergunto-me como será a vida dos velhos. Provavelmente mais segura, mas já hoje o velho é como que expulso da vida. Nos Estados Unidos, na Europa, tende-se a enviá-lo para localidades ensolaradas, onde não precisa fazer nada além de ficar ali até morrer. A tendência se acentuará: mas perde-se cada vez mais aquela antiga presença do velho, o seu significado nas sociedades do passado. Pode acontecer que, a certo ponto, essas cidades dos velhos se tornem tabu, ninguém ousará ir até lá, a não ser pela última vez. E adquirirão o sentido que a casa do velho tinha nas antigas histórias, transmitindo poderes mágicos... E talvez não os filhos, mas os netos, na sua rebelião contra os pais, empreendam a viagem à cidade dos avôs. Para receber deles uma palavra mágica..." ("L'inclinazione fiabesca", entrevista de Grytzko Mascioni em *Per Italo Calvino,* org. Salvatore Maria Fares, Casagrande, Bellinzona, 1985, pp. 25-6).

3. "Também a vida das crianças [...] será diferente, porque verão cada vez menos o pai e a mãe. Portanto, as crianças não terão as neuroses de hoje, terão outras. Mas não aquelas transmitidas pelos pais. Onde estarão as crianças? Ir à escola e às creches será mais difícil, por causa dos problemas de circulação; ficarão nos grandes edifícios, depois se lançarão às ruas em hordas, subirão nos capôs dos carros praticamente parados e saquearão as grandes lojas self-service. E poderão de algum modo ser arrastadas pela música, com instrumentos musicais que serão tambores, cornetas, matracas ou mesmo flautas. A música será determinante para guiar as turbas das crianças que não terão mais contato com a natureza. Mas creio que haverá um renascimento animal nas cidades; já vemos que se trava neste século uma grande batalha urbana, entre homens e ratos, que são exterminados com venenos: mas uma parte consegue resistir e se propaga novamente. Portanto, existirão ratos de grande força e inteligência que povoarão o subsolo e conseguirão ter uma certa hegemonia sobre outros animais que criarão: serpentes, aranhas. Toda uma fauna que insidiará o poder do homem" ("L'inclinazione fiabesca", entrevista de G. Mascioni cit.).

TENHO DUAS CALIGRAFIAS [pp. 435-41]

1. "Ogni giorno la fine del mondo", entrevista de Costanzo Costantini, *Il Messaggero,* 21 fev. 1982, p. 3..

2. Na verdade, IC transferiu-se para Paris em junho de 1967.

602

LA VERA STORIA [pp. 442-4]

1. Nico Orengo, "Calvino. Il fantasma del Trovatore", *Tuttolibri*, VIII, 43, 27 fev. 1982, p. 1.
2. "Comecei a trabalhar com Berio em 1959: pediu-me para escrever o enredo para um balé que lhe fora encomendado pelo Festival de música contemporânea da Bienal de Veneza, e para o qual já havia composto três partes musicais muito caracterizadas. Lembro que uma dessas partes era uma guerra, uma batalha, uma música improvisada. Então inventei a história de uma pulga, de um domador de pulgas do qual foge uma pulga, um pouco como o trecho de Charlie Chaplin no filme *Luzes da ribalta*. Havia, então, esse domador que fazia a sua apresentação num mundo e numa sociedade um pouco adormecidos, em que todos se entediavam. Em certo momento, a pulga fugia, provocando muita tensão: toda a sociedade ficava muito agitada e conflituosa, e a certo ponto explodia a guerra. Não lembro exatamente o que acontecia depois, mas num dado momento o domador pegava a pulga de volta e a vida recomeçava, tranquila e tediosa como antes. [...] *Allez-hop* é a palavra de ordem internacional dos domadores de pulgas: creio que Luciano pediu informações diretamente para eles e disseram que *Allez-hop* era a ordem que sempre se usava e em todos os lugares para que as pulgas pulassem. [...] *Allez-hop* foi representado em Veneza sob a direção de Jacques Lecoq, e com Cathy Berberian que cantava duas músicas cujas letras escrevi ["Ora mi alzo" e "Autostrada"]. Eram verdadeiras canções sentimentais: quanto a Luciano, gosto muito também do seu amor pela música popular, da sua capacidade de inserir na música de vanguarda coisas de um outro nível musical" (declarações de IC de 15 de junho de 1978 reunidas por Ivanka Stoianova em "Luciano Berio. Chemins en musique", *La Revue musicale*, 375-376-377, jun. 1985, pp. 219-21).
3. *La vera storia* teve uma longa gestação, como se depreende também de uma entrevista anterior de Nico Orengo. À pergunta: "É verdade que está trabalhando com Berio?", IC respondera: "Sim. A sua nova ópera, *La vera storia*, já devia ter sido representada no Teatro alla Scala em novembro. Depois foi adiada para a primavera de 1980. Em parte já fora escrita por Berio. Como lhe acontece com frequência, ele já havia elaborado a música e os movimentos de cena, mas não tinha o libreto. Assim dirigiu-se a mim, e me explicou o que queria, isto é, um trabalho baseado na estrutura do *Trovatore*. De início penei, não era uma paródia nem uma modernização do *Trovatore*. Era mais um trabalho analítico em que os elementos da ópera são isolados, postos em evidência, um pouco — diria eu — segundo o procedimento de certos pintores simbolistas: os coros, os duetos, os quartetos, as árias não querem ser outra coisa senão a essência de si mesmos. Queria despir o enredo da ópera dos aspectos contingentes. O canto é explícito, ao passo que o enredo é implícito. Haverá também muitas baladas que ainda não escrevi" (Nico Orengo, "Calvino: 'Sto scrivendo quindici libri e un libretto d'opera'", *Tuttolibri*, IV, 35, 30 set. 1978, p. 3).

NÃO SOU UM LIBRETISTA [pp. 445-50]

1. "Italo Calvino librettista", entrevista de Lorenzo Arruga, *Musica viva*, VI, 2, fev. 1982, pp. 56-61.
2. Ver a entrevista anterior de Nico Orengo.
3. *L'uomo di Neanderthal* (no quadro de uma série radiofônica transmitida no Segundo programa da RAI no verão de 1974), em Alberto Arbasino e outros, *Le interviste impossibili*, Bompiani, Milão, 1975, pp. 5-12; depois em *Romanzi e racconti*, 3, pp. 177-85, e em *Le interviste impossibili. Ottantadue incontri d'autore messi in onda da Radio RAI (1974-1975)*, edição integral org. Lorenzo Pavolini, Donzelli, Roma, 2006, pp. 3-10.

DESCONFIO MUITO DA PROFUNDIDADE [pp. 451-7]

1. Entrevista de Gaetano Rando, publicada em italiano em *Queensland Dante Review*, 1981 (abril de 1982), pp. 11-6.
2. É a conclusão do capítulo "Também tento contar a minha". Ver a propósito a entrevista de Constance Markey, aqui às pp. 403-15.
3. Essa carta a Maria Corti, de 16 de setembro de 1975, foi publicada em *Lettere*, pp. 1279-83.
4. Em *Palomar*, terá como título "A invasão dos estorninhos".

O CINEMA DOS ANOS 1930 [pp. 458-63]

1. "Italo Calvino et le cinéma des années Trente", entrevista de Jean A. Gili gravada em maio de 1982, *Positif*, 303, maio 1986, pp. 46-8. O texto aqui traduzido, mais extenso do que o publicado em *Positif*, foi publicado com o título "Italo Calvino" no livro de Jean A. Gili, *Le Cinéma italien à l'ombre des faisceaux (1922-1945)*, Institut Jean Vigo, Perpignan, 1990, pp. 54-60.
2. As duas versões dessas respostas às quatro perguntas do *Paradosso* — "Uma infância sob o fascismo" (1960) e "A geração dos anos difíceis" (1962) — estão reunidas sob o título "Autobiografia política juvenil" em *Eremita em Paris* e em *Saggi*, pp. 2733-59.
1

CONTAR *ORLANDO FURIOSO* [pp. 464-6]

1. Michel Orcel, "Entretien avec Italo Calvino (Livres)", *Vogue*, 628, ago. 1982, p. 191.
2. Ludovic Arioste, *Roland furieux*, présenté et raconté par Italo Calvino, traduction des extraits de l'Arioste par C. Hippeau [Garnier, Paris, 1880], traduction d'I. Calvino par Nino Frank, Flammarion, Paris, 1982. Organizada pelo entrevistador Michel Orcel, estudioso e tradutor de poetas e escritores clássicos italianos, sairá, em 2000, uma nova tradução francesa de *Orlando furioso*.
3. *Orlando furioso*, na adaptação de Edoardo Sanguineti para a direção teatral (e depois televisiva) de Luca Ronconi, representado pela primeira vez em Spoleto em 4 de julho de 1969, teve um enorme sucesso de público e crítica nos anos seguintes, na Itália e no exterior.

ESCREVO PORQUE NÃO TINHA TALENTO PARA O COMÉRCIO [pp. 467-85]

1. Transcrição da entrevista realizada no Teatro experimental Giansanti de Pesaro em 11 de maio de 1983 e publicada na série *Il gusto dei contemporanei*, Quaderno 3: *Italo Calvino*, Banca Popolare Pesarese, Pesaro, 1987. A não ser em poucos casos assinalados em nota, deixei inalterada a transcrição do texto realizada pelos redatores de *Gusto dei contemporanei*, que conserva, como é óbvio, todos os aspectos da oralidade; mas fiz várias mudanças na pontuação.
2. Gian Carlo Ferretti, *Il best seller all'italiana. Fortune e formule del romanzo "di qualità"*, Laterza, Roma-Bari, 1983. IC lhe havia dedicado um artigo ("La coda di Minosse") no *La Repubblica* de 10 de março de 1983.
3. Na transcrição se lê: "O modo para diferenciar as duas metades pareceu-me que aquela de fazer uma ruim e outra boa fosse aquela que criava o maior contraste".
4. Na transcrição se lê: "Escrevendo coisas fantásticas, portanto, uma certa vistosa infidelidade ao meu início, como frequentemente as infidelidades, são formas de fidelidade, transposta para um outro plano".
5. Trata-se de Ivar Oddone (Imperia, 1923-Turim, 2011).

6. Sobre a recusa do prêmio Viareggio, ver o que IC havia dito na entrevista de Raffaele Crovi (aqui às pp. 149-54).

O OLHO E O SILÊNCIO [pp. 486-9]

1. "Calvino, l'occhio e il silenzio", entrevista de Lietta Tornabuoni sobre o seu novo livro *Palomar*, *La Stampa*, 25 nov. 1983, p. 3.
2. "Mount Palomar é o nome de um observatório astronômico, onde há um dos maiores telescópios do mundo. E este personagem olha principalmente as coisas mais próximas. Pode-se dizer que é um personagem que olha as coisas próximas como se estivessem muito distantes, e as coisas distantes como se estivessem próximas" (entrevista de Carlo Cavaglià com IC para o TG2 (RAI), novembro de 1983).
3. "É quase um livro sobre o silêncio e sobre quantas palavras podem nascer do silêncio" (entrevista de Carlo Cavaglià cit.).

QUENEAU, UMA PROPOSTA DE SABEDORIA [pp. 490-2]

1. Transcrição de uma entrevista radiofônica de Paola Dècina Lombardi com IC transmitida no documentário de Radiotre, *Raymond Queneau: un gioco sull'esistenza* (1983), e publicada com o título "Calvino: sembrava un dirigente di banca", em *Tuttolibri*, XV, 680, 2 dez. 1989, p. 6.
2. Lapso em vez de Kojève: ver, aqui às pp. 291-4, a entrevista de Francesca Salvemini de julho de 1979. Koyré (1892-1964), historiador da ciência e filósofo, tinha em comum com Kojève a origem russa e o nome Alexandre.
3. Publicado em 1948 pela Einaudi com o título *Il pantano*; depois com o título literal *La gramigna*, em *Romanzi*, org. G. Magrini, Einaudi, Turim; Gallimard, Paris, 1992.

O OLHAR DE PALOMAR [pp. 493-6]

1. "Il mondo incantato del signor 'Palomar'", entrevista de Fabrizia Ramondino, *Il Mattino*, 8 jan. 1984, p. 3.
2. "Os meus pais eram botânicos, sabiam imediatamente reconhecer uma planta entre centenas e chamá-la pelo seu nome latino. O meu pai era um caçador formidável, bastava-lhe um assobio para saber de que pássaro se tratava. Eu me sentia como que esmagado por essa capacidade classificatória e de nomenclatura. Talvez tenha virado escritor para fugir da ciência... Depois retornei, naturalmente, como num percurso circular. Aproximei-me da ciência através da astronomia. Havia lido algo quando rapaz, tipo Eddington [talvez *La natura del mondo fisico*, Laterza, Bari, 1935], mas as leituras mais sistemáticas começaram por volta de 1959-60, quando fui para os Estados Unidos. Em Boston conheci Giorgio de Santillana. Lembro-me que fiquei imensamente impressionado com uma conferência sua que antecipava alguns temas daquele que depois se tornaria *Il mulino di Amleto* [Adelphi, Milão, 1983]. Foi então que comecei a escrever *As cosmicômicas*. Agora li numa revista americana um ensaio sobre as *Cosmicômicas* e *T = 0*, dizendo que havia nesses livros confiança nas possibilidades do conhecimento, um otimismo de essência.
E agora?
Em *Palomar* procurei não contar mentiras, não finjo saber aquilo que não sei. Uma contínua necessidade de conhecimento real me fez delimitar o campo, descer cada vez mais ao detalhe. No fim, esse tipo de busca se revela inesgotável" (duas respostas a Ernesto Ferrero, em "Se lo scrittore sapesse che la scienza è anche fantasia", *Tuttolibri*, X, 390, 21 jan. 1984, p. 1).

3. No texto impresso: "O jardim de areia".

4. "A descrição é um procedimento literário que se perdeu um pouco na literatura deste século, mas faz vários anos que me interessei pelo tema da descrição, inclusive por meio da leitura de autores como, por exemplo, Francis Ponge, o poeta francês autor do *Partido das coisas*. E tentei construir descrições que se tornassem conto, colocando-me sempre a obsessão da completude" ("E ora il barone rampante è diventato alchimista", entrevista de Walter Mauro, *Messaggero veneto*, 29 jan. 1984, p. 3).

RECONHECER AS CONSTELAÇÕES A OLHO NU [pp. 497-500]

1. "La semaine d'Italo Calvino", entrevista de Nicole Boulanger, *Le Nouvel Observateur*, 1004, 3-9 fev. 1984, pp. 3-4.

2. "La novella del buon vecchio e della bella fanciulla"; foi publicada póstuma, junto com outros escritos, org. Eugenio Montale (Morreale, Milão, 1929).

3. É a tradução francesa de *De constantia jurisprudentis* (1722). La Hune, célebre livraria parisiense, encontra-se no Boulevard Saint-Germain, no coração do Sexto Arrondissement.

PROCURAR A COMPLEXIDADE [pp. 501-9]

1. "An Interview with Italo Calvino", de Gregory L. Lucente, *Contemporary Literature*, XXVI, 3, 1985, pp. 245-53. Uma tradução italiana de Mario Boselli ("Un'intervista con Italo Calvino") foi publicada em *Nuova corrente*, XXXIV, 1987, pp. 375-86. O texto aqui "reconstruído" está substancialmente de acordo com o de um sinal italiano preservado entre os documentos de IC — muito provavelmente a transcrição de Lucente da entrevista que ele gravou em Roma em 12 de março de 1984 — contendo intervenções autógrafas de IC em algumas das respostas. Embora a revisão de IC esteja incompleta, foi considerada preferível ao texto mais fluente de "Nuova corrente", que é uma tradução italiana de uma tradução inglesa.

2. "Serpentes e caveiras".

3. Lucente se refere provavelmente a *La malattia chiamata uomo* de Camon (Garzanti, Milão, 1981) e a *Il custode* de Samonà (Einaudi, Turim, 1983).

A RIQUEZA DOS OBJETOS [pp. 510-3]

1. "15 domande a Italo Calvino", entrevista de Costanzo Costantini, *Playboy* (ed. italiana), XIII, 8, ago. 1984, pp. 94-6 (algumas perguntas e respostas já estavam numa entrevista de C. Costantini muito semelhante, e em alguns pontos idêntica, a esta: "E l'occhio scruta il caos del mondo", *Il messaggero*, 31 dez. 1983, p. 3).

2. Na citada entrevista de Costantini de 1983, segue este parágrafo: "Num livro do editor Ricci sobre o pintor Domenico Gnoli, descrevi quatro objetos: um botão, uma camisa masculina passada, um sapato feminino e um travesseiro. A maior dificuldade foi descrever o travesseiro, transformar o travesseiro em uma paisagem".

A MINHA CIDADE É NOVA YORK [pp. 514-8]

1. "La mia città è New York", em Ugo Rubeo, *Mal d'America. Da mito a realtà*, entrevistas com Michelangelo Antonioni, Dante Della Terza, Paolo Valesio, Franco Ferrucci, Luigi Ballerini, Mario Soldati, Fernanda Pivano, Pier Maria Pasinetti, Agostino Lombardo,

Antonio Porta, IC, Alberto Moravia, Ruggero Orlando, Alessandro Portelli, Luigi Squarzina, Editori Riuniti, Roma, 1987, pp. 157-62. A entrevista foi feita em Palermo em setembro de 1984.

2. IC também relembrara esse encontro com Hemingway na entrevista de 30 de julho de 1979 de Maria Luigia Pace (ver aqui à p. 296).

3. Numa entrevista dos mesmos dias, IC diz sobre Poe: "Todos provêm dele. É da sua obra que partem todos os gêneros da narrativa fantástica: Kafka, Borges, Manganelli. Quanto a Georges Perec, você sabe como acreditei no seu projeto de um 'inventário geral do mundo'. *Palomar* responde em eco a *A vida modo de usar* de Perec. Íamos escrever um romance epistolar cruzado, mas Perec morreu. No entanto, veja, o meu estruturalismo tem um limite. Para mim não existe apenas a linguagem; existe o mundo" (Ugo Ronfani, "Parlando con Calvino Premio Mondello '84. È in bilico tra il sogno e la realtà", *Il Giorno*, 30 set. 1984, p. 18.

4. Publicado em 1944, foi traduzido com o título *L'uomo in bilico*, Mondadori, Milão, 1953.

5. Publicado em 1958 e traduzido com o título *La fine della strada*, Rizzoli, Milão, 1966; depois minimum fax, Roma, 2004.

ESTOU UM POUCO CANSADO DE SER CALVINO [pp. 519-23]

1. "'Sono un po' stanco di essere Calvino' (A colloquio con lo scrittore in occasione dell'uscita di *Cosmicomiche vecchie e nuove*)", entrevista de Giulio Nascimbeni, *Corriere della Sera*, 5 dez. 1984, p. 3.

2. Referência às palavras finais do poema "O advento" de J. L. Borges, que se lê na coletânea *O ouro dos tigres* de 1972.

3. Três contos dedicados aos cinco sentidos ("Il nome, il naso"; Sotto il sole giaguaro"; "Un re in ascolto") sairão no livro póstumo *Sotto il sole giaguaro*, Garzanti, Milão, 1986
1

O TEMPO NA LITERATURA E NA HISTÓRIA [pp. 524-9]

1. "Italo Calvino: vivere ogni secondo per vincere il tragico divenire", entrevista de Michele Neri, *Panorama mese*, IV, 1, jan. 1985, pp. 71-4.

2. "No, non saremo soli", *La Repubblica*, 3 maio 1980, pp. 18-9; depois com o título "Ilya Prigogine e Isabelle Stengers, *La nuova alleanza*", em *Saggi*, pp. 2038-44, e em *Mondo scritto e mondo non scritto* [*Mundo escrito e mundo não escrito*], org. Mario Barenghi, Mondadori, Milão, 2002, pp. 277-84.

GOSTO DE EXPERIMENTAR FORMAS NOVAS [pp. 530-4]

1. Alexandre Stille, "An Interview with Italo Calvino", *Saturday Review*, XI, 2, mar./abr. de 1985, pp. 37-9. Entrevista gravada em Nova York.

2. A tradução das *Cidades invisíveis* é de 1976; a completa das *Fábulas*, org. George Martin para a Penguin Books, é de 1980.

O MUNDO NÃO É UM LIVRO, MAS VAMOS LÊ-LO MESMO ASSIM [pp. 535-43]

1. Helene Harth, Burkhart Kroeber, Ulrich Wyss, "Die Welt ist nicht lesbar, aber wir müs-

sen gleichwohl versuchen, sie zu entziffern. Ein Gespräch mit IC", *Zibaldone*, 1º abr. 1986, pp. 5-17. Conversa gravada em Roma em abril de 1985 e traduzida para o alemão por Helene Harth. Entre os papéis de IC está conservado o texto italiano datilografado da entrevista, provavelmente transcrito pelos entrevistadores, com numerosas correções autógrafas de IC e com o título "Il mondo non è un libro, ma leggiamolo lo stesso. Colloquio con Italo Calvino".

2. Ver a entrevista de Fabrizia Ramondino "O olhar de Palomar", nota 3, aqui à p. 606.

3. Ver a propósito o artigo de IC, "Marianne e l'Unicorno", *La Repubblica*, 19 maio 1981, p. 20; depois com o título *Marianne Moore*, em *Saggi*, pp. 1343-9.

4. "Palomar dei suoni (La musica nell'ultimo Calvino)", *La Stampa*, 31 jan. 1984, p. 3.

5. Hans Blumenberg, *La leggibilità del mondo: il libro come metafora della natura*, ed. italiana, org. Remo Bodei, il Mulino, Bolonha, 1981.

6. "Este é como um álbum de desenhos ao vivo que eu continuava a trazer comigo e a preencher aos poucos, quando tinha ocasião, isto é, quando havia alguma coisa que demandasse ser olhada daquele modo. Nesse sentido, eu poderia dizer que *Palomar* é um livro complementar a *As cosmicômicas*, no qual, porém, eu pensava sobre o infinito do universo numa relação ao mesmo tempo abstrata e repleta de imaginação. Mas aqui olho as coisas próximas e minuciosas com uma base de experiência direta, ampliadas, e talvez a ligação entre as duas experiências seja dada pelo nome do protagonista, que se remete precisamente a um observatório astronômico e que aponta os seus telescópios para o que está próximo, em vez de apontar para o que está distante" ("E ora il barone rampante è diventato alchimista", entrevista de Walter Mauro, *Messaggero veneto*, 29 jan. 1984, p. 3).

O SILÊNCIO TEM RAZÕES QUE A PALAVRA DESCONHECE [pp. 544-7]

1. "L'observatoire Calvino", entrevista de Patrick Mauriès, *Libération*, 22 maio 1985, pp. 29-30.

GERALMENTE PARTO DE UMA IMAGEM [pp. 548-56]

1. "Io e la fantasia", entrevista de Sandra Petrignani, *Il Messaggero*, 13 jun. 1985, p. 5; depois em S. Petrignani, *Fantasia & fantastico, dialoghi con Argento, Calvino, Carpi, Clerici, Consolo, De Gregori, Dossena, Fo, Fracci, Giudici, Hack, Malerba, Manganelli, Volponi*, Camunia, Milão, 1985, pp. 15-22. As cinco respostas finais, gravadas no decorrer da entrevista, mas não utilizadas, foram publicadas no primeiro aniversário da morte de IC, com o título "In principio è l'immagine", em *Messaggero*, 19 set. 1986, p. 5.

OS CADERNOS DE EXERCÍCIOS [pp. 557-63]

1. "Italo Calvino: Cahiers d'exercice", entrevista de Paul Fournel, *Le Magazine Littéraire*, 220, jun. 1985, pp. 84-9. A tradução italiana, de Domenico Scarpa, está no livro *Italo Calvino newyorkese*, org. A. Botta e D. Scarpa, Avagliano, Cava dei Tirreni, 2002, pp. 15-25.

2. IC havia usado palavras quase idênticas na entrevista de Lietta Tornabuoni: "De início, pensava no Monsieur Teste de Valéry, que, porém, é puramente mental, enquanto Palomar reflete apenas sob o estímulo de experiências concretas" (aqui às pp. 486-7).

3. "O museu dos queijos", em *Palomar*. São Paulo: Companhia das Letras, 1994. Este erro se repete em todas as edições e reimpressões sucessivas.

4. "Il niente e il poco", *La Repubblica*, 2-3 set. 1984, pp. 18-9; depois em *Tutte le cosmicomiche*, org. C. Milanini, Mondadori, Milão, 1997, pp. 363-71.

5. "Pourquoi écrivez-vous? 400 écrivains répondent", org. Marianne Alphant, *Libération*, numéro hors-série, [22] mar. 1985, p. 83; trad. ital. "Io ho detto che...", *La Repubblica*, 31 mar./1º abr. 1985, p. 20; depois com o título "Perché scrivete?", em *Saggi*, pp. 1861-4.

A NARRATIVA GERA RACIONALIDADE [pp. 564-6]

1. "La narrazione? Io le dò fiducia", entrevista de Luca Fontana destinada à revista semanal londrina *City Limits*; realizada no final de julho, foi publicada em *Reporter*, I, 170, 19 set. 1985, p. 30.
2. No texto de *Reporter* lê-se: "O jardim de areia".
3. "A pantufa desparelhada".

A LITERATURA ITALIANA ME CAI MUITO BEM [pp. 567-74]

1. "Italo Calvino", entrevista de Maria Corti, *Autografo*, II, 6, out. 1985, pp. 47-53; depois em *Eremita em Paris*, e em *Saggi* pp. 2920-9. É a última entrevista, uma das mais refletidas e "escritas". IC completou a redação na casa de Roccamare, poucas semanas antes de sofrer o derrame, e a enviou para Maria Corti em 29 de julho de 1985 com o seguinte bilhete de acompanhamento: "Querida Maria,/ não pense que me esqueci da entrevista. É um trabalho que eu tinha reservado para fazer durante a estada nessa casa de férias; e no Natal ela já estava em grande parte escrita. Retomei agora e terminei. Envio-lhe, embora imagine e espere que você também esteja de férias, para você encontrá-la ao voltar. Respondi a todas as suas sete perguntas, procurando ao máximo dizer coisas novas. / Creio que nos veremos nos Estados Unidos neste outono. Desejo-lhe um ótimo verão / seu Italo Calvino".
2. Como se depreende de duas cartas a Roberto Cerati e a Ernesto Ferrero, de 6 de abril e 7 de julho de 1985 (*Lettere*, pp. 1532-3 e 1535), IC assumira o compromisso com a editora Einaudi de escrever uma introdução a *Amerika* de Kafka para fevereiro de 1986.
3. O parágrafo citado por IC faz parte do conto "Dias abertos".

ÍNDICE ONOMÁSTICO

Accrocca, Elio Filippo, 578
Adami, Valerio, 383
Adenauer, Konrad, 112
Adorno, Theodor Wiesengrund, 197-8, 307, 452
Agnelli, Giovanni (dito Gianni), 255
Akhmátova, Anna (pseudônimo de A. A. Gorenko), 237
Alain (pseudônimo de Émile-Auguste Chartier), 495
Alberti, Guido, 588
Alessandrini, Goffredo, 462
Alicata, Mario, 239
Almansi, Guido, 591
Almirante, Luigi, 601
Alphant, Marianne, 609
Alsop, Joseph Wright Jr., 83
Amendola, Giorgio, 363, 593
Andersen, Hans Christian, 169
Angoletta, Bruno, 588
Annabella (pseudônimo de Suzanne Georgette Charpentier), 601
Antonicelli, Franco, 92
Antônio, santo, 244
Antonioni, Michelangelo, 94, 416, 606
Apollinaire, Guillaume (pseudônimo de Wilhelm Albert Włodzimierz Apollinaris de Wąż-K Kostrowicky), 224

Apuleio, Lúcio (Apuleio de Madaura), 135
Arbasino, Alberto, 223-4, 241, 345, 584, 593, 602-3
Archinto, Rosellina, 169
Argan, Giulio Carlo, 602
Argento, Dario, 608
Ariosto, Ludovico, 223, 226-7, 380, 407, 464, 591
Arruga, Lorenzo, 603
Asor Rosa, Alberto, 593
Astaire, Fred (pseudônimo de Frederick Austerlitz), 418, 601

Baldacci, Gaetano, 581
Balestrini, Nanni, 344
Ballerini, Luigi, 606
Balzac, Honoré de, 69, 134, 191, 328, 351, 378, 380, 397
Banfi, Antonio, 237
Banti, Anna (pseudônimo de Lucia Lopresti), 587
Baranelli, Luca, 599
Barbato, Andrea, 584
Barberis, Alfredo, 585
Barenghi, Mario, 579, 592, 607
Barral, Carlos, 68
Barrault, Marie-Christine, 423
Barre, Raymond, 255
Barth, John, 409, 507, 517

611

Barthelme, Donald, 507, 517, 534
Barthes, Roland, 167, 192, 256, 273, 366, 378, 390-1
Basevi, Enrica, 587-8
Bassani, Giorgio, 46, 50, 62, 508
Bataille, Georges, 193, 304, 361
Battaglia, Ernesto, 582
Baudelaire, Charles, 363, 525
Beauvoir, Simone de, 272
Beccaria, Cesare, 308
Beckett, Samuel, 229, 346, 413, 533, 585
Beethoven, Ludwig van, 234
Bek, Aleksandr Alfredovitch, 238
Belinski, Vissarion Grigóriévitch, 238
Bellow, Saul, 242, 414, 515-6, 534
Bennati, Giuseppe, 162, 587-8
Beolco, Angelo *ver* Ruzzante
Berberian, Cathy (Catherine Anahid), 603
Berenice (pseudônimo de Iolena Baldini), 580
Bergman, Ingmar, 400
Bergman, Ingrid, 499
Berio, Luciano, 306, 442-3, 445-7, 449, 539-40
Bernardino de Siena (B. dos Albizzeschi), 364
Bernhard, Thomas, 393
Berti, Giuseppe, 239
Bessa-Luís, Agustina, 423
Bettelheim, Bruno, 405
Bianchi, Rodolfo, 588
Bianucci, Piero, 598
Bigiaretti, Libero, 587
Blanchot, Maurice, 193, 329
Blasetti, Alessandro, 421
Blasi, Bruno, 602
Blumenberg, Hans, 538
Bo, Carlo, 35, 48, 86-92, 339, 596
Bobbio, Norberto, 238, 593, 602
Bocca, Giorgio, 581
Boccaccio, Giovanni, 364, 397
Bocelli, Arnaldo, 48
Bodei, Remo, 608
Bogdanovich, Peter, 422
Bogliolo, Giovanni, 597
Boiardo, Matteo Maria, 464
Bolzoni, Lucia, 594
Bonacina, Giancarlo, 586
Bonanni, Andrea, 596
Boncenne, Pierre, 600
Bonnefoy, Claude, 584
Bontempelli, Massimo, 460
Borges, Jorge Luis, 101, 261, 288, 292-3, 338, 351, 359, 374, 383, 388, 394, 413, 505, 515, 519-20, 525, 533, 585

Bosco, Umberto, 590
Boselli, Mario, 591, 606
Botta, Anna, 608
Bottai, Giuseppe, 462
Boulanger, Nicole, 606
Bradbury, Ray (Raymond), 64
Brando, Marlon, 421
Brecht, Bertolt, 57, 218, 386, 473, 478, 487, 498, 503, 557
Breton, André, 167, 558
Brignetti, Raffaele, 63
Brillat-Savarin, Jean Anthelme, 360
Broggi, Giuliana, 586
Bruno, Giordano, 159, 227, 473, 585
Bukowski, Charles, 349, 351
Burroughs, William S., 349
Butor, Michel, 65, 68, 168, 395
Buzzati (B. Traverso), Dino, 226
Byron, George Gordon, 266, 329

Cajumi, Arrigo, 48
Calvino, Floriano, 531
Calvino, Giovanna, 158, 170, 221, 551, 592
Calvino, Mario, 47, 90, 220, 264, 354, 461, 477, 517, 530-1, 605
Camerini, Mario, 420
Camerino, Aldo, 261
Camon, Ferdinando, 183, 508, 587, 589, 597
Campanella, Tommaso, 473
Cànepa, Giovanni, 577
Capote, Truman (pseudônimo de T. Streckfus Persons), 83
Caprile, Luciano, 600
Caproni, Giorgio, 570
Carlo Alberto di Savoia-Carignano, 330
Carlos Magno, 72
Carpaccio, Vittore, 373, 453
Carpi, Pinin (Giuseppe), 608
Carroll, Lewis (pseudônimo de Charles Lutwidge Dodgson), 585
Carter, James Earl (dito Jimmy), 255
Cases, Cesare, 347, 580, 593
Cassola, Carlo, 46, 50, 62, 508, 587
Cavaglià, Carlo, 605
Cecchi, Emilio, 48, 58, 261
Cela, Camilo José, 68
Celati, Gianni, 190-1, 345-6
Cerati, Roberto, 609
Ceronetti, Guido, 347
Cervantes Saavedra, Miguel de, 407
Chaplin, Charles (Charlie) Spencer, 161, 603
Chesterton, Gilbert Keith, 374

ÍNDICE ONOMÁSTICO ■

Chiesa, Adolfo, 580, 583
Chiodi, Pietro, 588
Chiusano, Italo Alighiero, 592
Chklóvski, Viktor Boríssovitch, 478
Cibotto, Gian Antonio, 44, 577
Citati, Pietro, 172, 335, 347, 585, 598
Clair, René (pseudônimo de R. Chomette), 420
Clerici, Fabrizio, 608
Conrad, Joseph (pseudônimo de Józef Teodor Konrad Korzeniowski), 47, 57, 260, 438, 454, 526
Consolo, Vincenzo, 608
Conte, Giuseppe, 351
Continenza, Alessandro (dito Sandro), 162
Contini, Gianfranco, 224, 446, 502
Cooper, Gary (Frank James), 419, 459
Coppola, Francis Ford, 421
Corti, Maria, 172, 456, 568, 588, 604, 609
Costantini, Costanzo, 601-2, 606
Couffon, Claude, 585
Craipeau, Maria, 580
Crawford, Joan (pseudônimo de Lucille Fay LeSueur), 420
Cremante, Renzo, 588
Cremaschi, Inìsero, 579
Croce, Benedetto, 74, 93, 293
Crovi, Raffaele, 587, 605
Cyrano de Bergerac, Savinien de, 249

D'Eramo, Marco, 594, 597
Dante Alighieri, 226, 435, 506, 548, 560, 595
Dapino, Cesare, 602
De Amicis, Edmondo, 456
De Carolis, Cinzia, 588
De Gaulle, Charles, 112
De Gregori, Francesco, 608
De Monticelli, Roberto, 580
De Robertis, Giuseppe, 48
De Sanctis, Francesco, 237, 239, 592
De Santillana, Giorgio, 605
De Sica, Vittorio, 92, 601
Dècina Lombardi, Paola, 605
Defoe, Daniel, 362
Del Colle, Giuseppe, 584
Del Giudice, Daniele, 592, 598-9
Delacampagne, Christian, 597
Delessert, Etienne, 588
Delfini, Antonio, 345, 349, 508
Della Monica, Walter, 590
Della Terza, Dante, 606
Derrida, Jacques, 193
Descartes, René, 491

Di Meo, Philippe, 600
Dickens, Charles, 191, 216
Diderot, Denis, 379, 386
Dietrich, Marlene (Marie Magdalene), 420
Dini, Andrea, 578
Dobroliúbov, Nikolai Aleksándrovitch, 238
Donini, Ambrogio, 239
Dos Passos, John, 229, 531
Dossena, Giampaolo, 608
Dostoiévski, Fiódor Mikháilovitch, 54, 262, 280
Dumas, Alexandre (pai), 248, 262
Dumézil, Georges, 390
Dürer, Albrecht, 372, 495, 536
Duvivier, Julien, 601

Eco, Umberto, 252, 288, 346, 369, 602
Eddington, Arthur Stanley, 605
Einaudi, Giulio, 597
Einstein, Albert, 362, 433
Eisenhower, Dwight David (dito Ike), 77
Engels, Friedrich, 166, 216
Enzensberger, Hans Magnus, 374
Escher, Maurits Cornelis, 585

Falchetta, Piero, 589
Falqui, Enrico, 48, 367
Fanti, Giorgio, 588-9, 593-4, 597, 600
Fares, Salvatore Maria, 598, 602
Faulkner, William, 83, 414, 460, 507, 509, 514
Feldmann, Liliana, 588
Fellini, Federico, 95
Fenoglio, Beppe, 172-4, 212
Ferrero, Ernesto, 599, 605, 609
Ferretti, Gian Carlo, 604
Ferrucci, Franco, 606
Fidora, Andrea, 586
Fiedler, Leslie, 230
Fieschi, Jean-André, 586
Filippini, Enrico, 594
Firpo, Luigi, 602
Fitzgerald, Francis Scott, 102, 229, 414, 507
Flaubert, Gustave, 470, 541, 578, 592
Fo, Dario, 608
Foà, Arnoldo, 588
Foglia, Serena, 602
Folengo, Teofilo, 224
Fontana, Luca, 609
Fortini, Franco (pseudônimo de F. Lattes), 245, 347, 542, 585, 590
Foscolo, Ugo, 222

613

Foucault, Michel, 192
Fourier, Charles, 158, 163-8, 195-6, 213, 304, 322, 380
Fournel, Paul, 608
Fracci, Carla, 608
Franco, Francisco, 112
Frank, Nino, 604
Freud, Sigmund, 97, 261, 263, 553
Friedrich, Caspar David, 500
Frisch, Max, 242
Fruttero, Carlo, 580
Fukuda, Takeo, 255
Fusco, Mario, 598
Futter, Walter, 601

Gaber, Giorgio (pseudônimo de G. Gaberscik), 363
Gabin, Jean (pseudônimo de Jean-Alexis Gabin Moncorgé), 419
Gable, Clark, 419, 459
Gadda, Carlo Emilio, 223, 270, 346, 454, 507-9
Galilei, Galileu, 226-7, 367-8, 464, 473, 500
Gambarotta, Bruno, 602
Gandin, Michele, 586
Garbo, Greta (pseudônimo de G. Lovisa Gustafsson), 420
Garufi, Bianca, 67
Genina, Augusto, 462
Gerratana, Valentino, 598
Giachetti, Fosco, 462
Giachino, Enzo, 578
Gili, Jean Antoine, 604
Ginzburg (nascida Levi), Natalia, 511, 588, 593, 597
Giudici, Giovanni, 608
Giuliani, Alfredo, 344
Gnoli, Domenico, 606
Godard, Jean-Luc, 586
Goethe, Johann Wolfgang von, 196
Gógol, Nikolai Vassílievitch, 57, 505, 573
Goldoni, Carlo, 37, 223, 400
Górki, Maksim (pseudônimo de Aleksei Maksímovitch Piechkóv), 579
Goytisolo, Juan, 68
Gozzi, Carlo, 223
Gramsci, Antonio, 36, 191, 238
Grandville (pseudônimo de Jean-Ignace-Isidore Gérard), 585
Grass, Günter, 374
Grassi, Corrado, 590
Grassi, Giovanna, 601

Green, Henry (pseudônimo de H. Vincent Yorke), 68
Greene, Graham, 261, 398
Greimas, Algirdas Julien, 193, 368, 378, 390
Guarini, Ruggero, 590
Guttuso, Renato, 239

Hack, Margherita, 608
Handke, Peter, 351
Harlow, Jean (pseudônimo de Harlean Carpenter), 419, 459, 601
Hart, Johnny, 121
Harth, Helene, 535-43, 607
Hawks, Howard, 423
Hawthorne, Nathaniel, 515
Haydn, Franz Joseph, 446
Hegel, Georg Wilhelm Friedrich, 291, 491, 596
Hemingway, Ernest, 50, 57, 99, 128, 225, 296, 414, 460, 507, 514, 516, 531, 578, 607
Hesse, Hermann, 362
Hippeau, Célestin, 604
Hiroshige, Utagawa, 564
Hitler, Adolf, 461
Hobbes, Thomas, 259
Hoefler, Paul L., 601
Hofmannsthal, Hugo von, 453, 545, 560
Hogarth, William, 124
Homero, 504
Horkheimer, Max, 197, 307, 452
Howard, Leslie, 418

Ionesco, Eugène (nascido Eugen Ionescu), 169

Jahier, Piero, 45
James, Henry, 262
Jarry, Alfred, 193
Jerônimo, são, 244, 373, 407, 453
Jones, Jim (James Warren), 323, 430
Jong (nascida Mann), Erica, 304
Jorge, são, 373, 407, 453
Joyce, James, 224, 233, 474, 509, 525-6
Jünger, Ernst, 361

Kafka, Franz, 57, 99, 515, 568
Kant, Immanuel, 300, 309, 585
Karloff, Boris (pseudônimo de William Henry Pratt), 601
Kawabata, Yasunari, 359, 505
Kennedy, John Fitzgerald, 112, 439, 580-1
Kennedy, Robert Francis, 439
Kerouac, Jack (Jean-Louis), 102

ÍNDICE ONOMÁSTICO ■

Khruschóv, Nikita Sergueievitch, 78, 113
Kinsey, Alfred Charles, 98
Kipling, Rudyard, 374
Klee, Paul, 278
Klossowski, Pierre, 100, 505
Kojève, Alexandre (pseudônimo de Aleksandr Vladimirovitch Kozhevnikov), 291, 596, 605
Koyré, Alexandre (pseudônimo de Aleksandr Vladimirovitch Koyranski), 491
Kroeber, Burkhart, 535, 537, 540-2
Kublai Khan (Qubilai Khan), 175, 178, 180
Kubrick, Stanley, 421
Kurosawa, Akira, 353

La Malfa, Ugo, 251, 593
La Monica, Luigi, 594
Labriola, Antonio, 237
Lacan, Jacques, 193
Lami, Mauro, 586
Landolfi, Tommaso, 245, 345, 349, 508, 585
Lanson, Gustave, 257
Larbaud, Valery, 557
Laughton, Charles, 459
Lavater, Johann Kaspar, 134
Lawrence, David Herbert, 98
Lawrence, Thomas Edward (Lawrence da Arábia), 361
le Carré, John (pseudônimo de David J. Moore Cornwell), 398, 410
Le Vigan, Robert (pseudônimo de Robert-Charles-Alexandre Coquillaud), 601
Lecoq, Jacques, 603
Leibniz, Gottfried Wilhelm von, 258
Leiris, Michel, 494-5
Leonardo da Vinci, 536, 545
Leonetti, Francesco, 189, 346
Leopardi, Giacomo, 66, 87, 226-8, 338, 473, 493, 500, 585
Levi, Arrigo, 251
Levi, Carlo, 46, 50, 52-3, 65, 67
Levi, Primo, 347, 602
Levi, Virgilio, 596
Levi-Montalcini, Rita, 602
Lévi-Strauss, Claude, 193, 390
Lippmann, Walter, 83
Lissenko, Trofim Denisovitch, 237
Listri, Pier Francesco, 578
Littré, Émile, 498
Lloyd, Harold Clayton, 418
Lombardini, Siro, 602
Lombardo, Agostino, 606

Longhi, Roberto, 347
Losey, Joseph, 400
Loy, Giovanni (dito Nanni), 161, 588
Loy, Myrna (pseudônimo de M. Adele Williams), 419, 601
Lucente, Gregory L., 606
Lucrécio (Tito L. Caro), 435, 493, 557, 561
Luís Felipe (Louis-Philippe d'Orléans), 330
Lukács, Georg, 93, 237, 503

Macchia, Giovanni, 347
Mach, Ernst, 529
Magrelli, Valerio, 350-1
Magrini, Giacomo, 605
Magris, Claudio, 349
Mailer, Norman, 414, 516
Maizza, Enzo, 579
Majano, Anton Giulio, 594
Majorana, Ettore, 309
Malagodi, Giovanni, 584
Malerba, Luigi (pseudônimo de L. Bonardi), 345, 608
Mameli Calvino, Eva, 47, 221, 354, 418, 461, 477, 487, 517, 530-1, 550, 577
Manfredi, Nino (Saturnino), 304, 416, 421
Manganelli, Giorgio, 170, 223, 288, 345, 347, 380, 388, 508, 515, 588, 602, 608
Mann, Thomas, 50, 53, 409
Manuel Gismondi, Paolo, 591
Manzoni, Alessandro, 61, 473, 481
Maquiavel, Nicolau, 238
Marabini, Claudio, 298, 590
Marcuse, Herbert, 163
Mark Twain (pseudônimo de Samuel Langhorne Clemens), 413, 515
Markey, Constance, 600, 604
Márquez, Gabriel García, 351, 398
Martellini, Pier Giorgio, 587
Martin, George, 607
Marx, Karl, 101, 165, 167, 261, 430
Mascioni, Grytzko, 598, 602
Mastronardi, Lucio, 70
Matacotta, Franco, 583
Mathews, Harry, 234
Matta, Sebastian (pseudônimo de Roberto Sebastián Matta Echaurren), 585
Mauri, Paolo, 597
Mauriès, Patrick, 608
Mauro, Walter, 606, 608
Mazzaglia, Giuseppe, 578
McCarthy, Joseph (dito Joe), 84
Melotti, Fausto, 176, 179

615

Miccinesi, Mario, 588
Michaux, Henri, 557
Michelangelo Buonarroti, 133
Micheli, Silvio, 597
Michener, James A., 409
Mila, Massimo, 238, 537, 539
Milanini, Claudio, 608
Miller, Henry, 100, 242, 272, 515
Mister Moon, *ver* Sun Myung Moon
Molière (pseudônimo de Jean-Baptiste Poquelin), 37
Mondo, Lorenzo, 172
Monelli, Paolo, 521, 582
Monicelli, Mario, 416
Monod, Jacques, 528
Monroe, Marilyn (pseudônimo de Norma Jeane Baker), 419, 601
Montaigne, Michel Eyquem de, 493
Montale, Eugenio, 52, 137, 232, 270, 451-2, 569, 593, 606
Montefoschi, Giorgio, 585
Moore, Marianne, 536
Morante, Elsa, 482
Moravia, Alberto (pseudônimo de A. Pincherle), 45, 49, 52, 94, 101, 215, 251, 296, 339, 543, 593, 596, 607
Moretti, Marcello, 37
Moretti, Nanni, 422
Morino, Renato, 583
Moro, Aldo, 255, 309, 593
Mozart, Wolfgang Amadeus, 400-1, 442, 445-6, 497-8
Munari, Bruno, 170
Muratori, Ludovico Antonio, 308
Musatti, Cesare Ludovico, 596, 602
Muscetta, Carlo, 48, 239
Musil, Robert, 369, 487, 493, 525, 529, 557
Mussolini, Benito, 201

Nabokov, Vladimir Vladimirovitch, 288, 359, 507, 516
Nadar (pseudônimo de Gaspard-Félix Tournachon), 248
Nascimbeni, Giulio, 593, 596, 607
Nazzari, Amedeo (pseudônimo de Salvatore A. Buffa), 462
Neri, Michele, 586, 607
Neuhoff, Éric, 595
Nevano, Vittorio, 594
Nievo, Ippolito, 567
Noris, Assia (pseudônimo de Anastasia Noris von Gerzfeld), 601

Oddone, Ivar, 604
Oliveira, Manoel de, 423, 602
Ollier, Claude, 586
Orcel, Michel, 604
Orengo, Nico, 594-5, 598-9, 603
Orlando, Ruggero, 607
Ortese, Anna Maria, 591
Oswald, Lee Harvey, 581
Ottieri, Ottiero, 587
Ottone, Piero, 348
Ovídio (Públio O. Nasão), 368, 557, 561
Owen, Robert, 164

Pace, Maria Luigia, 596, 607
Pagliarani, Elio, 344
Palandri, Enrico, 345
Palazzeschi, Aldo (pseudônimo de A. Giurlani), 45, 542
Palazzi, Fernando, 469
Palmieri, Franco, 585
Pambieri, Giuseppe, 594
Pampaloni, Geno, 48, 52, 593, 595
Pancho Villa (pseudônimo de José Doroteo Arango Arámbula), 355
Pannunzio, Mario, 239, 458
Paolini, Alcide, 587
Para, Jean-Baptiste, 600
Parise, Goffredo, 63, 511
Pasinetti, Pier Maria, 606
Pasolini, Pier Paolo, 50, 63, 102, 199-200, 215, 270, 346, 348, 356, 375, 508, 516
Pasternak, Boris Leonidovich, 64
Pavese, Cesare, 36, 43, 45, 48-9, 52, 65-6, 86-8, 92, 131, 139, 182, 223, 226, 237, 261, 268-70, 335, 354, 414, 438, 455, 476, 514-5, 542
Pavolini, Lorenzo, 603
Peccei, Aurelio, 602
Pellegrino, Michele, 602
Pellizzari, Lorenzo, 601
Perec, Georges, 193, 234, 351, 556, 607
Perego, Didi (Aida), 588
Petrignani, Sandra, 608
Piave, Francesco Maria, 450
Picasso, Pablo, 57-8, 236, 580
Pintor, Giaime, 335, 514
Pintor, Luigi, 593
Pirandello, Luigi, 38
Piscicelli, Salvatore, 422
Pivano, Fernanda, 606
Poe, Edgar Allan, 225, 505, 515

ÍNDICE ONOMÁSTICO ■

Pollock, Adam, 400, 445
Polo, Marco, 175, 178, 180
Ponchiroli, Daniele, 600
Ponge, Francis, 495, 511, 536, 545, 559
Porro, Maurizio, 600
Porta, Antonio (pseudônimo de Leo Paolazzi), 344, 607
Portelli, Alessandro, 607
Porzio, Domenico, 593
Powell, William Horatio, 418, 601
Pozzesi, Paolo, 580
Prandin, Ivo, 586
Pratolini, Vasco, 503
Praz, Mario, 347
Premoli, Palmiro, 469
Prigogine, Ilya (nascido I. Romanovitch Prigozhin), 369, 528-9
Prisco, Michele, 422
Proust, Marcel, 389, 474, 525-7
Puccini, Dario, 579
Pym, Barbara, 565
Pynchon, Thomas, 517

Queneau, Raymond, 155, 193, 288, 291, 312, 359, 391, 435, 454, 490-2, 525, 555, 561, 596

Raimondo, Orazio, 577
Ramondino, Fabrizia, 605, 608
Rando, Gaetano, 601, 604
Rea, Domenico, 46, 50, 62
Renoir, Pierre, 601
Reston, James, 83
Rigoni Stern, Mario, 598
Rimbaud, Arthur, 167
Ripa di Meana, Ludovica, 599
Robbe-Grillet, Alain, 65, 68, 135, 351, 511, 536, 545
Rodari, Gianni, 332-3
Rogers, Ginger (pseudônimo de Virginia Katherine McMath), 601
Romance, Viviane (pseudônimo de Pauline Ronacher Ortmans), 601
Ronconi, Luca, 465
Ronfani, Ugo, 607
Roosevelt, Franklin Delano, 77
Rosi, Francesco, 136
Rossanda, Rossana, 239
Rossellini, Roberto, 499
Rousseau, Jean-Jacques, 256-9, 329, 362
Roussel, Raymond, 193, 234, 309, 351, 363, 555
Roversi, Roberto, 346

Rüesch, Diana, 591
Ruzzante (dito Angelo Beolco), 227

Saba, Umberto (pseudônimo de U. Poli), 52
Sade, Donatien-Alphonse-François de, 293, 362
Saint-Simon, Claude-Henri de Rouvroy, conde de, 164, 195, 198
Salinari, Carlo, 239
Salinger, Jerome David, 102
Salvemini, Francesca, 595, 605
Samonà, Carmelo, 508
Sanguineti, Edoardo, 139, 223, 344, 346, 465, 509, 585, 589, 593
Santschi, Madeleine, 586
Saroyan, William, 414
Sartre, Jean-Paul, 71, 193, 258, 272, 292, 393, 470, 511, 536, 545, 586, 598
Savinio, Alberto (pseudônimo de A. de Chirico), 345, 371, 388, 508
Scarpa, Domenico, 608
Scarpelli, Furio, 421
Scarpelli, Manlio, 162
Schachtner, Johann Andreas, 401, 442, 445
Schefer, Jean-Louis, 499
Schwob, Marcel, 394
Scianna, Ferdinando, 590
Sciascia, Leonardo, 207-10, 212, 235, 250-2, 284, 309, 347, 356
Scott, Walter, 61
Sereni, Emilio, 238
Shakespeare, William, 101, 266, 540
Shostakóvitch, Dmitri Dmitriévitch, 237
Siciliano, Enzo, 270, 590
Simenon, Georges, 397
Singer Calvino, Esther, 212, 217, 221, 306, 358, 417, 551, 592
Sinigaglia, Alberto, 602
Soavi, Giorgio, 594
Socrate, Mario, 579
Solanas, Valerie Jean, 305
Soldati, Mario, 221, 261, 606
Sollers, Philippe, 348
Solmi, Sergio, 435-6, 580
Spagnoletti, Giacinto, 271
Spitzer, Leo, 502
Spriano, Paolo, 584, 593
Squarzina, Luigi, 607
Stálin, Ióssif (pseudônimo de I. Vissarionovitch Dzhugashvili), 237
Steinbeck, John, 460
Steinberg, Saul, 331
Stella, Angelo, 588

617

■ *NASCI NA AMÉRICA...*

Stendhal (pseudônimo de Henri-Marie Beyle), 57, 69, 72, 321, 328-30, 397, 571
Stengers, Isabelle, 607
Sterne, Laurence, 222, 288, 386, 565
Stevenson, Robert Louis, 73, 225-6, 260-3, 265-7, 365, 374, 438, 454
Stille, Alexander, 607
Stirner, Max (pseudônimo de Johann Kaspar Schmidt), 320-1
Stoianova, Ivanka, 603
Strehler, Giorgio, 497-8
Sun Myung Moon (Mister Moon), 323, 430
Svevo, Italo (pseudônimo de Ettore Schmitz), 45, 228, 499
Swift, Jonathan, 57, 226, 230, 249, 257, 394, 565
Syngman Rhee, 84

Tamponi, Mario, 599
Tanizaki, Junichiro, 505
Tasso, Torquato, 227
Tchernitchévski, Nikolai Gavrilovitch, 238
Tenn, William (pseudônimo de Philip Klass), 64
Testori, Giovanni, 339, 593
Themerson, Stefan, 229
Thomas, Dylan, 101
Tian, Renzo, 582
Tilgher, Adriano, 38
Tobino, Mario, 49, 63
Togliatti, Palmiro, 236-9
Tolkien, John Ronald Reuel, 403
Tolstói, Liev Nikoláievitch, 57, 578
Tomasi di Lampedusa, Giuseppe, 77, 508
Tommaseo, Niccolò, 469
Tondelli, Pier Vittorio, 345
Tornabuoni, Lietta, 597, 601, 605, 608
Traverso, Enea (pseudônimo de Italo Calvino), 599
Tristan, Flora (Flore Célestine Thérèse Henriette Tristán Moscoso), 166
Trombadori, Antonello, 239, 593
Trotta, Margarethe von, 422

Updike, John, 507, 516, 534
Utamaro, Kitagawa, 564

Valéry, Paul, 218, 328, 338, 359, 486, 493, 525, 527, 557-8
Valesio, Paolo, 606
Valli, Bernardo, 591-5
Van Dyke, Woodbridge Strong (dito Woody), 601

Van Gogh, Vincent, 520
Verdi, Giuseppe, 447
Verga, Giovanni, 61
Verne, Jules, 247-9
Verri, Pietro, 308
Vertone, Saverio, 593
Vicàri, Giambattista, 585
Vico, Giambattista, 499
Vidal, Gore (pseudônimo de Eugene Luther Gore Vidal), 404, 414, 507, 534
Vigorelli, Giancarlo, 583
Virdia, Ferdinando, 577
Visconti di Modrone, Luchino, 92-3, 421
Vittorini, Elio, 36, 45, 47, 49, 52, 54, 62, 65, 69, 131, 139, 182, 188-9, 191, 193-4, 223, 237, 243, 268-9, 324, 371, 414, 437, 453, 514-5, 585
Vittorio Emanuele II de Savoia, 330
Volponi, Paolo, 346, 608
Voltaire (pseudônimo de François-Marie Arouet), 57, 128-9, 256-9, 310, 380

Wagener, Françoise, 587
Wallace, Irving, 409
Walton, Izaak, 565
Weaver, William, 565
Weber, Max (Maximilian), 373
Weil, Simone, 499
Wells, Herbert George, 525
Wenders, Wim (Ernst Wilhelm), 351, 363
White, Patrick, 455
Williams, Tennessee (pseudônimo de Thomas Lanier Williams), 83
Williams, William Carlos, 536
Wittgenstein, Ludwig, 368, 453, 545, 560
Wodehouse, Pelham Grenville, 419
Wojtyla, Karol Józef (papa João Paulo II), 357
Wordsworth, William, 228
Wyss, Ulrich, 539, 607

Zac, Pino (pseudônimo de Giuseppe Zaccaria), 416
Zanelli, Dario, 593
Zanzotto, Andrea, 374, 602
Zellini, Paolo, 369
Zhdánov, Andrei Aleksandrovitch, 236-7
Ziliotto, Donatella, 594
Zola, Émile, 61

618